建築考古学の
実証と復元研究

浅川滋男

同成社

『建築考古学の実証と復元研究』正誤表

p.1　目次　下から5行目
【誤】　第7節　隅入の住居をめぐって／無柱の住居
【正】　第7節　隅入の住居／無柱の住居

p.366　図1キャプション
【誤】　大型本殿遺構検出状況［西原2010より転載］
【正】　大型本殿遺構検出状況［石原2010より転載］

p.436　下から6行目
【誤】　(2)平城宮東院「陽楼」の復元
【正】　(2)平城宮東院「隅楼」の復元

p.505　1行目
【誤】　以下は2005年の8月末か9月初にかけて
【正】　2005年の8月末から9月初にかけて

1 纒向遺跡大型建物群 復元CG（東から）
　制作：鳥取環境大学浅川研究室＆朝日放送

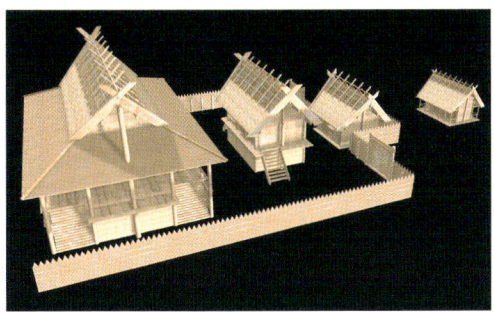

2 纒向遺跡大型建物群復元CG（俯瞰）
　制作：鳥取環境大学浅川研究室＆朝日放送

3 摩尼寺「奥の院」遺跡上層建物跡復元CG
　制作：鳥取環境大学浅川研究室

4 青谷上寺地遺跡高層建物復元CG
　制作：鳥取環境大学浅川研究室＆アイネックス

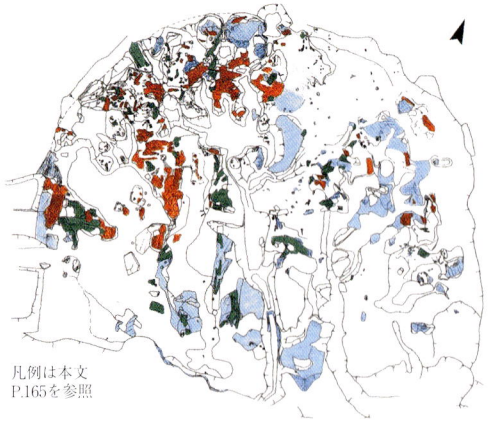

5　大原D遺跡SC003遺構図　【本文 p.165 図5】

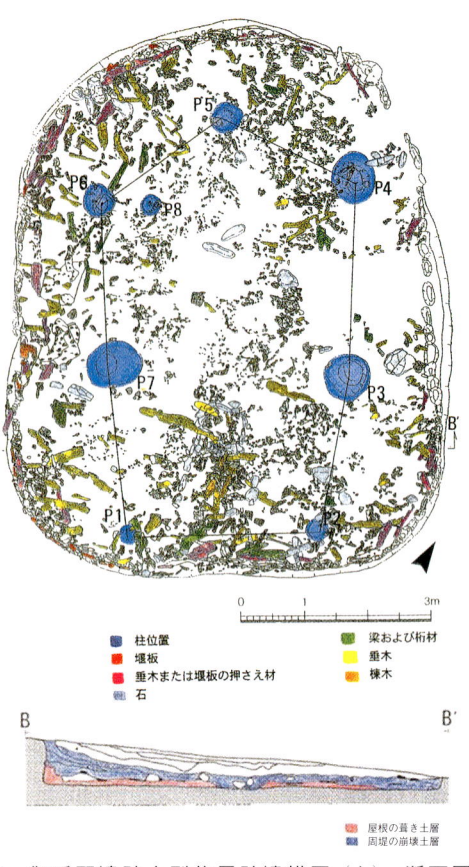

7　御所野遺跡大型住居跡遺構図（上）・断面図（下）　【本文 p.194図7、p.195図10】

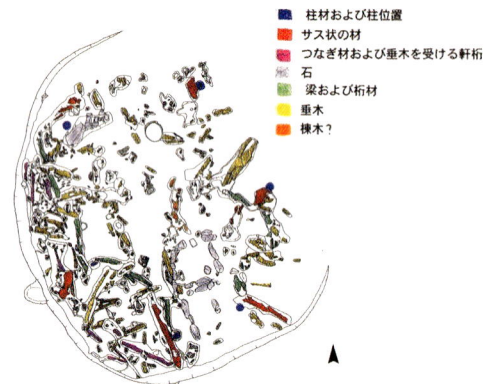

6　御所野遺跡中型住居跡遺構図　【本文 p.197 図13】

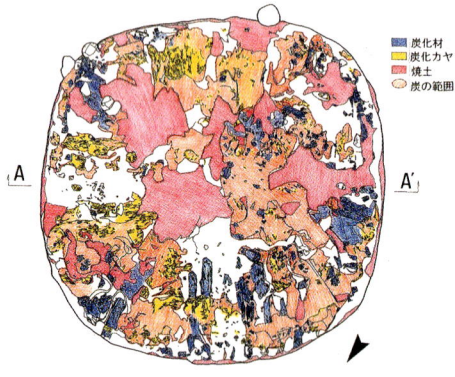

8　妻木晩田遺跡SI-43遺構図（上）・断面図　【本文 p.237 図7】

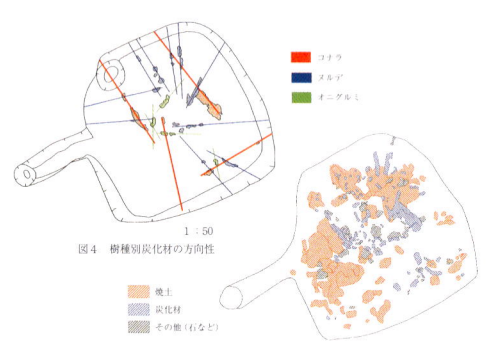

9　野田Ⅱ遺跡SI01炭化材の方向分析（上）・分布図（下）　【本文 p.269 図19・20】

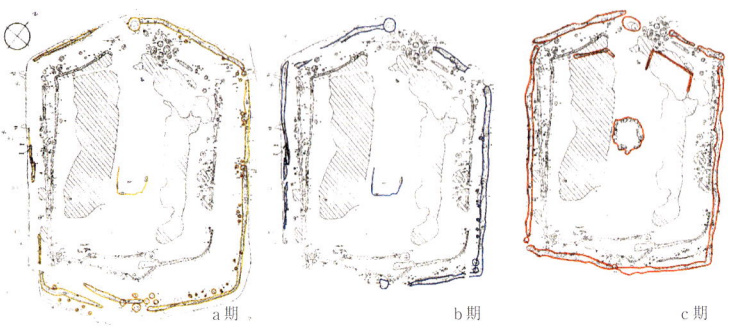

10　トコロチャシ跡遺跡オホーツク文化9号住居変遷図　【本文 p.280図8】

目　　次

序 ―建築考古学への途……………………………………………………………… 3

第 1 章　倭人伝の建築世界……………………………………………………… 11

第 1 節　正史東夷伝にみえる住まいの素描　12

第 2 節　青谷上寺地遺跡出土建築部材による弥生時代建築の復元　35

第 3 節　纒向遺跡大型建物群の復元―青谷上寺地建築部材による応用研究―　94

第 4 節　「屋室」の復元―弥生時代の掘立柱建物―　120

　　1．茶畑第 1 遺跡掘立柱建物SB-3の復元設計―片側に独立棟持柱をもつ特殊な大型掘立柱建物―　120

　　2．妻木晩田遺跡松尾頭地区MGSB-41復元の再検討―二面庇つきの大型掘立柱建物―　126

第 2 章　竪穴住居の空間と構造……………………………………………… 137

第 1 節　住居の始原―東方アジア民族建築の先史学的パースペクティヴ―　138

第 2 節　居住の技術（Ⅰ）―縄文時代―　150

第 3 節　縄文焼失住居跡の復元　163

　　1．福岡市大原D遺跡SC003の復元　163

　　2．宮畑遺跡49号住居の復元　172

　　3．智頭枕田遺跡SI01の復元　182

　　4．土屋根とはなにか　189

第 4 節　御所野遺跡の実験　191

第 5 節　居住の技術（Ⅱ）―弥生時代―　216

第 6 節　弥生集落の焼失住居とその復元　231

　　1．南谷大山遺跡ASI01・BSI20　231

　　2．妻木晩田遺跡妻木山地区SI-43　236

　　3．鳥居南遺跡大神段原SB6　242

　　4．下味野童子山遺跡SI01　246

　　5．打出遺跡SI01の復元　252

第 7 節　隅入の住居をめぐって／無柱の住居　260

　　1．八尾南遺跡と倉吉クズマ遺跡の隅入住居　260

　　2．一戸町野田Ⅱ遺跡SI01の復元　264

第 8 節　オホーツク文化の船形住居―トコロチャシ跡遺跡オホーツク文化 9 号住居跡の復元―　276

第 9 節　竪穴住居の空間分節　296

第3章　歴史時代の建築考古学……………………………………………………321

第1節　仏を超えた信長—安土城摠見寺本堂の復元—　322
第2節　摩尼寺「奥の院」遺跡上層遺構の復元　344
第3節　出雲大社境内遺跡大型本殿遺構の復元　366
第4節　都城の建築　389
　1．東アジアの古代都城　389
　2．前漢長安城桂宮の発掘調査　406
　3．含元殿と麟徳殿　411
　4．宮城の建築　416
　5．平城宮の復元建物　424
　6．頭塔の復元　446

第4章　建築考古学と史跡整備……………………………………………………457

第1節　木造建築遺産の保存と復元—日本の可能性—　458
第2節　復元研究と史跡整備—国史跡「鳥取藩池田家墓所」を通して—　478
第3節　遺構露出展示をめぐって　494
第4節　先史学／考古学と想像力の限界　498

終　章　スコットランドの寒い夏 —結にかえて………………………………505
あとがき………………………………………………………………………………519

序 —建築考古学への途

1. 摩尼寺「奥の院」の発掘調査

　山陰地方の山嶺には、岩窟や絶壁と複合した懸造(かけづくり)の仏堂が少なくない。懸造とは、ありていに言うならば、山の斜面にたつ半高床式の建築である。斜面との接点では地面をほとんどそのまま床とするが、斜面からせり出す部分では宙に浮いた高床になる。全国的に有名な例を一つあげるとすれば、京都の清水寺本堂になるだろう。清水寺本堂の場合、崖上の床面がひろくせり出して舞台のようになっており、その様式を「舞台造」とも呼ぶ。「清水の舞台から飛び降りて」というお馴染みの科白の「舞台」とはここから来ているのである。鳥取県三朝町の三仏寺投入堂（国宝／平安後期）は、平安密教建築の数少ない遺構であり、年代の古さも手伝って、清水寺本堂と並ぶ懸造建築の双璧としてしばしば引用される。しかし、投入堂の場合、だれがどうみても「舞台造」という用語に似つかわしくない。それは、絶壁を構成する玄武岩層と凝灰岩層の接点に生まれた岩陰のくぼみに立つ小さな懸造の仏堂である。規模は小さいながらも、そのアクロバティックな立地にだれもが驚かされ、圧倒される。そこには自然を畏怖する超俗性が、溢れんばかりに発露している。

　絶壁にたつ懸造の密教系仏堂は全国的に分布しており［井口 1991、1996］、山陰地方では、鳥取県若桜町の不動院岩屋堂、島根県出雲市の鰐淵寺蔵王堂、隠岐島前の焼火神社（焼火山雲上寺）など、崖に穿った岩窟と複合した懸造が点在している。上記諸寺の多くは、8世紀以前の初期仏教の時代に開山し、平安時代に密教の寺院として再興されたという二重構造の縁起をもち、前者は「奥の院」、後者は「根本堂（本堂）」を中核とする空間領域に境内を二分する傾向が認められる。その懸造を含む「奥の院」の風景に、われわれは顕著な超俗性を感知するのである。

　しかしながら、懸造という建築物に超俗性があるわけではない。絶壁、岩陰、岩窟、滝、巨石などの「場所」もしくは「自然物」に日本人は聖性を感じとり、そこに脇役としての建築物を加えることによって、場所の特性を際だたせている。三仏寺投入堂と同等、あるいはそれを凌ぐほどの超俗性を発露させているのが、出雲市平田の鰐淵寺浮浪滝・蔵王堂である。絶壁の小さな岩窟が懸造の蔵王堂を銜え込むようにしてあり、蔵王堂の正面に滝が落ちている。落水でえぐられた滝壺には「誤って滝壺に落とした碗の仏器を鰐魚(わに)が鰓(えら)にかけ浮かび上がった」という伝承があり、それが鰐淵寺なる寺号の由緒であるという。その仏器を落としたのが信州より来山した智春上人であり、寺伝によれば、推古2年（594）、上人が推古天皇の眼疾を浮浪滝で祈って平癒された報償として建立された勅願寺であるともいう。

　二重構造の縁起とそれにともなう境内のゾーニングなどからみて、「奥の院」が8世紀以前にさかのぼる行場であるとの見方が可能なわけだが、それを裏付ける確実な証拠がないのもまた事実で

あり、最近、鰐淵寺では史跡指定をめざす総合調査の一環として出雲市教育委員会により発掘調査が始まっている。

　一方、わたしたちは科学研究費基盤研究C「石窟寺院の憧憬―岩窟／絶壁型仏堂の類型と源流に関する比較研究」の採択をうけて、2010年8月初旬から11月末まで摩尼寺「奥の院」遺跡（鳥取市覚寺）の発掘調査をおこなった（第3章第2節）。その4ヶ月間、寸暇を惜しんで標高290mの現場に学生たちと登り続けた。摩尼寺「奥の院」には、石塔や石仏・木彫仏を納める小さな岩窟と大きな岩陰が二層になって巨巌に穿たれ、その正面の平場（加工段）の地表面にたくさんの礎石が顔を出している。岩窟・岩陰仏堂の正面に懸造の建物があったのは間違いない。発掘調査の結果、下層（平安時代後期）と上層（室町時代後期〜江戸時代前期）で建物跡を発見した。平成22年度中に遺構と遺物の整理はほぼ完了し、平成23年度は土壌・炭化物等の自然科学的分析とともに建物跡の復元研究に取り組んだ［浅川編2012］。

　余談ながら、岩窟と複合した懸造の仏堂を、わたしは古代中国の石窟寺院がミニチュア化したものだろうという見通しをもっている。中国の石窟寺院は、石窟の正面に木造の礼堂をもっていたり（雲崗など）、石窟の保護施設として木造の窟檐を備えるもの（麦積山・敦煌莫高窟など）などがあり、そのような構造が圧縮化されながら、朝鮮半島を経由して日本に入ってきたのではないか、と推定しているのである［岡垣・浅川2012、眞田・清水・檜尾・浅川2013］。

2．平城宮の記憶

　摩尼寺「奥の院」遺跡の発掘調査許可はあっさり下りた。考古学ではない建築系の研究室だから、もう少し手間がかかるだろうと予測していたのだが、すんなり許可されて拍子抜けしたほどである。やはりこの世界では経験がモノをいう。1987年度から2000年度までの14年間、わたしは奈良国立文化財研究所（奈文研）の平城宮跡発掘調査部に在籍し、平城宮・平城京の発掘調査に従事していた。発掘調査は苦手だったけれども、いま振り返って計算すると、14年間で50ヶ月以上の時間を発掘調査に費やしている。この調査時間がなにより「許可」にあたって評価の対象になり、さらにまた、平城京の調査で、薬師寺・西大寺・西隆寺・法華寺・大乗院など奈良・平安時代の寺院跡を調査した経験も有利に働いたものと思われる。

　誤解を避けるために、あらかじめ述べておきたい。わたしは考古学者ではなく、工学部建築学科を卒業した研究者である。奈文研に採用される以前に発掘調査の経験はまったくなかった。そういう大学院生が、文化庁の「発掘調査員（文部技官）」として採用され、平城宮跡発掘調査部の遺構調査室に配属された。当時の平城宮跡発掘調査部は、考古3室のほかに、遺構調査室、計測修景調査室、史料調査室の3室があり、それぞれ建築、造園、日本史を専攻する研究者が配属されていた。平城宮・平城京の発掘調査に複数の分野の研究者が所属して、常時「学際的」な研究を進めるのは素晴らしいことだと今も思っている。しかしながら、同じ発掘調査部で共同研究を進めながらも、考古3室に所属する考古学研究者と他分野の研究者とでは発掘調査に対する意識は少なからず異な

っていた。建築の同僚を例にとるならば、「発掘調査が好きだ」と公言する者がいないわけではなかったけれども、おそらく7割以上が「はやく発掘調査を卒業して本来の建築研究に戻りたい」と思っていたはずである。こういう建築研究者がその後どういう途をあゆむのかというと、上位機関の文化庁に配置換えとなって建造物系の技官として文化財行政を担うか、大学等に転出して本来の建築研究や教育に携わるかのどちらかである。いずれにしても、平城宮跡発掘調査部で経験した考古学的研究の経験は後の人生にほとんど影響しないのだけれども、結果としてみれば、わたしはその例外的存在の一人になった。あれだけ発掘調査を苦手としていたにもかかわらず、いまなお「考古学」の特殊分野を自分の専門領域にしている。

　奈文研に入所してから7年後に大きな変化が訪れた。上の世代の建築研究者が退官もしくは転出のため、一人も居なくなってしまったのである。そのとき平城宮には復元事業の荒波が押し寄せつつあった。朱雀門はすでに施工が進み、東院庭園の復元建物は年に1棟ずつ建設され、第一次大極殿は基本設計から実施設計に移行しつつあった。これら3つの復元事業が併行して進んでいく。毎週のように工程会議が開かれ、復元整備のための指導委員会が年に数回開催された。わたしは、それら復元事業の中核にいたわけではない。陣頭指揮をとっていたのは研究所を退官したOBであり、復元事業について厳しい指導をうけた。ここで地下遺構から建物の上屋構造を復元するノウハウを教えられ、それが本書で展開する建築考古学のベースとなっている。その恩恵は計り知れないものだと思ってはいるけれども、遺跡上に建物を復元するという行為自体に不信感を拭えないでいた。柱穴や基壇跡や雨落溝しか残っていない地下の遺構の上屋について、図面やパースを描いて叩き台を示す程度ならまだしも、実際に遺構の直上に建物を建てたとしても、上屋構造の実証性は低く、最もオーセンティックな価値ある地下遺構が2度と観察できなくなってしまう。どうしてこういう行為に熱中するのか。なぜ膨大な予算がつくのか。大がかりな復元事業には、いつでも「権力」の影がまとわりついて、下々の者が口出しできないまま建物ができ上がってしまう。残念なことだけれども、平城宮はその代表格であろう。

3．御所野遺跡と焼失竪穴住居跡

　1992年、新しい出会いが訪れる。それは故郷からの依頼であった。鳥取県湯梨浜町（旧羽合町）の南谷大山遺跡で、良質の焼失竪穴住居跡を調査中であり、調査指導をしてほしいというのである（第2章第6節(1)）。先に述べたように、奈文研に入所するまで発掘調査の経験は皆無であり、入所後の発掘調査も都城遺跡に限られていた。ごく普通の竪穴住居すら調査したことがないのに、炭化材を大量に残す住居跡の調査指導ができるのか、と心配だったが、大学院時代に民族学的な住居研究をしていたものだから、日本の住まいの原型たる竪穴住居には深く関心があり、思い切って未知の扉を開けることにした。

　南谷大山遺跡でみた2棟の焼失竪穴住居 ASI01・BSI20（弥生時代終末期〜古墳時代初期）の保存状況は見事なものであった。床面上に「垂木」と推定される板材や棒材が集中して横たわってお

り、その上には炭化した茅の痕跡が何ヶ所か残っていた。しかも、茅は垂木と直交して堆積している。そのとき、横方向の茅は土屋根の下地であろうと直感し、後に妻木晩田遺跡妻木山の焼失住居跡 SI-43 でその推定が裏付けられた（第2章第6節2）。SI-43では、垂木上横方向の茅の上に縦方向の茅、さらにその上に焼土（屋根土）が堆積しており、水平方向の茅と土屋根との関係がより鮮明になっている。このように、良質の焼失竪穴住居跡では、炭化した建築部材や屋根葺材が原位置を推定させる状態で出土している。平城宮・京の掘立柱建物跡では柱位置や雨落溝が確認できるだけで上部構造を知る手がかりはほとんど得られないのに対して、高地性集落の住居跡には垂木や屋根材が残っていて、建築的な常識を適用すれば、十分屋根構造を復元できる。復元が空想から実証に近づいた第一歩であり、これこそが、わたし個人における「建築考古学」の萌芽であったのかもしれない。南谷大山の衝撃が強烈であったため、ただちに「焼失竪穴住居址の構造復元」と題する研究を申請し、1993年に採択された。助成額わずか80万円の科学研究費（奨励研究A）であったが、新しい研究の展開にむけておおいに勇気づけられた。

　科研採択の翌年、御所野遺跡とめぐりあう。岩手県一戸町の御所野遺跡は今から4500年ほど前に誕生し、500～600年間存続した縄文時代中期後半の大規模な環状集落遺跡で、1993年に国の史跡に指定されていた。翌97年より整備基本構想が策定され、96年度から国庫補助をうけて「御所野遺跡環境整備事業」が始まった。その年、御所野西区で縄文時代中期末（約4000年前）の焼失竪穴住居群がみつかった。弥生時代の焼失住居なら全国各地で出土例が知られていたが、縄文中期末までさかのぼる良質の焼失住居の例はない。わたしたちは奈良から一戸まで飛んで中型住居の調査に参加した。実測調査終了後、記者発表用の復元図を描いたところ、翌97年8月、調査を指揮する高田和徳さん（現御所野縄文博物館長）が発掘調査の作業員とともに遺跡外で中型住居の原寸大復元に挑み、わずか6日間で建物を完成させた。2年後にはその焼却実験をおこない、集落復元整備にむけての重要な情報が続々もたらされたのである（第2章第4節）。こうして、御所野という「辺境」の縄文集落が実証性の高い復元事業の最前線に一躍おどりでていった。

　わたしが御所野遺跡の復元整備に関わり始めたのは94年のことであり、不思議なことに、それは奈文研での折り返し地点と重なりあっている。平城宮で復元事業の荒波にもまれた後半の7年間は、同時に御所野遺跡で焼失竪穴住居群の復元に熱中した時期でもあった。平城宮の復元事業が辛く苦しい仕事である一方、御所野は疲れた心身を癒してくれる場所となった。しかしながら、この両方の遺跡に共通するのは「復元」であり、天平と縄文を往来しつつ、空想と実証の交差する建築考古学の方法が醸成し始めた時期だと、ときに懐かしく想いおこしている。

4．青谷上寺地 ―7,000点の建築部材―

　鳥取環境大学に着任する前年（2000年）、鳥取市の青谷上寺地遺跡で全国出土木器研究会が開催され、同遺跡で出土した建築部材の量と多様さに圧倒された。その本格的な研究に着手するのは2006～08年のことである。建築材の総数は2000年の段階ではまだ分かっていなかった。2005年8月

から正式に青谷上寺地出土建築部材検討会がスタートし、青谷上寺地遺跡から取り上げられた建築材（もしくは建築材と推定される材）の総数が7,000点を超えることがあきらかになった。通常の報告書ではとても整理できないのはあきらかで、わたしは建築部材データベースのネット上公開をおこなうべきことを主張した。鳥取県埋蔵文化財センターは、その期待に応え、06年11月から建築部材データベースのネット上公開に踏み切った。一度に7,000件はとても無理だから、少しずつのアップになったが、最終的には6,128点の部材データシートがネット上で公開されている。

これら部材データシートの整理と公開に関わる作業と連動し、建築部材の分析と復元研究を進めていった。06年には、取り上げ時に3本に分断されていた丸太が残存長724cmの柱材であることが判明した。弥生時代「最長の柱」の発見である。その柱材の上端には直交する2方向に貫穴が残っており、下の貫穴を大引、上の貫穴を手すりがおさめられた仕口とみなし、高層で手すりをもつ開放的な建物の柱だと考え、魏志倭人伝にいうところの「楼観」にあたる建物であろうと推定し、その復元に挑んだ。翌07年には、弥生時代「最長の垂木」も確認され、梁間4mの大型建物の材として、建物の全体構造を復元した。青谷上寺地遺跡の凄みは、こういう1本の柱材や垂木材に複合する他の建築材がほぼ揃っていることである。日本各地の遺跡で出土した材のパッチワークではなく、青谷上寺地の材だけで建物が復元できる。しかも、何種類もの建物が復元できるのである。かくして、わたしたちは弥生時代の楼観や大型建物や高床倉庫を反復的に復元し、その復元にあたっては、必ず部材対応シートを作成した。復元された建物のどこにどの部材を使ったのかを明示するシートであり、一つひとつの材が空想でも借用でもなく、現に青谷上寺地遺跡から出土した建築材であることを示すことによって、復元の実証性をアピールしようとしたのである（第1章第2節）。

青谷上寺地出土部材による復元研究は、弥生時代建築（いわゆる掘立柱建物）の復元を一段高いステージに押し上げた。青谷以前と青谷以後では、復元の実証性が大きく異なる。青谷での試みによって、一部の建物の復元にとどまらず、弥生建築の「姿」とそれを描きだすための「文法」が徐々にあきらかになってきている。しかし、青谷上寺地出土部材の整理・分析は未だ十分ではない。解明されていない木製品の用途等をあきらかにするためには、さらなる復元研究の蓄積が必要不可欠だろうと思っていた矢先、奈良県桜井市教育委員会が調査している纒向遺跡で、2009年秋に超大型建物（約240m²）が発見された。「卑弥呼の宮殿」である可能性が高いとされ、メディアを賑わせた遺構である。

纒向遺跡に係わるわたしたちの復元研究は、纒向遺跡が邪馬台国であることを立証しようという下心をもって取り組んだものでは決してない。纒向遺跡大型建物群の復元を、あくまで青谷上寺地建築部材研究の応用として位置づけたかったのである（第1章第3節）。それは無茶だという意見もあるかもしれない。距離が遠く離れた二つの遺跡に強い文化の相関性があるわけではなく、存続した時期もわずかながらずれているのだから、纒向と年代的・地域的により近い近畿方面の遺跡で出土した建築部材をパッチワークして復元するほうが妥当だと考える研究者もいることだろう。しかしながら、異なる遺跡で出土した部材を組み合わせると、さまざまな矛盾が発生する。整合性のある復元になるとは限らないのである。一方、青谷上寺地の建築部材については、弥生建築の「文

法」に接近するほどの体系的なレベルの復元研究の成果が蓄積されており、パッチワーク型に比べて整合性の高い復元成果をもたらすことはあきらかであろう。

5．建築考古学の実証と復元研究

　青谷上寺地とその応用研究としての纒向遺跡大型建物群の復元は短期間で取り組んだ苦しい作業であったが、研究室の全メンバーは復元という知的ゲームをぞんぶんに楽しんだ。なぜ楽しめたのかと言えば、それが復元事業と係わりをもたなかったからだろうと思っている。

　中国における建築考古学の大先達、楊鴻勛が『建築考古学論文集』［文物出版社 1987、増補改訂版は清華大学出版社 2008］の序で詳述しているように、建築考古学の核心部分は「復元」にある。わたしは焼失住居跡や出土建築部材の研究をもとに、できるだけ実証的な復元を心がけてきたつもりだが、復元という行為から「推定」を完全に排除することはできない。そこには、どうしても研究者の空想や思い入れがはいりこむ。複数の建築史研究者がおなじ遺構をテーマに復元に取り組んでも、研究者の数だけ復元案ができてしまうのである。その最たる例が、出雲大社境内遺跡で出土した鎌倉時代宝治度大型本殿の復元であろう（第 3 章第 3 節）。5 人の建築史研究者が復元を競いあった結果、5 人の復元案はそれぞれ大きく異なったまま、復元模型が島根県立古代出雲歴史博物館に展示されている。

　こういう場合、だれの案がいちばん優れているとか、だれの案は話にならないとか、そういう議論をしても意味はない。だれも 4 次元空間を飛び越えて過去の時代に戻ることはできないのだから、答えは複数あってよいはずだ。正解は「ない」という言い方をしたほうがよいかもしれない。答えがないのだから、勝敗が決することもない。重要であるのは、復元に取り組んだ研究者が、実証と空想の入り混じる復元という「知的ゲーム」を論理的な思考をもって楽しめたかどうかに尽きるのではではないだろうか。わたしの場合、平城宮の復元事業に係わることは貴重な体験であったけれども、大いなる苦痛をともなった。一方、御所野の焼失住居群、青谷上寺地の建築部材、出雲大社境内遺跡大型本殿の復元などの仕事では十分な満足感と達成感を得ることができた。

　復元「事業」からかけ離れ、純粋な復元「研究」に近いほど、研究者は気楽に「復元」にとりくめる。御所野で復元に没頭できたのも、本格整備が動き出す前の手作りの実験復元や焼却実験があったからだろう。それにひきかえ、復元「事業」はやっかいきわまりない。不確定性の高い遺構から複数の復元案を紡ぎ出すことが可能であるにもかかわらず、1 案だけを選択し、実際に建設しなければならない。そのために「委員会」やその背後での凄まじい意見の衝突がある。不確定性が高い分だけ「権力」側の声が届きやすくなるという理不尽も常につきまとい、ゼネコンや木材業者なども暗躍し始める。建設工程にあたっては、建築基準法をはじめとする諸々の法規に束縛され、耐震構造補強や防火・防水処理などのために現代技術が想像をこえた範囲で駆使される。その結果、外観だけ「復元」的な顔をもつ現代建築が遺構に蓋をしてしまうのである。

　こういう事情が心身を蝕みはじめ、わたしは、ある時期から復元事業に係わるすべての「委員」

を辞めることにした。それ以降、気持ちが楽になり、純粋な知的ゲームとしての「復元」研究に集中できるようになったと思っている（第4章参照）。

6．慶州南山から見下ろして

　自らの発掘調査に基づく建築考古学的研究に取り組んだ摩尼寺「奥の院」との関係で、2010年秋に韓国の慶州を訪れた。一つの標的は世界文化遺産の石窟庵である。統一新羅王朝が花崗岩を積み上げてつくった人工の石窟寺院で、「石窟寺院への憧憬」という科研題目にこれほど似合う仏教遺産もないだろう。もう一つの標的は、南山の仏教史跡群である。南山には新羅時代から高麗時代にかけての石仏・磨崖仏が数おおく残っている。加えて、岩窟型の仏堂が点在するという情報を得ていたので、まる一日かけて南山を練り歩いた結果、3ヶ所で岩窟を発見し、学生とともに調査した。山陰でみる岩窟のように木造建築との複合性を鮮明に看取できたわけではないが、石窟寺院のミニチュアとしての岩窟の系譜を辿るには欠かせない遺構との出会いに一同狂喜し、実測と写真撮影に没頭した。

　その姿を欧米人が遠巻きに眺めている。わたしは参道をおりて、声をかけた。イングランドからの来訪者だという。かれはわたしたちを韓国人だと思い込んでいるので、日本人であることを白状したうえで会話を続けた。

　　「学生たちに岩窟仏堂を測量してもらっているんですよ」
　　「へぇ、何を専攻しているんですか？」
　　「古代建築です」
　　「それはおもしろい！」
　　「日本では、いま山の上にある古代仏教寺院跡を発掘調査してるんです」
　　「ますますエキサイティングだ！」
　　「建築考古学ってわかりますか？」
　　「それはすごい！　とても興味があります」

　日本では耳慣れない建築考古学（Architectural archaeology）という言葉が、なんの障壁もなく、生真面目な英国の青年の耳をすり抜けていく。ヨーロッパでは、ルネサンス以来、考古学と建築史（および美術史）が一体となって発展を遂げてきた。石や煉瓦など永続性のある材料でできた建造物は、廃墟になっても立体的に形を残す。それは建築の残骸でもあり、立体的な遺跡でもあるから、建築史と考古学が共同で調査研究にあたるのは当然のことであろう。一方、木造建築文化が支配する日本では、建造物の遺跡は原則として地下にしか残らない。建築は地上にあり、遺跡は地下にある。ために、建築学と考古学は遠い次元に離れている。研究者相互の交流は決して多くない。すでに述べたように、奈文研で発掘調査に従事する建築研究者ですら、いったんＯＢとなれば、その大

半は考古学と無縁な人生をおくることになる。

　だからわたしは建築学界の中で極端に例外的な存在であり、本書はまた極端に例外的な論文集であろうと思われる。わたしはこれからも「考古学」と縁を切ることはないだろう。考古学どっぷりの人生はまっぴらご免だけれども、日本のなかで自分が担いうる特殊な研究分野として、これからも「建築考古学」の発展に貢献したいと思っている。

参考文献

浅川滋男編　2012　『摩尼寺「奥の院」遺跡—発掘調査と復元研究—』鳥取環境大学（第3章第2節参照）
井口一幸　1991　『古代山人の興亡—懸け造り堂宇の謎—』彩流社
　　　　　　1996　『続　古代山人の興亡—懸け造り寺社巡礼　西日本編—』彩流社
岡垣頼和・浅川滋男　2012　「岩窟・岩陰型仏堂と木造建築の関係についての調査ノート」『鳥取環境大学紀要』
　　　　　　第9号・第10号合併号
眞田廣幸・清水拓生・檜尾恵・浅川滋男　2013「クチャの千仏洞を訪ねて—中国最古の石窟寺院—」『鳥取環境大学紀要』第11号

第 1 章　倭人伝の建築世界

第1節　正史東夷伝にみえる住まいの素描

1．はじめに

　よく知られているように、魏志倭人伝には、「屋室あり、父母兄弟臥息処を異にす」とか「租賦を収むに邸閣あり」、あるいは「宮室・楼観・城柵を厳そかに設け」などの建築的描写がふくまれている。これによって、弥生時代後半から古墳時代前半にかけての倭人の住生活や集落構造がおぼろげながらうかがわれ、発掘調査によって出土した建築遺構との対比も可能になっている。
　ところで、魏志倭人伝とは単独の書物ではない。『三国志』を構成する「魏書」のなかの東夷伝に含まれる倭の条をさしている。
　倭をふくむ東夷とは、文字どおり、「東方にいる夷狄」のことであり、倭以外にも、朝鮮半島から北東アジアにかけて居住する雑多な古民族をよぶ場合の総称であった。すでに『史記』には朝鮮列伝、『漢書』にも西南夷両粤朝鮮伝が含まれるが、その名のとおり、東夷諸地域のなかでは、朝鮮に限定された記載があるにすぎない。これに対して、古代の極東諸民族を東夷という概念で一括し、それをはじめて中国正史の列伝に加えたのは、ほかならぬ『三国志』であった。『三国志』は晋の陳寿が編纂した書であり、巻30に列伝第30として烏丸鮮卑東夷伝をおく。時代の序列としては『三国志』に先行する『後漢書』も、巻85に列伝第75として東夷伝を設けているが、『後漢書』は南朝宋の范曄によって5世紀前半に完成された書であるから、3世紀後半に成立した『三国志』に大きく遅れをとっている。じっさい、その記載内容からも、『後漢書』東夷伝が『三国志』東夷伝を引用している形跡をうかがうことができる。
　要するに、『三国志』の烏丸鮮卑東夷伝こそが、正史東夷伝の祖型たる体裁と内容を備えていて、そこには烏丸や鮮卑のほかにも、夫余、挹婁、高句麗、沃沮、穢、韓、倭などの地理や習俗が活写されている。とりわけ魏の行軍した朝鮮半島中部以北に関しては、かなり写実的で詳細な記載もみられ、断片的ながら建築に関する描写もふくまれている。
　本節は、『三国志』にはじまる正史東夷伝に素描された建築関係の記載を集成し、そのデータを類型的に整理することによって、倭をふくむ東夷の建築的特色を導きだそうとするものである。この作業は、おそらく、倭と他の東夷との関係を建築的に相対化することにもつながるであろう。なお、東夷といっても、いわゆる二十四史にはいずれも関係する記載があるわけだが、ここでは古代日本との対比という観点から、とりあえず唐代までを射程に納めておきたい。

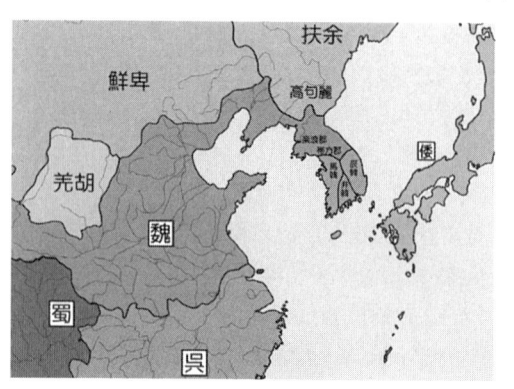

図1　三国（魏・呉・蜀）と倭（220〜265年）

2．穴居および季節の住み替え

(1) 挹婁・靺鞨系の竪穴住居

挹婁の穴居　竪穴住居に関する最も早い記載は、やはり『三国志』魏書・東夷伝にみられる。まずは、挹婁の条からとりあげてみよう。挹婁は松花江およびウスリー江流域の沿海州地域に定住していた古民族で、『後漢書』東夷伝は、春秋戦国時代の古典にみえる粛慎の後裔とした[3]。『三国志』魏書・東夷伝の記載は、

　　挹婁在夫余東北千余里、濱大海、南與北沃沮接、未知其北所極。其土地多山險。其人形似夫余、言語不與夫余・高句麗同。有五穀・牛・馬・麻布。人多勇力、無大君長、邑落各有大人。処山林之間、常穴居、大家深九梯、以多為好。

と始まる。問題は下線の箇所であり、「村は山林のなかにあり、常に竪穴住居に住んでいる。大きな家では、深さが梯子の九段分にもなって、深くなれば深くなるほどよい」とする。

『後漢書』東夷伝の記載もこれに相同し、

　　処於山林之間、土気極寒、常為穴居。以深為貴、大家至接九梯。

とみえる。つまり、気候が極寒なので竪穴住居をつくり、その深さが深いほど貴い、すなわち家のランクがたかい、というのである。

また、竪穴住居の内部についても、興味深い記載があって、『三国志』魏書・東夷伝は、

　　其人不潔、作溷在中央、人囲其表居。

『後漢書』東夷伝は、

　　其人臭穢不潔、作廁於中、圜之而居。

と記している。いずれも、挹婁人は不潔きわまりなく、尿溜め（溷＝廁）を竪穴住居の内部中央につくって、家人はそれを囲んでくらしているという意味である。この住居中に溜められた尿については、三上次男が詳細に考証しているように[4]、人体の洗浄および皮なめしに利用されたものとみなされ、三上はその習俗を地下式住居（竪穴住居）とともに[5]、L・フォン・シュレンクのいう古アジア系民族の特徴であるとした[6]。

このほか、唐代に編纂された『晋書』では、東夷伝の粛慎氏の条に、まず「粛慎氏は一名を挹婁という」として『後漢書』の見解を踏襲しつつ、その居住形態については「夏則巣居、冬則穴居」という季節による住み替えを示唆している。「夏はすなわち巣居し、冬はすなわち穴居す」というフレーズは、『礼記』礼運の「昔は先王いまだ宮室あらず、冬はすなわち居すに営窟し、夏はすなわち居すに橧巣す」を範とする常套句である。ここにいう「巣」や「巣居」を、文字通り、樹上の住まいとみる意見もあるが、ニブヒ族やコリヤーク族など定住傾向の強い北方民族は高床式倉庫をもっていて、それを夏の家とする習俗があることなどを参照すると[7]、むしろ高床式住居と理解するのが自然だろう。一方、冬の住まいとしての「穴居」とは、もちろん竪穴住居のことである。

勿吉・靺鞨の穴居　北斉の魏収が六世紀中頃に著わした『魏書』から、挹婁の地は勿吉と名をか

える。勿吉は5世紀後半に、西方の夫余を併合し強大な勢力をほこったが、6世紀後半に統治が破綻すると、勿吉支配下の諸部は独立した。この諸部を総合する呼称が靺鞨である。

北魏の正史『魏書』は勿吉の居住形態を、

　　其地下湿、築城穴居、屋形似塚、開口於上、以梯出入。

と描写している。つまり、「土地は低くて湿っぽく、城を築いて穴居し、その穴居の屋根の形は塚（墓）に似ていて、頂上に開口部があり、そこから出入りする」ということである。唐の長孫無忌が七世紀前半に編纂した『隋書』靺鞨伝と、『隋書』にわずかに遅れる李延寿の『北史』勿吉伝の記載はまったく同じで、

　　地卑湿、築土如堤、鑿穴以居、開口向上、以梯出入。

とある。「土を築くこと堤の如し」という描写から、土盛りの囲壁をもつ「城」の姿が想像される。要するに、竪穴住居によって構成される集落が土盛りの城壁に囲まれてれていた、ということなのである。

10世紀中頃に成立した『旧唐書』では、靺鞨を東夷伝ではなく、北狄伝に割りふっている。東夷の地域概念に変化がみえ始めるわけだが、居住に関する記載も、いくぶん具体的になる。

　　無屋宇、並依山水掘地為穴。架木於上、以土覆之、状如中国之塚墓。相聚而居、
　　夏則出随水草、冬則入穴。

家屋というものはなく、山や川に沿って地面を掘り穴居をつくる。穴居の上に木を架けわたし、これを土で覆う。その姿は中国の塚墓のようである。人びとは相あつまって居住し、夏は外に出て水と草をおい、冬は穴（居）に入ってくらす。『隋書』と『北史』までは、たんに墓に似ていると描写していた竪穴住居の上部構造を、ここでははっきり土屋根であることを示すとともに、夏と冬の住生活の変化についても言及している。続く11世紀初の『新唐書』北狄伝でも、

　　居無室廬、負山水坎地、梁木其上、覆以土、如丘冢然。夏出随水草、冬入処。

というように、『旧唐書』の記載を簡略化しつつ、黒水靺鞨の居住習俗を描写している。

(2) 室韋とその周辺小国の住まい

室韋の多彩な住まい　勿吉の西側にあたる松花江上流の内陸地域にいた室韋（失韋）は、南方の契丹や奚とともにモンゴル語系の民族と推定されているが、契丹と奚は遊牧、室韋は狩猟・漁労を主たる生業としていた。北魏から唐にかけての正史には、室韋とその近隣の小国である豆莫婁や烏洛侯の穴居や住み替えに関する記載もみられる。

『魏書』列伝第88は、失韋国について「夏はすなわち城に居し、冬は水と草を逐う」と記すのみだが、『隋書』および『北史』の記載はユニークで、4カ所に居住形態の描写がみられる。まず、南室韋についてみると、『隋書』北狄伝は、

　　土地卑湿、至夏則移向西北。貸勃・欠対二山多草木、饒禽獣。又多蚊蚋、
　　人皆巣居、以避其患。

とある。すなわち、土地が卑湿であるから、夏になると西北にむかって移動する。貸勃と欠対の二

山には草木がおおく、禽獣も数知れない。また蚊や蚋も多いから、人はみな巣居（高床居住）し、その患いを避けるという。南室韋についてはさらに、

　　乗牛車、籧篨為屋、如突厥氈車之状。

という記載もある。牛車にのって移動するとき、アンペラで屋根をつくるから、その形状は突厥の氈車のようにみえる、というのである。⁽⁸⁾

　南室韋から北行11日で北室韋に至る。そこには9つの部落が吐紇山のまわりに集落を構えており、

　　気候最寒、雪深没馬。冬則入山、居土穴中、牛畜多凍死。

であった。つまり、気候は最も寒く、雪の深さで馬が没するほどであり、冬になると山に入って竪穴住居に住むのだが、牛や家畜の多くは凍死してしまうのだという。

　北室韋からさらに千里ほど北行すると、鉢室韋の地に至る。人口は北室韋よりも多く、数知れないほどの部落が胡布山麓に散在していた。その家屋の特徴は「樺の皮をもって屋を蓋う⁽⁹⁾」ことであり、その他は北室韋と変わらないという⁽¹⁰⁾。

　くだって『旧唐書』北狄伝にも、室韋の住居に関する短い描写がある。

　　其人土著、無賦斂。或為小室、以皮覆上。相聚而居、至数十百家。

　その人々は土着定住しているが、賦税はない。中に小さな室（部屋）をつくって皮でその上を覆う家がある。相集まってくらす家は、数十から百にもおよぶ。ここにいう屋根材としての「皮」とは、『隋書』室韋伝にみえる「樺皮」のことではなく、犬もしくは豚（猪か？）の毛皮をさすようである。『旧唐書』北狄伝は、「畜は宜しく犬・豕を豢養し、これをくらう。其の皮は用いるに以て韋（なめしがわ）と為し、男子・女人は通じて以て服と為す」と説いている。

　『新唐書』北狄伝の記載は、「巣居」と「牛車」についてほぼ『隋書』の描写をうけつぐが、わずかに詳細な部分もみられる。

　　所居或皮蒙室、或屈木以籧篨覆、徙則載而行。

　住まいは皮で室を覆うか、木材をまげてアンペラで覆うかのどちらかで、牛車で移動するときは、それを車に載せて行くのである。

烏洛侯の冬の家　『魏書』列伝第88は、失韋国に続けて、豆莫婁・地豆于・庫莫奚・契丹・烏洛侯などの小国を列記しており、そのうち失韋の西にあった烏洛侯国に竪穴住居と住み替えの描写がある。

　　其土下湿、多霧気而寒、民冬則穿地為室、夏則随原阜畜牧。

　その土地は低く湿っており、霧がおおくて寒いから、人々は冬になると地面を掘りこんで住まいをつくり、夏は原野や丘陵にでて放牧する。現在のエヴェンキ遊牧民の生活を彷彿とさせる。

（3）　北沃沮の洞穴居住

北沃沮の巌穴　東沃沮は、挹婁と朝鮮半島にはさまれた日本海沿岸の地域もしくは民族であり、はじめ衛氏朝鮮に服属していた。その後、前漢の武帝が朝鮮を伐って東沃沮に玄菟郡をおき、さら

に後には楽浪郡の統轄をうけた。飲食・住居・衣服・礼節は、高句麗に似るという。
　東沃沮の北部は、北沃沮もしくは置溝婁(11)と呼ばれ、挹婁の侵入にしばしば脅かされたので、その社会情勢が居住形態にも影響をおよぼしていた。『三国志』魏書・東夷伝には、

　　挹婁喜乗船寇鈔、北沃沮畏之、夏月恒在山巌深穴中為守備、冬月氷凍、船道不通、乃下居村落。

『後漢書』東夷伝にも、

　　挹婁人喜乗船寇鈔、北沃沮畏之、毎夏輒蔵於巌穴、至冬船道不通、乃下居邑落。

とみえる。すなわち、挹婁は船にのって侵入し盗賊を働くので、北沃沮の人びとはこれを畏れ、夏は山の巌（崖）の深い穴でくらして挹婁の侵略に備え、冬になって海が氷結し船が通らなくなると、ようやく村に下山してくるのである。ここにみえる「山巌深穴」および「巌穴」とは竪穴住居ではなく、自然の洞穴をさす可能性が高いだろう。

(4)　馬韓と儋羅の穴居

馬韓の土室　百済の前身にあたる馬韓は、朝鮮半島南部西岸域の古国であり、『三国志』魏書・東夷伝によると、その民は定住しており、住まいは穴居であった。

　　其俗少綱紀、国邑雖有主帥、邑落雑居、不能善相制御。無跪拝之礼。居処作草屋土室、
　　形如冢、其戸在上。挙家共在中、無長幼男女之別。

その風俗には綱紀があまりなく、国や村にリーダーが居るけれども、村落の居住形態は雑然としていて、うまく統制されていない。跪拝の礼もない。住まいは「草屋土室」を作り、形は冢（墓）のようで、その出入口は上にある。一家をあげて中に住み、長幼の序列や男女の別で居室を異にすることはない。

問題はここにいう「草屋土室」であり、草葺きの竪穴住居と解することもできるが、「形は冢の如し」という描写を重視するならば、木構造草葺きの屋根に土を被せたものか、あるいは饅頭形の土盛り構造に、水切りのための枯れ草を葺き流したものと考えるべきであろう(12)。

なお、『後漢書』東夷伝では、

　　邑落雑居、亦無城郭。作土室、形如冢、開戸在上。無知跪拝。無長幼男女之別。

『晋書』東夷伝では、

　　俗少綱紀、無跪拝之礼。居処作土室、形如冢、其戸向上。挙家共在其中、無長幼男女之別。

とあって、あきらかに『三国志』の記載を引用しているが、竪穴住居については「草屋土室」ではなく、たんに「土室」と記している。

儋羅の窟室　『新唐書』東夷伝は、今の済州島にあった儋羅国の居住形態についても触れている。

　　龍朔初、有儋羅者、（略）俗朴陋、衣大豕皮、夏居革屋、冬窟室。

唐の龍朔年間（661-663）の初め、儋羅という国があって、その風俗は朴訥としており、大きな豚（猪か？）のなめし皮で作った衣服を着、夏は皮革で覆われた家、冬は穴の家に住みわけていた。ここにいう「窟室」は洞穴や横穴かもしれないが、もちろん竪穴住居の可能性もある。

3．城と宮室

(1) 朝鮮半島南部の状況

馬韓に城郭はあったか　『三国志』魏書・東夷伝には、馬韓の「城郭」について矛盾した記載が認められる。まず、

　　馬韓在西。其民土着。(略) 各有長師、大者自名為臣智、其次為邑借、散在山海間、<u>無城郭</u>。

とあって「城郭なし」とする。これは先述の「邑落は雑居し、善く相い制御すること能わず」にも対応しているのだが、そのしばらく後のパラグラフで「城郭を築く」という表現があらわれる。

　　其国中有所為及官家使<u>築城郭</u>、諸年少勇健者、皆鑿脊皮、以大縄貫之、又以丈許木鍤挿之、
　　通日口嚾呼作力、不以為痛。既以勧作、且以為健。

馬韓が国をあげて事をおこなうにおよび、有力者が城郭を築かせようとする場合、勇ましく健康な若者は、みな背中の皮に穴をあけて、そこに大縄を通して一丈ほどの木材に巻きつけ、終日大声をあげて力をふりしぼるのだが、これを苦痛と感じない。こういうことから村人は作業を励まし、そのうえで若者たちを健児とみとめるのである。なんとも勇猛な習俗だが、『後漢書』東夷伝はここに露呈した矛盾に気づいており、あらかじめ「邑落雑居、亦無城郭」と記したうえで、

　　其人壮勇、少年有<u>築室</u>作力者、輒以縄貫脊皮、縋以大木、口嚾呼為健。

とし、「城郭」を「室」に改めている。大木の運搬は、たしかに城壁の築造よりも、特殊な大型家屋の建設にふさわしく、『後漢書』の記載のほうに説得力があると言えよう。

ただし、『後漢書』に後続する『晋書』馬韓伝は、むしろ『三国志』にちかい。前提として「城郭なし」と記述しながら、

　　国中有所調役、及起<u>築城隍</u>、年少勇健者皆鑿其背皮、貫以大縄、以杖搖縄、終日口嚾呼力作、
　　不以為痛。善用弓楯矛櫓。

と述べている。『三国志』馬韓伝にいう「城郭」を「城隍」に変えているわけだが、「城隍」とは城の壕のことである。城壕はあるが、城壁はないと言いたいのだろうか。また、『晋書』では、背中の毛皮に穴をあけて、杖で縄を揺らす作業を終日したとあり、仕事の内容も異なっている。それが「城隍」の掘削とどう結びつくのかはあきらかでない。いずれにしても、『後漢書』の記載にもっとも整合性があり、『通典』辺防も『後漢書』に従っている。なお、『晋書』馬韓伝には「弓・楯・矛・櫓をよく用いる」とあって、防御施設としての「櫓」が築造されていたことにも注目すべきであろう。

辰韓・弁韓の城柵と住まい　つぎに、馬韓の東方にあった辰韓についてみると、『三国志』魏書・東夷伝は「城柵あり」、『後漢書』東夷伝は「城柵・屋室あり」、『晋書』は「城柵を立てる」と記す。『後漢書』にいうところの「屋室」はおそらく魏志倭人伝の用法と同じく、「地上に立つ（掘立柱）建物」を指すのだろう（後述）。

弁辰（弁韓）の居住形態については、『三国志』魏書・東夷伝にいくぶん詳しい記載がある。

  弁辰與辰韓雑居、亦有城郭。衣服・居処與辰韓同、言語法俗相似、祠祭鬼神有異、

  施竈皆在戸西。

 弁辰は辰韓と混住しており、また城郭がある。衣服や住まいは辰韓とおなじで、言語や法や習俗はたがいに似ているが、鬼神の祭りかたは異なっており、竈（神）はどの家でも室内の西側におくという。また、おなじ『三国志』弁辰伝にひく『魏略』本文には、

  其国作屋、横累木為之、有似牢獄也。

という興味深い記載もみえる。家屋は木材を横たえて積みあげたもので、牢獄に似ている、というのである。つまり、丸太組の構法によって家屋を生産していたのであろう（図2）。

 百済と新羅 百済伝は、梁の沈約が5世紀後半に編纂した『宋書』から正史に登場する。正史東夷伝の記載は、このあたりから民族史的記述よりも国家史的記述に重点がおかれるようになり、習俗や建築など生活関係の描写は極端に少なくなっていく。言い換えるならば、中国と諸外国の戦争や外交の記事が主体となるのだが、それは東夷の諸地域が国家的なまとまりをもつに至ったことを反映している。その代表が、百済・新羅・高句麗の朝鮮三国であった。

 唐の姚思廉が7世紀前半に編纂した『梁書』の東夷伝によると、百済はもとは馬韓の一小国で、しだいに強大となり、晋の時代に遼西・晋平の2郡を占拠した。『三国史記』百済本紀によると、この北方の百済の都であった漢城は、高句麗によって475年に陥落し、百済の王都は南韓の地に遷都された。百済の城郭について詳細な記述はまったくないが、『梁書』百済伝には、

  号所治城曰固麻、謂邑曰檐魯、如中国之言郡県也。其国有二十二檐魯。

とある。治めるところの（王の）城郭は固麻という。村落のことは檐魯といって、中国でいう郡県のようなもので、この国には22の檐魯がある。固麻については、さらに7世紀前半に編纂された『周書』の異域上に、

  治固麻城。其外更有五方。中方曰古沙城、東方曰得安城、南方曰久知下城、

  西方曰刀先城、北方曰熊津城。

とある。固麻城を王都とし、さらに五（つの地）方があって、中方を古沙城、東方を得安城、南方を

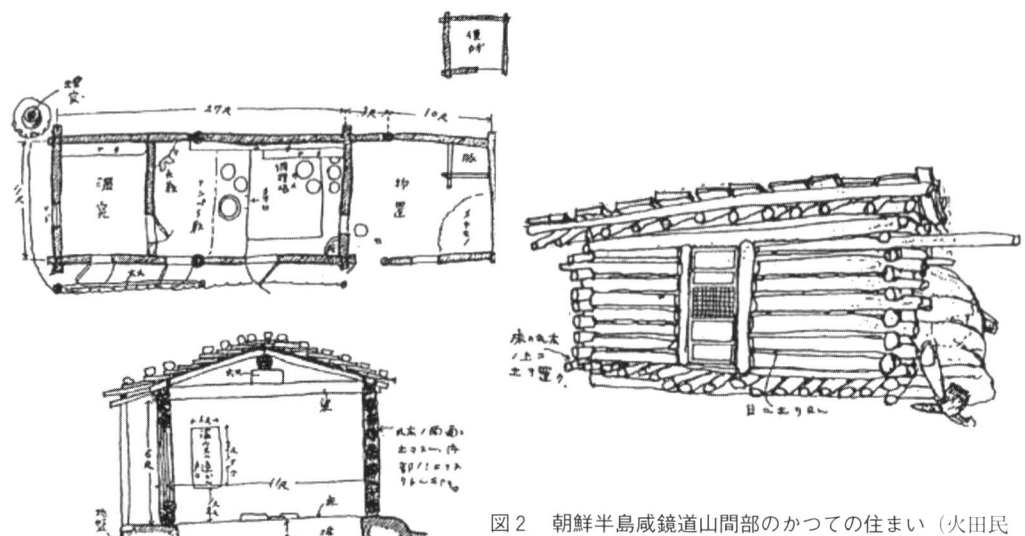

図2 朝鮮半島咸鏡道山間部のかつての住まい（火田民［焼畑農耕民］の住まいか。今和次郎『朝鮮部落調査報告』第1冊［朝鮮総督府1924］から転載）

久知下城、西方を刀先城、北方を熊津城と呼んでいたのである。さらに『隋書』百済伝は「その都を居抜城という」と記し、なおかつ、

　　厥田下湿、人皆山居。（略）毎以四仲之月、王祭天及五帝之神。立其始祖仇台廟、歳四祠之。
　　国西南人島居者十五所、皆有城邑。

とも述べている。その田は低湿で、人はみな山に住んでいる。毎年の四仲月に、王は天と五帝の神を祭るとともに、始祖である仇台の廟を建て、年に4回これを祭っていた。また、国の西南には、人の住む島が15ヶ所あり、いずれの島にも城郭や村落があったのである。(16)

　このほか仏教建築に関する記載もわずかにみられる。『周書』百済伝には「僧尼・寺塔はなはだ多く、而して道士なし」、『隋書』百済伝にも「僧尼ありて、寺塔多し」とある。以上のように、百済の建築文化はかなり先進的で、すでに中国文明をかなり受容していた。

　一方、新羅伝は唐代編纂の『梁書』から正史に登場する。それによると、新羅はもともと辰韓を構成していた12国のうちの一つであったというが、『隋書』は新羅の先祖を百済人とする。中国に対して王位を伝え朝貢を始めるのは、594年以降のことである。

　新羅の城郭や建築に関する文献記載はほとんどない。わずかに『梁書』新羅伝に、

　　其俗呼城曰健牟羅、其邑在内曰啄評、在外曰邑勒、亦中国之言郡県也。
　　国有六啄評、五十二邑勒。

とある。新羅の習慣では、（王の）城郭のことを健牟羅とよび、村は城郭の内にあるものを啄評、外にあるものを邑勒という。中国でいう郡県に相当する。国内には、6つの啄評と52の邑勒があるという。

（2）高句麗の城郭と建築

初期の高句麗　高句麗は前37年、夫余からでた東明王朱蒙が建国し7世紀まで存続した強国で、中国との関係は必ずしも良好ではなかった。その領土は、朝鮮半島北部から遼寧・吉林の南部にまで及ぶ。『三国志』魏書・東夷伝の高句麗の条には、建築施設に関する描写が少なくない。まずはじめに、(17)

　　随山谷以為居、食澗水。無良田、雖力佃作、不足以実口腹。其俗節食、
　　好治宮室、於所居之左右立大屋、祭鬼神、又祀霊星・社稷。

という一節がみられる。人びとは山や谷に住み、谷水を飲んでいる。良好な田畑はなく、耕作に励んでも空腹を満たすに十分ではない。高句麗の習慣では、食べるものを節約し、宮室の普請を好む。宮室の左右には大きな建物をたて、鬼神や霊星・社稷を祭る。このような祭祀をおこなうのは王だけでなく、古雛加とよばれる官職者も「また宗廟をたて、霊星・社稷を祠る」ことができた。このほか、「桴京」と称する倉庫と「婿屋」とよばれた娘宿に関する興味深い描写もあるが、これは次節にまわす。

　城郭・城柵の有無については直接言及していない。ただし、

　　于東界築小城、（略）今胡猶名此城為幘溝婁。溝婁者、句麗名城也。

とあって、「城」が存在したことは疑いなかろう。漢の時代に高句麗の東の国境に小城を築いてい

第1章　倭人伝の建築世界　　　　　　　　　　　　　　　　　　　　　　　　　　　19

て、今（3世紀後半）でも東夷の人たちはこの城を幘溝漊と呼んでいる。溝漊というのは、高句麗の言葉で「城」を意味していたのである。なお、始祖の朱蒙が夫余に追われて高句麗の地に落ちのび定着した城を、『魏書』高句麗伝では「紇升骨城」、『周書』高麗伝では「紇斗骨城」と呼んでいる。白鳥庫吉によると、ここにいう「骨」と上述の「溝漊」が同音で、いずれも城をさす高句麗語コルにあたり、城の実称は「紇升」もしくは「紇斗」であって、兀刺山に比定されるという。

建築にみる高句麗の文明化　『周書』高麗伝には、

　　治平壤城。其城、東西六里、南臨貝水。城内唯積倉儲器備、寇賊至日、方入固守。
　　王則別為宅於其側、不常居之。其外有国内城及漢城、亦別都也。

という記載がある。王都となるのが平壤城で、その城は東西六里、南は貝水に臨む。城内にはただ倉庫と武器をおき、寇賊がやってくる日には、ただちに入城してかたく守る。王は側面のほうに別宅を設けているが、つねに居るわけではない。このほか国内城と漢城もあり、それらはまた別の都である。平壤城は漢の楽浪郡の故地であり、『新唐書』高麗伝は「王は宮をその左に築く」と記す。これによると、平壤城のなかの宮殿地区は東方に位置していたことになる。『旧唐書』高麗伝には、

　　其所居必依山谷、皆茅草葺舍、唯仏寺・神廟及王宮・官府乃用瓦。
　　其俗貧窶者多、冬皆作長炕、下燃火温火以取暖。

という記載もみられる。人の住むところは必ず山や谷にあって、いずれも茅で屋根を葺くが、ただ仏寺・神廟や王宮・役所は瓦葺きに変わる。貧しい民が多く、冬にはみな長い炕をつくって、床下で火を燃やして暖をとる。炕とは、オンドルの原型であり、ベッド状の床暖房装置である。

宗教施設については『周書』と『隋書』の高麗伝にも登場する。とくに『周書』の記載が詳しく、次のようにいう。

　　敬信仏法、尤好淫祀。又有神廟二所。一曰夫余神、刻木作婦人之像。一曰登高神、
　　云是其始祖夫余神之子。並置官司、遣人守護。蓋河伯女與朱蒙云。

高句麗の人々は仏法を敬い信じて、淫祀を最も好む。また、神廟が2ヶ所ある。一つは夫余神と言って、木を刻んで婦人の像を作る。一つは登高神といって、始祖である夫余神の子をさす。役所を設置し、人を派遣して2神を守護する。『周書』の著者の意見では、登高神が朱蒙、夫余神が朱蒙の母の河伯女のことであろうという。

淫祀は、仏教・道教などの祭祀対象となる民間の小祠、もしくは小祠における祭祀をさす。『旧唐書』高麗伝でも、淫祀が多く、霊星神・日神・可汗神・箕子神を祭るとあり、また、

　　俗愛書籍、至於衡門廝養之家、各於街衢造大屋、謂之扃堂、子弟未婚之前、
　　晝夜於此読習射。

という記載もある。高句麗の人々は書籍を愛し、粗末な建物に住んで召使いを職とするような貧乏な一家でさえも、それぞれ街路にそって大きな屋舎をたてる。これを扃堂といい、未婚の子弟が昼夜この建物で読書し、弓矢を習うのである。ここにいう書物とは、『五経』『史記』『漢書』『後漢書』『三国志』『晋春秋』『玉篇』『字統』『字林』『文選』などであり、高句麗の民は、早くから中国文明の知識を吸収していた。

(3)　夫余とその周辺

夫余の宮室と城柵　夫余は松花江上流域を領土とし、挹婁と鮮卑に東西をはさまれていた。室韋の前身にあたる古国である。『三国志』魏書・東夷伝には、

　　其民土著、有宮室・倉庫・牢獄。（略）作城柵皆員、有似牢獄。

『後漢書』東夷伝にも、

　　以員柵為城、有宮室・倉庫・牢獄。

とある。すなわち、まるくかこんだ柵で城を作り、そのなかに宮室・倉庫・牢獄を設けていたという。『三国志』に「城柵をまるく作るのは、牢獄に似ている」とあるのは、もちろん当時の中国人が牢獄をまるいものだと認識していたからである。[23]『晋書』東夷伝には、

　　国中有古穢城、本穢貊之城也。

という記載もある。夫余国のなかには昔の穢城があって、それはもとの穢貊の城であるという。朝鮮半島北部にいた穢や貊が北上して築いていた城という意味であろうか。

勿吉・室韋の城と豆莫婁の宮室　すでにとりあげたが、勿吉についても「築城穴居」という記載が『魏書』勿吉伝にあり、『隋書』靺鞨伝と『北史』勿吉伝に「築土如堤」という具体的な記述がみられる。「土を築くこと堤の如し」という描写から、土盛りの囲壁をもつ「城」の姿をイメージできる。すでにとりあげたように、『魏書』列伝第88に失韋が「夏はすなわち城に居し、冬は水と草を逐う」とあるから、失韋は、夏の居所として「城」を築いていたということだが、ここにみえる夏と冬の住み替えは季節が反転しているようにも思われる。

勿吉の北、失韋の東の海浜地域にあった豆莫婁国については、城郭の記載はないが、「その人土著し、宮室・倉庫あり」と『魏書』にみえる。

4．居住の周辺

(1)　付属施設

桴京　すでに述べたように、高句麗には「桴京」という倉庫があった。『三国志』魏書・東夷伝に、

　　国中邑落、（略）無大倉庫、家家自有小倉、名之為桴京。

とみえる。すなわち、高句麗の村落には、共同で用いる大倉庫はなく、各家がそれぞれ小さな倉庫をもっていて、これを桴京と呼んでいた。

この「桴京」については、稲葉岩吉の『釈椋』(1936)に詳しい考証がある。まず桴京の「京」については、「木」を部首につけた「椋」がクラと訓読され、『広雅』釈言も「京」を「倉」の別名とすることなどから、倉庫をさす漢語とみてまちがいない。一方の「桴」については、クラを意味する朝鮮半島の方言・満州語・女真古語などにkuli, khuli, wuli, kwuli, huliがあり、その写音の可能性があるという。要するに稲葉は、「桴京」をクラを意味する高句麗語と漢語の組みあわさった畳言とみており、しかも前掲『三国志』弁辰伝にひく『魏略』の「其国作屋、横累木為之、有似牢獄

也」や、朝鮮・満州・樺太などの累木式構造の建築遺構を参照して[24]、桴京の構造を「校倉」式と推定している。また、後藤廟太郎によると、鐘鼎文に表現された「京」の字は、いずれも高床式建築の象形である[25]というから、「椋」とはたんなる倉庫ではなく、木造高床式倉庫の可能性が高いと言えよう。よく知られているように、戦後、吉林省の輯安県麻線江で5世紀の高句麗古墳が発掘され[26]、その壁面に累木式の高床倉庫が描かれていた。稲葉の先見性を裏付ける発見であった。

婿屋と嫁取り　『三国志』魏書・東夷伝には、高句麗の「婿屋」とそれにともなう習俗が記されている。

　　其俗作婚姻、言語已定、女家作小屋於大屋後、名婿屋。婿暮至女家、
　　戸外自名跪拝、乞得就女宿、如是者再三、女父母乃聴使就小屋中宿、傍頓銭帛、
　　至生子已長大、乃将婦帰家。

高句麗の習慣では、婚姻にあたって両家の話合いが決まると、女の家では母屋の裏側に小屋をたて、これを婿屋と名づける。婿は夕暮になると女の家まで行き、戸外で自ら名をなのり跪拝して、「娘さんの宿に入れてください」と乞い願う。これを再三くりかえすと、娘の父母はようやく聞き入れて婿を小屋に泊まらせた。このとき、婿は傍らに銭や絹を整えておく。その後、子どもが生まれ大きくなったら、婿は妻をつれて実家に帰るのである[27]。

このほか婚姻の習俗として、注目すべきものを二、三あげておく。『魏書』勿吉伝には、

　　初婚之夕、男就女家執女乳而罷、便以為定、仍為夫婦。

とある。結婚して初めての夕べに、男は女の家（竪穴住居？）に行って、女の乳房をつかんで離す。それで結婚が定まり夫婦となる。『隋書』と『北史』の倭国伝にも、

　　性質直、有雅風。女多男少、婚嫁不取同姓、男女相悦者即為婚。婦入夫家、
　　必先跨火[28]、乃與夫相見。

という記載がある。倭人の性格は素直でしとやか。女が男よりも多く、結婚は同姓不婚で、男女がたがいに好きになったら結ばれる。新婦が夫の家に入るときには、必ずはじめに火をまたぐ。それから、夫とまみえるのである。ここにいう「火をまたぐ」習俗について、筆者は貴州トン族の古老から聞き取り調査したことがある。貴州トン族の場合、嫁が出産すると、原則として家族以外のだれもその住まいの内部に入れなくなるが、嫁の母親は例外で、大門（入口）を通過するとき、火箸でつまんだ炭火をまたいで屋内に入ったという[29]。「浄め」を目的とする儀礼の一種だが、倭の新婦の場合も、おそらく家の境界である入口で火をまたいだのだろう。

(2) 居住と民俗知識

死者と住まい　『隋書』高麗伝と『北史』高麗伝には、

　　死者殯於屋内、経三年、択吉日而葬。居父母及夫之喪、服皆三年、兄弟三月。

とある。死者は屋内で殯（もがり）し、3年たったら吉日を選んで葬る。父母および夫の喪に服するのは3年、兄弟では3月とする。屋内に3年も死体をさらすはずはないから、おそらく屋内の地下に仮埋葬するか、盛土して死体を覆うかして殯したあと、墓地に埋葬しなおしたものと思われる[30]。この葬送が

高句麗土着の方法か、それとも中国の影響なのかはよく分からない。ただし、室韋の殯についてみると、やはり父母の死後3年服喪するのだが、その屍体は林樹の上（『魏書』『北史』）、もしくは部落が共同でつくった大きな棚の上（『隋書』『新唐書』）に置くとある。『隋書』と『北史』の倭国伝でも、

　　　死者（略）親賓就屍歌舞、妻子兄弟以白布製服。貴人三年殯於外、庶人卜日而葬。

とあって、いずれも屋外で殯しており、高句麗とは大きく異なっている。

朝鮮半島北部の東側にいた濊は、高句麗と同族で風俗もよく似ていたというが、疾病者や死亡者がでると、その家を捨てて新居をつくるという習慣があった。『三国志』魏書・東夷伝には、

　　　多忌諱、疾病死亡輒捐棄旧宅、更作新居。

とあり、『後漢書』東夷伝の記載もこれとほぼ変わらない。

聖　域　馬韓には、「蘇塗」という大木を立てる特殊な村が存在した。『三国志』魏書・東夷伝は、

　　　又諸国有別邑、名之為蘇塗。立大木、懸鈴鼓、事鬼神。諸亡逃至其中、
　　　皆不還之、好作賊。立蘇塗之義、有似浮屠、而所行善悪有異。

という。諸国には特別の村があり、これを蘇塗とよんだ。大木をたてて鈴や太鼓を懸け、鬼神に仕えるためである。諸々の逃亡者がこの村の内部に逃げ込んでも、だれも追い出すようなことはしないので、しばしば盗賊を働いたりする。蘇塗を立てる意味は仏塔と似るところがあるけれども、その行ないの善悪には異なるところがある。蘇塗とは、一種のアジールであったと言えよう[31]。

朝鮮半島北方の濊の地では、山や川のなかにも一種の聖域とよべる領域が存在した。『三国志』魏書・東夷伝には、

　　　其俗重山川。山川各有部分、不得妄相渉入。

とある。濊の習俗では、山や川を重んじる。山や川はそれぞれ特別な領域があって、みだりに入ることはできない。『後漢書』東夷伝の記載はわずかに異なり、

　　　其俗重山川。山川各有部界、不得妄相干渉。

と変わる。山と川にはそれぞれ領域の境界があり、たがいがみだりに干渉できない、という意味である。いずれにしても、かなりアニミスティックな自然崇拝を反映するものと言えよう。これと関連するかどうかは分からないが、『魏書』勿吉伝には、

　　　国南有徒太山、魏言大白、（略）人不得山上溲汚、行逕山者、皆以物盛。

という記載もある。国の南に徒太山（魏の時代の大白山）があり、人は山にのぼったら小便して汚してはいけない。山を通りすぎるものは、汚物を器物にいれて持ち帰ることになっていた。おそらくこの習俗も、山を聖視する自然観を反映するものだろうが、勿吉の場合、すでにのべたように、尿を人体の洗浄や皮なめしに用いるので、そのために尿を持ちかえるのかもしれない。

5．東夷のなかの倭の建築

これまで東夷とよばれる極東古民族の居住と建築に関わる記載を、おもに正史の中から拾いあつ

第1章　倭人伝の建築世界 ― 23

めてきた。最後に、以上の成果を倭と対比させながら整理しておきたい[32]。

（1） 穴居の問題

穴居の担い手　挹婁（粛慎）の穴居、勿吉・靺鞨の穴居、北室韋の土穴、烏洛侯の冬の家、馬韓の土室、儋羅の窟室など、中国東北地方の松花江上流域から沿海州、さらに朝鮮半島南部の離島に至るまで竪穴住居と思われる居住施設の記載が確認できた。問題はその信頼性であるが、考古学的にみても、中国東北地方・沿海州・朝鮮半島のいずれも竪穴住居の卓越地域であり、文献記載を裏付けている。

さて、この地域の竪穴住居に関する文献研究としては、三上次男による傑出した先行業績がある[33]。三上は、挹婁・勿吉系の古民族が梯子を使って屋根の頂部から出入りする深い竪穴住居に住んでいて、しかも「夫余・高句麗・沃沮など、原ツングース系諸族のあいだに、このような住居の見られなかった[34]」ことに着目した。さらに、勿吉・靺鞨に後続する元～明初の乞列迷と野人、清代以降に日本人や欧米人が残したギリヤーク（ギリミー）、カムチャダール、コリヤーク、アレウト、エスキモーなどの竪穴住居に関する記録を渉猟して、次のような結論を導きだした。

　　こうした時間的および空間的関係を総合すると、この形式の地下式住居は、もっぱら古ア
　　ジア族系の民族、あるいはこの系統の生活者が必要とし、築造したものにちがいなく、こ
　　れは挹婁―勿吉―黒水靺鞨などの諸族にもあてはまるように思われる[35]。

まことに壮大かつ刺激的な仮説というほかない。しかしながら、筆者が今回集めたわずかなデータをみても、竪穴住居は、「挹婁―勿吉―靺鞨」系列の集団に限らず、モンゴル語族と推定される室韋や烏洛侯、また朝鮮半島の馬韓や済州島でも認められ、発掘遺構をみると、その分布はさらに広範囲におよぶ。民族誌的にみても、渡辺仁の精力的な研究があきらかにしたように[36]、竪穴住居は北米の先住民地域の一部（とくに海岸域）に分布している。これをたんなる竪穴住居ではなく、三上が強調するように、「深く大きく、出入り口は屋上にあり、しかも梯子をもって出入りするような特殊構造の竪穴住居[37]」に限定してみたところで、馬韓の土室にも同種の記載があるわけだから、その担い手についてはやはり再考の余地があるだろう。

三上の場合、「挹婁―勿吉―靺鞨」系の集団をシュレンクのいう古アジア系の民族に位置づけるという意識が強く働いており、その根拠として人尿利用や竪穴住居を重要な文化指標とみなすわけだが、挹婁→勿吉→靺鞨→女真と連なる民族の流れは、むしろ現在のオロチョン、エヴェンキ、満州族などのツングース語族にうけつがれるという捉え方も有力である[39]。ひるがえって、先史日本をも視野におさめるならば、正史東夷伝に倭の穴居に関する記載はまったくないけれども、膨大な考古学的成果が実証しているように、日本もまた圧倒的な竪穴住居の文化圏である。挹婁のような屋頂部から出入りする竪穴住居が存在したかどうかは不明だが、少なくとも、いくつかの焼失住居跡から土饅頭形の上屋構造をもつ竪穴住居の存在したことも判明しつつあり[40]、挹婁や馬韓の竪穴住居を軽視できないであろう。したがって、かりに三上の論理に従うならば、馬韓や倭まで古アジア族の可能性が生じてくるわけであるが、それを肯定することも否定することもできない。

さて、極東の先史時代における竪穴住居については、鳥居龍三やオクラドニコフが早くから指摘してきたように[41]、沿海州およびアムール川（黒龍江）流域で分布が卓越する反面、その北方にあたる東シベリア地域にまでは分布が及んでいない。すなわち、緯度が低くていくぶん温暖な沿海州・アムール川流域に竪穴住居がみられ、緯度が高くて極寒の東シベリアでは移動可能なテント居住をしていた可能性が大きいのである。これにより、竪穴住居は必ずしも寒冷地適応の所産ではなく、むしろ定住性とつよく結びついた住居形式と考えられている。たとえば大貫静夫は、寒冷内陸地域である東シベリアを「漂泊的食料採集民」の文化、沿海州・アムール川流域から朝鮮半島・日本までを「定着的食料採集民・農耕民」の文化とよんで対比しているが、両者の識別指標の一つに竪穴住居の有無をあげている[42]。考古学的にみた場合、竪穴住居は一定の民族集団に特有な住居形式というよりも、類似する生態学的条件を背景にした極東地域の定住化した民族の文化要素として位置づけうる[44]、ということであろう。筆者も、竪穴住居をある一定の民族や語族に結びつけるより、定住性や生態学的適応の観点から捉えるほうがよいと思っている。

季節の住み替えと定住性の再考　今、より広域的観点にたって、竪穴住居を寒冷地適応よりも定住性と結びつける解釈を紹介した。この考え方は、九州、沖縄、福建、広東、雲南などの先史南方地域で竪穴住居が出土している[45]ことからも支持されよう。しかし、今回集成した東夷伝の文献データをふりかえると、やはり寒冷気候の問題は無視できない。たとえば、北室韋の場合、気候は極寒で、雪の深さに馬は姿を没し、冬の寒さで牛や家畜の多くが凍死してしまうほどであり、人びとは冬になると入山し、「土穴」のなかに住んだという。このほか東夷伝では、粛慎（挹婁）、靺鞨、烏洛侯、儋羅に、季節にともなう住み替えと「冬の家」としての竪穴住居が描写されている。こうなると、竪穴住居の「暖かさ」という点を再評価しないわけにはいかないのだが、渡辺仁は燃料効率という観点から北方諸民族の竪穴住居を網羅的に調べあげ、「竪穴住居への固執の基本理由は保温効率の優秀性」にあったと結論づけている。限られた材料と構造によって、きわめて大きな防寒効果を得られるのが竪穴住居なのである[46]。

　さて、冬に穴居する上記諸民族のうち、靺鞨は『旧唐書』北狄伝に「夏は則ち出でて水・草を随い、冬は則ち穴に入る」、黒水靺鞨は『新唐書』北狄伝に「夏は出でて水・草を随い、冬は処に入る」、烏洛侯は『魏書』に「民は冬に則ち地を穿ちて室と為し、夏に則ち原・皐を随い畜牧す」とあり、夏になると野や山にでて、狩猟・漁労・放牧に勤しんでおり、その居住スタイルは必ずしも「定住的」もしくは「定着的」にはみえない。このような生活パターンを参照すると、北東アジア寒冷地の場合、かりに発掘によって竪穴住居の遺構が出土したとしても、それを定住性に結びつけられないという結論さえ導きうる。しかし、これら北方の地域では、冬が長く、夏が短い。したがって、史書にいう「冬の住まい」としての竪穴は、あくまでもかれらの拠点住居であり、夏に居地を移して住む平地式もしくは高床式の建物は、狩猟もしくは特殊な漁撈に伴う一種のキャンプサイトとみなしたほうがよいだろう。

土屋根の構造　竪穴住居の建築構造として注目されるのは、そのほとんどが饅頭形の土屋根をもち、しかもその頂部に出入口を設けたことであろう。ここにいう土饅頭形の屋根は、「屋の形は塚

に似たり」(『魏書』勿吉伝)、「状は中国の塚墓の如し」(『旧唐書』靺鞨伝)、「丘の冢然の如し」(『新唐書』黒水靺鞨伝)、「形は冢の如し」(『三国志』馬韓伝) など、いずれも穴居の上屋が冢墓に似ているという描写からまずはイメージされる。しかも、『旧唐書』靺鞨伝には「木を上に架け、土を以て之を覆う」、『新唐書』黒水靺鞨伝にも「木をその上に梁け、覆うに土を以てす」という具体的な描写がみられるから、この上屋が土で覆われていたことに疑いの余地はない。

さらに興味深いのは、『三国志』馬韓伝の「草屋土室、形は冢の如し」という記載であるが、その解釈については二つの可能性があることをすでに述べた (p.16)。註12で指摘したように、弥生〜古墳時代の焼失竪穴住居跡で、屋根土とみなされる締まった土層を炭化物層がはさみこむようなサンドイッチ的層序を確認できることがある。この場合、下の炭化物層は垂木の上にのる屋根土の下地、そして上の炭化物層は土の上に葺き流した水切りのための薄い枯草の層の可能性がある。『三国志』馬韓伝にいう「草屋土室」についても、一つの可能性として、土饅頭形の屋根に草を葺きながした痕跡とみることもできよう。

倭と穴居 すでに述べたように、正史の倭人伝には穴居に関する記載がまったくない。しかしながら、弥生〜古墳時代の西日本でもっとも卓越する住居形式は竪穴住居である。大陸や朝鮮半島に居住する他の東夷には、竪穴住居に関する詳細な描写がみられるのに対して、おびただしい竪穴住居が存在した倭の国々にその記録がないのはなんとも不可思議である。これについては、とりあえず2つの解釈を示しておこう。その一つは、倭に関する情報量の不足である。漢代から朝鮮半島の北部には帯方郡や楽浪郡が設置され、卑弥呼は魏の使節をうけ入れているが、やはり倭の地は遠い海の彼方にあり、倭についての情報は間接的に伝達されたものにすぎなかった。その結果、宮室や城柵に関する知識はもたらされても、一般住居にまで言及されなかったのではないか。

いま一つ考えられるのは、他地域の竪穴住居と倭の竪穴住居があまりにも異質なものであったため、その外観から住まいが竪穴式であることを判別しにくかったという可能性である。先史日本の竪穴住居というと、奈良県佐味田宝塚古墳出土の家屋文鏡や奈良県東大寺山古墳出土の環頭飾、さらに最近岡山県総社市で発見された弥生時代後期の家形土器などにうかがわれるように、寄棟屋根の上部に船形の切妻屋根を重ねた二段草葺き形式の外観がただちに想起される。一方、これまで紹介してきた挹婁・勿吉・馬韓などの竪穴住居はいずれも土饅頭形をしている。渡辺仁が集成した北東アジアから北米にかけての狩猟採集民の竪穴住居をみても、土屋根形式が主流を占め、家屋文鏡[47]のようなタイプはまったくみられない。すなわち、周辺地域から相対的にみると、家屋文鏡に描かれた二段草葺式の竪穴住居のほうがむしろ異端であり、とびぬけて豪奢なものであった、ということになる。

ただし、ここで注意を要することがある。家屋文鏡などに表現された建築の画像資料は、いずれも弥生時代以降の先進地域である西日本の平野部から出土したものであり、しかも支配者層の住まいを表現したものと考えられることである。下層階級の人びとの住まいが、おなじような外観をもっていたかどうかは、じつのところ判然としない。また、地域的にみても、縄文文化の伝統を色濃く残した山陰・北陸・関東・東北・北海道などでは、すでに何度ものべてきたように、土屋根に復

原すべき弥生～古墳時代の焼失竪穴住居跡がみつかっており、むしろ挹婁・勿吉・馬韓などと類似する様相を示していた可能性がある。これについては、記紀よりも『風土記』に多くあらわれる土蜘蛛の素描ともおそらく関連するであろう[48]。たとえば、『常陸国風土記』の茨城郡には、

　　古老のいえらく、昔、国巣　俗の語に都知久母、又、夜都賀波岐といふ　山の佐伯、野の佐
　　伯ありき。普く土窟を掘り置きて、常に穴に居み、人来たれば窟に入りて竄り、其の人去
　　れば更郊に出でて遊ぶ。

という描写があり、おなじような記載は、摂津国・播磨国・豊後国の『風土記』にも少なからず認められる。都知久母（土蜘蛛）の住む「土窟」のイメージとしては、草葺きよりも、土饅頭形の屋根をもつ竪穴住居の方がよりふさわしい。このように、日本の内部でも、階層性や地域性を反映して、竪穴住居の構造や格式は画一的ではなかったことをみのがしてはならない。

(2)　倭の相対化

穴居に関する記載の欠如だけをみても、倭人伝の情報がけっして十分なものではないことが分かる。それでは、他の建築的描写の信頼性はどうだろうか。

宮室・楼観・城柵を厳そかに設け　『三国志』魏書・倭人伝は、卑弥呼とその居処について、以下のように記している[49]。

　　事鬼道、能惑衆。年巳長大、無夫婿、有男弟佐治国。自為王以来、少有見者。
　　以婢千人自侍、唯有男子一人給飲食、伝辞出入。居処宮室楼観城柵厳設、
　　常有人持兵守衛。

卑弥呼はシャーマンとして大衆を惑わしていた。年をとっていたが、夫はいなくて、弟が国の統治を補佐していた。王になってから卑弥呼をみたものはまれで、千人の奴婢をはべらしていたけれども[50]、ただ一人の男子[51]だけが飲食物をはこび、彼女の指示を伝えるために出入りしていた。卑弥呼の住むところには、宮室・楼観・城柵を厳そかに設け、つねに武器をもつ人がいて守衛していた。

なんと素晴らしく、神秘的な王室の記述であろうか。これまでみてきたように、おなじ『三国志』魏書・東夷伝にふくまれる他国の建築関係の記載といえば、竪穴住居の描写がみられる程度で、これほど発展した宮室のありさまを記述した地域はほかにない。そのなかで、比較的近似した記録がのこるのは、夫余と高句麗である。

『三国志』魏書・夫余伝には「其民は土著し、宮室・倉庫・牢獄あり」また「城柵を作るはみな員くし、牢獄に似るものあり」、『三国志』魏書・高句麗伝には「その俗は食を節するも、宮室を治めるを好み、居る所の左右に大屋を立て、鬼神を祭り、また霊星・社稷を祀る」とある。ここでは、とくに夫余の城柵がまるかったことに注目すべきであろう。弥生時代の環濠集落が円形もしくは長円形の土堤に柵をめぐらしたものでり[52]、朝鮮半島の辰韓にも城柵があったわけだから、夫余－辰韓－倭とつながる城柵の系譜関係を一応想定してみる必要がある[53]。なお『隋書』倭国伝では、倭に「城郭なし」と明記するが、ここにいう城郭とは、『隋書』靺鞨伝に「土を築くこと堤の如し」とあるとおり、おそらく柵を使わずに、背の高い土盛りや石垣の囲壁をもつ「城」をさすようである。

『新唐書』日本伝でも、「国に城郭なく、木を聯ねて柵落を作り、草を以て茨屋とす」とあり、『新唐書』の編纂された宋代になっても、日本は柵で囲んだ集落と草葺屋根の住居の国というイメージでとらえられていた。

次に「宮室」と「楼観」であるが、両者の機能はとうぜん異なっていただろう。楼観は、おそらく『晋書』馬韓伝にみえる防御施設としての「櫓」に相当するものと思われる。吉野ヶ里遺跡の外濠に張り出すようにして検出された掘立柱建物は、たしかにこの「楼観」＝「櫓」であった可能性が大きい。もちろん、その構造は高床式だと思われるが、現在遺跡内に復元されているほど高くはなかったであろうし、また屋根のない露台であったかもしれない。

一方の「宮室」は、卑弥呼が居し、また鬼道に事えた「中心建築施設」とみなさざるをえないだろう。上にみたように、高句麗の場合、王の宮室と鬼神を祭る左右の大屋が分かれているが、卑弥呼の宮室は鬼神の祭室を兼ねていた可能性もある。近年、九州北部の吉武高木、雀居、平塚川添、吉野ヶ里などの弥生時代遺跡で、集落の中心施設と思われる大型掘立柱建物が続々と出土しており[54]、いずれも倭人伝にいう「宮室」の資格をもつ遺構とみてよいが、だからといって北九州に邪馬台国があったといえるわけでもない。

これら大型の掘立柱建物については、平地土間式か高床式かで議論が分かれている[55]。その正否はさておき、いささか気になるのは弥生時代の高床式建物を南方的要素と決めつける傾向がみられることである。ところが、本節で示したように、『晋書』粛慎伝と『隋書』室韋伝には「巣居」という夏の住まいとしての高床住居の記載があり、『三国志』魏書・高句麗伝には「桴京」という高床式倉庫を表現する術語も登場している。すなわち、北方にも早くから高床式建築の伝統があったわけだから、そういう系統のなかで弥生時代の高床式建築を再考することも必要だろう[56]。

租賦を収むに邸閣あり　『三国志』魏書・倭人伝には、

　　収租賦、有邸閣。国国有市、交易有無、使大倭監。

という記載がある。租税や賦役を収めるために「邸閣」を設けた。国々には市があり、物々交換をしているが、これを大倭という役人に監督させていたという。ここにみえる「邸閣」については、日野開三郎による詳しい考証がある[57]。日野は『三国志』に11ヶ所みえる「邸閣」の用語例を悉皆的に検討し、それが意味不詳な倭人伝の用例をのぞくと、いずれも軍用倉庫を意味することをあきらかにした。「邸閣」に貯蔵されるものは、糧食を第一とするが、ほかに貨幣的価値をもつ絹や兵器もふくんでおり、「邸閣」の規模はすこぶる壮大であった。たとえば『三国志』魏書の王基伝には、雄父の邸閣に三十万斛の米があり、南頓の大邸閣には軍人40日の糧が貯蔵されていたという。しかし、「邸」も「閣」も、本来の語義に「軍」と関係する意味は含まれず、たんなる「大倉庫」をさすのだが、三国時代の争乱のなかで、大倉庫すなわち軍用倉庫の図式が成立したのだろうと日野は理解している[58]。

この問題については最近「収租賦有邸閣」に関する新しい論考が発表されており、邸閣を「大倉庫」と訳すのでは片付かないので、少し長くなるが付記（p.34）で現状の課題を整理する。

屋室あり、父母兄弟臥息処を異にす　『三国志』魏書・倭人伝には、もうひとつ「有屋室、父母

兄弟臥息異処」という有名な記載がある。「屋室」があって、「父母兄弟」の寝たり休んだりする場所が異なる、という意味である。まず、「屋室」についてみると、たんなる「家屋」と訳することもできようが、「土室」や「窟室」と対比して理解すべき概念だと思われる。つまり、倭人伝の「屋室」や『旧唐書』靺鞨伝の「屋宇」は、穴居ではない地上の建物、すなわち「掘立柱建物」をさす可能性がある。次に「父母兄弟」だが、これを「父母・兄弟」と読むべきか、「父・母・兄・弟」と読むべきかは判断に苦しむ。いずれにしても、世代別居の進んだ居住形態であり、これを岡正雄は弥生文化の特徴として、オーストロネシア語族との共通要素とみなしている。[59]

　これに対して、『周書』高麗伝は高句麗の居住形態を、

　　不簡親疎、乃至同川而浴、共室而寝。

と記す。親疎の区別がなく、同じ川で泳いだり、同じ部屋に寝たりするという意味だが、主語がはっきりしない。これを『隋書』と『北史』の高麗伝では「父子同川而浴、共室而寝」としており、父親と子どもが同室で寝ていたとしている。また、すでにとりあげたように、『三国志』魏書・馬韓伝でも、人は「草屋土室」に住んでおり、「家を挙げて共になかにあり、長幼男女の別なし」と記している。礼的秩序を重んじる中国人の立場からみると、長幼男女の別なく同室に居住する高句麗や馬韓のほうがより原始的で、性や世代の差を尊重する倭の居住形態に親近感を覚えたのではなかろうか。

6．倭の先進性

　以上みてきたように、竪穴住居の記載がない点に関していうと、倭の国々に関する東夷伝の情報は不十分なものだが、宮室や城柵に相当する遺構はすでにいくつか出土している。そして、宮室、城柵、鬼道、楼観などは、とくに夫余や馬韓との文化的系譜関係を想起させた。記載のない竪穴住居に関しても、『風土記』にみえる土蜘蛛の描写や焼失竪穴住居のデータなどから、挹婁・勿吉・馬韓との親近関係が確認された。

　それにしても、他の東夷に比して、倭の社会と建築はずいぶん先進的に描写され、倭の人々も礼節を知る温厚な人柄に描かれている。倭に対する評価はきわめて高く、好意的なのである。そして、倭の先進性は、卑弥呼が奴婢千人をかしずかせたり、兵隊に守衛されていたという社会的事象だけではなく、宮室・楼観・邸閣などの建築施設からも十分うかがえる。

　東夷伝に映しだされた倭の先進性は、ひょっとすると、倭に関する情報の希薄さがもたらした過大評価もしくは誇大表現であったのかもしれない。しかしながら、近年続々と報じられる驚異的な発掘成果を耳にするにつけ、むしろ東夷伝の記す倭の姿が真実に近いものではないかという印象を抱くのは、おそらく筆者一人ではないだろう。

註
(1) 中華に対する四方の未開民族について、『礼記』曲礼には「其在東夷、北狄、西戎、南蛮。雖大曰子。」、

『管子』小匡には「東夷、北狄、西戎、南蛮、莫不賓服。」とある。
(2) 唐の杜佑が編纂した『通典』は、『史記』から『南史』『北史』にいたるまで、先行する正史の成果を十分もりこんだ歴史書であり、その「辺防」には東夷に関する詳細な記載もみられる。もちろん建築にかかわる描写も豊富なのだが、それらは基本的に正史東夷伝からの引用であって、とくに目新しい記載はみあたらない。本来ならば、『通典』と正史の記載の差異をこまかに指摘しつつ論を展開すべきなのであろうが、記述が煩雑になるのを避けるためにも、『通典』の記載は原則として省略する。ただし、例外もある。なお、正史東夷伝および北狄伝については、平凡社東洋文庫にそれぞれ『東アジア民族史』1・2 および『騎馬民族史』1〜3 として現代日本語訳がある。本稿もこの翻訳に多くを負うているが、建築に関する記載はもとより、全体的にも筆者なりの訳出を試みてみた。また、資料とした正史は中華書局発行本であるが、その句読点の位置について修正を施している部分がある。
(3) 『尚書』『竹書紀年』『春秋左伝』『国語』『孔子家語』に「粛慎」の名がみえ、『尚書』と『竹書紀年』には「息慎」、『逸周書』には「稷慎」という同音異字もみえる。日野開三郎は、これら先秦時代の粛慎を古粛慎、挹婁と同時代の別名集団を後粛慎と呼び分けている（「粛慎一名挹婁考」『東洋史学論集』14巻、1988年）。古粛慎は必ずしも挹婁の前身と言えるわけではなく、より大きな北方地域の古民族をさす総称であった可能性もある。また、挹婁を粛慎の一部とみる説や、粛慎・挹婁・勿吉を同時併存した異なる部族集団とみる説も知られているが、楊保隆は文献記載と考古資料を総合的に検討し、挹婁が古粛慎の後裔であるとする古典的な解釈を支持している。なお、中国考古学では、西団山文化を粛慎・挹婁と結びつける解釈がみられる（楊保隆『粛慎挹婁合考』中国社会科学出版社、1989年）。
(4) 三上次男「挹婁人の人尿使用の慣習について—東北アジア諸民族における人尿使用の慣習—」（『古代東北アジア史研究』吉川弘文館、1966年）
(5) 三上次男「古代東北アジア諸族、とくに挹楼人における地下式住居」（『古代東北アジア史研究』前掲註4）、1966年）
(6) Schrenk, Leopold von, *Reisen und Forschungen im Amur-landes in den Jahren 1854-56, Band III Die Volker des Amur-landes.* St. Petersburg, 1895.
シュレンクのいう古アジア人（Paleo-asiatics）とは、ユカギール、チュクチ、チュワンジー、コリヤーク、カムチャダール、アレウト、ギリヤークなど、北東アジアのなかでも極北、極東の僻地にいる諸族で、イヌイットとも深い関係にあるといい、ツングース系諸族と対比される民族集合の概念となっている。古アジア人とツングース人の対比は、形質人類学にいうところの古モンゴロイドと新モンゴロイドのそれに近似している。
(7) 加藤九祚『北東アジア民族学史の研究』（恒文社、1986年）、佐藤浩司「建築をとおしてみた日本」（大林太良編『海からみた列島文化』小学館、1992年）など。
(8) たとえば『周書』異域下・突厥伝に、「其俗被髪左衽、穹廬氈帳、随水草遷徙。」とある。穹廬と氈帳は、いずれも解体・組立可能な住室を車の上にのせた移動住居だが、その構造形式はいくぶん異なる。被幕にはフェルト（氈）を用いた。詳しくは、村田治郎「穹廬について」（『満蒙』10巻6／7号、1929年）、江上波夫「匈奴の住居」（『ユウラシア古代北方文化』全国書房、1948年）を参照。
(9) 黒龍江および内蒙古のツングース系狩猟採集民であるオロチョン族のテント「仙人柱」は、柳の木で組んだ円錐形の骨組みを、夏は白樺の樹皮、冬はノロ鹿の毛皮で覆う（濱田義男ほか「満洲鄂倫春族の住居」『満洲建築雑誌』24巻5号、1944年）。
(10) 『北史』列伝第82にも室韋の建築に関する記載がみえるが、それは『魏書』と『隋書』の内容をミックスしたものにすぎない。

(11) 置溝婁の「溝婁コル」とは、本文で後述するように、高句麗語で「城」を意味する言葉である（白鳥庫吉「韓語城邑の称呼たる忽（kol）の原義について」、「丸都城及国内城考」『朝鮮史研究』白鳥庫吉全集第3巻、岩波書店、1970年）。
(12) 近年の発掘成果によると、弥生〜古墳時代の焼失竪穴住居で、炭化物層が焼土層をはさみこむサンドイッチ的な層序が確認される場合がある。最もはっきりしているのは、群馬県渋川市の中筋遺跡（古墳時代）で、垂木の上にまず横・縦の順に茅束をおいてから締まった土を葺き、さらにその上に薄く茅を葺き流していた（『渋川市発掘調査報告集』第13集、1987年）。鳥取県の南谷大山遺跡（弥生末古墳初期）の焼失住居でも、これと似た層序が確認されている（浅川「焼失竪穴住居の復原」『鳥取県教育文化財団調査報告集』36、1994年）。
(13) 「背の皮を縄で貫き、その縄で大木を引っ張る」という描写は、着ている毛皮の衣服の背中の部分に穴をあけて、そこに縄を通し大木を引くという風にも理解できるが、三品彰英が詳論しているように、北米の平原インデアンの通過儀礼に、背中の皮膚を棒で貫いて、それに縄をかけ大木を引く習俗がみられ、馬韓の場合も、実際に背中に穴をあけていた可能性が高いだろう（三品彰英「原始韓族の男子集会舎」『新羅花郎の研究』平凡社、1974年）。
(14) 三品彰英は註13に示したような民族例を数多く参照しつつ、やはり『後漢書』の記載を支持し、そこにみえる「室」を男子集会舎もしくは若者集会舎と推定している。要するに、この一文にうかがわれる過酷な苦行は、集会舎の建設を成年入信式に組み入れたものであり、「少年を肉体的および精神的に鍛え上げ部族の成員たり得る資格を賦与する」ことを目的としていた、と三品は考えている（前掲註12論文）。
(15) 井上秀雄「解説」（『東アジア民族史2　正史東夷伝』平凡社東洋文庫283、1976年）
(16) 『周書』異域上にも、これとほぼ同じ記載がある。
(17) 『後漢書』『宋書』『梁書』では高句驪、『南斉書』『周書』『隋書』などでは高麗と記すが、七世紀以前をさす場合、いずれも高句麗のことである。
(18) 以上の記述は、『後漢書』高句驪伝・『梁書』高句驪伝・『北史』高麗伝にも引用されている。
(19) 前掲註（11）
(20) 『隋書』高麗伝にもほぼ同じ記載があり、平壌城は『水経注』にも描写されている。関野貞「高句麗の平壌城および長安城に就いて」（『朝鮮の建築と芸術』岩波書店、1941年）などの先行論文に詳しい。
(21) 朝鮮半島の住居にみられるオンドルが、床面全体を暖めるのに対し、中国の炕は、竈をともなうベッド状の部分のみを暖房する。オンドルの祖型が炕であり、炕の祖型は竈と煙突をつなぐ煙道が壁沿いに細長くのびたものと考えられている。考古学的にみると、そのような初期の遺構は高句麗の領土範囲もしくはその周辺の中国東北地域に集中しており、大貫静夫によると、「土着の寝床を伴う竪穴住居の中に炕の祖形を取り込んだ地域にこそ、炕が成立する条件が具わっていた」と言え、団結文化もしくは初期高句麗文化を起源地とする可能性が高いという（「極東における先史住居の普及とその周辺」『考古学と民族誌』六興出版、1989年）。
(22) 淫祀・局堂に関する記載は、『新唐書』高麗伝にもみられる。
(23) たとえば前漢の字書『釈名』釈宮室には、「獄。（略）又謂之牢、言所在堅牢也。又謂之圜土。言築土表墻。其形圜也。」とある。
(24) 稲葉は家屋建築物だけでなく、墳墓に埋葬された槨室の累木構造にも注目している。昭和6年の秋、平壌南井里の第116号墳が発掘され、後漢に相当する時期の累木式木槨が出現したことに驚喜しつつ、「当代の社会のもつところの建築様式により陰宅は営造されているのだから、この累木とて、陰宅特有のものであるはずは無く、依然、楽浪の社会間に行なわれた当時の姿の延長であるといって可い」という所見をのべて

いる（稲葉岩吉「校倉の跡を探ねて」『釈椋』大阪屋号書店、1936年）。筆者も同感である。なお、正史東夷伝も、多くの民族の墓葬における槨（椁）の有無に言及しており、一例として『三国志』魏書をみると、槨のあるのが夫余・沃沮・馬韓で、倭は「有棺無槨、封土作冢」となっている。

(25) 後藤廟太郎「文字上より見たる支那古代建築（一）」『建築雑誌』27、1912年

(26) 吉林省博物館輯安考古隊「吉林輯安麻線溝1号墓壁画古墳」（『考古』1964年10期）。このほか4世紀にさかのぼる徳興里と八清里の高句麗古墳でも、倉庫壁画が発見されているが、明瞭な累木壁の表現は認められない（朝鮮民主主義人民共和国社会科学院・朝鮮画報社『徳興里壁画古墳』講談社、1986）。

(27) 婚屋については、『後漢書』高句驪伝にも同様の記載がある。

(28) 『隋書』には「火」を「犬」につくる版本もあるが、それでは意味不明となる。

(29) 浅川「結婚と葬式をめぐって」（貴州トン族住居調査委員会「蘇洞　貴州トン族の村と生活」『住宅建築』1993年4月号）

(30) 筆者らが調査した西北雲南の永寧モソ人の場合、死人がでると、主屋後室に死体を安置しそれを土のマウンドで覆ってしばらく殯した後、ラマが吉日を選んで火葬する（西南中国民族建築研究会「雲南省ナシ族母系社の居住様式と建築技術に関する調査と研究(2)」『住宅総合研究財団研究年報』20号、1994年）。

(31) 蘇塗については、さらに『後漢書』東夷伝と『晋書』東夷伝にも記載があるが、その内容は上記『三国志』の描写を簡略化したものである。

(32) 魏志倭人伝に記された建築関係の記載を他の東夷と対比させた同類の試みとして、武光誠「卑弥呼はどんな家に住んでいたか」（『季刊邪馬台国』27号、1986年）というエッセイがある。武光は日本古代史の専攻で、文献史料に関しては要点をおさえているのだが、紙数の関係で十分な検討がなされているわけではない。また、『魏志倭人伝の世界　雲南への道』（伊奈ギャラリー、1982年）に代表される鳥越憲三郎・若林弘子両氏の一連の論考は、稲作と高床住居に象徴される雲南南部の少数民族文化を、強引に倭人と結びつけようとするもので、到底受け入れ難い。

(33) 前掲註5論文（三上次男「古代東北アジア諸族、とくに挹婁人における地下式住居」、1966年）

(34) 前掲註5論文：313頁

(35) 前掲註5論文：327頁

(36) 渡辺仁「竪穴住居の体系的分類　食料採集民の住居生態学的研究(I)」（『北方文化研究』14号、1981年）

(37) 前掲註5論文：321頁

(38) 前掲註6参照。

(39) たとえば楊保隆『粛慎挹婁合考』（前掲註2、1989年）、方衍主(編)『黒龍江少数民族簡史』（中央民族学出版社、1993年）などを参照。『粛慎挹婁合考』は、あきらかに粛慎→挹婁→勿吉→靺鞨→女真という流れを満、オロチョン、エヴェンキ、ホジェンなどのツングース語族に結びつけている。『黒龍江少数民族簡史』は諸説を検討しながら、黒龍江の少数民族を以下の三つの系列でとらえている。第一が省の北部東方にいる粛慎系（→挹婁→勿吉→靺鞨→女真→満）、第二が北部中央の夫余系（→高句麗→百済）、第三が北部西方の東胡系で、このグループはさらに烏桓、鮮卑、契丹、室韋という四つの小系にわかれる。

(40) 前掲註12参照。

(41) 鳥居龍三「土俗学上より観たる黒龍江畔の民族」（『人類学雑誌』35巻3／4号、1920年）。オクラドニコフ「最近の考古学から見たソ連極東」（『シベリア・極東の考古学』2、河出書房新社、1982年）。

(42) 大貫静夫「極東の先史文化」（『季刊考古学』38号、1992年）

(43) 日本の縄文時代もまた、定住化した狩猟採集経済を文化の本質とみることができる。近年、北陸・東北地方を中心に、縄文時代の堀立柱建物跡が数多く出土し、そのなかには高床倉庫とみなされる遺構も含まれ

ている。また、鹿児島県指宿市の大園原遺跡で表面採集された縄文時代後期の土器には、高床建物らしい画が線刻されている。食料貯蔵施設である高床倉庫も、竪穴住居と同様に、縄文時代の定住性を裏付ける文化要素と考えられよう。しかし、同時に季節による家屋の住み替えや居地の移動についても考慮する必要があろう。

(44) 佐々木高明のナラ林文化論も同様の観点をもっている(『日本文化の基層を探る 照葉樹林文化とナラ林文化』NHKブックス、1993年)。
(45) 浅川「南中国の先史住居」(『住まいの民族建築学』建築資料研究社、1994年)
(46) 渡辺仁「竪穴住居の廃用と燃料経済」(『北方文化研究』16号、1984年)
(47) 渡辺仁「竪穴住居の体系的分類 食料採集民の住居生態学的研究(1)」(前掲註36論文、1981年)
(48) 佐藤浩司「建築をとおしてみた日本」(前掲註7論文、1992年)
(49) 『後漢書』倭伝・『梁書』倭伝・『隋書』倭国伝・『北史』倭国伝にも、これを簡略化した記載がある。
(50) 武光誠は、卑弥呼の宮室に千人もの奴婢がはべれたはずはないとして、これを中国側の誇張表現とみる(前掲註32論文)が、奴婢は必ずしも宮室に同居する必要はないであろう。
(51) 『隋書』と『北史』の倭国伝では、卑弥呼につかえる男子を二人とする。
(52) 特集「環濠集落とクニのおこり」(『季刊考古学』31号、1990年)
(53) 朝鮮半島無文土器時代の環濠集落については、西谷正「朝鮮半島の道 環濠集落にみる農耕文化」(『しにか』1993年8月号)を参照。
(54) 地域文化フォーラム実行委員会(編)『福岡から東アジアへⅠ 弥生文化の源流をさぐる』(西日本新聞社、1993年)
(55) 前掲註54参照
(56) こういう視点をもつ考古学的論考として、西谷正「大型建物の源流をさぐる 韓国の建物」(『福岡から東アジアへⅠ』前掲註54、1993年)がある。近年、韓国西南部の長川里や松菊里で、無文土器時代の円形竪穴住居(いわゆる松菊里型住居)と掘立柱建物が複合的に出土しており、西谷は「ひとくちで弥生時代の大型建物といっても、朝鮮半島無文土器時代における掘立柱建物と、楽浪郡の楼閣建築の二者を念頭に置いて考える視点が必要である」と述べている。
(57) 日野開三郎「邸閣 東夷伝用語解の二」(『東洋史学』5、1952年)
(58) 『三国志』魏書・王基伝に「其別襲歩協於夷陵。協閉門自守。其示以攻形。而實分兵取雄父邸閣。收米三十餘萬斛。虜安北將軍譚正。納降數千口。」、また「軍宜速進據南頓。有大邸閣。計足軍人四十日糧。堅守城因積穀。先人有奪人之心。此平賊之要也。(略)遂輒進據南頓。儉等從項亦爭欲往。發十餘里。聞其先至。復還保項。」とある。
(59) 岡正雄「日本文化の基礎構造」(『日本民俗学体系』2、1958年)。岡は世代別居に対応する家慣習(若者宿・娘宿・産屋)や屋敷内における家屋の分棟型配置を弥生文化に結びつけ、オーストロネシア語族との親近性を示しつつ、その起源を呉・越の滅亡とそれにともなう民族動揺にもとめた。この仮説については、すでに批判を試みたことがある(浅川「中国の民家・住居史研究」『建築史学』20号、1993年)。

附記
本稿の初出は以下のとおりである。
　浅川滋男　1995「正史東夷伝にみえる住まいの素描」『文化財論叢Ⅱ 奈良国立文化財研究所40周年論文集』同朋舎出版、pp.795-819
　その後、若干の補筆修正を施し、北東アジア住居史研究会(代表・浅川滋男)『北東アジアのツングース系

諸民族住居に関する歴史民族学的研究』(住宅総合研究財団助成研究成果報告書、2000：p.5〜30) に再録した。本節はこの報告書（2000）掲載論文を基に推敲したものである。なお、報告書の刊行部数は100部のみであり、入手は事実上不可能である。そこで本書に再々録することにしたのだが、修正しきれなかった大きな問題を抱えている。以下の論文によって「邸閣」の概念が大きく覆されたことによる。

　　田中章介　2012　「魏志倭人伝『収租賦有邸閣』の解釈」『税』67巻3号、p.156-180

　田中氏は「税制」の専門家であり、歴史学者ではないが、日本における税制の起源をさぐるため、魏志倭人伝の「収租賦有邸閣」の六字に注目され、瞠目すべき解釈を示している。これまで「租賦を収むに邸閣あり」と訓読されることの多かった「収租賦有邸閣」の六字は、「租賦を収む。邸閣あり。」と読むべきだというのが要点の第一。筆者が本節でテキストにした中華書局版『三国志』は、たしかに「収租賦。有邸閣。国国有市、交易有無、使大倭監之」という句読点を打ち、福永光司、小南一郎、石原道博らも「収租賦」と「有邸閣」を独立した二文として扱っている。その理由は「租賦」が「租」と「賦」という異なる税を一括する熟語とみなされるからだ。この場合の「租」は穀物などの上納税であるのに対して、「賦」は兵役や労役を包含する人頭税とみなしうる。そして、穀物は邸閣（倉庫）に納められるが、人頭税は納められないので、「租賦を収むに邸閣あり」とは読めないという見解である。

　私は日野開三郎と稲葉岩吉の業績に従い、倭人伝の「邸閣」と高句麗伝の「桴京」を対立する概念とみなして、前者を集落が共有する「大倉庫」、後者を家所有「小倉庫」と訳してきた。しかし、「租」と「賦」の概念の違いが「邸」と「閣」の二文字に相関している可能性があると思うに至り、いくつかの漢字辞書をあたってみた。ここで詳細を報じる余裕がないので、『漢語大字典』（四川辞書出版社・湖北辞書出版社、1989：p.3763-)の説明を列挙すると、固有名称をのぞく「邸」の意味は以下の9種とされる。

1) 戦国時代では諸国の「客館」、漢代では諸郡の王侯が都で帝に謁見する際に滞在する「住まい」
2) 高級官吏、貴族が仕事をしたり、住んだりする場所
3) 旅舎
4) 物資を貯蔵する施設
5) 市肆（しし＝町の店）
6) 屏風
7) 古器量の名称
8) 停（停留すること、あるいはその場所？）
9) 帰（帰るべき場所？）

　「邸閣」を倉庫と訳すのは「閣」の字義に加えて「邸」の4)を尊重したからであろうが、「邸」本来の意は1)〜3)にある。それは私的な「住まい」というよりも、一時的に滞在し仕事場ともなる「官邸」に近い施設であり、後漢の字書『説文』は「邸は属国の舎」としている。とすれば、倭人伝にいう「邸閣」は「邸＝属国の舎」と「閣＝倉庫」を複合した特殊な用語としてとらえなければならない。上記田中論文からの引用となるが、「収租賦有邸閣」の六字について、すでに石原道博は「租賦（ねんぐ・みつぎ）を収める、邸閣（倉庫・邸宅・商店など）があり」と訳しており、井上光貞は「邸閣の邸は邸舎、閣は穀物を貯える倉の意味」と注釈している。

　以上から私流に「邸閣」を訳するならば、それは「兵舎と倉庫」の意になる可能性が指摘できるだろう。ここにいう「兵舎」とはまさに「属国の舎」であり、卑弥呼が徴兵した他国の兵役・労役者の滞留施設と考えられる。こう訳することで、「租賦」と「邸閣」に関係性が成立する。「租」は「閣」に収納し、「賦」は「邸」に収容する。とすれば、「収租賦有邸閣」の六字は、通説どおり、「租賦を収むに邸閣あり」と訓読すればよいとも思うのである。「収租賦有邸閣」の六字は、邪馬台国と倭の国々の国家観に係わる重要な視点を投げかけている。

　参考サイト：http://asalab.blog11.fc2.com/blog-entry-2911.html

第2節　青谷上寺地遺跡出土建築部材による弥生建築の復元

　青谷上寺地遺跡で出土した建築部材、もしくは建築部材と推定される木製品の総量は約7000点におよぶ。その大半は環濠に廃棄されるか、環濠・溝の堰板などに転用されたものである。この木製品のデータベース化とインターネット上での公開を進めていくなかで、いくつかの特殊な部材をひろいあげ、他の部材と複合させながら復元研究を進めてきた［浅川2006、浅川2007、嶋田・浅川2008］。本稿は、以上の成果をもとに、現状における復元研究の総括を試みる。

1．青谷上寺地遺跡出土建築部材研究の流れ

（1）妻木晩田遺跡初期整備と復元建物

　青谷上寺地遺跡出土建築部材の研究は妻木晩田遺跡洞ノ原地区の初期整備とともに始まった。2001年度から2003年度にかけて竪穴住居3棟、高床倉庫3棟（図1・2）が復元建設された。竪穴住居の構造については妻木晩田遺跡妻木山地区で出土した焼失住居跡SI-43、高床倉庫については青谷上寺地遺跡出土建築部材が復元の基礎となり、試行錯誤の域をでないとはいえ、いずれも他地域の弥生集落遺跡整備に比べると実証性の高い復元になったと自負している。妻木晩田遺跡で復元された3棟の高床倉庫は、1棟を大型の板倉（図1）、他の2棟を屋根倉（図2）としたが、上に述べたように、青谷上寺地遺跡出土建築部材の研究に基づいたものである。ただし、当時は体系的な建築部材の研究が進んでいたわけではなく、垂木材、柱材、板壁材、梁材などの断片的な研究から寸法や形状を引用したものにすぎなかった。

（2）山陰地方の大型掘立柱建物の復元研究

　鳥取環境大学浅川研究室は2003年度に茶畑第1遺跡掘立柱建物12（本書p.112～）、2004年度に妻木晩田遺跡松尾頭地区MGSB-41（本書p.118～）の復元研究に取り組んだ。
　茶畑第1遺跡掘立柱建物12は山陰地方の弥生時代集落でよくみられる長棟建物の正面にのみ独立

図1　復元された弥生時代の高床倉庫
　　　（妻木晩田遺跡洞ノ原地区）

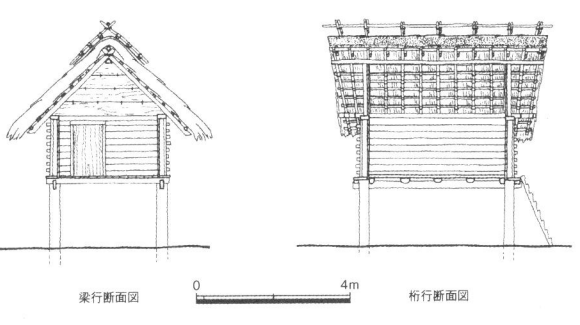

図2　高床倉庫の復元断面図（妻木晩田遺跡洞ノ原地区）

棟持柱をつけた特殊な平面をもつ大型掘立柱建物跡である。あとで述べるように、弥生時代「最長の垂木」による大型建物復元の平面モデルとした遺構でもある。平面は桁行 7 間×梁間 4 間で、側柱の柱穴が小さく、屋内に柱穴がないことから高床建物である可能性は低く、土間式の建物であったと推測される。2003年度の段階では、青谷上寺地遺跡出土建築部材の整理・研究が進んではいなかったため、青谷の部材をそれほど意識して参照しているわけではないが、もちろん無視したということもない（第 4 節 1 参照）。柱・梁・桁は、柱穴の平行配列を重視して、柱上にまず梁をわたしてから、その上に桁をのせる折置組を採用している。古代の伊勢神宮正殿や出雲大社正殿などで使われた構法としてよく知られている。屋根は茅の逆葺きで棟の両端を若干反りあがらせている。妻側では戸柱と推定される柱穴が、両側 2 ヶ所ずつ計 4 ヶ所で検出されており、隅間 4 ヶ所に突き上げ戸を設けた［浅川・竹中 2004］。

妻木晩田遺跡松尾頭地区MGSB-41は24本柱の建物跡で、両側に庇をもつ 2 面庇の掘立柱建物である（第 4 節 2 参照）。桁行は 4 間で、身舎の梁間は 3 間、その両平側に庇がつくので、全体の梁間は 5 間となる。北側の側柱の外側に安山岩角礫石列が残り、その石列を抜き取った溝状遺構が石列と繋がっている。その一連の遺構は北東隅では庇柱列、北西隅では側柱列で南に折れ曲がり、地表面掘削のため、途中で消滅する。復元では、身舎を茅葺き、庇を杉皮葺きに想定した。この遺構の最大の特徴は身舎の梁間が 3 間になることで、ここに「鳥居組」の構造を採用することにした。中世から近世初頭の民家でみられる鳥居組は小屋梁の中央にオダチ（棟束）、その左右両側に鳥居束をたてて、それぞれ棟木と母屋桁を支え、鳥居束相互を天秤状の小梁でつなぐものである。この小梁はテンション・バーとなって小屋の内倒れを防ぎ、同時にオダチを中点で固定する役割を果たす。MGSB-41の復元ではオダチ鳥居組の鳥居束の下端を地面まで伸ばして柱としたものを用いるため「オダチ鳥居柱」構造と称している［浅川・藤井・坂本 2004］。弥生時代建築の屋根構造に「鳥居組」を採用する考えはMGSB-41で初めて発想したが、今回の復元研究で取り上げるように、垂木背面に残る切込痕跡により、その存在の可能性を否定できない。

2004年度から2005年度にかけては、松江市田和山遺跡の大型掘立柱建物（弥生中期末）の復元事業にも取り組んだ（図 3・5）。田和山遺跡は山全体が集落遺跡となっており、竪穴住居と長棟建物はセットになって加工段（斜面を整地した平坦面）に点在している。現状では、斜面下側の加工段が削平されており、大型建物の柱穴は上側にしか残っていない。実際に復元建設されたSB-02は桁行 6 間×梁間 2 間に復元でき、伯耆地方を中心に分布する「長棟建物」と同様の特性をそなえている。田和山遺跡の大型建物の復元設計は、上に述べた妻木晩田の高床倉庫の復元建設、鳥取県内弥生集落における大型建物復元研究の延長線上にあるものであり、その点において青谷上寺地建築部材研究の遺伝子を受け継ぐ作業の一つとみなせるだろう［松江市教育委員会 2008］。

田和山遺跡の大型掘立柱建物を復元して得られた一つの成果に「棟の反り」がある。建物を復元するための図面を描いたり、模型を作ったりすると、棟木が非常に長くなることが分かった。全長で10mを超える。ところが、遺構平面を精査すると、両端の柱間が中央の 4 間よりもあきらかに長くなっている。この平面的特性が「棟の反り」と相関する可能性がある。棟木は中央 4 間分の材が

真っすぐで、両端間に短い材を継ぎ足しているのではないか。そして、両端に継ぎ足した短い棟木をわずかに反り上がらせていたのではないか、と推定した。まず一材で10mを超えるような棟木は確保しにくいという材料の問題があって、さらに、弥生時代の家形土器をみると、どれも棟の両側が反り上がっている。静岡県浜松市鳥居松遺跡や神奈川県厚木市子ノ神遺跡の例がよく知られているが、鳥取県内でも湯梨浜町伝藤津船隠遺跡（図4）で棟の反り上がった家形土器が出土している。こういう棟反りの造形表現と端間が長い平面構造に相関性があるとみて、復元建物でも棟の反りを表現することにした。この発想は、茶畑第1遺跡掘立柱建物12の復元模型制作時に思い浮かび、田和山遺跡の復元事業で実践した（図5）。

(3) 青谷上寺地建築部材研究の展開

　青谷上寺地遺跡出土建築部材の研究が大きく動き始めたのは2005年度からである。2005年8月7日に第1回青谷上寺地遺跡出土建築部材検討会が開催された。この時点で、約12,000点の木器・木製品のうち、6,412点が建築部材の可能性があると認識されていた。6,412点という数量から考えて、古典的な報告書のスタイルでは全貌を捉えきれない、というのが当初からわたしの意見であり、まず建築部材（および建築部材と推定される材）のデータベース化を進め、それを『青谷上寺地遺跡出土建築部材目録』としてできるだけ早く刊行すべきことを主張した。目録には挨拶文、例言、一覧表のみ印刷し、部材データベースはDVDに収録して、報告書に添付する、というアイデアであ

図3　松江市田和山遺跡に復元された大形掘立柱建物（撮影：嶋田喜朗）

図4　鳥取県伝藤津船隠し遺跡出土家形土器（弥生時代後期？）（提供：鳥取県立博物館）

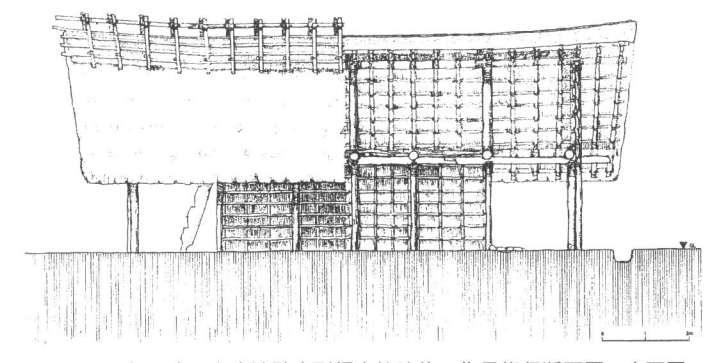

図5　松江市田和山遺跡大形掘立柱建物の復元桁行断面図・立面図
［松江市教育委員会 2008］

る。翌2006年7月19日には第2回部材検討会が開催され、データベース項目の整理とともに、データベースのインターネット上公開が最善であるという判断に至る。この合意のもと、鳥取県埋蔵文化財センターはデータベースの入力を開始し、同年11月10日にインターネット上での公開にふみ切った。最初のネット上公開データは470件にすぎなかったが、埋蔵文化財データのネット上公開そのものが画期的であり、鳥取県埋蔵文化財センターは未知の大海に大きく船を乗り出した。2008年末現在、6,216件の部材データがネット上にアップされ、出土建築部材の全貌を網羅したDVD付の報告書が刊行されている［鳥取県埋蔵文化財センター 2008］。

　以上のデータベース整理・公開作業と連動して、鳥取環境大学浅川研究室はとくに注目すべき部材に焦点をあてて、2006年と2007年の11月に復元研究の成果を記者発表した。2006年は弥生時代「最長の柱材」による「楼観」の復元、2007年は弥生時代「最長の垂木」による大型建物の復元に取り組んだ成果の公表である［浅川 2007・2008］。その成果が評価されたのか、2007年度には「山陰地域の弥生時代建築に関する実証的復元研究」と題する申請研究が、とっとり「知の財産」活用推進事業に採択された。この助成研究により、弥生時代「最長の垂木」による大型建物の復元だけでなく、妻木晩田遺跡妻木山地区に復元建設が予定されている2棟の高床倉庫SB-207・MKSB-34の復元研究についても青谷上寺地の部材を最大限活用するようにして取り組むことができた［浅川編 2008］。

　本節は、2006年から2007年にかけての3つの成果［浅川 2006、浅川 2007、嶋田・浅川 2008（浅川編 2008）］を総括的に取りまとめたものである。。

2．「最長の柱材」による楼観の復元

(1)　弥生時代「最長の柱材」

　2005年8月7日に開催された第1回青谷上寺地遺跡出土建築部材検討会で、5つに分断されていた丸太材が長さ724cmの柱材［部材番号KJA21499］であることが判明した（図6）。KJA21499は県道3区の溝SD20の護岸施設の補強材として使われていた転用材である（図7・8）。年代は弥生時代後期（約1800年前）。柱材をとりあげPEGタンクに収納する段階で柱材をノコギリで切って分断してしまったことに加え、当初から転用材であったことが、この柱材に対する意識を鈍らせた原因と考えられる。それが建築部材のデータベース化作業にともなって、弥生時代「最長の柱材」であることが判明し、2006年度になって復元研究に取り組むことになった。

　KJA21499は残存長724cmを測る（図9）。長さが7m以上あるにも拘らず、直径は17～18cmしかない。しかし、これは当初の径ではない。柱材の表面数ヶ所にコブシが残っており、そのコブシを覆うように柱材の表面があったとみれば、復元径は25～30cmと推定される。ちなみに、青谷上寺地で出土した柱根もしくは柱材で最大径をもつのはKJA4537であり、その径は29cmである。

　KJA21499の上端側には貫孔が二つ直交した状態で残っている（図10）。残存する柱材の全長が724cmで、下から585cmの位置に細長い貫孔（7×25cm）があいている。さらに内法で95cm上がると、

図6 青谷上寺地遺跡で出土した弥生時代「最長の柱材」

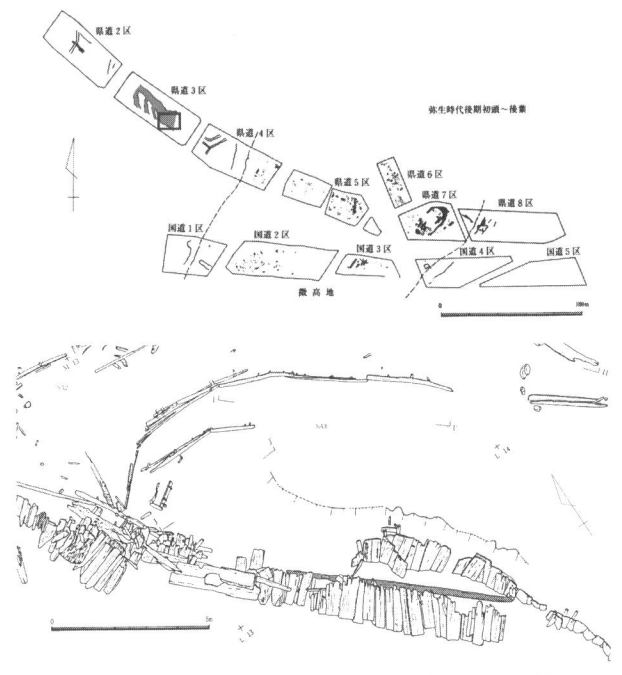

図7 「最長の柱材」KJA21499の出土位置と出土状況

図8 「最長の柱材」KJA21499の出土状況

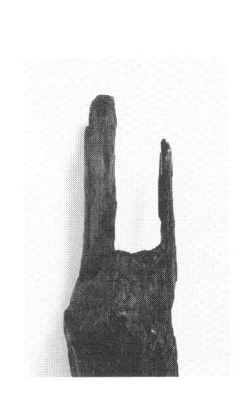

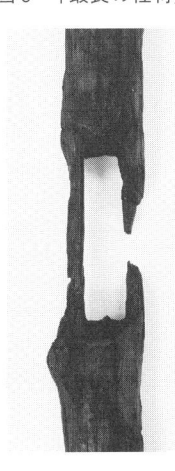

図9 「最長の柱材」KJA21499の実測図

図10 「最長の柱材」KJA21499に残る二つの貫穴

第1章 倭人伝の建築世界

長さ19cm分だけ貫孔が残って柱はここで折れている。柱が分断されていた時点で、この折れた貫孔は「輪薙込」仕口のようにみえた。しかし、詳細に観察しなおすと、ここで柱は折れている。貫孔があることによって柱材の断面欠損が大きくなり、破断してしまったのだろう。それにしても、直交する二つの貫孔の内法寸法が1m足らずという事実には驚かされた。下の貫孔が床を支える大引貫の受けだと仮定すると、床から1m弱のところに別の貫が通ることになる。この寸法からみて、その上側の貫は「手すり」として機能した材である可能性が高く、これによって、手すりをもつ四面開放の高層建築がイメージされる。

一方、柱材の根元側に注目すると、元口であるにも拘わらず、細くなっている。下端から160cmのあたりから細くなって、末端では斜めの切り込みを確認できる。これは掘形に埋め込んだ柱材を抜き取ったのではなく、地上に出ていた柱材の根元部分を切り取った可能性を示すものと言えよう。穴に埋まっていた「柱根」部分が根元側に残っていたならば、地上部分と地下部分で表面の状態は異なって然るべきであろう。おそらくこの柱を構成材とする建物は、数年から十数年は存続していただろうから、地下部分と地上部分で腐食・風蝕の度合いが異なっているはずである。しかし、そういう痕跡は認められない。以上から、残存長724cmの部分はすべて地上に存在した可能性が高いと思われる。

なお、青谷上寺地遺跡で出土する柱根は芯去材が多数を占めるが、残長724cmのKJA21499は芯持材である。髄を残すように木取りした材であり、芯持材のほうが鉛直方向・水平方向どちらの力に対しても抵抗力が強く、高層建物の柱材としてふさわしい条件を備えている。

(2)「最長の柱材」をもつ高層建物の復元

淀江の土器絵画と茶畑第1遺跡の遺構　図11は米子市淀江の稲吉角田遺跡の土器絵画（弥生中期）で、左側は独立棟持柱をもつ高床建物である。独立棟持柱をもつ高床建物は近畿地方を中心に分布しているが、山陰地方でも伯耆の茶畑山道遺跡などで数棟確認されている。右側は高層の建物である。寄棟風の屋根にみえるが、壁の表現がなく、「屋根倉」風の構造を示している。柱は4本。梯子は刻み丸太ではなく、組み合せ式のようである。梯子の位置からすれば、妻入のようにもみえる。残念なことに、稲吉角田の建築画はあまりにも粗略で、柱の本数、屋根の形式、壁の存否などの重要項目については信頼性に乏しい。ただ、「高層の建物が存在した」ことを示す証拠である点

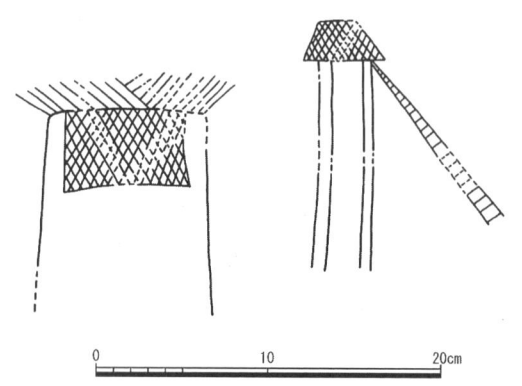

図11　米子市稲吉角田遺跡の土器絵画（建物のみ）
　　　［米子市教育委員会 2004］

図12　佐賀県吉野ヶ里遺跡で復元された
　　　楼観（物見櫓）（撮影：浅川滋男）

は疑いなく、床に上がるのに「組み合せ式の梯子を用いた」可能性も高いであろう。

　佐賀県の吉野ヶ里遺跡では、環濠に張り出して2間×1間の遺構がいくつかみつかっており、その上部構造の復元にあたって、稲吉角田の土器絵画を参照している（図12）。吉野ヶ里の場合、出土した遺構から平面規模や柱穴の大きさ・深さはわかっているが、建築画はみつかっておらず、高層建物の建築部材が出土しているわけでもない。だから、推定復元の域を出ないものである。一方、青谷上寺地の場合、7000点におよぶ建築部材が出土している。それらを取捨選択し組み合わせて、高層建物の上屋構造を復元するのは難しいことではない。ところが、青谷上寺地の環濠内部では小型の掘立柱建物跡が8棟検出されているものの、高層建物や大型建物の遺構は未だみつかっていない。

　そこで、大山町（旧名和町）茶畑第1遺跡の掘立柱建物11を参考にして、仮の平面を定めることにした。茶畑第1遺跡遺跡の縁辺には、環濠状の溝が走っていて、その近くに掘立柱建物11が位置している（図13）。平面は2間×1間で、正方形に近い長方形を呈するところが特徴的である（図14）。規模は桁行総長が6m（3m×2間）、梁間が4.9mである。断面図をみると、柱穴の深さは遺構検出面から100〜150cmを測る。弥生時代の旧地表面は、さらに高い位置にあったはずだから、柱穴はおそらく調査時より20cmばかり深かっただろう。柱穴内部には柱痕跡が残っている。柱の根元が地中に埋まった状態で廃絶した結果、柱根の部分が土壌化して色が変わっているのである。6つの柱穴のうち、少なくとも5つの柱穴で柱痕跡を確認できる。くりかえすけれども、これは柱根が地中に残っていたことを示す証拠である。大型の建物では柱穴が非常に深く、廃絶時に柱を穴から抜き取るのではなく、地上で伐ってしまった事実を示しており、KJA21499が柱材の地上部分の残骸であることの傍証となるであろう。

　茶畑第1遺跡掘立柱建物11の柱痕跡は直径30〜45cmを測る。青谷上寺地で出土した長さ724cmの

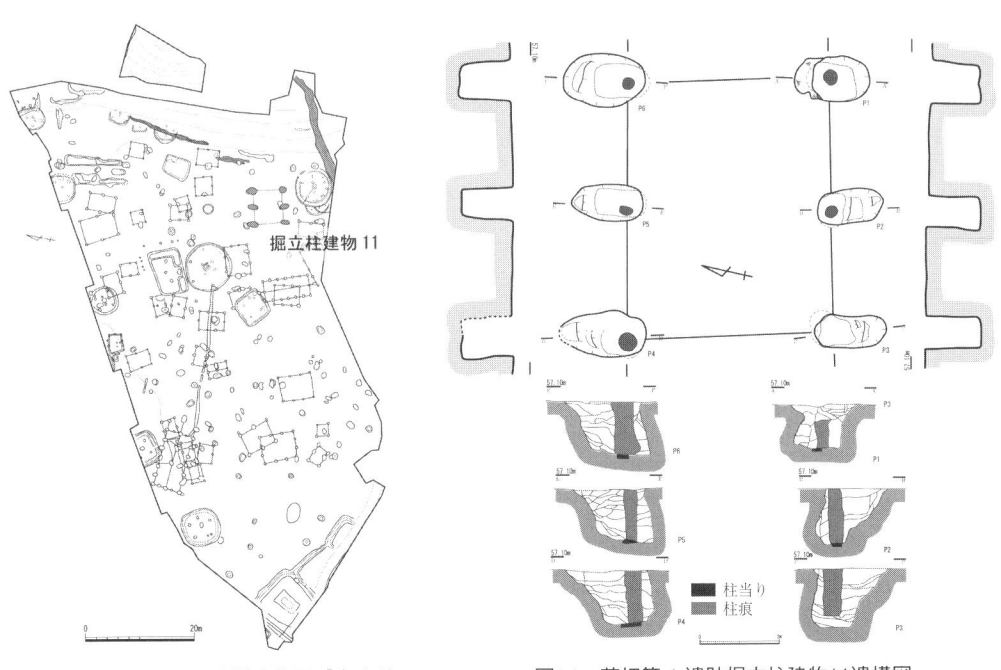

図13　茶畑第1遺跡遺構全体図［鳥取県教育文化財団2004］

図14　茶畑第1遺跡掘立柱建物11遺構図［鳥取県教育文化財団2004］

柱材では、当初の直径を25～30cmと推定した。あきらかに茶畑第1遺跡掘立柱建物11のほうが一まわり大きい建物だと判断される。そこで、茶畑第1遺跡掘立柱建物11遺構図の80％の規模をもつ平面を復元のためのモデルとすることにした。この場合、桁行総長4.8m（2.4m×2間）、梁間を4.0mと設定できる。実際にはもっと小さな平面規模だったかもしれないが、この平面をもとに建物を復元したい。

出土建築部材の複合による高層建物の構造復元　平面を決めてしまえば、あとはそんなに難しい作業ではない。青谷上寺地で出土した建築部材を組み合わせていけば、復元の骨組ができあがる（図15）。柱の上端側については、すでに述べたように、下側の貫孔に大引を通す。これを桁行方向に通すことにして、大引の上に根太を梁行方向にわたす。出土部材のうち、大引はKJA28902、根太はKJA43447を採用した。根太の上に床板を張る。床板と想定される材もたくさん出土している。柱材の上端にあたる貫孔は、くりかえすけれども、大引貫との距離（内法95cm）から手すりの貫を通す仕口とみなした。この手すりは大引に直交する梁行方向に通る。桁行方向の手すりについては、柱に貫孔をあけるとさらに断面欠損が大きくなるので、梁行方向の手すりに引っかけることにした。柱の内側に長押をとりつけるようにして縛り付け、両妻側の手すりで受ける。

桁については、手すりが大引貫と桁の中間に位置するように配した。桁と大引が平行になる。桁の上に小屋梁をかける。桁はKJA28902、小屋梁はKJB13430を採用。屋根構造については、高床倉庫の屋根構造材が出土しており（KJA43189ほか）、この垂木材と小舞材の寸法を比例拡大して採用した。なお、垂木については、ケラバ（桁端）のみ角材、他の一般部は丸垂木で、上下に特徴的な

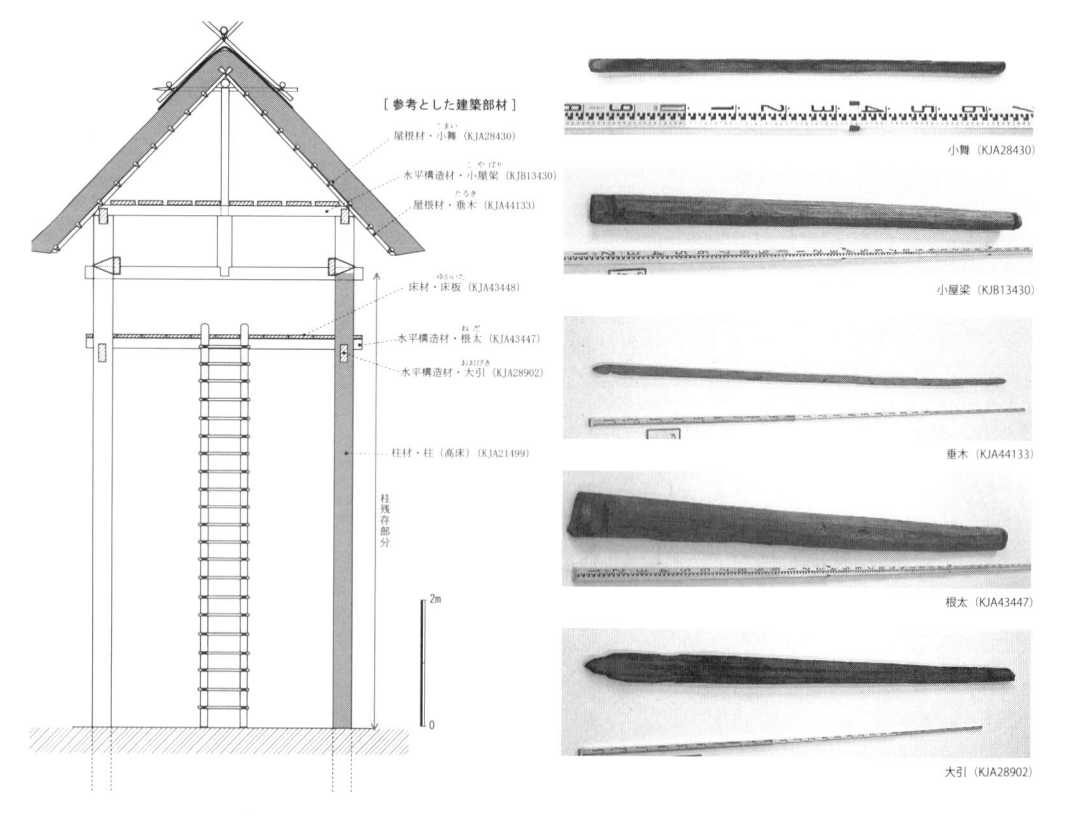

図15　「最長の柱材」KJA21499から復元される高層建物の略断面図と対応部材

加工を施すが、これについては第3節で詳述する。

屋根倉の構造に倣って簀子状の天井を設けることにした。天井の簀子材は小屋梁をつなぐ働きが期待できるので、屋根構造全体が安定すると考えたのである。問題は棟を支える構造であるが、梁・桁につきさす斜材（サス）は出土していないので、棟束構造を採用することにした。丸い束材の下側を輪薙込にして手すりの貫に落とし込んで根元を安定させ、そのまま立ち上げ、上端も輪薙込にして棟木をうける。この場合、小屋梁は棟束に接するように内側に配して両者を緊縛する。

こういう構造を考えると、屋根は切妻造になる。稲吉角田の高層建物画では寄棟造のようにもみえるが、すでに述べたように画は粗略であり、屋根形式を決定づけるほどの資料ではないと考えられよう。稲吉の場合、切妻の屋根を斜め方向から表現したため寄棟風の表現になった可能性がある。また、高層建物の上に寄棟の屋根をつくるのは相当やっかいな仕事だとも思われる。

青谷上寺地遺跡では、以上みたように、復元にあたって、ほぼすべての部材を青谷上寺地出土の建築部材で賄えてしまうところである。どんな遺跡でも、「復元」にチャレンジしようとする場合、仮に一部の部材がその遺跡で出土したとしても、他の多くの材は日本全国の「類例」を集め、さらに近世民家の構法などを参照して、復元建物の全体を再構成するわけだが、青谷上寺地では、青谷上寺地で出土した建築部材だけで一つの建物を復元できてしまう。尋常なことではない。

ただ、今回の復元で、他の遺跡から借りてきた部材が一つだけある。組み合せ式の梯子である。青谷上寺地でも、刻み梯子が大量に出土しているが、いちばん長いものでも3ｍ程度であるから、高層の建物には使えない。組み合わせ式の梯子材については、青谷上寺地では未確認だが、鳥取県内では桂見遺跡・池ノ内遺跡などで、弥生時代後期から古墳時代前期の梯子材が出土している。ただし、それらはいずれも「側桁」らしき材のみであり、側桁と踏板が複合して出土しているわけではない。それでは不正確さを免れないので、時代は古墳時代前期まで下るが、側桁と踏板が組み合わさって出土した平城宮下層遺跡の梯子（図16）に倣うことにした。

さて、最後まで悩んだのが入口の位置である。復元作業の当初は、断面概念図に示すように、組み合わせ式梯子を妻側に配していた。稲吉角田の高層建物画が妻入のようにみえ、また、山陰には妻入の大社造本殿が多いことが無意識に影響していたのかもしれない。いったん妻入のCGを完成させた（図17）のだが、煽りアングル（図18）をみればあきらかなように、妻入の場合、梯子を上って床に上に入ると、手すりが障害になる。この結果をうけて平入案を検討した。平側の手すりに

図17 「最長の柱材」による高層建物の復元CG 妻入案（制作：鳥取環境大学浅川研究室）

図18 妻入案の煽りアングルCG（制作：鳥取環境大学浅川研究室）

図16 平城宮下層遺跡出土の梯子（古墳時代前期）［奈良文化財研究所 1980］

平入案の煽りアングルCG（制作：鳥取環境大学浅川研究室）

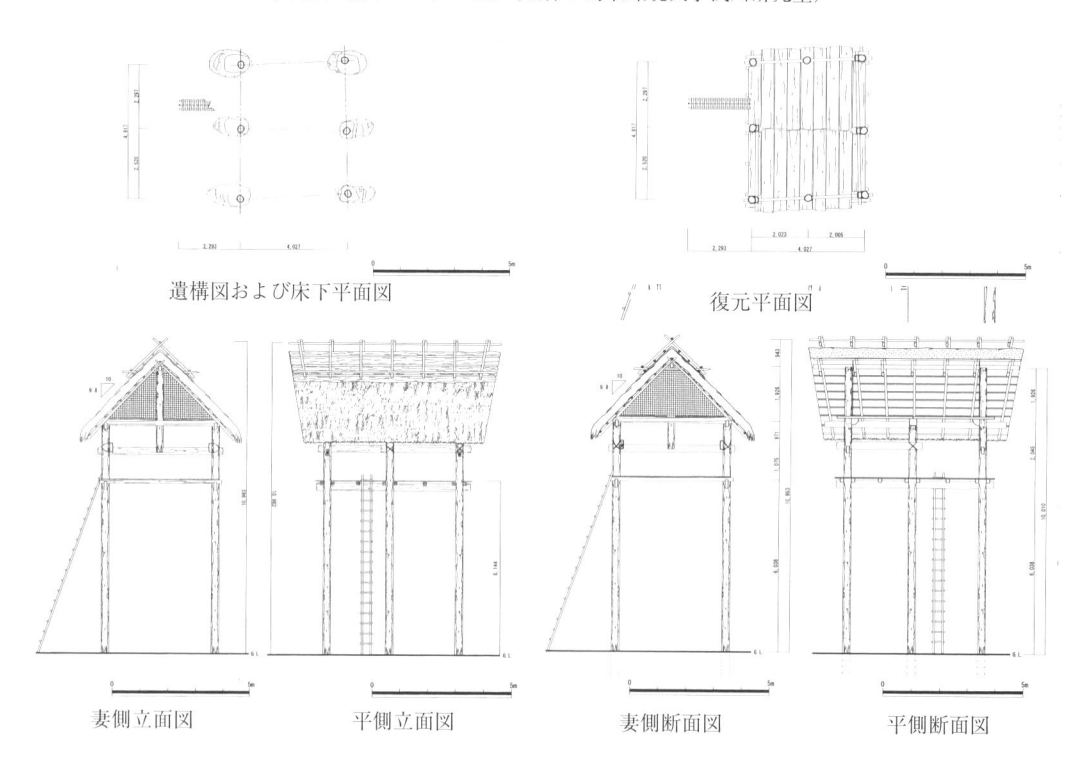

遺構図および床下平面図　　　　　　　復元平面図

妻側立面図　　平側立面図　　妻側断面図　　平側断面図

図19　「最長の柱」より復元した「楼観」

ついては、貫穴が確認されていないので、存在したかどうか不明である。妻側の手すりは、それを通した貫孔が残っているので外すことはできないが、平側については長押状の手すりとみなしたので外すことは可能であり、平側に梯子を配すれば床上への出入りは容易になる。とりわけ環濠との位置関係に注目すると、環濠と建物の平側が平行関係にあるので、外側にのみ手すりをつけ、内側は開放とする考え方が一つはあるだろう。今回の復元案では、内側の平側2間のうちの片側1間を入口とみなし、そこに手すりを通さないで梯子の上端を架けた（図19）。

復元建物の特徴　以上、地上部分の残存長724cmの柱材から、環濠に沿ってその内側にたつ「物見櫓」あるいは「楼観」とよぶべき四面開放の高層建物を復元した。繰り返しになるけれども、そのような機能想定は柱材の上端に残る貫孔が手すりの貫材を通す仕口であったことを根拠としている。吉野ヶ里遺跡や茶畑第1遺跡にみるように、「物見櫓」系列の建物跡は桁行2間の平側がほぼ環濠と平行関係を保っている。そこから濠の外側を遠望しようとする意図が平面配置に垣間みえる。建物の床上は四面開放で、おそらく正面外側と両妻側には手すりがついており、内側にあたる平側は手すりもなくて、梯子をかけていた。そういう建物をイメージさせるのである。

それにしても、この高層建物の柱は細い。これをネガティヴにとらえるべきではない。青谷上寺地で出土している建築部材は垂木にしても、小舞にしても、梁にしても、木柄が細いのである。細い材をうまく組み合わせて、精巧な建物を造ろうとしている。その最も代表的な例が蟻桟（図20・21）で、当時の加工技術の先進性をよく示している。

この加工の先進性は金属器の普及と不可分の関係にある。青谷上寺地の場合、出土する建築材の90％以上がスギ材であり、柔らかいスギ材を鋭利な金属器で加工することにより、木柄の細い部材を繊細な継手仕口で接合していくことが可能になった。これは大いなる技術革新である。縄文時代には、磨製石器を用いてクリの巨木に大きな貫孔をあけ木を組んでいた。青谷上寺地の技術はまったくちがう。柔らかいスギ材を金属器で繊細に加工している。これは在地系の縄文文化から渡来系の弥生文化への建築技術上の脱皮を示しており、この変革後の姿を日本木造建築の事実上の出発点とみなすことも不可能ではない。青谷上寺地に鉄器が導入されるのが弥生時代前期末（約2300年前）という［高尾2006］。そのころから、建築は大きな転換期を迎えていくのだろう。

（3）倭人伝にみる建築表現

上に復元した高層建物は環濠に近接してその内側にたつ四面開放の物見櫓であり、魏志倭人伝にいう「楼観」に相当する施設であると考えられる。「楼観」のほか、倭人伝にみえる「屋室」「宮室」

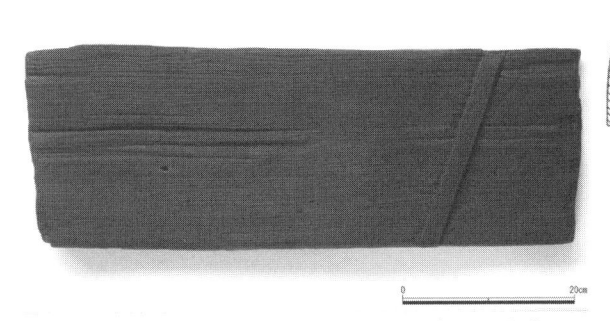

図20　蟻桟が施された板材　KJA43432（弥生中期後葉）鳥取県 埋蔵文化財センター提供

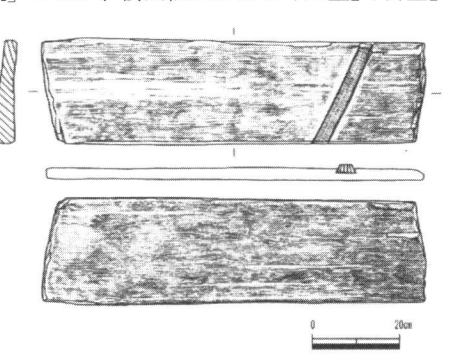

図21　蟻桟が施された板材実測図（同左提供）

「邸閣」などの建築類型については第 1 節で詳しく取り上げたが、ここでは遺構と対比させつつ、再度要点を整理しておこう。

　「屋室」とは何か　「屋室」は「穴」「土室」「窟室」と対比すべき類型である。それは地上式建物の総称であり、日本考古学でいうところの「掘立柱建物」の概念に近い。この用語を他の東夷と比較してみよう。まず『後漢書』馬韓伝をみると、

　　邑落雑居、亦無城郭。作土室、形如冢、開戸在上。無知跪拝。無長幼男女之別。

とある。すなわち、馬韓は城壁をもたずに村落は雑居している。「土室」すなわち竪穴住居を造って住んでいて、その形は中国の「冢」と似ている。つまり、塚のような土饅頭型の屋根に覆われている。しかも、入口（開戸）は屋根の上にある。儒教のマナーである「跪拝の礼」も知らなければ、「長幼男女の別」もない。城壁をもたないで穴蔵（土室）に暮らし、長幼男女の別なく一室に住んでいる。「跪拝の礼」も知らない。野蛮な要素ばかり書き連ねている。

　ところが、倭人伝は違う。「屋室あり」とは「建物がある」ということだろう。馬韓は穴蔵だが、倭には建物がある。おまけに、「父母兄弟臥息処を異にす」。父母や兄弟は住んでいる場所が違う。部屋あるいは建物を別にしている。おそらく中国に近い居住様式だと言いたいのだろう。

　時代はやや下るが、『旧唐書』靺鞨伝を次に引用してみよう。靺鞨とは渤海を建国する担い手の一部であり、黒龍江流域に住む東夷の一群であった。

　　無屋宇、並依山水掘地為穴。架木於上、以土覆之。状如中国之塚墓。
　　相聚而居、夏則出隨水草、冬則入穴。

いきなり「屋宇なし」と記している。靺鞨に地上の建物はない。山や川（水）などの地形にあわせて住み、地面を掘って「穴」（竪穴住居）をつくる。その穴は、木を上に架け、土で覆って屋根をつくる。その姿は、やはり中国の「塚墓」のようだ、と記している。かれらは集まって住むが、夏は山や草原に出て水と草を随い、冬は穴蔵住まいをする。要するに、夏は狩猟とか放牧をおこなうから、テント住まいしてあちこち動きまわるのだが、冬になると定住して土屋根に覆われた竪穴住居の中に住む。靺鞨伝にみえる「屋宇」は、倭人伝の「屋室」と近い概念を示す言葉であり、「地上にたつ建物」と理解すればよいだろう。『新唐書』儋羅伝も紹介しておこう。儋羅とは、今の済州島である。

　　龍朔初、有儋羅者、……俗朴陋、衣豕皮、夏居革屋、冬窟室。

龍朔とは西暦661〜663年にあたる年号である。そのころの儋羅の風俗は素朴で、豕の皮で作った服を着ており、夏は獣の革で覆った建物に住み、冬には「窟室」に居た。「革屋」というのは地上の建物であろうから、「屋宇」「屋室」の類が儋羅にもあったことになるが、かれらは冬に穴蔵住まいをしていた。これを「窟室」と表現している。たぶん竪穴住居のことだろうが、崖を掘りこんだ「横穴」か自然の洞穴であった可能性なきにしもあらずである。

　「邸閣」と「桴京」　「租賦を収むに邸閣あり」に続いて「国々に市有り。交易の有無は大倭監を使わせしむ」と倭人伝は記す。国々に市があって交易をしており、交易の有無を確認するために「大倭」という役人を派遣した。「租賦」や「市」と結びつく建物であるから、当然のことながら、

倉庫の一種であろう、と推定される。

　日野開三郎の考証によれば［日野 1952］、『三国志』には「邸閣」という用語が11回出てくる。そのうち10例が軍用倉庫で、残る1例が倭人伝の例である。軍用倉庫の場合、「邸閣」の収納物は糧食を第一とするが、兵器や絹も含んでいた。ところが、「邸」「閣」という漢字には軍事と係わる要素がない。倭人伝だけ収納物は不明なのだが、倭人伝の「邸閣」が倉庫であるのはほぼ疑いない。しかも、倭人伝の用法のほうが「邸閣」の原義を示す可能性すらある。

　『説文』によれば、「邸」とは「属国の舎」を意味する。「閣」のほうは原義が「門を閉じること」であり、そこから「ものいれ」を意味する言葉となる。したがって、「邸閣」は「客舎（兵舎）と倉庫」を包括する特殊な用語とみなされる。前節の附記で述べたように、租（上納税）が閣、賦（人頭税）が邸に対応する可能性がある。建築的には「邸閣」が高床式であったのかどうか、という問題がある。漢和辞典には「閣」を「たかどの」と翻訳する例もみられるが、「閣」はモンガマエの漢字であるから、本来「高床」とは結びつかない。原義としての「邸閣」はたんなる「客舎（兵舎）と倉庫」であって、高床式である必然性はない。たとえば、華北における「邸閣」は平屋か2階建ての建物であり、弥生時代の日本の「邸閣」は高床式であってもかまわないのである。日本の「邸閣」例として思い浮かぶのは、福岡県朝倉市甘木の平塚川添遺跡でみつかった4棟の総柱式建物跡（桁行4間×梁間2間、弥生後期）であるが、現地ではこれを「祭殿」として復元整備している（図22）。「祭殿」という用語は、倭人伝のどこにもでてこない。いったい何をもって「祭殿」というのか、わたしにはよく分からない。さて、魏志高句麗伝には、

　　国中邑落……無大倉庫、家家自有小倉、名之為桴京。

とあって、「桴京」という小さな倉庫の類型についての記載が含まれている。「桴京」と「邸閣」は対になる概念で、前者は集落が共有する「大倉庫（兼客舎）」、後者は家々が所有する「小さな倉庫」である。上の記録は「高句麗の国中の村落には……大倉庫（すなわち邸閣？）がなく、それぞれの家に附属する小さな倉がある。この小さな倉を桴京という」と訳せるであろう。この「桴京」については、稲葉岩吉が『釈椋』［稲葉1936］という論考を戦前に残している。まず、「桴京」の「京」については高床倉庫の象形文字であり［後藤1912］、「京」にキヘンをつけると「椋」という漢字

図22　復元された平塚川添遺跡の総柱式建物（福岡県朝倉市甘木）（撮影：浅川滋男）

になって、「クラ」と訓読できる。「椋」はキヘンの漢字だから、木造の高床倉庫をさすのであろう。

一方、日本語では「倉」をクラ（kula）と訓読するが、朝鮮半島各地の方言、満州語、女真古語などでは、クラをkuli、khuli、wuli、kwuli、huliなどと呼んでおり、これらと高句麗語には親縁性のある可能性が想定される。稲葉は、この前提にたって、「桴」とはhuli（khuli）のhu（khu）ではないのか、と推察している。要するに、「桴京」の「桴」は高句麗語のクラ、「京」は漢語のクラをあらわす言葉であって、高句麗語と漢語の同義語を二つ並べた熟語だと解釈している。機能はクラであり、構造は「京」という漢字から「高床」であったと推定できるであろう。

「桴京」は倭と同時代の高句麗に存在した「小さな高床倉庫」であるけれども、もちろん同種の小型高床倉庫は倭にも多数存在した。ただ、当時の中国人は倭の「小さな高床倉庫」には注意を払わず、租賦を納める「邸閣」の存在に注目しているのである。

「宮室」とは何か　倭人伝には「宮室、楼観、城柵を厳かに設け」とあって、卑弥呼の「居処」を記している。「宮室」という用語は「宮殿」の別称のようにも映るが、じつは単純に「建物」をさす用語なのかもしれない。漢代初期までに成立したという字書『爾雅』には「釈宮」、後漢時代に劉熙が撰した『釈名』にも「釈宮室」という条があり、「釈宮」「釈宮室」のいずれも建物に関する用語を網羅的に説明している。ここでは林巳奈夫［1976］と田中淡［1989］に従いながら、『爾雅』釈宮と『釈名』釈宮室における「宮」と「室」の説明をおってみよう。『爾雅』釈宮には、

宮謂之室、室謂之宮。（宮のことは室といい、室のことは宮という）

とあって、両者は同じ意味だと説いている。これについては、東晋の郭璞（276〜324）が「みな古今の異なる語を通ずるためのもので、実質は同じで名が二つあることを明らかにする」と注釈している。一方、『釈名』釈宮室では、

宮、穹也、屋見於垣上、穹隆然也。（宮は穹ということである。屋根が垣の上にみえ穹隆然としている）

室、実也、人物充満其中也。（室とは実ということである。人と物とがその中に充満している）

とみえる。

「宮」についての説明は分かりにくい。モンゴルの円筒型テント「包」のことを古くは「穹廬」と呼んでいた。屋根が「穹廬」のようにドーム状になっており、垣根の外側から内部の建物の屋根がむくむく立ち上がってみえる。こういう建物を「宮」＝「穹」だとしている。一方、「室」のほうは中に人や物が充満している建物であって、だから「室」は「実」と同じだという。以上から、林巳奈夫は次のように述べている［林1976］。

然らば外的な建造物としての家屋が宮で、多少とも大きく立派なものといふニュアンスを
含み、室は実用的な住み家、ホームといった意味の家であるといへよう。

これをわたしなりに解釈しなおすと、「宮室」の二文字は後代にいう「前朝後寝」あるいは「前堂後室」の空間構造を想起させる。「宮」は前方にある対外的な儀式空間で、「室」は後方におかれた日常の生活空間、というイメージを読み取れる。「宮＝前朝（前堂）vs. 室＝後寝（後室）」という対立的な図式である。だから、「宮室、楼観、城柵を厳かに設け」という一節は、卑弥呼が住ん

でいた「宮」（祭政施設）と「室」（居所）が「楼観」や「城柵」で守られ、荘厳されていたと理解できるのではないだろうか。

「楼観」とは何か　「観」について『爾雅』釈宮には、

　　観謂之闕。（観のことを闕という）

とあり、郭璞は「宮門の双闕である」と注釈している。『春秋』経の定公二年にも「雉門及両観災」とあって、どうやら宮城門の「両観」が「双闕」とも呼ばれたことがうかがえる。『釈名』釈宮室の説明はやや複雑である。

　　闕、闕也。在門両傍、中央闕然為道也。……観、観也。於上観望也。
　　（闕とは闕［欠く］の意である。門の両脇にあり、中央が闕然として道をなしている。
　　……観とは「観る」の意である。上から観望するのである）

次に「楼」であるが、『爾雅』釈宮では「台」と「楼」を対にして説明している。

　　四方而高曰台、狭脩曲曰楼。
　　（四角くて高いものを「台」といい、狭くて長く曲がったものを「楼」という）

どうやら、「楼」は台上構造物のうち、四角い平面ではなく、折れ曲がって長いものをさすようである。コ字形を呈する「闕」＝「観」の基礎をイメージできるだろう。「楼」も「観」も「闕」に結びつく建築用語であることがうかがえる。なお、「台」の原義について、『釈名』釈宮室は、以下のように説いている。

　　台、持也。築土堅高、能自勝持也。

すなわち、「台」とは「持」（支持するもの）である。土を堅く高く築きあげ、自ら勝へ持するものである、という。後で述べるように、これは単純な基壇ではなく、台榭建築の内側に隠された高台をさす。

以上は、おもに田中淡の論文「先秦時代宮室建築序説」［田中 1989］に頼って説明を試みたものである。田中は「（観とは）闕、すなわち現存の北京故宮午門と同様の構成のものがそれに相当する」と述べている。楼が宮殿の類ではなく軍事用望楼をも意味したことは、『釈名』に「楼は窓や扉の孔がまばらにあいたもの（楼謂牖戸之間有射孔、楼楼然也）」とするところからも推定され、軍事建築としての木楼・土楼の記述は、『墨子』備城門などの諸篇に多く見いだされる。

「闕」と「門」がどう違うかというと、「闕」は北京故宮午門のように平面がコ字形を呈しており、門道周辺を両脇の高層の建物が囲い込むようになっている。正門に近づく人物に脇から睨みを効かせており、相手が軍兵なら攻撃できる。この両脇の建物を「観」「両観」あるいは「双闕」と呼んだのだろう。そして、『爾雅』の説明に従う限り、「楼」は「観」が建っていた「台」状の折れ曲がる高い基礎部分を指す。したがって、「楼観」はやはり「闕」のような建築物を指すはずである。

以上の字義的な理解から、弥生時代「最長の柱材」によって復元した高層建物が「楼観」と呼びうる施設かどうかを検証しておきたい。これには二つの見方が可能である。まず『爾雅』や『釈名』などの定義に照らせば、答えは「否」である。中国漢代の字書に従うかぎり、「楼観」とは「闕」の類で、平面はコ字形を呈し、下に「台」状の構造物があり、その上に2階建ないし3階建の木造建築を配

する必要がある。そういう構造の建物が弥生時代の日本に存在したはずはない。ただし、構造はまったく異なるにしても、建物の機能や性格は中国と日本で一定の類似性をもっていたはずである。

西日本を訪れた漢末〜三国時代の中国人は、環濠や柵に近接して建つ日本式の高層建物（物見櫓）を目にして、「楼観」のような建物だと思ったのではないだろうか。「楼観」だけでなく、「宮室」や「邸閣」にしても、中国式の建築とは似ても似つかぬものだったはずである。しかし、倭人は他の東夷と違って、穴蔵式の住居だけでなく、「屋室」（地上の建物）を持っている。そして、「闕」とは言えないが、門の脇にたつ高層の建物もあるから、その物見櫓をとりあえずは「楼観」という言葉で表すしかなかった。それが、倭人伝にみえる「楼観」の実態であったとわたしは思う。

3．「最長の垂木」による大型建物の復元

2007年度の第3回青谷上寺地遺跡出土建築部材検討会では、弥生時代「最長の垂木」が確認された。この項では、「最長の垂木」による大型建物の復元について考察するが、前にも述べたように、2008年度までに青谷上寺地の環濠の内部で8棟の小型掘立柱柱建物が検出されているのみであり、「最長の垂木」を構成材とする大型建物の遺構はみつかっていない。そこで、まずは山陰地方の「大型掘立柱建物」の概要を整理し、その前提の上で「最長の垂木」による建物復元に踏み込んでいきたい。

（1）　山陰地方における大型掘立柱建物の類型

2004年に科学研究費基盤研究C「大社造の起源と変容に関する歴史考古学的研究」（代表者：浅川滋男）に関わるシンポジウム「山陰地方の掘立柱建物」を鳥取環境大学で開催した。鳥取と島根の考古学関係者にお集まりいただき、山陰地方における弥生時代掘立柱建物の全貌を把握することができるようになった。この項で述べる内容は、そのシンポジウムの成果に基づくものである。

まず「大型建物」の定義が必要であろう。上のシンポジウムの経験から述べると、山陰の場合、床面積20㎡を超える建物を「大型」に位置づけるのが適当と考える。床面積20㎡を超える掘立柱建物は4つの類型に大別できる。すなわち、「長棟建物」「独立棟持柱付高床建物」「布掘建物」、そして前節で復元した「高層建物」である。以下、これらの類型を簡単に説明していきたい。

「長棟建物」系列　「長棟建物」とは、文字どおり、棟の長いロングハウスである。単純なロングハウスが基本としてあり、その基本型から展開しているバリエーションもいくつか認められるので、ここで「系列」という用語を使い、一連の大型建物について解釈してみよう。

図23は伯耆町の上中ノ原遺跡である。弥生時代中期中葉〜後葉の集落遺跡で、典型的な長棟建物がみつかっている。上中ノ原遺跡SB02は桁行6間×梁間2間の平面で、桁行総長8.5m、梁間総長3.7mを測る。後述するように、今回確認された「最長の垂木」から復元される大型建物の梁間と近似した寸法を示す点で注目しておく必要があるだろう。床面積はおよそ31.5㎡である。遺構の特徴は、梁間が3.7mもある一方で、柱穴が直径34cm前後と非常に小さいことである。梁間のわりに

柱穴が小さく浅いので、高床建物ではなく、平地土間式の建物に復元すべき遺構と考えている。

図24は伯耆町の下山南通遺跡である。弥生時代中期中葉ごろの集落遺跡で、ここでも長棟建物SB01がみつかっている。平面は桁行5間×梁間2間だが、片方の妻側中央に柱がない。その反対側の妻壁の内側に大きな楕円状の土坑（穴）を伴っている。貯蔵用か作業用かはわからないが、何かに使った穴があるのだから、地面上で活動をした痕跡だと考えられ、やはり高床の建物とは考えがたい。梁間は2.88mと短いが、柱穴は直径26cm前後で小さく、やはり平地土間式の建物とみなすべきであろう。

図25は島根県松江市の田和山遺跡（弥生中期中葉〜後葉）で、先にで述べたように、山全体が遺跡となっている。山頂に5本柱や9本柱の遺構があり、その周辺に三重の環濠をめぐらせている。竪穴住居と長棟建物は環濠の外側にあるという特殊な遺跡である。長棟建物は斜面を整地した平場（加工段）に建てられている。テラスの端はすでに崩落しているが、平面は桁行6間×梁間2間に

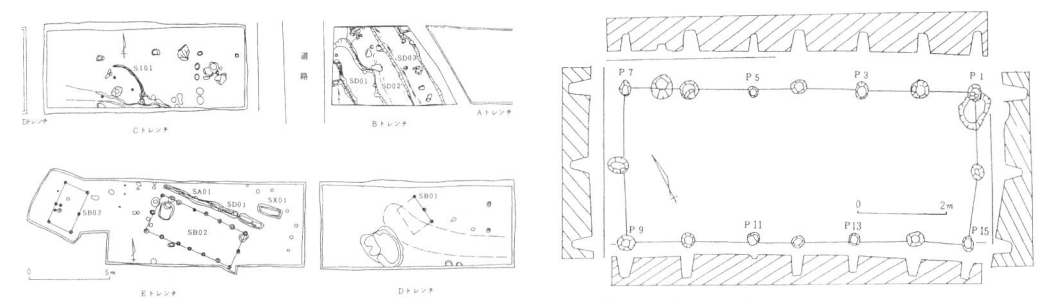

図23　伯耆町上中ノ原遺跡の遺構全体図とSB02遺構図［溝口町教育委員会 1983］

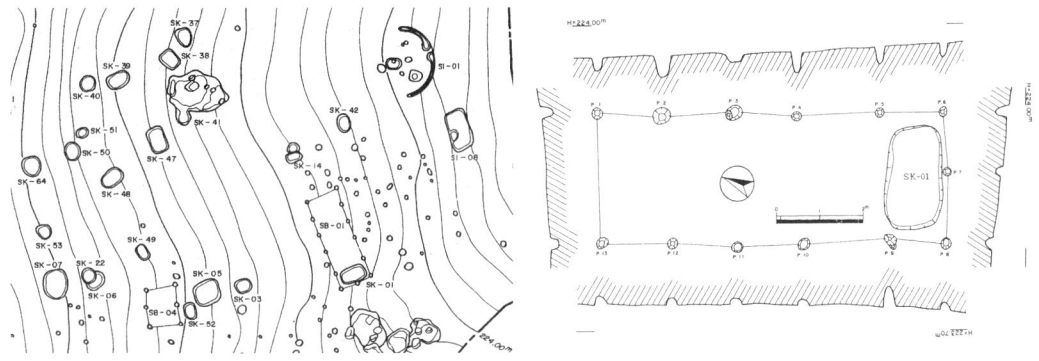

図24　伯耆町下山南通遺跡の遺構全体図とSB02遺構図［鳥取県教育文化財団 1986］

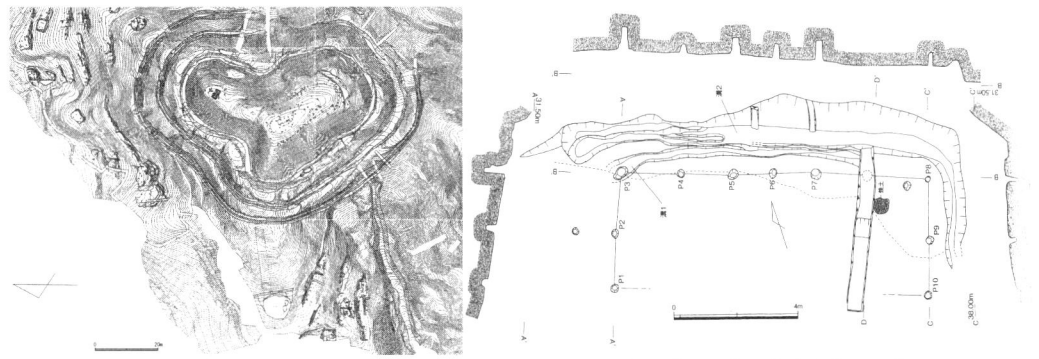

図25　島根県松江市田和山の遺構全体図とSB02遺構図［松江市教育委員会 1989］

第1章　倭人伝の建築世界

復元できる。復元を検討し始めたころ、山の斜面に立地する田和山の大型建物は山頂の（おそらく聖性を帯びた）領域を遙拝するための施設ではないか、と思っていた。遺跡上に竣工した復元建物（SB-02：図25右）が壁を背面にしか備えず、他の3面を開放としたのも、山頂の遙拝を意識したからである。

　しかし現在、わたしは「遙拝所」説に否定的な立場をとっている。この復元建物からは山頂を遙拝できるのだが、他の位置にたつ同類の長棟建物からは山頂を見通せないのである。こういう長棟建物は大型の竪穴住居と一対になっており、竪穴住居（群）が女を中心とする「住まい」、長棟建物はおもに男が作業したり集まったりする多目的施設ではないか、と個人的には推定している。こういう対立的な建物の使い方をする例がオセアニアなどの民族社会にみられるのである。現状の考古学的成果では、長棟建物の機能や性格を完全にあきらかにするのは不可能であり、田和山の大型建物は伯耆でみつかっている長棟建物と同類の施設とみなすにとどめるべきであろう。

　鳥取県伯耆町の長山馬籠遺跡は弥生時代中期後葉の集落遺跡で、山陰地方で最大規模の掘立柱建物SB08がみつかっている（図26）。平面は本体部分が桁行6間×梁間2間で、平側に庇状の柱列が附属する。この柱列は塀なのか庇なのか判然としないが、建物本体と端を揃えているので、簡単な付庇（日本建築史でいう「裳階」）状の遺構である可能性が高いだろう。この建物の梁間総長は4.9mを測る。ところが、柱穴は直径44cm前後と非常に小さい。そして、ここでも「土坑」が何ヶ所か

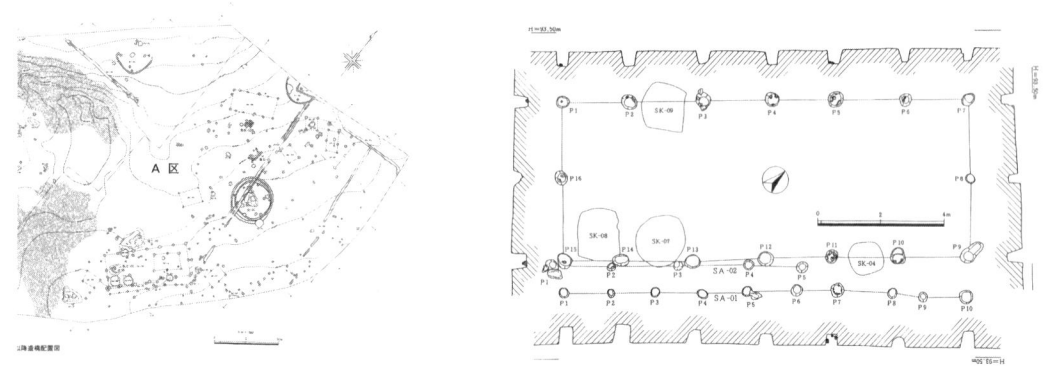

図26　伯耆町長山籠遺跡の遺構全体図とSB08遺構図　[溝口町教育委員会 1989]

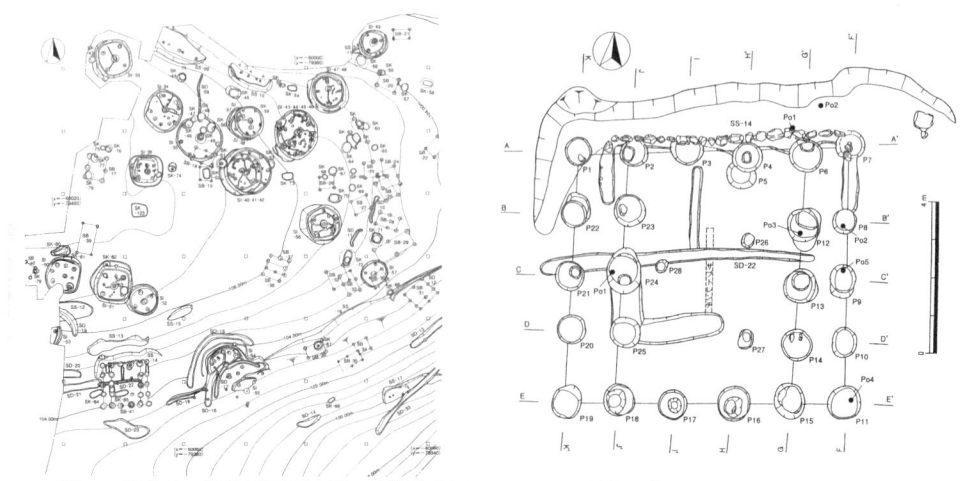

図27　妻木晩田遺跡松尾頭地区の遺構全体図とMGSB41遺構図　[大山町教育委員会 2000]

建物の際に確認できる。これらの諸点を考慮すると、高床式とは考えにくい。土間式の建物であろう。厳密な平面規模は桁行12.8m×梁間4.88mで、本体部分（身舎）の床面積だけで62㎡、裳階状の庇も含めると78㎡を測る。この面積によって「山陰地方最大の掘立柱建物」という評価がなされているのである。

弥生時代後期の代表例は妻木晩田遺跡松尾頭地区の大型建物MGSB-41（図27）である（p.118〜参照）。妻木晩田遺跡の最盛期は弥生時代後期だが、この時代に大型建物はほとんどみつかっていない。竪穴住居数棟とそれに付属する高床倉庫が「居住単位」となり、その単位が点々と尾根沿いに分布していて、まれに9本柱の遺構を含む居住単位もある。あの広大な丘陵の大半はこういう「居住単位」の反復によって構成されていた。そのなかに一ヶ所だけ大型建物をもつエリアがある。松尾頭地区に大型の円形住居と対になった二面庇付の大型建物がみつかっており、これも「長棟建物」系列として把えることができる。本体（身舎）が桁行4間×梁間3間で、その両方の平側に庇をともなう。平面規模は、梁間総長が7.38m、桁行総長が7.46mを測る。身舎のみの床面積なら22.8㎡、両側の庇を加えると51.0㎡となる。妻木晩田遺跡の中では突出して大きい建物で、この地区に妻木晩田のリーダー的な人物がいたと推定される理由の一つとなっている。

独立棟持柱付高床建物　独立棟持柱とは、伊勢神宮の正殿や宝殿のように、妻壁の外側に独立してたつ棟持柱のことである。独立棟持柱をもつ弥生時代の大型建物跡は近畿を中心に西日本各地で数多く出土しており、山陰では伯耆に限って数例検出されている。

図28は大山町の茶畑山道遺跡である。弥生時代中期後葉の遺跡で、全域が大型建物で構成されている。弥生後期とは異なり、中期ではこのように大型建物が集中するブロックと「居住単位」のブロックが明確にゾーニングされる傾向を認めうる。茶畑山道遺跡の大型建物ブロックには、独立棟持柱付の大型掘立柱建物が1棟、長棟建物が3棟みつかっている。点線で示した建物跡は、時期が異なるだろうと言われているものである。

トレンチの西端で検出された独立棟持柱付の大型掘立柱建物SB5（図28中）は、他の長棟建物とどういう違いがあるのだろうか。平面は桁行4間（8.6m）×梁間1間（3.2m）で、梁間は比較的短いのだが、柱穴は直径118㎝前後を測り、非常に大きい。大きいだけではなくて、とても深く、しかも柱穴のなかに石がたくさん残っている。穴を掘って柱を立ててから、その根元を石でぎゅうぎ

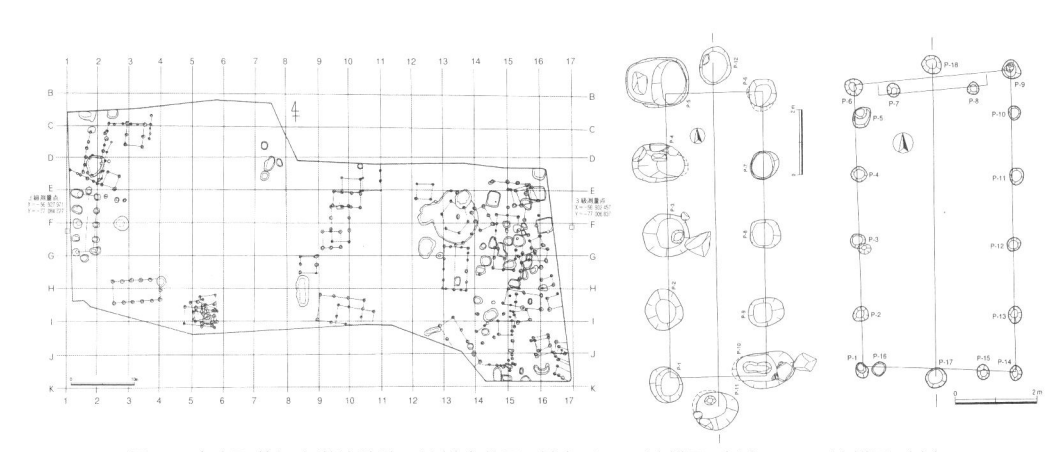

図28　大山町茶畑山道遺跡跡の遺構全体図（左）とSB5遺構図（中）・SB11遺構図（右）
［名和町教育委員会2002］

ゅう詰めにしている。堅固な基礎を作ろうとしているわけである。梁間を短くして、基礎を強固にするということは、建物が高床であった可能性をつよく示唆するものであろう。さらに注目しておきたいのは、遺構の周辺から祭祀系の遺物が出土していることである。琴浦町の梅田萱峯遺跡のSB2も独立棟持柱をもつ建物で、平面は桁行3間（7.2m）×梁間1間（2.8m）。柱穴の深さは50～80cmとやや浅めだが、これは旧地表面が大きく削平されたためだろう。梁間の短さからみて、やはり高床建物に復元すべき遺構と考える。

一方、茶畑山道遺跡の長棟建物SB11（図28右）をみると、梁間は3.7mと少し長くなっているのだが、柱穴は直径38cm前後と非常に小さくて浅い。こちらにも独立棟持柱らしき穴を確認できるが、SB5ほど飛び出していない。「独立棟持柱」ではなくて、妻壁に接するほど近い位置にある「近接棟持柱」である。

現時点の考古学的成果で出現期を比較すると、山陰地方における長棟建物は弥生時代中期中葉、独立棟持柱付掘立柱建物は弥生時代中期後葉であり、前者が後者よりもわずかに早く出現している。また、後者は近畿地方を中心とする分布圏をもっており、伯耆地方はその末端の一つに位置づけうる。以上から、長棟建物（前者）を山陰地方在来系の「土着的」なタイプ、独立棟持柱付掘立柱建物（後者）を近畿方面から伝来してきた新しいタイプとみなせよう。その機能・性格については不詳ながら、長棟建物は平地土間式で多目的利用がなされる集会・作業系施設、独立棟持柱付掘立柱建物は高床式で祭祀に関わる施設と推定している。在地系「長棟建物」と近畿系「独立棟持柱付掘立柱建物」が一つの区画に共存しているという点において、茶畑山道は瞠目すべき遺跡である。

茶畑第1遺跡掘立柱建物12の特殊性　「楼観」復元のモデルとして掘立柱建物11を採用した大山町の茶畑第1遺跡で、さらにいくつか大型建物がみつかっている。掘立柱建物12は桁行7間×梁間4間の平面だが、1棟のなかに在地系の要素と近畿系の要素の融合を読みとれる（図29）。身舎と呼ぶべき本体部分の範囲は桁行6間×梁間4間の長棟建物だが、その正面の妻側にだけ、独立棟持柱と隅柱をつけている（p.112～参照）。正面からみると、独立棟持柱がきわだっているが、背面にそれはない（図30）。この建物の梁間は約4.9mで、独立棟持柱を含めた桁行の総長が約12.5m、長棟部分の桁行総長が約10mを測る。床面積は全体で約63m²、長棟建物部分だけだと約50m²である。山陰地方ではかなり大きな建物に属する。片側にだけ独立棟持柱をもつ掘立柱建物は日本全国でもまれであり、小規模のものなら滋賀県守山市の伊勢遺跡などで確認できるけれども、それらは中型もしくは小型の高床建物であって、茶畑第1遺跡掘立柱建物12のほうが格段と大きい。

茶畑第1遺跡掘立柱建物12は本体部分が長棟建物の特徴を備えることから、高床式ではなく、土間式と考えられる。繰り返すまでもなく、梁間が長いのに、柱穴が小さく浅いのである。第1章第4節で述べるように、掘立柱建物12については、2003年度に復元研究を試みた［浅川・竹中 2004］。今回の「最長の垂木」による大型建物の復元でも、この平面をモデルとして採用する。

茶畑第1遺跡には、ほかにも特殊な建物跡がある。掘立柱建物1（図31）は妻の両側に独立棟持柱をもっているが、平面は長棟建物の特徴を継承している。桁行6間×梁間2間で、梁間が3.7mとかなり長いのだが、柱穴はやはり小さく浅い。独立棟持柱をもちながら、掘立柱建物1と掘立柱

建物12はいずれも長棟建物の特徴を備えており、高床式ではなく、土間式に復元される。在地系の長棟建物に近畿系の独立棟持柱が複合しているようにみえる。

布掘基礎の高床建物　これまで紹介してきた建物跡の柱穴はすべて壺掘だが、布掘の掘形に柱を立てる遺構がある。布掘というのは、複数の柱を立てる掘形を溝状に長く掘るものである。

まず、出雲市の下古志遺跡を紹介しよう。下古志遺跡の布掘建物跡ASB03（図32）は梁行方向、桁行方向とも溝状に穴を掘っている。穴の底に土台のような木材を敷いていた可能性もあるが、土台は腐って土壌化してしまう場合が多いので、稀にしか発見されない。ASB03でも土台状の木材はみつかっていないが、柱のあったあたりがややへこんでいるようにもみえる。この種の布掘建物は高床建物に復元すべきだろう。ASB03の場合、梁間は2.53mと短い（桁行総長は4.40m）。梁間は短いのだが、基礎は布掘にして堅固にしている。先述した独立棟持柱付高床建物と同様の特性を読み取れる。ちなみに、こういう布掘基礎の高床建築は北陸でよく知られており、佐渡の蔵王遺跡（3世紀後半）や後述する金沢市大友西遺跡（弥生時代）で、布掘の中から長い地中梁（土台）が出土している。

鳥取大山町の茶畑第1遺跡でも、布掘基礎の建物跡「掘立柱建物10」がみつかっている（図33）。発掘調査中に茶畑第1遺跡を見学し、掘立柱建物10を目にして驚いた。布掘の幅や深さは奈良時代の建物に比肩しうるほどで、棟持柱を納めた深い壺掘の穴もあった。溝状の基礎と壺掘の柱穴の両方が出ていて、どうやら3〜4回建て替えている。同じ位置に4回も建て替えているとしたら、そうとう重要な建物だったはずである。残念ながら、発掘調査報告書をみても遺構変遷は判然としな

図30　大山町茶畑第1遺跡掘立柱建物12
［鳥取県教育文化財団 2004］

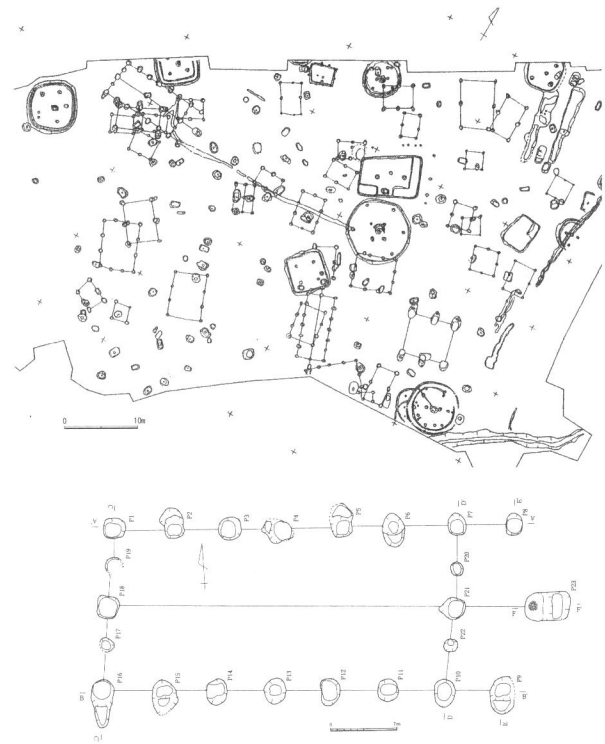

図29　大山町茶畑第1遺跡の遺構全体図（上）と掘立柱建物12遺構図（下）［鳥取県教育文化財団 2004］

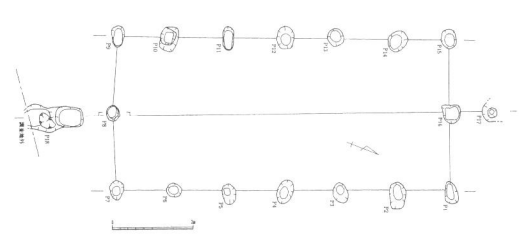

図31　大山町茶畑第1遺跡掘立柱建物1遺構図
［鳥取県教育文化財団 2004］

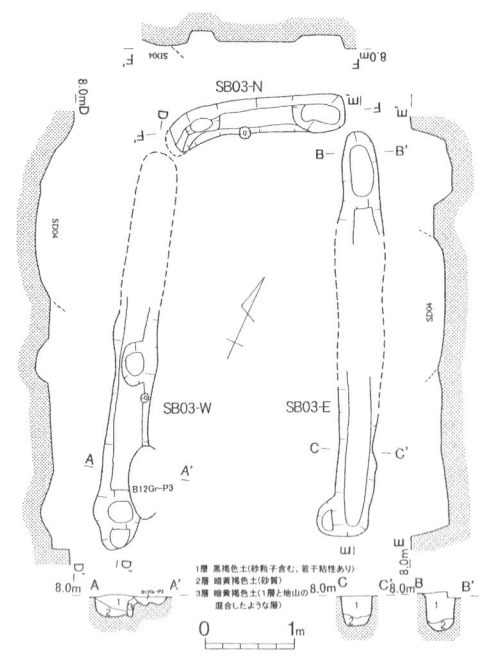

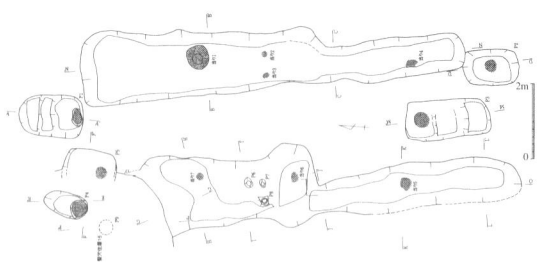

図32　出雲市下古志遺跡の布掘建物物跡SB03遺構図
　　　［出雲市教育委員会 2001］

図33　大山町茶畑第1遺跡掘立柱建物10遺構図と写真
　　　［鳥取県文化財団 2001］

い。当初は2間×1間の規模で、それが桁行3間〜4間に長くなっていったのではないか、という程度のことしか読みとれない。そのなかのどの時期かわからないが、独立棟持柱を伴う建物もあったようである。とすれば、茶畑山道遺跡の独立棟持柱付掘立柱建物SB5に相当する施設であった可能性がある。茶畑山道では独立棟持柱付掘立柱建物と長棟建物が併存していたわけだが、茶畑第1遺跡では独立棟持柱を片側もしくは両側にともなう長棟建物（掘立柱建物1・同12）が高床建築と共存したということになるだろう。

　高層建物　前項で復元した「楼観」が高層建物の典型である。これまで、米子市の稲吉角田土器絵画にみえる高層建物がその存在を示唆していたが、2006年に「最長の柱材」によって具体的に復元された。遺構としてふさわしいのは、環濠に沿ってその内側に立つ茶畑第1遺跡の掘立柱建物11である。平面は桁行2間（約6m）×梁間1間（約4.9m）で、床面積は約30㎡を測る。正方形に近い長方形の平面を呈する。柱穴は大きく、深い。

(2)　青谷上寺地遺跡出土の垂木材をめぐって

　垂木材の概要　青谷上寺地遺跡では膨大な数の垂木が出土している。そのうち完全な形状を保って出土した垂木材の総数は19点であり、大多数の材は長さ250cm前後である（図34）。短いものでは、長さ169cmの材を含む。一方、直径（じつは断面が楕円形なので幅と厚さが異なる）については、若干の誤差はあるものの、いずれも3〜6cmに納まる。垂木材の長さが250cm前後の場合、その垂

木と複合する梁材は、あとで計算方法を示すけれども、やはり250cm前後に復元できる。垂木の寸法と梁の寸法は近似した値を示すのである。上端には有頭状の加工、下端は地面とほぼ水平に切り取られ、軒小舞を乗せるため先端上面にえぐりをいれている（図35）。また、垂木背面部には、上端からおよそ4分の1の位置に切込痕跡を確認できるものが多い。

　こういう材がなぜ垂木だと分かるのか、といえば、青谷上寺地遺跡で出土した小型建物の屋根構造材（図36）で、垂木と小舞の複合性があきらかになっているからである。この構造材では、桁端の1本だけ角垂木で、それより内側はすべて丸垂木になっていて、垂木の上下すべてに上述の刳形がついている。垂木の上面には小さな長方形断面の小舞が何本も載せられており、一番下の軒小舞だけ丸い断面をしていて、垂木下端上面の受けに納まっている。こういう屋根材が反転した状態で弥生中期後葉の包含層から出土した。この屋根構造材に含まれる垂木と同一の形状をもつ材は垂木だと判定して間違いないだろう。

　2008年1月までに建築部材データベース上にアップされていた垂木材のデータに鳥取県埋蔵文化財センター提供のデータを加えて、垂木材の寸法を整理しグラフ化した（図37・38）。角垂木4点と丸垂木15点の計11点の長さと幅、長さと厚さの2種類の相関性を示している。丸垂木は完全な円形ではなく楕円形断面をしているため、直径では示していない。垂木の長さが標準的な250cm前後

図34　青谷上寺地遺跡で出土した標準的な垂木材

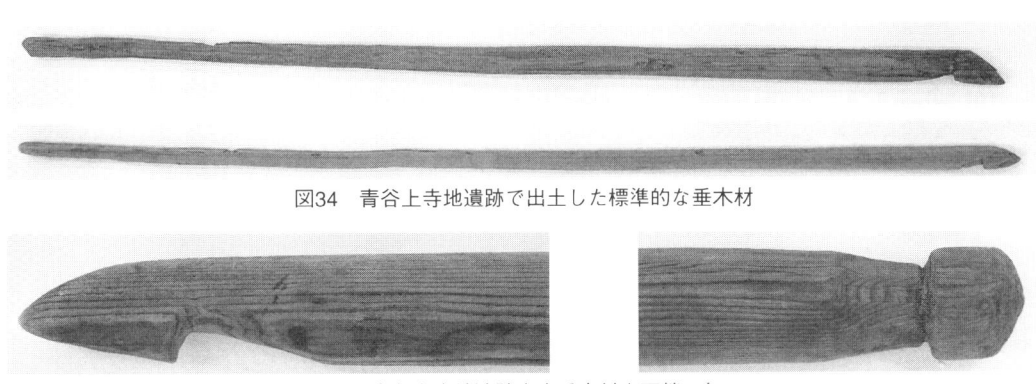

図35　青谷上寺地遺跡出土垂木材上下端の加工

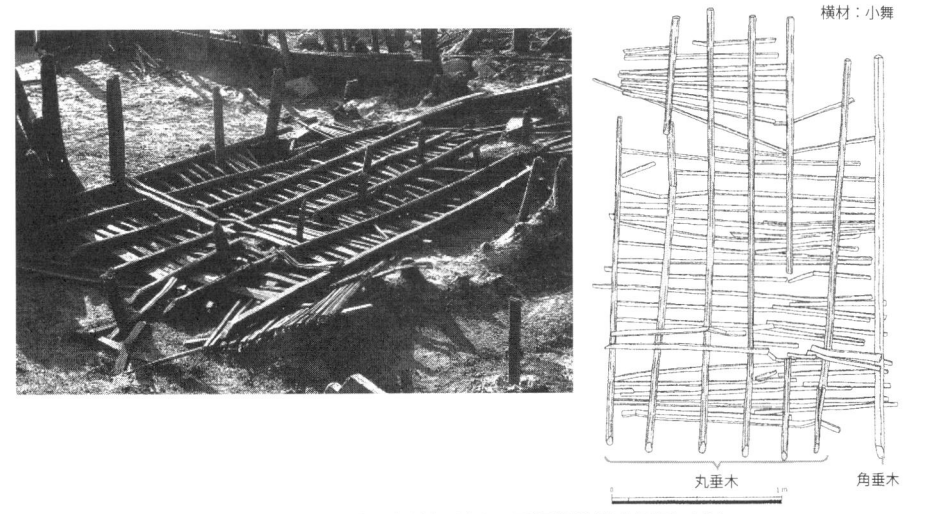

図36　屋根構造材出土状況（左）と屋根構造材実測図（右）

のとき、幅や厚さは約4cmと約6cmの2パターンに分かれることがグラフよりみてとれる。青谷上寺地遺跡で出土した垂木は、ある一定の規格に基づいて加工されている可能性が高いだろう。

最長の垂木 切断・破損した垂木材は別にして、完形(完全な形状)を保って出土した弥生時代の垂木で最長のものは、これまで岡山市津島遺跡で出土した棒状4とされてきた(図39)。その全長は309.5cmを測る。上端には棟木と接合し易いように欠込みがあり、下端は青谷上寺地遺跡の垂木と似た剝形を作って尖らせている。垂木材の長さが309.5cmの場合、梁の長さ、あるいは梁間は3m前後に復元できる。梁間3mという寸法は悩ましい。梁間3mという情報だけでは、建物が高床式なのか平地土間式なのかを判定できない。高床ならば倉庫の可能性が高く、土間式ならば「大型建物」の可能性が高い。すなわち、梁間3mという寸法は、構造と機能を見分ける境界点と言えるわけだが、常識的には、梁間が3m未満ならば、その建物は高床倉庫であろうと思っている。

図40は長さ799.5cmの細長い材である(直径9cm前後)。石川県金沢市の大友西遺跡で布掘建物跡の布掘の底に礎板として敷かれていた。これを垂木の転用とみる意見もあるようだが、垂木にしては先端部の加工が粗すぎる。かりに長さが8mにも達する垂木が存在したとするならば、大友西遺跡の近くには梁間7〜8mの超大型建物が存在したことになる。大阪府池上曽根遺跡の大型建物1が梁間約7mであり、それよりも大きな建物が金沢にあったことになり、常識的には考えにくいことである。大友西遺跡でみつかった長い材は「布掘の礎板」という理解でよかろう。

このように、垂木の可能性のある材は少なくないけれども、垂木材と断定でき、なおかつ完形を保つ出土材は、全国的にみても決して多くない。

一方、2007年8月10日に開催された「青谷上寺地遺跡建築部材検討会」において陳列された2本の垂木材は、いずれも長さ4m弱を測る。これまで出土した弥生時代の垂木のうちほぼ完全な形状を残す最長の材である。2本の垂木のうち1本は角垂木、もう1本は丸垂木であり、国道3区の溝SD27のなかの非常に近い場所で2本が出土した(図41)。弥生時代中期後葉(約2000年前)の溝で

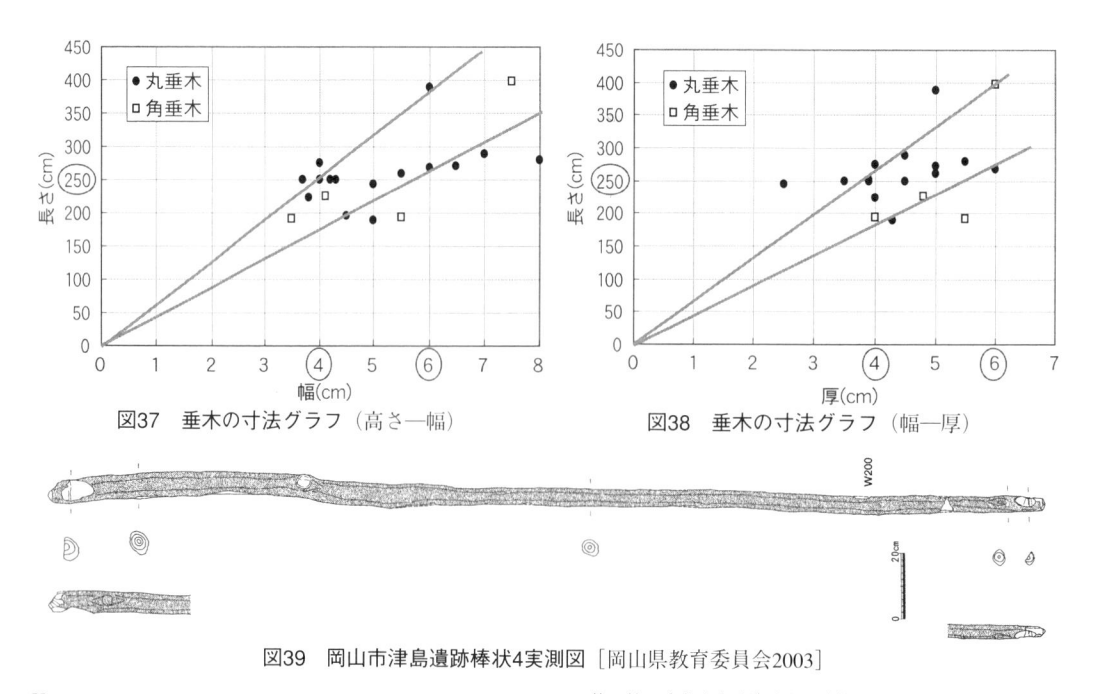

図37 垂木の寸法グラフ(高さ—幅)

図38 垂木の寸法グラフ(幅—厚)

図39 岡山市津島遺跡棒状4実測図 [岡山県教育委員会2003]

ある。出土状況からみて、二つの垂木は一つの建物を構成する材であった可能性が高いであろう。角垂木 KJB13813（図42）は長さ397cm、7.5cm×6cmの長方形断面で、上端部背面から143cmのところに加工痕跡が確認できる（図42）。この加工は粗く、矢板転用時の二次加工かもしれない。丸垂木 KJB13810（図43）は長さ388.5cm、直径約6cmの正円形断面に近いが、厳密には幅6cm×厚5cmの楕円形断面をしている。丸垂木の背面には、上端部から108cmのところに切込痕跡が確認できる（図43）。この切込は丁寧に加工され、長5cm、最深長2cmを測る。

　角垂木 KJB13813・丸垂木 KJB13810よりも長い垂木材が全国のどこかで出土していない、とは限らないであろう。しかし、その長い材が垂木だという保証はない。端部を欠いた長い丸太や角材は垂木であるかもしれないし、そうでないかもしれない。だから、最長かどうかも分からない。ところが、青谷上寺地の丸垂木と角垂木は「完形」であるから、全長がはっきりしている。したがって、現時点では、弥生時代「最長の垂木」という位置づけができる。

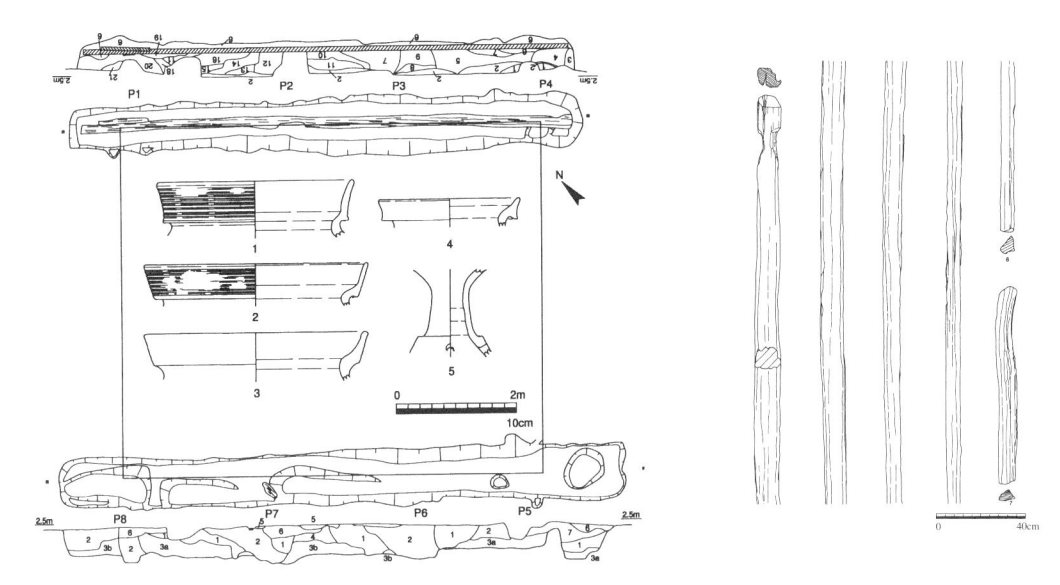

図40　金沢市大友西伊勢衣掘建物跡遺構図（左）布掘底の礎板（右）［金沢市埋蔵文化財センター 2002］

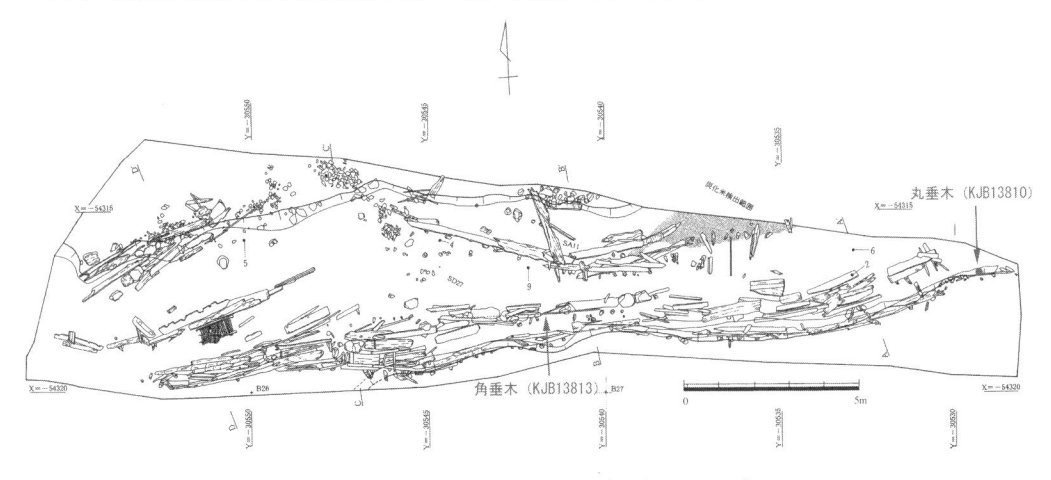

図41　「最長の垂木」出土状況（国道3区SD27）

図42　青谷上寺地遺跡で出土した弥生時代「最長の角垂木」KJB13813
（鳥取県埋蔵文化財センター提供）

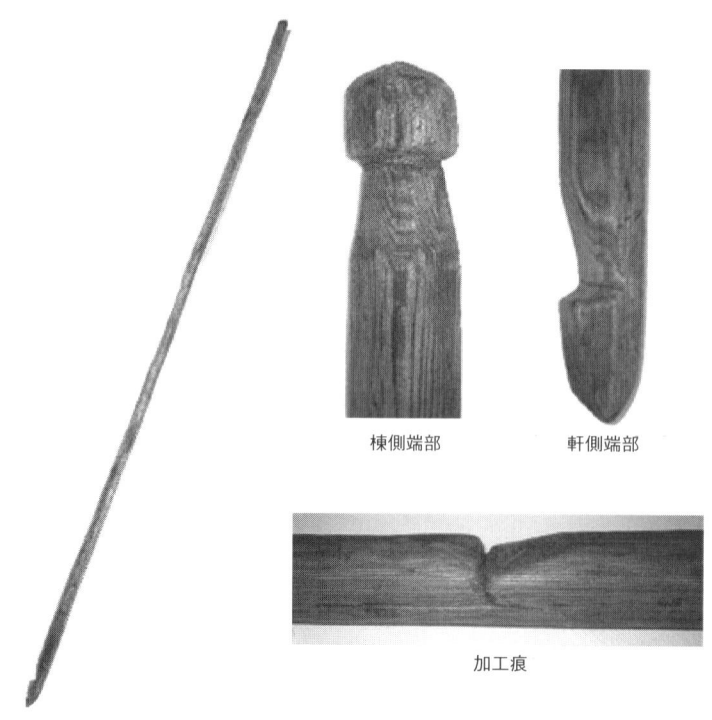

図43　青谷上寺地遺跡で出土した弥生時代「最長の丸垂木」KJB13810
（鳥取県埋蔵文化財センター提供）

最大径の垂木と最長の木舞

青谷上寺地遺跡からは、完形ではないが、直径9cmという太い垂木材 KJA33469が確認されている。出土した垂木のなかで最大径をもつ材である（図44）。上端部の有頭状の加工のみ残し、残存長133.5cm。最長の丸垂木と同様、断面が正円ではなく、幅9cm、厚6cmを測る。

この材を「最長の丸垂木」と比較してみよう。「最長の丸垂木」は完形で長さ388.5cm、直径約6cm。最大径をもつ丸垂木の直径は約9cm。単純に比例計算するのは軽率かもしれないが、直径9cmの径は「最長の丸垂木」の1.5倍だから、最大径をもつ垂木の全長は、388.5cm×1.5＝582.8cmに復元できる（図45）。垂木が582cmあったかどうかは不明ながら、かりに5.5〜6.0mの長さだったとすると、後に示す計算式により、梁間も5.5〜6.0mに復元される。

最大径の垂木に複合するであろう「最長の小舞」KJA41984も確認している（図46）。残存長489cm、幅6cm×厚4cmの長方形断面をもつ細長い板上の材で、片側の端部に突起状の剥形をもつ。この部分は垂木に縄で縛りつけるための簡素な仕口であろう（図47）。反対側は切断されている。先に述べたように、

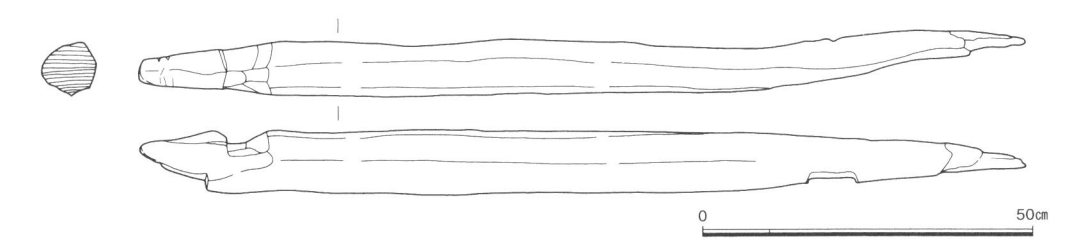

図44 「最大径をもつ垂木」KJA33469の実測図

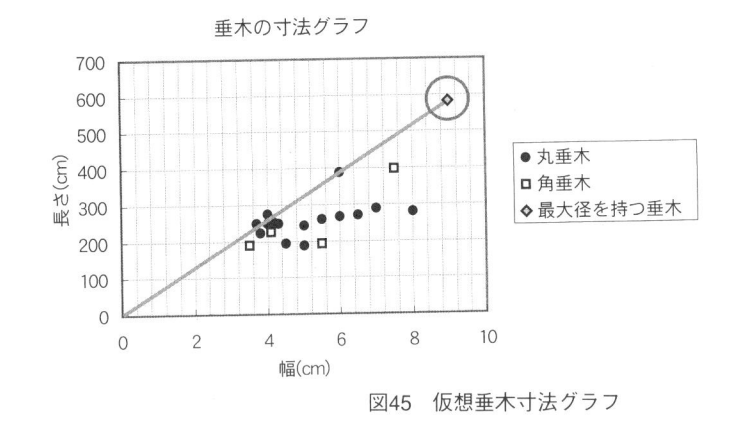

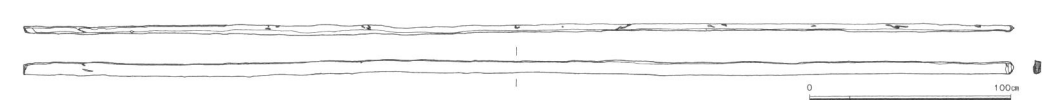

図45 仮想垂木寸法グラフ

図46 「最長の小舞」KJA41984実測図

　青谷上寺地遺跡では垂木と小舞が複合化した屋根構造材が出土している（図35）。この構造材の垂木と小舞の比例関係から、最大径の垂木に複合する小舞の寸法を割り出してみよう。ただし、屋根構造材の小舞は途中で切断されていたり、破損したりしているため、長さを確定することができない。よって今回、長さについては割愛する。

図47 「最長の小舞」KJA41984の端部加工

　まず、最大径をもつ垂木材の直径が9㎝であるのに対して、屋根構造材の丸垂木の直径は3.5㎝。両者の径を比較すると、その比は9÷3.5 ≒2.57となる。また、屋根構造材の垂木に複合する小舞の寸法は、幅2.3㎝×厚1.2㎝。よって、最大径をもつ垂木材に複合する小舞の寸法として、幅2.3×2.57≒5.9㎝、厚1.2×2.57≒3.1㎝が導かれる。

　一方、「最長の小舞」KJA41984は幅6㎝×厚4㎝。上記の計算による復元値と比較すると、幅はほぼ同寸、厚は復元値がやや大きめであることが分かる。厚さに若干の誤差がみとめられるものの、「最大径の垂木」と「最長の小舞」が複合性をもつ可能性はあると言えるだろう。

垂木から導く梁間寸法　以上、青谷上寺地遺跡で出土した垂木材について述べてきたが、以下に「最長の垂木」を構成材とする大型建物の構造について復元考察を試みる。まずは垂木と梁間の寸法関係を三角比から考えてみたい。図48は屋根片側の断面を簡略化した直角三角形ABCであり、この図により垂木の長さから梁間寸法を導きだしてみる。

計算式
1）∠ABC＝屋根勾配、∠ACB＝90°、垂木aを斜辺にもつ三角形ABCがある。
2）さらに垂木の長さ＝ℓ、屋根勾配＝α°とおく
3）三角比をもちいると、BC＝ℓcosαとなり、
4）「軒－軒」の全幅は、2BC＝2ℓcosαとなる。
5）ここで軒の出をdとおくと、梁間寸法＝2ℓcosα-2d＝2（ℓcosα-d）となる。

以後、この公式を「チャック・ハリマー（嶋田梁間）の定理」と仮称する。「チャック」とは、この問題について卒業研究で取り組んだ嶋田喜朗（鳥取環境大学4期生、県文化財保存計画協会）の愛称である。「チャック・ハリマー（嶋田梁間）の定理」で説明した屋根断面の寸法関係を、田和山遺跡の復元建物の写真と重ね合わせておく（図49）。

今回発見された弥生時代「最長の垂木」の場合、梁間の寸法はどうなるであろうか。青谷上寺地で出土した妻壁端部の勾配は44〜53°であることが確認されており、今回は茅葺きの標準勾配とされる45°を屋根勾配として採用する。屋根の一般部に載っていた「最長の丸垂木」の長さは388.5cmである。さらに必要な寸法は、軒の出（d）だが、垂木の背面に桁のあたり痕跡は認められない。そこでまず、d＝60cmと仮定する。この場合、

　　梁間寸法＝2（388.5×cos45°－60）≒429cm

となる。次にd＝70cmとして計算しなおすと、

　　梁間寸法＝2（388.5×cos45°－70）≒409cm

という値が導ける。ところが青谷上寺地遺跡では、長さ407cmの梁材 KJA43476（図50）と長さ401cmの妻壁板 KJA43416（図51）が確認されており、今回の復元では、梁材の長さ（407cm）を採用することにした。この場合、梁間寸法は梁の全長よりも短いので384cmとなり、軒の出（d）は83cmと

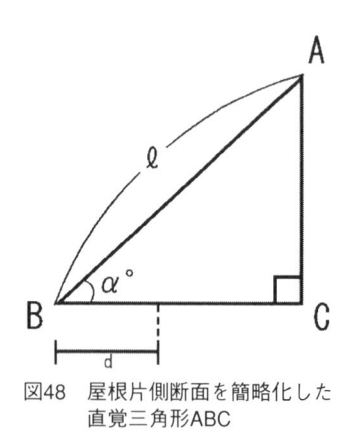

図48　屋根片側断面を簡略化した直覚三角形ABC

計算式
（1）最長の垂木を斜辺にもつ二等辺三角形をつくる
（2）三平方の定理により、他の辺の長さは、
　　388.5×1/√2≒275
（3）275×2＝550
（4）軒の出を70cmと仮定すると、梁の外・外寸法が出る
　　550－（70×2）＝410（梁）
　　↓
　　ラフなスケールをつかむ

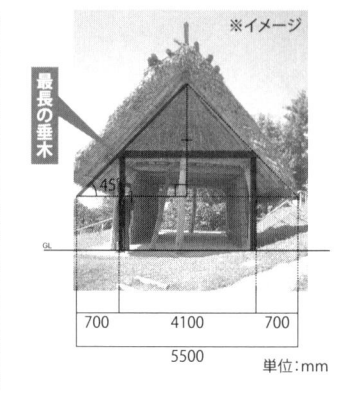

図49　チャック・ハリマーの定理とそのイメージ図

なる。軒の出が長すぎる点が気になるけれども、出土した垂木と梁の寸法を活かした結果である。

さらに、「チャック・ハリマーの定理」から「最大径の垂木」の比例寸法を用いて、その垂木が載っていた建物の梁間寸法を計算してみよう。前項で計算したように、「最大径をもつ丸垂木」の推定全長は582.8cmである。これだけ長い垂木を架ける屋根勾配として、ここではややきつめの52°を想定し、上の軒の出（d＝70cm）を採用すると、

　　梁間寸法＝2（582.8×cos52°－70）≒578cm

となる。軒の出を長めにとって、d＝90cmとすれば、梁間寸法は538cmとなる。

このように、「最大径をもつ垂木材」が載る建物の梁間寸法は、5.5m前後におよぶ可能性がある。弥生時代の山陰地方で最大規模の掘立柱建物（長棟建物）として知られる伯耆町の長山馬籠遺跡SB-08、あるいは大山町の茶畑第1遺跡掘立柱建物12などの梁間は5m前後であり、「最大径の垂木」から推定する限り、青谷上寺地の中心居住域には長山馬籠遺跡SB-08や茶畑第1遺跡掘立柱建物12を凌ぐ大型建物が存在した可能性があると言えよう。

梁間規模からみた建物の性格　妻木晩田遺跡を例にとると、一般的に「高床倉庫」と目される建物跡は、梁間が1間でその総長は3m未満となっている。上の「チャック・ハリマーの定理」から試算する限り、倉庫など小型建物の梁間規模と垂木の寸法は近似した値を示すので、梁間総長3m未満なら垂木の長さも3m未満になる。この事実から、青谷上寺地で大量に出土している長さ2.5m前後の垂木は、梁間2.5m前後の高床倉庫の構成材であるとみてよいだろう。

一方、山陰地方の場合、すでに述べたように、面積20㎡を超える「大型建物」は梁間が2間以上で、その総長は3m以上を測る。今回確認された最長の垂木の寸法は4m弱であり、「チャック・ハリマーの定理」によれば、梁間総長は4m強に復元される。この数値からみて、弥生時代「最長の垂木」を構成材とする建物は、一般的な「倉庫」とはみなしがたい。遺構が発見されていないので機能を特定することは不可能だが、いわゆる「大型建物」の一類型であることは間違いなかろう。弥生時代「最長の垂木」の発見は、「大型建物を構成する完形の垂木材を初めて発見した」ということでもある。

（3）「最長の垂木」による大型建物の復元

平面モデルの設定　すでに述べたように、青谷上寺地遺跡の環濠内部南半では「大型建物」と呼べるような遺構は未だみつかっていない。したがって、「楼観」の復元と同様、他の遺跡の大型建物跡をモデルとして参照せざるをえない。ここでも茶畑第1遺跡の大型建物を参照することにした。

復元作業のモデルとしたのは茶畑第1遺跡掘立柱建物12である。この遺構をモデルとしたのは、

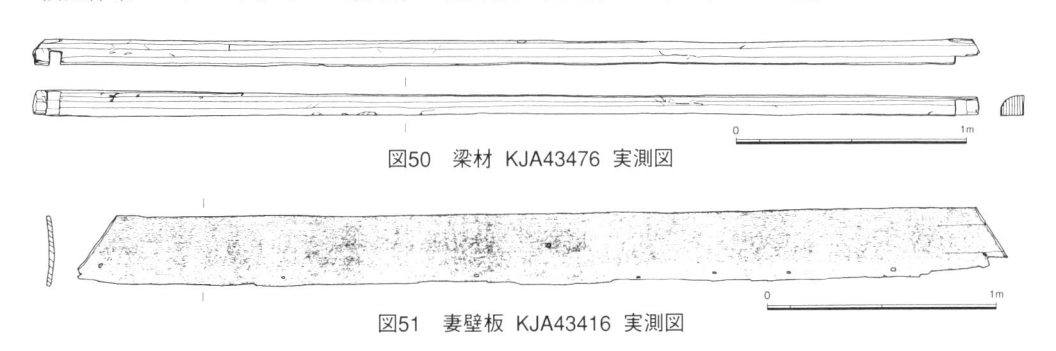

図50　梁材 KJA43476 実測図

図51　妻壁板 KJA43416 実測図

研究室で2003年度に復元研究に取り組んだ経験があることがなにより大きい要因である。自らなした先行研究により、さまざまな情報や経験が蓄積されている。まっさらな遺構から復元するよりも、いちど復元を試みた遺構のほうが扱いやすいに決まっている。

また、茶畑第1遺跡掘立柱建物12は、山陰の土着形式と推定される土間式の「長棟建物」の平面を本体部分として、正面に近畿系の独立棟持柱を付け足しており、1棟のなかに山陰と近畿の両方の文化要素の融合を読み取れる。この平面特性を活用したいと考えた。1棟の平面から山陰土着の「長棟建物」と、独立棟持柱をともなう「山陰・近畿融合型」の2つのバージョンの復元を試みたのである。

さて、大山町の茶畑第1遺跡では、竪穴住居22棟、掘立柱建物36棟がみつかっている。これらの建物跡は弥生時代中期後葉(約2000年前)、弥生時代終末期～古墳時代前期(約1800年前)、古墳時代後期(約1500年前)に分かれるが、とりわけ注目を集めているのが弥生時代中期～古墳時代初期の大型掘立柱建物跡である。掘立柱建物12は弥生中期もしくは弥生終末期以降の大型建物とされるが、茶畑山道遺跡の掘立柱建物平面との類似性などから、わたしは前者の時期の可能性が高いと考えている。

掘立柱建物12は桁行7間×梁間4間の東西棟掘立柱建物で、東の妻側にのみ独立棟持柱をともなう。また、西側妻面P1－P16では棟持柱P18の両脇に戸柱穴風の小ピットP17とP19、東妻面から1間内側のP7－P10ラインでも、棟持柱P21のほか2本の戸柱状の小柱穴P20－P22がみつかっており、西寄りの桁行6間×梁間2間の部分が屋内領域と推定される。これに対して、独立棟持柱に近接する東端の1間は入口に近い半戸外空間の可能性が高いと思われる。以下に遺構の平面規模を示す。

【掘立柱建物12】［図29・30］
　東側（独立棟持柱側）梁間総長：496cm
　西側梁間総長　　　　　　　：476cm
　北側桁行柱間総長　　　　　：1248cm
　南側桁行柱間総長　　　　　：1284cm
　棟　総　長　　　　　　　　：1306.5cm

つまり、北面と南面の総長は近似した値を示すのに対し、東面は西面よりもあきらかに長く、しかもその先端に独立棟持柱をともなうため、屋根伏の形態は五角形を呈する。両側を舳先とする船形ではなく、一方を舳先、他方を艫とする船の形に似ている［浅川・竹中 2004］。さらに注目したいのは、全体の柱配列が長方形ではなく、平行四辺形に近いことである。この傾向は「楼観」のモデルとした掘立柱建物11でも確認できる。掘立柱建物11と掘立柱建物12が同時併存した可能性を示唆する重要な遺構データである。

さて、茶畑第1遺跡の大型建物がそのまま青谷上寺地建築部材により復元されうる建物の平面モデルとなるわけではない。「楼観」復元の場合、弥生時代「最長の柱」の復元直径と掘立柱建物11

の柱痕跡の寸法を比較し、復元モデルを掘立柱建物11の80％と仮定した。今回の大型建物の復元では梁間寸法の比較が可能であり、掘立柱建物12の梁間総長は約5m、「最長の垂木」から復元される梁間の総長は約4mだから、やはり掘立柱建物12の80％縮小平面を復元モデルとすることにした。

山陰土着型と山陰・近畿融合型　茶畑第1遺跡掘立柱建物12から2つの復元平面を考え出した。一つは独立棟持柱のない「長棟建物」部分だけの

図52　青谷上寺地遺跡で出土したスギ皮

山陰土着型。もう一つは正面側に独立棟持柱をつけた山陰・近畿融合型である。

　山陰土着型の屋根はスギ皮葺きとすることにした。青谷上寺地遺跡の建築部材は90％以上がスギであり、遺跡では大量のスギ皮が出土している。スギ皮は、当然のことながら、屋根や壁の葺材として用いられたことが想定されよう。一方、屋根勾配を推定させる手がかりとなる材は妻壁板が出土している。青谷上寺地ではあわせて26枚の妻壁板が出土しており、その側部の勾配は44〜53°である。この勾配は、常識的には茅葺き屋根にふさわしものである。スギ皮など樹皮葺き屋根はもう少し緩い勾配を採用するのが常識的ではあろうが、ここでは遺跡で大量のスギ皮が出土していることを重視し、最も緩い44°を屋根勾配として採用し、敢えてスギ皮葺きに復元する。当地は豪雪地帯でもあり、大型建物の屋根勾配を急にしていた可能性もあるだろう。

　一方、山陰・近畿融合型は屋根勾配データのなかでは最もきつい52°を採用し、茅葺きとした。ススキの逆葺きをイメージして作図している。以下2バージョンの寸法・勾配等を整理しておく。

【復元建物1：山陰土着型長棟建物】（図65）
　　梁間総長（東西とも）　　　：384cm
　　桁行柱間総長（南北とも）：812cm
　　棟　総　長　　　　　　　　：900.2cm
　　棟　　高　　　　　　　　　：434.4cm
　　軒　の　出　　　　　　　　：83.6cm
　　屋　　根　　　　　　　　　：スギ皮葺き
　　屋根勾配　　　　　　　　　：44°
　　床　面　積　　　　　　　　：31.2m²
　　戸　　口　　　　　　　　　：正背面の端間2ヶ所（計4ヶ所）

【復元建物2：山陰・近畿融合型独立棟持柱付建物】（図68）
　　梁間総長（東西とも）　　　：384cm
　　桁行柱間総長（南北とも）：996.4cm
　　棟　総　長　　　　　　　　：1115.3cm

第1章　倭人伝の建築世界

棟　　　　高	：557.3㎝
軒　の　出	：47㎝
屋　　　　根	：茅葺き
屋根勾配	：52°
床　面　積	：38.3㎡
戸　　　　口	：正背面の端間1ヶ所（計2ヶ所）

山陰土着型「長棟建物」の復元　復元建物1（山陰土着型）は桁行6間×梁間4間の「長棟建物」で、茶畑第1遺跡掘立柱建物12から独立棟持柱とそれにともなう2本の隅柱をカットした本体長方形部分を80％縮小した平面とする。規模は桁行8.12m×梁間3.84mで、床面積は31.2㎡を測る。この平面と規模は伯耆町上中ノ原遺跡SB02とほぼ一致している（図24）。上中ノ原遺跡SB02は桁行6間×梁間2間の両妻側に近接棟持柱をもつ長棟建物で、桁行総長8.5m×梁間総長3.7m、床面積31.5㎡を測る。復元建物1の平面モデルは上中ノ原遺跡SB02と言ってもよいだろう。すでに述べたように、山陰地方の長棟建物は梁間が比較的長いわりに柱穴が小さくて浅く、遺構内に土壙をもつこともしばしばあり、平地土間式に復元すべき建物跡と考えられる。

　①軸組と京呂組　側柱は直径21㎝と仮定し、上部の仕口には輪薙込（わなぎこみ）を用いた。直径については茶畑第1遺跡掘立柱建物12の柱痕跡を80％縮小した値であり、輪薙込は青谷上寺地の柱材で常用される桁の受け方である。2003年度に試みた掘立柱建物12の復元では、柱穴の平行関係を尊重し、柱上に梁を載せる「折置組」を採用したが、青谷上寺地では輪薙込が主流であるから、柱上に納まるのは桁であり、下に桁、上に梁をわたす「京呂組」とした。

　梁については、すでに述べたように、全長407㎝のKJA43476（図50）を採用する。梁の断面は多様で、たとえば梁KJA43476の断面は扇形を呈している。もちろん端部に近い位置に切込があり、桁に架けることができる。また、端部の上面は桁にかける垂木の上面より低く納めるため、垂木の勾配とほぼ平行にカットしている。根太KJA43447（図53）も一種の梁だが、こちらは半円形断面で、端部の加工は上記と同じである。また、方形断面の梁KJA21499-3もある。これは、建物両端の位置で妻壁を支えている材と推定した。

　一方、桁も最長の材KJA36391（図55）を採用する。KJA36391は板状の材で残存長502㎝を測り、両側が切断されている。このため全長は不明ながら、他の出土材により、長手方向の材をつなぐ相欠＋込栓の継手を確認しており（図56）、10m程度の長さの桁や棟木を作る技術はあったと推定できる。なお、この長い桁は板状ではあるけれども、よくみると凸形の断面をしており、柱の輪薙込に納まる下半分をやや薄く削りだしている。

　②近接棟持柱と鳥呂組　長棟建物は近接棟持柱をもつものが多い。茶畑第1遺跡掘立柱建物12の場合、本体（身舎）の前面側のみ近接棟持柱をともない、後面側にそれは認められない。しかし、今回の復元モデル平面では、前後とも近接棟持柱を立てることにした。それは、復元モデルと平面規模の一致する伯耆町上中ノ原遺跡SB02が前後両妻側に近接棟持柱をもつことによる。

当然のことながら、近接棟持柱を2本立てるだけでは長い棟木は支えられない。2003年度の復元（茶畑第1遺跡掘立柱建物12）では、屋内の梁上に棟束を立てて棟木の中心部を支えたが、棟束は不安定であり（p.112～）、今回は「鳥居組」を採用することにした。鳥居組は日本最古の民家と言われる箱木千年家（鎌倉～室町時代）のほか、中世末から近世初期の古民家に多用される小屋組である。鳥取県内では旧八東町の矢部家住宅（17世紀・重要文化財）で鳥居組をサスと併用させている。

　鳥居組は、棟を支える棟束（オダチ）の両側に鳥居束を立ててその上端に天秤棒（小梁）をわたし、梁の中点と棟束を緊縛して架構を安定させる小屋組である。こういう鳥居組の構法が弥生時代にあったという証拠は未だない。ただし、妻木晩田遺跡の大型建物MGSB41の梁間3間平面は鳥居組に似た屋根構造の存在を想起させるものであり（p.124～）、すでに復元模型で「鳥居柱」の構造を表現している。また、青谷上寺地出土の垂木材には背面に切込をもつものが多く、その切込は垂木の上端から全長の4分の1ぐらいの位置に設けられる。それは「最長の垂木」でも確認されており、この切込を鳥居束上の母屋桁にかませていた痕跡とみることができる。

　棟木については、復元建物1の棟総長が9mにもなるため、3本の材を2ヶ所でつないでいる。妻柱列から1本内側の位置で、短い棟木を中央の棟木材と繋いだ。棟木と束の接合方法を示す部材KJA42267も確認している（図56）。棟木の端部は接合面に平行になるよう片欠き状に加工してホゾ挿しとする。束KJA1960（図57）には棟木をうける端部にホゾ穴があいており、そこに棟木の

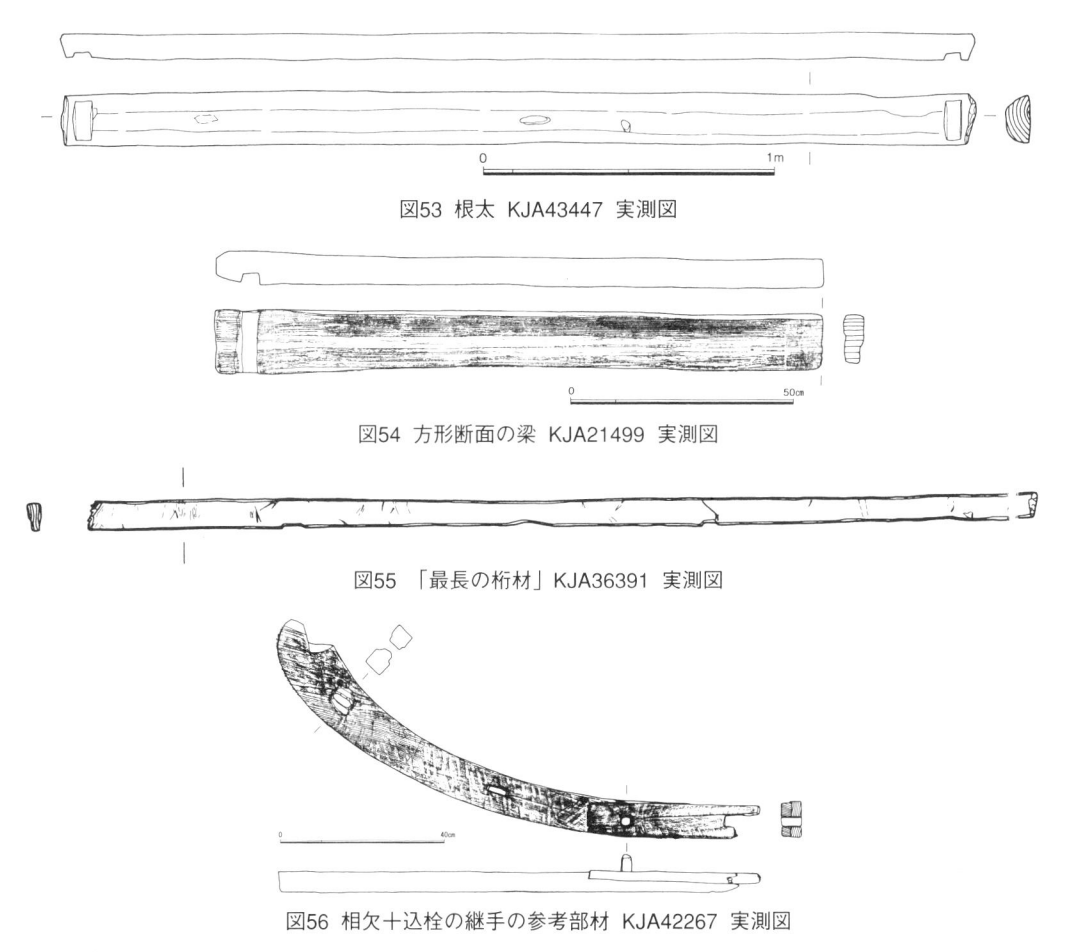

図53　根太　KJA43447　実測図

図54　方形断面の梁　KJA21499　実測図

図55　「最長の桁材」KJA36391　実測図

図56　相欠＋込栓の継手の参考部材　KJA42267　実測図

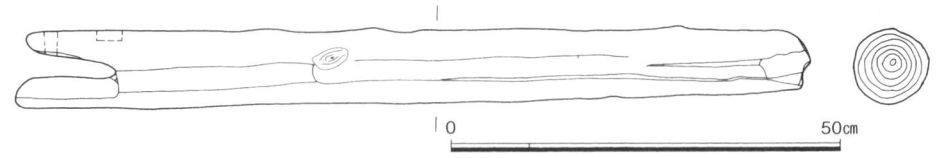

図57 束材 KJA1960 実測図

継ぎ目をはめこみ栓で留める。この方法によって棟木の長さを確保することができる。

　③スギ皮葺きの屋根　　復元建物に採用したスギ皮葺きの方法は、中国貴州省のトン族・ミャオ族住居のそれを参考にしている（図58）。弥生時代建築としては、おそらく全国ではじめてのスギ皮葺き復元となるであろう。スギ皮を結びつける小舞のピッチについては、青谷上寺地で出土した屋根構造材を参照するしかない。この構造材では、長方形断面の小舞が密に配されている。隣接する小舞相互のピッチは非常に短いので、ふたつの接合パターンを考えた。第1案は、小舞の1本1本ではなく、何本か飛ばしてスギ皮を葺く方法。これが貴州のトン族・ミャオ族の方法に近い。ただし、葺厚は薄く、雨・雪や強風に弱い。第2案は小舞1本1本にスギ皮を結びつけ、何重にもスギ皮を重ねる方法。こうすると、雨・雪や強風に強くなる。短い小舞のピッチを活かすのであれば、後者のほうが適していると判断し、今回は第2案を採用した。ちなみに、垂木のピッチは300㎜、小舞のピッチ150㎜で設計している。

　スギ皮葺き屋根には屋根押えの材も必要である。貴州のトン族・ミャオ族の例をみると、スギ皮の上に棒材を横にわたしている。この方法でスギ皮は押さえられるのだが、その棒材が屋根上を流れる雨水の堰き止めとして働く危険性がある。また、豪雪地帯の鳥取県では、根雪が棒材の上側に残るであろう。そこでまず縦方向に棒材をわたす。頂部は左右の棒材を千木のように絡ませる。これを長い「千木」とみることもできる。中国雲南省石寨山前漢墓出土の家形銅飾（前3～2世紀）では、軒まで届く長い千木状の材が使われている。なお、日本のスギ皮葺き屋根の場合「石置」が常識的だが、今回の復元では屋根勾配が44°と急なので、屋根押えとしての石を置くことはしない。

　④網代網壁と妻壁　　側柱まわりの外壁は、青谷上寺地で出土した杉のヘギ板を縄で編んだアンペラにして復元した。ヘギ板は多数出土しているが、今回は縄目の残りの良いものを参考とした。たとえば、KJA36858（図59）は長さ73.9㎝、幅4.2㎝、厚さ0.4㎝である。ヘギ板には等間隔で縄目の痕跡が残っており、杉のヘギ板を縦につないで縄で結んでいく構造に復元できる。網代編壁（アンペラ）をとめる小舞は、側柱に切込をいれ、それに小舞を納めて縄で緊縛する。この壁を戸口以外の側柱筋全面にめぐらせた。

　一方、妻壁には青谷上寺地で出土した台形状の板材をもちいた（図60）。妻壁には多くの情報が刻み込まれている。すでに何度か述べたように、両側の傾斜角は屋根勾配とほぼ平行であり、屋根勾配の復元に直結している。また、妻壁の片側

図58 貴州トン族の高床倉庫にみるスギ皮葺

の端部には角垂木のアタリ痕跡が残っている。これにより桁端に角垂木を用いる理由があきらかになった。それは原初的な破風ともいうべき装飾材ではなく、妻壁を固定しやすくするために方形断面に加工されているのである。さらに、妻壁の中心部には柱材のアタリ痕跡やメド孔も残っている。メド孔に縄を通して妻壁と緊縛していた証拠である。

　妻壁の納まりについては苦心したが、結果は以下のとおりである。まず、妻壁の下端を桁の上面にのせる。そして、建物の内側からは梁と鳥居束を妻壁に接するようにする。左右の鳥居束の上に方形断面の小梁も妻壁に接するようにする。なお、外側に近接棟持柱が立つので、この位置のオダチ（棟束）は省略した。外側では、近接棟持柱と左右2本の角垂木が妻壁に接する。以上、妻壁に接する材はすべて妻壁のメド孔に縄を通して緊縛する。なお、角垂木については、妻壁の外側に配する案と内側に配する案の両方を考えた。前者の利点はケラバ（桁端）の出をわずかながら長くできることであり、後者の利点は妻壁によって内側の垂木材すべてを隠せることである。今回は前者を採用した。

　ところで、細かい問題になるけれども、左右どちらか一方の角垂木が妻壁に接する場合、もう一方の角垂木は壁に接しない。角垂木の上端部に相欠仕口がないので、左右の角垂木の位置は微妙にずれてしまうのである。おそらく壁に接しないほうの角垂木は、下側を妻壁に引き寄せてできるだけ壁に近づけ、その垂木を壁を縄で緊縛したのであろう。

　⑤戸口4ヶ所　　戸口については、正背面で隅柱と近接棟持柱の中間に戸柱状の柱穴が左右対称に確認されており、柱間寸法は隅間が棟持柱を中心とする内側2間より広い傾向を確認できる。このひろい柱間4ヶ所（正背面とも左右対称2ヶ所）を出入口とみなした。戸柱には角柱を用いる。青谷上寺地では良質の角柱が出土しているからである。部材番号 KJB14143（図61）は長方形断面（13×10.5cm）で残存長3.3m、部材番号 KJA43551（図62）は正方形断面（9×9cm）で残存長2mを測る。角柱の上端には輪薙込の仕口を備え、下側は切断されている。弥生時代の建築部材としては、全国的にも非常に珍しい材である。小矢部市教育委員会編『出土建築材資料集』［小矢部市2005］をみても、上端に輪薙込をもつ角柱は全国で4点しか報告されていない。青谷上寺地の2材よりも長い角柱は静岡県の瀬名遺跡で出土しているが、瀬名遺跡の角柱（弥生中期）は長さ359cm、断面は幅15.5cm×厚5cmの板状の材であり、青谷上寺地のような長方形または正方形の断面をしていない（図63）。瀬名は板柱（あるいは方立）、青谷は角柱と言い分けてよいだろう。この「戸柱」と複

図59　杉のヘギ板　KJA36858　実測図

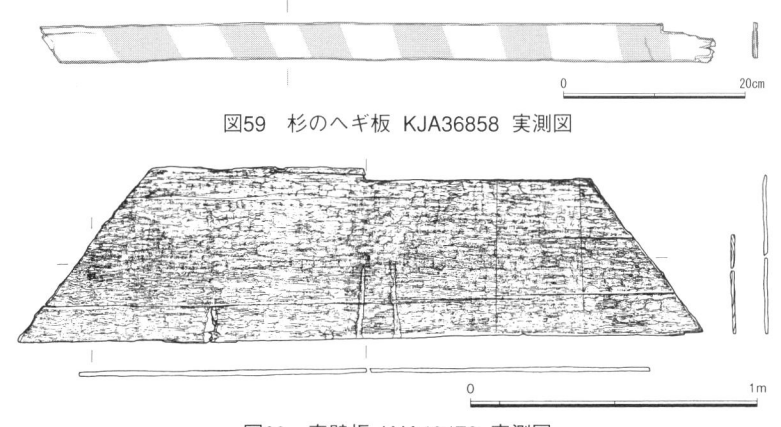

図60　妻壁板　KJA43472　実測図

合しそうな材で、楣か蹴放ではないかと思われる材 KJA41972 も出土している（図64）。扉や戸柱の上下に入る水平の材であり、普通は平の材なのだが、青谷の材は縦長の断面をしている。

先に述べたように、戸口は建物妻面の端間に位置すると仮定した。このため、一方の戸柱は建物の隅柱でもある。この隅柱＝戸柱を上の角柱のうち正方形断面の材、隅柱から１ｍほど離れた位置に立つもう一つの戸柱を長方形断面の材とした。寸法は出土部材のそれをそのまま採用したわけではなく、正方形断面の隅柱を大きく、他方の戸柱をやや小さくしている。組み方としては、隅柱と戸柱のあいだに平たい地覆石を敷き、その上に扉の軸をうける蹴放をおき、長方形断面の方立をたてて楣を支える。

蹴放と楣については、今回、同じ材をもちいた。青谷上寺地遺跡の蹴放（もしくは楣）は、必ずしも完全な姿をとどめているわけではない。しかし、両端の角柱にはめ込む仕口を備え、扉板両脇の方立を納める決溝や扉の軸受穴も確認できる。この蹴放（もしくは楣）が角柱と複合しているのはあきらかであり、今回の大型建物の復元に採用した。ちなみに、蹴放（もしくは楣）の正面側には、同心円状の模様が刻みこまれている。

戸口の復元は、これまで高床倉庫で試みられてきたが、平地土間式の大型建物では高床倉庫の戸口を採用するのが難しく、一般的には突き上げ戸や外し戸などを用いた復元が少なくない。しかし、今回は幸運にも角柱と戸口の材に恵まれ、本格的な片開戸を復元することができた。

⑥**復元と採用部材一覧**　　以上より復元した図面とCGを図65、採用部材を表１および図66に示す。

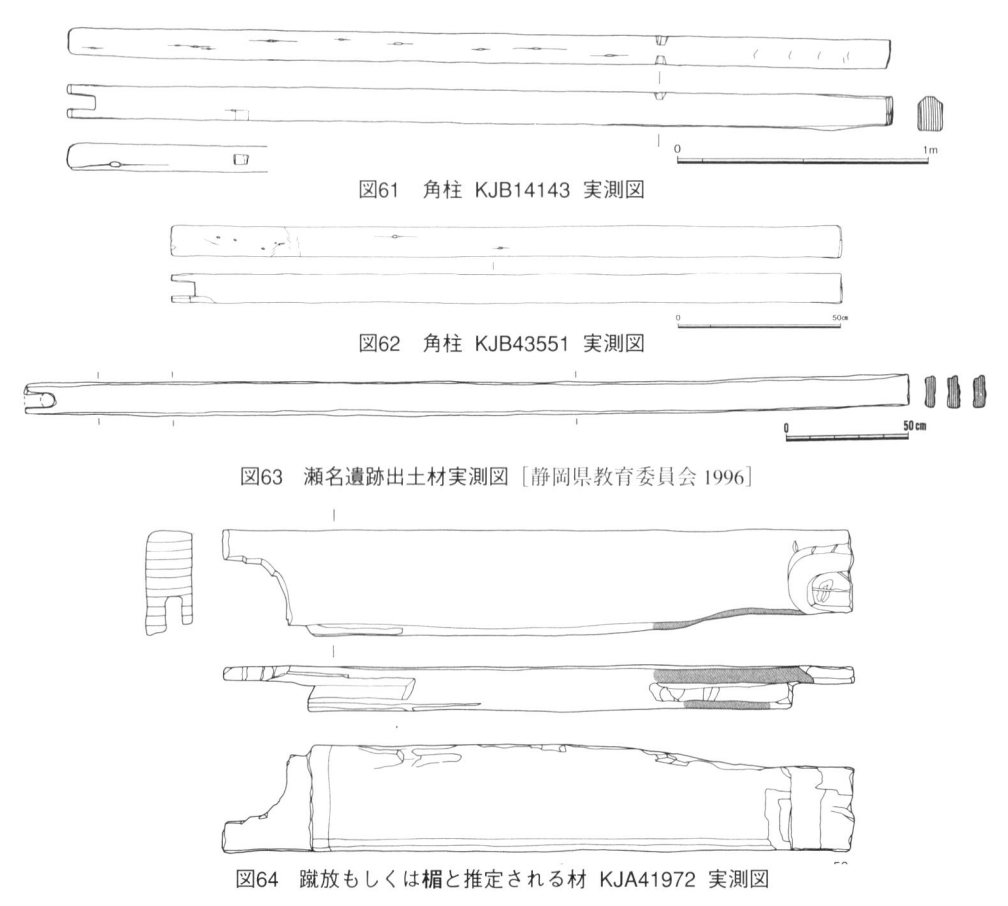

図61　角柱 KJB14143 実測図

図62　角柱 KJB43551 実測図

図63　瀬名遺跡出土材実測図　[静岡県教育委員会 1996]

図64　蹴放もしくは楣と推定される材 KJA41972 実測図

全景パース

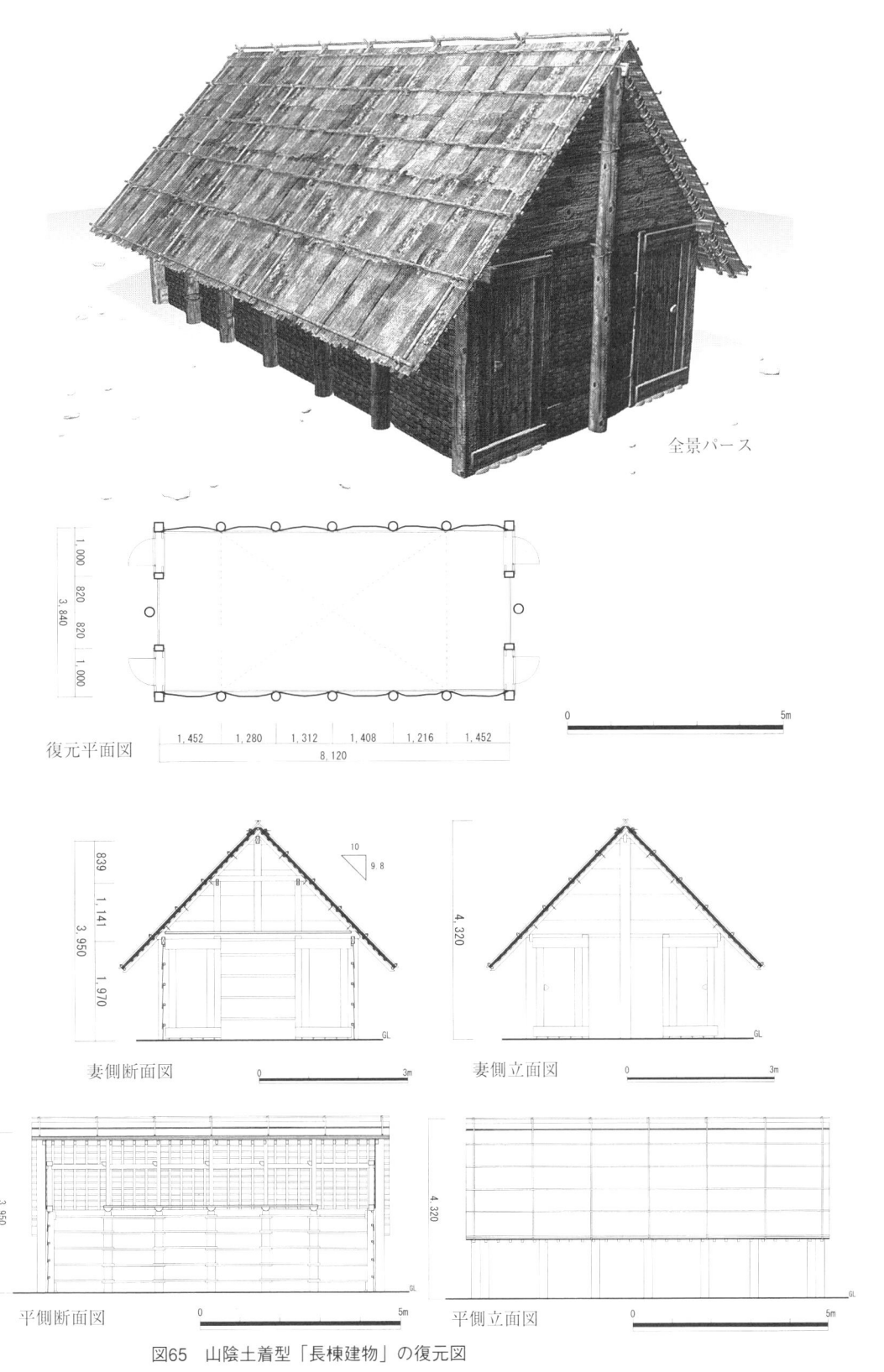

復元平面図

妻側断面図　妻側立面図

平側断面図　平側立面図

図65　山陰土着型「長棟建物」の復元図

第1章　倭人伝の建築世界

表1　採用部材一覧

取上番号	時期	分類	長さ(cm)	幅(cm)	厚(cm)	備考
KJB13813	弥生中期後葉	角垂木	397	7.5	6	弥生時代最長の角垂木
KJB13810	弥生中期後葉	丸垂木	388.5	6	5	弥生時代最長の丸垂木
KJA43476	弥生中期後葉	梁	407	10	10.7	扇状断面をもつ
KJA43416	弥生中期中葉～後葉	妻壁	401	30	2.2	端部角 50～53°
KJA43447	弥生中期中葉～後葉	梁(根太)	318	19	9	半円形断面
KJA36391	弥生後期初頭～後葉	桁	502	18	8	
KJA1960	律令期	束	103	9	10.5	端部にホゾ穴あり
KJA42267	―	継方参考	114	7.5	5	データベースに記載なし
KJA36858	不明	壁材	73.9	4.2	0.4	網代状に編む壁材か
KJA38192	弥生中期中葉～後葉	壁材	58.5	3.9	0.3	網代状に編む壁材か
KJA43472	弥生中期中葉～後葉	妻壁	237.5	57	1.6	端部角 51～52°
KJB14143	弥生中期中葉～後葉	戸柱	329.6	13	10.5	痕跡多数
KJA43551	弥生中期後葉	束or戸柱	207	9	9	正方形断面をもつ角柱
KJA2665	弥生後期初頭～後葉	扉板	58.3	31.3	4.8	
KJA21499-3	弥生後期初頭～後葉	梁	137	14	8	端部に切断痕
KJA2738	弥生後期初頭～後葉	コウガイ	70	4.5	3.3	先端がとがっている

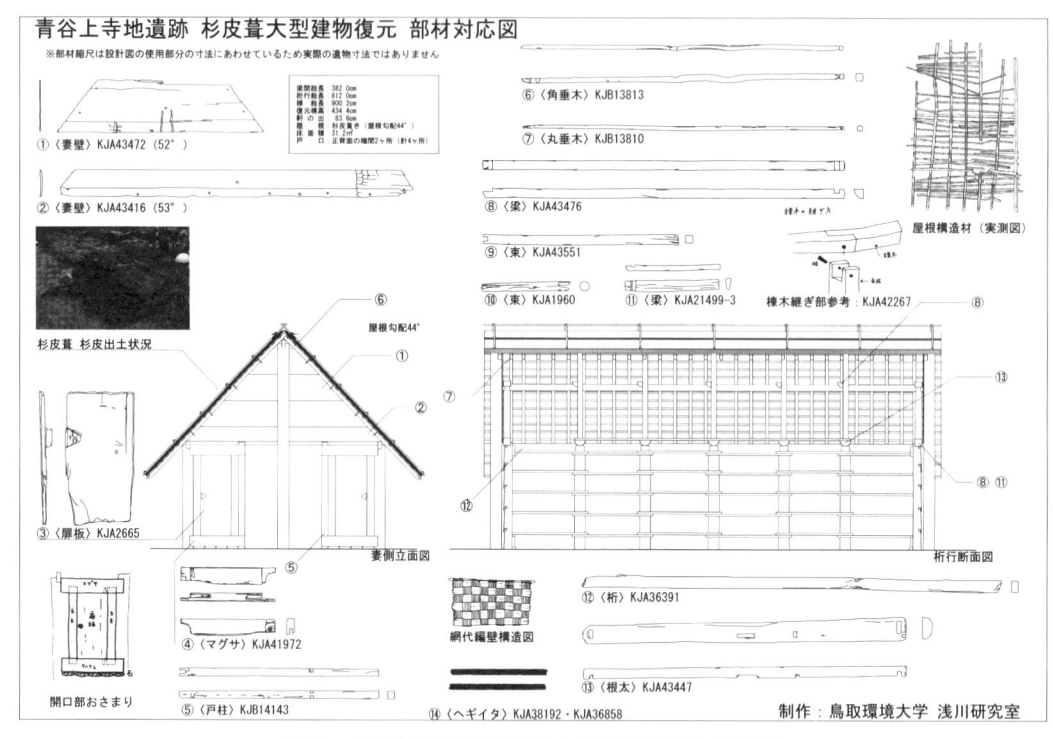

図66　山陰土着型「長棟建物」の復元図の部材対応図

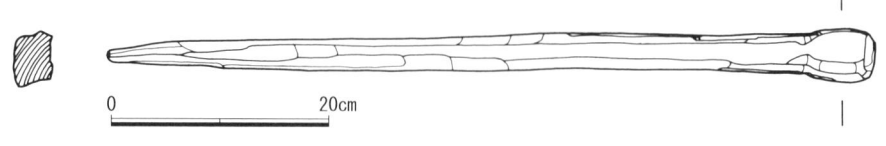

図67　笄と推定される材 KJA2738 実測図

山陰・近畿融合「大型建物」の復元

①片側に独立棟持柱をもつ大型建物　復元建物2（独立棟持柱付大型建物）は桁行6間×梁間4間の長棟建物の正面側に独立棟持柱を付け足した平面をもつ。桁行7間×梁間4間の山陰・近畿融合型平面である。独立棟持柱は近接棟持柱よりも太く、直径28cmとした。また、伊勢神宮正殿に倣い、棟持柱をわずかながら内転びさせている。独立棟持柱側に付け足した1間分の領域には壁を設けず、半戸外とした。これは、6間×4間の「長棟建物」領域における戸柱状柱穴の存在を尊重した結果である。

桁行方向の規模を大きくした結果、棟木はさらに長くなる。その正面側で棟木を3°ほど反りあがらせた。すでに述べたように、こういう反り棟は弥生時代の家型土器に必ず表現されている。弥生時代の大型建物は隅間が中央間より長い傾向がみとめられ、この平面特性と棟の反りに一定の関係があるかもしれないと指摘したが、さらに「最長の角垂木」が「最長の丸垂木」よりわずかに長い点についても、棟の反りと関係する可能性があるだろう。

以上、独立棟持柱、妻側の庇、棟の反りが復元建物1と大きく異なる点である。それ以外の基本構造は復元建物1とほぼ同じである。

②茅葺きの屋根　復元建物2の屋根は茅の逆葺きで、茅厚を35cmとした。屋頂部はスギ皮で覆い、棒状の横材と左右11本ずつの千木で棟を押さえた。千木と横材の交点で笄を刺す。笄らしき材KJA2738（図67）も出土している。

③戸口2ヶ所　茶畑第1遺跡掘立柱建物12の遺構を厳密に精査すると、妻側隅間の間口にも若干の誤差があり、復元建物2では戸口を正背面に1ヶ所ずつ計2ヶ所として、復元建物1と差別化した。戸口の基本構造は同じである。

④復元と採用部材一覧　以上より復元した図面とCGを図68、採用部材は表2および図69に示す。

最大径の垂木による建物規模の拡大　さて、直径9cm、残存長133.5cmの「最大径の垂木」KJA33469は、比例関係から全長578cmに復元できる。これに「チャック・ハリマーの定理」を適用すると、屋根勾配52°、軒の出70～90cmと仮定した場合、「最大径の垂木」が載る大型建物の梁間は5.5m前後と計算された。ここで、この寸法をやや低めに見積もり、「最大径の垂木」を構成材とする復元建物2の梁間を5.5m、それにともなう比例関係から桁行を15mとすると、床面積は83.3m²となる。断片的な垂木材からここまで大きな建物の存在を想定するのは無謀だと批判されるのを承知の上で述べておきたい。青谷上寺地遺跡で出土した「最大径の垂木」から復元される大型建物の面積は茶畑第1遺跡掘立柱建物12や長山馬籠遺跡SB08と同等か、それらを凌ぐ規模であり、青谷上寺地に山陰地方最大級の大型建物が存在した可能性を示唆するものである（図70）。

(4)「最長の垂木」による建築復元の意義

発見された垂木の意義　まず、「最長の垂木」そのものの意義について述べておかなければならない。青谷上寺地遺跡で確認された角垂木KJB13813と丸垂木KJB13810は、日本全国で出土した弥

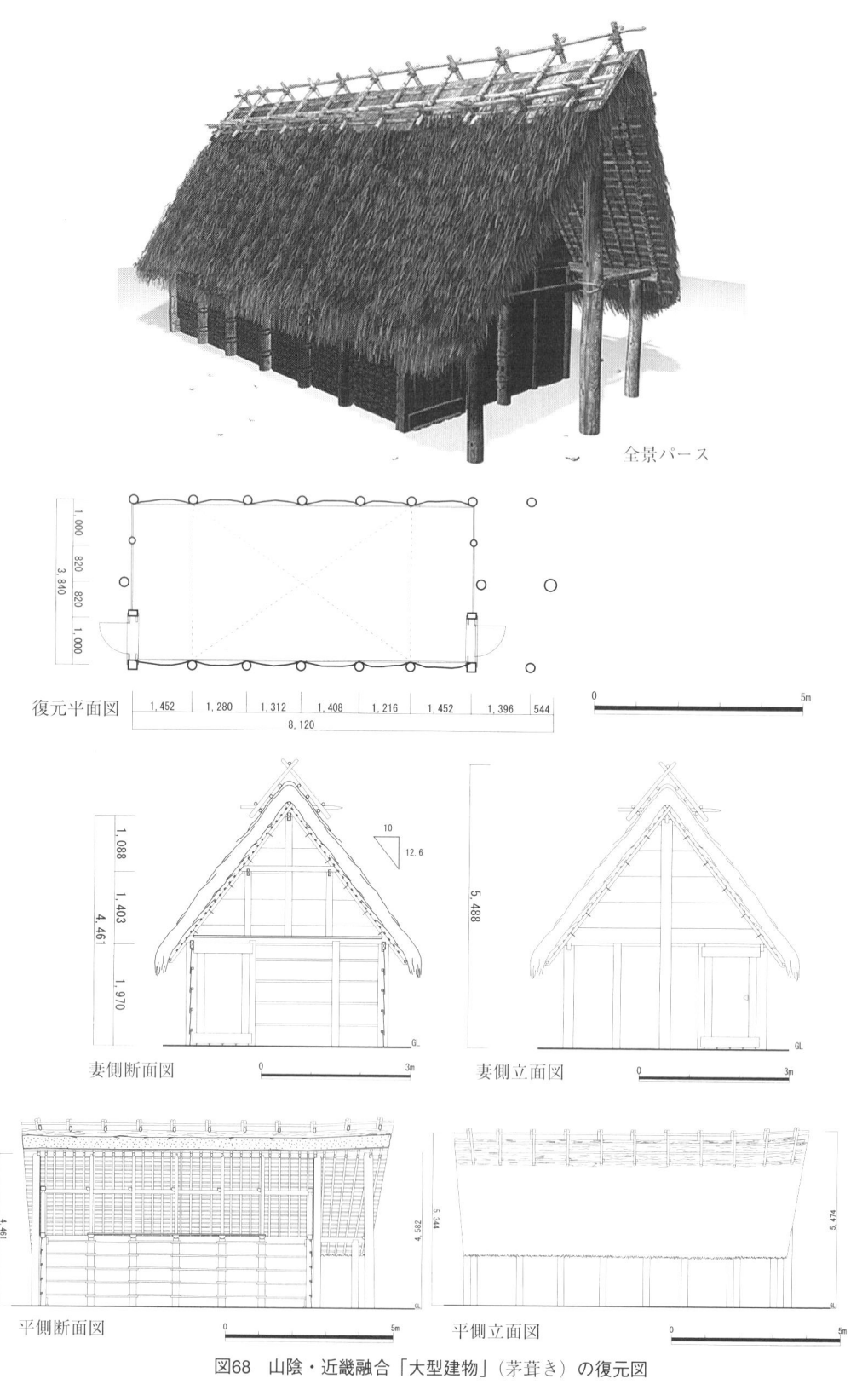

図68 山陰・近畿融合「大型建物」（茅葺き）の復元図

第2節　青谷上寺地遺跡出土建築部材による弥生建築の復元

表2 採用部材一覧

取上番号	時期	分類	長さ(cm)	幅(cm)	厚(cm)	備考
KJB13813	弥生中期後葉	角垂木	397	7.5	6	弥生時代最長の角垂木
KJB13810	弥生中期後葉	丸垂木	388.5	6	5	弥生時代最長の丸垂木
KJA43476	弥生中期後葉	梁	407	10	10.7	扇状断面をもつ
KJA43416	弥生中期中葉～後葉	妻壁	401	30	2.2	端部角 50～53°
KJA43447	弥生中期中葉～後葉	梁（根太）	318	19	9	半円形断面
KJA36391	弥生後期初頭～後葉	桁	502	18	8	
KJA1960	律令期	束	103	9	10.5	端部にホゾ穴あり
KJA42267	—	継方参考	114	7.5		データベースに記載なし
KJA36858	不明	壁材	73.9	4.2	0.4	網代状に編む壁材か
KJA38192	弥生中期中葉～後葉	壁材	58.5	3.9	0.3	網代状に編む壁材か
KJA43472	弥生中期中葉～後葉	妻壁	237.5	57	1.6	端部角 51～52°
KJB14143	弥生中期中葉～後葉	戸柱	329.6	13	10.5	痕跡多数
KJA43551	弥生中期後葉	束or戸柱	207	9	9	正方形断面をもつ角柱
KJA2665	弥生後期初頭～後葉	扉板	58.3	31.3	4.8	
KJA21499-3	弥生後期初頭～後葉	梁	137	14	8	端部に切断痕
KJA2738	弥生後期初頭～後葉	コウガイ	70	4.5	3.3	先端がとがっている

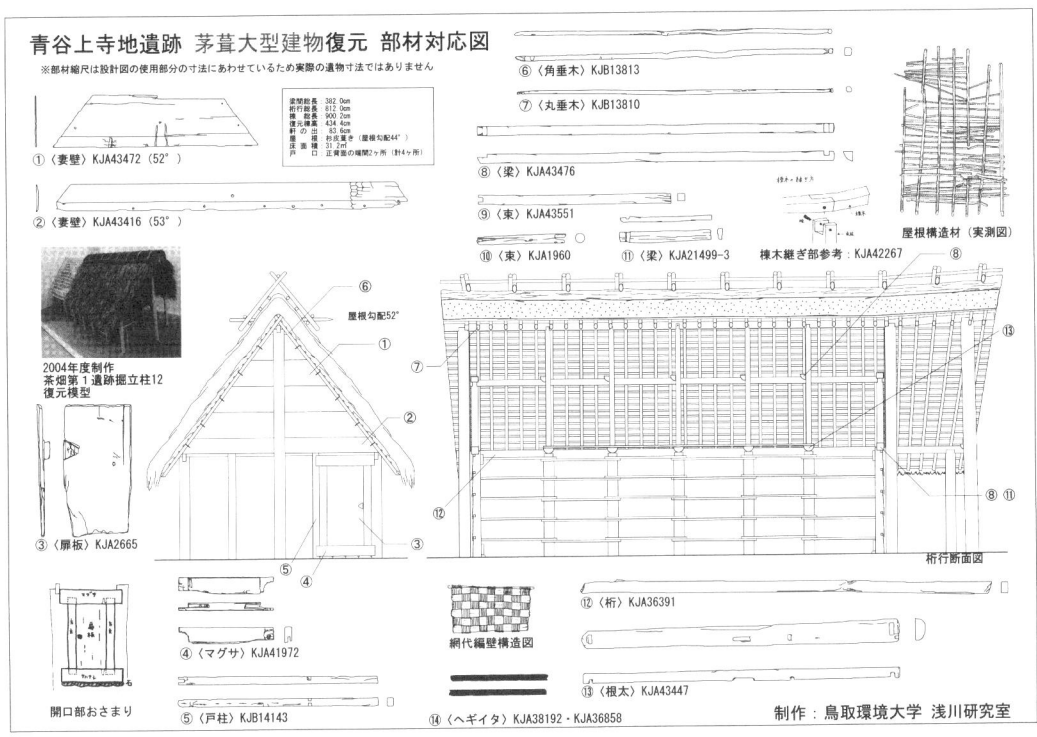

図69　山陰・近畿融合「大型建物」（茅葺き）の復元図の部材対応図

生時代の垂木のうち、完全な形状を残す最長の材である。しかも、材の長さは4mに近く、建物の梁間を復元すると、やはり4m前後に復元できるため、一般的な高床倉庫の垂木材とはみなしがたい。これまで発見された垂木は、基本的に高床倉庫の材と推定されるのに対して、青谷上寺地の「最長の垂木」は大型建物を構成する垂木材である可能性がきわめて高い。これも意義深い点である。さらに、「最長の垂木」の1.5倍にあたる直径9cmの垂木も確認された。この重要性もはかりし

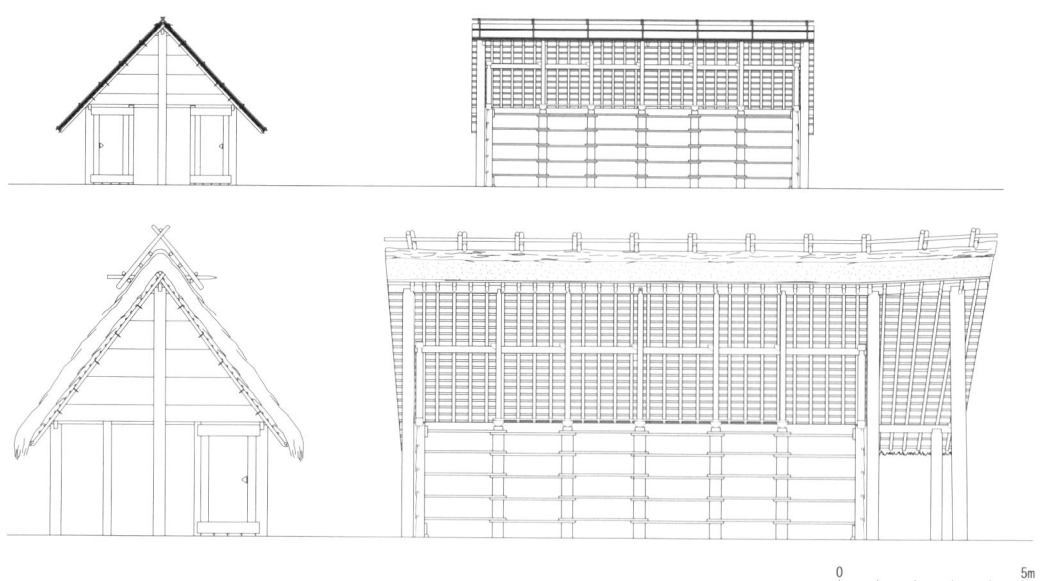

図70 「復元建物1」(上)と「最大径の垂木をもつ山陰地方最大の大型建物」(下)との規模比較

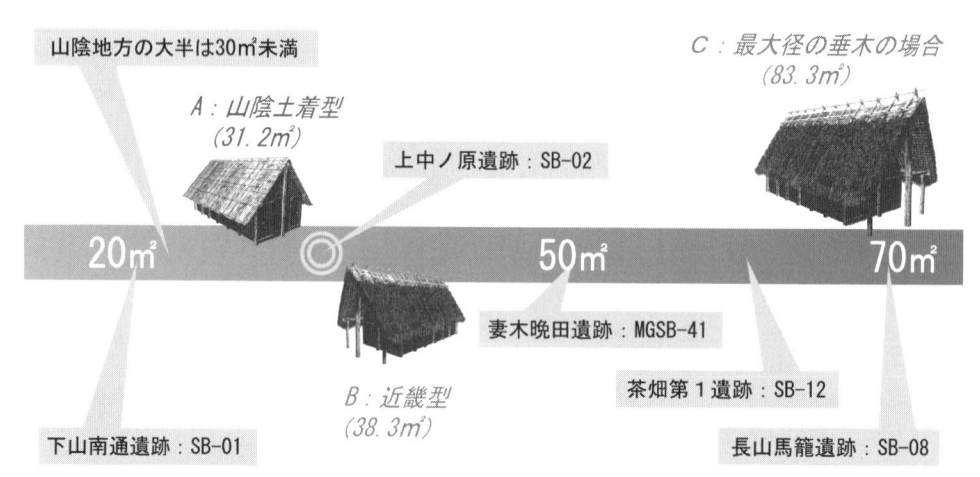

図71 青谷上寺地遺跡出土「最長の垂木」「最大径をもつ垂木」により復元された建物と山陰地方の大型建物の規模比較

れないものである。梁間5.5m前後の大型建物の存在を暗示する材だからである。

垂木から復元される大型建物の意義　青谷上寺地遺跡で出土した「最長の垂木」から復元しうる大型建物の面積は、梁間寸法から類似建物を参考にして平面規模を推定すると、床面積が30～40m²程度のものと思われる。山陰地方において20m²以上の建物を「大型建物」と定義するならば、統計的にみると20m²台が圧倒的に多く、一部突出して50～60m²、あるいは70m²以上になるものをごく少数含んでいる。したがって、「最長の垂木」によって復元される大型建物は、山陰地方の大型建物のなかでは中級クラスに位置づけられるだろう（図71）。

ところが、直径9cmを測る「最大径の垂木」から復元建物2を比例拡大すると、70～80㎡の面積の建物に復元可能である。これは山陰地方では最大級の建物規模で、これぐらい大きな建物が青谷上寺地の中心域もしくは周辺に存在した可能性がないとは決していえない。直径9cmと垂木に複合する、残長5m以上の小舞も出土しており、面積は確定できないにせよ、山陰では最大級の建物が存在した可能性は十分あるだろう。

　青谷上寺地出土部材だけでの復元　今回の復元建物の機能については、茶畑第1遺跡の遺構をモデルとしているため明言できない。ただし、魏志東夷伝に言うところの「屋宇」「屋室」の類とは言えるであろう。「屋宇」「屋室」とは、地上に建つ掘立柱建物の総称にすぎないけれども、青谷上寺地の場合、スギ皮葺きの掘立柱建物であった可能性は十分あり、とすれば、作業小屋などをイメージさせる。山陰地方の長棟建物は作業・集会・居住・祭祀など多目的に利用された施設だろうと個人的には推定している。

　以上のように、機能・性格は決して透明でないけれども、建築構造に関しては蓋然性の高い復元が実現できた。「最長の垂木」と複合する長い梁・桁・妻壁などが確認されたことにより、各材の複合性から従来不詳であった大型建物の構造を、完璧にではないにせよ、かなり高いレベルで実証的に復元しえたと自負している。青谷上寺地の場合、「大型建物」であろうと「楼観」であろうと、ほぼ100％の部材を青谷上寺地遺跡で出土した建築部材で再構成できる。こういう復元操作のできる遺跡は、全国をみわたしても青谷上寺地遺跡以外に思いあたらない。

　ただし、出土部材を原寸のまま使用しているものもあれば、平面規模にあわせて比例拡大しているものもある。したがって、ここに「推定」が含まれないということは決してない。そうだとしても、他遺跡での復元研究に比べれば「実証性の高さ」は群を抜いている。この作業を一過性にとどめることなく反復していけば、実証性をさらに高めることができるだろう。次に試みる高床倉庫の復元も、新しい経験を蓄積していくための試みである。

4．妻木晩田遺跡「高床倉庫」の復元

（1）　復元事業の概要と復元研究の対象

　初期整備を終えた妻木晩田遺跡では「蘇る弥生の国邑」を基本テーマに据えて本格的な遺跡整備を進め、2012年4月にグラウンドオープンセレモニーを迎えた。遺構重点整備ゾーンにあたる妻木山地区と松尾頭地区では、3～5棟の竪穴住居で構成される居住単位が数十メートルの間隔を保ちながら丘陵上に散在する集落像がイメージされる。妻木山地区では居住単位が群をなして集合する様相、松尾頭地区ではそれに2面庇付き大型掘立柱建物MGSB-41の併存する様相が、妻木晩田遺跡の最盛期とされ、それは弥生時代後期後葉にあたる。2007年度には妻木山地区の竪穴住居8棟、高床倉庫4棟の実施設計を終え、2008年度には高床倉庫4棟を施工した。

　2007年度の実施設計進行中に、研究室でも妻木晩田遺跡の高床倉庫の復元研究に取り組んだ。復元研究の対象としたのは妻木山3区の掘立柱建物SB-207と、妻木山1区の掘立柱建物MKSB-34で

ある。SB-207は桁行2間×梁間1間、MKSB-34は桁行3間×梁間1間で、いずれも梁間1間タイプの高床倉庫と推定される。これまで初期整備で復元建設されてきた高床倉庫がいずれも桁行1間の規模であるのに対して、今回の桁行規模は2～3間と大きく、二つの異なるパターンを提示する。

(2) 桁行2間高床倉庫SB-207の復元

SB-207復元の前提　SB-207の基本設計は、妻木晩田遺跡での復元事業を受注した文化財保存計画協会によるものである。平成19年夏、浅川研究室の嶋田喜朗(4期生)と今城愛(5期生)が同協会にインターンシップで指導を受け、その際、妻木晩田遺跡復元建物設計の作業を補助した。その課題の一つがSB-207の復元模型制作であった。復元のコンセプトとしては、青谷上寺地出土の材だけに頼らず、ひろく県内外の遺跡の建築部材を集成してパッチワークしている点である。この復元模型については、2007年10月19日に浅川が妻木晩田事務所で監修し、若干の修正を指示した。さらに、青谷上寺地遺跡建築部材の研究に組み入れるにあたって、いくつかの改変を加えている。当初設計案からの大きな変更点は、妻入を平入に変えたこと、小屋組を束立から鳥居組に変えたことである。

遺構平面と柱穴　SB-207は、妻木山地区3区西側の平坦地に立地する掘立柱建物である（図72）。検出面の標高は海抜110m。平面は長方形を呈し、梁間1間（5.08m）×桁行2間（3.00m）、床面積15.25m²を測る。主軸方位はN-76°-Eをとる。柱穴は6本で、規模はP1を例にとると上端の径が70×64㎝、深さが72㎝である。柱間寸法は、P1－P2＝2.52m、P2－P3＝2.50m、P3－P4＝3.00m、P4－P5＝2.58m、P5－P6＝3.00mを測る。P6から甕口縁部の破片が出土しており、編年では妻木晩田9期と考えられる[大山スイス村埋蔵文化財発掘調査団・大山町教育委員会2000：p.365-367]。

平面の復元　復元平面図では柱心を揃えるため、桁行5.04m×梁間2.98mと遺構平面よりわずかに小さくしている（図81）。戸口は平入で、すべての柱間正面に戸口を1ヶ所、計2ヶ所設けている。当初案では、妻入で戸口を1ヶ所としていたのだが、倉庫奥を利用する際5mも移動する必要があり、使い勝手が良いとはいえない。また、スギ材とスギ皮を多用する中国貴州トン族の高床倉庫（図58）では、柱間1間分の「部屋」が一世帯に対応する平入形式となっており、この方式に倣って復元することにした。桁行柱間が複数の高床倉庫は、柱間1間で間仕切りされており、各室正面中央に戸口を設ける。

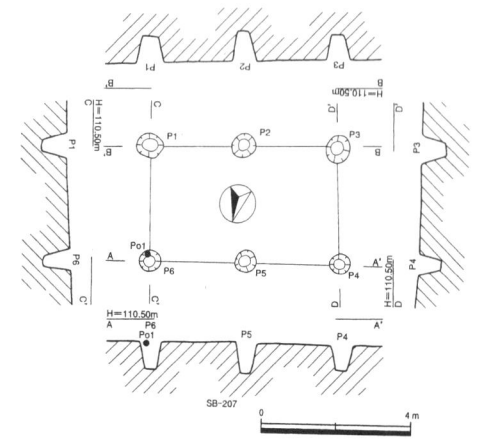

図72　妻木晩田遺跡SB207の遺構図（左）と遺構写真（右：南より）[大山町教育委員会2000]

スギ皮葺き屋根の高床倉庫　SB-207の屋根はスギ皮葺きとした。これは妻木晩田事務所が文化財保存計画協会に指示したものである。当初案はやや異なっていたが、研究室で修正した結果、「復元建物1」のスギ皮葺き屋根と同じ構法である。遺構は妻木晩田遺跡のものであるが、スギ皮は青谷上寺地遺跡より出土した遺物を参照している。以下にSB-207復元建物の規模をまとめておく。

【SB-207復元建物】
　梁間総長：298cm
　桁行総長：504cm
　棟　総長：554cm
　棟　　高：397cm
　軒 の 出：65cm
　屋　　根：スギ皮葺き
　屋根勾配：38°
　床 面 積：15m²
　戸　　口：平入正面2ヶ所（片開戸）

　①軸　組　　柱の直径は柱痕跡から210mmとした。端の中ほどに大引をとおす貫穴をあけ、上端部に梁と桁を落し込む長ホゾを削り出す。大引は板状の貫材で、桁行方向に柱3本をつらぬく。断面半円形の根太の端部を切欠いて板状の桁にはめ込み、左右の大引をつなぐ。根太は桁行1間につき4本配している。柱を挟み込むようにして2本、柱間の中間で等間隔に2本わたす。さらに板状の台輪を支えるため柱外側の端部に1本ずつ、計10本の根太で床を支える。軸部は折置組。柱の削り出しにまず板状の梁をのせ、その上に桁をのせる。桁は鳥取市桂見遺跡で出土材した平の材に倣う。片開戸は岡山市百間川兼基遺跡の扉板（図73）および青谷上寺地遺跡の扉板を用いており、板状のマグサは大阪府大東市北新町遺跡（図74）、板状の蹴放は松江市稗田遺跡の出土材である（図75）。刻梯子は桂見遺跡出土の材（図76）をモデルとする。

　②床の構造　　床は青谷上寺地遺跡より出土した杉の板材を参考にしている。青谷上寺地遺跡からは良質な杉の板が多数出土しており、丸太から板を作る加工技術の高さは現代にひけをとらない。床板は長方形で、先述した根太の上にのり、間柱を置く位置の板にはホゾ穴があいている。また、戸口を覆うようにして台輪（図77）をのせている。これは津島遺跡より出土した円形繰り込みのある板材（台輪もしくは鼠返）を参考としている。

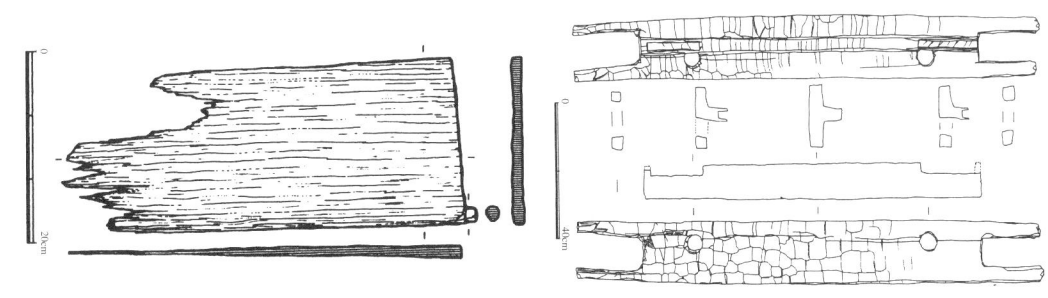

図73　百間川兼基遺跡：扉板［岡山県教育委員会 1980］　図74　北新町遺跡：楣［大東市北新町遺跡調査会 1991］

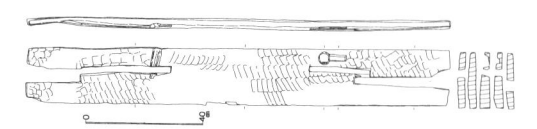

図75　稲田遺跡：蹴放［鹿島町教育委員会1994］ 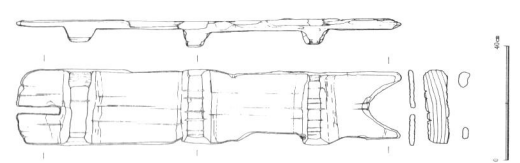　　図76　桂見遺跡：梯子［鳥取市教育福祉振興会教育委員会1998］

③**壁と天井**　床上の板壁は丸柱の心の位置に横板を積み重ねる。壁の内側の中間部分に間柱を立てる。間柱（図78）については、下端にホゾをもつ海上遺跡出土材を参考としている。海上遺跡の材には、側面近くに孔が6ヶ所あいており、板壁と接合する際、縄を通して緊縛したものと考えられる。柱間1間につき、間柱は柱と中間の計3ヶ所立て、下端を床にあけたホゾ穴に差し込む。上端部は桁に緊縛しておさめる。湿気・虫害等を防ぐため天井が必要で、棟束をさけながら、梁上端に張っている。

④**妻壁と鳥居組**　妻壁は「復元建物1」と同様、青谷上寺地遺跡の妻壁板KJA43416・KJA43472を採用している。小屋は鳥居組とし、大型建物復元でもちいた角柱KJA43551は、棟束・鳥居束として使う。両妻壁は桁の上に乗せ、内側から棟束・鳥居束・母屋桁の先端、外側から角垂木で挟み込んで緊縛している。角垂木を外に出しているのは、大型建物と同様、桁端の出を確保したいからである。

⑤**桁と垂木の接合**　屋根一般部の丸垂木は心々距離35cmのピッチで13本配した。上述のように、桁端には角垂木を用いている。垂木上端に相欠の痕跡がみられないことから、一方の角垂木は妻壁に接し、反対側の角垂木は下側を壁に引き寄せて妻壁と縄でつないだ。丸垂木は、背面切欠部分を母屋桁にかませる。桁は、前述のとおり、桂見遺跡の出土材に倣う。桂見の桁（図79）は長さ345cm、厚さ4cmの平板材で、両端に方形孔、材の長手方向には25～35cm間隔の小孔もある。しかも、この小孔は斜めに傾いており、垂木をとめる縄を通した可能性がきわめて高いであろう。今回の復元で軸部を折置組としたのは、この桁材を尊重したためである。

⑥**復元と採用部材一覧**　以上より復元した図面とCGを図80、採用部材を表3に示す。

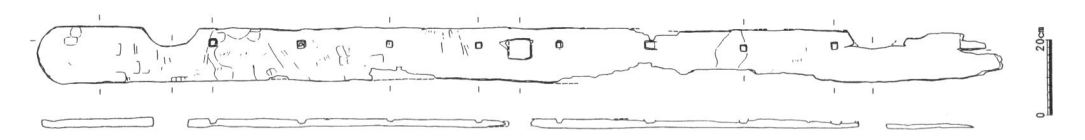

図77　津島遺跡：台輪［岡山県教育委員会2003］

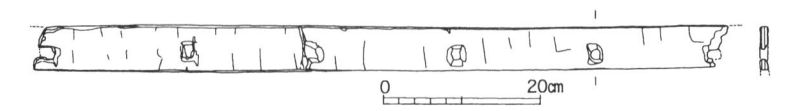

図78　海上遺跡：縦桟（間柱）［出雲市教育委員会2003］

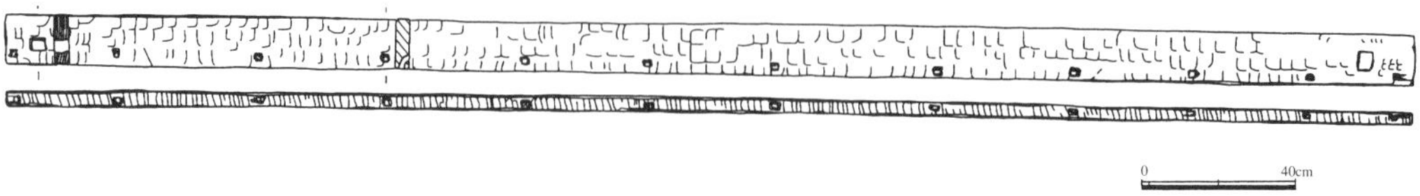

図79　桂見遺跡：桁［鳥取県文化財団1996］

全景パース

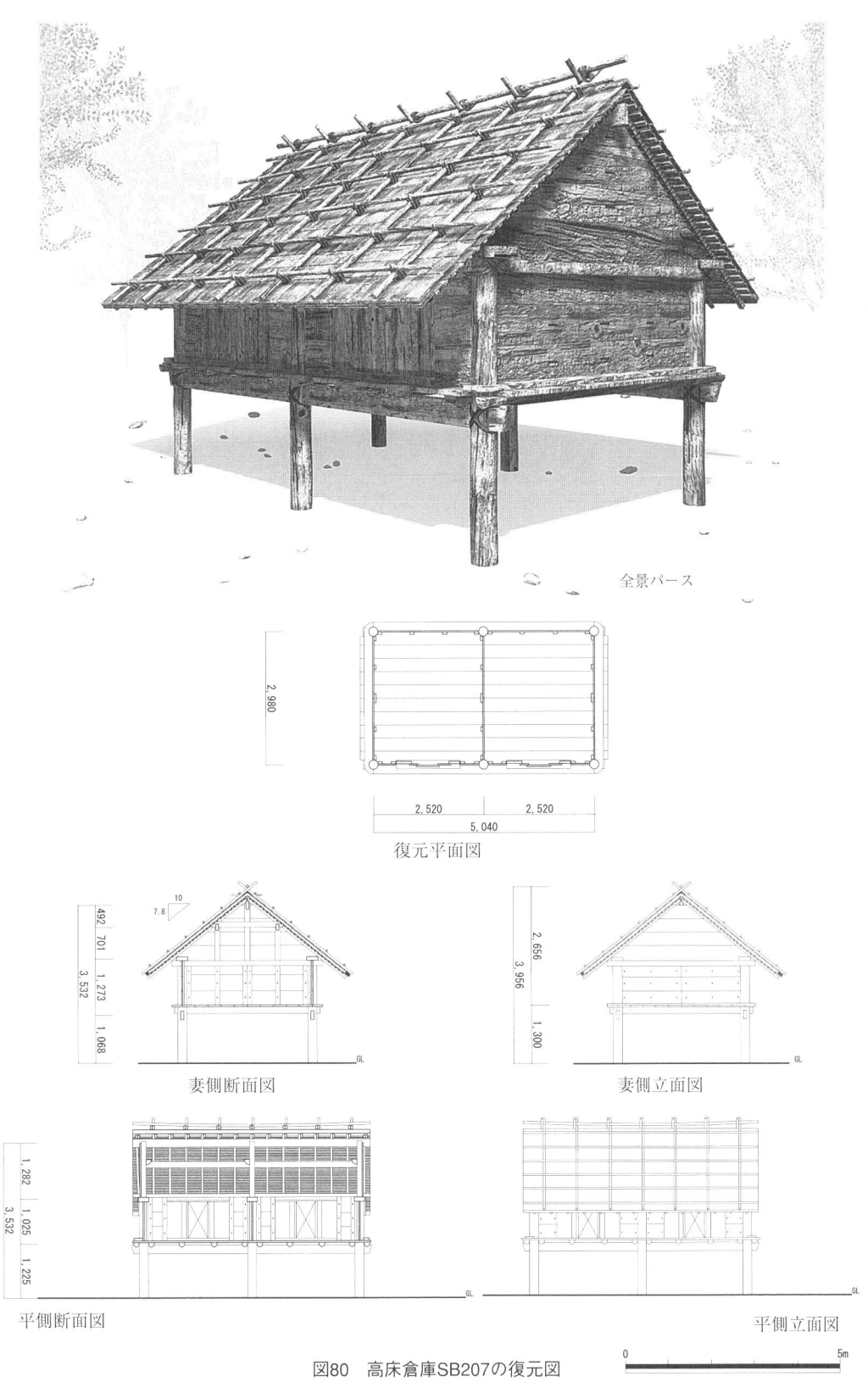

復元平面図

妻側断面図　　　　　　妻側立面図

平側断面図　　　　　　平側立面図

図80　高床倉庫SB207の復元図

第1章　倭人伝の建築世界　　　　　　　　　　　　　　81

表3　高床倉庫SB207の復元図採用部材一覧

遺跡名	時　期	分　類	長さ(cm)	幅(cm)	厚(cm)	備　考
百間川兼基	弥生中期	扉板	65	25	2	左下端に円形の削り出し
北新町	古墳以降	マグサ	142	18	10	T字型断面をもつ
稗田	弥生後期前半～末	ケハナシ	145.6	18.8	3.2	
桂見	古墳前期以前	梯子	138.8	25.7	4	足かけ部3段、下端二股
桂見	弥生後期	桁	366.4	13.1	3.9	両端に方形孔
津島	弥生後期	台輪	262.8	15	2	円形繰り込みあり
海上	弥生中期中葉～後期初頭	間柱	88.8	5.4	—	ホゾ穴6ヶ所
青谷上寺地						
KJA43416	弥生中期中葉～後葉	妻壁	401	30	2.2	端部角50～53°
KJA43472	弥生中期中葉～後葉	妻壁	237.5	57	1.6	端部角51～52°
—	—	壁板	—	—	—	不明
KJA43551	弥生中期後葉	束柱	207	9	9	方形断面をもつ
KJA21499	弥生中期初頭～後葉	柱	724	17	16.7	貫穴をもつ切断部を採用
KJA2665	弥生後期初頭～後葉	扉板	58.3	31.3	4.8	
KJA43447	弥生後期初頭～後葉	根太	318	19	9	半円形断面をもつ
KJA36391	弥生後期初頭～後葉	大引	502	18	8	
KJA43448	弥生中期中葉～後葉	床板	228.2	35	2.8	
—		垂木	—	—	—	不明

　なお、この部材表によるCG完成後、以下の問題が露呈し、屋根を茅葺きに改めて、文化財保存計画協会が実施設計を再検討した。

　①スギ皮葺き屋根の勾配を38°としたのは、妻木晩田事務所職員が青谷上寺地遺跡出土建築部材データベースに含まれる端部の傾斜角38°の板材を「妻壁板」とみなしたことによるが、鳥取県埋蔵文化財センターで確認したところ、その材は「矢板」であり「妻壁板」ではないことが判明した。前章で述べたように、現状では、妻壁板端部の傾斜角は44°～53°であり、この勾配をスギ皮葺きとして実施設計するには問題がある。

　②それでも青谷上寺地の場合、出土建築部材の90％以上が杉材であり、またスギ皮も多量に出土していることから、スギ皮葺きの屋根を復元する意義はあるが、妻木晩田は立地条件が大きく異なり、かつて杉材を多用していたという根拠に乏しい。

(3)　桁行3間高床倉庫MKSB-34の復元（Ⅰ）

MKSB-34復元の前提　SB-207は青谷上寺地遺跡のほか、県内外の部材をパッチワークして復元したものであるが、上述のように、最終的には茅葺き屋根に設計変更され、2008年度に施工した。一方、研究室では、桁行柱間3間のMKSB-34を、青谷上寺地出土材だけで復元することにした。

遺構平面と柱穴　妻木晩田遺跡妻木山地区1区中央の平坦面に立地し、竪穴住居跡SI-14と切り合っている（図81）。検出面の標高は海抜110.00mである。MKSB-34の平面は長方形を呈し、桁行3間（5.45m）×梁間1間（2.98m）、床面積は15.71m²を測る。主軸方位はN-55°-Wをとる。大型の柱穴が8ヶ所で確認されている。柱穴の規模は、口径が1m前後、遺構検出面から深さは40～90cm前後である。柱間寸法は、P1-P2＝1.70m、P2-P3＝1.86m、P3-P4＝1.86m、P4-P5＝2.90m、P5-P6＝1.66m、P6-P7＝1.68m、P7-P8＝2.00m、P8-P1＝2.98m。柱穴内埋土の観察によると、P6・P7を除いて、柱痕または抜き取り痕跡を確認できた。遺物はP5柱穴埋土から甕口縁、P3柱痕跡から棒状鉄製品、黒曜石剥片が検出されている。時期は妻木晩田9期と考えられる［大山スイス村埋蔵文化財発掘調査団・大山町教育委員会2000：p.306-307］。

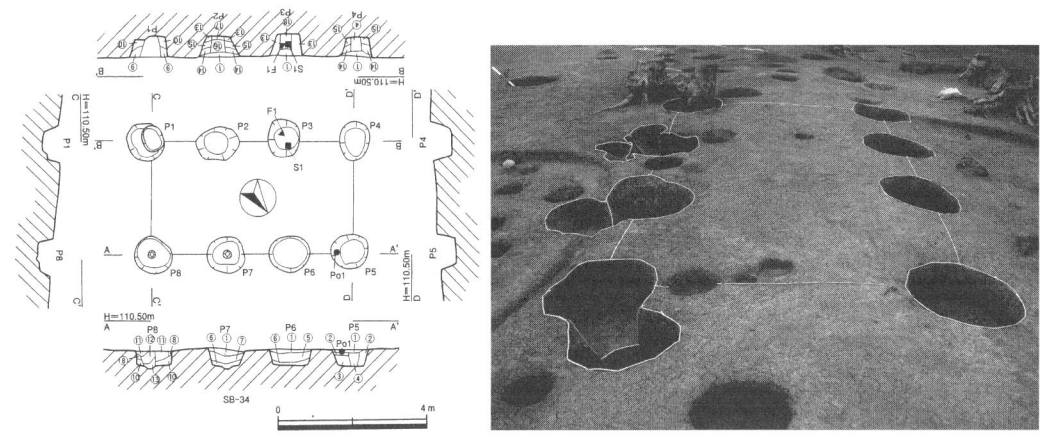

図81　妻木晩田遺跡MKSB34の遺構図（左）と遺構写真（右：南東より）［大山町教育委員会2000］

平面の復元　MKSB-34の遺構図から桁行3間を545cm、梁間1間を298cmとした。桁行柱間については、さらにP1-P2＝P7-P8＝174cm、P2-P3＝P6-P7＝187.5cm、P3-P4＝P5-P6＝183.5cmとした。SB-207と同様、中国貴州トン族の類例に倣い、柱間1間が1世帯に対応するものと仮定し、平入として全柱間正面に戸口を設けた。

縁をもつスギ皮葺き屋根の高床倉庫　MKSB-34については、二つの復元案を考えた。以下、第1案をMKSB-34復元建物（Ⅰ）として、建物規模をまとめる。

【MKSB-34復元建物（Ⅰ）】
　梁間総長：298cm
　桁行総長：545cm
　棟　総　長：655.8cm
　棟　　高：495cm
　軒　の　出：30cm
　屋　　根：スギ皮葺き
　屋根勾配：30°
　床　面　積：16.2m²
　戸　　口：平入り正面2ヶ所（片開戸）

SB-207とは違い、MKSB-34の復元では吊束と柱を貫で繋ぎ、桁行（北側）に「縁」を設けた。これは貴州トン族の高床倉庫をモデルに採用し、SB-207との差別化をはかろうとしたものである。

①<u>**縁と吊束**</u>　縁の吊束は下端を輪薙込として大引に落とし込む。倉庫の本体側柱と庇を支える吊束の心々距離は75cm。縁の床上には足固め貫を通す。足固め貫は両端の縁柱に大入とし、木鼻をださない。刻梯子の上端は足固め貫にかける。一方、本体側柱上部の貫を吊束まで伸ばし、縁の構

造と一体化した。吊束をつなぐ貫の位置については3つの可能性を考えた。

1) 吊束上部に輪薙込でおさめる： 桁と梁でも同じ構造をとっており、母屋桁に貫をかませることによって吊束の内倒れを防ぐことができる。ただ、貫上の束柱が短くなる。

2) 母屋桁下端に背違いでおさめる： 母屋桁の下に貫はおさまるが、加工が複雑になる。また、青谷上寺地遺跡ではそのような材は確認されていない。

3) 吊束の上部から若干離れた位置で貫孔をあけておさめる： 束柱が長くなり、貫孔の位置・強度ともに良好。

今回の復元では、3) の方法を採用することにした。屋根は勾配30°のスギ皮葺き。小屋組は束立で、スギ皮の葺き方は「復元建物1」とほぼ同じ。両端部の千木状棒材を桁端に近づけ、それ以外の棒材を等間隔に配した。

②床の構造　柱根を別にすると、青谷上寺地遺跡では、貫孔をもつ長めの柱材はそれほど出土していない。弥生時代「最長の柱」KJA21499以外では、KJA28894（図82）が参考にすべき柱材である。KJA28894は残存長277cm、21cm×14cmの半円形断面で、元口から約2mの位置に11cm×6cmの長方形の貫孔がある。さらにそこから20cm上に貫孔の痕跡を残すが、上端部は破砕している。出土した材は半円形断面だが、丸柱を矢板に転用する際に半割にした可能性が高く、当初は直径約21cmの丸柱に復元できる。この貫孔の寸法に近い水平材KJA34264も確認した（図83）。その、貫となる水平材 KJA34264 は残存長140cm、断面は10cm×6.5cmの長方形を呈する。このような丸柱の貫孔に大引はおさまったはずである。大引の上には一間ごとに根太をのせて床を支える。床高は1,820mmとした。

③壁と天井　弥生時代の高床倉庫としては、登呂・山木遺跡の復元建物があまりにもよく知ら

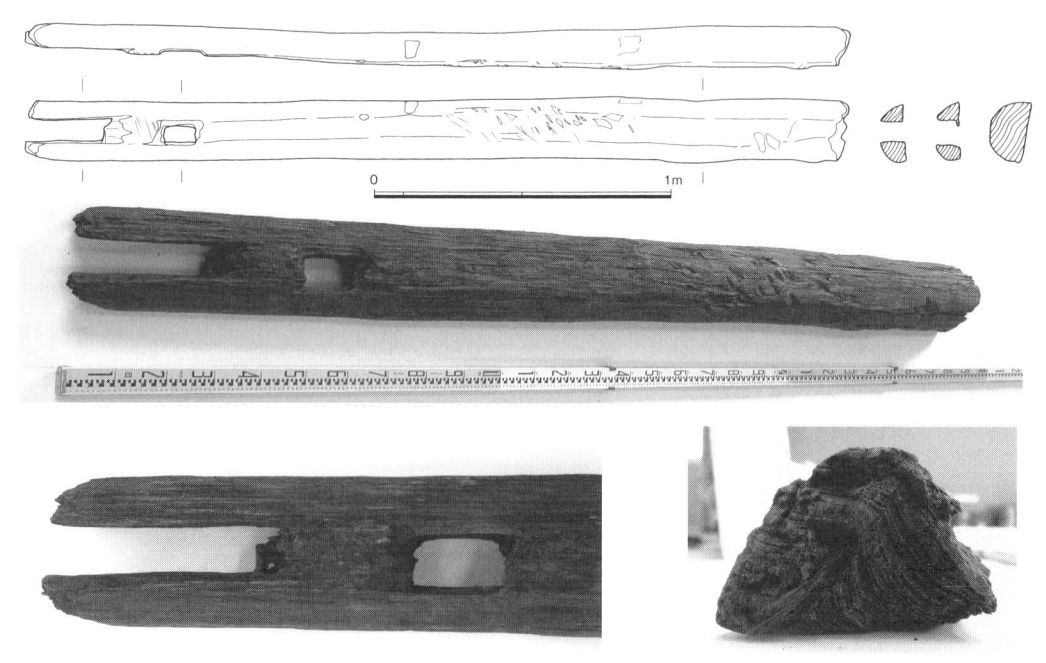

貫穴と仕口　　　　　　　　　　　　半円形断面

図82　柱材 KJA28894　実測図と写真

れている。登呂・山木遺跡でも数多くの建築部材が出土しており、削出し式の通柱に鼠返しや大引を落し込み、壁は柱の内側に井籠組とする。いわゆる板倉の典型であり、妻木晩田遺跡洞ノ原地区の先端に復元された高床倉庫にも、削出し式の通柱と井籠組の板壁を採用した。

　一方、青谷上寺地の場合、削出し式の通柱は基本的に未発見であり、柱は貫孔をもつ通柱で、上端を輪薙込とする。青谷上寺地の高床建物の復元には、大引用の貫孔と輪薙込仕口を備える柱材を使うべきである。一方、壁については、妻壁板の留め方はよく分かっており、大型建物に用いたヘギ板編壁も存在したに違いない。このヘギ板編壁を高床倉庫に使うこともちろん可能なのだが、外界との遮蔽性は弱くなる。現状では、高床倉庫の壁構造がどうなっていたのか、よく分からない。MKSB-3の復元では、登呂・山木式の井籠組板壁を採用することにした。その理由は、一つにSB-207の板壁との差別化を図りたかったのと、その差別化により、より密封性の高い室内空間を作り上げたかったからである。

　井籠組板壁は天井板まで積み上げる。板壁と梁で天井板を支えるのである。妻側中間の柱は中央の間柱のみとし、間柱上部はL字型に切り欠き、貫にあて、上端は梁下面におさまるようにした。各部屋を仕切る壁は中央部の部屋の面積を広く取るため、妻側柱筋P2-P7とP3-P6の外側に間仕切壁を設けている。井籠組板壁の壁材と推定した出土材については図84を参照していただきたい。いずれも壁材の確証があるわけではないが、可能性があるとだけ指摘しておこう。天井は梁の位置に隙間なく張る。

　④妻壁のない屋根構造　小屋組は束立（オダチ組）とする。棟束には上下端とも輪薙込を設ける。下側は貫に落し込んで、太瓶束のように納める。上端は輪薙込に棟木をはめ込む。梁は天井の位置で、棟束の内側に接するようにして緊縛する。妻壁はない。これまで何度も述べてきたように、青

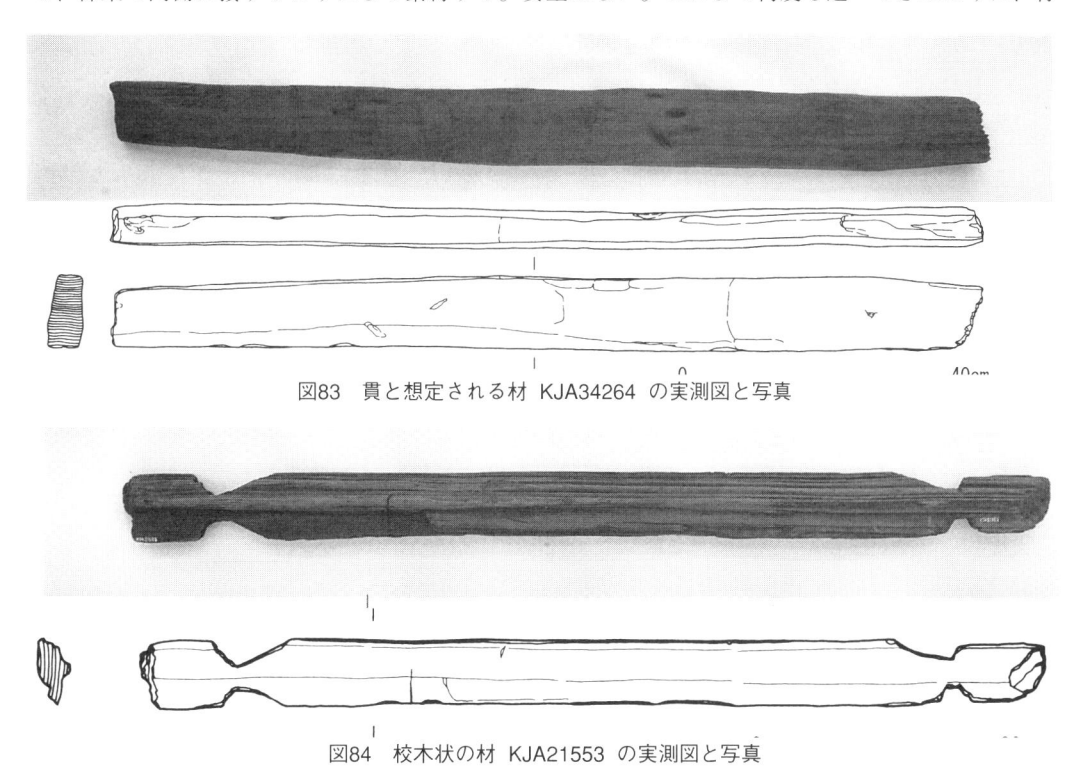

図83　貫と想定される材　KJA34264　の実測図と写真

図84　校木状の材　KJA21553　の実測図と写真

谷上寺地で出土している妻壁板側部の傾斜角は44°～53°であり、スギ皮葺き屋根の勾配としてはきつすぎる。それでも、スギ皮の出土量を評価し、大型建物（復元建物1）では勾配44°のスギ皮葺き屋根に復元した。一方、今回の高床倉庫MKSB-3では、屋根勾配をスギ皮葺きにふさわしい30°とした。この勾配をもつ妻壁は出土していない。ここで再び民族例を参照すると、貴州トン族の高床倉庫ではやはり妻壁はなく、桁端の出を長くして、雨が屋内に吹き込むのを防いでいる。MKSB-34復元の第1案では、貴州トン族の方式に倣い、スギ皮葺き屋根の桁端を隅の側柱心から70cm出すだけで、妻壁を張らないことにした。この場合、もちろん角垂木は不要であり、丸垂木のみ使用する。桁端の出と天井板で雨を防ぐ、という考え方である。このように、傾斜角44°～53°の妻壁板は必ずしもスギ皮葺きの屋根と複合するものではないことが分かる。小型の建物にスギ皮の屋根をかけ、その際には妻壁を設けなかった可能性があると言えよう。

⑤桁と垂木の接合　　前面に縁を設けることにしたため、切妻の屋根は左右の長さが異なる。背面側の垂木は全長約230cm、正面側の垂木は全長300cmほどで、いわゆる「招き屋根」の形式である。

⑥復元と採用部材一覧　　以上より復元した図面とCGを図85、採用部材を表4に示す。

（4）桁行3間高床倉庫MKSB-34の復元（Ⅱ）

茅葺き屋根の高床倉庫　　MKSB-34については、スギ皮葺き招き屋根の復元案を復元建物（Ⅰ）とした。第2の復元案は本体部分の屋根を茅葺き（勾配44°）、前面の縁を覆う小庇をスギ皮葺きとするもので、これをMKSB-34復元建物（Ⅱ）と呼ぶ。縁の基本構造は復元建物4とほぼ同じだが、復元建物（Ⅱ）では吊束の上端と本体の側柱を短い梁でつなぎ、貫を通さない。以下に復元建物5の建物規模をまとめておく。

【MKSB-34復元建物（Ⅱ）】
　　梁間総長：298cm
　　桁行総長：545cm
　　棟　総　長：595cm
　　棟　　　高：577cm
　　軒　の　出：35cm
　　屋　　　根：茅葺き（身舎）＋スギ皮葺き（庇）
　　屋根勾配：44°
　　床　面　積：16.2m²
　　戸　　　口：平入り正面3ヶ所（片開戸）

①小屋組　　束立ではなく、大型建物と同じ「鳥居組」を採用した。

②妻壁のある屋根構造　　大型建物と同様の妻壁を設ける。この場合、角垂木で妻壁板をとめるので、桁端の出は短くなる。小屋組は鳥居組であり、棟束・鳥居束の近辺に孔をあけて縄で緊縛する。

③採用部材一覧　　以上より復元した図面とCGを図86、採用した部材を表5に示す。

復元パース

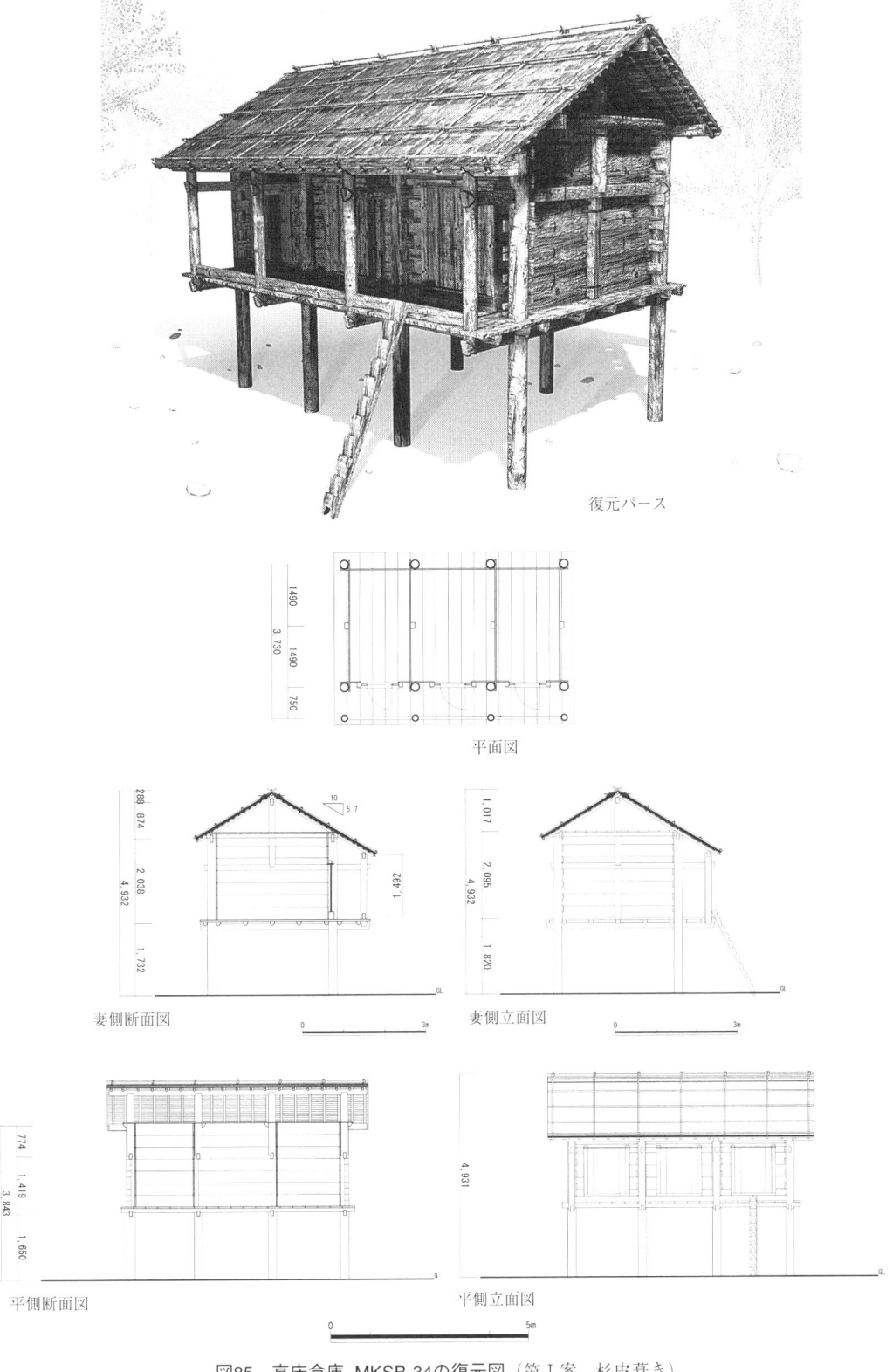

平面図

妻側断面図　　妻側立面図

平側断面図　　平側立面図

図85　高床倉庫 MKSB-34の復元図（第Ⅰ案、杉皮葺き）

第1章　倭人伝の建築世界　　87

表4 採用部材一覧

取上番号	時 期	分 類	長さ(cm)	幅(cm)	厚(cm)	備 考
KJA28894	―	柱	277	21	14	貫穴をもつ丸柱
KJA34264	―	貫?	140	10	6.5	方形断面をもつ
KJA43447	弥生中期中葉〜後葉	根太	318	19	9	半円形断面をもつ
KJA36391	弥生後期初頭〜後葉	大引	502	18	8	
KJA43085	弥生中期中葉〜後葉	梯子	211.7	13.6	8.2	7段
KJA43476	弥生中期後葉	梁	407	10	10.7	扇状断面をもつ
KJA2738	弥生後期初頭〜後葉	コウガイ	70	4.5	3.3	先端がとがっている
KJA2665	弥生後期初頭〜後葉	扉板	58.3	31.3	4.8	
KJA41972	弥生中期中葉〜後葉	ケハナシ	110.5	18	8	マグサ or ケハナシ
KJB6802	弥生前期末〜中期	吊束	121	12.7	記載なし	両端に輪薙込をもつ
KJA42256	弥生中期中葉〜後葉	丸垂木	260	5.7	4.5	
KJA44111	弥生中期後葉	床板	179.7	30	2.6	穿孔痕1ヶ所

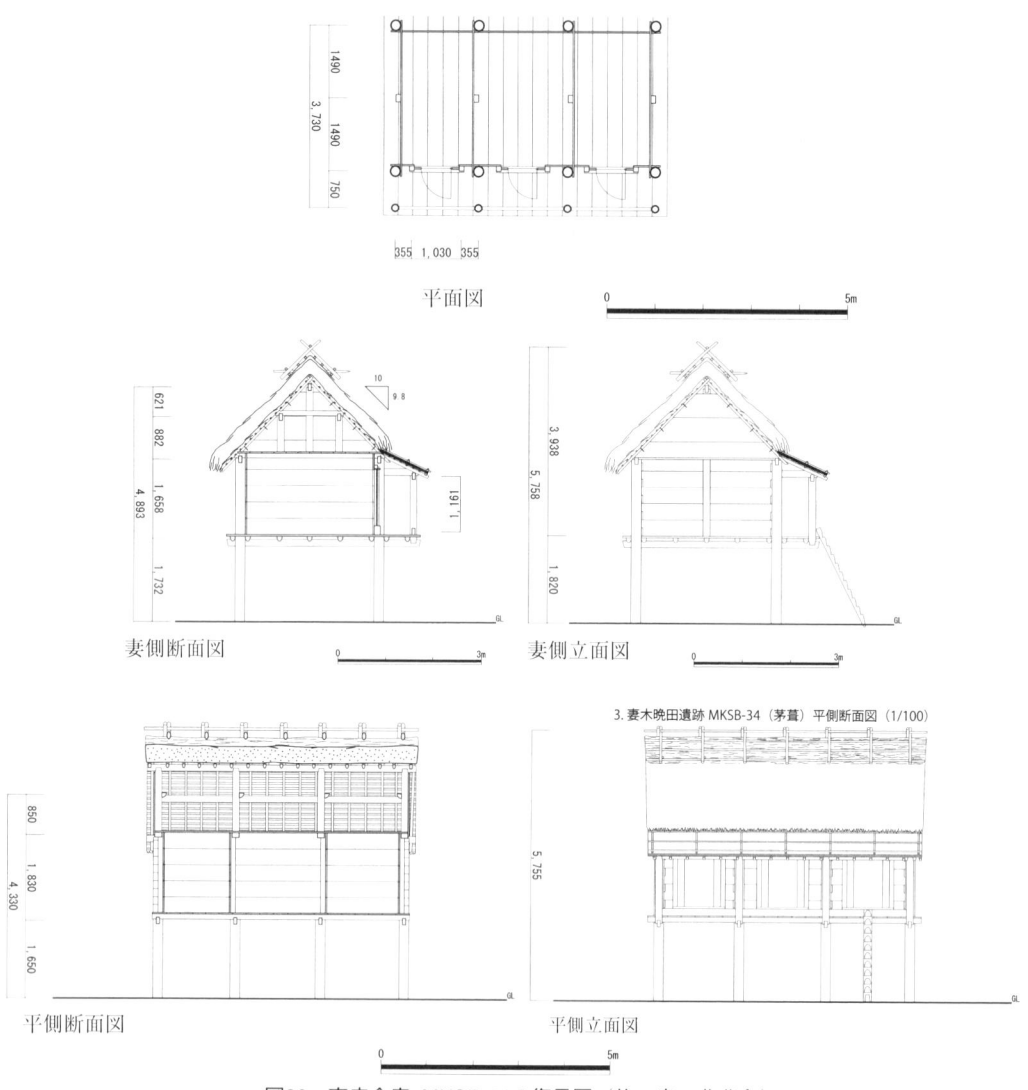

平面図

妻側断面図　　妻側立面図

平側断面図　　平側立面図

図86　高床倉庫 MKSB-34の復元図（第Ⅱ案、茅葺き）

表5 採用部材一覧

取上番号	時期	分類	長さ(cm)	幅(cm)	厚(cm)	備考
KJA28894	—	柱	277	21	14	貫穴をもつ丸柱
KJA34264	—	貫？	140	10	6.5	方形断面をもつ
KJA43447	弥生中期中葉～後葉	根太	318	19	9	半円形断面をもつ
KJA36391	弥生後期初頭～後葉	大引	502	18	8	
KJA43085	弥生中期中葉～後葉	梯子	211.7	13.6	8.2	7段
KJA43476	弥生中期後葉	梁	407	10	10.7	扇状断面をもつ
KJA2738	弥生後期初頭～後葉	コウガイ	70	4.5	3.3	先端がとがっている
KJA2665	弥生後期初頭～後葉	扉板	58.3	31.3	4.8	
KJA41972	弥生中期中葉～後葉	ケハナシ	110.5	18	8	マグサ or ケハナシ
KJB6802	弥生前期末～中期	吊束	121	12.7	記載なし	両端に輪薙込をもつ
KJA42256	弥生中期中葉～後葉	丸垂木	260	5.7	4.5	
KJA44111	弥生中期後葉	床板	179.7	30	2.6	穿孔痕1ヶ所
KJA43472	弥生中期中葉～後葉	妻壁	237.5	57	1.6	端部角51～52°
KJA43416	弥生中期中葉～後葉	妻壁	407	30	2.2	端部角50～53°
KJA21499	弥生後期初頭～後葉	梁	137	14	8	方形断面をもつ
KJA1960	律令期	束	103	9	10.5	端部にホゾ穴あり
KJA44110	弥生中期後葉	角垂木	135	7	5.3	半円形断面をもつ
KJA44132	不明	角垂木	267.5	6	6	

5．まとめ

　以上、青谷上寺地遺跡出土建築部材を組み合わせることによって、「楼観」、「大型建物」2種、「高床倉庫」3種の復元を試みた。文化財保存計画協会が基本設計した高床倉庫SB-207を例外として、他の掘立柱建物復元では、ほぼ100％青谷上寺地出土建築部材を用いている。ここでは、あくまで現段階で把握しえた特徴ではあるけれども、青谷上寺地出土建築部材の特徴を整理してまとめとしたい。

1）上に試みた6棟の復元を通してまず言えるのは、青谷上寺地出土建築部材の木柄が細いということである。柱、梁、垂木、小舞などはみな細い材である。「最長の柱」KJA21499 は残長が724cmもあるのに復元径は25～30cmであり、「最大の垂木」KJB13810・KJB13813 は4m近い長さがあるのに断面は、丸垂木で直径約6cm、角垂木で7.5cm×6cmしかない。「最大径をもつ垂木」KJA33469 ですら直径は約9cmで、それに複合する「最長の小舞」KJA41984 は残存長が489cmもあるのに、断面は6cm×4cmである。こういう木柄の細さは他の材にもすべて共通している。しかし、木柄が細いから建物が小さいか、と言えばそうではなく、実際に「最長の柱」から高層の物見櫓（楼観）、「最長の垂木」「最大径の垂木」からは山陰地方で中級～上級クラスの「大型建物」が復元できる。これらの大きな建物を木柄の細い部材で建設していたという事実こそが重要である。それは、2300年前に山陰地方にもたらされた金属器（加工具）の影響がなにより大きく、さらにクリやシイなどの硬木ではなく、柔らかいスギを材料としたことによる建築技術の革新によるものと考えられる。

2）これと関係して注目されるのは、「楼観」「大型建物」「高床倉庫」のいずれの復元にあたっても、他の遺跡で出土した部材を参考する必要はほとんどなく、青谷上寺地遺跡で出土した建築材だけで復元できる点である。この場合、だから青谷上寺地遺跡の掘立柱建物は、他地域の

それを圧して規模が大きいとか高いとか、あるいは意匠が傑出しているのだと勘違いしてはいけない。青谷上寺地遺跡の部材から復元される建物は、近畿や北九州の大規模集落で発見される弥生時代集落の大型掘立柱建物に比べれば、あきらかに規模は小さい。おそらく全国的にみれば、標準的（もしくはやや貧相）なクラスではないか、と思われる。むしろ注目すべきは、上屋構造が不詳であり「想像復元」の域をでなかった標準的な建物について、はるかに実証性の高い復元が可能になったという事実である。青谷上寺地遺跡で出土した約7,000点の建築部材により、少なくとも山陰地方においては弥生集落における掘立柱建物の復元を恐れる必要はなくなりつつあると言ってよいだろう。

3）「最長の垂木」による大型建物の復元を通して、垂木材から建物の梁間規模を復元する公式を導き出した。梁間寸法＝2（$\ell \cos \alpha - d$）という単純な計算式にすぎないが、「チャック・ハリマーの定理」という愛称を与えたこの公式は、考古学者の調査に貢献するであろう。現状のデータでは、屋根の傾斜角 $\alpha = 44 \sim 53°$ であり、軒の出（d）についても、垂木の下面に桁材へのアタリ痕跡が残っていれば寸法の入力が可能である。

4）このほか、建築構造上、さまざまな特徴があきらかになった。

① 柱上端に残る仕口は輪薙込であり、板状の桁を落し込む。したがって、軸組は京呂組になる。柱上に突き出る桁の上半分に梁の仕口を落し込む。これが青谷上寺地の柱・桁・梁の接合方法である。これを高床式とする場合、柱の中間部に大引を通す貫孔をあける。大引上に梁と似た根太材を落し込んで床を張る。一方、同じ鳥取市でも桂見遺跡では、板状平材の桁が出土しており、この場合の柱上端は長ホゾ削り出しに加工していたことになる。同じ鳥取でも、建築技術に大きな違いがみられることに注目すべきであろう。

② 台形を呈する妻壁板が大量に出土しており、そこには屋根勾配、角垂木との接合方法、束や近接棟持柱との接合などさまざま情報が残されている。角垂木は桁端のみで使われるので破風の起源のような役割を果たす材かとも思われたが、むしろ妻壁板を紐で結びつける材とみるべきである。

③ 青谷上寺地遺跡では垂木と小舞が複合化した屋根構造材KJA43186が出土しており、一般部の丸垂木と桁端の角垂木の関係、垂木上下端の刳形と断面、小舞材の断面などがあきらかになっている。さらに、垂木の下面に残る切込痕跡が「鳥居組」構法の存在を暗示している。小型の建物では単純な束立もありえるが、大型の建物では鳥居組とするものがあった可能性は高いと考える。なお、大量に出土している梁材には垂直方向や斜め方向に貫通する孔は皆無であり、削出し式の束やサスを使った可能性はないと言える。

④ 屋根の葺材については、スギ皮が大量に出土していることもあり、スギ皮葺きの復元案を2棟呈示した。ただし、妻壁による勾配データ（44〜53°）は樹皮葺きにはきつすぎる。妻に板壁のついた建物は茅葺であり、妻に板壁をつけないような小型の建物をスギ皮葺きとしたのかもしれない。なお、青谷上寺地にように建築材の90％以上をスギとする遺跡は、全国的にみても例外であろう。他の遺跡では、安易にスギ皮葺の屋根に復元すべきではないと思われ

⑤ 壁については、妻壁の構造はあきらかで、スギのヘギ板を編むアンペラ状の材も確認されたが、高床倉庫（板倉）の垂直壁がどのような構造をしていたのか、よく分からない。横板落込式はありえず、柱心に板材を並べる場合、柱との接点で隙間が生まれる。このため、登呂・山木型の校倉式板壁を一案として呈示したが、片欠仕口をともなう板壁材がはっきりと確認されているわけではない。青谷上寺地遺跡ではおびただしい板材が出土しており、板壁構造の解明は今後に残された重要な課題である。

⑥ 角柱に複合する縦長の蹴放（もしくは楣）材JA41972から、従来とは異なる弥生建築の戸口を詳細に復元した。角柱KJB14145・KJA43551は上端に輪薙込を備えており、寸法を縮小・拡大しつつ、棟束・鳥居束としても採用した。

以上が本節の復元研究であきらかになった成果の要約である。この研究は、あくまで基礎研究である。今後、さらなる復元研究の蓄積により、上の認識に修正を加えなければならない点もでてくるであろうし、板壁の問題のように未解決の問題にも取り組んでいかなければならない。そのためには、くりかえすけれども、復元研究の持続的な蓄積が不可欠である。

附記

本節の初出は以下のとおりである。

浅川滋男・嶋田喜朗　2009　「青谷上寺地遺跡出土建築部材による弥生時代建築の復元」『建築部材（考察編）』鳥取県埋蔵文化センター調査報告25：pp.27-72

前節と同様、田中章介氏の新稿「魏志倭人伝『収租賦有邸閣』の解釈」（『税』67巻3号：pp.156-180、2012）にあわせて「邸閣」に関する記述を改めるなど、若干の修正をこのたび加えている。なお、建築部材の写真・図版はすべて鳥取県埋蔵文化財センター提供のものである。久保穣二朗所長及び茶谷満氏には一貫してサポートいただいた。記して感謝の気持ちを表したい。

参考文献

浅川滋男　1990a　「貴州の少数民族とその住まい」『住宅建築』181号、建築資料研究社
　　　　　1990b　「トン族の高床住居と集落」『住宅建築』181号、建築資料研究社
　　　　　1995　「正史東夷伝にみえる住まいの素描」『文化財論叢Ⅱ』奈良国立文化財研究所40周年論文集
　　　　　2000　『離島の建築』日本の美術3406号、至文堂
　　　　　2000　『北東アジアのツングース系諸民族住居に関する歴史民族学的研究―黒龍江省での調査を中心に―』住宅総合研究財団報告書、丸善
　　　　　2004　「住居の始原―東方アジア民族建築の先史学的パースペクティヴ―」『第5回弥生文化シンポジウム　弥生のすまいを探る―建築技術と生活空間』鳥取県教育委員会
　　　　　2007　『「楼観」再考―青谷上寺地のながい柱材をめぐって―』青谷上寺地遺跡特別講演会記録集、鳥取県埋蔵文化センター
　　　　　2008　『弥生時代「最長の垂木」の発見と復元―山陰地方の大型掘立柱建物―』青谷上寺地遺跡特別講演会記録集、鳥取県埋蔵文化センター

浅川滋男編　1998　『先史日本の住居とその周辺』同成社
浅川滋男・竹中千恵　2004a　「茶畑第1遺跡掘立柱建物12の復元設計—片側に独立棟持柱を伴う特殊な大型掘立柱建物」『茶畑遺跡群』第3分冊、鳥取県教育文化財団
浅川滋男・藤井利史・坂本和行　2005　『仮設構法による巨大露出展示空間の創造—妻木晩田遺跡環境整備のための基礎的研究(2)—』
浅川滋男・島根県古代文化センター編　2010　『出雲大社の建築考古学』同成社
出雲市教育委員会　2001　『下古志遺跡—本編—』
　　　　　　　　　2002　『海上遺跡』
稲葉岩吉　1936　『釈椋』大阪屋号書店
岡野雅則　2010　「茶畑第1遺跡」浅川滋男他編『出雲大社の建築考古学』同成社
岡山県教育委員会　1982　『百間川兼基遺跡1　百間川今谷遺跡1』
　　　　　　　　　2003　『津島遺跡4』
小川忠明　2000　「佐渡島　蔵王遺跡・平田遺跡の掘立柱建物」浅川滋男『離島の建築』日本の美術406号、至文堂
落合昭久　2006　「田和山遺跡」浅川滋男他編『出雲大社の建築考古学』同成社
小矢部市教育委員会　2005　『出土建築材資料集—縄文・弥生・古墳時代—』第1分冊～第3分冊
鹿島町教育委員会　1994　『下谷遺跡・稗田遺跡』
金沢市埋蔵文化財センター　2002　『大友西遺跡Ⅱ』
後藤廟太郎　1912　「文字上よりみたる支那古代建築（一）」『建築雑誌』27
財団法人静岡県埋蔵文化財調査研究所　1996　『瀬名遺跡Ⅴ（遺物編Ⅱ）』
財団法人鳥取県教育文化財団　1986　『下山南通遺跡』
　　　　　1996　『桂見遺跡—八ツ割地区・堤谷東地区・堤谷西地区』
　　　　　2000　『青谷上寺地遺跡1』
　　　　　2000　『青谷上寺地遺跡2』
　　　　　2001　『青谷上寺地遺跡3』
　　　　　2002　『青谷上寺地遺跡4』
　　　　　2004　「茶畑第1遺跡」『茶畑遺跡群』
財団法人鳥取県教育福祉振興会　1998　『桂見遺跡群』
桜町遺跡発掘調査団　2005　『考古資料から建築材・建築技術を考える』桜町遺跡シンポジウム記録集
大山スイス村埋蔵文化財発掘調査団・大山町教育委員会　2000　『妻木晩田遺跡発掘調査報告』
大東市北新町遺跡調査会　1991　『北新町遺跡第2次発掘調査概要報告書』
高尾浩司　2006　「鉄器文化の伝わった道」『とっとり県政だより』11月号
高田健一　2006　『妻木晩田遺跡—蘇る山陰弥生集落の大景観—』日本の遺跡16、同成社
田中　淡　1989　『中国建築史の研究』弘文堂
　　　　　1990　「中国の高床住居—その源流と展開」『住宅建築』181号:pp.28-34. 建築資料研究社
辻　信広　2010　「茶畑山道遺跡」浅川滋男他編『出雲大社の建築考古学』同成社
鳥取県教育委員会　2003　『国史跡妻木晩田遺跡　整備活用基本計画』
　　　　　2004　『第5回弥生文化シンポジウム　弥生のすまいを探る—建築技術と生活空間—』
　　　　　2005　『史跡　妻木晩田遺跡整備事業報告書』
鳥取県埋蔵文化財センター　2008　『青谷上寺地遺跡出土品調査研究報告3　建築部材（資料編）』

中原　斉　2010　「日野地方の掘立柱建物」浅川滋男他編『出雲大社の建築考古学』同成社
奈良文化財研究所（編）　1980　『平城宮発掘調査報告Ⅹ』奈良国立文化財研究所学報、第39冊
　　　　　　　　　　　2005　『日本の考古学』上・下巻
奈良文化財研究所 都城発掘調査部 遺構研究室（編）　2008　『出土建築部材の調査方法と視点』 遺跡出土の建築部材に関する総合的研究シンポジウム記録集
名和町教育委員会　2002　『茶畑山道遺跡』
濱田竜彦　2010　「伯耆大山山麓地域における弥生時代中期（後期）の集落と掘立柱建物跡」浅川滋男他編『出雲大社の建築考古学』同成社
林巳奈夫　1976　『漢代の文物』京都大学人文科学研究所
日野開三郎　1952　「邸閣 東夷伝用語解の二」『東洋史学』5
増田浩太　2006　「山陰の掘立柱建物跡―類型と変遷」浅川滋男編『大社造の起源と変容に関する歴史考古学的研究』
松江市教育委員会　2000　『田和山遺跡』
　　　　　　　　　2008　『史跡田和山遺跡整備事業報告書』
溝口町教育委員会　1983　『上中ノ原・井後草里遺跡発掘調査報告書』
　　　　　　　　　1989　『長山馬籠遺跡』
宮本長二郎　2007　『出土建築材が解く古代建築』日本の美術490号、至文堂
淀江町教育委員会　2003　『日吉塚古墳』
米田美江子　2010　「下古志遺跡の掘立柱建物」浅川滋男他編『出雲大社の建築考古学』同成社

WEB 参考資料

浅川研究室ブログ：Lablog
　　http://asalab.blog11.fc2.com/
鳥取県埋蔵文化財センター：青谷上寺地遺跡 web site
　　http://www.pref.tottori.lg.jp/maibun/
鳥取県埋蔵文化財センター：青谷上寺地遺跡出土建築部材データベース
　　http://db.pref.tottori.jp/aoya-iseki.nsf

第3節　纒向遺跡大型建物群の復元
― 青谷上寺地建築部材による応用研究 ―

1．復元の手法 ―青谷から纒向へ―

　奈良県桜井市教育委員会が調査している纒向遺跡で、2009年に超大型建物（約240㎡）が発見された。それ以前の調査成果と重ね合わせると4棟の大型建物が軸線を揃えつつ、ほぼ東西一直線に並ぶ配置も明らかになり（図1）、同年11月の記者発表以来、大きな注目を集めている。纒向遺跡は多くの考古学者が魏志倭人伝にみえる「邪馬台国」の最有力候補地として注目してきた遺跡であり、前方後円墳と三角縁神獣鏡の出現期にあたる弥生時代終末期～古墳時代初期に超大型建物が存在したことで、さらに波紋をなげかけている。

　浅川は記者発表直前の11月2日に発掘調査現場を訪れ、調査担当の橋本輝彦技師から懇切丁寧な遺構の説明を受けるとともに、当時最新の遺構図をご提供いただいた。本節は、この基礎情報にもとづいて纒向遺跡大型建物群の復元に挑んだ成果であるが、その大胆な復元研究の土台となった鳥取市青谷上寺地遺跡出土建築部材（弥生時代中後期）の復元研究について、再度調整しておこう。

（1）　地下の弥生博物館

　鳥取市青谷町の青谷上寺地遺跡は、青谷平野のほぼ中央部に位置し、北に日本海を臨んでいる。1991年、山陰自動車道と県道の建設に伴う事前発掘調査で遺跡の存在が確認され、2008年に国史跡指定された。環濠や旧河川と目される低湿地からは、数万点にのぼる弥生人の生活道具や木製品が発見されており、中でも弥生人の脳や殺傷痕付人骨などの発見は世界を驚かせた。出土品には山陰地方以外で生産されたものや、海を隔てた中国大陸や朝鮮半島との交流を物語るものも含まれている（第1章第2節参照）。

　数万点におよぶ出土遺物の中でも、建築部材と目される木製品の総数は7,000点を超え、量・種類ともに全国でも突出した位置を占めている。後述する弥生時代「最長の柱」、弥生時代「最長の

図1　空からみた纒向遺跡（朝日放送提供）

垂木」などが大型掘立柱建物・高層建物の構成材とみなされ、長さ 3 m前後の板材なども同類の建物の 1 部であった可能性が高いであろう。これらの材は長さのわりに木柄が細く、繊細な加工がなされている点も特徴である。また、材種はスギ材が90％以上を数える。加工痕は明らかに鉄器工具によるものであり、山陰では弥生時代前期末に導入された鉄の工具［高尾 2006］によるスギ材の加工により、高度な建築の施工技術が発展していったものと推察される。なお、前節でも述べたように、青谷上寺地出土建築部材は鳥取県埋蔵文化財センターによりデータベース化され、2006年度からインターネット上での公開が開始された（http://db.pref.tottori.jp/ aoya-iseki.nsf）。2009年 1 月現在、6,128点のデータベースがネット上で閲覧でき、報告書も 2 冊刊行されている［鳥取県埋蔵文化財センター 2008・2009］。

(2)　青谷上寺地出土部材を用いた復元

　青谷上寺地遺跡では、7,000点に及ぶ多種多様な部材が出土していることから、いくつかの部材をピックアップし複合化することにより、複数のタイプの掘立柱建物を復元することが可能である。弥生時代の掘立柱建物を復元しようとする場合、日本全国各地の遺跡から出土した部材をパッチワークのようにつなぎ合わせ、さらには中近世民家などの細部を参照しつつ再構成するのが一般的だが、そういう手法を採用すると、部材相互の関係が必ずしも適切でない場合が少なくなく、全体としてみれば、整合性のとれた復元にならないという矛盾を抱えている。

　ところが、青谷上寺地の場合、建物を構成する部材はほぼすべてそろっているので、青谷上寺地出土部材だけで 1 棟の建物を復元することが可能である。こういう復元手法が「パッチワーク型」の復元よりも、はるかに実証性の高いものであることは言うまでもなく、多様なタイプの建物に対して、同じ手法で復元研究を繰り返していくことによって、自ずと青谷上寺地型弥生建築の「文法」がみえてくる［浅川 2007・2008、浅川・嶋田 2009］。

　ただし、青谷上寺地遺跡にも弱点はある。これまで環濠の内部で建物遺構があまりみつかっていないのである。今後、調査が及んでいない区域で発見される可能性はあるにせよ、現状ではわずかに小型掘立柱建物 8 棟が検出されたにすぎない。そこで青谷上寺地の大型建物の復元にあたっては、建築部材にふさわしい類例を県内の他遺跡から探し出す作業から始めざるをえない。その類例遺構を平面モデルにして、条件の合う出土部材を組み合わせていけば、部材データに沿ったより実証性の高い建築復元が可能になる。

　2005年度より、青谷上寺地遺跡出土建築部材検討会が定期的に開催されるようになり、建築部材報告書刊行に向けての本格的な活動が始動した。2006年の夏には、青谷上寺地遺跡で 5 本に分断されていた丸太材 KJA1499（弥生後期）が、残存長724cmを測る弥生時代「最長の柱材」であることが明らかになった（前節図17～19）。上端から約 1 m下に大引を通す貫穴、上端にはそれに直交する貫穴が破断された状態で残っている。前者が大引の貫穴であるとすれば、約 1 m上にある貫穴は

手摺りの貫穴と判断され、柱材はいわゆる「楼観」（物見櫓）の主柱だったのではないかと考え、高層建物の復元に取り組んだ［浅川 2007］。ちなみに、鳥取県では米子市淀江の稲吉角田遺跡で、高層建物を描く土器絵画（弥生中期）が発見されている。

　先述のとおり、青谷では大型建物遺構がみつかっていないため、平面モデルに大山町茶畑第1遺跡の掘立柱建物11を採用することにした。茶畑第1遺跡の縁辺には環濠と推定される溝条遺構が走り、掘立柱建物11はその内側に近接している（前節図13・14）。さらに平側が溝と平行関係を保っていて、吉野ヶ里遺跡の「楼観」とも配置が似ている。また、柱穴も深さが100〜150cmと深い。ただ、「最長の柱材」の径が現状で直径18cm、復元径が直径25〜30cmであるのに対して、掘立柱建物11の柱穴に残る柱痕跡は直径30〜45cmと大きい。柱穴の比例関係を鑑みた結果、平面を80％縮小することにした。規模は桁行2間（総長480cm）×梁間1間（400cm）である。すべての部材を原寸のまま採用したわけではなく、想定した平面との比例関係からしばしば縮小・拡大を施しているという憾みはあるけれども、組合わせ式の梯子以外、全構成材を青谷上寺地出土材によっていることがわかるだろう。

　翌2007年度には、完形として全国でもっとも長い垂木材（弥生中期後葉）が確認された［浅川 2008、嶋田・浅川 2008］。弥生時代「最長の垂木」は2本ある。1本は角垂木 KJB13813 で、長さ397cm、幅7.5cm×厚6cmの長方形断面をもち、背面上端部から143cmの所に切込痕跡がある。もう1本は丸垂木 KJB13810 で、長さ388.5cm、幅6cm×厚5cmの楕円形断面を呈し、背面上端部から108cmのところに切込痕跡を確認できる（前節図42〜44）。

　さて、青谷上寺地遺跡では小型高床倉庫の屋根構造材が出土している（前節図36）。小型高床倉庫の垂木と小舞が複合した状態で溝に倒れ込んでいたのである。この屋根構造材をみると、角材はケラバ、丸材は一般部の垂木として使われていたことがわかる。

　完形の垂木が出土すれば、その垂木を載せていた建物の梁間寸法をほぼ復元できる［浅川編 2008］。青谷上寺地で出土している妻壁の勾配が44〜53度であるため、屋根勾配（α）は45度と仮定した。垂木下面に桁のアタリ痕跡が残っている場合、軒の出が青谷では長さ407cmの梁材 KJA43476 と長さ401cmの妻壁板 KJA43416 が出土しており、復元設計ではこの梁材と妻壁板の寸法を考慮し、軒の出70cmを採用した（実際にはこれほど長くないかもしれないが、あえて出土部材の寸法を重視した）。平面モデルとしたのは研究室が2003年に復元模型を試作した茶畑第1遺跡掘立柱建物12で、平面規模を梁間の比較から80％縮小した。

(3)　青谷から纒向へ

　青谷での試みによって、弥生建築の「姿」とそれを描き出すための「文法」が徐々に明らかになってきている。しかし、青谷上寺地出土部材の整理・分析はいまだ十分であるとは言えない。解明されていない木製品の用途などを明らかにするためには、さらなる復元研究の蓄積が必要不可欠で

ある。

　纒向遺跡大型建物の復元研究もまた、青谷上寺地建築部材による復元研究の応用として位置づけている。距離が遠く離れた2つの遺跡に強い文化の相関性があるわけではないけれども、鉄器導入後に木柄の細い大型建築を生み出した青谷上寺地（弥生中期末～後期）の建築技術は、纒向遺跡（弥生終末期～古墳時代初期）の大型建物群に応用可能かどうかがここでは焦点となる。時代的にはやや新しい時期の建物群ではあるが、超大型建物（建物D）を例にとると、柱径は約30cmに復元され、やはり「木柄の細い」ことが纒向遺跡大型建物の大きな特徴であり、その背景には鉄器による精巧な加工技術と接合技術があったと考えられよう。この共有特性を重視し、あえて青谷上寺地の建築部材による纒向遺跡大型建物群の復元に挑むことにした。以下はその具体的な復元研究の成果である。

2．纒向遺跡建物Dの復元

　纒向遺跡では3世紀前半に比定される4棟の大型建物跡が中心軸をそろえて並列した状態でみつかっている。ここでは、もっとも東側に位置する正殿格の建物Dについて復元的な考察を試みる。

(1)　遺構の出土状況と平面の復元

　纒向遺跡で2009年にみつかった建物Dは、桁行19.2mの超大型掘立柱建物である。それ以前に検出された3棟の建物と中心軸を共有しつつ、東西方向ほぼ1列に並ぶ建物群の1番東側に位置する。調査主体である桜井市教育委員会は、2009年11月10日の記者発表において、建物Dの桁行が8間であり、梁間は4間（12.4m）に復元されると発表した［桜井市教育委員会 2009］。ところが、残念なことに建物Dの西半分は6世紀後半の溝で削平されており、梁間規模は4間のほぼ半分にあたる6.4m分しか検出されていない。調査担当者の橋本輝彦によれば、北側妻柱列の東側2本の柱掘形が東西方向の「横長」の隅丸長方形であるのに対して、もっとも西側の柱掘形は「縦長」のそれであることから、この柱を妻柱の中央柱とみなし、ここに棟通りがあると判断して東側の桁行4間×梁行2間を左右対称に折り返し、桁行8間×梁行4間に復元したという（図2）。

　たしかに、桁行4間×梁行2間とすれば、建物が異様に細長くなり、「豪族居館」正殿の平面としてふさわしいとは言えない。後述のように、古墳時代の家形埴輪にみえる入母屋

図2　空からみた纒向遺跡建物D
（朝日放送提供）

造の屋根が覆う建物であったと仮定すれば、4面庇系の平面に復元されるべきであり、梁間を4間とみなす橋本の復元案は妥当であろう。問題は桁行の柱間である。私たちは建物Dの平面を桁行4間×梁間4間と考えている。桁行方向8間のうち柱間4.8m等間で大きな柱掘形が配列され、柱間の中間に直径20〜30cmの小さな柱穴が並んでいて、両者の大小関係からみれば、前者は通柱、後者は床束の痕跡とみるのが自然な理解ではないだろうか。小さな柱穴が床束の痕跡であるとするならば、床上の平面は桁行4間×梁間4間ということになる。

　纒向遺跡建物Dは、後世の整地・掘削が反復されたため、地表面からかなり深いレベルで検出された。その結果、柱や床束を立てた掘形の深さは20cm程度しか残っていない。ただし、東南隅の柱穴のみ2段掘りにしていて、深さ約70cmを測る。2段掘りの深い部分は直径35cm前後であり、この点から柱径は約30cmと推定される。以上みたように、建物Dは桁行4間×梁間4間の高床建物で、柱径は30cm前後、床束の径は20cm前後に復元できる。

　さて、建物Dが桁行4間（19.2m）×梁間4間（12.4m）であるとするならば、その面積はじつに238m²に及ぶ。これまで弥生時代終末期〜古墳時代初期における最大の建物跡は、愛媛県の樽味四反地掘立柱建物101（3世紀後半、約162m²）であり、それと比較しても格段と大きな平面規模をもつ建物であることがわかるであろう。ちなみに、吉野ヶ里の総柱建物（2世紀）は約156m²、近隣にあたる大阪府池上曽根遺跡の大型建物（前1世紀）は約140m²である。

(2) 外観モデル

　上屋の外観については、もちろん不明である。ただし、古墳時代における「豪族居館」正殿遺構の多くが4面庇をもち、纒向遺跡建物Dをその先駆例として位置づけるならば、「豪族居館」正殿を圧縮表現したであろう入母屋造の家形埴輪を外観のモデルとできるだろう。この場合、3世紀代の家形埴輪を参照するのがもっとも適切ではあるけれども、管見の限り、そこまで古い家形埴輪は知られておらず、4世紀以降の大阪府美園1号墳（4世紀末、図3）、奈良県寺口和田1号墳（5世紀前半、図4）、鳥取県長瀬高浜（5世紀前〜中期）、岡山県法蓮37号墳（5世紀中期）、大阪府今

図4　奈良県寺口和田1号墳出土家形埴輪（5世紀前半）（奈良県立橿原考古学研究所提供）

図3　大阪府美園1号墳の「高殿埴輪」（4世紀末）

城塚古墳（6世紀前半、図5）などで出土した入母屋造の家形埴輪をモデルとして復元考察した。

以上の家形埴輪に表現された錣葺き入母屋造は、急勾配の大屋根と緩い勾配の庇屋根に分かれている。これを建物Dの平面にわりあてると、中央の2間×2間が身舎で茅葺き、まわりの四面が木片葺き（トチ葺き）もしくは樹皮葺きの庇に復元できる。古代建築の間面記法を使うなら「二間四面」の平面である（図6・7）。

ここで御所市極楽寺ヒビキ遺跡の四面庇建物（建物1／5世紀）について、どうしても触れておかなければならない（図8）。極楽寺ヒビキ遺跡建物1では身舎にあたる二間四方の領域を構成する8本の柱穴のうちの7本に板柱の柱根が残っており、その周辺を丸柱で構成される柱間5間の四面庇が囲んでいた［橿原考古学研究所 2007］。これを入母屋造の家形埴輪と対比すると、埴輪では板柱を一番外側の柱として使っている。埴輪の身舎は2間×2間か2間×3間のものが多く、その上に入母屋造の屋根をかけているのだが、この板柱で囲まれた小さな部分に入母屋造の屋根がかかっていたとは考え難い。極楽寺ヒビキ建物1のように四面庇をもつからこそ身舎と庇を複合する

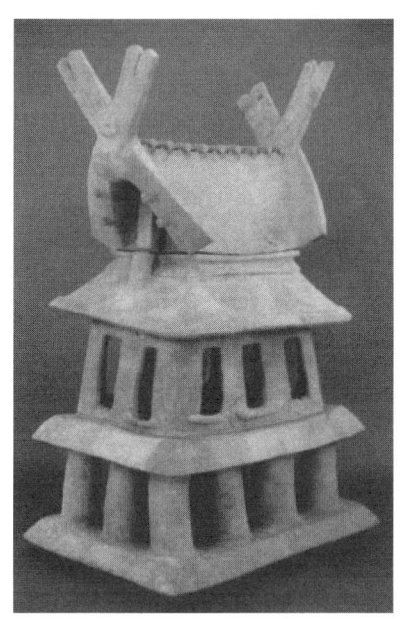

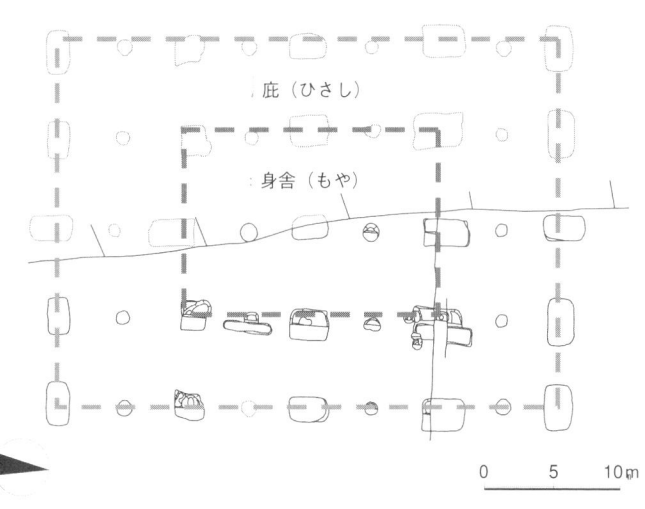

図6　纒向遺跡建物D遺構図（桜井市教育委員会提供原図をリライト）
図5　大阪府今城塚古墳出土家形埴輪（6世紀前半）
　　　（高槻市埋蔵文化財センター提供）

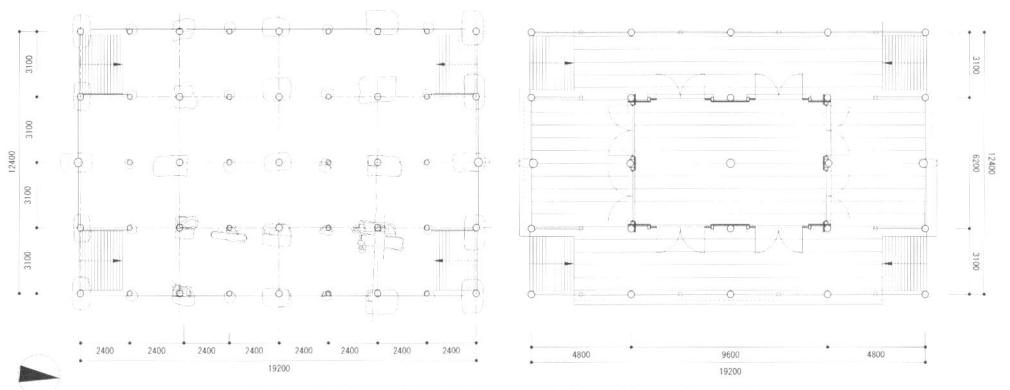

図7　纒向遺跡建物D復元平面図（左：床下、右：床上）

ことで入母屋造の屋根ができるのであり、形象埴輪においては四面庇の表現を省略しているとみるべきであろう。

身舎の板柱が出土したことで注目を集めた極楽寺ヒビキ遺跡ではあるけれども、四面庇の大型建物は各地の古墳時代遺跡で出土しており、その一番古く巨大な例として纒向遺跡の建物Dを位置づけることが可能であろう。ここでは、まず建物Dが正面・側面とも偶数間である点に注目したい。正面偶数間の建物は律令期になって少なくなるが、古墳時代の大型建物の場合、偶数間が主流を占める。とくに身舎を偶数間とする例が少なくない。

偶数間の場合、中央に柱が立つので、その位置に階段を設けることができない。また、建物Dの床上平面を「二間四面」に復元すると、妻側の庇が異様に大きくなる。これらの

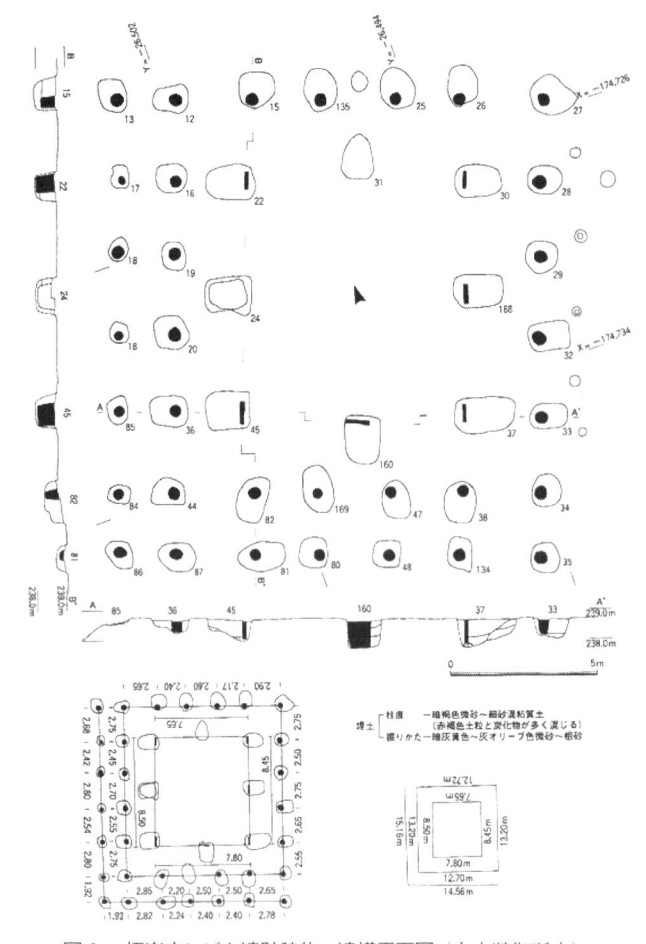

図8　極楽寺ヒビキ遺跡建物1遺構平面図（奈良県御所市）

矛盾点を解消し、さらに後の紫宸殿など「内裏の中枢建築」に倣って、四隅に切込階段を設けることにした。この結果、床上の板敷平面は十字形を呈する。なお、床高については、縁束の位置が妻側の柱から2.4m離れている点に着目した。古代建築における階段勾配は45°が一般的であり、階段勾配を45°と仮定すると、床高は2.4mとなる。高床としてはちょうどよい寸法と思われる。

また柱高については、やはり古代建築において柱間寸法と柱の高さがほぼ一致する傾向が認められる。今回は梁行方向の柱間寸法が3.1mなので、側柱（庇柱）の高さも3.1mに復元した。

(3) 屋根の復元

家形埴輪をモデルとして鋲葺き入母屋造の屋根を復元しようとすると、「二間四面」の平面がふさわしいのだが、建物Dの場合、寸法的に大きな問題がある。すなわち、桁行柱間寸法（約4.8m）と梁行柱間寸法（約3.1m）が著しく異なっており、綺麗な納まりの入母屋造屋根にならないので

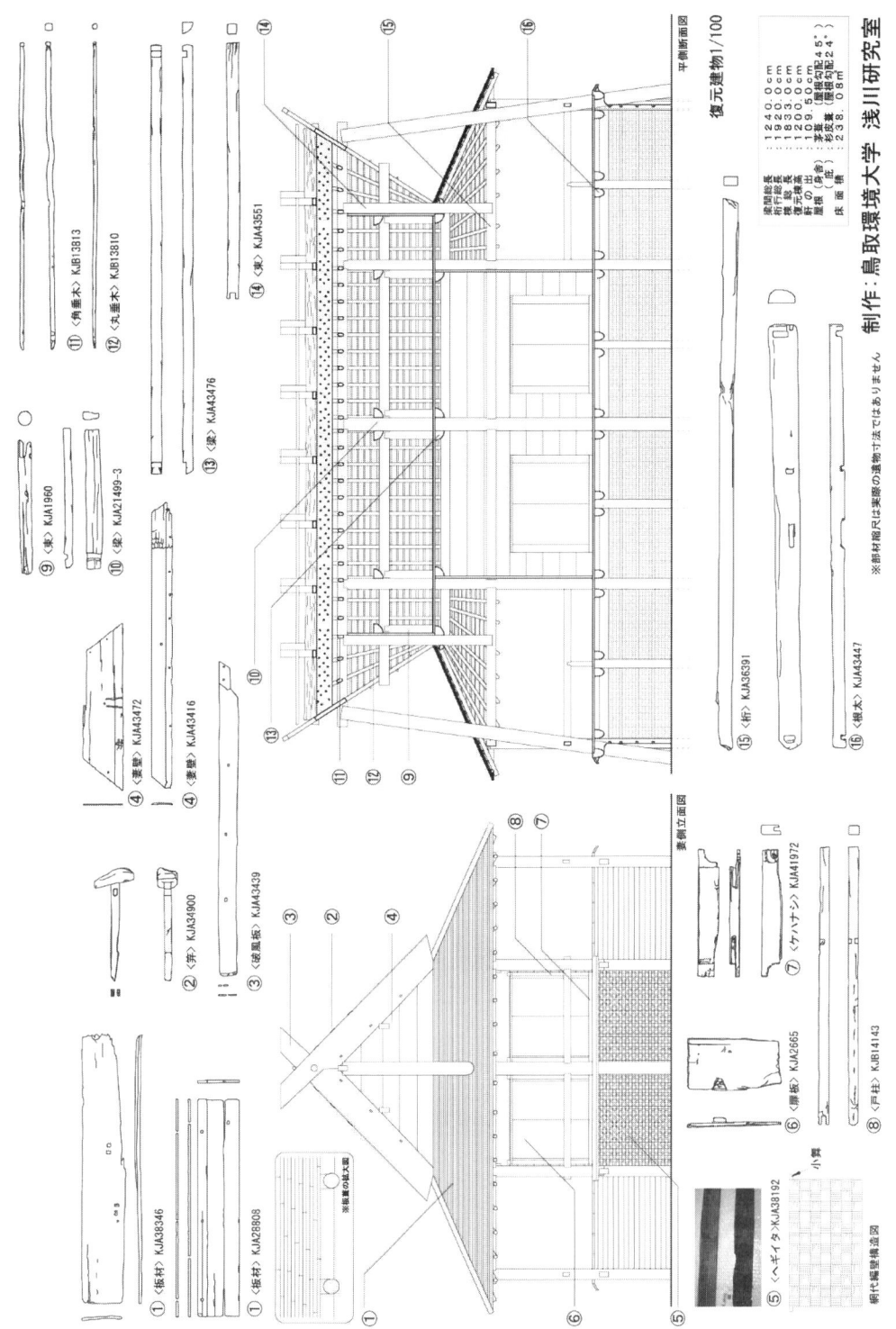

図9 纒向遺跡超大型建物D復元による部材対応図（青谷上寺遺跡出土建築部材を用いて）

第1章 倭人伝の建築世界　　101

ある。桁行と梁行で柱間寸法が1.7mも異なる建物の柱筋に合わせて垂木をまわすと、振隅になって庇屋根が不恰好きわまりない。そこで、妻側の柱筋から3.1mの桁上に大瓶束を立てることにした（図9参照）。青谷上寺地建築部材では、柱上端の仕口として輪薙込が普遍化しており、輪薙込を束の下側に作って貫材に落とし込めば大瓶束になる。そして、大瓶束上に梁・桁をのせれば45°方向に隅垂木をわたせる。この構法により、妻側は全面扇垂木、平側は大瓶束よりも外側の隅間のみ扇垂木、中央2間は平行垂木になる。これで真隅（45°）の綺麗な庇屋根ができあがる。

庇屋根はトチ葺きとした。青谷上寺地遺跡でおびただしい板材が出土しているが、これまで厚めの材を床板、薄めの材を壁板に採用したにとどまっている。今回、改めて板材を観察しなおしたところ、厚さ1cmで、長さ1.0～1.6m、幅19～24cmの材を複数確認できた（図10）。小舞と結ぶ穿孔も残っている。こういう厚さの板でトチ葺きの庇屋根を造る。樹皮でも悪くはないが、建物の格式からみればトチ葺きの方がふさわしいだろう。トチ葺き庇の四隅にできる降棟については、寺口和田1号墳の家形埴輪にきわめて装飾的な表現がみられる。今回の復元では単純な箱棟とした。なお、トチ葺き屋根の勾配は4.5/10とした。

大屋根は家形埴輪に倣って外転びのある切妻造とする。茅葺き屋根は、もっとも常識的な45°勾配（10/10）とした。屋根形式は今城塚の大型埴輪（図5）をモデルにして、大きく張り出す棟木を内転びの近接棟持柱で支える。内転びの棟持柱は伊勢神宮正殿の例がよく知られているが、伊勢の場合、内転びはそう強くない。しかし、唐古・鍵遺跡などの土器絵画に表現された高床建物の棟持柱はしばしば内転びに描かれており、最近では静岡市登呂遺跡の大型掘立柱建物SB-2001（弥生後期）の独立棟持柱の掘形底で、内側に傾斜した礎板が確認されている。なにより、今城塚古墳の家形埴輪では斜めに傾く棟持柱が、庇屋根をはっきり貫いて表現されている。この場合、雨仕舞いに難があるけれども、柱と屋根の接点で雨が漏っても柱を伝って水は外向きに流れる。あるいは庇に水が落ちてくるだろうが、床を簀子縁にしておけば地面に水が落ちる。

大屋根の棟は杉皮で覆い、千木で押さえる。千木の形状は群馬県駒形神社埴輪窯跡出土の家形埴輪（図11）を参考にした。その形をみると、笄にあたる材を板状千木の上側から刺し込んだ画鋲のような形をしている。こういう「蓋つきの栓」が青谷上寺地では多数出土しているが、これまでその用途は不明だった。今回、屋根勾配に合う傾斜をもった蓋付きの栓が確認されたため、笄として採用した（図12）。

破風板（図13）も青谷上寺地遺跡出土の板材を応用した。渡辺晶 [2009] は青谷上寺地で出土し

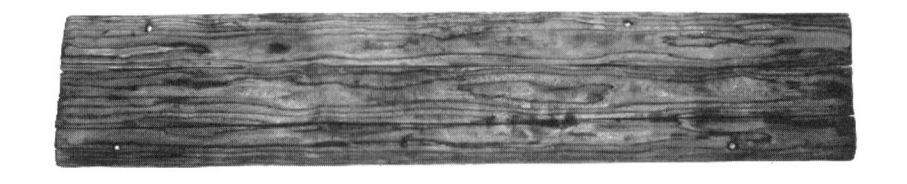

図10　屋根葺板材？（青谷上寺地遺跡KJA38346）（鳥取県埋蔵文化財センター提供）

図12 笄（青谷上寺地遺跡 KJB16389-1、鳥取県埋蔵文化財センター提供）

図11 群馬県駒形神社埴輪窯跡出土家形埴輪（6世紀末頃、太田市教育委員会提供）

図13 破風板（青谷上寺地遺跡 KJA43439、鳥取県埋蔵文化財センター提供）

た3枚の板材を破風とみる解釈を示している。渡辺の復元では屋根勾配がゆるく、板葺きか樹皮葺きの破風としか考えられないが、左右の破風の交差点に△の隙間ができている。これでは破風の役割を果たしえていない。しかし、今回、勾配を茅葺き屋根に合わせて45度以上にすると、交差点にできていた隙間はなくなった（図14）。これにより青谷上寺地出土の材が茅葺き屋根の破風であることが実証されたと言えるだろう。茅葺きについては、葺厚を40cmまでおさえた。以上より、地面から破風の先端までの高さは約12mとなる。

(4) 軸組・小屋組・床など

柱は基本的に青谷上寺地遺跡出土の部材を参考にした。丸柱に貫穴をあけて貫を通し、上端は輪薙込にして桁を落とし込む。梁・根太も同様に青谷形式を採用し、桁幅に合わせてスリットを切り込み、桁に落とし込む。庇の縁もこの方式に倣い、縁束を床上まで立ち上げている。青谷型の角柱は大瓶束、棟束、鳥居束、戸柱に使った。小屋組は弥生時代

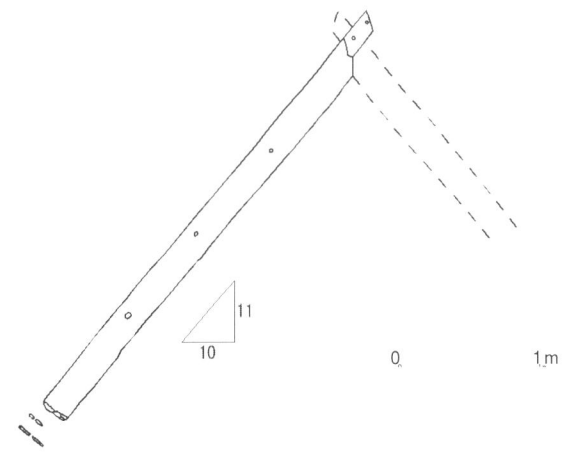

図14 青谷上寺地遺跡出土破風板（KJA43439）

「最長の垂木」による大型建物の復元に倣い、鳥居組とした。

さて、切込階段を採用したため、建物Dの床下には隅行45°の根太が存在しない。このため、床を支える大引はどの場所でも桁行方向、根太は梁行方向になり、床板はすべて桁行方向となる。なお、庇の床は家形埴輪に倣い、一番外側を「へ」字状に折れ曲がらせた。この材は水切りと鼠返しの役割をもつものと考えられる。青谷でこの種の材は出土していないため、今回は唐招提寺宝蔵の台輪の形状を採用した。平側は床板と平行、妻側は床板と直交させて梁行方向にわたす。

身舎の壁は柱の内側に板材を積み上げたものとする。穿孔に縄を通して上下の材を積み上げていき、柱との接点は相欠とする。扉は青谷出土の縦長蹴放パターンを採用し、思い切って両開戸とした。床下を隠す網代網の壁も青谷で出土したヘギ板の編壁とした。なお、床下を隠す編壁については家屋文鏡の高床建物に表現されている。

(5)　建物D復元からみた青谷上寺地建築部材の新知見

以上のように、家形埴輪の外観をモデルとしつつ、建築部材や接合方法については、青谷上寺地の情報を積極的に吸収しつつ建物Dの復元に取り組んだ（図15・16）。復元建物に占める青谷上寺地出土部材の割合は90％を超える。もっと纒向遺跡に近い遺跡で出土した部材を取り入れるべきだという意見もあるかもしれないが、前節でも述べたように、パッチワークとしての復元にも弱点は少なくなく、むしろ本研究では徹底して青谷上寺地の部材にこだわり、弥生建築に関する新たな知見を得ようと試みた。

今回、建物Dの復元研究に携わることによって、
　　①屋根葺き板材
　　②破風板
　　③栓状の笄

の存在が明らかとなった。これまで不明とされていた部材が、こうして県外の特殊な建物の復元を試みることにより、用途の同定が可能になったのである。青谷上寺地の出土部材の分析において新たな知見を得るためには、県内の遺構にこだわらず、大海に乗り出していく覚悟が必要だろう。

図15　纒向遺跡建物D復元CG（妻側）　　図16　纒向遺跡建物D復元CG（全景）
（図15・16および20・26・29・43の纒向に関するCG制作はすべて鳥取環境大学浅川研究室＆朝日放送による）

3．建物A・B・Cの復元

次に、纒向遺跡の建物A・B・Cと門・塀について復元的な考察を試みる。

(1) 建物Aの復元

遺構解釈と平面の復元 建物Aは、建物B・C・Dを囲む方形区画の外側でみつかった。塀を境として東西のブロックに分けるとすれば、西側ブロックの遺構にあたる。試掘トレンチ調査によって5ヵ所の柱穴のみ確認されており、厳密にいうと3間×1間分しか検出されていない。

これらから建物の姿を推測するのは容易ではないが、建物群を通る中軸線と、柱穴5ヵ所のうち4ヵ所からなる柱通りがほぼ平行であることから、建物Aも中軸線上に位置すると推定されている。その場合、桁行総長はおよそ8mになり、端間が1.4mと狭いため、中央間をひろくとり（2.4m）、脇間を端間同様1.4mとする桁行5間に復元した（図17）。梁間については、出土状況をみると3間で、身舎2間の西側に庇をつけた1面庇の建物とされているが、遺構東側に溝状遺構の攪乱が認められ、また、モデルとする家形埴輪に1面庇の類例を特定できなかったことから、今回は梁間4間の2面庇であった可能性を示したい。この場合、建物Dと同様の四面庇をもつ「三間四面」の平面であることも考えられたが、平面規模が小さく、入側筋に棟持柱となる柱穴がないので、桁行5間（8m）×梁間4間（6.2m）の2面庇に復元した（図18）。間面記法を用いれば「五間二面」の建物となる。桁行方向は、中央間に入口として両開き扉、その両側の脇間には窓を設けた。端間と、梁間の中央2間は壁として考察している。

上部構造の復元 五間二面の平面で、床束の痕跡が検出されていないことから、上屋は平屋の切妻造に復元されよう。外観のモデルとしたのは、大阪府岡山南遺跡（5世紀前期）、奈良県室大墓（5世紀前〜中期／図19）などで出土した家形埴輪である。モデルとした家形埴輪はいずれも平屋だが、床を土間とせず、低い床の四周に「へ」の字形の水切り兼鼠返しを表現している。建物Aの復元にあたっては、ころばし根太を通柱に挟み込む形で梁間方向にわたし、その上に低い板張りの

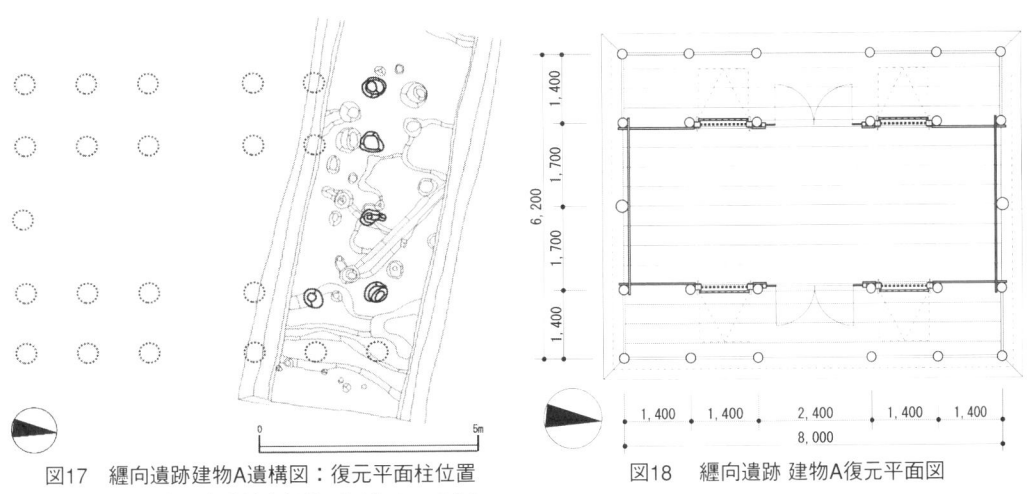

図17 纒向遺跡建物A遺構図：復元平面柱位置
（桜井市教育委員会提供原図をリライト）

図18 纒向遺跡 建物A復元平面図

図19　奈良県室大墓出土の家形埴輪
（5世紀前中期）（奈良県立橿原
考古学研究所附属博物館提供）

図20　纒向遺跡建物A復元CG

床を設け、一番外側に「へ」の字形の水切り材をつけた（図20）。

　軸組・小屋組などの細部・構造は基本的に建物Dに倣う。身舎の壁も建物Dと同じ横板積上壁で柱との接点は相欠とする。開口部廻りについては、扉はもちろんのこと、窓についても青谷上寺地出土部材を採用した。同遺跡では、窓枠状木製品 KJB14322（図21）をはじめ、窓の一部とみられる部

図21　窓枠状木製品（青谷上寺地遺跡 KJB14322）
（鳥取県埋蔵文化財センター提供）

材が多数出土している。連子窓の外側には突上戸（板蔀）を併設する。板蔀は出雲市の三田谷Ⅰ遺跡のディテールを参照した。奈良時代の材でやや進化しているが、同種の栓状軸受は青谷上寺地でも出土している。

　棟持柱は妻壁の筋にそろっているようにもみえるが、今回は近接棟持柱とした。妻板壁に接し、

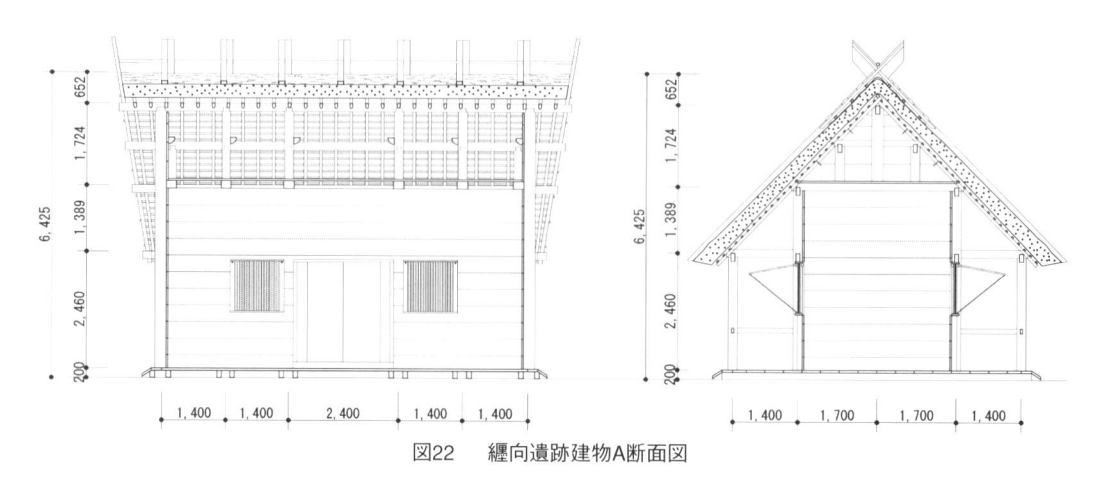

図22　纒向遺跡建物A断面図

その外側に立ち上げて棟木を支える。屋根は家形埴輪に倣って外転びのある切妻造とし、茅葺き屋根は勾配45°。葺厚は30cmとした。棟も建物Dと同様の仕様。棟を杉皮で覆い、板状の千木で押さえてから栓状笄を横方向に突き刺す。破風・千木は桁行柱間が奇数であることから男千木とし、千木の数も奇数（7本）とした。地面より破風板先端までの高さは約7.2mとなる（図22）。

小　結　建物Aは、他の3棟とは塀を隔てて位置している。その立地条件から、西側ブロックの中心施設をイメージして復元した。東側ブロックの正殿であろう建物Dと同様に、板壁・手摺りをもつ建物として格式をもたせたのである。ただ、出土遺構の範囲が小さく、復元根拠となりうるデータが少ないことも否定できない。これから発掘調査が進められる中で、大幅な再検討が必要となるであろう。

（2）　建物Bの復元

遺構解釈と平面の復元　建物Bの遺構は東側ブロックに位置しており、東西にそれぞれ建物Cと建物Aが隣接する。また、その立地は特異であり、凸型に張り出した塀の先端にあたる区画に立地している。遺構図によると、平面は3間（5m）×2間（4.8m）で南北に近接棟持柱を備える（図23）。桁行方向（南北）の柱間寸法は中央間約1.8m、両端間は約1.6mとなっており、梁間方向（東西）は棟持柱を中心に約2.4m等間となる。建物内に床束の痕跡は認められない。桁行の中央間は端間よりも長いので、ここに出入口を設け、端間には建物Aと同形式の窓（連子窓＋板部）を左右対称に設ける（図24）。梁間2間については横板壁とした。

上部構造の復元　床束の痕跡が皆無であることから、高床建物ではなく、平屋の床張り建物に復元した。復元モデルとしたのは、大阪府岡山南遺跡（5世紀前半）、奈良県室大墓（5世紀前〜中期）、奈良県杉山古墳（5世紀後期）などの家形埴輪である。いずれも平屋の切妻造。床組・開口部は建物Aとまったく同じ仕様とする。壁は横板積み上げではなく、網代編壁にしている。その理由は後で述べる。ただ、梁より上の妻壁については青谷上寺地遺跡出土の妻壁板 KJA43472 などを尊重し、他の3棟と同様の横板壁とした。

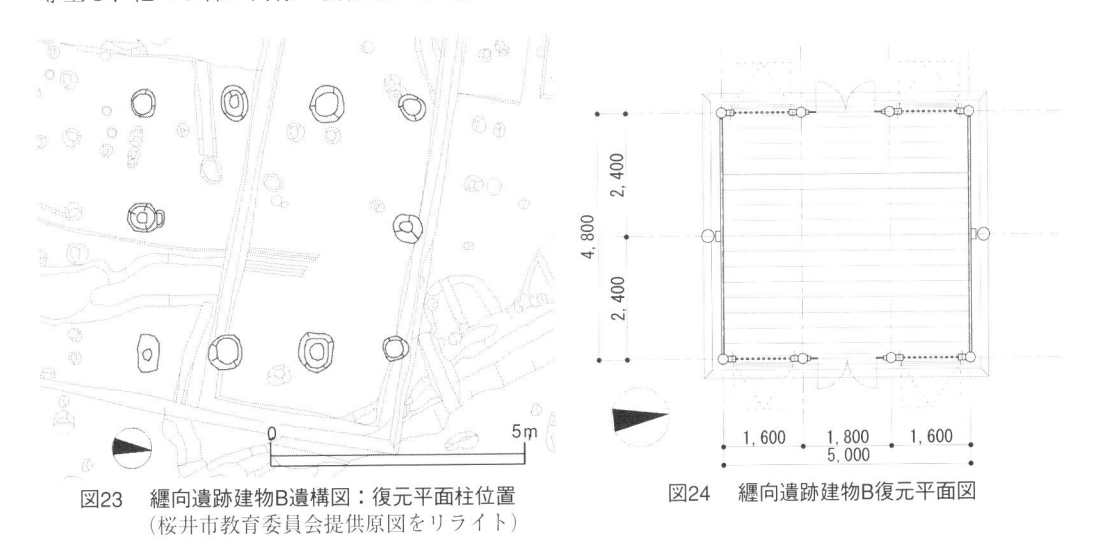

図23　纒向遺跡建物B遺構図：復元平面柱位置
（桜井市教育委員会提供原図をリライト）

図24　纒向遺跡建物B復元平面図

軸組・小屋組も建物D・Aと同じく、青谷上寺地方式を採用している。近接棟持柱は、転ばせずに壁に沿って立ち上げ棟木を支える。屋根形式はモデルとした家形埴輪を参考にしてケラバや軒高さを調整し、前述の2棟に倣って勾配、棟飾などを設定した。桁行柱間が奇数であることから、破風・千木は男千木、千木の数は奇数（5本）とした。地面より破風板先端までの高さは約6.4mとなる（図25・26）

小　結　建物Bは、すでに述べたように、塀が凸状に張り出した区画の内部にすっぽり納まっている。この立地性は魏志倭人伝にいう「宮室・楼観・城柵を厳かに設け」の「楼観」を彷彿とさせるものであるが、床束の痕跡がまったくないので高床構造に復元できない。そこで「楼観」ではないが、門や建物C・Dを護衛する「守衛棟」のイメージで設計した。上の文に続く「常に兵（武器）を持ち女王を守衛する人あり」に対応する建物である。儀式・居住などに供された他の3棟に比べると、ややランクの劣る建物であると判断し、壁を網代編とした。

（3）　建物Cの復元

遺構解釈と平面の復元　建物Cは建物Dの背面にあたる西側で検出された遺構である。トレンチ掘りのため、柱穴が部分的にしか確認されていない。全体平面は不明だが、南北に近接棟持柱をも

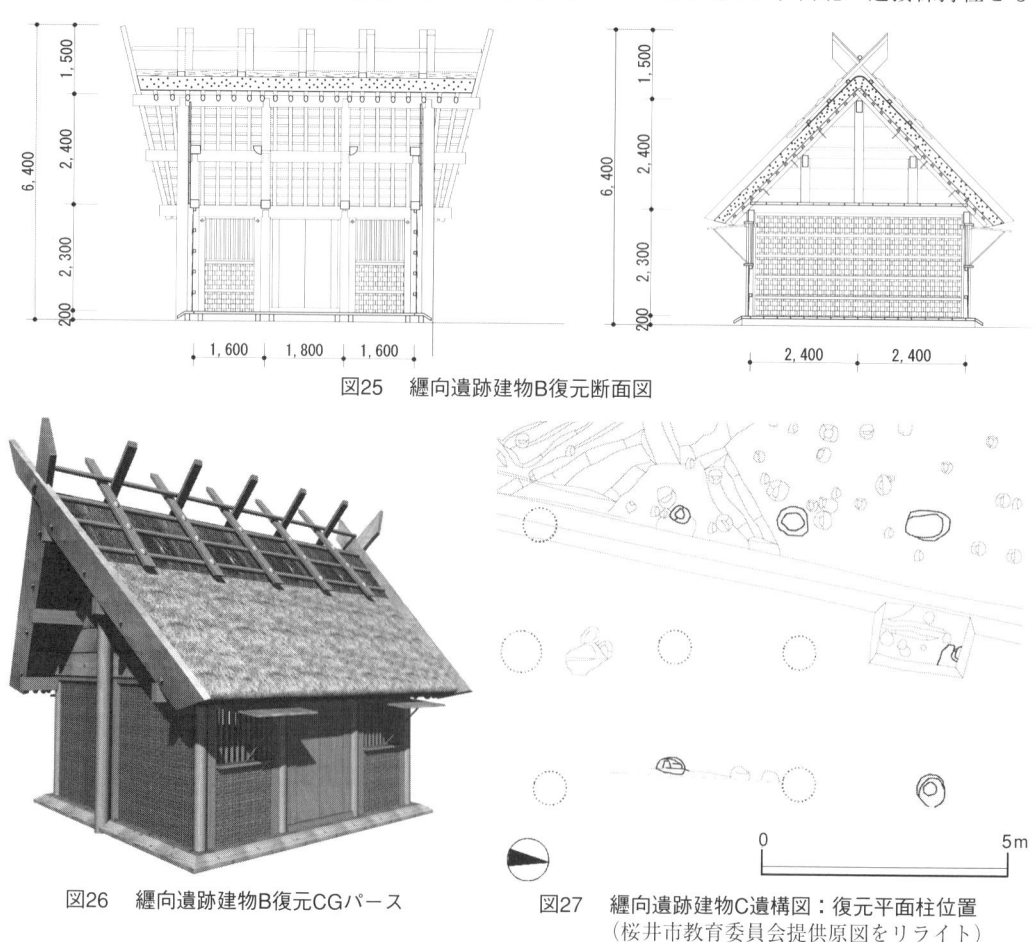

図25　纏向遺跡建物B復元断面図

図26　纏向遺跡建物B復元CGパース

図27　纏向遺跡建物C遺構図：復元平面柱位置
（桜井市教育委員会提供原図をリライト）

つ梁間2間の建物である点は確定している（図27）。中軸線に対して対称であると仮定すると、桁行3間（7.8m）×梁間2間（5.3m）に復元できる。現状では中央部が発掘調査されていないので、床束の存否は明らかでない。よって高床か土間かの判断をしかねるが、今回は建物Dとほぼ同じ床高の高床建物と仮定して復元を進めた。平面については、中央間が2.4mと短く、脇間が2.7mと長いので、中央間に窓を配置した。入口は、南北妻側を出入口とする建物Dとの往来を重視し、両妻側に設けた。

上部構造の復元　外観のモデルとしたのは、大阪府玉手山1号墳（4世紀後期、図28）、大阪府美園1号墳（図3）、兵庫県人見塚古墳（5世紀）などで出土した家形埴輪である。いずれも高床（二重）で「へ」字形の台輪をつけ、とくに玉手山古墳の埴輪は切妻造・妻入であることから、ケラバの出や妻飾を大いに参照した。構造・細部は、他の3棟と同じ仕様。床張りの構造、床下網代編壁は建物Dに倣う。窓は建物A・Bと同じ連子窓・板蔀複合型。破風・千木については、建物Dと同じ女千木とした。桁行柱間が3間と奇数だが、入口が両妻側の2ヵ所であり、この数に従って千木は偶数（6本）とし、破風・千木を女千木としたのである。地面より破風板先端までの高さは約8.8mとなる（図29・30）。

図28　大阪府 玉手山1号墳（4世紀後期）出土の家形埴輪（帝塚山大学提供）

図29　纒向遺跡建物C復元CGパース

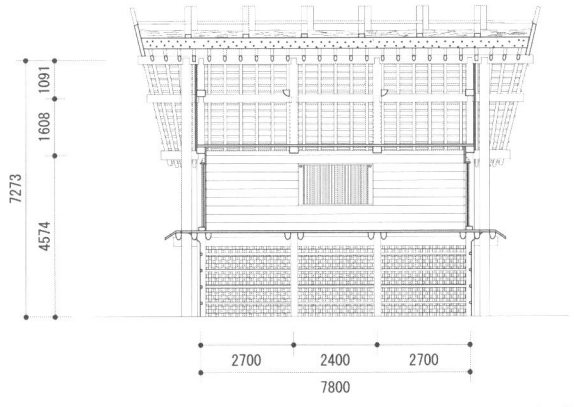

図30　纒向遺跡建物C復元断面図

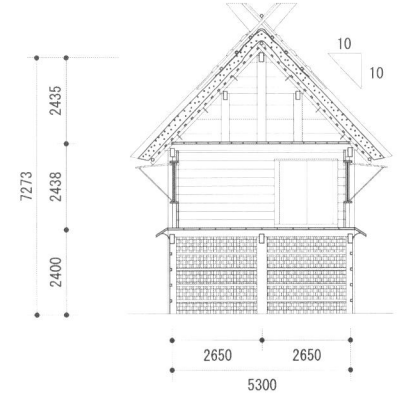

小　結　建物Cは、その立地から建物Dとの相関性を復元根拠の一つとして設計した。両棟が共存すると仮定し、建物Dとの連絡を考慮して、高床式の建物Cの両妻側に出入口を設けたのである。ただ、遺構図を観察する限り、建物Cの軸線は他の3棟にくらべわずかに方位がずれている。これは他の3棟と建物Cに時期差がある可能性を示唆するデータであるかもしれない。今後の発掘調査・整理分析の進展によって、共存関係か前後関係かがみえてくるだろう。

(4)　門・塀の復元

遺構解釈と平面の復元　建物B周辺のトレンチから、ほぼ一定の間隔をおいて列をなす柱穴列がみつかっており、塀の遺構と考えられる（図31）。建物B・C・Dと建物Aを東西に分けており、その配列をみる限り、東側を塀の内側としている。門の遺構については未確認だが、塀の柱間のどこかを門としていた可能性は十分ある。今回は凸状に張り出した「守衛棟（建物B）」エリアから2間おいて対称の位置に1門ずつ設けた。計2門となるが、それぞれ建物C・Dの両妻側に設けた階段の位置に対応させている。

意匠の復元　門・塀ともに、今城塚古墳で出土した門・塀の埴輪（6世紀前半／図32）を復元モ

図31　向遺跡門・塀遺構図（S＝1/400）

図32　大阪府今城塚古墳出土 門・塀の埴輪（6世紀前半）（高槻市教育委員会提供）

デルとしている。塀の埴輪を観察すると、矢板状の堅板を並べ、その表面に2本、線状の細長い表現が認められる。堅板状の材を横桟でつないでいるのであろう。これらの材を内側から柱で支える構造に復元した（図33）。柱を塀の内側に立てるか外側に立てるかで議論が分かれた。大阪府八尾市の心合寺山古墳で出土した「囲形埴輪」（5世紀前半）の外側には柱や横桟の表現があることから、柱を外側に立てるべきとも考えられるが、御所市の池之内・條地区の方形区画（4世紀）では板塀を挟む双子柱の柱穴が並んでおり、心合寺山「囲形埴輪」のモデルとなった豪族居館の塀にも内側に柱が立っていた可能性がある。今回は外側からの景観の質を向上させる効果を狙って内側に柱を立てた。

　一方、門については、今城塚のモデル埴輪をみる限り、上部の冠木状の材を2本柱に落とし込む素朴な構造をしている。一見、鳥居に似ているが、冠木状の材よりも柱が突き出ており、中国の烏頭門に近い構造と言えよう（図34）。ここでは、貫状の鴨居を通し、足元には蹴放を渡した。内法高は2.8mとした。

　小　結　やや時代の下る今城塚古墳出土形象埴輪の造形に従って、塀と門の復元を進めたが、これは今城塚が継体天皇陵と推定される格の高い陵墓であったからである。5世紀代の心合寺山古墳「囲形埴輪」については豪族居館の匂いが強く、天皇陵よりも格式は落ちるが、塀・門の構造に関してはより写実的な表現がみられ、この両者を参照して塀・門の復元に取り組んだ。青谷上寺地の部材には矢板状のものが少なくないが、大半は溝の堰板に転用された材で塀の材料とは思われない。

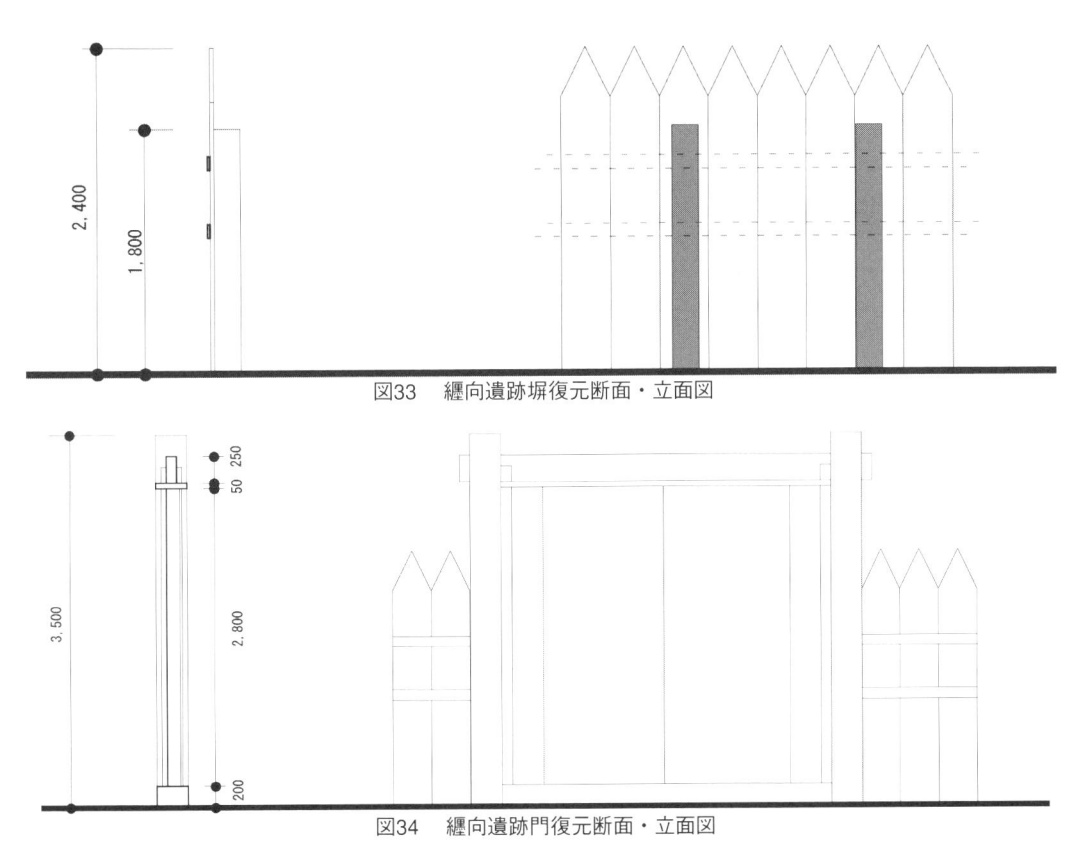

図33　纒向遺跡塀復元断面・立面図

図34　纒向遺跡門復元断面・立面図

しかし、部材を精査すれば、塀・門にかかわる材も含まれているかもしれず、今後の課題の一つと認識した。

　以上、建物A～D 4 棟の建物および門・塀の復元プロセスと成果について述べてきた。いまだ発掘調査中の遺跡の建物遺構を復元するのは「勇み足」だとの謗りを免れないかもしれないけれども、ここに示す復元は不動の決定案では決してない。新たな情報・見解を貪欲に吸収し、今後とも復元の更新を繰り返していきたい。

4．建築の特質と景観の復元

　魏志倭人伝によれば、景初 2 年（238）、倭を統率する邪馬台国の女王、卑弥呼は魏に使節を派遣し魏王明帝より「親魏倭王」の金印を授けられた。その前後が卑弥呼の活躍した時代である。このたび纒向遺跡で発見された大型建物群の年代は最新の土器編年から 3 世紀前半に比定され、卑弥呼の在位年代と重なり合う（一部の考古学者は出土土器を 3 世紀後半から 4 世紀に下るものとみている）。考古学的時期区分では「弥生時代終末期～古墳時代初期」と呼ばれる境界的な時代でもあり、纒向に近接するホケノ山や箸墓など最古の前方後円墳の出現期と接近する。これらの点から、このたび発見された大型建物群が考古学界に与えた衝撃は計り知れない。

　筆者は本節の考察で、纒向遺跡が邪馬台国であることを建築史学的に論証しようとしたのではない。ただ纒向遺跡の大型建物群を、家形埴輪をモデルにしつつ、青谷上寺地遺跡出土建築部材をできるだけ活用して復元しようとしただけのことである。しかし、建築の構造と意匠を復元しただけでは済まされない問題も残されているので、最後に、大型建物群の性格、時代相との関連、後続する大和朝廷の宮殿との系譜、さらにそれらを総括する意味での「景観」について考察を加え、まとめとしたい。

（1）　大型建物の構造と性格

　切妻造から入母屋造へ　3 世紀という時代相が弥生時代から古墳時代への転換点となる時代であることは周知のとおりである。まずは、この時代の変化を「大型建物」という視点から眺めてみたい。近畿地方における弥生時代の大型建物は、独立棟持柱をもつ一室空間の平面が主流を占める。これらの大型建物は、唐古・鍵遺跡や池上曽根遺跡などで出土した土器絵画の表現をみても、屋根が外に転んで船形切妻となり、独立棟持柱で棟木を支えるものである。伊勢神宮正殿との類似から、この種の建物跡を「神殿」もしくは「祭殿」として決めつける解釈が一時期流行したが、筆者は祭祀に特定した施設というよりも、集会・祭祀・作業・居住などが複合化した「多目的」施設とみる立場をとっている。

一方、古墳時代の大型建物は四面庇をもつ複雑な平面をしており、いわゆる豪族居館の正殿にあたる遺構と考えられる。この場合、上屋を想像させるのは、なにより錣葺き入母屋造の屋根をもつ家形埴輪である。この種の家形埴輪は、大きく外側に転んだ大屋根の四周に庇屋根をめぐらせている。今回発見された纒向の建物Dは 4 間× 4 間の平面をもつ総柱系の高床建物であり、床上を二間四面の平面に復元した。その平面にふさわしい屋根形式は、言うまでもなく入母屋造である。これを近世民家のような素朴な入母屋造ではなく、形象埴輪の屋根形状に近づけようとする場合、身舎にかかる茅葺き屋根の転びが異様に大きくなるので、両妻側にとびでる棟木の先端を内転びの棟持柱で支えることにした。こういう内転びの棟持柱については、今城塚の家形埴輪（入母屋造 2 階建）に庇屋根を貫く表現が示されている。それは一見例外的な表現のようにも思われるが、むしろ多くの入母屋造の家形埴輪では棟持柱を省略している可能性があると筆者は考えている。それというのも、静岡市登呂遺跡で出土した大型建物（弥生後期）では、棟持柱掘形の底部で内側に傾いた礎板が残っており、独立棟持柱の内転びは伊勢神宮正殿などにくらべ、はるかにきつかったことが明らかになっているからである。

　興味深いことに、このような内転びの棟持柱をもつ弥生型の船形切妻造高床建物に四面庇を付加すれば、今城塚型の入母屋造大型建物に展開する（図35）。建物D復元案から四面庇を取り去れば、独立棟持柱をもつ弥生時代の大型建物に復元できると言い換えてもよいだろう。ここに弥生時代の切妻造から古墳時代の入母屋造への転換を読み取りうるのだが、構造的にみると、この進化は相当強引なものであり、自ずと破綻が露呈する。それが庇屋根を貫く内転びの独立棟持柱ではないだろうか。この矛盾を解消するために独立棟持柱は後に消滅し、船形屋根の外転びも小さくなっていったのだろう。

　木柄の細さ　建築技術的に注目したいのは、建物の規模がすこぶる大きいのに対して柱径が約30cmと小さいことである。青谷出土建築材は全体的に木柄が細く、かぼそい部材で「楼観」や大型建物を築いていた。それは鋭利な金属器による繊細な加工が可能だったからである。纒向でも、細い柱で240㎡に及ぶ超大型建物を築造している。上部構造が青谷の系譜をひくものであったというつもりはさらさらないけれども、やはり金属器による繊細な加工技術があったからこそなしえた技であろう。

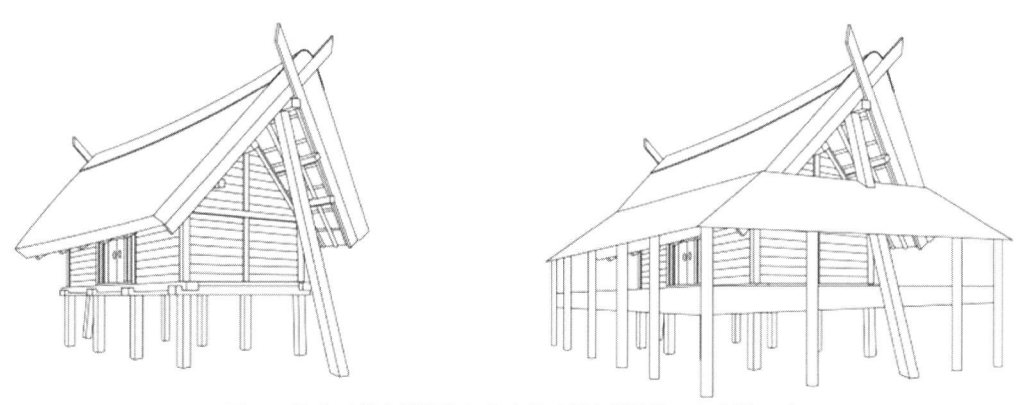

図35　弥生時代大型建物から古墳時代大型建物への変遷モデル

紫宸殿との系譜関係　建物Dの平面を二間四面とみて、桁行・梁行とも中央に階段を設置できないため、四隅に切込階段を設けた。四隅の切込階段によって、床上平面は「十字形」を呈する。四隅の切込階段は年中行事絵巻に描かれる平安宮紫宸殿にみられ、京都御所の紫宸殿でも十字形平面と四隅の切込階段の伝統が受け継がれている。御所紫宸殿では屋根が鎹葺き風であるのも、なにやら思わせぶりである。奈良時代における紫宸殿相当の建物は平城宮内裏正殿であり、細見啓三は四隅の階段を縁の外側に設けている。内裏正殿は桁行・梁行ともに柱間が10尺当間だから、この復元的理解も当然といえば当然なのかもしれない。ところが、内裏正殿と同じ身舎梁間3間の長屋王邸宅正殿では、桁行中央5間の柱間が10尺等間であるのに対して、両端間を15尺と長くしている。この特性は鈴木亘が復元した平安宮紫宸殿の平面［鈴木 1991］と酷似しており、両者ともに四隅に切込階段をもつ床上十字形平面に復元されるべきではないだろうか（図36）。

　なお、奈良時代における十字形平面住宅の例として藤原豊成板殿があり、それは後の寝殿造の正殿（寝殿）にあたる貴族住宅の一部とみられる［関野克 1936］。このように十字形平面は、後の紫宸殿（内裏正殿）の原型であり、貴族住宅における正殿（寝殿）の原型であるとも言える。ひるがえって、古墳時代の大型建物は偶数間のものが多く、正面に階段を設置できない。階段の位置は不明ながら、四隅の階段と床上十字形平面の可能性を視野におきながら、今後は発掘調査を行う必要があるだろう。纒向の建物Dについても4間×4間という偶数間であることから、四隅に階段を設置した。ただし、これはあくまで仮説であって、実証された結果ではない。また、二間四面の床上平面における中央2室を閉鎖的、四面庇を開放的に復元したのは、中央2間を後の塗籠（「室」）に相当する領域、両妻側にできる広庇を「堂」的な領域とイメージしたからである。

　以上、建物Dの床上平面については、想像の域を出ないものではあるけれども、後の紫宸殿に連続する復元のイメージを読み取りうる遺構であると筆者は考えている。そして、建物Dの復元平面が紫宸殿と共通性をもつことが明らかになれば、それはまさしく魏志倭人伝にいうところの「宮室」にふさわしい建物ということになる。

　なお、建物Dは日常の居住施設というよりも祭政（堂）と居住（室）の機能を合わせもつ「宮室」としてイメージされるのに対して、その後殿にあたる建物Cは日常の居住専用に使われた「室」専

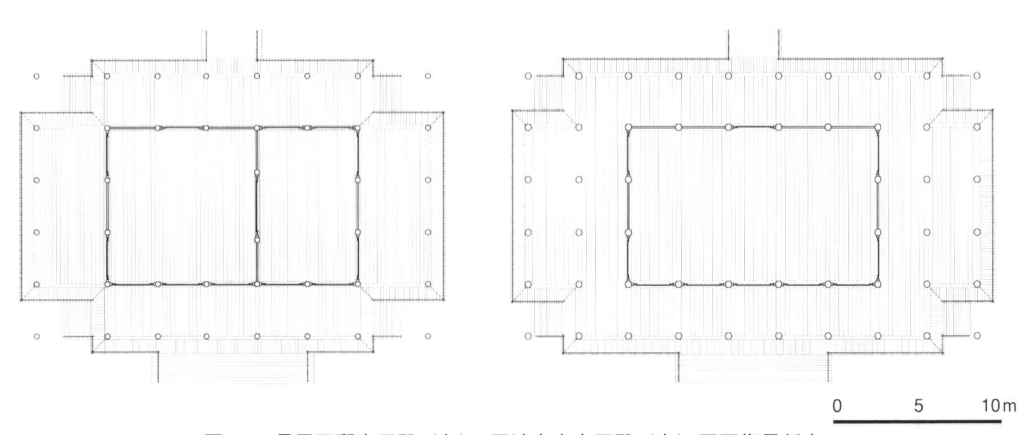

図36　長屋王邸宅正殿（左）・平城宮内裏正殿（右）平面復元新案

用の建物をイメージして復元した。倭人伝の用語を使うならば、「宮室」よりも「屋室」の方がふさわしいかもしれない。この場合、建物Cの面積（41.34m²）と建物D中央2間×2間の面積（59.52m²）が比較的近い点に注意する必要があるだろう（図37）。

(2) 方形区画と大型建物群

纒向遺跡の大型建物群は、ほぼ東西方向に軸線をそろえて配列されている。厳密に言うと、東向

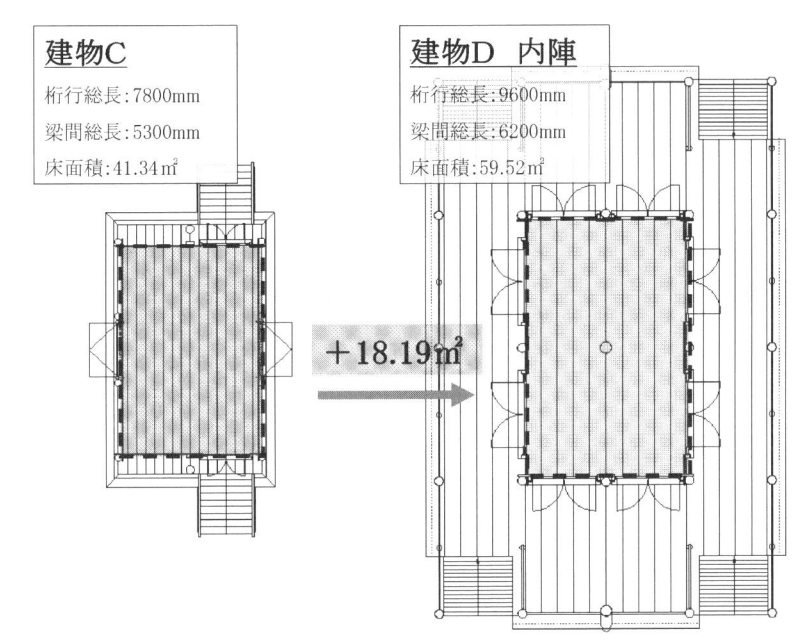

図37　建物Cと建物D（身舎）の規模比較

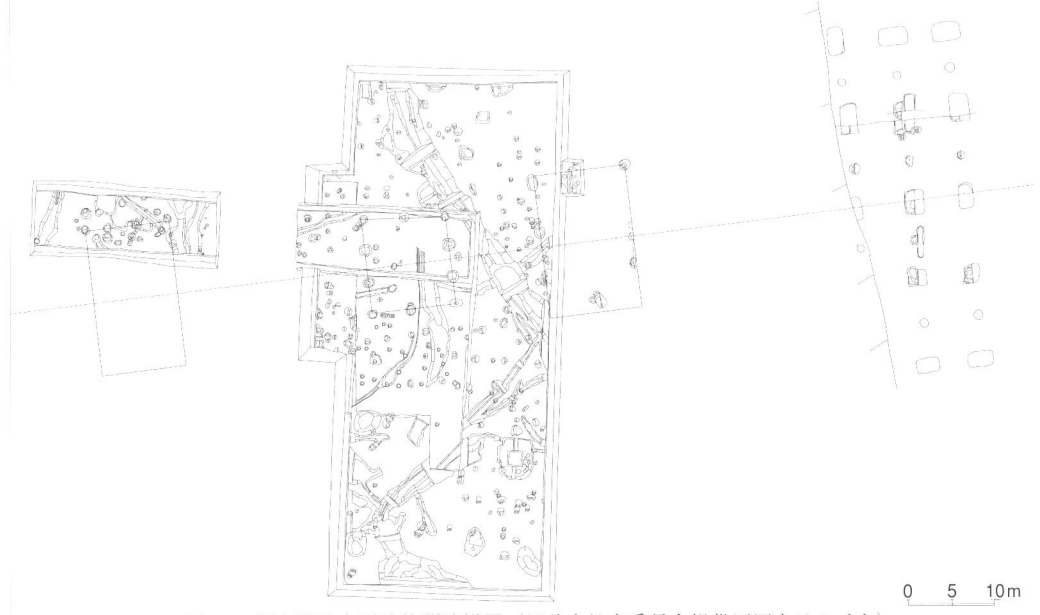

建物C
桁行総長:7800mm
梁間総長:5300mm
床面積:41.34m²

建物D　内陣
桁行総長:9600mm
梁間総長:6200mm
床面積:59.52m²

＋18.19m²

図38　纒向遺跡大型建物群遺構図（桜井市教育委員会提供原図をリライト）

第1章　倭人伝の建築世界　　115

きの軸線は真東から北に5°ふれる。各建物の隣棟間隔は、凸型塀を跨ぐ建物A～建物Bが10.8m、凸型塀より内側の建物B～建物Cは5.2m、建物C～建物Dは6.4mを測る。また、凸型の塀から建物Bまでの距離は1.5m～1.7m、建物Dまでの距離は4mである（図38）。

　東日本の縄文時代前中期に卓越する環状集落では、すべての建物が中央の墓域を指向する同心円構造によって成立しているが、弥生時代の環濠集落では、建物配置に関する一定の規則性を読み取り難い。それに対して、纒向遺跡大型建物群は東西方向の軸線を共有し、方形区画の中心にあって塀で囲まれている（図39）。後の律令期における宮室、とりわけ内裏地区の平面構造の原型がここに出現しているという見方も許されるであろう。

　ただ、纒向の軸線は東西軸であり、律令期の宮室における軸線は南北軸である。後者の軸線は、明らかに中国の「天子は南面す」（『易』説卦伝）を踏襲したものであろうが、纒向の東西軸はいったい何によるのであろうか。それはおそらく「太陽」であろう。

　『周髀算経』という古代中国の数学・天文学書（前2世紀頃編纂）に「髀」についての記述が残っている［藪内編1979］。「髀」とはノーモン（表）のこと。地面から垂直に立ち上げた棒をノーモンという。「周髀」とは周の時代の髀であり、高さ8尺で棒であった。この棒、すなわちノーモンを中心点として大きな円を描き、日の出と日の入の時刻に、ノーモンの影と円の交点に印をつける。この二交点をつなぐ直線を引くと、東西線となる（図40）。こういう方位測量技術は中国から導入されたのであろうが、卑弥呼は魏に2度使節を派遣しており、邪馬台国の時代にノーモンの技術があったとしても何ら不自然ではない。なお、ノーモンによる方位測量はもちろん誤差が小さくはない。その点、纒向における5度のふれは、ありうるべき誤差のように思われる。

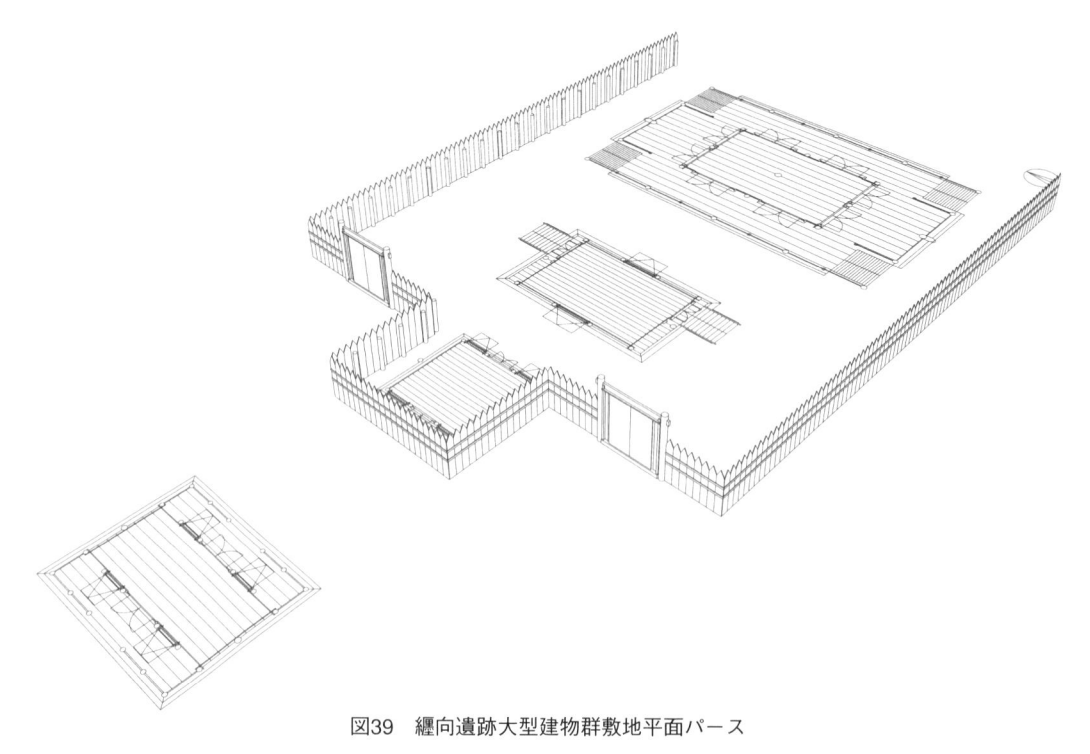

図39　纒向遺跡大型建物群敷地平面パース

さて、南北の方位については、ノーモンによる東西軸をまずは確定し、さらに三平方（ピタゴラス）の定理で得られる直角三角形（3：4：5）から東西に直交する直線を求める必要がある。『周髀算経』に「句股弦の法」としてピタゴラスの定理も説明されているので、3世紀前半の日本に導入されていた可能性はあるけれども、ノーモンほど素朴な技術ではなく、建築・土木計画への実質的な導入がやや遅れたのかもしれない。しかし、3世紀代の日本においては、「天子は南面す」という南指向の世界観ではなく、あくまで東指向の世界観が重視されていた。それは繰り返すけれども、「太陽」を崇拝する信仰のあらわれとみるべきであろう。

(3)　周辺の環境と景観

　視線を纒向遺跡の周辺にひろげてみたい。纒向の東には三輪山をはじめ、纒向（巻向）山、初瀬山の三山が連なっており、北は西門川、西は初瀬川、南は纒向川が流れている（図41）。纒向は山

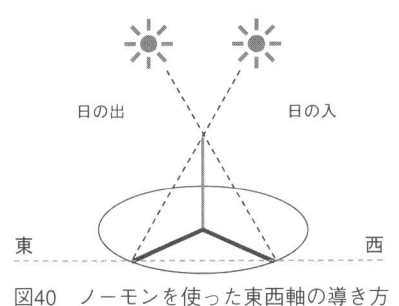

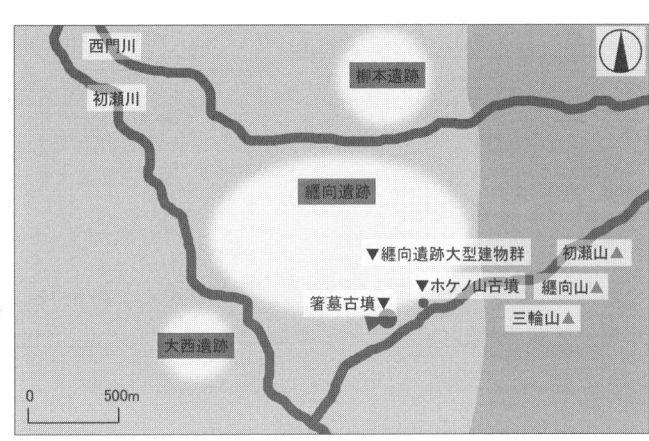

図40　ノーモンを使った東西軸の導き方

図41　纒向遺跡の周辺環境

図42　空からみた三輪山と纒向遺跡（朝日放送提供）

図43　朝焼けに輝く纒向遺跡の大型建物群 復元CG

と川に囲まれた「宮殿」なのである（図42）。

　大型建物群の東西軸を延長すると、東側は纒向(巻向)山と初瀬山に突きあたる。もちろん太陽は季節によって南北に動いているので、陽がのぼる位置は異なっている。図43のCGは、三輪山から陽がのぼり大型建物群を照らす朝焼けの雰囲気を表現したものである。

　さて、清水眞一は、箸墓古墳の研究の中で、纒向遺跡は中国から伝来した神仙思想（三山思想）にもとづき、三輪山、纒向山、初瀬山を三山として集落を形成したのではないかと述べている［清水 2007］。この思想は7世紀以降も継承され、飛鳥の地でも甘樫丘、ハミ山と岡寺背後の山の三山で囲む宮室が営まれた。いわゆる「飛鳥正宮」である（第3章第4節）。後続する日本最初の都城「藤原京」の場合、飛鳥盆地の北にあり、飛鳥川と百済川(現・米川)によって形成された沖積平野に計画され、大和三山（畝傍・耳成・香久山）に囲まれている。続く第二の都城、平城京からは、三山思想よりも四神相応の風水思想に基づく都市計画に変わり、それは長岡京、平安京の原型となった。

　飛鳥正宮から藤原京までの三山思想による宮都造営の源流に纒向が位置づけられるとすれば、この場所が大和朝廷発祥の地であることを暗示する。後代の宮都と唯一異なるのは、軸線の方位ではあるけれども、軸線そのものの存在が内裏空間の原型であり、太陽を指向する東西方向の軸線は後代の南北軸よりも、より神話的な世界を映し出しているようで、「倭人伝」と『古事記』の交錯する世界に私たちを導いてくれる。

附記

本節の初出は以下のとおりであり、第1章第2節との重複部分を一部削除するなど、若干の修正を施した。

　　鳥取環境大学浅川研究室　2010　「纒向遺跡大型建物群の復元―青谷上寺地建築部材による応用研究―」
　　　『出雲大社の建築考古学』同成社：pp.547-578

この論文は以下の習作を下地とし、浅川が大幅に改稿したものでもある。

　　浅川滋男・岡垣頼和・今城愛・吉川友実・清水拓生　2010　「纒向遺跡大型建物群の復元研究(1)～(3)」
　　　『2009年度日本建築学会中国支部研究報告集』第33巻：№901-904

参考文献

浅川滋男　2007　『「楼観」再考―青谷上寺地のながい柱材をめぐって―』青谷上寺地遺跡特別講演会記録集、鳥取県埋蔵文化財センター

浅川滋男　2008　『弥生時代「最長の垂木」の発見と復元―山陰地方の大型掘立柱建物―』青谷上寺地遺跡特別講演会記録集、鳥取県埋蔵文化財センター

浅川滋男編　2008　『山陰地域の弥生時代建築に関する実証的復元研究』平成19年度とっとり「知の財産」活用推進事業成果報告書、鳥取環境大学

浅川滋男・嶋田喜朗　2009　『青谷上寺地遺跡出土品調査研究報告4　建築部材（考察編）』鳥取県埋蔵文化財センター

浅川滋男・竹中千恵　2004　「茶畑第1遺跡掘立柱建物12の復元設計―片側に独立棟持柱を伴う特殊な大型柱建物」『茶畑遺跡群』第3冊分、鳥取県教育文化財団

浅川滋男・藤井利史・坂本和行　2005　『仮設構法による巨大露出展示空間の創造―妻木晩田遺跡環境整備のための基礎的研究(2)―』鳥取環境大学

NHK大阪　2004　「今城塚古墳」プロジェクト『NHKスペシャル　大王陵発掘！巨大はにわと継体天皇の謎』日本放送出版協会

岡村　渉　2009　「登呂遺跡の建物」鳥取県埋蔵文化財センター編『全国公立埋蔵文化財センター連絡協議会　第22回研修会　鳥取大会　発表要旨集　弥生建築研究の現在』

橿原考古学研究所編　2007　『奈良県文化財調査報告書第122集　極楽寺ヒビキ遺跡』

桜井市教育委員会　2009　「纒向遺跡第166次調査現地説明会資料」

関野　克　1936　「在信楽藤原豊成板殿復原考」『建築学会論文集』3

清水　眞一　2007　『最初の巨大古墳・箸墓古墳』シリーズ「遺跡を学ぶ」035、新泉社

鈴木　亘　1991　『平安宮内裏の研究』中央公論美術出版

高尾浩司　2006　「鉄器文化の伝わった道」『とっとり県政だより』11月号

鳥取県埋蔵文化財センター　2008　『青谷上寺地遺跡出土品調査研究報告3　建築部材（資料編）』

鳥取県埋蔵文化財センター　2009　『青谷上寺地遺跡出土品調査研究報告4　建築部材（考察編）』

広瀬和雅・伊庭功編　2006　『日本考古学協会2003年度滋賀大会シンポジウム1　弥生の大型建物とその展開』サンライズ出版

三輪嘉六・宮本長二郎　1995　『家形はにわ』日本の美術5、348号、至文堂

薮内清編　1979　『中国の科学』世界の名著12、中央公論社

渡辺　晶　2009　『青谷上寺地遺跡出土品調査研究報告4　建築部材（考察編）』鳥取県埋蔵文化財センター

第4節 「屋室」の復元
―弥生時代の掘立柱建物―

　魏志倭人伝の「屋室」や旧唐書靺鞨伝の「屋宇」が「地上にたつ建物」を意味するであろうことはすでに述べた。これらは、日本考古学でいうところの「掘立柱建物」に近い概念であり、研究室では青谷上寺地遺跡出土建築部材の本格的な分析に取り組む以前から、鳥取県内の弥生時代集落で出土した大型掘立柱建物跡の復元を試みてきた。ここでは、茶畑第1遺跡SB-3と妻木晩田遺跡松尾頭地区MGSB-41を取り上げる。前者はのちに青谷上寺地遺跡で出土した「最長の垂木」による建物復元のモデルとなった遺構であり、後者は「鳥居組」の小屋組に初めて着目した遺構で、青谷の垂木分析に影響を与えた遺構である。もとより青谷上寺地出土建築部材の特性を十分に咀嚼していない段階であり、他遺跡の遺構・部材や近世民家を参照した復元にとどまっているけれども、それはそれで学術的価値があるだろうと考えている。

1．茶畑第1遺跡SB-3の復元設計
―片側に独立棟持柱をもつ特殊な大型掘立柱建物―

　一般国道9号（名和淀江道路）の改築に伴う発掘調査により出土した鳥取県西伯郡大山町（旧名和町）の茶畑第1遺跡では、竪穴住居22棟、掘立柱建物36棟がみつかっている。これらの建物跡は弥生時代中期後葉（約2000年前）、弥生時代終末期～古墳時代前期（約1800年前）、古墳時代後期（約1500年前）に分かれるが、とりわけ注目を集めているのが弥生～古墳時代の大型掘立柱建物である。弥生時代中期に属する可能性もある掘立柱建物10は布掘らしい柱穴が重複しており、弥生時代終末期～古墳時代前期に属する可能性がある掘立柱建物11は2間×1間ながら平面が正方形に近い物見櫓風の建物、掘立柱建物12は片側に独立棟持柱をともなう特殊平面の大型掘立柱建物である。今回は掘立柱建物12の復元について具体的に検討し、1/20スケールの復元模型を制作した。

（1）　掘立柱建物12の出土状況

　平面と柱間寸法　掘立柱建物12は桁行7間×梁間2間の東西棟掘立柱建物で、東の妻側にのみ独立棟持柱を伴う。また、西側妻面P1－P16では棟持柱P18の両脇に戸柱穴風の小ピットP17とP19、東妻面から1間内側のP7－P10ラインでも、棟持柱P21のほか2本の戸柱状の小柱穴P20とP22がみつかっており、西寄りの桁行6間×梁間2間の部分が屋内領域と推定される。これに対して、独立棟持柱に近接する東端の1間は入口に近い半戸外空間の可能性が高いと思われる。平面規模は、桁行方向では北面11.92m、南面12.00m、梁行方向では西面4.80m、東面4.96mを測る。つまり北面と

遺構平面図

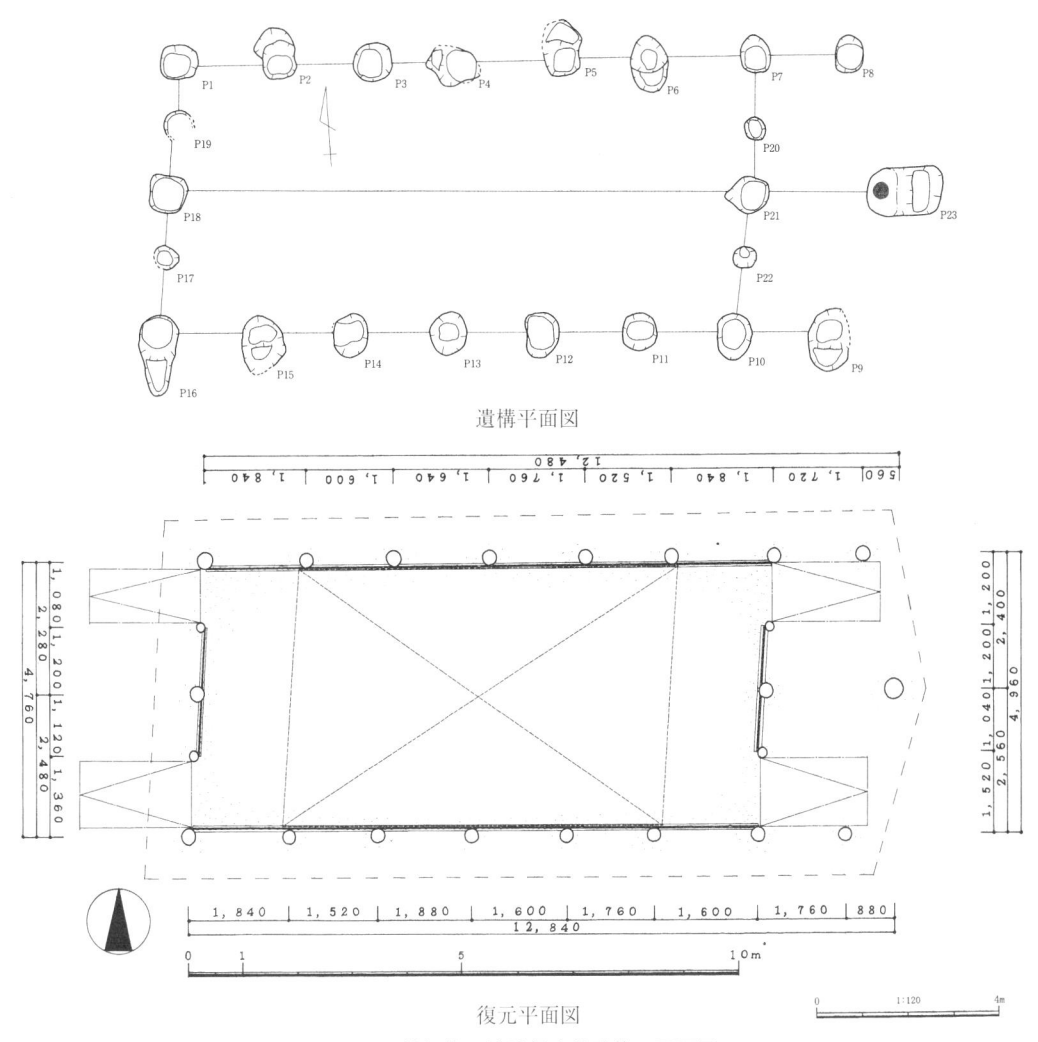

復元平面図

図1　茶畑第1遺跡掘立柱建物12平面図

図2　掘立柱建物12（復元模型1／20、南東よりみる）

第1章　倭人伝の建築世界

南面の総長は近似した値を示すのに対し、東面は西面よりもあきらかに長く、しかもその先端に独立棟持柱を伴うため、屋根伏の形態は五角形を呈する。両側を艫先とする船形ではなく、一方を艫先、他方を艫とする船の形に似ている。

柱間寸法は以下のとおりである。

　北面：P1－P2：1.84m　P2－P3：1.60m　P3－P4：1.64m　P4－P5：1.76m
　　　　P5－P6：1.52m　P6－P7：1.84m　P7－P8：1.72m
　南面：P9－P10：1.76m　P10－P11：1.60m　P11－P12：1.76m　P12－P13：1.60m
　　　　P13－P14：1.88m　P14－P15：1.52m　P15－P16：1.84m
　西面：P1－P19：1.04m　P18－P19：1.50m　P17－P18：1.12m　P16－P17：1.36m
　東面：P7－P20：1.20m　P20－P21：1.20m　P21－P22：1.04m　P22－P10：1.52m

このように桁行方向では対向する柱間寸法がほぼ一致する傾向を示している。また、東妻面の柱筋からの独立棟持柱心までの出は2.28m。西側妻面P1－P16ライン、東妻面から1間内側のP7－P10ラインの柱間寸法は、以下通りである。

　西側妻面：P1－P19：1.04m　P18－P19：1.50m　P17－P18：1.12m　P16－P17：1.36m
　東側妻面：P7－P20：1.20m　P20－P21：1.20m　P21－P22：1.04m　P22－P10：1.52m

柱穴と柱痕跡　柱穴のうち明瞭な柱痕跡を検出しているのは独立棟持柱P23のみで、直径約40cm、遺構検出面から深さは1.2mを測る。このほかの側柱・棟持柱の柱穴ではP7に柱痕跡の可能性を感じさせる幅約25cmの土層を確認できる。ちなみに独立棟持柱以外の柱穴は、短軸の平均寸法が58cm、長軸の平均寸法が75.3cmである。深さの平均は52.5cmだが、旧地表面の削平は30～40cmと推定されるので、かつては80cm以上の深さをもった可能性がある。

(2)　復元のコンセプト

土間式か高床式か　まず、この大型掘立柱建物が土間式だったのか、高床式だったのか、という基本的な問題から検討しておかなければならない。最初に指摘できるのは、屋内に柱穴が1ヶ所も存在しないことである。要するに、床束掘形に想定しうる柱穴は皆無である。床束を用いずに、本格的な床を張ることができないわけではない。床束なくして床を張るには、梁行方向に貫を通して床梁とするしかないであろう。掘立柱建物12の梁間は約4.5mだから、この柱間に床梁となる貫を通すとすれば、貫の断面寸法は幅15cm×長さ30cm程度が必要と思われる。しかるに、側柱の径は25cm程度と推定されるから、断面欠損の比率はきわめて大きくなる。もちろん、やってやれないこと

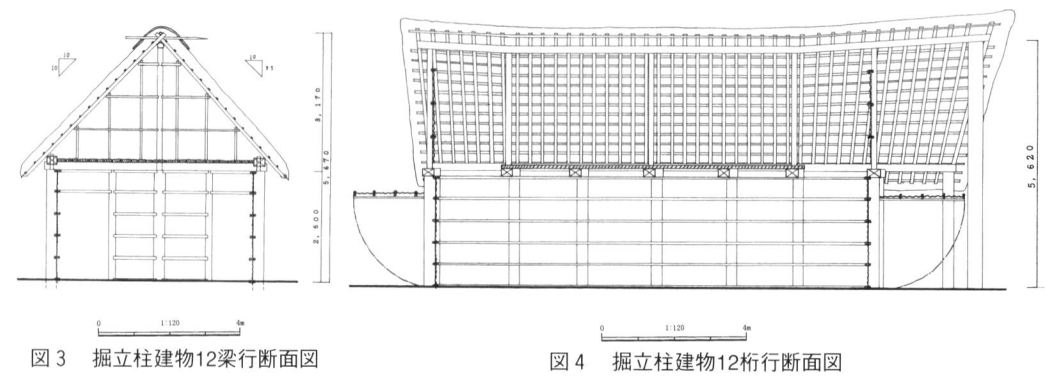

図3　掘立柱建物12梁行断面図　　　図4　掘立柱建物12桁行断面図

はないけれども、構造的にみて掘立柱建物12が高床建物である可能性は低いと判断する。

柱間寸法から読みとりうる構造　桁行方向の総長がほぼ等しく、対向する柱間の寸法もきわめて近似する関係にあることをすでに指摘した。これは柱の位置でまず梁をわたした可能性を示唆するものである。現在木造構法では柱上にまず桁を置き、その上に梁をわたす「京呂」組が一般的であるが、出雲大社の本殿や延暦23年（804）の『皇太神宮儀式帳』から復元される伊勢神宮内宮正殿がいずれも梁を下、桁を上に置く「折置」組とすることからもあきらかなように、古代（の神社建築）には「折置」組が多用されていたとみられる。桁を上におくほうが垂木の納まりがよかったからであろう。掘立柱建物12の場合も、対向する柱配列の一致性から「折置」組を採用する。柱の上端に長ホゾを削りだし、まず梁を落とし込み、ついで片欠にした桁を落し込む。

ところで、屋内とみなされる2間×6間の両柱間寸法があきらかに長く、中央4間が短くてほぼ等間であるところにも注目すべきであろう。池上曽根遺跡の大型掘立柱建物や田和山遺跡の加工段掘立柱建物も、これと同様の傾向を示す。要するに、いずれの掘立柱建物も端間の寸法を中央間より長くしているのだが、今回の復元模型制作にあたっては、以下の2点と相関させて理解した。

①中央4間の柱間が短いのは、小屋梁上に板を渡して簀子天井風の屋根裏空間を作っていたから

図5　掘立柱建物12（復元模型1/20、北側面）

図6　同上東側 　　　　　　　　　　図7　同上西側

で、推測にすぎないけれども、両側端間は「内玄関」としての性格があり、屋根裏に上る梯子をかけるため、天井を張っていなかったと仮定した。

②浜松市の鳥居松遺跡で出土した家形土器は、2世紀に遡りうる最古級の家形土器であるが、屋根にわずかな転びがあり、棟が外側に向かって反り上がっている。弥生時代後期～終末期の掘立柱建物の上屋構造を具体的に示す貴重な資料であり、この点を復元に反映させることにした。要するに、復元模型においても、棟の両端をわずかに高くして屋根に反りをつけることにしたのである。この場合、水平な棟木だけでは棟の反りを表現できない。柱間の短い内側の中央間4間分のみ水平の棟木をのせ、正背面の妻柱と独立棟持柱をわずかに高くして、背面の端間と正面の端間＋妻庇の部分には別の短い棟木を斜めにわたす。端間を中央間より長くしているのは、この棟の反りにともなう棟木の分節と相関する可能性があると推定している。

なお、中央間4間については、棟束を立てるだけの小屋組となるので構造的にはかなり不安定である。構造的に不安を抱えているので、小屋梁上の屋根裏空間でヒトが常時行動したとは考え難い。それが存在したとするならば、むしろ「火棚」に近い簀子状の天井であったと思われる。

柱径と柱高　すでに述べたように、独立棟持柱の径は35cm、側柱の径は25cmとみなす。これ以外では壁付部分の棟持柱P18・P21は梁上を1辺13cmの方形に削りだして棟木を支えることにしたので、側柱よりわずかに太く、直径26cmとした。また、壁付棟持柱両脇の戸柱の径は16cmとした。側柱の柱高は梁行方向の1間分柱間とほぼ等しく2.50mとした。中央4間の棟高は、桁上の垂木勾配を約45°確保すると、棟木の下端までで5.30mとなり、これに棟の反りを加えるため、妻柱の高さを5.40m、独立棟持柱の高さを5.62mとした。

小屋組と屋根　すでに述べたように、掘立柱建物12の屋内では柱穴がまったくみつかっていない。この事実などにより、高床式ではなく土間式と推定したわけだが、同時に屋内棟持柱も存在しないことになり、小屋組には構造上の弱点が生じてしまう。3本に分けた棟木の総長が13mを超えるにも拘わらず、棟持柱は3本だけなので、棟木の結節点となる中央間4間の両端と中央の3本に小屋梁上に棟束を立てることにした。すでに述べたように、この中央間4間分に簀子天井を張る。この天井により小屋梁相互の緊結力が高まり、桁行方向の横力に抵抗する力は強くなる反面、天井材の自重によって小屋梁にたわみが生じると棟束も下がり、棟木の支持に不具合が生じる。

屋根は茅の逆葺きとした。棟は杉皮で覆い串（笄）で横から刺してとめる。勾配は45°（10／10）を基本に考えたが、棟通りの左右で柱間寸法が異なるため、独立棟持柱に向かって右側の勾配が

図8　復元模型　北東側面および内部構造　　図9　復元模型　北西側面および内部構造

9.5/10、左側が10/10となった。

壁と戸　独立棟持柱に近い１間分には壁を設けず、ピロティ風の半戸外空間とした。この位置では梁もかけず、高大な独立棟持柱を強調した。この１間分をのぞく桁行６間×梁間２間の領域を屋内空間とみなし、網代編の壁を柱の内側にめぐらせて囲いこんだ。網代編の壁については、米子市の古市宮ノ谷山遺跡をはじめ、鳥取県西部の弥生時代の竪穴住居でも壁材として出土している。壁の材料については、茅、土、板の可能性もある。茅の場合、柱の外側に屋根と同じ手法で草壁を葺くことになる。外側に葺かないと雨水を屋外側に排水できないからである。この場合、アイヌのチセや信州秋山郷の民家のように、柱形が外からみえなくなる。しかし、一般的に弥生時代の土器に描かれた家形絵画や家形土器・家屋文鏡などでは、柱形を鮮明に描く例が非常に多い。したがって、草壁を採用するには難がある。土壁の場合、いわゆる木舞壁（真壁）となるが、この時代にこの種の壁塗り技術が普及していたのかどうかはわからない。板壁については、青谷上寺地遺跡などで大量の壁板材が出土しているから可能性を否定できない。しかし、青谷上寺地遺跡の板材は、そのほとんどが削出柱の角材に横から張り付けた高床式建物の壁板と思われる。土間式で丸柱を使う掘立柱建物に板壁をつけるとなると、丸柱に溝をつけて横板をはめ込むことになる。いわゆる横板落し込みの板壁だが、このような先進的技法を採用するには、どうしても積極的な根拠がほしい。また、横板落し込み壁の場合、神社建築の高床部分に多用される技法であり、土間式の建物に採用すると、地面に接する最下段の板が腐りやすく、腐った板材の差し替えも容易ではない。茅壁、土壁、板壁については、以上のような難点が少なからず認められるので、近隣の遺跡でも出土している網代編の壁を採用することにしたのである。

戸口については、正背面で隅柱と棟持柱（妻柱）の中間に戸柱状の柱穴が左右対称に確認されており、柱間は隅柱側が棟持柱側よりひろい傾向を確認できる。このひろい隅柱の側の柱間を出入口と考えた。この結果、正面側に２ヶ所、背面側にも２ヶ所の出入口ができる。扉は家屋文鏡などにみえる突き上げ戸とした。網代編みの簾のように使っていた可能性もあるだろう。

(3)　まとめ

片側に棟持柱をもつ大型の掘立柱建物について復元的な検討をおこない、1／20スケールの模型を制作した。家形を描く土器絵画や建築部材が出土しているわけではないので、間接的な資料と筆者のこれまで（2004年以前）の経験をもとに進めた復元研究であり、実証性が高いとは決して言えない。それでも、復元作業を通して、いくつかの重要な問題点を認識するに至った。とくに以下の６点は注目に値する。

1)　建物の形状は一方を舳先、他方を艫とする長５角形の船形を呈している。
2)　正面の独立棟持柱とその内側の半戸外空間をきわめて象徴的に扱っている。
3)　間仕切りを示す柱穴などからみて、桁行６間×梁行２間の領域が屋内であったと推定される。
4)　屋内に柱穴はまったく残っていないので、高床建物である可能性は低い。
5)　池上曽根遺跡の大型掘立柱建物でみられるような屋内の棟持柱がなく、構造的には不安定さ

を露呈しているが、屋内を大広間として利用することを重視した結果、室内に柱を立てることを敬遠した可能性が高い。
6) 屋内領域では桁行方向の柱間のうち、両端間が長く、内側の4間がほぼ等間隔で短いところに特徴がある。この傾向は池上曽根遺跡や田和山遺跡の掘立柱建物でも確認できる。今回の復元では、棟の反りと中央間4間分の簀子天井の存在を推定してこの柱間寸法の長短を解釈した。

2．妻木晩田遺跡松尾頭地区MGSB-41復元の再検討
―二面庇つきの大型掘立柱建物―

(1) はじめに

鳥取県米子市・大山町に所在する妻木晩田遺跡の松尾頭地区は、集落の中枢部と目されるゾーンである。弥生後期になって丘陵全域に展開する高地性集落は、竪穴住居と高床倉庫の数棟（まれに9本柱列を含む）によって構成される「居住単位」の反復によって説明しうる。その中で唯一松尾頭地区において、大型の掘立柱建物がみつかっている。これらの建物跡を墳墓群との相関性からとらえると、松尾頭地区に丘陵全域の集落を統括する「首長」層の存在が推定されるという［濱田2002］。もっとも、大型の掘立柱建物といっても面積は約50㎡であり、中期や終末期の鳥取県内弥生遺跡でみられる大型建物に比べればやや小振りの感が否めない。しかしながら、その平面構成は特殊であり、また大型の円形竪穴住居と近接している点にも注目が集まっている。

たとえば佐原真は、「卑弥呼は竪穴住居に住んでいた」と題する講演記録のなかで、「わが妻木晩田遺跡（後2～3世紀）において、大きく浅い縦穴住居という私的生活の場と、平屋・高床建物という公的生活の場の使い分けが確認された」と述べている［佐原1999］。この見解は宮本長二郎の判断に依拠したものである。宮本は、松尾頭地区の平屋建物と大型竪穴住居が2時期にわたってセットになっているとし、大きな竪穴住居を首長の「居館」、平屋の庇付き掘立柱建物を首長の「祭殿」と解釈している［宮本1999］。今回、復元の対象とするMGSB-41こそがその首長の「祭殿」、それに近接するMGSI-54やMGSI-55が首長の「居館」というわけである（図10：MGSB-41とMGSI-54・55の遺構関係図）。妻木晩田遺跡の報告書［大山スイス村埋蔵文化財発掘調査団・大山町教育委員会2000／以下、報告書2000と呼ぶ］では、MGSB-41とMGSI-54・55で出土した土器を同時期（報告書2000の8期）として共存関係を認めているが、高田健一のその後の見解によると、MGSB-41柱穴出土の土器片がV-3期以降に編年されるのに対して、MGSI-54・55出土の土器はいずれも1段階古いV-2期の特徴をもっているという。こうなると、平屋建物と大型円形竪穴住居のあいだに共存関係を認めがたく、機能分担や住み替えを想定することが難しくなる。

佐原と宮本の見解が発表された1999年には、妻木晩田現地事務所の開設に向けて4つの建築模型が制作された。そのうち妻木山地区の焼失住居SI-43（1/20）と洞ノ原環濠内の9本柱建物SB-11（1/50）については浅川が復元を指導し、MGSB-41（1/10）と松尾頭地区の大型円形竪穴住居（1/10）の復元を宮本長二郎が指導した。宮本の指導した松尾頭の大型円形竪穴住居については、MGSB-

41とは丘陵頂部をはさんで北側にあるMGSI-43～46のデータをもとに復元されたもので、MGSB-41に近接するMGSI-54・55ではないのだけれども、壁立ちの円錐形草葺屋根をもつ点は宮本［1999］の記述そのままであり、首長の「居館」をイメージするものであることは疑いなかろう。一方、MGSB-41については、寄棟造茅葺の身舎に板葺の庇を東西両面につけた平屋建で、身舎の四周を横板落し込みの壁で囲んでいる（図11）。こちらが首長の「祭殿」という位置づけである。

　すでに述べたように、大型掘立柱建物と円形の大型竪穴住居については共存関係が微妙であり、佐原が述べるような「私的生活の場と公的生活の場の使い分けが確認された」わけでは決してない。したがって、MGSB-41については、従来の復元案にとらわれず、その遺構を根本的に解釈しなおす必要があると思われる。なお、以下の遺構解釈と復元検討では、現地事務所に陳列されている

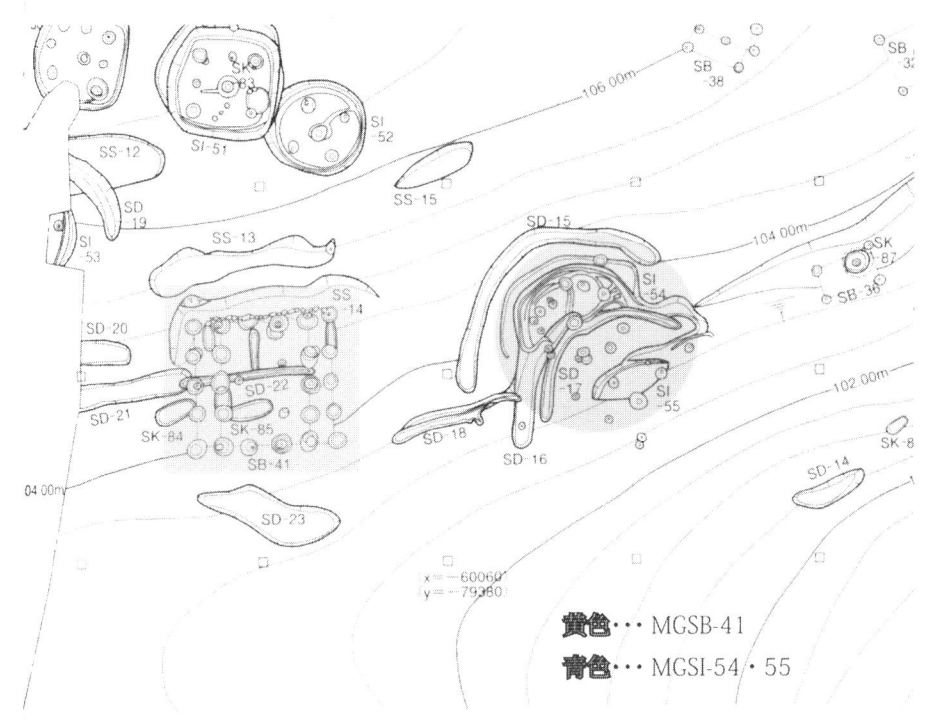

図10　MGSB-41（左の四角ブロック）とMGSI-54・55（右の円ブロック）のK遺構関係図

図11　MGSB-41陳列模型の写真（宮本長二郎設計）

MGSB-41復元模型との対比を避けてとおれないので、すでに展示されている模型を「陳列模型」と略記する。

（2） 掘立柱建物MGSB-41の出土状況

平面と規模　大型掘立柱建物MGSB-41は長方形に近い台形を呈する南北棟で（図12）、四辺の長さは以下に示すとおりである（柱穴相互の心々距離）。

　　東西：P7－P11：6780㎜　　　南面：P11－P19：7610㎜
　　西面：P1－P19：6550㎜　　　北面：P1－P7：7490㎜

　柱穴と認定される直径65～110㎜前後のピットは24ヶ所みつかっており、遺構中心部にも小ピットP26、P27、P28を検出している。柱間規模でみると南北4間×東西5間で、古代建築の間面記法を借用するならば「4間2面」の平面と言える。すなわち、身舎が桁行4間（6600㎜）×梁間3間（4860㎜）、東西両面の庇が桁行4間×梁間1間となる。古代建築の場合、身舎の梁間は2間が一般的であるが、MGSB-41の身舎梁間は3間となっている点が特殊であり、これが建物の上部構造を想像し難くしている。

石列と地形　建物跡の北妻にあたる柱穴P2－P7列の200～400㎜北側に、安山岩角礫の石列が並ぶ。石の長辺は最大で450㎜、最小で200㎜を計り、それらがほぼ隙間なく東西にならぶ。しかも、石の上面は高さをそろえている。この石列は建物外周の「見切り」であった可能性が高いので、おそらく旧地表面レベルはこの石列の中ほどから上面近くに復元できるだろう。海抜高で表すと、H＝105.5mの前後である。現状では、地形がこの石列から南にむけて徐々に傾斜しているが、建物内部の土間面が当初から傾いていたとは考え難い。海抜105.5m前後の水平面をもつテラスを築いた（あるいは削りだした）うえで、MGSB-41を建設したものと思われる。

　この安山岩角礫石列に連続する溝状遺構がみつかっている。まず石列そのものが折れ曲がる。東端では柱穴P7上を通るようにして南方向に折れ南北方向の溝状遺構とつながる。柱穴P7と柱穴P8の心をつなぐようにして、幅約450㎜、長さ約1300㎜の溝状遺構が検出されており、柱穴P8の南側でこの遺構は消えてしまう（以下、これを「溝状遺構P7-8」と呼ぶ）。一方、安山岩角礫石列の西端では、やはり石の並びが南向きに折れ曲がるのだが、その屈曲点はP2の西側約440㎜の位置にあ

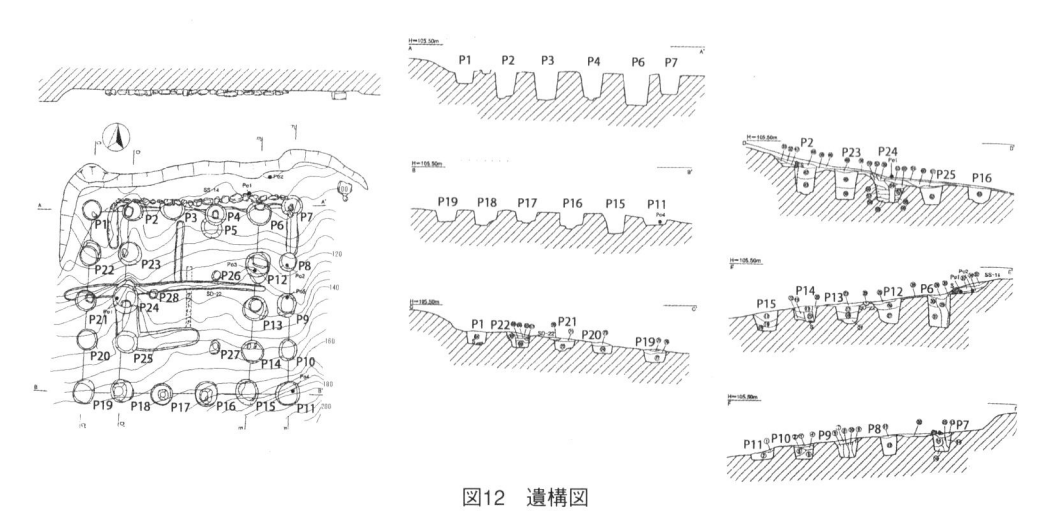

図12　遺構図

り、身舎柱筋P2－P23と筋をそろえていない。西側では、P2の外側を巻くようにして、幅約400㎜、長さ約1400㎜のものがP23の手前まで続いて消えてしまう（以下、これを「溝状遺構P2-23」と呼ぶ）。

上にみた「溝状遺構P7-8」と「溝状遺構P2-23」は、北妻外側の安山岩角礫石列と連続し、しかも旧地表面を残さない地形で検出されたものなので、「安山岩角礫石列の据え付け遺構（もしくは抜き取り遺構）」と理解して不自然ではなかろう。この溝状遺構がわずか1300～1400㎜の長さで消えてしまうのは、いうまでもなく旧地表面が南下りに掘削されているからであり、当初はさらに南側までのびていたものと思われる。すなわち、建物外周の「見切り」であった安山岩角礫石列は、北妻の外側だけでなく、身舎の西側と東庇の柱筋周辺にも存在したことになり、南妻を含む長方形の形状に並んでいた可能性があるといえよう。ただし、「溝状遺構P7-8」と「溝状遺構P2-23」とでは、柱筋との位置関係が異なっており、その意味については、柱間寸法の復元とあわせて後述する。

柱径と柱間寸法　すでに述べたように、MGSB-41は24本の柱穴で構成される。柱穴の直径は65～110㎜であり、旧地表面からの深さは800～1300㎜を計る。ところで、柱穴だけみていても、正確な柱間寸法を復元することはできない。いうまでもなく、柱位置と柱径を確定しうる最も有力な情報源は柱痕跡である。これについては慎重を期し、妻木晩田現地事務所より実測野帳のコピーをご提供いただき、土層断面図を検討した。その結果、P6、P9、P16、P17、P24のほぼ中央に縦長の土層を確認できた。以下、そこから復原される柱径である。

P6＝200㎜　　P9＝180㎜　　P16＝230㎜　　P17＝200㎜　　P24＝180㎜

このほかP1、P14、P16、P23には柱の不同沈下を防ぐ石の礎板が出土している。柱はこの礎板上に立っていたはずだから、これもまた柱位置を知るための有力な情報源である。以上を整理すると、24の柱穴のうち、P1、P6、P9、P14、P16、P17、P23、P24の8柱穴で柱位置をほぼ確定できる。図13では、確定した柱位置のうち、土層断面より確認したものを黒丸（●）、石の礎板により確認したものを白丸（○）で示している。柱位置を確定できない柱穴については、柱穴相互の平行関係から柱位置を推定し、それを点線の丸で示した。

図13には柱間寸法も復元表示している。ここで注目されるのは、身舎東側柱筋と東庇柱筋、そして身舎西側柱筋と西庇柱筋の平行関係である。ところが、

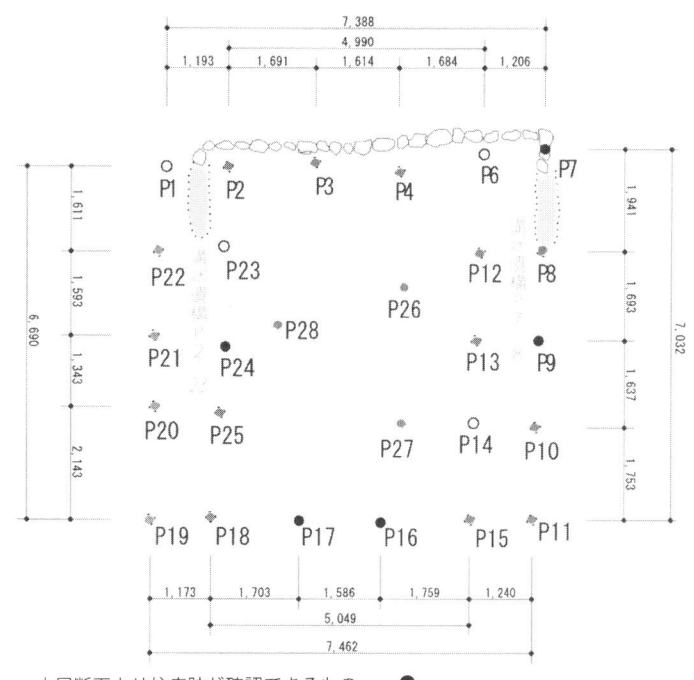

土層断面より柱痕跡が確認できるもの　●
石の礎板により柱痕跡が確認できるもの　○
確認できた柱位置との平行関係から推測したもの　◐

図13　柱配置図

その一方で、身舎東側柱筋と身舎西側柱筋とでは柱位置に平行関係を認められない。以下、その柱間寸法を示す。

・身舎西側柱筋　P2－P23：1601㎜、P23－P24：1807㎜、P24－P25：1249㎜、P25－P18：1988㎜
・身舎東側柱筋　P6－P12：1844㎜、P12－P13：1691㎜、P13－P14：1556㎜、P14－P15：1838㎜

　こうしてみるとあきらかなように、西側柱筋では南端の1間（P25－P18）が長く、西側柱筋では北端の1間（P6－P12）と南端（P14－P15）が長くなっている。ただし、P14－P15に対応する東庇柱のP10－P11は1753㎜と短くなっている。

　出入口と壁面の位置　上に示した柱間寸法の長いP25－P18とP6－P12は、それぞれに平行する庇柱筋の柱間（P20－P19／P7－P8）でもほぼ同寸法をとるので、ここに出入口があった可能性が高いと思われる。ただし、安山岩角礫石列およびその抜取痕跡の検出状況からみて、東西の壁面は異なる位置に復元される。すでに述べたように、安山岩角礫石列に連続する抜取痕跡のうち、東側の「溝状遺構P7-8」は柱穴P7と柱穴P8の心をつなぐ位置を通るのに対して、西側の「溝状遺構P2-23」は柱穴P2－P23の外側約440㎜の位置を通る。後者については、北妻面における安山岩角礫石列と柱穴列の配置関係と同じであるから、建物の西面では身舎西側柱列に接して壁面が存在したと思われる。壁面の外側に「見切り石」がめぐっていたと考えられるからである。

　一方、東面の「溝状遺構P7-8」は庇柱の柱穴P7－P8筋のほぼ中央を通るわけだが、P7－P8は庇柱筋の北端にあって寸法が長く、出入口と推定される柱間である。要するに、出入口と目される柱間の心に石列が通っていたことになるから、その石列は蹴放し材を受ける地覆であったと思われる。というよりも、柱心を通る地覆石抜取痕跡によって、柱間の長いP7－P8が出入口であった可能性がさらに高まったと言えるであろう。

　以上の解釈は報告書［2000］の記載と大きく矛盾している。報告書［2000］では、P7直上に石列が並ぶことをもって、石列がなく庇のある段階（SB-41a）と石列があって庇のない段階（SB-41b）を想定している。これはおかしな解釈である。かりに「石列がなく庇のある段階（SB-41a）」から「石列があって庇のない段階（SB-41b）」に変化したとすれば、庇のある建物から庇をとって、庇のあった位置（溝状遺構P7-8）に地覆を敷くことになり、石の地覆は存在意義を失ってしまう。つまり、庇が存在し、その柱筋に地覆石列を配したとみるしかないわけであり、庇と石列は共存していたとしか考えようがない。この場合、柱穴P7の上に残る石をどうとらえるべきかというと、

　　1）　当初位置から動いた（いわゆる「死んだ」状態）
　　2）　柱を据え付けた後に柱に接して石をおいた

かのどちらかであろう。2）の場合、柱穴の掘削と石の据え付けの時間差は「時期差」ではなく、「工程差」ということになる。

　というわけで、建物の東側は庇柱筋に壁面があり、その北端の1間（P7－P8）を出入口にしていたものと思われるが、南端の1間（P10－P11）もこれと近似しており、ここにも出入口があった可能性がある。西側ついては、「見切り石」列からみて西側柱筋に壁面があった可能性が高く、柱間のひろい南端の1間（P25－P18）を出入口とみればよく、南妻面が北妻面と対称関係にある

とすれば、建物全体の平面は図14のように復元できる。

　図14で示したように、MGSB-41は「4間2面」の対称平面を有しながらも、西側の庇を壁外において半戸外空間とし、東側の庇を屋内に取り込むものである。この場合、正面は半戸外の庇をもつ西面であり、西側南端の出入口が訪問者、東側北端の出入口が所有者もしくは管理者のものと推定してよいかもしれない。図14で東側柱筋の中央間2間に目隠し状の内壁を設けたのは、背面にあたる東庇を所有者側の控え室のように位置づけたからである。

(3)　MGSB-41上部構造の復元

　京呂組とオダチ組　前項で復元を試みた名和町茶畑第1遺跡掘立柱建物12（弥生終末期以降）では、対面する桁行方向の柱穴列が平行関係にあり、しかも対面する柱間の寸法が一致したので、柱上にまず梁をわたしてから桁をのせる「折置組」を採用した［浅川・竹中 2004］。一方、MGSB-41の場合、身舎桁行方向の柱穴は左右で点対称の関係にある。すなわち、相対する左右の柱間に対応関係がないから「折置組」は不可能であり、桁をわたしてその上に梁をおく「京呂組」を採用するしかない。平均的な弥生人男性の身長が160cm前後に復元されるので、桁下面の高さを160cmと仮定する。

　次に、この京呂組を前提としつつ、小屋組についても検討してみよう。小屋組を復元するにあたって、最大の情報源となるのは身舎妻面の柱配列である。すでになんども述べたように、MGSB-41身舎の梁間は3間であり、両隅柱の内側に2本の柱が立っている。2本の柱により平面はひろがり、構造は安定するかにみえるが、棟持柱が存在しないため棟木の支持方法がよくわからない。陳列模型では4本の妻柱上に梁をわたし、サスを梁にさしこんで茅葺き寄棟屋根とするが、いささか近世民家の風に流れすぎている。梁上のサスが存在したという根拠があるわけでもない。

　ここで再び遺構図に注目しよう。問題は妻面の柱穴の並びである。南妻では4本の柱がほぼ一直線にならび、この妻柱上に梁をわたしていたようにもみえるが、北妻ではあきらかに柱配列に乱れがみとめられる。身舎北面隅柱の柱穴にあたるP2とP6を結ぶラインよりも内側に中間の2柱穴（P3・P4）があって、かりに隅柱をつなぐ筋に梁をわたしていたとすれば、中間の2柱は梁よりも上に立ちのぼ

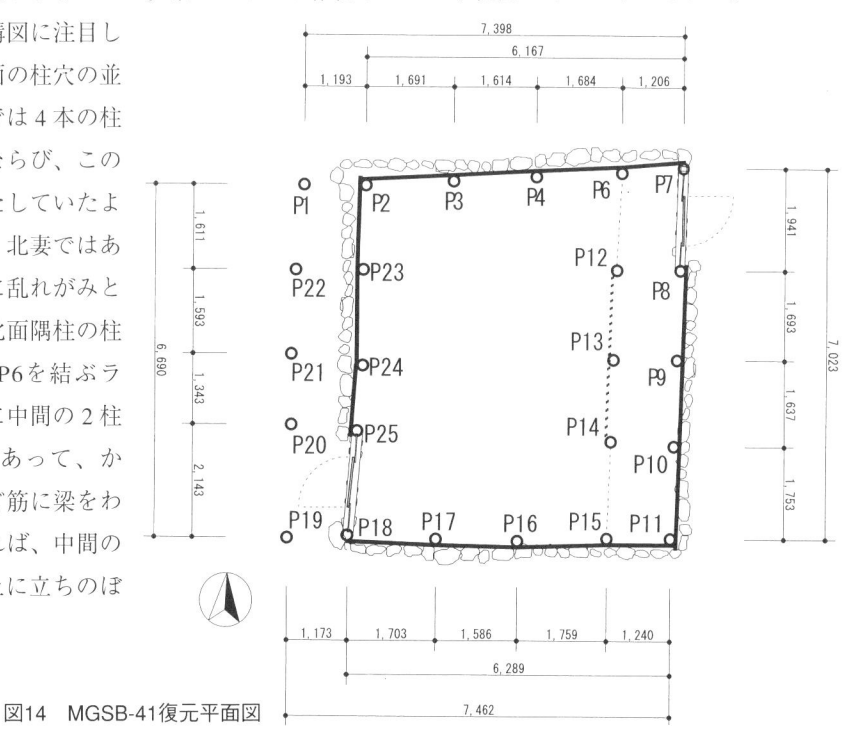

図14　MGSB-41復元平面図

ることになる。梁よりも高いところまで柱が立ち上がるとすれば、その柱が支えるのは母屋桁しかない。棟木については、梁の中心に立てた棟束（オダチ）で支えることになるが、オダチはきわめて不安定なので、母屋桁上にわたした二重梁に縄でまきつけて安定させる。

　この小屋組は「オダチ鳥居組」とよく似ている。「オダチ鳥居組」は小屋梁の中央にオダチ、その両脇に鳥居束をたてて、それぞれ棟木と母屋桁を支え、鳥居束相互を天秤状の小梁でつなぐものである。この小梁はテンション・バーとなって小屋の内倒れを防ぎ、同時にオダチを中点で固定する役割を果たす。オダチは棟持柱の名残ともみられるため、サスに先行する小屋組とみなす研究者が少なくない。実際、兵庫県に残る箱木千年家や古井千年家（図15）などの中世民家、そして近世初頭の民家に卓越する。鳥取県内では八東町の矢部家住宅（17世紀、重文）にサス併用の「オダチ鳥居組」が残っている（図16）。

　MGSB-41の場合、上述のように、鳥居束ではなく、地面から母屋桁にたちあがる「鳥居柱」が天秤状の二重梁（小梁）を支え、二重梁の中点でオダチを固定した可能性があるので、このような小屋組を、ここでは「オダチ鳥居柱」構造と呼ぶことにしよう。「オダチ鳥居柱」構造は、柱筋に乱れのある北妻の遺構から復元されたものではあるけれども、柱筋のそろう南妻にあっても、柱筋の外側に梁をわたせば同様の構造で屋根を支えることができる。はじめに述べたように、桁・梁の関係は「京呂組」であり、梁は桁上にあって柱位置と直接相関しない。桁上の任意の位置で梁をわたせるから、南北両妻面において「オダチ鳥居柱」を採用できると考えた。

　屋根と庇　両妻を「オダチ鳥居柱」とすれば、屋根は切妻造になる。陳列模型では身舎を寄棟にしているが、弥生時代の高床倉庫は一般的に切妻だから、MGSB-41を切妻に復元しても不自然ではない。妻木晩田遺跡洞ノ原地区で復元された3棟の高床倉庫（梁間1間型）もすべて切妻造に復元している。MGSB-41の屋根葺材は常識的に茅、葺き方は逆葺きと想定する。庇については、軒高を確保するために勾配を緩くする必要があり、茅葺きではなく杉皮葺きとする。陳列模型では、身舎側柱に垂木掛けを外側からかませて、庇の垂木をのせ板で庇屋根を葺いている。これは、奈良時代都城住宅の庇で常用される技法であるが、垂木掛けの留め方が気になるところである。垂木掛けを長押状にして柱に固定するだけならば、簡単な仕口と縄結びで事足りる。しかし、その上に板屋根を載せると垂木掛けには相当の荷重がかかるから、できれば釘などの金物によって柱に固定し

図15　古井千年家の全景（左）と小屋組（右）

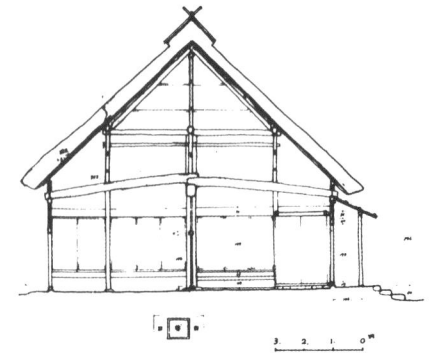

図16　矢部家住宅梁行断面図（鳥取県八頭郡八頭／旧八東町）（『日本の民家調査報告書集成13 中国地方の民家』より転載）

たい。しかし、弥生時代の妻木晩田に釘は存在しない。わたしたちの復元案では、身舎の側桁に庇の垂木もかける。まず庇の杉皮を葺き、それに被せるようにして身舎の茅を葺く。

壁・窓・扉 壁が柱の心を通るのか、あるいはまた柱の内側か外側を通るのかは分からない。また、どのような材料を用いたのかも不明である。これを陳列模型では横板落し込みの板壁としている。これについては、島根県の上小紋遺跡で弥生時代の高床倉庫に用いた板決り付きの柱材が出土しているというが、上小紋遺跡以外での出土例は知られていない。また、鳥取県の青谷上寺遺跡では膨大な板材が出土しているにも拘わらず、板決り付きの柱材は確認されていない。こうした点からみて、平地土間式掘立柱建物であるMGSB-41に横板落し込みの壁を採用するのはためらわれる。ここでは改めて安山岩角礫石列の存在を重視したい。

安山岩角礫石列は出入口の柱間のみ柱心の位置を通るが、他の壁面では柱心の外側約80㎜～200㎜の位置を通る。すなわち、安山岩角礫石列は建物外壁の地覆ではなかったのだが、外壁面の保護を目的とした「見切り石」であった可能性を否定できない。よって、今回の復元では、柱と「見切り石」のあいだに壁を設けることにした。この場合、柱の外面に壁材をはりつけることになるので、柱形は外からみえず、大壁のような外観になる。大壁とはいっても、分厚い土壁の存在したことが判明しているわけではない。土壁以外では、草壁、網代編壁、板壁も候補として十分考えられる。この中から一つの材料を選択するのは非常に心苦しいのだけれど、青谷上寺遺跡で大量の板材が出土していることを踏まえ、今回は板壁を採用することにした。柱外面に厚さ40㎜程度の横板を重ねたもので、板の接合は青谷の壁材に倣い、板の際に小穴をあけて上下材を縄結びし、また柱に結びつけるものである。この接合方法は、すでに高床倉庫の復元で採用している。くりかえしになるけれども、安山岩角礫石列は、このような壁材の裾部分を保護する役割をもっていたと筆者は考えている。

すでに述べたように、出入口は東側が柱筋の柱間P7－P8、西側が側柱筋の柱間P25－P18にあったものと推定される。ここには柱心の位置に地覆石をとおして蹴放しを置く。扉は片開きとする。縦長の方立を柱に接して立ち上げ、その外側に片開きの扉をあてる。扉には軸をつけてマグサと蹴放しの軸受けでうける。細部については、青谷上寺地遺跡出土の扉板、津島遺跡（岡山市）や大阪府北新町遺跡（古墳時代中期）の部材に倣った。

窓については、その存否すらわからないが、身舎壁面のうち南北の妻面と西面（正面）の3ヶ所に板蔀を設けることにした。また、両妻の最上段には板を張らず、煙抜きとした。

図17 前方斜めからみた復元模型　　　　図18 「オダチ鳥居柱」構造（復元模型）

仕　口　柱上に桁・梁をおさめる接合方法としては、股木、長ほぞ、輪薙込の3つの方法が選択肢となる。妻木晩田遺跡の初期整備では、建物の規模や類型にあわせて、上記3種類のうちのどれかを使ってきた。今回試みたMGSB-41の復元に適するのは輪薙込の仕口と判断した（青谷上寺地で多数出土している）。薙込の仕口は板壁と最も相性がよい。庇柱、身舎側柱、妻面の「鳥居柱」とオダチの上端すべてを薙込とし、桁・梁・棟木と接合している。

（4）　おわりに
　以上、考察してきた大型掘立柱建物MGSB-41の復元案について、構造形式の大略をまとめておく（図17～21：復元図・模型）。
　　　平　面：桁行4間×梁間5間（身舎：梁間3間、東西庇：梁間1間）
　　　軸　部：京呂組
　　　小屋組：オダチ鳥居柱
　　　屋　根：大屋根切妻造茅葺　庇杉皮葺
　　　壁　　：柱外面に横板積上げ
　　　出入口：片開戸
　　　窓　　：板蔀

参考文献

浅川滋男・竹中千恵　2004　「茶畑第1遺跡掘立柱建物12の復元設計―片側に独立棟持柱を伴う特殊な大型掘立柱建物」『茶畑遺跡群』第3分冊、鳥取県教育文化財団・国土交通省
佐原　真　1999　「卑弥呼は竪穴住居に住んでいた」『海と山の王国』海と山王国刊行会
大山スイス村埋蔵文化財発掘調査団・大山町教育委員会　2000『妻木晩田遺跡発掘調査報告書』Ⅰ～Ⅳ
濱田竜彦　2003　「伯耆地域における弥生時代中期～古墳時代前期の集落構造」『日本考古学協会2003年滋賀大会資料集』日本考古学協会2003年滋賀大会実行委員会：pp.15-30
宮本長二郎　1999　「妻木晩田遺跡の建物」『海と山の王国』海と山王国刊行会

図19　正面からみた復元模型　　　　　　　図20　側面上方からみた復元模型

図21 復元模型（1/20）

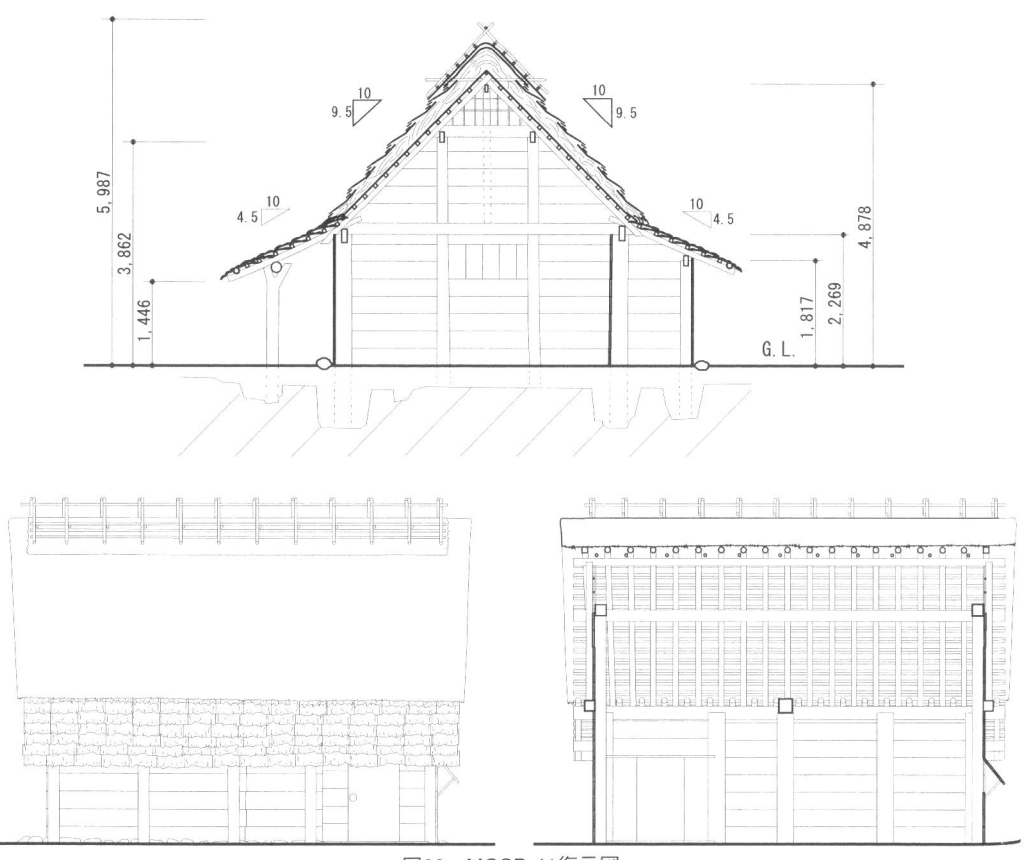

図22 MGSB-41復元図

第1章　倭人伝の建築世界

附記

本節に収録した2論文の初出は以下のとおりであり、再録にあたって微修正を施した。

浅川滋男・竹中千恵　2004　「茶畑第1遺跡掘立柱建物12の復元設計―片側に独立棟持柱を伴う特殊な大型掘立柱建物」『鳥取県教育文化財団調査報告書93 茶畑遺跡群 第3分冊』鳥取県教育文化財団・国土交通省倉吉河川国道事務、2004：pp.158-163

浅川滋男・藤井利史・坂本和行「Re-thinking Reconstruction of MGSB-41―24本柱の二面庇付掘立柱建物」『仮設構法による巨大遺構露出展示空間の創造―妻木晩田遺跡環境整備のための基礎的研究⑵―』平成16年度鳥取県環境学術研究費助成研究成果報告書、鳥取環境大学、2005：pp.10-16

第 2 章　竪穴住居の空間と構造

第1節　住居の始原
―東方アジア民族建築の先史学的パースペクティヴ―

1．「巣と穴」再考

(1)　「巣」とは何か

　東方アジアの住まいの起源を論じるにあたって、いつでも引用されるのが中国の古典にみえる「巣」と「穴」の修辞である。たとえば『韓非子』五蠹をみると、「上古の世は、人民少なくして禽獣聚く、人民は禽獣虫蛇に勝らず。聖人ありて作るに、木を構えて巣と為し、以って群害を避く。而して民これを悦び、王は天下をしてこれを号して有巣氏と云わせしむ」とある。この「有巣氏」なる聖人が為した「巣」とは、はたしてどのような建築物であったのか。「巣」という漢字の語感を素直にうけいれるならば、それは樹上の棲み家、すなわちTree Houseをイメージしたくなる。問題は「木を構えて」という表現であり、平地に構えるのならば人工の高床建物、梢の上に構えるのならばTree House（樹上住居）ということになるであろう。

　キャプテン・クックが17世紀にタスマニアでみたのは、純然たるTree Houseであった。ニューギニアやフィリピンなどの民族誌にも、クックの証言を裏付ける記録がいくつも残っている。ただし、これらが日常の住まいであったのかといえば、それは疑わしい。ニューギニアの場合、ドッボスと呼ばれるTree Houseは「要塞」として機能していたという。村が攻撃されると、人びとはTree Houseにかけのぼって、梯子をするするとたぐりあげ、襲来する敵に石や槍を投げつけたという[1]。まさに「群害を避く」ための特殊施設であったわけである。そういえば、ケビン・コスナー主演の映画『ロビンフッド』でも、森の中に築かれたTree Houseの集落は悪徳代官の軍勢から身を隠す「砦」にほかならず、あれが火箭を受けて炎上するシーンには迫力があった。なお、ニューギニアのドッボスは遺体の安置施設でもあったという。これは長江流域の船棺葬（崖葬）にも似た、天上他界の象徴表現と思われるが、わたし自身が中国の雲南省でみた樹上家屋は干し草置場であった。

(2)　ツリーハウスの実験建設

　2004年度前期、鳥取環境大学の演習で、1・2年生がTree Houseを建設した（図1）。そのプロセスを振り返ると、釘やボルトなどの金物が存在しない時代に、樹木のみを柱として水平に床を張り、さらにその上面に屋根を架けるのはかなり難しい仕事だと実感した。自らの経験に即して紹介すると、3～4本の樹木をベースにして、さらに3～4本の柱を地面上に立て、それらをつなぐことで安定感のある骨組が完成する。往古にあっても、何本かの添木状の柱を樹木の幹と併用していた可能性があるだろう。この場合、添木となる柱を掘立にする必要はない。地面に直接立て、横材によ

って樹幹とつなげば、崩壊しにくい構造物が成立する。掘立柱の穴が必要となるのは、樹木から添木が独立して、構造物を形成する場合である。こうなると、かつて楊鴻勛が説いたように、樹上住居から高床住居に至るプロセスを想定したくなる。梢上のTree Houseから、樹木と添木の併用段階をへて高床住居が生まれたという発展段階説である。しかしながら、考古学的データに従う限り、高床住居は湿地適応の所産であり、Tree Houseの方が高床住居の技術を応用して生まれた特殊な防御系施設と考えるべきだろう。

(3) 寒暑と住み替え

『墨子』辞過には、「古の民いまだ宮室をつくるを知らざるとき、陵阜に就いて居し、穴して処とする。下は潤湿にして民を傷め、故に聖王つくりて宮室と為す」とある。また、『礼記』礼運には、「昔は先王いまだ宮室なく、冬はすなわち居すに営窟し、夏はすなわち居すに橧巣す」ともみえる。冬は穴を掘って住み、夏は樹上もしくは高床の上に住んだ。要するに、夏と冬で住み替えをしたというわけだが、これに類する記載は『後漢書』以降の東夷伝・北狄伝に散見される。たとえば、『晋書』東夷伝の粛慎氏の条に「夏はすなわち巣居し、冬はすなわち穴居す」とあるのは、『礼記』礼運の引用とも思われるが、ニブヒ族やコリヤーク族など定住傾向の強い北方ユーラシアの古アジア系諸民族は高床式倉庫をもっていて、それを夏の家とする習俗がある。一方、『旧唐書』靺鞨伝には、「夏はすなわち出でて水草を随い、冬はすなわち穴に入る」とあって、ツングース系諸民族の居住習俗と似ている。

晋の張華『博物志』巻一には、「南の越は巣居し、北の朔は穴居す。寒暑を避ければなり」という記載もある。ここでは「巣」と「穴」を、南北の地域差あるいは民族差に対応させているわけだが、冬夏も南北も、その本質が寒暑の差にあることは言うまでもない。このように、文明以前の太古の住まいは、一方の代表が「穴」もしくは「窟」で、もう一方の代表が「巣」である、との認識が、ある時期まで存続したようである。要するに、穴蔵住まいと床上住まいが未開住居の両極としてイメージされていたのである。

図1 鳥取環境大学の裏山に建設されたTree House（廃材と雑木・竹などを使い、材料費はゼロ。木材の接合には金具をいっさい使わなかった）

(4) 野処

　人類にとって最も原始的な住まいは「巣」でも「穴」でもない。『易』繋辞伝には「上古は穴居し、而して野処す。後世の聖人これに易うるに宮室を以ってす」とみえる。ここでは「穴居」とともに「野処」が「宮室」以前の未開住居として紹介されているわけだが、「巣」や「穴」の定着性に対して、「野処」にはノマド（遊動的）な語感がある点に注目したい。大林太良は、ビルケット・スミスやF．シュレッテなどの先行見解を参考にしながら、「人間がみずからの手でつくった住居の最古の形式は風よけだ」と述べている。ピグミーやブッシュマンの住居がその典型であり、マレー半島のバテク・ネグリートなども片流れ屋根か、差掛け屋根の下に住んでいる。こういう住まいを「野処」と言うのだろうか。いや、もっと原始的な「野処」の方法がある。西北雲南のチベット・ビルマ語族系狩猟採集民のなかには、戦前までまったく「野人」的な放浪生活をおくっていた一群がいる。極端な例はトゥロン（独竜）族で、この集団には元来「住まい」がなく、木陰や草むらの陰あるいは洞穴に眠っていたという。同じ語群のリス（傈僳）族も戦前まで洞穴居住を続けていたようで、近年でも、両流れ屋根（伏屋）だけの住まいが報告されている（第2章第3節図16）。伏屋の住まいとして印象深いのは、ミクロネシアのマーシャル諸島の例である。島民は椰子葉で葺いた屋根を二つ折りにして持ち歩き、寝場所が決まるとそれをへの字にひろげて中にもぐりこんだ。島民の着物といえば、椰子の葉の腰まき程度だから、この屋根は、かれらにとっての住居というか、携帯布団のようなものなのである。

2．遊動と定住の人類史

(1) オルドバイの円形礫敷遺構

　こういう「野処」の民族例は世界中いたるところで報告されているのだけれども、太古におけるその実例を考古学的に証明するのは難しい。洞穴や岩陰などの特殊な場所を例外として、開地に存在した「住まい」らしき遺構について、ある考古学者は「住居跡」の可能性を指摘し、他の考古学者はそんなことは言えないと反論する。たとえば、人類誕生の地とされるアフリカを例にとると、リーキー親子の発掘で有名なタンザニア北部のオルドバイ遺跡（190〜10万年前）でみつかった円形礫敷遺構がよく知られており、フランスのアルディーヌ遺跡（70〜40万年前）でもこれに類する礫敷遺構がみつかっている。オルドバイ峡谷では、約170万年前とされる層位で、直径4mほどの円形遺構を6ヶ所検出した。基盤となる凝灰岩の上に、10〜15cmほどの大きさの溶岩角礫を高さ15〜23cm積み上げたものである。狩猟採集民の円錐形テントの直径が3〜5mであり、遺構のスケールに一致する。規模と平面形態の類似性から、この円形礫敷遺構の端部にテント状架構の垂木尻をめぐらしていた、と推定できないわけではない。

(2) 旧石器時代の「住居跡」

　くりかえすけれども、こういう遺構が住居跡だとは断定できないと主張する考古学者も少なくない。たしかに、溶岩角礫を15〜23cmも積み上げて築いた建物が住居であるなら、アウストラロピテクスとかホモ・ハビリスの時代に、ある程度の定着性を有する住居が存在したことにもなりかねないから、そんなに易々と前期旧石器時代の住居跡の存在を認めるわけにはいかないのだろう。そういう慎重な姿勢には敬意を表したいが、その一方で、この円形礫敷遺構が「住居ではなかった」と証明できる人物が、この世の中に存在するわけでもない。なお、フランス後期旧石器時代のフォン・ド・ゴーム洞穴の壁画には、テント風の家屋表現が残っている。棒を数本立てて綱を張り、樹皮か毛皮で覆う構造を描いているようにみえる。ただし、円錐形テントというよりも、円筒形もしくは台形状の線刻であり、家ではなくて縄結びの表現とみる意見もあるようだ（第4章第4節図8）。

　日本の場合でも、旧石器時代に遡る明確な建物跡はいまだ検出されていない。ただし、居住の痕跡を示す遺跡がないわけではない。後期旧石器時代のいくつかの遺跡で、各種の石器・剥片が分散しながら局所的に密集する「遺物集中区」がみつかっており、ときにそれは「環状ブロック」を形成する。その典型が群馬県の下触牛伏遺跡である。下触牛伏遺跡では直径40mの範囲で石器が密度を変えながら円環をなして散在しており、その集中の度合いにより6〜10の「単位集団」が存在したと推定されている。この場合、集中する石器・剥片群の上で人間が暮らしたはずはないから、遺物集中区は戸外の石器製作場であり、それに近接して「野処」としての建築物が存在し、それが全体として円環をなした可能性が高いとされる。

(3) 洞穴住まい

　ところで、中国の古典にいうところの「窟」や「穴」は、自然の洞穴をも含むのであろうか。「営窟（窟を営む）」「穴処（穴して処とする）」という表現からみると、「窟居」「穴居」は人間が掘った横穴もしくは竪穴の住まいだと思われる。洞穴住まいはむしろ「野処」の一種であり、その最古例は中国の周口店やイスラエルのタブン洞穴にみるように、50〜30万年前の前期旧石器時代に遡るが、最も隆盛するのは、ムスティエ石器文化が栄えたヨーロッパの中期旧石器時代（20〜4万年前）である。ムスティエ文化の担い手はかのネアンデルタール人であり、ヴュルム第1亜氷期にいたる寒冷化にともない、岩陰や洞穴を住まいとするようになっていった。フランスのコンブ・グルナー洞穴では、入口近くに打ち込んだ深さ21cmの杭柱のピットが残っている。もっとも、寒いからといって旧人たちは洞穴ばかりに住んだわけではなく、ウクライナのモルドバⅠ遺跡では、8m×9mの楕円形平面にマンモスの骨をめぐらす平地住居がみつかっており、火の使用痕跡も残っているという。

(4) 後期旧石器時代の竪穴住居

　ヴュルム氷期最初の寒冷期が終わるころから、石刃をもつ後期旧石器時代（3〜1.2万年前）の文化がひろがる。この文化の担い手が現生人類ホモ・サピエンスである。洞穴・岩陰居住はあいか

わらず盛んだが、開地の住居としては、テントから一段階進んだ竪穴住居が作られるようになる。ヨーロッパでは、ウクライナのガガリノ遺跡、コスチョンキ遺跡、プシュカリ遺跡、ティモノフカ遺跡、スロバキアのドルニ・ヴェストニツェ遺跡とオストラヴァ・ペトルジュコヴィツェ遺跡、シベリアのマリタ遺跡などにロングハウス系の竪穴住居が出現する。ドン川流域のコスチョンキ第1遺跡をみると、長径35m、短径15mの長円形竪穴で、主軸にそって9～11の炉が2m間隔で並んでおり、10前後の単婚家族からなるクランが共同生活を営んだものと推定されている。また、竪穴のエッジにはベッド状遺構があって、その上面で柱穴を検出しており、構造材として利用されたマンモスの骨が多数散乱していた。

　大型獣骨を建材とする住居跡として、その構造を最もよく残すのが、ウクライナのメジリチ遺跡である。約2万年前にあたるグラヴェト文化の遺跡で、円形平面の平地住居が5棟みつかっている。大型のそれは直径約6mを測り、復元高が3m、屋内中央に炉がある。マンモスの骨を組みあわせて、ドーム状の小屋組をつくり、マンモスの皮を張る。壁の下側にマンモスの頭骨、その上側に下顎骨をめぐらせており、骨の総重量は約16トン（100頭分）にも及ぶという。かくも大量の骨材を使って家屋を作るには想像を絶するエネルギーが必要であり、ノマドな「野処」のイメージとはほど遠い。「冬の家」の可能性もあるだろうが、それにしても、かなり定着性の高い居住様式と生業を背景にしていたとみなさざるをえないのではないか。

　メジリチはさておき、東欧各地の後期旧石器時代に展開したロングハウス式竪穴住居をみると、建材に樹木と獣骨という差違がみとめられるものの、その平面構成は、縄文時代早期末から盛行する東日本の大型竪穴住居と驚くほどよく似ている。その東限はバイカル湖畔のマリタ遺跡やブレチ遺跡であり、日本列島とも比較的近い位置にあるから、両者の系譜関係を勘ぐりたくなるけれども、マリタやブレチの年代（約3～2万年前）と縄文早期末～前期（約6000～5000年前）とでは時間が離れすぎている。後述するように、むしろカムチャツカ半島のウシュキI遺跡（約1万年前）でみられるような、浅くくぼんだ竪穴住居と縄文草創期の住居との相関性を検討すべきであろう。

3．穴居の起源をさぐる

(1) 洞穴居住者の建築物

　ウクライナ、スロバキア、シベリアなど東欧の寒冷地域で出現する後期旧石器時代の竪穴住居について、ゴードン・チャイルドがおもしろい表現を使って説明している。中期旧石器時代から盛んになった洞穴居住者たちが、開地にでて築いた人工の洞穴が竪穴住居だという理解であり、チャイルドは、これら後期旧石器時代の竪穴住居を「洞穴居住者の建築物（Cave Men's Building）」と呼んでいる。この解釈と関連して、わたしがとくに注目しているのは、斜面に形成された竪穴住居である。竪穴住居が斜面に立地する場合、竪穴に切妻屋根をかけると横穴構造に近くなって、「人工洞穴」としてのイメージがいっそう強くなる。スロバキア後期旧石器時代のドルニ・ヴェストニツェ遺跡でみつかった小型住居がその古い例のひとつにあげられるだろう。竪穴は泉にのぞむ緩斜面に

立地する。径約 6 mの円形平面の竪穴は斜面側では地面を削って壁をつくり、泉側では粘土と石で弧状に盛り上げている。中近東では後期旧石器末～新石器初期にあたるレヴァントのナトゥーフ文化（約 1 万年前）で、円形竪穴住居とともに、馬蹄形平面の斜面住居がみられる。

（2） 斜面の人工洞穴

　ナトゥーフ文化とほぼ併行する縄文時代草創期の日本にも、この種の住居が登場する。鹿児島の掃除山遺跡と福岡の大原D遺跡がその代表である。とくに大原D遺跡のSC003（B.P.10840±90年）は、沼津市葛原沢遺跡第 1 号住居址とともに、残りのよい草創期の焼失住居として知られ、上部構造の復元が可能である。大原D遺跡の集落は、丘陵南向き斜面の小さな段丘上に営まれている。SC003は馬蹄形平面の斜面下方側が崖状に掘削されており、東西方向の長さ4.3m、主軸にあたる南北方向の残長3.5mを測る。床面の標高は30.9m、竪穴の残存する深さは約20cm。竪穴内部の炭化材の繊維方向は、①主軸中心部にむかう求心方向の材（垂木のほか棟木と思われる材を含む）、②求心方向の材を覆いながら、それと直交する繊維方向を示す材（垂木上の木舞と推定される）、③繊維方向不明の材（樹皮下地？）、に分けられる（口絵 5）。

　つぎに床面をみると、数多くのピットが検出されているが、穴の深さは最大で21cm、他は 5 ～10cmと浅めになっている。ただし、主軸周辺の南北方向に深さ10～21cmのピットが集中しており、ここに棟持柱が何本か立っていた痕跡とみることもできよう。このほか壁際にならぶ 8 つのピットが規則性を示す以外、ランダムな配列になっている。以上から判断するに、小屋組はおそらく棟持柱構造で、まず周堤と棟木のあいだに垂木をわたし、その上に木舞を並べ、さらに樹皮を敷いていたものと推定される。また、明確な土層を確認していないが、後述するように、炭化材を多量に残す蒸し焼き状の焼けかた自体が土屋根構造に特有なものであり、樹皮屋根に土を被せていた可能性が高いだろう（第 2 章第 3 節 1 ）。

　鹿児島市の掃除山遺跡でも、崖状に傾斜する面で、竪穴半分だけの住居跡がみつかっている。やはりカマクラ形の屋根をもつ住居に復元でき、これら九州の縄文草創期集落では、故意に傾斜面や崖面を竪穴住居の敷地として選択した可能性があるだろう。斜面に穴を掘り、掘りあげた土で屋根を覆えば、山の斜面に「人工洞穴」ができあがる。このようなカマクラ形の竪穴住居は、構造を複雑化させながらも、縄文時代では岩手県一戸町の御所野遺跡（約4000年前）、弥生時代でも島根県太田市の鳥居南遺跡（約1800年前）などに継承される。これもまた焼失住居跡のデータから裏付けられる例である。

　なお、人工の洞穴（横穴住居）として、ただちにイメージされるのは、中国黄土高原にひろく分布するヤオトン（窰洞）であろう。横穴住居は仰韶文化後半の前四千年紀に平地住居とともに出現し、龍山文化期（前2900～2000年）に盛行する。中国の場合、最古の新石器文化は湖南省道県玉蟾岩遺跡、江西省万年県仙人洞遺跡など、いずれも 1 万年以上前の洞穴遺跡であり、竪穴住居をともなう定住的な開地集落の出現は前6000年ころまで下る。したがって、自然の洞穴とヤオトンの直接的な系譜関係はあきらかでない。膨大な考古資料に従う限り、崖を掘り抜いた横穴住居（ヤオト

ン）は、竪穴住居からの展開型の一つとして黄土高原に適応し、古式の竪穴住居に取って代わり、広域的に拡散したものと思われる。

（3）　水迫遺跡をめぐる論争

　洞穴・岩陰や遺物集中区をのぞくと、日本の旧石器時代遺跡では、住居と認定できる確実な建物跡がみつかっていない、とすでに述べた。ところが最近、鹿児島県指宿市で約15000年前の「竪穴建物跡」が「発見」され、大きな騒動になった。いうまでもなく、日本列島における竪穴住居とは、遊動的な旧石器時代から定住生活を営む縄文時代への転換を示す重要なメルクマールである。「定住」との相関性からみれば、竪穴住居と土器の文化史的意義は等価であって、両者の出現はほぼ同時期と認識されてきた。こういう前提を踏まえるならば、土器のない後期旧石器時代に竪穴住居の集落が存在したとする水迫の「発見」は、考古学の常識を根本的に覆すものであった。しかし、その「発見」が正当な評価をうけていない。

　水迫の第1調査区でみつかった1・2号「建物跡」は、浅い窪みをもつ竪穴の周囲に杭列がめぐる。その杭列については、遺構面全体に同類のピットが確認されるため疑問視されており、竪穴が浅すぎるという批判も少なくなかった。私はむしろ、その「浅い窪み状の竪穴」という特徴に魅力をおぼえていた。「浅い窪み状」の掘り込みは、先述したカムチャッカ半島のウシュキⅠ遺跡の出土状況ともよく似ており、遊動的なテント居住から定着性の高い竪穴居住への過渡的状況を示す遺構として理解できるかもしれないと思っていたからである。その後、西側拡張区で3号建物跡がみつかり、1・2号よりも高い検出面で竪穴のエッジを検出し、約30cmの落ち込みを確認した。2001～2002年度の第11トレンチ調査では「建物跡」A・B・Cの3棟を検出し、竪穴のエッジにかかる杭状ピットの存在を確定している。遺構検出の方法はじつに慎重で、土層の色彩測定など自然科学的手法もふんだんに取り入れており、担当者たちの取り組みは賞賛に値する。にもかかわらず、水迫の「発見」に対する批判は強烈である。水迫遺跡はたしかに後期旧石器時代の「遺跡」ではあるが、調査担当者がみつけた「竪穴建物跡」は「建物跡」でもなければ「遺構」でもなく、たんなる地層の乱れにすぎない、という批判論文が学会誌巻頭を飾っている[9]。「捏造」問題の余波がおさまりきらないなかでの批判に、現場担当者はおおいに動揺したが、不思議なことに、その批判は報告書に記載された地層の解釈に終始している。これまで「発見」されたすべての「建物跡」についての遺構解釈を厳密に検証し、「遺構」の存在しないことをより積極的に示さない限り、この批判もまた一つの意見にすぎない。

（4）　テントから竪穴へ

　水迫遺跡の「建物跡」A・B・Cの出土状況をみる限り、柱穴が竪穴のエッジに並ぶ平面構成は縄文草創期の竪穴住居ともよく似ており、これをモデルに据えて竪穴住居の起源を論じたいところなのだが、ここではより慎重な立場から、同じ鹿児島県に所在し、水迫1・2号「建物跡」と似た平面をもつ縄文早期（約9500年前）の上野原遺跡の住居跡について考察を試みよう。上野原遺跡の竪

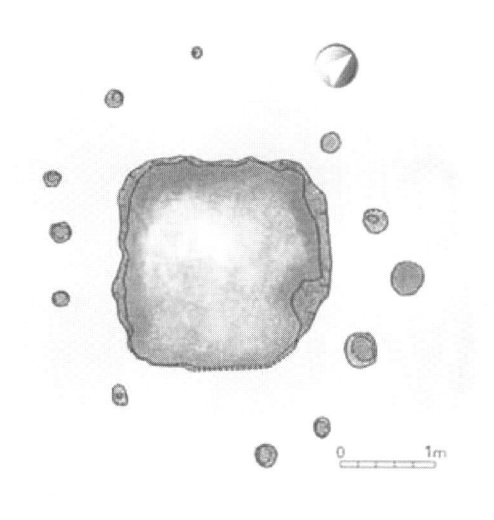

図2　鹿児島県霧島市上野原遺跡の復元集落と住居跡

穴住居は、1辺約2mの隅丸方形の竪穴の外側50～100cmの位置に柱穴を楕円形にめぐらせたものである（図2）。よく知られているように、上野原では遺跡整備にともない、多くの復元住居が建設されているが、それは柱を内側に湾曲させて、屋根をドーム状にしている。おそらく南米先住民の住居を参考にしたものであろうが、考古学的な根拠のない復元住居の典型と評されても仕方ない作品である。なにより、屋根の葺材と葺き方に問題がある。そもそも、茅葺き自体の存在が証明できない縄文時代早期にあって、葺材として茅を想定し、その茅を古式の逆葺きではなく、（おそらく本葺きの）段葺きとしている。要するに、アイヌ式の草屋根をアマゾン風の湾曲垂木に被せているものだから、建築全体としての不自然さが否めないのである。それでは、どのように復元すべきなのであろうか。わたしはテント構造が竪穴化するにあたり、垂木尻周辺から土をかぶせた段階にあたり、とくに荷重のかかる裾の部分を安定させるために柱列をめぐらして重みをうけたのではないか、と考えている。この場合、想定すべき屋根材はもちろん樹皮である。円錐形架構の上に樹皮を葺き、穴から掘りあげた土を裾に被せて、垂木尻を安定させたのではないか、と思うのである。

円錐形テントから竪穴住居への展開は、縄文～弥生時代の竪穴住居に、三脚構造の名残を示す3本柱の平面がしばしば含まれることからも裏付けうるであろう。要するに、竪穴住居が確立していく背景には、1）平坦地形におけるテントの竪穴化、2）斜面地形における「人工洞穴」の成立、の両系統が初源的状況として想定され、それを示唆する遺構が九州島で続々と発見されている点に注目している。

4．土で覆われた竪穴住居

（1）　焼失住居と土屋根

全国各地で縄文時代以降の焼失住居跡が続々と発見され、その大半は土屋根の構造に復元できる。

図3 2002年度に復元された洞ノ原地区住居8の建設過程(板状の垂木をかけているところ)

良質な焼失住居の場合、床面の上側で、下から（ⅰ）炭化木材［建築部材］、（ⅱ）もやもやとした炭化物層［屋根下地］、（ⅲ）焼土［屋根土］という3つの層が確認できる。この3層が上記の層位をもって複合的に検出されたならば、その住居跡が土屋根の焼けた遺構であると認定して、まずまちがいない。ときに（ⅱ）や（ⅲ）が不明瞭ながら（ⅰ）の炭化部材のみよく残す場合もあるけれども、土屋根に覆われているからこそ、部材が不完全燃焼をおこして蒸し焼き状になるのであって、それは土屋根住居の焼却実験によっても裏付けられている。逆に、茅などの植物で覆われた屋根ならば、迅速に消火しない限り、完全燃焼によって短時間に建物全体が焼け尽くす。床面直上に多くの炭化材を残す可能性は低いのである。ただし、豪雪地帯の住居には注意を払う必要がある。厳寒の冬季、草屋根の上に1m程度の雪が積もり凍っていたとしよう。そこで火災が発生したならば、土屋根住居と似た不完全燃焼がおこりうる。この点を考慮するならば、山陰や北陸・東北などの積雪地域における焼失住居跡については、やはり焼土層の存在が土屋根か否かの判定にあたって、最も重要な鍵を握ることになるだろう。

妻木晩田遺跡妻木山地区でみつかった住居跡SI-43は、日本で最も残りのよい弥生時代の焼失住居跡である（第2章第6節2）。平行に配列された板状の垂木材が心々距離約25cmのピッチで並び、それらは桁よりも内側にのびている。茅の層は垂木上で横方向、さらに横方向の茅の上に縦（求心）方向の茅が堆積し、直交して重層するこの茅層は、大量の焼土を含む分厚い炭混り土層の下にくいこんでいるのである。したがって、上記（ⅰ）（ⅱ）（ⅲ）の条件を十分にみたしており、茅葺き下地を粘土質の土で覆う屋根に復元できる（図3）。

(2) 環日本海地域の土屋根住居

民族学的にみると、竪穴住居は北方ユーラシアと北米の大河川流域および沿岸域に集中分布する。漁労活動と結びついた定住性の高い居住形態であり、屋根や壁を土で覆う例が少なくない。北米のトンプソン・インディアン、アリューシャン列島のアレウト、カムチャッカ半島の定住コリヤークとイテルメンなどの竪穴住居は、丸太や板材で重厚なボックスを作り上げ、その上に土を被せる。特筆すべきは、屋頂部の天窓から出入りすることである。これとそっくりの竪穴住居が中国正史の東夷伝に記載されている。たとえば『後漢書』馬韓伝には「居処は土室を作るに、形は家の如し。その戸は上にあり。家を挙げてともに中にあり。長幼男女之別なし」とある。黒龍江流域の古民族である靺鞨（勿吉）についても、『魏書』勿吉伝には「築城し穴居す。屋の形は塚に似て、上に口を開き、梯をもって出入す」、『旧唐書』靺鞨伝には「屋宇（建物）なく、而して山水に依り地を掘

りて穴を為る。木を上に架け、土をもって之を覆う。状は中国之塚墓の如し」とみえる。日本には天窓出入りの竪穴住居が存在したという証拠はないが、風土記にみえる「土蜘蛛」の「土窟」が気になるところである。

(3) 土屋根の意味

　天窓出入りの問題はさておき、土で覆われた竪穴住居が日本列島を含む東北アジアにひろく分布していたことは、文献的にも、考古学・民族学的にもあきらかである。この土屋根とはいったい何なのであろうか。この場合の土はあくまで屋根の被覆材であって、葺材ではない。雨水処理は、この下地材＝葺材の仕上げにかかっている。縄文の場合はおそらく樹皮、弥生の場合は茅が下地材の主流であったろう。問題は葺材としての茅の出現期である。わたしが知る限りでは、松江市田和山遺跡の弥生時代中期後半の焼失住居跡で出土した半裁状の垂木に付着した茅が最古の遺物である。この茅は半裁状垂木の平坦面にあって、垂木に直交する方向性を示している。妻木晩田の焼失住居と同じく、まずは垂木上に茅を横に敷き、さらにその上に茅を縦に葺き流したうえで土を被せたのであろう。このように、田和山や妻木晩田の焼失住居は、縄文時代の土屋根を継承しながらも、その下地には樹皮でなく茅葺きを採用している。それは茅葺きの技術が弥生時代の中期までに確立していたことを示している。土屋根住居のほかに、茅葺きの建築物がひろく存在したことの証でもある。

(4) 茅葺きの源流

　茅を屋根葺材とする伝統はいつの時代にまで遡るのだろうか。直接的な根拠は乏しいが、とりあえず参考となるのは「松菊里型住居」との関係である。「松菊里型住居」は朝鮮半島無文土器時代（青銅器時代）の中期に出現する竪穴住居で、床面の中央に円形の窪みを掘って、その内側か外側のどちらかに一対となる二つの柱穴を掘りこんでいる。この単純にして風変わりな平面をもつ住居跡は、指標遺跡となる忠清南道の松菊里遺跡をはじめ、海美邑、長川里、大也里、検丹里などの朝鮮半島西南部を核にして、九州北部から瀬戸内海沿岸域にまで波及しており、半島から伝来した水稲農耕文化複合の重要な要素として弥生住居の一潮流をなす。日本の場合、年代が古いのは福岡県粕屋町の江辻環濠集落で出土した住居跡（前5世紀）で、「松菊里型住居」のほかに1間×5間の長大な掘立柱建物を数棟ともなっている。半島でも、全羅南道の長川里遺跡で「松菊里型住居」と

図4　洞ノ原地区西側丘陵の土屋根竪穴住居（住居2）　図5　洞ノ原地区西側丘陵の土屋根竪穴住居（住居2）内部

1間×3間の掘立柱建物が複合的にみつかっており、「松菊里型住居」が茅葺きであったのか土被覆であったのかは不明だが、高床倉庫（稲倉）跡とみられる梁間1間の掘立柱建物が茅葺きの建物であった可能性は高いだろう。「茅」とは屋根葺材となる草の総称であり、稲藁も「茅」の一種だから、樹皮よりもイネ、ススキ、アシなどのイネ科植物を葺材としてイメージしたくなる。残念なことに、その根拠を示すだけの資料をわたしは知らないのだけれども、日本列島に水田稲作農耕が伝来する縄文晩期には茅葺きの技術が確立していたであろう、とは思うのである。しかし、それは縄文時代のどの段階まで遡るのであろうか。縄文時代の中後期に盛行する掘立柱建物の屋根には、どのような葺材が用いられていたのだろうか。自らが係わった御所野遺跡の場合、竪穴住居の下地材を樹皮とみるからには、掘立柱建物の屋根も樹皮葺きであるべきだという考えで両者の復元に取り組んだ。茅葺き屋根が太古から存在したというのは現代日本人の思い込みにすぎない。私見ながら、建築史的にみた縄文時代の屋根とは、旧石器時代以来の樹皮・獣皮の葺材が茅葺にとってかわる過渡期の段階と理解すべきではないだろうか。葺材は樹皮・獣皮から茅に変わる。その上に土を被せる慣習が、縄文から風土記の時代まで（あるいはそれ以降も）継承されていったのである。

附記

本節の初出は以下のとおりであり、若干の修正を加えた。

  浅川滋男　2004　「住居の始原—東方アジア民族建築の先史学的パースペクティヴ—」『第5回弥生文化シンポジウム　弥生のすまいを探る—建築技術と生活空間』鳥取県教育委員会：pp.4-12

註

(1)　Peter Nelson, *TREE HOUSE The Art and Craft of Living Out on a Limb*, Houghton Muffin Company, 1994
(2)　楊鴻勛「中国早期建築的発展」『建築歴史與理論』第1輯、1981
(3)　浅川「南中国の先史住居—住まいの多様性および高床式建築の起源をめぐる考察」『住まいの民族建築学—江南漢族と華南少数民族の住居論』建築資料研究社、1994
(4)　浅川「正史東夷伝にみえる住まいの素描」『文化財論叢Ⅱ』奈良国立文化財研究所創立40周年論文集、同朋社、1995
(5)　大林太良「住居の民族学的研究」大林編『日本古代文化の探求　家』社会思想社、1975
(6)　松岡静雄『ミクロネシア民族誌』岩波書店、1943
(7)　このほか残りのよい平地住居址としては、フランスのパンスヴァンとドイツのゲナスドルフの例がよく知られている。いずれも約12000年前の遺跡である。とくにゲナスドルフの遺構は、ラーハ湖火山の大爆発に伴うパミス（軽石）に厚く覆われ、残りがよい。遺物が集中するだけでなく、炉址、柱穴、床面に敷いたスレート板などが検出され、支柱を伴う大型住居3棟、大型テント1張、小型テント3張が復元された。復原案では屋根・壁を馬の皮で覆うが、これは馬の骨が大量に出土したことを重視したものである。また、主として動物・魚類骨の出土状況から、大型住居は回帰的な冬季の住居、小型住居は仮設的な夏季の住居、という住み替えの図式が指摘されている。
(8)　Child, G .'Cave Men's Building' , *Antiquity* 24, 1950
(9)　稲田孝司「日本における旧石器時代住居遺構の批判的検討」『考古学研究』第50巻第3号、2004

参考文献

浅川滋男　1994　『住まいの民族建築学－江南漢族と華南少数民族の住居論』建築資料研究社
　　　　　　1998　「東アジアからみた日本の住まい」巽和夫編『住宅の近未来像』学芸出版社
浅川滋男編　1998　『先史日本の住居とその周辺』同成社
　　　　　　2000　『北東アジアのツングース系諸民族住居に関する歴史民族学的研究』住宅総合研究財団報告書、丸善
　　　　　　2001　『竪穴住居の空間と構造』平成12年度科学研究費補助金特定領域研究成果報告書、国際日本文化研究センター
江上波夫・樋口隆康編　1961　『世界考古学体系』12、平凡社
江上波夫監修　1985　『図説世界の考古学』1～4、福武書店
大貫静夫編　2001　『韓国の竪穴住居とその集落』国際日本文化研究センター
木村重信編　1987　『世界の大遺跡1　先史の世界』講談社
藤本強編　1997　『住の考古学』同成社
藤本強・菊池徹夫監修　『世界の考古学』1～10、同成社

第2節　居住の技術（Ⅰ）―縄文時代―

1．円錐形テントと竪穴住居

（1）　漁撈と定住性

　狩猟採集民の住居として知られる円錐形テントと竪穴住居には、かなり明確な地理的分布の差異が認められ、双方の担い手の生業のあり方と密接に相関している。円錐形テントは北方ユーラシアおよび北米大陸の内陸山間地域で狩猟に従事した民族が利用した住まいであり、竪穴住居は環北太平洋域の沿岸および大河川流域に卓越し、漁撈および海獣狩猟と深く結びついている。

　漁撈には捕獲の安定性がある。狩猟と比べれば、はるかに効率のよい収穫が期待できる。2002年の夏、シホテ・アリニ山脈を流れるビキン川中流域のツングース系狩猟民ウデヘ族の集落を調査した際、二人の猟師とともに上流の猟場に行って2泊した［大貫・佐藤編 2004］。わたしたちの目的は、古い居住形態を残す猟場の住居系建築を調査することだったが、猟師の目的はもちろん狩猟である。大型のシカをかれらは狙っていた。わたしたちはビキン川の支流をあちこち移動したのだが、岸辺のところどころにシカの足跡を確認したものの、2日間シカは姿をあらわさなかった。移動手段はもちろん船である。猟師たちは獲物をライフルで狙いながら、ときに狩猟活動を停止し、川の淀みに網を張る。狩猟活動を終えた夕方、いちど漁場に戻って網を引き上げると、30尾以上のの魚が網にかかっていた。獲れた魚は、その日の夕食になる。網は夕方、再び水中に沈ませておく。翌朝、網を引き上げるとまた魚が捕まっている。毎日、狩猟にエネルギーと時間を費やす一方で、合間を縫っての網漁が猟場での食生活を支えていた。

　網がない時代でも、魚は獣より捕らえやすかったはずだ。だから、漁撈に重きをおく人びとは河川流域に定着性の高い住居を構える。かれらは狩猟もしている。狩猟のための小屋やテントを山間各地に建てたが、拠点となる住居は川の近くにあった。川では安定して魚が獲れる。しかも、周辺には豊かな落葉広葉樹林がひろがっている。木の実や山菜はふんだんにあった。こうして、人びとの定住性はさらに高まっていった。そういう定着的な生活を受け入れる器が竪穴住居である。日本列島では、縄文時代にこういう住生活が始まったと言われる。

（2）　狩猟民のテントと三脚構造

　一方、内陸山間地域に暮らす人びとはテントに住むしかなかった。漁撈にくらべれば、狩猟は収穫の安定性が低い。獣はどこにいるのか分かりにくく、その姿を視界にとらえたとしても捕獲できるとは限らない。獣は動き、猟師も動く。獲物を得るために、猟師は山間部をひっきりなしに移動する。実際にみた例をあげると、中国黒龍江省興安嶺に住むオロチョン族（ツングース系エヴェン

キ族の一派）の人びとは、すでに定住化していたけれども、狩猟の際には今でも三脚構造の円錐形テント「仙人柱」（オロチョン語でアガという）を活用しつつ猟場を動きまわっている。円錐形テントの建設は単純この上ない（図1）。白樺もしくは柳の樹を伐って三脚をつくる。丸太の先端にY字状の股木を残しておき、その股木を相互にかみ合わせるだけで、頑丈な三脚構造体ができあがる。あとは数本の垂木を円形に並べれば骨組が完成し、その骨組に布を巻きつければテントになる。樹木の選定と伐採にはやや時間が必要だが、建設自体は15分程度で片がつく。ただし、夏と冬でテントの構造が若干変わる。夏は長さ4mほどの垂木を用いて急勾配の屋根をたちあげ、白樺の樹皮で編んだマットで骨組を覆うのだが、天窓部分はひろくあけておく。そして、炉は屋外に設ける。冬になると、垂木の長さは3mぐらいまで短くなって、勾配を緩くとり、ノロジカの毛皮を骨組に巻き付ける。天窓は小さく、炉は屋内に設ける。

(3) 旧石器時代から新石器時代へ

以上から見据えるに、「狩猟＝テント＝遊動 vs. 漁撈＝竪穴住居＝定住」という対立性を示しうるわけだが、その一方で、テントと竪穴住居の建築構造はあきらかに同一系統であり、竪穴住居はテントの内部に穴を掘ることを出発点にして構造を進化させた建築物と理解できるであろう。

それでは、なぜテントは竪穴化しなければならなかったのか。それは、人びとが定着性の高い生活を送るにあたって、住まいの内部空間を拡張する必要性に迫られたからであろう。サスや垂木のような斜材しか知らなかった人びとが、木構造の垂直壁を考案して、その上側に屋根としてのテントをもち上げる技術を開発するには、もう少し時間が必要だった。地面から上の空間を拡大するのはやっかいだが、穴を掘るだけでテントに覆われた空間はおのずとひろくなる。掘りあげた土を竪穴の周囲にもりあげて「周堤」とすれば、内部空間はさらにひろくなり、周堤は小屋組の足元を固める堅牢な基礎になった。また、その土を樹皮や毛皮で葺いた屋根に被せれば、外気と内部の遮蔽性が強まり、室内の温湿度は外気の変動にかかわらず安定化していった。寒暑を避ける機能が向上すると同時に、防火性能も一気に高まった。ただし、土を被せるからには、垂木の勾配を緩くしな

平面と製作過程

図1　小興安嶺オロチョン族の円錐形テント「仙人柱」とその建設過程（冬のテント）

ければならない。土がずりおちてしまうからだ。場合によっては、下から柱で支えないと屋根そのものが崩れ落ちてしまうだろう。こうして、急勾配の屋根をもつテントの構造が少しずつ変形していったのだと思われるが、竪穴住居がどのように進化しようとも、原初形としてのテント構造が失われることはなかった。竪穴住居どころか、テントの構造は北海道アイヌの住居チセに特有なケツンニ（三脚）構造や、近世民家のサス構造にさえ名残をとどめている。

　ところで、考古学的にみた場合、新石器時代の始まりと同時に、テントから竪穴住居へ居住施設が転換すると言われる。遊動する旧石器時代人が新石器時代になって定住し始めることによって、竪穴住居が生まれるというのが常識的な理解であろう。ところが、後期旧石器時代の東欧には、マンモスに代表される大型獣の獣骨を骨組とする竪穴住居が卓越していた。しかも、それは複数の炉をもつロングハウスとしての竪穴住居である。ウクライナやスロバキアを中心にして、バイカル湖周辺にまでひろがる後期旧石器時代の東欧型竪穴ロングハウスは、マンモスなどの大型獣を随う旧石器時代人の定住性を示す証拠であるといってよいかもしれない。もっとも、これらの地域の冬は長く、その大型住居は長い冬の家であった可能性もあるだろう。

　一方、日本の後期旧石器時代にこういう大型の竪穴住居はみつかっていない。鹿児島県指宿市の水迫遺跡で後期旧石器時代の竪穴住居風遺構（15000年前ころ）がいくつか検出されているが、これについては「地形の窪みにすぎない」という批判も発表されている。日本の後期旧石器時代においては、群馬県の下触牛伏遺跡に代表されるように、石器破片の集中する「遺物集中区」が円環状に並ぶ遺跡があって、テントか風避け程度の仮設建物の前方で石器を製作していた可能性が高いとされる。この場合も、「遺物集中区」の周辺には建物跡らしい遺構はまったくみつかっていないので、厳密にいうならば、仮設の住居群が環状に配列していたのかどうかも分からない。

　旧石器時代のテントから新石器時代の竪穴住居への変貌というプロセスを考古学的に知る上で、シベリアの例が参考になる。後期旧石器時代の終末期にあたる細石器文化では、円形平面の縁石を配し中央に石囲炉をおく平地住居跡が確認されているのに対して、カムチャツカ半島新石器時代最初期（約1万年前）のウシュキ遺跡では、浅く掘りくぼめた竪穴住居が4棟みつかっている。これらの浅い竪穴住居は門道を備え、屋内中央外寄りに石囲炉を備えている。テント式の平地住居が床を下げ始めた萌芽期の住まいとみてよかろう。日本の場合、シベリアのような住居変化を細石器段階→新石器時代初頭（縄文草創期）において明瞭に看取できるわけではないが、前節で述べたように、鹿児島県霧島市の上野原遺跡でみられる縄文早期の竪穴住居のように、主柱の内側に竪穴を有する住居形式はテント式の平地住居が床面を下げ始めた状況を示すもののようにも思われる。

（4）　円錐形テントから竪穴住居へ

　円形平面の竪穴住居に主柱がまったくない遺構もしばしば検出される。竪穴の外側に円錐形のテントをつくっていたと考えるほかない建物である。こういう竪穴住居の場合、垂木上の屋根材が樹皮・毛皮・草など軽量のものであれば問題ないけれども、それらに土を被せるようになると屋根荷重に耐えられなくなる。まず、三脚をベースとする円錐形の木組を接地部分で固める必要があり、

周堤は第一にその機能を期待されたものであろう。この場合、周堤を築いてから斜材を突きさすのではなく、木組を組んだ後に土で覆い接地部分を固めたものと思われる。さらに、放射状の三脚や垂木を内側から支持する構造物が必要となる。こういう視点から注目されるのは、円形竪穴のなかに3本主柱をもつ住居跡であろう。三つの主柱穴は、円形平面の外側に配する三脚を竪穴の下から支持するための柱を立てた痕跡である。下から柱で承けると、たしかに三脚の部分は構造が安定するけれども、それ以外の垂木材は円形平面に対応して放射状にめぐらせているので、三角形を呈する梁・桁上に載らず、宙に浮いたままとなる。したがって、上部荷重に対する抵抗力は弱く、材はしだいに撓んでいく。撓みを防ぐには、放射状の垂木と対応するように複数の柱を配列するしかない。この結果、柱は多角形配列になっていったのだろう。五角形、六角形、七角形、八角形などに柱を配することにより、梁・桁は円に近い形をもって並ぶようになり、三脚および垂木は梁・桁で支持され、屋根全体が安定するのである。なお、北方ユーラシアや北米には、三脚とともに四脚をベースとする円錐形テントも分布しており、この四脚構造が四本主柱の発生を招いた可能性がある。

以上をまとめると、円錐形テントから初期の竪穴住居に至る変遷として以下のプロセスが想定されるであろう。

　　①地上の円錐形テント→②窪みをもつ円錐形テント→③竪穴をともなう円錐形テント
　　　（周堤あり、柱なし）→④3本主柱をもつ竪穴住居→⑤多角形に柱を配する竪穴住居

①から⑤に向かって空間はひろがり、構造は安定化していく。⑤に近ければ近いほど、耐用年数は長く、定着性の高い生活に適した住まいと言えるであろう。

(5) ロングハウスと三脚構造

すでに述べたように、円錐形テントの名残は、アイヌ住居のケツンニ構造や近世民家のサス構造にすら認めることができる。とりわけ、日本の竪穴住居の展開を考察するにあたって重要な位置を占めるのがアイヌの三脚構造ケツンニである（図2）。北海道アイヌの住居チセの小屋組には、両方の妻側に近い位置に三脚を立てる。この三脚をアイヌ語でケツンニとよぶ。左右両側のケツンニの頂点に水平材（棟木）をのせれば、屋根の骨組（小屋組）の基本構造ができあがる。三脚を構成

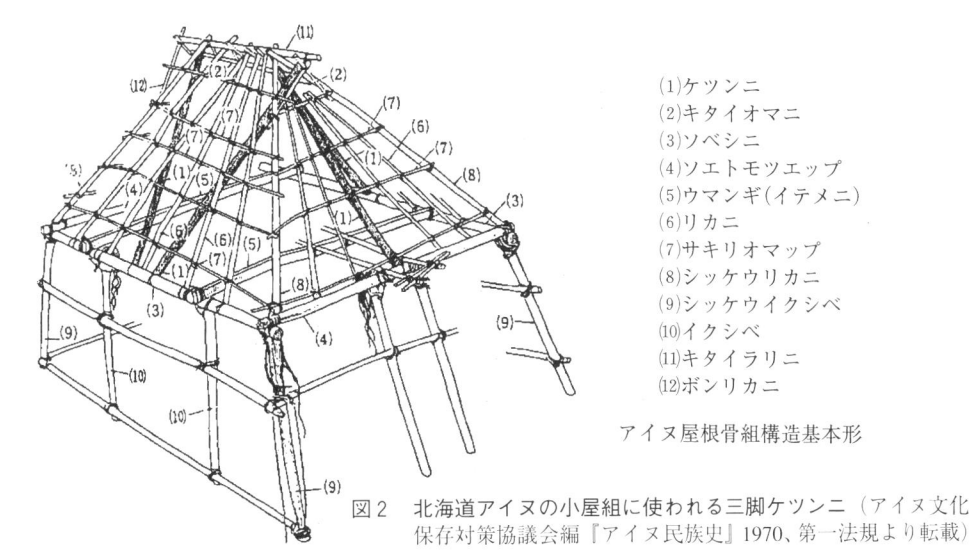

(1)ケツンニ
(2)キタイオマニ
(3)ソベシニ
(4)ソエトモツエップ
(5)ウマンギ（イテメニ）
(6)リカニ
(7)サキリオマップ
(8)シッケウリカニ
(9)シッケウイクシベ
(10)イクシベ
(11)キタイラリニ
(12)ポンリカニ

アイヌ屋根骨組構造基本形

図2　北海道アイヌの小屋組に使われる三脚ケツンニ（アイヌ文化保存対策協議会編『アイヌ民族史』1970、第一法規より転載）

する棒材の下端は鋭角的に尖らせ梁・桁に差し込んで固定する。棟木から梁・桁に対して放射状に垂木をわたせば、長方形平面で寄棟造の屋根をつくることができる。大林太良は、アイヌ住居のケツンニ構造が北方ユーラシア狩猟採集民族のテント構造と親縁性をもつことを喝破した［大林1991］。北欧ラップランド狩猟民のテントも同じく三脚を2基立ちあげ、その頂点に棟木をわたす構造をしている。

　こういう視点で縄文住居をとらえるならば、たとえば前期に卓越する長円形のロングハウスなども、両方の妻側にケツンニを立てて棟木でつないだものとして理解できる。ただし、ケツンニだけで屋根の重さを支えることはできないので、竪穴の内側に大きな柱を立てる必要があった。

　最近の復元考察例から一例をとりあげておきたい［浅川編 2008］。鳥取県の智頭枕田遺跡は西日本では珍しく、縄文時代の大規模な住居集落遺跡が発見された例として知られている（第2章第3節3）。縄文中期末～後期初頭の住居跡は11棟を数え、少なくとも2時期にわたって営まれている。平面は楕円形もしくは隅丸台形を呈し、中央に石囲炉を置き、長軸の中軸線上に2本の主柱を配する。2本主柱の平面ということで、もちろん主柱間に棟木をわたす棟持柱の上屋構造を検討したが、それは切妻の屋根にふさわしく、寄棟の屋根を作り難い。棟持柱構造では妻側に垂木をわたせないので、主柱の直上（もしくはわずかに外側）に三脚（ケツンニ）を組み、二つの三脚と2本の主柱で棟木を支える方法を採用することにした。この当初案の場合、平側の垂木は棟木で、妻側の垂木は三脚で支持できる。これも一つの解である。ただし、煙抜き用の越屋根をつくるのに難がある。そこで、第2案として、主柱の内側に四脚を組み、寄棟屋根の棟木は四脚で支え、越屋根（切妻）の棟木を主柱で支えるように復元した。三脚ではなく、四脚を採用したのは、中軸線上にあるべき三脚のうちの一脚が主柱にあたってしまい、他の二脚と接しあわないからである。四脚にすれば、主柱を左右から挟み込むようにして構造のベースを作ることができる。以上のように、2本柱の住居跡でも、棟持柱だけではなく、三脚もしくは四脚を併用することで、安定感のある寄棟構造を再現できる。

　なお、智頭枕田の場合、壁溝が北東隅で途切れており、そこを入口と推定した。とりわけ三脚構造の場合、中軸線上に一脚をおくため妻側中央に入口を配せない。この構造には隅入が適しており、近年、大阪府八尾南遺跡の竪穴建物9（弥生後期）などであきらかになった隅入開口部と屋根構造には密接な相関性があることを読み取れる。

　実際の復元建物としては、岩手県御所野の遺跡の掘立柱建物（中期末に出現するストーン・サークル外周の墓前建物、2間×1間）でも、屋根の復元にはケツンニを採用した。6本柱上に梁・桁を架けて、その両側にケツンニを立ちあげ、棟木を載せれば寄棟造の屋根ができあがる。垂木は棟木と出桁に架ける。もう一つ別の考え方もある。梁・桁の上に床を張ってしまい、その上にケツンニを立てる方法である。これは、アイヌの屋根倉コウンパブに近い方法であり、カムチャッカ半島イテルメンの倉庫兼「夏の家」の構法とも似ている。御所野の復元でも、こういう露台上の伏屋式屋根倉構造を採用することはもちろんできたのだが、床上に屋根の全体をおさめてしまうと、軒の出がまったくなくなり、雨仕舞に難があるので、短い軒をもつ構造とした（第2章第4節）。

2．焼失住居跡からみた縄文建築の構造

(1) 御所野遺跡の焼失住居跡

　ここまで、民族誌資料を手がかりにしつつ、住居跡の平面から上屋について想像をふくらませてきた。一方、考古学的にみた場合、縄文建築の構造を知りうる実証的な手がかりは二つしかない。一つは焼失住居跡の炭化部材と土層、そして富山県の桜町遺跡などで出土したごくわずかな掘立柱建築部材である。

　縄文時代の焼失住居としてまっさきに思い浮かぶのは岩手県一戸町の御所野遺跡である。調査から復元まで一貫して係わりをもったの御所野遺跡の焼失住居［高田 1997ほか］については、第2章第4節で詳述しているので、ここでは要点のみを整理しておく。

　御所野遺跡西区の大型住居（DF22住）と中型住居（DE24住）の焼け方をみる限り、土屋根に復元しうる条件は、

　　a．床面直上の炭化材
　　b．土屋根の下地と考えられる炭化物層（弥生以降の場合はしばしば茅を含む）
　　c．屋根土層

の3層がこの層序をもって検出されることと考えられる。もちろん例外も少なくない。上記の層序が反転しているケースはその代表例で、この場合、土屋根が180°回転しながら地面に崩れ落ちていったのであろう。また、炭化物層の上にはっきりとした焼土が堆積しないケースもままある。不完全燃焼の極端な例と思われる。福島市の宮畑遺跡（縄文中期末）に至っては、焼失住居内に炭化材や炭化物層がほとんど残存しないのに、真っ赤になって硬化した焼土層が20〜40cm堆積している（第2章第3節2）。これは、屋根土とした地山の粘土が被熱により硬化し、いったんドーム状の構造となって自立し、先に木造部材が焼け尽くすか土壌化してしまったと推定される。

　御所野の大型住居では、竪穴内の埋土に黄褐色土を含む褐色土が壁際から大量に流れ込んでおり、周堤と屋根土がそのまま崩落したものと考えられる。ところが、石囲炉の周辺では、屋根土と推定される土層が、径1.5mほど円形に途切れている。これは炉からでる煙を屋外に排出すると同時に、陽光を屋内にとりこむ天窓痕跡の可能性がある。

　御所野遺跡西区の大型住居（DF22住）は出入口側を切妻、その反対側を寄棟的な求心構造にする土屋根の建物に復元できる。土屋根の勾配については、樹皮葺き下地を前提とする場合、中型住居の実験建設成果などから35度とした。土屋根下地の樹皮から雨水が漏らず、しかも屋根土が流出しない勾配は非常に微妙であるけれども、35〜40度が適当であろうと判断している。

　1997年8月、御所野遺跡の発掘調査区の近くで、復元パースにもとづく中型住居（DE24住）の実物大建設がおこなわれた。この復元建設の実験によって、多くの新しい情報がもたらされた。たとえば屋根土は、黒土でも火山灰土でも、適当な屋根勾配を確保すれば、ほとんど崩落しない。また、黒い表土が屋根土としてとくに適している。この土で覆われた復元実験竪穴住居の出来栄えは良好

であった。あえて欠点をあげるならば、天窓がやや小さく、室内に煙が充満してしまうことだが、その煙によって菌類・苔類・キノコ・虫類は燻蒸され、建築部材は黒光りして湿気をはねのける。1999年9月に実験的に復元された中型住居を焼くことになった。竣工から約2年後のことである。焼失住居跡のデータから復元した土屋根住居を焼いたらどうなるのか。それが、最大の関心事であった。

家焼きの前々日、復元住居内で「最後の晩餐」を催した。石囲炉の火で鍋を囲み、鮎も焼いた。鮎を焼くと、火の粉が飛び散る。草葺きの屋根であれば、屋根が燃えてしまうのではないか、と心配になるほど火の粉が飛び散ったが、土屋根の垂木や下地（クリの樹皮）に付着した火の粉はたちまち鎮火してしまう。それだけ、土で覆われた屋根は湿気を含んでいるのである。それはまた、屋根に土を被せることの目的が「防火」であったことを暗示している。

2日後の9月7日午前9時8分。復元住居に着火した。着火の前に天窓を壊して開口部をひろげ、さらに柱の根本や火棚に大量の薪を配し油をかけておいた。そうでもしない限り、火はすぐに消えてしまう。土屋根の住居はなかなか焼けない。見学に来ていた関係者の一人が「キャンプファイアのようだな」と口にした。薪を積み上げ、その乾燥した薪に着火することによって、なんとか炎が燃えさかるようになった。天窓から炎が立ち上がり、その周辺の土屋根や部材が崩れ落ちていった。しかし、午前10時すぎには早くも炎が消え失せた。煙だけがもくもくと立ち上っている。この煙はずっと消えなかった。消煙を確認したのは2日後のことである。この実験により示唆される点を以下にまとめる。

①土屋根住居は失火では焼けない。大量の薪をもち込んで、意図的に焼かない限り、湿気を含んだ木材を燃焼し続けることはできない。この事実を重視するならば、遺跡でみつかる「焼失住居」の大半は「焼却住居」である可能性が高い。

②土屋根住居の場合、天窓周辺は炎が燃えさかり、部材はよく焼けて早めに崩れ落ちるが、途中から炎は失せて煙だけになり、建物全体が不完全燃焼の状態に移行する。この結果、壁周辺を中心に炭化材がよく残り、主柱も立ったままの状態で鎮火してしまう。この場合、よく焼けて最初に床面に崩落する屋根土はしばしば回転しながら地面に落ちるので、先述したa（下）b（中）c（上）の基本層序が反転したり、散乱する現象がしばしば認められる。こういう焼失状況（図3）は、縄文・弥生時代の焼失住居跡の出土状況とよく似ている。

③屋根に土を被せることの主目的は「防火」であった可能性があり、その焼けにくい建物を廃絶させるための手段が「焼却」であったという見方ができる。

(2) 斜里町来運1遺跡の焼失竪穴住居跡

北海道斜里町の来運1遺跡では、2004年に縄文時代中期末の焼失住居跡がみつかっている（図4）。御所野とほぼ同時期の出土例であり、炭化材の残存状況も良好なので、ここに紹介しておこう。焼失住居跡は非常に大きい。長辺が13mで、短辺が12m。格子状の炭化材が西側をのぞく3方の縁辺で確認され、とくに東側にひろい範囲で残存しているが、中央部と西側には残っていない。西側は後世に削平をうけた可能性がある。平面は楕円形とか長円形ではなく、正円形に近い。ただし、空

図3　御所野遺跡西区大型住居の遺構図・土層断面図（口絵参照）

撮写真や遺構図を詳細に観察すると、必ずしも正円というわけではなく、くびれた部分が確認できる。あるいは2～3時期の遺構が重複しているのかもしれない。この建物跡がかりに1時期の1棟で、円錐形の構造物に覆われていたとすると、垂木の長さは9mほどになる。長すぎるように思われてならない。

　焼失住居跡の掘込みは非常に浅い。東側で数センチだけ確認され、削平をうけた可能性が高い西側では壁は検出されなかった。報告書によると、遺物包含層の直下で遺構が検出されたので、検出面を地表面と考えており、その結果、この大型住居跡を「平地住居」と判定している。しかし、この解釈には疑問を覚える。常識的には、遺物包含層によって旧地表面が削りとられているはずであり、むしろ遺物包含層の上面あたりに旧地表面が存在した可能性が高いのではないだろうか。そもそも、わずか数センチといえども掘込みが確認できるのだから、それは遺構が竪穴住居であった痕跡を示すものである。すでに述べたように、旧地表面は遺構検出面よりも高く、それがかりに現地表面に近いレベルだとすると、30cm前後の掘込みを想定せざるをえないだろう。

　というわけで、わたしはこの大型焼失住居跡を浅い竪穴住居の遺構と考える。御所野に比べると、炭化材の出土状況ははるかに規則的で、それが屋根材の垂木と木舞を組み合わせたものである可能性は非常に高い。ただ、御所野のように屋根下地と推定されるもやもやとした炭化物層は確認されていない。来運1遺跡の場合、垂木のピッチが長いので、下地層をしっかり作っておかないと、屋根土が屋内にこぼれ落ちてしまうだろう。その屋根土層も「屋根土層」だと断定できるわけでもなさそうだ。ただし、炭化材の残りがよいこと自体、それが土に覆われていた可能性を示唆するものだから、少なくとも竪穴のエッジ周辺に関しては土被覆であったとみなしてよいように思われる。

3．人工洞穴としての竪穴住居

(1)　御所野遺跡の大型住居からみえる構造の発展系列

　ここで御所野に立ち返る。御所野遺跡の大型住居は、平面が楕円形や長円形ではなく、弾丸形（シャトル形）をしている。複式炉をもつ入口側では壁のエッジが直線的に長くなるのに対して、その反対側は扇形を呈しているのである。柱配置もエッジと平行関係を保ち、7本主柱構造ながら、

図3　御所野遺跡復元住居焼却後の状況

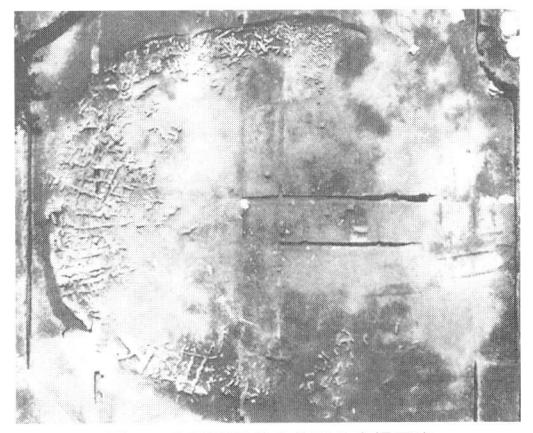

図4　来運遺跡焼失住居の空撮写真
（発掘調査報告書より転載）

全体は長細い五角形をしている。これをそのまま立体的に復元するならば、入口側は切妻、背面側はドーム状の寄棟になる。この構造は、雪国の「カマクラ」とよく似ている。中型住居の実験的復元建設から焼却実験、大型住居の復元施工を経て、中型についても「カマクラ」に近い饅頭形に設計が変更され、実際に施工された。また御所野をモデルに復元設計した仙台市の山田上ノ台遺跡の竪穴住居（縄文中期末）も「カマクラ」型になっている（図5）。「カマクラ」型構造のもつ意味はとても大きい。円錐形テントの竪穴化とは別系統の発生と進化の系統が想定される一方で、縄文後晩期に展開する掘立柱建物の源流を考える上でも示唆に富んでいる。

（2） 斜面の竪穴住居

この「カマクラ」型構造の竪穴住居の起源を探るにうってつけの遺構が九州地方でみつかっている。すでに前節での簡単に紹介したが、福岡市大原D遺跡14区のSC003は、おそらく上部構造が復元可能な日本最古の「焼失竪穴住居跡」であり、斜面に立地する「カマクラ」型住居遺構の最も古い例の一つだと考えている。大原D遺跡は博多湾西岸の糸島半島北東部に位置する縄文時代草創期（約12000〜10000年前）の集落遺跡である［福岡市教育委員会 1997］。

復元研究の詳細は次節で述べるので省略するが、大原D遺跡SC003の上屋は、斜面下方側を出入口とする「カマクラ」型土屋根構造に復元できる。鹿児島市の掃除山遺跡でも、崖状に傾斜する面で、竪穴半分だけの住居遺構が何棟かみつかっている。掃除山遺跡の住居もまた、大原D遺跡と類似する「カマクラ」型の屋根をもつ住居であって、要するに、これら九州の縄文草創期集落では、意図的に傾斜面や崖面を竪穴住居の敷地として選択した可能性が高いと思うのである。斜面に竪穴を掘る場合、平坦面よりも掘削土量がはるかに少なくて、労力を大きく節約できる。そして、掘りあげた土で周堤を築き屋根をかければ住まいは完成するのだが、その構造は竪穴というよりも横穴に近くなる。これは山の傾斜面に縄文人が造りあげた「人工の洞穴」と呼ぶべき構造物である（図6）。

その横穴風住居は、少しずつ床面を掘り下げながら竪穴化し、時を経て平坦な敷地にも応用されるようになった。それが、御所野遺跡の大型住居のような「カマクラ」型の構造ではないだろうか。少なくとも、たんなる円錐形テントからの展開として、御所野のカマクラ形住居を理解するのは難しいと思われる。

竣工直後の側面　　　　　　　　　　　　　　　　左：切妻側、右：背面寄棟側
図5　カマクラ形をした仙台市山田上ノ台遺跡の復元住居（縄文中期末）

（3） 洞穴風住居から掘立柱建物へ

　こういう視線から縄文中期以降の掘立柱建物をみると、「カマクラ」型の竪穴住居が地上化した可能性を指摘できる。大湯や伊勢堂岱など縄文後期のストーン・サークル周囲にみられる亀甲形（六角形）平面の掘立柱建物（縄文後期）が、同様の柱配列をもつ竪穴住居の構造を地上化したものであるとすれば、五角形平面の掘立柱建物は「カマクラ」型竪穴住居が地上化したものとみることができるだろう。

　新潟県新発田市の青田遺跡で出土した掘立柱建物（縄文晩期）は、亀甲形をなす6本柱本体の片側に2本の小さな柱がとびだし、全体として長五角形の平面を呈する建物跡である。大型のSB4は全長10.7m、主柱の直径約45cm、中型のSB5〜8は長軸7〜8m、柱根の直径約20cmを測る（図7）。集落全体の構成や建物の平面からみて、この掘立柱建物が「住居」である可能性は高い。

　大型および中型の住居跡における平面上の顕著な特色は、本体部分が亀甲形を呈するものの、オホーツク文化の竪穴住居に似て、棟通りの柱が片側では突出度が大きいのに対して、その反対側では突出が小さくなっている。しかも、出の短い側に2本の張出柱をともなっていて、その張出柱は径が10〜15cmと非常に細い。近隣では下田村の藤平A遺跡などでも、ほぼ同類の柱穴配列をもつ掘立柱建物跡が数棟検出されている。

　この掘立柱建物跡はどのような上屋構造を有したのか。縄文中期以降にみられる亀甲形平面の掘立柱建物は、弥生時代の独立棟持柱をともなう掘立柱建物とは似て非なるものである。独立棟持柱のようにみえる縄文系棟通りの柱は、同時期の竪穴住居の柱配列と相関性をもち、寄棟風求心構造の屋根を支える妻側先端の側柱とみなしうる。青田遺跡の掘立柱建物においても、出の長い一方の妻柱については同類の側柱と推定できる。

　しかし、他方の妻柱については、出が小さく、寄棟風求心構造の屋根に復元し難い。この妻柱は、おそらく梁の外側にあってそれに接する棟持柱であろう。この場合、棟木は寄棟側でサスかケツニ、その反対側では棟持柱によって支えられる。棟持柱に接する面は切妻造であり、付属する二つの張出柱によって、前面に妻庇を備えていたとすれば、正面側は入母屋風にみえたことになる。

図6　定住開始後の集落のイメージ（斜面型竪穴住居の場合）

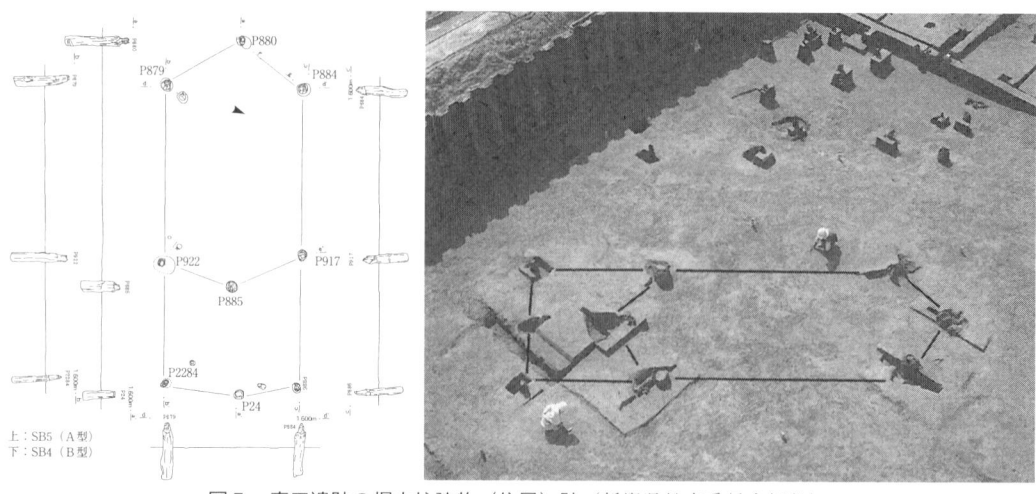

図7　青田遺跡の掘立柱建物（住居）跡（新潟県教育委員会提供）

　次節の図21にわたしの復元案を示している。くり返すけれども、縄文中期以降の竪穴住居と掘立柱建物は柱配列が基本的によく似ており、竪穴住居が地上化することによって掘立柱建物が成立したことを暗示している。青田遺跡の掘立柱建物も、五角形柱配列を有するカマクラ形竪穴住居が、低湿地に適応する形で地上化した可能性があるのではないだろうか。同じ新潟県の城之越遺跡などにみられる「庇」のない単純な五角形柱配列の掘立柱建物も、ほぼ同じ位置づけが可能と思われる。人工の洞穴として出発した斜面の住居は、竪穴住居の枠内にとどまらず、特異な掘立柱建物への脱皮もなしとげた。そういう発展の道筋を描くことも可能と思われる。

(4)　切妻の伏屋構造

　前節と本節でみてきたように、竪穴住居構造の発展系列としては、
　　①平坦地形における円錐形テントの竪穴化
　　②斜面地形における「カマクラ」形構造の継承と平地系竪穴への展開
の2系統が想定される。加えて、民族例を参照するならば、もう一つの系統を無視できない。それは両側を切妻にした伏屋構造である。アムール川流域のナーナイ族がこの種の竪穴住居をもっており（図8）、シホテ・アリニ山脈のウデヘ族も両面切妻型の平地式建物を住まいとしていた（竪穴ではない）。考古学的な例を具体的にあげるとすれば、オホーツク文化の住居跡も両面切妻に復元できるだろう（第2章第8節）。縄文の場合でも、竪穴内部に棟持柱と推定される柱穴をもつ例があり、その柱穴が竪穴の両端に配される場合、屋根の形態は切妻造の可能性がある。こういう切妻型の伏屋は「天地根源造」とも呼ばれてきた。実際に縄文集落の整備でこのタイプに復元しようとすると、考古学者の拒否反応にあう。しかし、実際には2本の棟持柱による切妻造の伏屋構造が存在した可能性は十分あるだろう。上に述べてきた「カマクラ」形の構造も、片側が円錐形テント、その反対側が切妻造伏屋構造であり、両者の折衷とみるのが正しい解釈かもしれない。

図8　アムール流域ナーナイ族の切妻型竪穴住居模型（左：背面、右：正面）

附記
本節の初出は以下のとおりである。
　　浅川滋男　2009　「居住の技術―縄文時代」『縄文時代の考古学8 生活空間―集落と遺跡群―』同成社：pp.47-64
縄文時代の住居建築を概観するために書いた総論であるが、本書においては他の章節との重複が多く、その重複部分の過半を削除して転載している。

参考文献
浅川滋男　2001　「土屋根住居とは何か」『宮畑縄文人の家を考える―焼けた家の謎―』福島市教育委員会
　　　　　　2003　「大原D遺跡SC003の復原」『大原D遺跡群4』福岡市埋蔵文化財調査報告書741集、福岡市教育委員会）
　　　　　　2004a　「住居の始原―東方アジア民族建築の先史学的パースペクティヴ」『第5回弥生文化シンポジウム　弥生のすまいを探る―建築技術と生活空間』鳥取県教育委員会
　　　　　　2004b　「宮畑遺跡SI-43の復元」『福島市埋蔵文化財報告書』第173集、福島市教育委員会
　　　　　　2005　「竪穴住居の構造」奈良文化財研究所（編）『日本の考古学―連続と変革―』上巻、学生社
浅川滋男編　1998　『先史日本の住居とその周辺』同成社
　　　　　　2000　『北東アジアのツングース系諸民族住居に関する歴史民族学的研究―黒龍江省での調査を中心に―』住宅総合研究財団研究成果報告書、丸善
　　　　　　2001　『竪穴住居の空間と構造』平成11～12年度科学研究費特定領域研究公募研究成果報告書、国際日本文化研究センター
　　　　　　2008　『山陰地域の弥生時代建築に関する実証的復元研究』2007年度とっとり＜知の財産＞活用推進事業助成研究成果報告書、鳥取環境大学
浅川滋男・西山和宏　1997a　「縄文時代中期の焼失住居跡とその復元(1)(2)」『日本建築学会大会学術講演梗集』F
　　　　　　1997b　「御所野遺跡で出土した縄文時代中期の焼失竪穴住居群」『奈文研年報』1997-Ⅰ
一戸町教育委員会　1993　『御所野遺跡Ⅰ』
大林太良　1991　『北方の民族と文化』山川出版社
大貫静夫・佐藤宏之編　2005　『ロシア極東の民族考古学』六一書房
高田和徳　1997　「御所野遺跡の焼失家屋」『考古学ジャーナル』415号

高田和徳　1998　「縄文土屋根住居の実験的復元」『人類誌集報』東京都立大学考古学報告 3
高田和徳・西山和宏　1998　「縄文土屋根住居の復原―御所野遺跡の実験―」『先史日本の住居とその周辺』同成社
高田和徳・西山和宏・浅川滋男　1998　「縄文時代の土屋根住居の復元(1)(2)」『月刊文化財』417―418号
福岡市教育委員会　1997　『大原遺跡群 2』福岡市埋蔵文化財調査報告書507集
Asakawa, S.　2004　"Behausungen, Raumaufteilung und Struktur von Grubenhäusern in der Jomon-Zeit", ed. W. Alfried, W.Steinhaus und M.Sahara, In *Zeit der Morgenröte, Japans Arcäologie und Geschichte bis zu den ersten Kaisern*, Reiss-Engelhorn-Museen, Manheim.

第3節 縄文焼失住居跡の復元

1．福岡市大原D遺跡SC003の復元

(1) はじめに

「焼失竪穴住居跡」から実際に上屋構造を再建した岩手県一戸町の御所野遺跡西区の大型住居（縄文中期末）は、正面を切妻、背面を寄棟風の求心構造とするカマクラ形土被覆の竪穴住居に復元できる（第2章第4節）。御所野遺跡に限らず、北陸や東北で発見されている5角形柱配列の縄文住居、すなわ背面に1本の突起した主柱を有する住居は、御所野に似たカマクラ状の屋根をもっていた可能性が高いであろう。一方、弥生住居の場合、4本主柱構造が主流となるが、島根県太田市の鳥井南遺跡SB6（弥生後期）のように、馬蹄形の周堤もしくは周溝が発見されるのであれば、やはりカマクラ状の屋根構造を推定させる（図1）。柱配置は異なるけれども、縄文から弥生へと連続するこの屋根形態の共通性をいかに理解すべきなのであろうか。大原D遺跡でみつかった焼失竪穴住居SC003は、この問題を考えるにあたってきわめて示唆的な遺構である。

(2) 大原D遺跡SC003

大原D遺跡は博多湾西岸の糸島半島北東部に位置する縄文時代草創期（約12000～10000年前）の集落遺跡である。1995年度におこなわれた第4次調査により、旧石器時代最終末（細石器文化）の遺物包含層上で、竪穴住居跡5棟、集石遺構1基、石囲炉3基がみつかっている。[1]これらによって構成される集落は、柑子岳からのびる丘陵南向き斜面の小さな段丘上に営まれる。前面にはいまも湧水のある狭い谷が控えており、縄文時代にも水場として活用された可能性が高いとされる。住居跡として認定されたのは、3号（SC003）、14号（SC014）、19号（SC019）、21号（SC021）、29号（SC029）の5棟であり、SC019のみ不整方形、他は不完全な円形を呈している（図2）。規模は一辺もしくは径が3～4mを測る。竪穴内炭化材の放射性炭素年代測定では、SC003がB.P.10840±90年、SC014がB.P.10760±70を示している。

5棟のうち上部構造が復元可能な「焼失竪穴住居跡」はSC003のみであり、炭化材によって上屋を復元しうる日本最古の「焼失竪穴住居跡」であろう。[2]SC003は円形平面の斜面下方側が崖状に掘削されており、この点は馬蹄形平面を呈する鳥居南遺跡SB6とよく似ている。かりに円形平面とみると、その直径は4.3m、主軸にあた

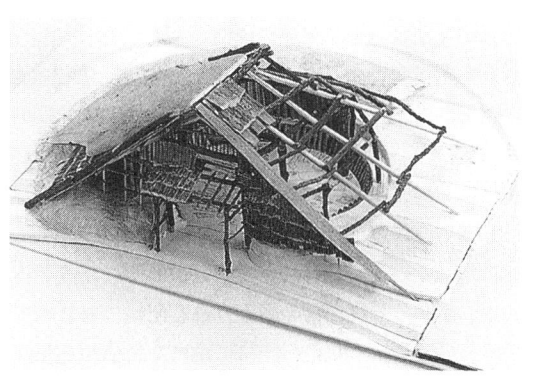

図1　鳥居南遺跡大神段原地区SB6の復元模型

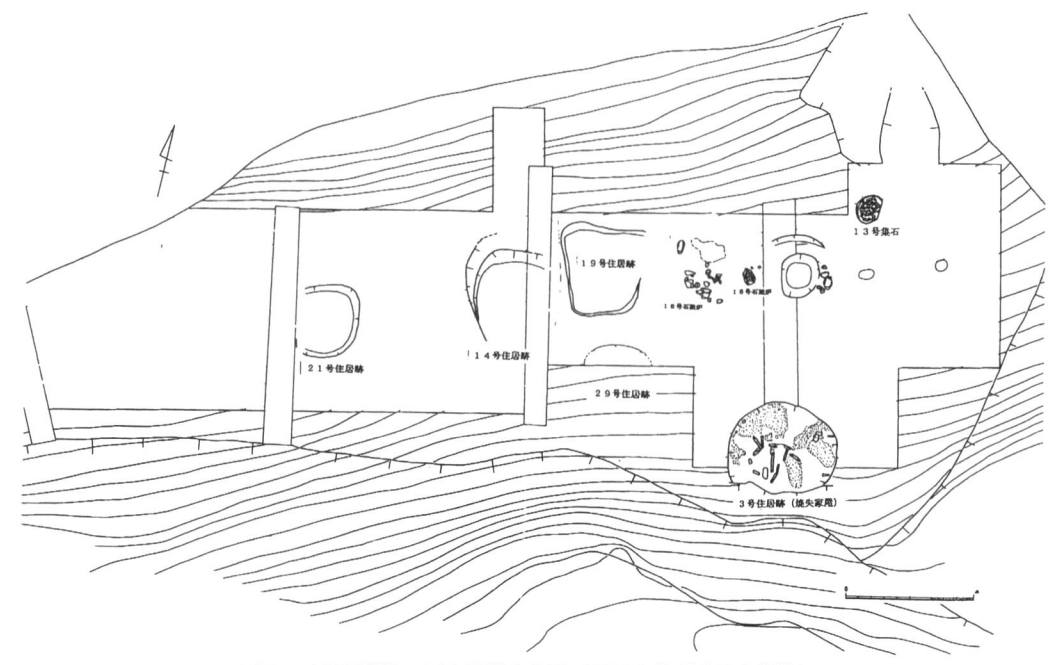

図2　大原D遺跡14区の遺構全体図（福岡市教育委員会提供）

る南北方向の残長は3.5mである。床面の標高は30.9m、竪穴の残存深さは約20cmを測る。遺物として注目されるのは石鏃で、竪穴内から20本出土している。埋土は炭混じりの暗褐色粘質土であり、床面のほぼ全面で炭化物・焼土を検出した。1995年度の発掘調査報告書に掲載された遺構図をみると、構造材と推定される棒状の炭化材を10本あまり描いているが（図3）、筆者が現場をはじめて訪れた1998年2月の段階ですでに劣化が進み、他の炭化物と構造材の区別がつかなくなっていた（図4）。なお、炭化材の樹種は、ブナ科のコナラ属コナラ節（カシワ、コナラ、ナラガシワ、ミズナラ）である。

　1999年度からSC003の調査が再開され、筆者は調査担当の池田祐司氏と何度か連絡をとりあい、調査方法について協議した。面的にひろがる炭化物層から上部構造を復元するのは非常に難しいが、すべての炭化物の繊維方向を記録にとどめておいてほしい、という要望を池田氏に伝えておいた。

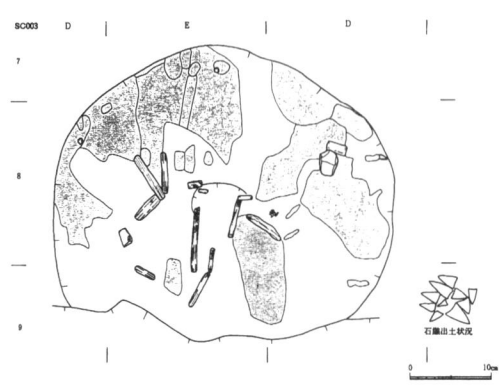

図3　1995年度調査報告書に掲載された大原遺跡SC003の遺構平面図［註2文献］

図4　1997年時点での大原D遺跡SC003遺構面

池田氏はこれに応え、精密な遺構図を完成させた。そして、同年8月1日、筆者は現場を訪れ、池田氏とともに遺構を観察した後、現場事務所において、繊維方向を中心とする遺構図の検討をおこなった。その日以降の分析結果を整理したのが図5であり、この図に示したように、炭化物の繊維方向は以下の3種類に大別できる。

　①主軸中心部にむかう求心方向の材（口絵5の緑色）
　　このなかには棟木そのものではないかと推定できる材を含む。
　②求心方向の材を覆いながら、それと直交する繊維方向をもつ材（口絵5の茶色）
　③繊維方向不明の材（口絵5の水色）。樹皮の可能性もある。

つぎに床面の遺構図（図6）をみると、数多くピットが検出されているが、穴の深さは最大で21cm、他は5～10cmと浅めである。ただし、主軸周辺の南北方向に深さ10～21cmのピットが集中しており、ここに棟持柱が何本か立っていて、付け替えをくりかえした痕跡とみることもできる。また周辺のピットも、不整形ながら楕円状に収束する可能性なきにしもあらずである。さらに確定的な遺構は、竪穴の壁にそって並ぶ8つのピットであり、周堤堰板をとめる壁柱の痕跡と思われる。屋内炉と想定しうる床の焼土面は、北東と中央西よりの2ヶ所で確認されている。

(3) 復元考察

まずSC003の竪穴形状が円形であったのか、馬蹄形であったのかを検討しておく必要がある。円形とみなす場合、SC003の敷地は当初テラス状に整地されていたものが、その端部を削平されたことになる。この場合、円錐形の屋根形状が想定されるので、かりに土屋根だとした場合、すべての壁際で炭化材の残りがよいはずだが、斜面下方側では壁際に炭化材をほとんど残していない。これは、斜面下方側が切妻状に大きく開いていた可能性を示唆するものであり、だとすれば、平面が鳥居南遺跡SB6と同じく、馬蹄形を呈した可能性を否定できないだろう。

小屋組はおそらく棟持柱構造であり、炭化材の繊維方向から判断するに、まず周堤と棟木のあいだに垂木をわたし、その上に横材を置いて、さらに樹皮を敷いてから土を被せたのではないだろうか。じつのところ、土層断面観察において屋根土層の確認ができているわけではなく、屋根が土で覆われていたかどうかの判定は難しいのだが、炭化材を多量に残す蒸し焼き状の焼けかた自体が土

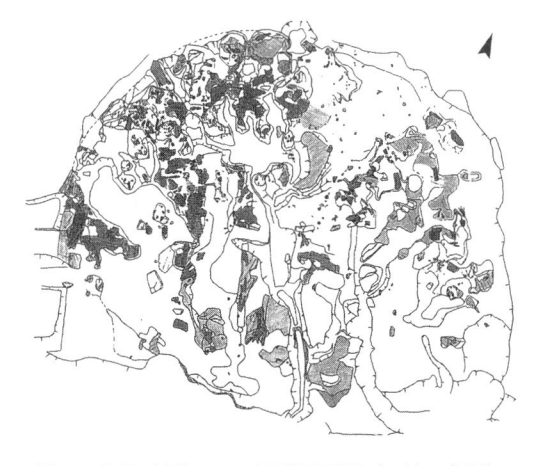

図5　大原D遺跡SC003遺構平面図（口絵5参照） 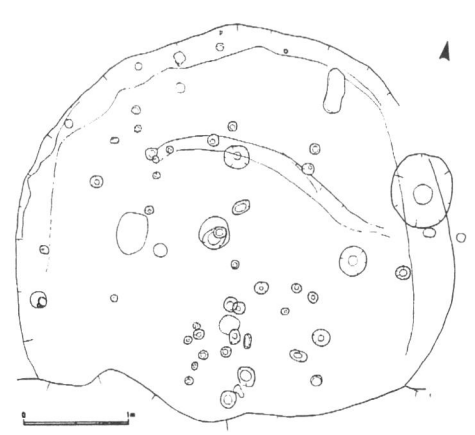　　図6　大原D遺跡SC003床面遺構図

屋根構造に特有なものであり、草葺きの可能性は低いと思われる。

　こうしてみると、大原D遺跡SC003の上屋は、鳥居南SB6とよく似た斜面下方側を出入口とするカマクラ形土屋根構造に復元できそうである。本節では、二つの復元案を考えてみた。

　復元案1（図7～10）　棟持柱の外側に不整楕円形の側柱列を想定し、その上に梁・桁をめぐらせる。垂木は周堤－梁・桁－棟木にわたされる。竪穴の平面にあわせて垂木の配列は平側が平行、背面側は扇状となる。全体に構造が複雑すぎる感もあり、鳥居南SB6の復元案とあまりにも外観が近似するところに却って難点があるといえるかもしれない。ただし、構造上は、鳥居南SB6がサス構造で垂木とサスを併用するのに対し、大原DのSC003は棟持柱構造で斜材は垂木しか用いていない。

　復元案2（図11～14）　復元案1で想定した不整楕円形の側柱列は存在しない可能性も十分あり、より素朴な構造形式として、棟木の一方を斜面上方の周堤に接地させる復元案を考えた。この種の構造は、モンゴルのヘンティ山麓に土屋根建物（図15）、四川省渡口のリス族に「千脚落地」と呼ばれる草葺き建物（図16）が現存する。非常に原初的な構造であり、住居の起源を考える上でも興味深い復元案だが、竪穴背面の半円形平面と上部構造が乖離している。

（4）　人工洞穴としての斜面住居

　最後に、大原D遺跡とほぼ同時期の鹿児島市掃除山遺跡に注目してみよう。掃除山遺跡でも、崖状に傾斜する面で、竪穴半分だけの住居遺構が何棟かみつかっている（図17）。鹿児島市立ふるさと歴史考古館のジオラマでは、傾斜面を平坦地に復元し、その上に角錐形の草葺住居を復元しているが、この復元案には賛成できない。掃除山遺跡の住居もまた、大原D遺跡と類似するカマクラ形の屋根をもつ住居であって、これら九州の縄文草創期集落では、意図的に傾斜面や崖面を竪穴住居の敷地として選択した可能性が高いと思うからである。斜面に竪穴を掘る場合、平坦面よりも掘削土量ははるかに少ないから、労力を大きく節約できる。そして、掘りあげた土で周堤を築き屋根をかければ住まいは完成するのだが、その構造は竪穴というよりも横穴に近い。極端な言い方をするならば、かれらは山の傾斜面に「人工の洞穴」を作りたかったのではないだろうか。

図7　大原D遺跡SC003復元案1模型　　　　　図8　大原D遺跡SC003復元案1平面図

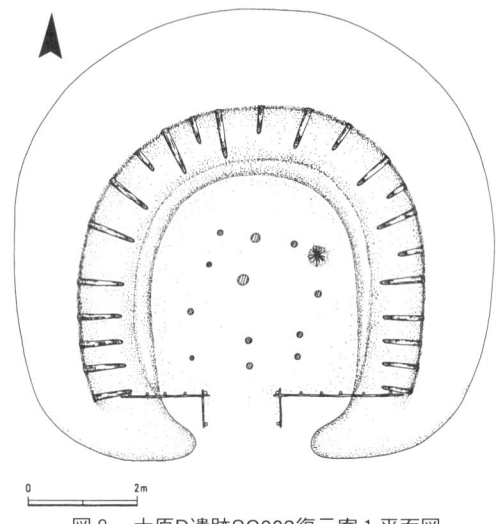

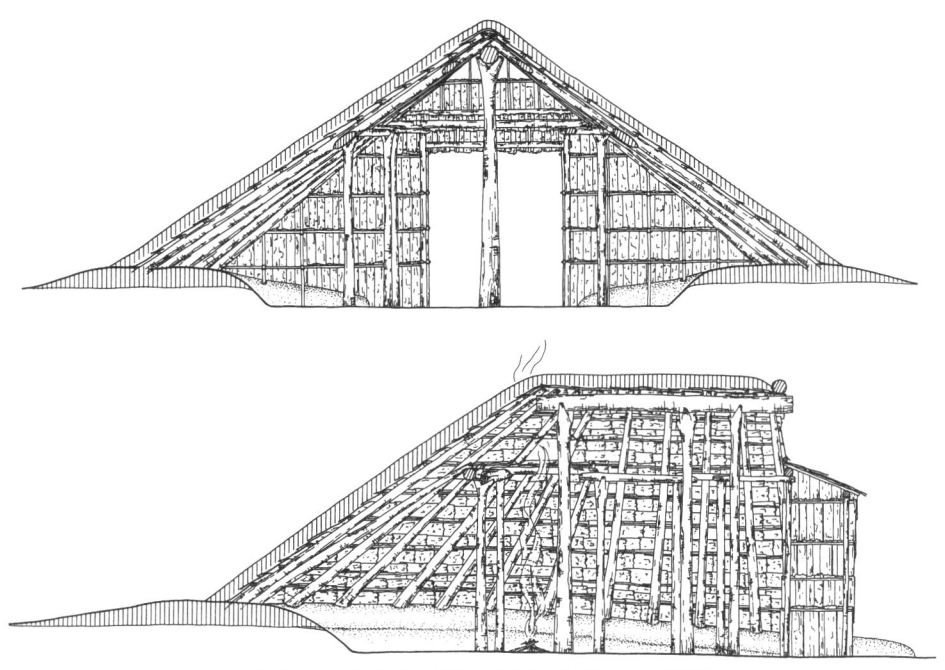

図9 大原D遺跡SC003復元案1断面図（上：梁行、下：桁行）（1：66）

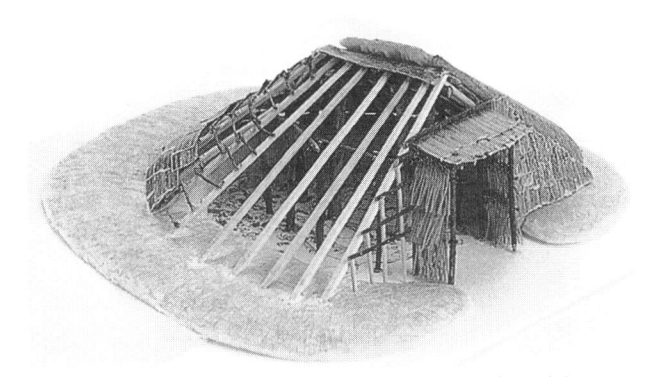

図10 大原D遺跡SC003復元案1の模型（緑色の垂木は遺構で確認、他は推定）

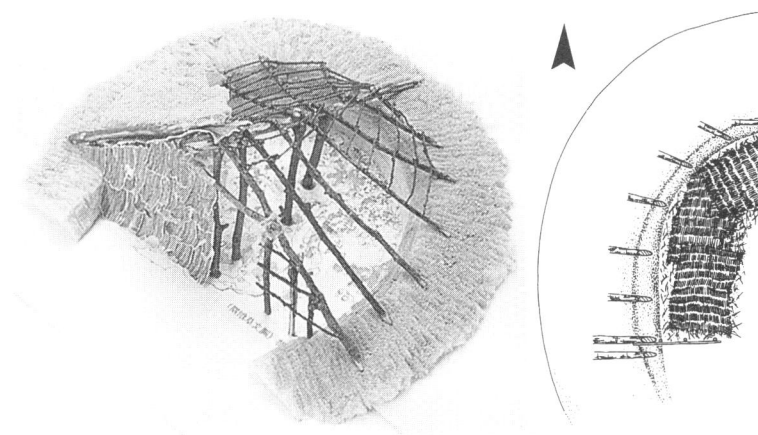

図11 大原D遺跡SC003復元案2模型   図12 大原D遺跡SC003復元案2平面図

第2章 竪穴住居の空間と構造

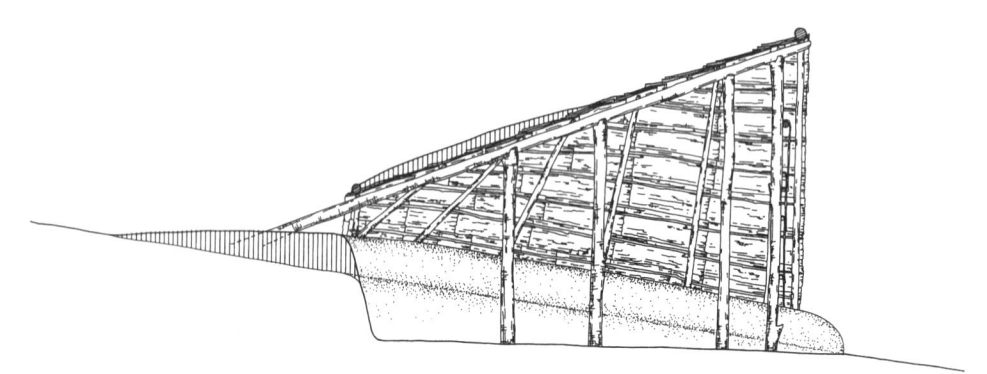

図13　大原D遺跡SC003復元案2断面図（上：梁行、下：桁行）（1：64）

図14　大原D遺跡SC003復元案2の模型

図15　モンゴル共和国ヘンティ山麓の土屋根建物
　　　（藤田富士夫氏撮影）

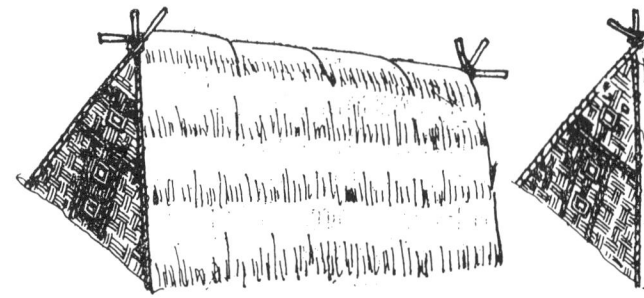

図16　四川省渡口傈僳族の「千脚落地」式草葺き建物　[『中華古建築』中国科学技術出版社、1990]

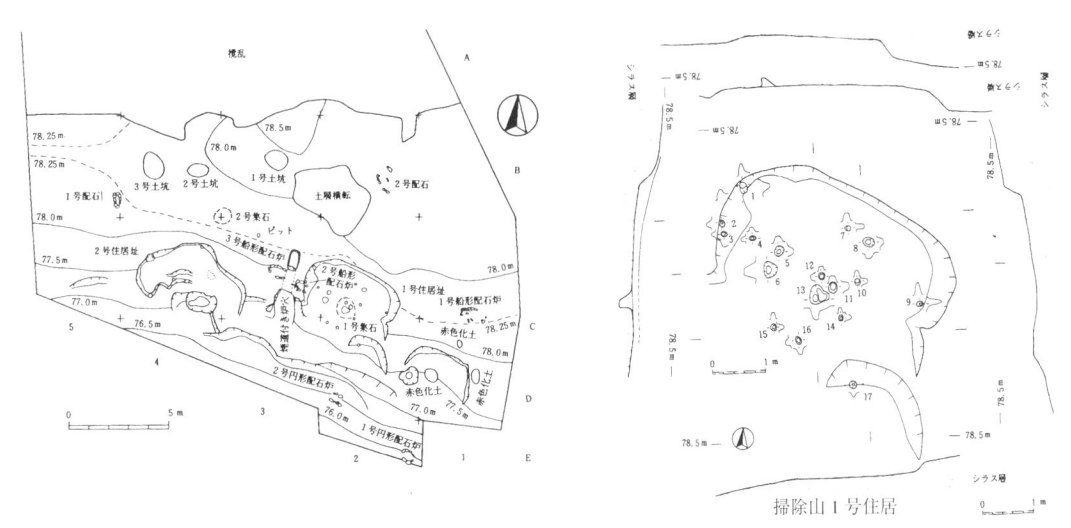

図17　掃除山遺跡地形および遺構配置図

　人工洞穴とよぶべき斜面の横穴住居は、少しずつ床面を掘り下げながら竪穴化し、それが平坦な敷地に応用されると、御所野遺跡の大型住居のような構造になる。それはまた弥生後期の高地性集落において、より原初的な姿をとりもどした。民族誌的にみても、黒龍江赫哲（ナーナイ）族の竪穴住居がまさしくこのタイプであり（図18）、傾斜面の横穴からカマクラ型竪穴への展開は、竪穴住居が発生し進化していく一つの道筋を示すものと思われる。

　ところで、竪穴住居をCave Men's Buildings（洞穴居住者の建造物）と表現したのはゴードン・チャイルドだが、とくに斜面に立地する竪穴住居の場合、半竪穴に切妻屋根をかけると横穴構造に近くなり、「人工洞穴」としてのイメージがいっそう強くなる。スロバキア後期旧石器時代のドルニ・ヴェストニツェ遺跡でみつかった小型住居がその古い例である（図19）。泉にのぞむ緩斜面に立地し、径6mの円形平面の竪穴は斜面側では地面を削って壁を作り、泉側では粘土と石で弧状に盛り上げている。中近東では後期旧石器末〜新石器初期にあたるレヴァントのナトゥーフ文化（前10000年頃）で、円形竪穴住居とともに、馬蹄形平面の斜面住居が出現する（図20）。

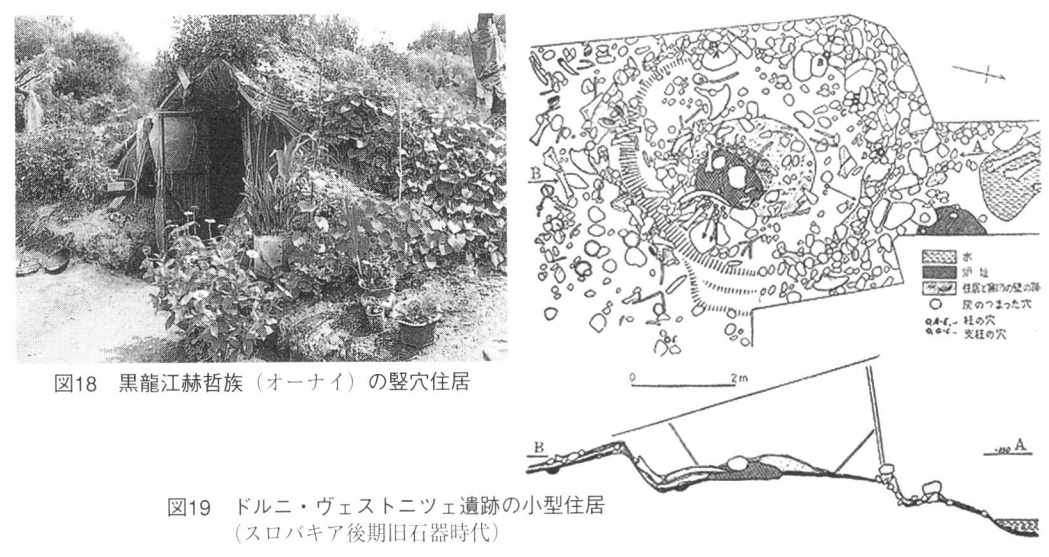

図18　黒龍江赫哲族（オーナイ）の竪穴住居

図19　ドルニ・ヴェストニツェ遺跡の小型住居
（スロバキア後期旧石器時代）

（5） 余論―青田遺跡の掘立柱建物―

　新潟県北蒲原郡加治川村の青田遺跡は、江戸時代まで紫雲寺潟（塩津潟）のあったところで、潟の形成以前に縄文時代の集落が営まれていた[5]。平成11年から発掘調査がおこなわれ、非常に独特な平面を有する縄文晩期終末の掘立柱建物がみつかっている（図22）。亀甲形をなす 6 本柱本体平面の片側に 2 本の小さな張出柱がとびだし、全体として長五角形の平面を呈する建物跡である。平成11年度の調査成果によれば、大型のSB4は全長10.7m、主柱の直径約45cm、中型のSB5〜8は長軸 7 〜 8 m、柱根の直径約20cmを測る。これらの建物跡では、柱根の底部および周辺に礎板や根がらみをともなう点も注目すべきである。このほか、やや離れて立地する小型のSB1〜3は長軸約3.5m、柱根の直径は約10cmで、張出柱の明確な痕跡はないから平面は亀甲形となる。

　大型および中型の住居跡における平面上の顕著な特色は、本体部分が亀甲形を呈するものの、オホーツク文化の竪穴住居（第 2 章第 8 節）のように、棟通りの柱が片側では突出度が大きいのに対して、その反対側では出が短くなっていることである。しかも、出の短い側に 2 本の張出柱をともなっていて、その張出柱は径が10〜15cm程度と非常に細い。青田遺跡の場合、柱根の残りが良かったから、こういう独特な柱配列に気づいたのだが、いま一度先行例を確認してみると、下田村の藤平A遺跡などでも、これに似た柱穴配列をもつ掘立柱建物跡が数棟検出されている[6]。他の遺跡においても、柱根の残りがよくない場合、張出柱にあたる柱穴を見落とすか、無視することもあったのではあるまいか。

　問題は、この掘立柱建物跡がどのような上屋構造を有したのか、という点に尽きる。縄文時代中期以降にみられる亀甲形平面の掘立柱建物は、弥生時代の独立棟持柱をともなう掘立柱建物とは、似て非なるものと筆者は考えている。独立棟持柱のようにみえる前者棟通りの柱は、寄棟風求心構造の屋根を支える妻側先端の側柱とみなしうるからである。青田遺跡の掘立柱建物においても、出の長い一方の妻柱については同類の側柱と推定できる。しかし、他方の妻柱については、出が小さく、寄棟風求心構造の屋根を作ることは不可能であろう。この妻柱は、おそらく梁の外側にあって

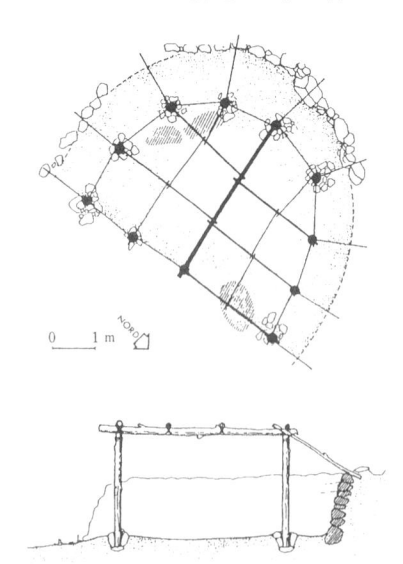

図20　ナトゥーフ文化の馬蹄形斜面住居
（レヴァント後期旧石器末〜新石器時代初期）

図21　青田遺跡SB4の復元イメージ

それに接する棟持柱と思われる。この場合、棟木は寄棟側でおそらくサス、その反対側では棟持柱によって支えられる。棟持柱の側は切妻造となって、附属する二つの張出柱によって、前面に妻庇を備えていたとみてよいだろう。

このような前提のもとに復元イメージを描いたのが図21である。これに対して、宮本長二郎は、全面の妻庇部分を「落棟」の小部屋とみなす復元図を提示した。しかし宮本案では、近接棟持柱の構造上の位置づけが不明確であり、張出柱の径が小さいことついても「落棟の小部屋」では十分な説得力があるとは言えない。この部分を小部屋とみる場合、掘立柱形式の住居に間仕切りが存在したことにもなるわけで、弥生時代の掘立柱建物以上に進化した空間イメージを想起させる。筆者は、前述のように、小さな張出柱で支える「庇」をイメージしている。この妻庇に壁はなく、屋根葺材もおそらく樹皮など軽いものであったから、径の小さな柱でも十分支えることができる。領域的にみると、本体妻壁出入口の前室となる半戸外空間であり、海南島ミャオ族（図23）などの民族例を視野に納めるならば、作業場として使われた可能性もあるだろう。

さて、筆者の復元案をよくご覧いただきたい。それは、御所野遺跡大型竪穴住居や鳥居南遺跡SB4復元模型の外観とよく似ている。一方を寄棟風の求心構造、他方を切妻とするところがまず基本的に同じであり、鳥居南の復原模型では出入口側に妻庇をつけたから、さらに青田遺跡の復元図と外観が近似する。縄文時代中期以降の竪穴住居と掘立柱建物は柱配列が基本的によく似ており、

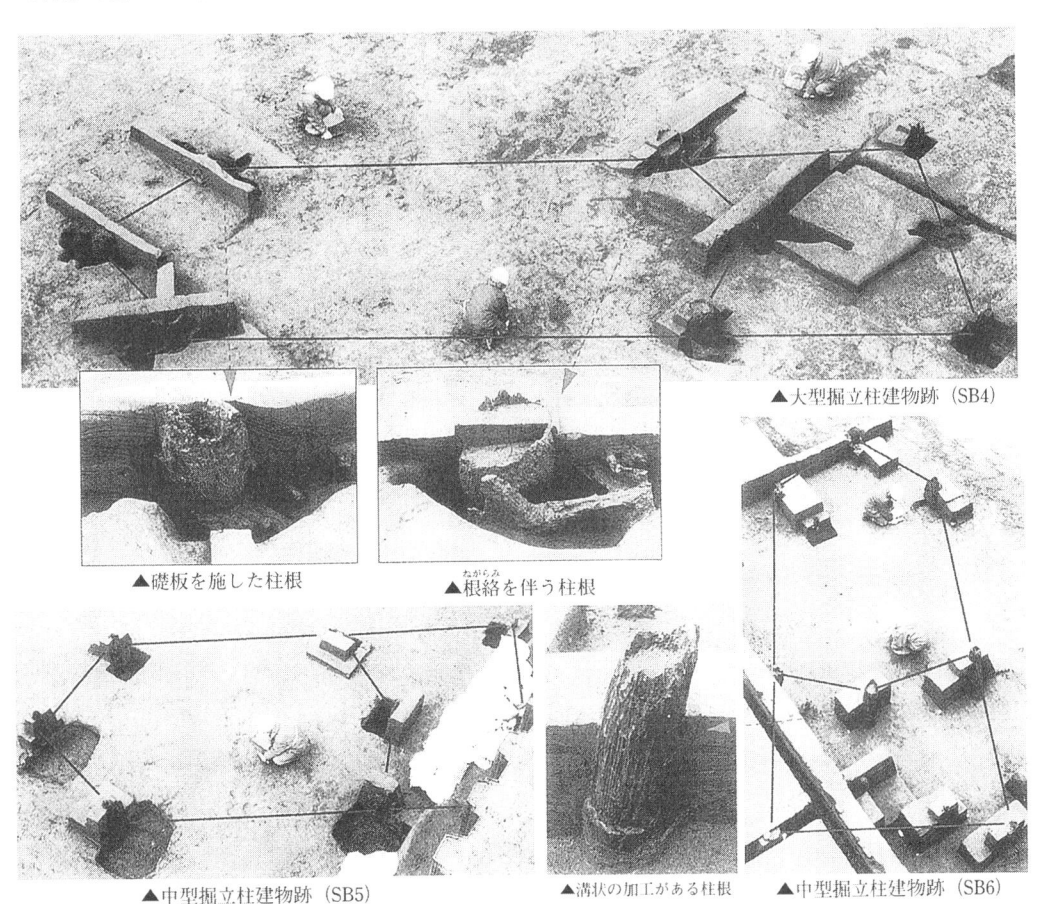

▲大型掘立柱建物跡（SB4）
▲礎板を施した柱根　▲根絡を伴う柱根
▲中型掘立柱建物跡（SB5）　▲溝状の加工がある柱根　▲中型掘立柱建物跡（SB6）

図22　青田遺跡出土の掘立柱建物跡（現地説明会資料による）

図23　海南島苗（ミャオ）族の平地住居（左：住居全景。妻側正面を作業場とする。庇はない。
　　　右：木舞壁の骨組。木舞に藁縄を巻かず泥を塗りつける原始的な土壁）

　それは竪穴住居が地上化することによって掘立柱建物が成立したことを暗示している。こうしてみると、青田遺跡の掘立柱建物は5角形柱配列を有するカマクラ形竪穴住居が、低湿地に適応するかたちで地上化した可能性があるだろう。城之越遺跡などにみられる「庇」のない単純な5角形柱配列の掘立柱建物も、ほぼ同じ位置づけをして良かろうと思うのである。
　人工の洞穴として出発した斜面の住居は、竪穴住居の枠組内での進化にとどまらず、特異な掘立柱建物への脱皮もなしとげたとみることができよう。

註
(1) ほぼ同時期の焼失住居跡として、沼津市葛原沢第Ⅳ遺跡第1号住居址があるというが、筆者は実見していない。
(2) 福岡市教育委員会『大原遺跡群2』福岡市埋蔵文化財調査報告書507集、1997
(3) 前掲註（2）報告書
(4) CHILDE vere Gordon,"Cave Men's Building", Antiquity 24, 1950
(5) 新潟県埋蔵文化財調査事業団・新潟県教育委員会『よみがえる青田遺跡　川辺の縄文集落』2002
(6) 『藤平遺跡発掘調査報告書Ⅱ』下田村文化財調査報告書20号、1986

2．宮畑遺跡49号住居の復元

(1)　土屋根と焼失住居

　福島市宮畑遺跡の縄文中期集落では47棟の竪穴住居跡が検出され、うち21棟が焼けた住居跡であることが確認された。じつに44.7％という高い焼失率を示している。2002年度末に刊行された『宮畑遺跡確認調査概報』（福島市教育委員会）によると、宮畑を除く福島市の縄文中期竪穴住居跡の総数は57棟にのぼるが、焼失を確認しているのはわずか2棟（3.5％）にすぎない。宮畑の場合、あきらかに他の集落遺跡とは異なる住居焼失率を示しているわけで、この点に着目するならば、全国的にみても、圧倒的な位置を占めている。
　宮畑焼失住居の場合、住居跡の床面上に厚さ15〜40cmの焼土層がひろがっている。この焼土層は屋根を覆っていた土が、被熱により化学変化をおこして橙色もしくは赤褐色に硬化変色したものと

推定されている。ところが、不思議なことに、その焼土の下に炭化した部材や屋根下地の痕跡がほとんど残っていない。屋根土で覆われていた木構造がほぼ焼け尽くしているのである。岩手県一戸町教育委員会が御所野遺跡（縄文中期）でおこなった土屋根住居の焼却実験によれば、木材が完全燃焼して炎を発している時間はきわめて短く、消炎後ながく発煙のみの状態が続く。この段階では、壁際での酸欠状態が著しく、部材が燃え尽くすことはない。天窓付近を中心にひろい範囲で屋根土が崩落するのはもちろんだが、なお一部の柱・梁・桁は炭化しながらも倒れることなく、壁際の垂木や堰板はさらに当初の姿をよくとどめている。

　全国で発見される焼失竪穴住居跡も、この焼却実験の結果と整合した出土状況をみせている。屋根土の崩落には長短さまざまな時間差があり、その結果として、土層の反転現象がしばしば複雑に認められるものの、一般的な焼失住居跡では、床面の上面で、下から①炭化木材（建築部材）、②もやもやとした炭化物層（屋根下地）、③焼土（屋根土）という3つの層が確認できる。この3層が上記の層位をもって複合的に検出されたならば、その住居跡が土屋根の焼けた遺構であると認定して、まず間違いはない。ときに②や③が不明瞭でも、①の炭化部材がよく残っている場合ならば、土屋根に覆われて蒸し焼きになった結果だと推定することが許されるであろう。茅などの植物で覆われた屋根ならば、迅速に消火しない限り、完全燃焼によって短時間に建物全体が焼け尽くす。床面直上に多くの炭化材を残す可能性は低いのである。但し、豪雪地帯の住居には注意を払う必要がある。厳寒の冬季、草屋根の上に1m程度の雪が積もって凍っていたとしよう。そこで火災が発生したならば、土屋根住居と似た不完全燃焼がおこりうる。この点を考慮するならば、北海道・東北・北陸などの積雪地域における焼失住居跡については、やはり焼土層の存在が土屋根か否かの判定にあたって、最も重要な鍵を握ることになる。

　その焼土層が、宮畑遺跡の一部の住居跡では、ひろい範囲で分厚く床面に堆積しており、しばしばそれが焼土化している。それらが土屋根の住居であったという事実は揺るがないのだが、屋根土層の下面で炭化材や炭化物層がほとんど出土しない。土に覆われているにも拘わらず、屋内の木材が燃え尽くしている。第2章第4節で詳細に述べることになるが、いわゆる「焼失住居」は失火などで焼けた建物ではなく、なんらかの理由があって人為的に焼いた「焼却住居」である可能性が高まっている。この人為的焼却説を受けいれるにしても、土屋根住居の部材を故意に焼き尽くすのは容易なことではない。宮畑の竪穴住居には、木材の燃焼しやすい特徴があったとしか考えられないのではないか。そういう前提にたって、以下の復元考察を進めてみよう。

(2)　竪穴住居跡の遺構解釈

　宮畑遺跡では5棟の竪穴住居跡を発掘調査したが、Ⅷ区の1棟は「焼けた」事実を確認した段階で埋め戻しており、時期は不明とされる。Ⅶ区およびⅨ区の4棟はいずれも大木10式期で、20号住居跡（SI20）・22号住居跡（SI22）・49号住居跡（SI49）にはすべて屋根土の堆積が残り、うちSI20とSI49で焼失状況を確認できる。23号住居跡（SI23）は床面の北半に敷石を伴う唯一の住居である。屋根土層および焼失の痕跡は認められない。ここでは、最も残りのよい土屋根焼失住居SI49を上屋

復元の対象とするが、SI20・SI22・SI23の出土状況も視野に納めながら（図24）、宮畑遺跡における縄文中期住居の上部構造を考えてみたい。

平面と柱配置　SI49の平面は東西402㎝、南北403㎝の隅丸方形を呈する。ほぼ正方形の平面で、その四隅だけがまるまっている。他に正方形に近い平面を有する可能性があるのはSI20だが、平面を検出したのは西半のみで、主柱の位置も確定していない。一方、SI22とSI23は円形に近い平面を

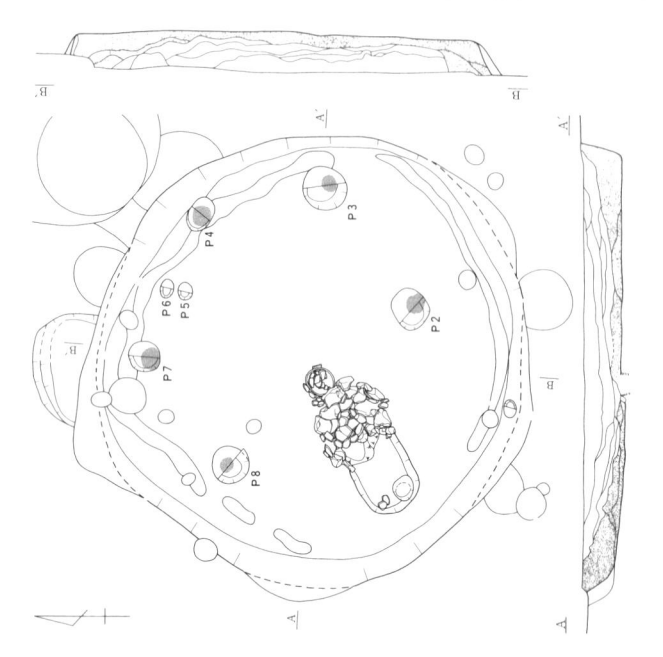

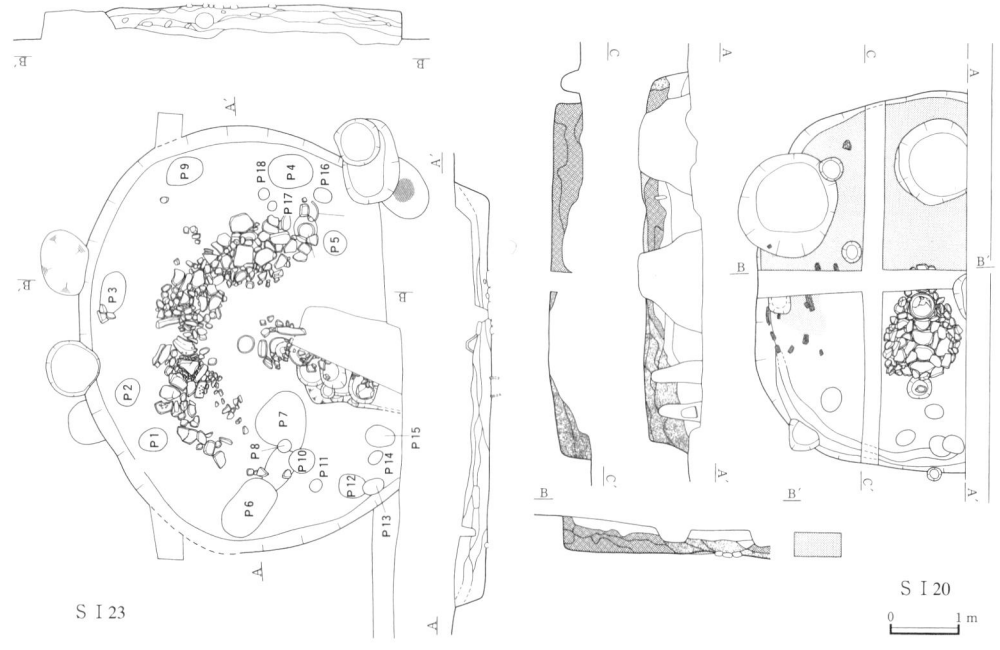

図24　宮畑遺跡SI20・22・23の遺構図

第3節　縄文焼失住居跡の復元

示している。正方形平面に近いSI49とSI20が焼けた住居であるのに対して、円形に近いSI22とSI23に焼失の痕跡が認められない点には注意を要する。後述するように、この平面形の違いは、屋根構造と相関性を有する可能性が高いからである。

　SI49の主柱穴は長方形をなすP1・P2・P3・P4の4ヶ所が確定的である。ただし、この4本主柱穴は竪穴の中心部にはなく、複式炉を避けるようにして、床面の北寄りに偏在している。4本主柱穴の規模は、P1が径26cm、深さ50cm、P2が径33〜37cm、深さ64cm、P3が径36〜44cm、深さ64cm、P4が径31〜37cm、深さ52cmを測る。いずれの柱穴にも、上面には焼土ブロックが混入し、その下で径20cm前後の柱痕が確認されている。柱間はP2-P3、P1-P4が220cm、P1-P2が210cm、P3-P4が190cmである。P1とP4の中間に位置するP11はこれと同じ土層堆積状況を示すので、柱穴であるのは間違いない。径24〜28cm、深さ51cmを測り、柱痕径は20cm弱である。P11はP1とP4のあいだに置かれた間柱のようにもみえるが、P1-P4のラインよりも内側にあり、P4からの距離が125cm、P1からの距離が95cmで、わずかにP1よりに位置する。しかも、炉を挟んだほぼ対面の壁際にP12が確認できるので、P11とP12は一対の棟持柱とみるのが妥当であろう。なお、P12は径が他の柱穴とほぼ同規模だが、深さは約20cmと浅い。これは複式炉の前庭部に掘られた結果であり、柱底のレベルはP11とほぼそろえている。

　以上みたように、SI49の柱配置は床面北寄りの4本主柱P1・P2・P3・P4と、複式炉上を縦断する棟木を支持したと推定される2本の棟持柱P11・P12が複合した特殊な構造を示すものである。これと近似した柱配置をみせるのはSI22である。SI22は直径556cmの円形に近い住居跡である。P2・P3・P7・P8が住居北半の4本主柱で、P4とP9が棟持柱であるとすれば、SI49の柱配置とまったく相似関係を示すことになるが、SI22では複式炉前庭部に掘られたP9に対応すべきP4が奥の側柱であるP3とP7の中間ではなく、最奥部の壁際にあり、しかもP3・P4・P7に近接する奥側の壁が直線形ではなく、扇形を呈している。この結果、SI22の平面は円形に近くなっているのである。P3・P4・P7に近接する壁がまるまっているということは、その上面の屋根が円錐形に近い構造をしていたということであり、P4は棟持柱ではなく、P2・P3・P7・P8と一連の妻柱とみるべきであろう。要するに、SI22の柱配置は住居奥側の5角形主柱P2・P3・P4・P7・P8と1本の棟持柱P9が複合した構造を有するものであり、SI49の柱配列とはやや異質である。敷石住居SI23では、平面がさらに円形に近く、壁際にそって主柱穴P4・P9・P3・P2・P1・P10などが扇状に並ぶが、複式炉前庭部が未調査のため、その位置に棟持柱があったかどうかは不明である。以上みたように、柱配列は各住居跡で異なっており、それが竪穴の平面形と相関している点に注意すべきであろう。

　床面と壁　SI49の床面はひろい範囲で火熱をうけ酸化しているが、「踏み締まり」の痕跡は確認できていない。これは他の住居跡でも同じである。住居の平面構造を復元する場合、この「踏み締まり」の痕跡は重要な意味をもつ。「踏み締まり」のある領域は一般的に入口から炉の周辺で認められ、そこが土間であったことを示す証拠とされる。一方、「踏み締まり」のない領域は枯草・枯木などの上に植物質の編物などをマットとして置いた座臥のスペースと考えられる。宮畑の縄文中期住居では、この「踏み締まり」が確認できなかったわけだが、SI23では床面の北半に敷石を残し

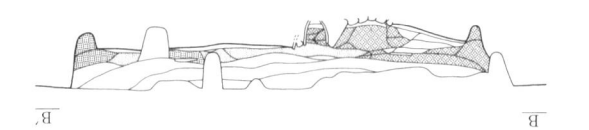

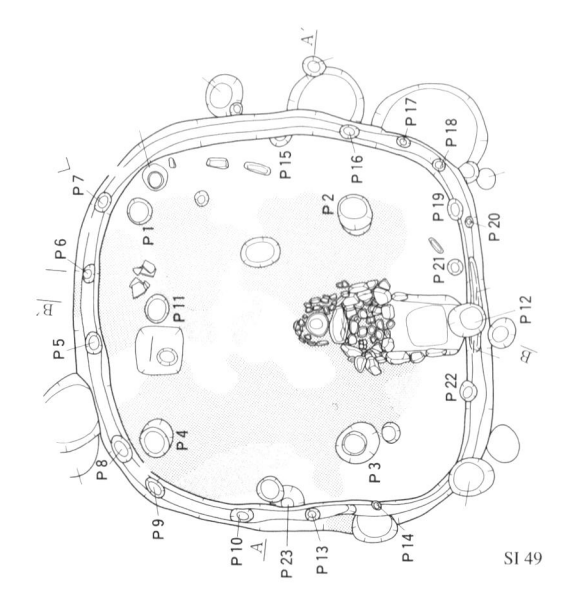

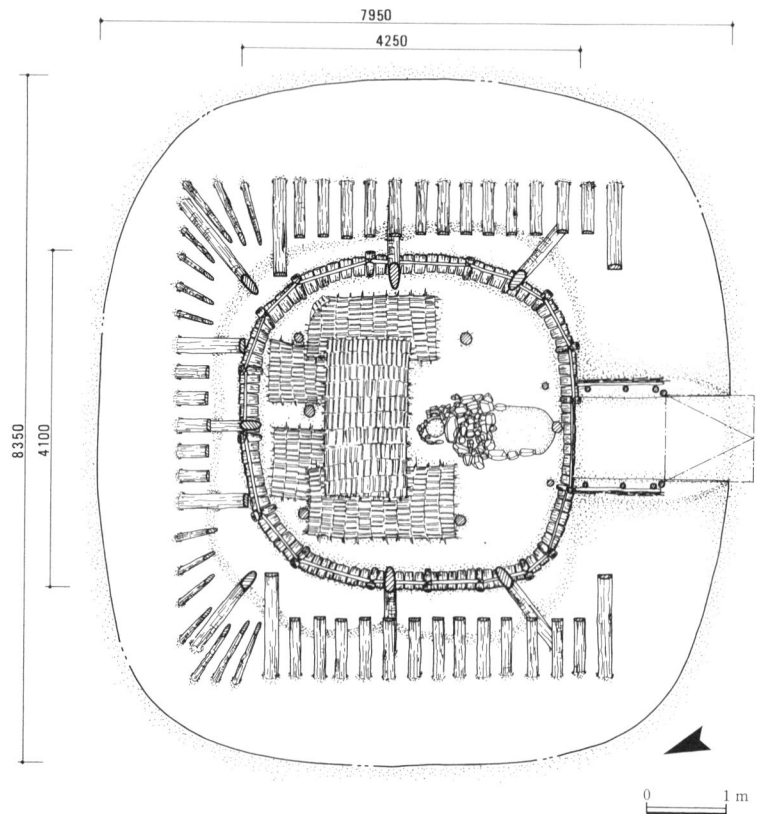

図25　宮畑遺跡SI49の遺構図（上）と復元平面図（下）

176　　第3節　縄文焼失住居跡の復元

ている。SI23は東西532cm、南北422cm以上の円形竪穴住居で、複式炉の北側に南北幅90cm、東西幅356cmの範囲に敷石を確認できる。扁平な石の隙間に小礫をつめたもので、周辺に3つの埋設土器を伴う。石組炉の石が抜き取られている状況からみて、敷石領域もかつてはもっとひろく、主柱穴P4・P9・P3・P2・P1などに接する位置にまで達していたのかもしれない（敷石と主柱の間に植物質のマットが敷かれていた可能性もある）。この竪穴は敷石や埋設土器を伴うことから、一般的な住居ではない可能性も否定できないが、敷石を座臥の領域とみるならば、入口は敷石の存在しない複式炉の南側周辺と考えざるをえない。入口の位置が各住居で異なったとは思いがたいので、SI49など他の住居跡においても、ここでは常識的な理解に従い、複式炉の南側を出入口とみなすこととする。

一方、壁については、壁溝のあるものとないものがある。SI49は遺存壁高が北壁で36cmを測り、底面から95°の角度、すなはちほぼ直に立ち上がる。壁溝は床面全周をめぐり、焼土ブロックの堆積も認められた。また、壁溝内部で11基の小ピットを確認した。その小ピットは60〜90cmの間隔で配されているが、東側の一部と南西コーナーでは検出されていない。これら11基のピットは壁溝に並べられた堰板をとめる親柱に相当する可能性が高く、あるいは屋根下地にまで到達していたのかもしれない。SI20の遺存壁高は44〜50cm、壁はやはり直に立ち上がる。壁溝は住居の南半をめぐっているが、北半では床面の酸化により確認できなかった。SI22の遺存壁高は約40cmで、65〜75°という緩い勾配で立ち上がる。壁溝は複式炉の南側を除いて、途切れながらコ字形に認められる。壁溝に伴うと判断される小ピットは5基しか検出されていない。以上の3棟については壁溝が床面のほぼ全体をめぐるので、壁に丸太などの堰板をめぐらせていたと推定されるが、敷石のあるSI23には壁溝がまったく存在しない。SI23の場合、主柱が壁面に非常に近接するので、この位置で垂壁などを掛けていた可能性もあるだろう。加えて、屋根土の痕跡も認められないのだから、SI23にだけ他にみられない要素が集中しており、一般的な住居とは異質な性格、あるいは同じ大木10式期のなかでも微妙に異なる時期差をもつ可能性があるだろう。

屋根土層と炭化材 SI49では焼土が床面のほぼ全域にひろがっている。焼土の色調は、火熱をうけた赤褐色を呈するもの、あまり火熱をうけていない橙色のもの、煤けた黒色のものに分かれる。焼土は壁際・住居中心部・炉の周辺にも薄く分布するが、そこで焼土ブロックはほとんど認められない。焼土ブロックは、他の部分にドーナツ状に堆積している。焼土の厚さは北側で35cm、南側で15cmを測る。床面はP1〜P2、P3〜P4の周辺にが強く火熱をうけ、赤褐色を呈し酸化している。その厚さは約5cmを測る。

一方、SI20では、レンガのように非常に硬い焼土ブロックが、炉の北側で床面直上にひろく堆積している。最大の厚さは42cmに達する。色調は橙色を呈するものが多いが、黄色や黒褐色の部分もある。もちろん強い火熱をうけた屋根土の崩落層と思われるが、焼土ブロックの上下に堆積する明褐色・明黄褐色・黄褐色を呈するシルト層も土層の反転現象を伴う同類の屋根土崩落層と推定される。焼土ブロックが堆積する北半の床面が酸化し硬化している。硬化の程度は、当初、粘板岩が敷かれていると判断したほど硬いものであり、この酸化の強さからみると、燃え落ちた屋根材が床面

上で燃焼したのではなく、床面上に燃料となる木材をおいて土屋根を故意に焼いた可能性が高い。

SI22は焼失住居ではないが、やはり屋根土痕跡を明瞭に確認できる。床面直上には壁際から炉周辺の全域に、ほとんど遺物を含まないシルト層がひろがり堆積している。その厚さは複式炉周辺が8cmと最も薄く、壁際では遺構検出面まで40cmの堆積をみる。以上 3 例の焼土および土層堆積からみて、これらの竪穴住居が土に覆われていたのはほぼ間違いないと言えるだろう。興味深いのは床面の硬化である。SI49では主柱間、SI20では北半の床面が強烈に酸化した結果、粘板岩のように硬化しており、木質燃料による意図的な焼却を示唆するものである。これは御所野遺跡における焼却実験のプロセスとよく一致する見解であり、注目される。

さて、SI49では焼土の下面、すなわち床面直上において炭化物の分布が認められる。繊維方向が確認できる材も少なくないが、いずれも残存長が短すぎて、どの部材にあたるのかを判断するのは困難である。それでも、P1とP2の近くでは 4 本主柱の上にのっていたであろう梁・桁の残片らしき材、P11とP12をつなぐ棟通りの中心付近にも棟木の残片らしき材を確認できる。他の炭化材は非常に細く、棟木に向かう求心方向の材よりも、それに直交する材のほうが多いようだから、垂木ではなく、垂木上の木舞の残骸であるかもしれない。このほか、薄い膜状・粒子状の炭化物、そして植物の茎状の炭化物も検出されており、それらはいずれも屋根の下地となる樹皮もしくは茅類であった可能性があるだろう。SI20も、床面西側にごくわずかながら炭化物を残すが、厚みは認められない。床面上での炭化物の出土がきわめて少ないところが、SI20の特徴である。

SI20ほどではないにせよ、SI49の木構造部分も非常によく焼けている。いずれも、土屋根構造の住まいであるから、部材が蒸焼き状態になって残りやすいはずなのに、木材は焼き尽くされて焼土だけが堆積している。これまで何度も述べてきたこの特異性については、以下のような解釈をしておきたい。

①屋根が他の土屋根住居とは違って、通風のよい構造をしていた。

②焼土ブロックや床面の硬化が暗示するように、屋根を覆っていた地山系の粘土は強い火熱をうけると著しく硬化し、木材が焼けくずれても、硬化した屋根土が崩落しつくすことはなく、それ自体でアーチ状の構造を維持し自立していた。換言するならば、土屋根が被熱の結果、硬化することによって、住居は須恵器窯のような構造物と化して自立し、部分的に崩落した部分は通風口の役割を果たして酸素を大量に供給する効果をもたらし、内側にあった木材を焼き尽くしてしまったのではないか。その後、雨水の影響などから、硬化した土屋根も次第に崩落していったのだろう。

(3) 49号住居の復元

以上の基礎情報分析をもとに、SI49の上屋構造を復元してみよう（図25・26）。

旧地表面が遺構検出面よりも20cmほど高い位置にあったとする。厳密に言うと、旧地表面がどれほど削平されているのかは分からないが、仮にこの程度であったとすれば、旧地表面から竪穴床面までの深さは55〜60cmとなる。もちろん、これがそのまま壁の高さになるわけではない。竪穴のまわりには周堤が築かれていたはずである。かりに周堤がなかったとしたら、旧地表面からの削平が

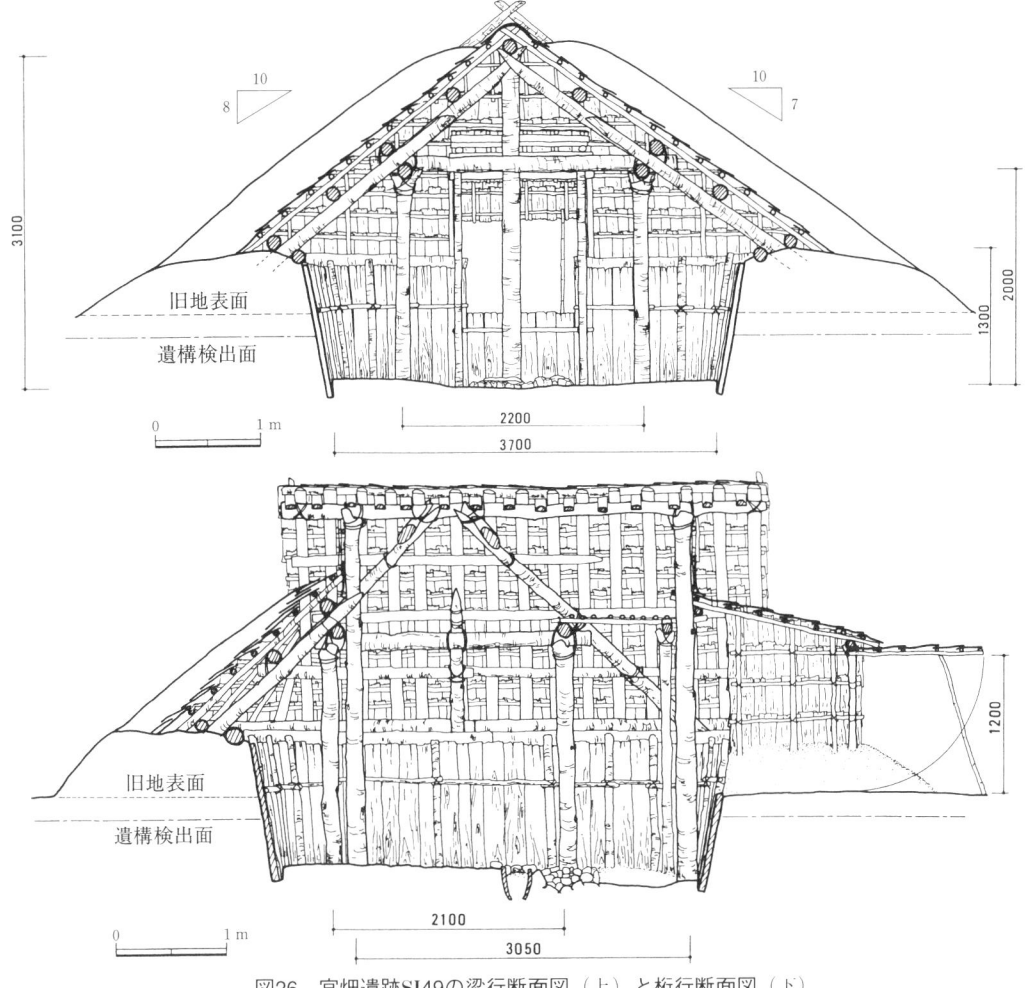

図26　宮畑遺跡SI49の梁行断面図（上）と桁行断面図（下）

よほど深くない限り、サスや垂木など斜材の挿し込み痕跡が残っているはずだから、それが存在しないということは周堤がめぐっていた証でもある。周堤幅は250cm前後とした。弥生時代の周堤遺構を参照するとともに、垂木尻が周堤のほぼ中点に落下するようにしようとすれば、この程度の幅が適当であり、旧地表面からの高さは最高点で約50cmとした。この結果、壁溝上にたつ壁板の高さは110cmほどになる。ヒトが座れば、臀部から頭頂部までの高さは70cm前後だから、たいていの動作は壁板の内側に納まったはずである。入口は複式炉前庭部の南側に小さな突出部を設け、炉の北半にコ字形に筵を敷いて座臥の場とした。これはSI23の敷石領域を反映させたものである。

4本主柱の高さは桁の下端までを190cmとした。SI49の場合、薄い膜状・粒子状の炭化物のほかに植物の茎状の炭化物が検出されており、土屋根の下地が樹皮なのか茅なのかを判別し難いが、縄文中期に遡る茅葺き屋根は未だ発見されていないので、従来の方式に則り、SI49も樹皮下地を想定した。樹皮下地の土屋根の場合、屋根勾配は35°程度に納めるのが適切であり、この勾配をもって

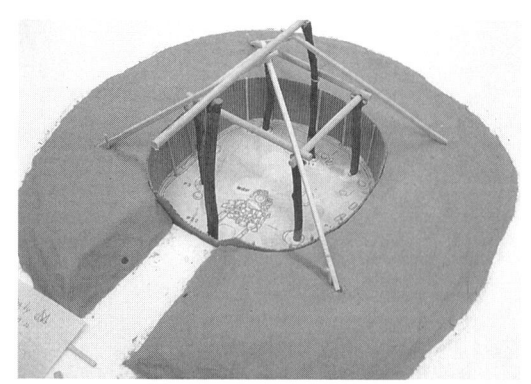

図27　SI49復元模型①4本柱によるサス構造と棟持柱構造の複合

図28　SI49復元模型②垂木の配列

図29　SI49復元模型③背面からみた内部構造（主柱間の梁と棟持柱が火棚によって一体化している）

垂木尻を周堤のほぼ中点に納めようとすれば、主柱の高さは190cm前後となる。4本主柱に桁・梁をかけ、桁・梁の交差する4隅からサスを斜めに立ち上げると、左右のサスが交差する棟木の支持点が近接する位置に2点できる。この2点と2本の棟持柱の頂点のあわせて4ヶ所で棟木を支える（図27）。床面からの棟木の高さは310cmとなる。なにより興味深いのは、サス構造と棟持柱構造の複合性である。サスを骨組とする寄棟屋根が棟持柱を骨組とする切妻屋根に覆われているようで、じつは一つの棟木を共有する重層構造になっている点が抜群にユニークだと言えよう。建築構法の面でなにより注目される点である。この構造が正方形に近いSI49の平面形態と相関しているのはあきらかであろう（図28）。

　ところで、4本主柱は複式炉を避けるようにして、その北半を占めるから、住居北半の奥側では屋根の構造に安定感がある。ところが、南半では複式炉前庭部と壁溝の境に棟持柱がたつだけなので、構造的な補強が必要である。ここで遺構に再び目をむけると、P12の左右にはP21とP22という二つの小ピットが確認できる。この二つの小ピットを活用して棟持柱P12の補強を考えてみよう。まず、P21とP22に、主柱と同じ高さの細い柱をたてて梁をかけ、その梁を棟持柱に紐で縛りつける。そして、P21－P22上にかけた梁とP2－P3上にかけた梁を左右2本の桁で結び、その桁の上に簀子をのせれば前庭部と石組部を覆う火棚ができる。この火棚は食物を薫蒸するための施設にとどまらず、4本主柱の軸組と複式炉前庭部の棟持柱を一体化する構造的な機能を期待された部分と考えたい（図29）。さらに火棚の桁を棟持柱の前方に突きだして梁をかければ、入口部分の屋根垂木をか

図30　SI49復元模型④入口と火棚の関係

図31 SI49復元模型⑤樹皮と枯枝を下地とする土屋根

図32 SI49復元模型⑥正面斜めからみた全景

図33 SI49復元模型⑦正面上方からみた全景

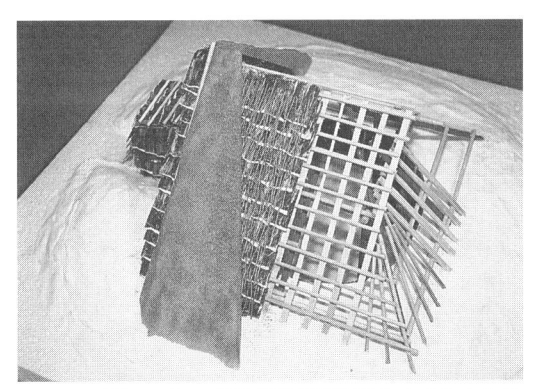

図34 SI49復元模型⑧背面斜めからみた全景

図35 SI49入母屋風復元案（骨組模型）

けることもできる（図30）。

　図30の桁行断面図にみるように、SI49の上屋は前方の入口部分と後方の寄棟部分を大きな切妻屋根が覆っているような構造に復元できる。この場合、煙出しは前後の妻壁の一番高いところに設けることができる。切妻屋根の妻飾の部分に煙出を左右対称に配するわけだから、通風はよかったはずである。通風のよい住居を、床面に置いた多量の薪で強引に燃やし始めるならば、小屋はよく焼けるであろう。そうしているうちに、屋根土は一部崩落しながらも硬化してドーム状の土屋根が自立する。その窯のような構造のなかで、内部の木材はほとんど燃焼し尽くしてしまう、と推定している。なお、屋根については、先述したように、樹皮を下地とする。ただし、樹皮だけでは雨漏りが起こりやすいので、御所野（次節）に倣い、樹皮上に枯枝を縦にならべてから土をかける（図31）。土は頂部で10cm程度、周堤際では40cm程度の厚さになるだろう。

　SI49については、この案をもって筆者の復元案（図32・33・34）とするが、それ以前にも数多くの復元模型を試作している。たとえば、図35は入母屋風の屋根に復元した模型である。こういう可能性も、もちろんあるだろうが、御所

野に代表される他の土屋根住居と形式が近すぎて逆に違和感がある。土屋根で覆い尽くされる密閉性の強さに難点があると思われる。

ところで、すでに述べたように、SI49とよく似た柱配列を示すSI22については、奥壁に近いP4が棟持柱ではなく、P2・P3・P7・P8と一連の妻柱とみるべき解釈を示した。この場合、5角形主柱と1本の棟持柱が複合した構法と理解できる。図36がSI22の復元模型である。正面の開放性はSI49と同じだが、背面の密封性は高く、

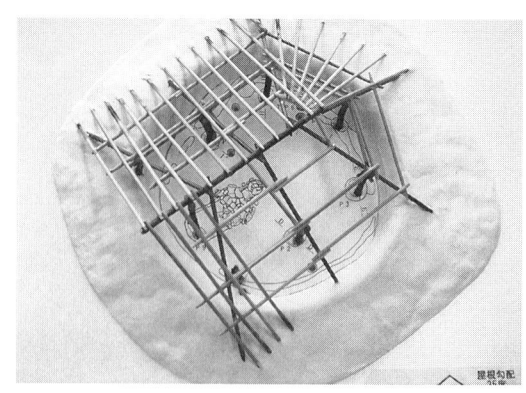

図36　SI22復元案（骨組模型）

SI49ほど木材が燃焼しやすい構造とは言えない。SI22は焼失住居ではないので、このように復元しても大きな問題はないであろう。当然のことながら、同じ時期、同じ集落の住居といえども、柱配列や焼失・廃棄状況には少なからず差違があり、それは住居の上屋構造と相関する可能性がある。筆者の復元案が正しいかどうかは分からないが、1棟の竪穴住居のなかにサス構造と棟持柱構造の重層性を読みとることができたのは、大きな収穫であったと思っている。

3. 智頭枕田遺跡SI-01の復元

(1) 鳥取の縄文住居跡

中国地方の日本海側にひろがる山陰地方では、700以上の縄文時代遺跡が確認されている。鳥取県では大山山麓周辺、湖山池周辺に分布のまとまりが認められる。

竪穴住居跡については、方形プランが卓越し、屋内に石囲炉をともなう点に大きな特徴がある。近畿地方では、方形の竪穴住居跡や石囲炉が中期末頃一般化し、その源流は近畿地方以東にあることが指摘されている。山陰地方では、縄文中期～後期初頭の様相が判然としないけれども、後期前葉には近畿地方を介して東日本系譜の要素が波及し、竪穴住居にも影響を与えていると考えられる。山陰地方におけるこうした特徴を有する竪穴住居の分布は、大山山麓地域を中心とする伯耆地方に偏在しており、概ね布施式土器の分布領域と重複する傾向が指摘されている［濱田 2002］。構造に

表1　鳥取県における主な縄文竪穴住居址

時期	遺跡名	遺構名	所在地	平面系	炉
早期	取木	竪穴状遺構	倉吉市	隅丸方形	―
	泉前田・泉中峰	SK-09	米子市	円形	―
前期	長山馬籠	JS101	日野郡溝口町	円形	―
	長山馬籠	JS102	日野郡溝口町	円形	―
後期	津田峰	3号住居跡	倉吉市	隅丸方形	石囲炉
	横峰	5号竪穴住居跡	東伯郡関金町	?	地床炉
	森藤第2	竪穴住居跡1号	東伯郡東伯町	隅丸方形	石囲炉
	森藤第2	竪穴住居跡2号	東伯郡東伯町	隅丸方形	石囲炉?
	南川	縄文後期住居跡	西伯郡名和町	?	石囲炉
	大塚	縄文住居跡	西伯郡名和町	円形	石囲炉
	百塚第7	SI01	西伯郡淀江町	隅丸方形	地床炉
	大下畑	SI27	西伯郡淀江町	?	地床炉
晩期	久古第3	1号竪穴住居	西伯郡岸本町	円形	―

ついては、円形・楕円形平面のほかに、4本もしくは無柱の方形・長方形平面が少なくない。テント形の屋根と切妻造の屋根が併存していた可能性があるだろう。以下、代表的な遺跡を概観しておく。

横峰遺跡 検出面が浅く、平面は不明であるが、中央部が低く凹んでおり、柱穴4本を確認した。

取木遺跡 縄文早期の住居。平面は長方形を呈し、柱穴は大小8つ確認できる。

鶴田荒神ノ峯遺跡 住居跡と思われる遺構が確認されているが、西側半分が削平されている（図37）。柱穴とみられるピットが半円形状に並んでいる。

津田峰遺跡 縄文後期の住居（図38）。平面は一辺3.5mの方形を呈する。床面中央に向かって傾斜しており、中央には石囲炉をもつ。柱穴は炉を挟み東西に2本存在する。

森藤第2遺跡 1号竪穴住居は東側が削平されているが、平面は隅丸方形で、1辺約4mを測る（図39）。中央に石囲炉を配するが、柱穴とみられるピットは確認されていない。2号竪穴住居は東側が削平されているが、平面は隅丸方形で、1辺4mを測る（図40）。中央に炉とみられる土坑が確認されている。柱穴とみられるピットは確認されていない。

南川遺跡 円形平面の中央に5角形の石囲炉をもつ平地式住居が検出されている（図41）。

大塚遺跡 円形平面の中央に石囲炉をもち、壁際に柱穴がめぐっている（図42）。

泉前田遺跡 4×3.5mの楕円形の平面（図43）。40cmほどの掘込をもつ土坑が確認できる。柱穴は壁際を一周している以外には確認できない。

久古第3遺跡 ほぼ円形の平面で長軸5.25m、短軸4.29mを測る（図44）。竪穴土坑は11基確認できるが、柱穴であろうと考えられるピットは南北に3ヶ所ずつある。

百塚第7遺跡 隅丸方形平面をもち、1辺約4m（図45）。中央付近が落し穴状遺構によって削

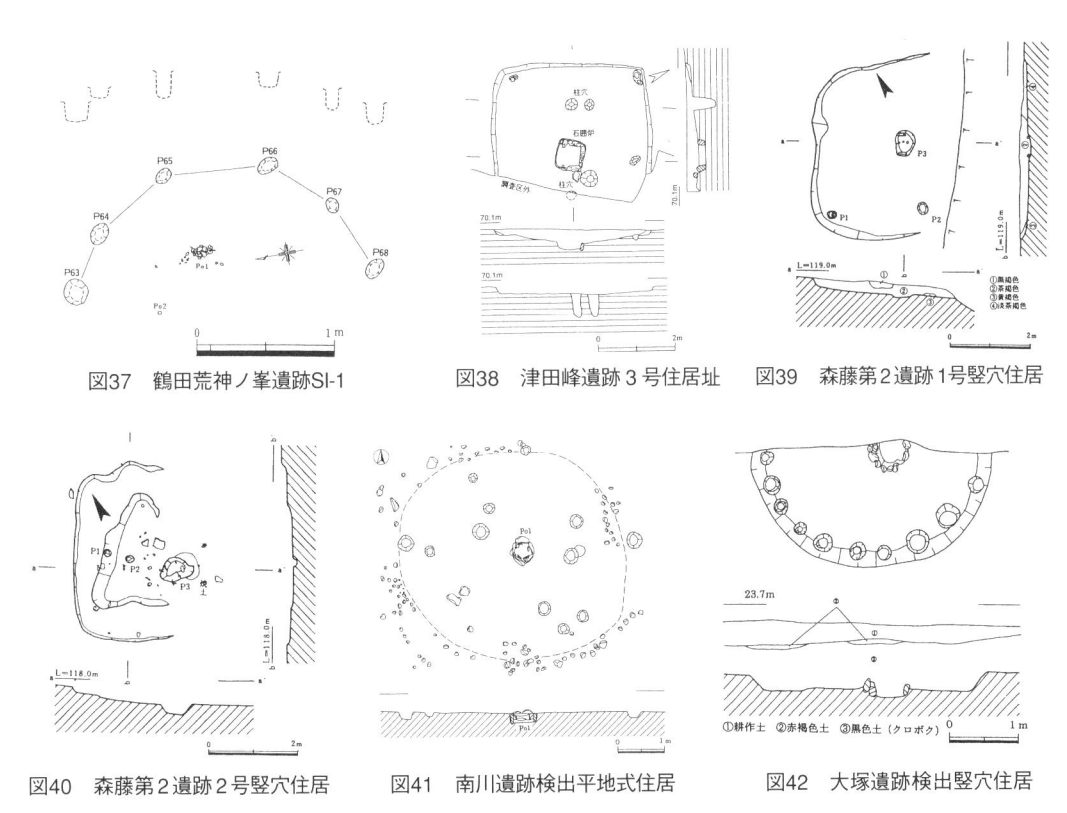

図37　鶴田荒神ノ峯遺跡SI-1　　図38　津田峰遺跡3号住居址　　図39　森藤第2遺跡1号竪穴住居

図40　森藤第2遺跡2号竪穴住居　　図41　南川遺跡検出平地式住居　　図42　大塚遺跡検出竪穴住居

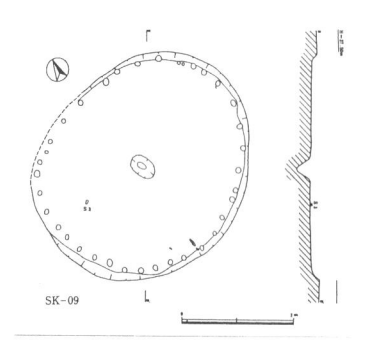

図43　泉前田遺跡SK-09 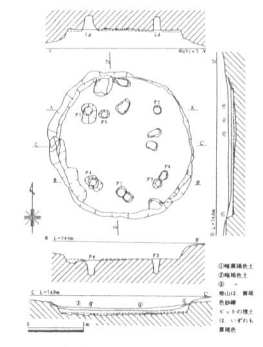　　　図44　久古第1遺跡第1竪穴住居 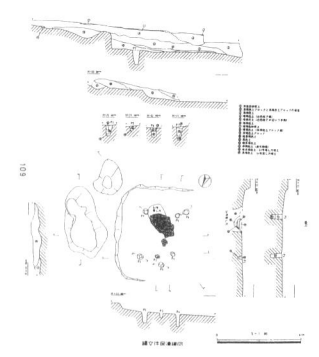　　　図45　百塚第7遺跡縄文住居

平されている。柱穴とみられる土坑は隅方向に4本確認できる。

(2)　智頭枕田遺跡と竪穴住居SI-01

智頭枕田遺跡の概要　智頭枕田遺跡は、智頭町が計画した智頭町保険・医療・福祉総合センター建設事業に伴う事前調査によってみつかった。時期的に断続はあるものの、縄文～弥生、平安時代にかけての良好な複合遺跡である。縄文時代早期の遺構・遺物は遺跡の南西側、舌状台地の高地部分に集中して検出されている。質・量とも鳥取県東部随一を誇る。この時期、一般的には拠点的集落が形成されていたと考えられることから、智頭町枕田遺跡が当時の拠点であった可能性も指摘されている。

　縄文時代中期末～後期初頭の集落跡は、遺跡の南側土師川と崖線とも言えるエリアに展開している。検出された11棟の住居跡は同時期に存在したものではなく、少なくとも2時期にわたって営まれたものと考えられる。住居跡の形や内部施設、主軸方向などは極めて規格性が高く、集団内の結びつきの強さがうかがえる。智頭枕田遺跡は、これまで縄文文化の空白域で発見された集落遺跡であり、発掘調査があまりおこなわれていない山間部が縄文時代の活動の場であったことを示す点で今後の研究に与える影響は大きいものと考えられる。

　竪穴住居跡SI-01の平面構造　今回復元の対象とする竪穴住居SI-01は上層・下層の2棟を検出しており、前者を（新）、後者を（旧）とよび分けている。今回は下層遺構にあたるSI-01（旧）の復

図46　智頭枕田遺跡石囲炉（智頭町教育委員会提供） 　　　図47　智頭枕田遺跡早期竪穴遺構
（智頭町教育委員会提供）

図48　智頭枕田遺跡遺構図

図49　智頭枕田遺跡遺構（智頭町教育委員会提供）

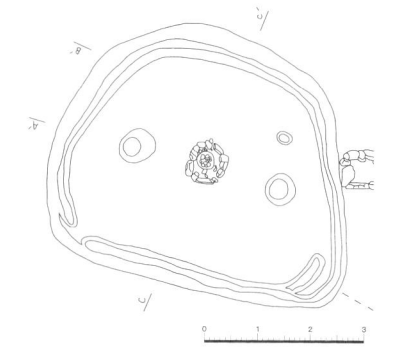

図50　智頭枕田遺跡SI-01遺構図（智頭町教育委員会提供原図をリライト）

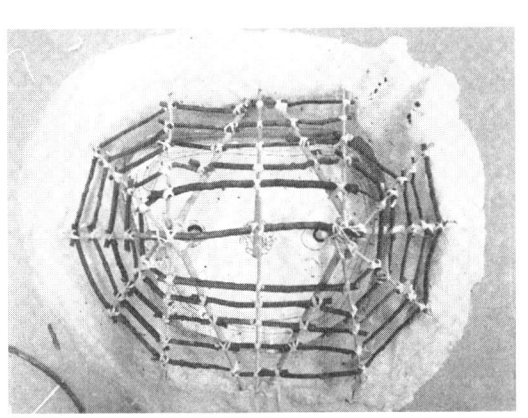

図51　枕田遺跡遺構図SI-01復元模型当初案

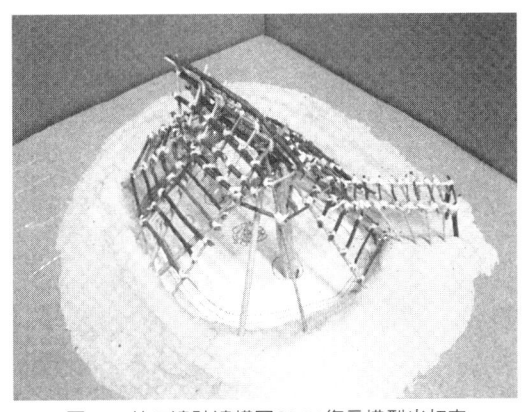

図52　枕田遺跡遺構図SI-01復元模型当初案

図53　枕田遺跡遺構図SI-01復元模型当初案

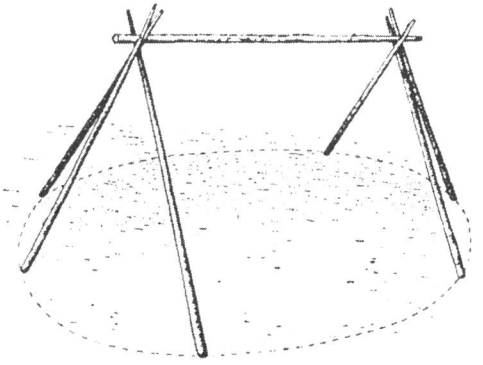

図54　ウィルタ族のテント構造［大林太良 1991］

第2章　竪穴住居の空間と構造

元を試みるが、SI-01の（旧）の表記は以下省略する。

　平面は台形状の隅丸長方形を呈しており、長軸約5.7m、短軸約4.68mを測る。遺構検出面からの深さは約30cm。壁溝の深さは5～30cmとばらつきがあり、北側で一部途切れる。主柱穴は2本で石囲炉の左右外側に配されている。柱穴の深さは床面から約66cm。床面は自然に硬化している程度で、貼床が施された跡はみられない。住居跡のほぼ中央に石囲埋甕炉を置く。1辺約74cmの正方形に石を組み、その内部のやや東側に土器を埋設している。

（3）　智頭町枕田遺跡SI-01の復元考察

円錐形テント構造の応用　SI-01の平面は隅丸長方形プランの2本柱構造である。SI-01は焼失住居跡ではないので、炭化材等による復元は不可能だが、その平面形と2本柱を重視し、2本柱を頂点とする3脚構造を2つ設定し、その頂部に棟木をわたす構造を推定した。これはアイヌのケツンニ構造を模したものである。ケツンニ構造の源流は北方ユーラシアや北米の先住民（狩猟採集民）に卓越する円錐形テントの基本構造である3脚もしくは4脚であり、アイヌのケツンニでは、左右2ヶ所にケツンニを配し、その頂部に棟木を通す（第2章第2節図2）。円錐形テントの3脚はその場その場で採れる皮付きの丸太材であり、末口に股木を残し、その股木を相互に噛み合わせることで構造が安定化する。左右二つの頂部に棟木をわたし、妻側に半円形平面に扇垂木をめぐらせ、平側は平行垂木とすれば楕円形平面に対応する逆船形の構造が完成する。これに似た構造は北方ユーラシアにも分布しており、たとえばシベリアのオロッコ（ウィルタ）族はその典型である（図54）。

当初の復元案　竪穴の深さは検出された状態で0.6～0.7m。実際にはこれよりも深かったであろうが、今回はこの寸法を採用した。周堤は竪穴の平面規模や屋根勾配などを考慮して幅2.1～2.5m、高さ50cmとした。2本の柱はいわゆる棟持柱であり、通常の側柱より高く設定しなければならない。ここでは屋根勾配を40～45°と仮定し、柱高4mとした。屋根は草葺きではなく、樹皮葺きの土被覆とした。弥生時代の遺構ではあるが、鳥取では土屋根に復元される焼失住居跡が200棟以上発見されており、それを縄文住居からの継承とみなし、今回は土屋根に復元する。土屋根の下地を樹皮葺きとするのは、縄文時代に茅葺き屋根が存在した証拠を積極的にみいだせないからである。一方、岩手県一戸町の御所野遺跡で出土した良質の焼失竪穴住居跡の出土状況からみて（次節参照）、広葉樹の樹皮を土屋根下地にした可能性は十分考えられる。

　小屋組は、くりかえすことになるけれども、アイヌのケツンニ構造を参考にして、柱の頂部に3脚構造を2組つくり、その上端に棟木をとおす。垂木の上には小舞を渡して樹皮をとめる。越屋根は最上段の小舞を基礎として垂木上に組み上げ、勾配をきつくする。越屋根のみ葺材は茅とする。

　入口については、壁溝の北東に一部切れ目が確認できるので、その部分に設置した。これは後述するクズマ遺跡などの隅入平面との系譜をうかがわせるものである。入口の高さは120cm、幅60cm、奥行150cmである。入口屋根の勾配は約20°。

復元案の修正展開　3脚を用いるテント構造は、それ自体で構造が安定するので、必ずしも3脚の頂点と2本柱の位置が一致する必要はない。竪穴住居の構造は3脚もしくは4脚の構造で安定化

図55　枕田遺跡SI-01復元模型最終案基本構造 　　図56　枕田遺跡SI-01復元模型最終案垂木

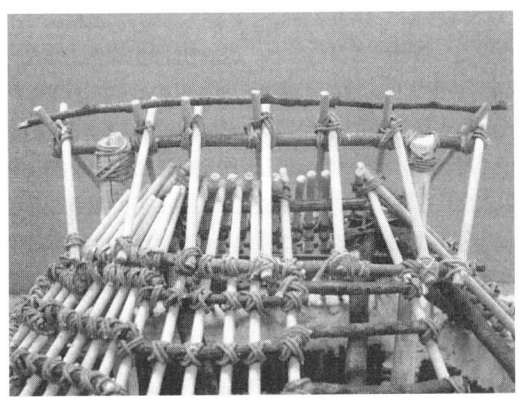

図57　枕田遺跡SI-01復元模型最終案越屋根 　　図58　枕田遺跡SI-01復元模型最終案葺材

図59　枕田遺跡SI-01復元模型正面 　　図60　枕田遺跡SI-01復元模型背面

させ、2本柱については越屋根の棟木を支える材と考えなおしたのである。ここで、構造を強化するために、岐阜県の堂ノ空遺跡（縄文中期末）の竪穴住居内部で出土した柱材を参照することにした。焼失住居跡の床面に残るこの柱材は、上端に股木を残し、その少し下側に貫穴をともなう。この貫穴付柱材を2本たちあげ、その頂部では越屋根の棟木をささえながら、貫で円錐構造の屋根上

第2章　竪穴住居の空間と構造　　187

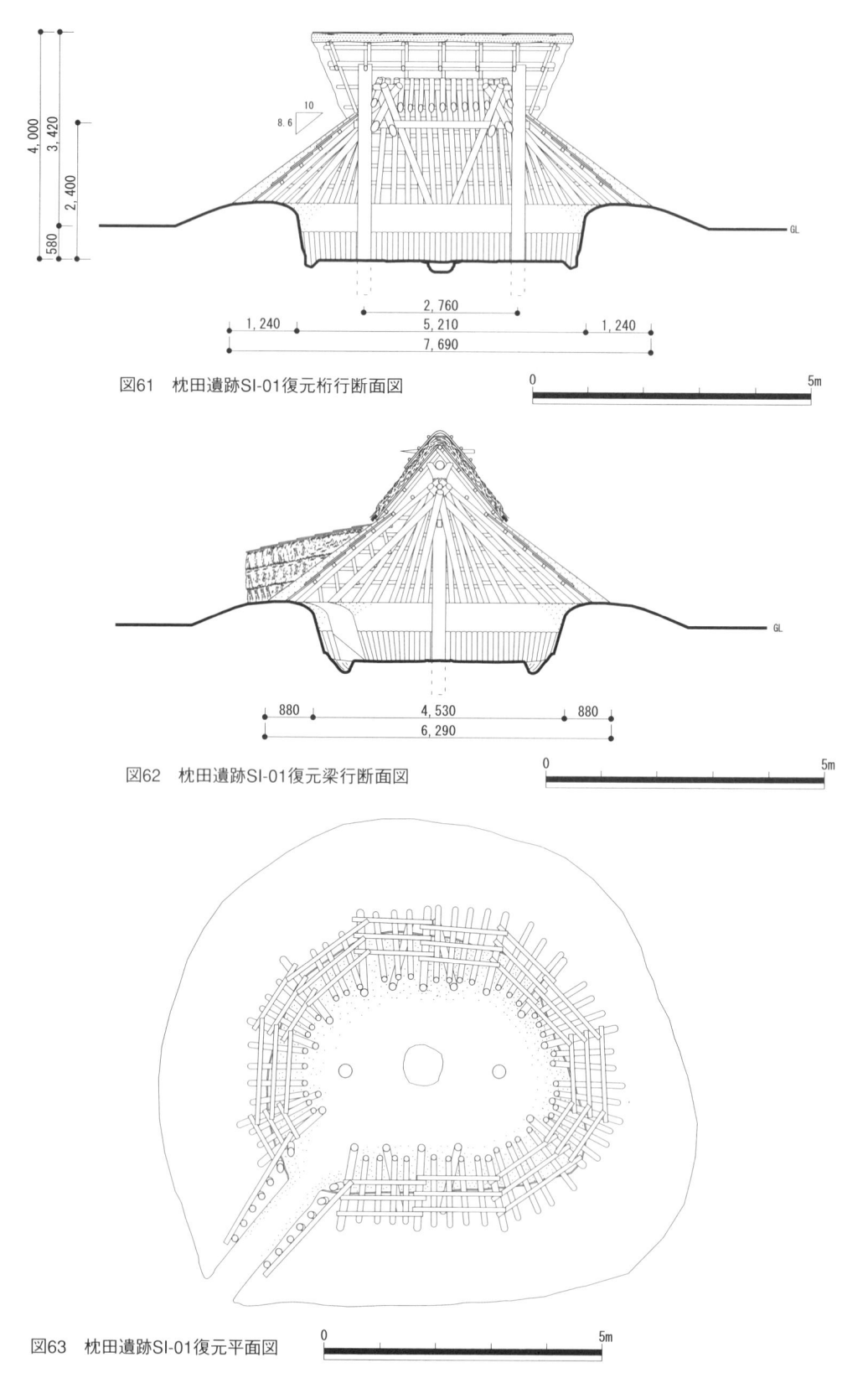

図61 枕田遺跡SI-01復元桁行断面図

図62 枕田遺跡SI-01復元梁行断面図

図63 枕田遺跡SI-01復元平面図

第3節 縄文焼失住居跡の復元

部をうける。棟持柱の柱間は3m弱もあるので、この貫は2本の柱をつなぐ有力な構造材にもなる。また、雨の吹き込みを考慮すると、円錐構造の頂点は棟持柱より内側に納めるべきで、その外側に越屋根がのると考えた。なお、柱の内側にテント構造の頂点があると3脚では納まりが悪く、結果として4脚を採用した。4脚構造の円錐形テントも北方ユーラシアにひろく分布している。

4．土屋根とはなにか

　旧石器時代にあって最も重要な屋根葺材は樹皮と獣皮であったと推定される。樹皮や獣皮で骨組を覆う建物は組立・解体に簡便で、遊動的な生活によく適している。その反面、居住の定着性が高まると、防御・防風・防寒などに支障をきたす。また、平地のテントでは内部空間もせまく、長期居住に向いていない。かくして、円錐形テントの構造を残しながら、竪穴化による空間の拡充と、屋根の土被覆がほぼ併行して進展したのではないだろうか。日本におけるその開始時期は、大原D遺跡SC003の年代（10000年前）あたりまでさかのぼるとみて大きな誤りはないように思われる。

　ところで、土はあくまで屋根の被覆材であって、葺材と呼べるものではない。これまで土屋根の「下地」と呼んできた樹皮や茅などが、じつは屋根の葺材なのであって、雨水処理はほぼこの下地材＝葺材の仕上がりにかかっている。民族誌の事例をみると、北米のトンプソン・インディアン、カムチャッカ半島の定住コリヤーク、アムール河口のニブヒなどの竪穴住居は、丸太や板材で重厚なボックスを作り上げ、建築物として完成させている。そのままでも人は住めるのだが、防寒対策として、さらに土を被せる。縄文〜弥生時代の場合、それほど堅固な構造物を作るとまではいかないが、板状の垂木を用いたり、丸太の垂木を密に配したりして、骨組そのものの密封性・堅牢性を高めたうえで樹皮・枯枝・茅などの材を葺き、土を被せている。ただし、縄文と弥生以降とでは、下地処理に大きな違いがある。御所野遺跡西区での出土状況および復元実験に従うならば、縄文時代の土被覆住居は下地＝葺材が樹皮、もしくは樹皮に枯枝をのせた複合材と推定される。この場合、屋根勾配はやや緩く、35度前後が望ましい。この傾斜角で雨水は樹皮上面を軒先方向に流れ、屋根を覆う土も流れ落ちない。土はさらさらの表土（黒土）がよい。乾燥してもひび割れすることがないし、肥沃土なので雑草の繁茂が早く、被覆土が安定しやすいからである。

　この方法によって御所野では成功したが、北海道虻田町入江貝塚の住居ではうまく機能しなかった。虻田では屋根勾配が40度ときつく、下地に樹皮を用いるだけで枯枝を敷き詰めることをせず、屋根土に黒土ではなく、粘土質と砂質の混合土を被せてしまった。これにより大規模な雨漏りが生じた。富山市北代遺跡の復元住居でも雨漏りが生じた。北代の場合、土屋根の試験体を製作するなど、周到な準備を進めていたのだが、1〜3月という真冬の建設時期が致命傷となった。工事期間中に雪が降りつもり、被覆土ばかりか、樹皮・枯枝に水分が浸透して、屋根の乾燥化するプロセスを経なかったことが悔やまれる。

　一方、弥生以降の土屋根では、下地となる茅を縦横に葺く例が多いようである。板状垂木の上にまず茅を横に敷き、その上で縦に葺く。縦横の茅で土の崩落を防ぐとともに、上面縦方向の茅で雨

水を軒先方向に流すのである。この縦横の茅葺下地については、群馬県の黒井峯遺跡と中筋遺跡で出土した古墳時代の例が注目されてきた。群馬では、屋根土層の上面にも炭化物層がひろがり、報告者はこれを「サンドイッチ構法」と呼んでいる。弥生後期の例としては、鳥取県の妻木晩田遺跡妻木山地区43号住居の残りが群を抜いている。縦横に堆積する茅が焼土下面にくい込む状況を明瞭に確認できる。垂木にのる横方向の茅については、同じ鳥取県の高地性集落である南谷大山遺跡や古市宮谷遺跡でも報告されている。

　さて、茅を下地とする場合、屋根勾配は45度以上を確保しないと、水が軒先方向に流れず、雨漏りが生じる。ところが、傾斜がきつくなれば、さらさらの表土が屋根からずり落ちてしまう。土の崩落を防ごうとするのならば、被覆土にはある程度の粘性が必要となるのだが、粘性の強い土は、乾燥によりひび割れを生じやすく、草も生えにくい。このため、被覆土の上にさらに茅を葺いたり、貼り芝をする必要が生じる。黒井峯や中筋で確認された屋根土上面の炭化物層とはおそらくこの種の植物処理の痕跡であろう。

附記

本節を構成する4論文の初出は以下のとおりである。
　①浅川滋男　2003　「大原D遺跡SC003の復原」『大原D遺跡4　福岡市埋蔵文化財調査報告書』第741集、福岡市教育委員会：pp.239-248
　②浅川滋男・岡野泰之　2004　「宮畑遺跡49号の復元」『福島市埋蔵文化財報告書』第173集、福島市教育委員会：pp.189-203
　③浅川滋男・横田研二　2008　「西日本を代表する縄文集落－智頭枕田遺跡SI-01の復元」『山陰地域の弥生時代建築に関する実証的復元研究』平成19年度とっとり知の財産活用推進事業助成研究成果報告書、鳥取環境大学：pp.41-49
　④浅川滋男　2001　「土屋根住居とは何か」『宮畑縄文人の家を考える―焼けた家の謎―』平成13年度縄文市民フォーラム関連事業縄文シンポジウム資料集、福島市教育委員会：pp.11-16

以上のうち①～③は当初論文に近い状態で掲載しているが、②の復元についてひどく心残りがある。宮畑遺跡49号住居の復元については、竪穴の平面形状が隅丸方形であるのに対して、垂木尻配列が長方形になっている点に自ら疑問を抱き、実施設計の迫る平成20（2008）年度に再検討を試みた。そして、49号住居の復元を解く鍵は「隅入」と「屋内棟持柱」の内転びだと感じ始めていた。「隅入」に関しては、発掘担当者がその可能性を早くから説いていたのだが、②論文の執筆時点では、あまりにも大胆に思えたので踏み入ることができなかった。その後、智頭枕田遺跡（③）やクズマ遺跡（第2章第7節1）などの復元で実践している。一方、複式炉正面の屋内棟持柱P12の掘形が内側に傾斜しているのを知らされたのは2009年1月になってからで、これによりほぼすべての矛盾が解消し、平面形状と整合性のある屋根構造の復元に光明を見いだしたのだが、諸般の事情によって復元作業は中断したまま今に至っている。こうして論文集をまとめるに際し、「屋内棟持柱の内転び」は竪穴住居の復元設計に革新的な手法をもたらすものだったかもしれないと思われてならないが、今から復元模型を作りなおして作図し、論文を書き改める余裕はない。

　④もまた宮畑のシンポジウムのために書いた総論だが、他の章節との重複が多く、過半の文章を削除した。

第4節　御所野遺跡の実験

　岩手県一戸町の御所野遺跡は今から4500年ほど前に誕生し、500〜600年間存続した縄文時代中期後半の大規模な環状集落遺跡である[1]。この遺跡の調査は平成元年度から始まり、平成5年度に国の史跡に指定された。翌6年度より整備基本構想が策定され、9年度からは「地方拠点史跡等総合整備事業」の国庫補助をうけて「御所野遺跡環境整備事業」がスタートした。本節では、平成8年度の発掘調査でみつかった縄文時代中期末の焼失竪穴住居群を中心にして、復元の経緯を述べるとともに、その成果がもたらした影響についても触れてみたい[2]。

1．御所野遺跡西区の発掘調査と復元考察

(1) 御所野遺跡

　御所野遺跡の集落は標高200mほどの舌状台地（65000㎡）に営まれている（図1）。遺構はⅠ期（円筒上層c式）からⅤ期（大木10式）の5段階にわたって変遷をとげており、Ⅲ期から墓域を中心にした環状集落が成立する。墓域は台地中央部北側の東西80m×南北50mの低い平坦面に位置する。この範囲で地面を大規模に削平し、その削平土を南側の東西60〜80m×南北30mの範囲に盛土し、高さ1〜2mの扇形土壇遺構を形成する。この盛土遺構は多量の土器・石器とともに焼けた獣骨や植物種子、土偶・石製品が出土し、多くの屋外炉をともなうので「祭場」の一つと推定されている。墓域は東西二つの環状配石群で構成される。基礎単位となる小規模な配石遺構を環状に連ねたものである。東側の遺構は35×25m、西側の遺構は25×20mの楕円形をなし、その中心部を空白地＝広場とする（図2）。配石の直下および周辺では、小判型の墓壙が多数検出されているので、単位となる配石（とりわけ立石）は墓標と思われる。この広場＝墓域を中心に、集落内の建物は環状もしくは扇状に配列される。環状集落は東日本の縄文中後期に卓越し、丹羽祐一はその配置の背景に「統合の象徴としての役割」をみる[3]。中央の広場が墓域を兼ねる場合、この統合の原理は集落の居住者にとどまらない。かつて集落に住んだ死者＝祖先をも統合しようとする観念を読みとるべきであろう。

　環状配石群・墓壙群の外周域では、いわゆ

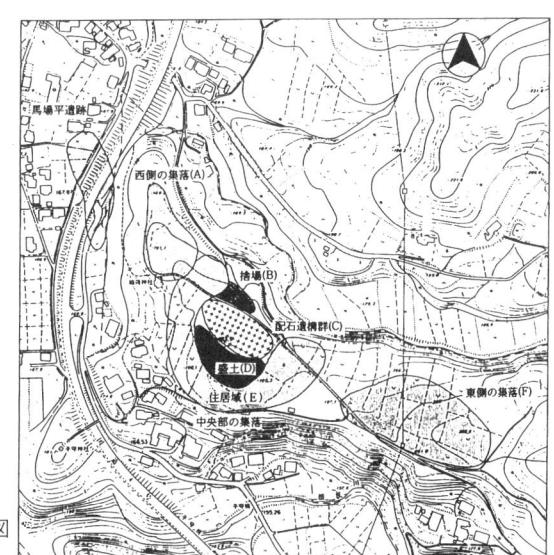

図1　御所野遺跡の集落概念図
『御所野遺跡Ⅰ』より

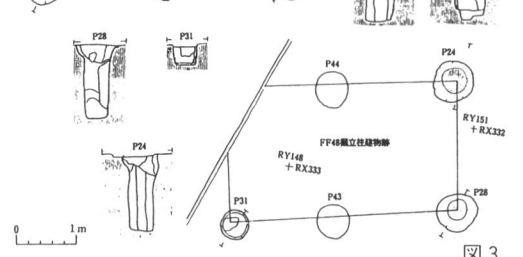

る「掘立柱建物」（地上に建つ掘立柱基礎の建物）の柱穴が多数検出され、その建物を区画する柵状の柱穴も確認されている（図3）。発掘範囲が部分的なため（425㎡）、2000年までに確認された掘立柱建物跡は7棟にすぎないが、配石群の周囲全体では相当数の建物が併存し、また建てかえられたものと推定される。建物はいずれも2間×1間の長方形平面で、環状配石群の接線方向と建物の長軸を直交させている。柱穴は径70～80cm、深さ100～140cm、柱痕跡は径が30～40cmを測る。

ところで、環状配石群外周域の掘立柱建物群については、岩手県紫波郡の西田遺跡が著名であり、発掘を担当した佐々木勝は、死者の本葬に先立ち遺体を仮安置する「殯屋」であろうことを、くりかえし主張している[4]。この殯屋説は、秋田県鹿角市の大湯環状列石を発掘した秋元信夫によってもうけつがれ、考古学界で一時期定説化した感さえある。ところが、石井寛や林謙作は「貯蔵施設」を展開し始めている[6]。筆者も、大湯や伊勢堂岱などの遺跡で発掘中の掘立柱建物跡を視察した際、その柱穴と柱痕跡の異様な大きさに驚き、殯屋説に疑問を抱いたが、貯蔵施設説についても十分な説得力があるとは思っていない。御所野のような中期集落の空間構成をみるかぎり、掘立柱建物は竪穴住居群と墓域の境界に配置されており、生者と死者の交流する「墓前建物」として位置づけるべきではないか、というのが筆者の見方である。この場合、掘立柱建物は基本的に祖先祭祀の施設であり、機能的に葬送儀礼をも包括したかもしれないが、いわゆる殯屋とは異なる「恒常的」な建築物であったろう。

図2　環状配石の遺構平面図

図3　環状配石群外周域の掘立柱建物跡

（2） 住居群のパターン

　掘立柱建物群の外側 3 地区に、竪穴住居の集中する居住域が形成されている。中央区では配石遺構と盛土遺構を馬蹄形に囲む竪穴住居が200棟以上分布する。東区でも竪穴住居と貯蔵穴が密集し、竪穴は250棟を超えると予想されている。西区にも竪穴住居と貯蔵穴が密集しており、100棟以上の竪穴住居が存在したと推定される。このように、竪穴住居の数が膨大であるとはいえ、それは数百年の長きにわたって建て替えられてきた住居跡の累積であり、同時併存した竪穴住居の数量と構成を峻別するのはきわめて困難な作業である。

　ところが、平成 8 年度になされた御所野西区（1700㎡）の発掘調査では、良好な焼失住居を 8 棟検出し、同時存在した住居群の復元に大きく寄与することになった。検出された20棟の竪穴住居はⅡ期以降、少なくとも 4 段階の変遷をとげており、そのなかのⅤ期に相当する 4 〜 5 棟の焼失住居は、竪穴相互の重複関係と出土遺物だけでなく、焼失状況の類似性からみて、同時存在した蓋然性が高い（図 4）。Ⅴ期の竪穴のうち、DF22住が大型、DE24住とDE18住が中型（一方が他方の建て替えか）、DH28住とDG26-01住が小型に相当し、大型住居を核として、中型と小型の住居を衛星的に配置する住居群のパターンがあきらかになったのである。この住居群が集落を構成する「生活単位」であり、その集団が墓域外周の「墓前建物」1 棟を共有した可能性もあるだろう。

（3） 大型住居の復元

　大型竪穴住居（DF22住）は、南北8.4m×東西6.8mの南北に長い楕円形状の平面を呈している（図 5）。竪穴周辺の地形は、西から東にむかって緩やかに傾斜しており、壁高は西壁で約70cmと最

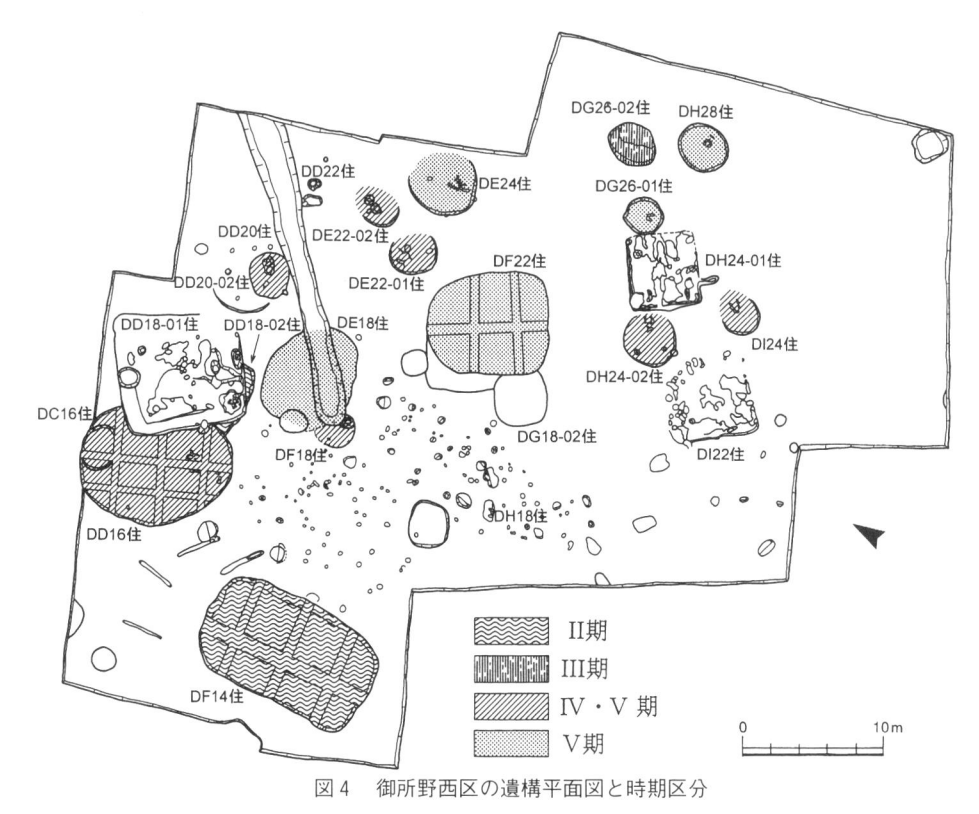

図 4　御所野西区の遺構平面図と時期区分

も深く、東壁では10〜15cmしかない。竪穴中央の南壁寄りに石囲炉がある。この炉と壁のあいだには、長さ1.6m、幅1.1m、深さ30cmの掘込みがある。床面はほぼ平坦で、内区（各柱穴を結ぶ線の内側）と入口周辺に貼床を施す（図6）。おそらく入口と内区をのぞく馬蹄形の範囲が居住者の起居領域であり、そこに植物質のマットなどを敷いていたのだろう。

　主柱穴は8本確認している。ただし、P6とP8の2本は隣接しており、実質的には7本の柱が5角形の柱配列をなす。竪穴の形態も、この柱配列に対応して、楕円形というよりもシャトル形（弾丸形）に近い。しかも、入口寄りのP1とP2は、壁際から約50cmの位置に近接している。床面の直上で検出された垂木（もしくはサス）の炭化材は、出入口の反対側にあたるP4－P6間では求心的な配列を示すのに対し、南北の平側にあたるP2－P4間およびP6－P1間では、入口方向に偏向しつつ平行に倒れこんでいる。シャトル形の半円部分では扇垂木、他の部分では平行垂木に近い手法を用いた架構全体が、火災のさい入口方向にむかって倒壊したのであろう（図7、口絵7）。

　竪穴の壁際では、とくに炭化材の残りがよい（図8）。厚さ3〜5cmの板状の割材が直立したまま連続し、縦に打ちこんだ杭も内側にやや崩れた状態で残っていた。これらの壁板と側壁の境に、棒状の横材をとどめる部分があり、これは堰板・杭をとめる繋ぎ材か、周堤につきさした垂木を承ける軒桁のどちらかであろう。一方、竪穴中央の床上には、炭化した小枝の破片が面状にひろがる。このもやもやとした炭化物層は、屋根土層と垂木材の間にくいこんでおり、土屋根の下地(おそらく樹皮)と推定される（図9）。このほか梁・桁と推定される太めの材が柱穴を結ぶ位置に認められ

図5　御所野西区大型住居の出土状況

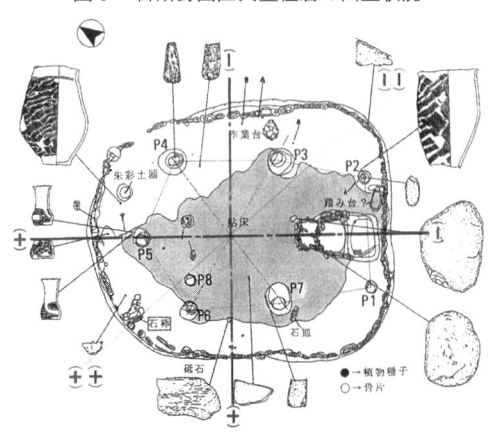

図6　御所野西区大型住居DE24住の床面遺構図と出土遺物

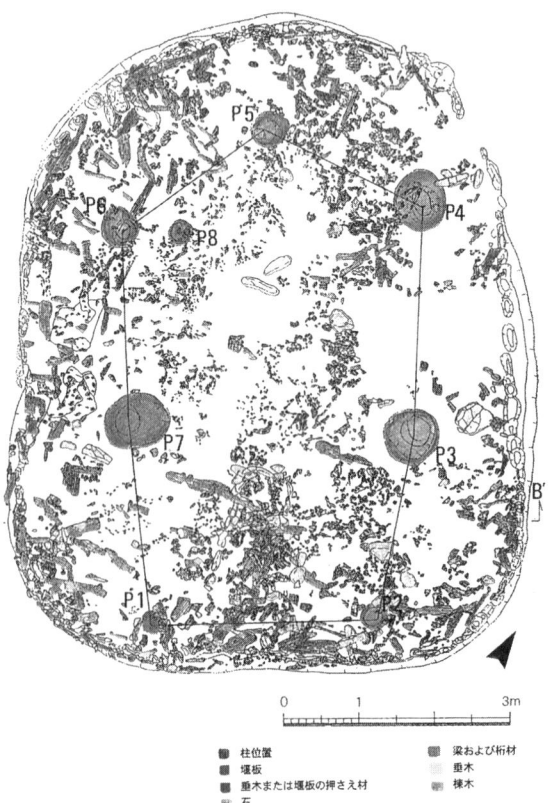

図7　御所野西区大型住居DE24住の遺構平面図（炭化材出土面）（口絵7）

図8　御所野遺跡西区・大型住居跡の壁際

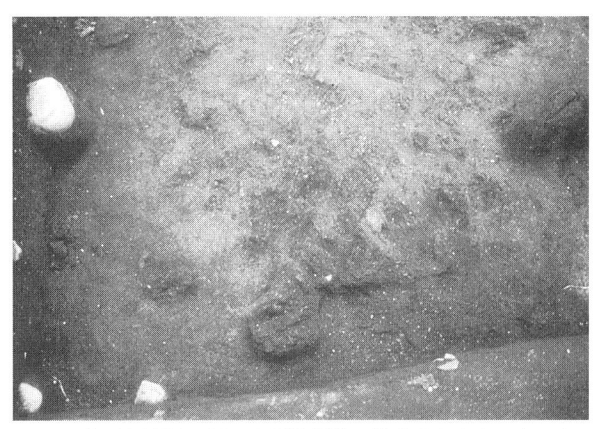

図9　御所野遺跡西区・大型住居跡で検出されたもやもやとした炭化物層（土屋根の下地と推定される）

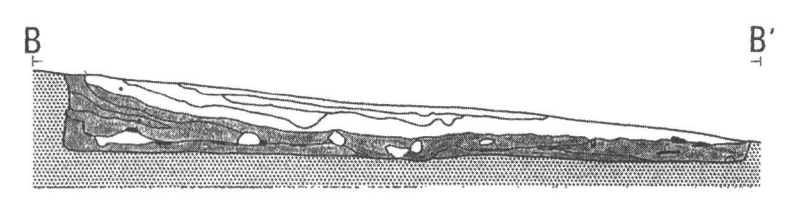

図10　御所野遺跡西区・大型住居DE24住B—B'土層断面図（口絵7）

る。木材はいずれもクリである。

　竪穴内の埋土は、黄褐色土を含む褐色土が壁際から大量に流れ込んでおり、周堤と屋根土がそのまま崩壊したものと考えられる（図10）。ところが、石囲炉の周辺では、屋根土と推定される土層が、径1.5mほど円形に途切れており、天窓の痕跡として注目される。さて、縄文中期末頃の旧地表面はもちろん削平されて残っていないが、大型住居（DF22住）の近傍で検出された平安時代の竪穴住居によって、掘削された深さを推定できる。平安時代の竪穴住居は、通常30～70cmの壁高が認められるのに対して、検出された2棟はいずれも深さ10cm程度しかなく、DF22住の深さは旧地表面から100～120cmほどで、周堤上端からならば140～170cmに及んだであろう。

　以上から、この大型住居は出入口側を切妻、その反対側を寄棟風の求心構造にした土屋根の竪穴住居に復元できる。カマクラの外観に似た土被覆の住まいである。このような土屋根では、天窓の取付けに大きな矛盾をかかえこむ。図11の復元パースでは、石囲炉の直上に突上げ戸をもつ天窓を棟の左右にとりつけたほか、求心構造の背面屋根と母屋の棟とのあいだを入母屋造のようにして段差を設け、煙抜きの隙間をあけてみたが、実際の構造は不明である。なお、土屋根の勾配は35度（7寸勾配）とした。後述する中型住居の実験建設によって、下地から雨水が漏らず、屋根土が流出しない勾配は、35度前後が適当であることを確認していたからである。

（4） 中型住居の復元と実験建設

　DE24住は平面が円形に近く、南北が4.4m、東西は残存部で3.8mの中型住居である（図12）。斜面下にある東壁は削平され残存しない。大型住居とおなじく、南壁寄りに石囲炉があり、やはり炉から南壁にかけて幅60～70cmの掘込みをともなう。竪穴は浅く、最も深い西側でも30cmあまりしかない。屋根土と推定される埋土の最下層は、黒褐色土をベースとする硬い土で、その下から多量の炭化材が出土した。葺土の厚さは中央部で10～15cmを測り、末ひろがりに厚くなる。

　柱配置は6角形をなすが、石囲炉寄りの柱間がわずかにひろく、墓域を指向する入口側では、大

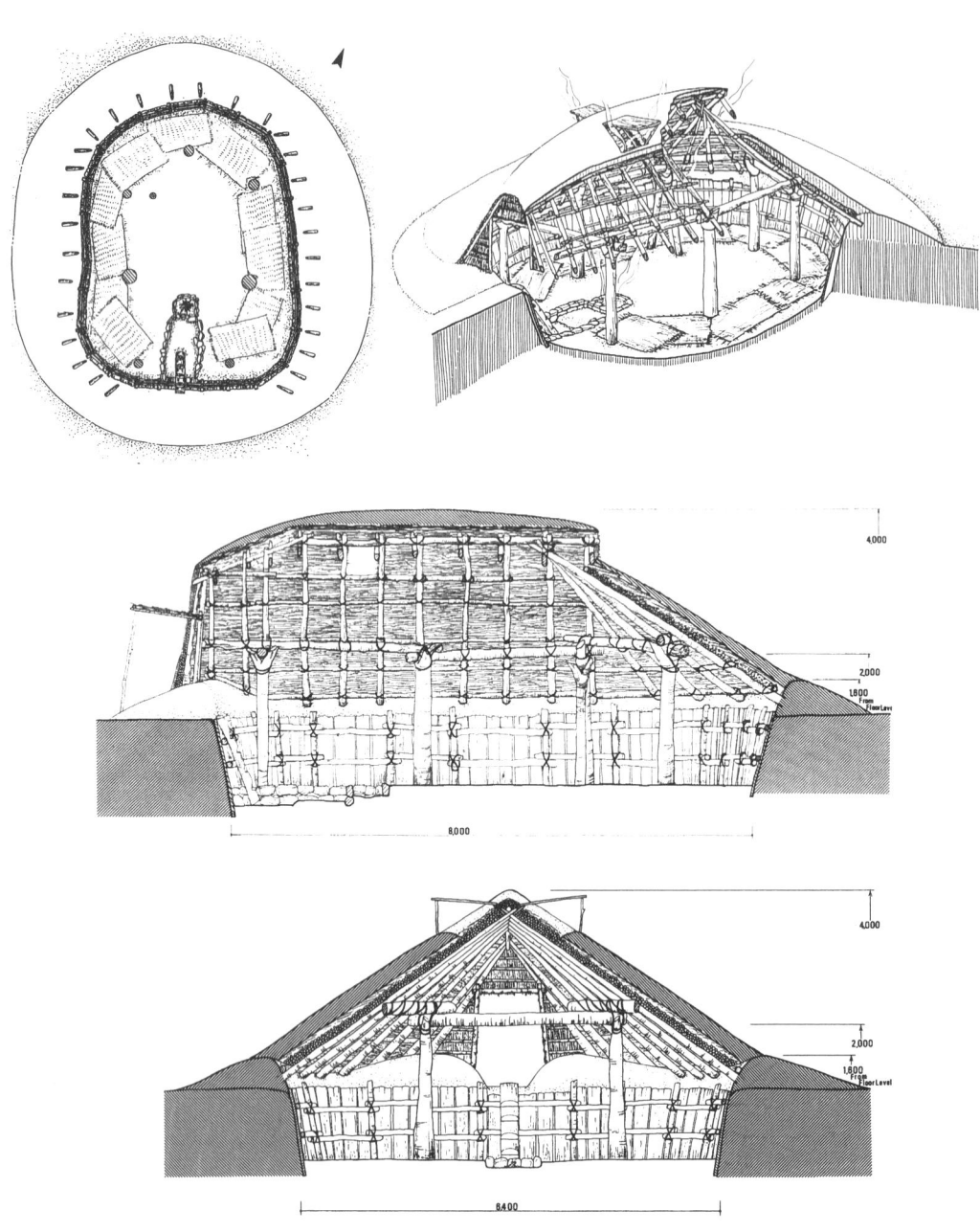

図11　御所野遺跡西区・大型住居の復原図（平面・断面2種・パース）

型住居と同じく、2本の柱が壁に近接する（図13、口絵6）。この入口とされる側から石囲炉を含む一帯に貼床の痕跡があり、大型住居と同様、貼床のない領域に座臥のための植物堆積もしくはマットが存在した可能性が高い。床面では竪穴の中心方向にむかって倒れた垂木材や、それと直行する梁・桁状の炭化材を確認できる（図14）。大型住居の上屋がカマクラ形を呈するのに対し、中型住居では垂木材が求心的に配列されており、屋根の形態は土饅頭形に近いものと推定される。やはり入口と天窓の構造は不明だが、黒龍江ニブヒ（ギリヤーク）の土屋根竪穴住居の簀子・天窓や扉を参考に復元図を描いてみた（図15）。

図12　御所野遺跡西区・中型住居跡の出土状況

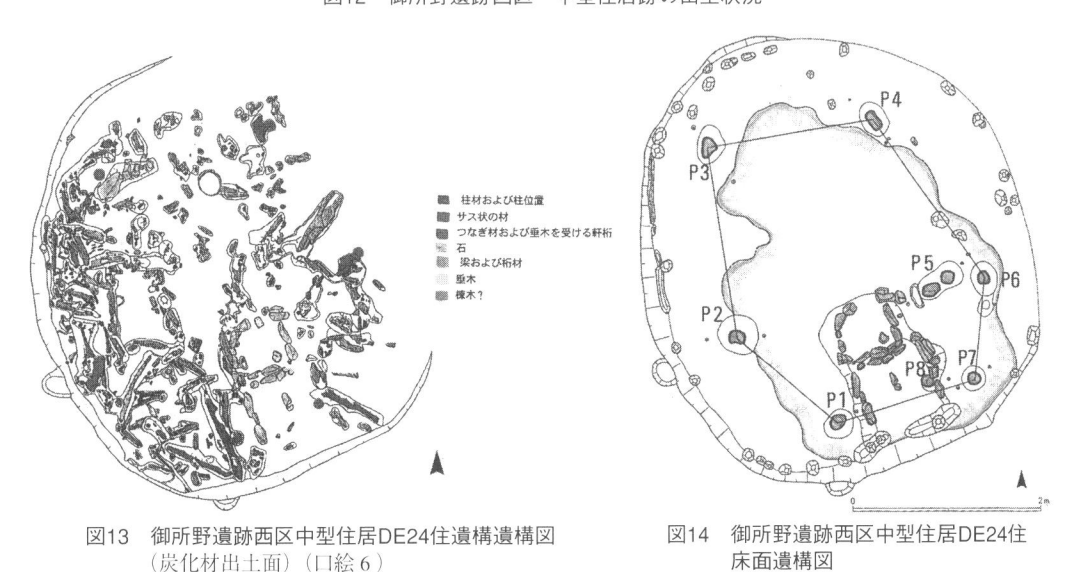

図13　御所野遺跡西区中型住居DE24住遺構遺構図（炭化材出土面）（口絵6）

図14　御所野遺跡西区中型住居DE24住床面遺構図

第2章　竪穴住居の空間と構造

平成9（1997）年8月、正式な復元整備事業に先立ち、この復元図に基づく実物大の竪穴住居が実験的に建設された。発掘調査を担当する高田が建設を主導し、発掘作業員が手作りの工事にあたった（筆者は立会っていない）。以下、実験建設の過程を要約する。

　竪穴住居の建設は、事前の準備から周到に計画していた。クリの木は樹皮を剥いで乾燥させ、建設直前に材料をいくぶん焼いておく。樹皮は水漬けしながら平坦にのばして乾燥させ、材を結ぶ縄はヤナギとシナノキの樹皮から繊維をとりだし、水に漬けてから撚りをかけて作った。また、小枝

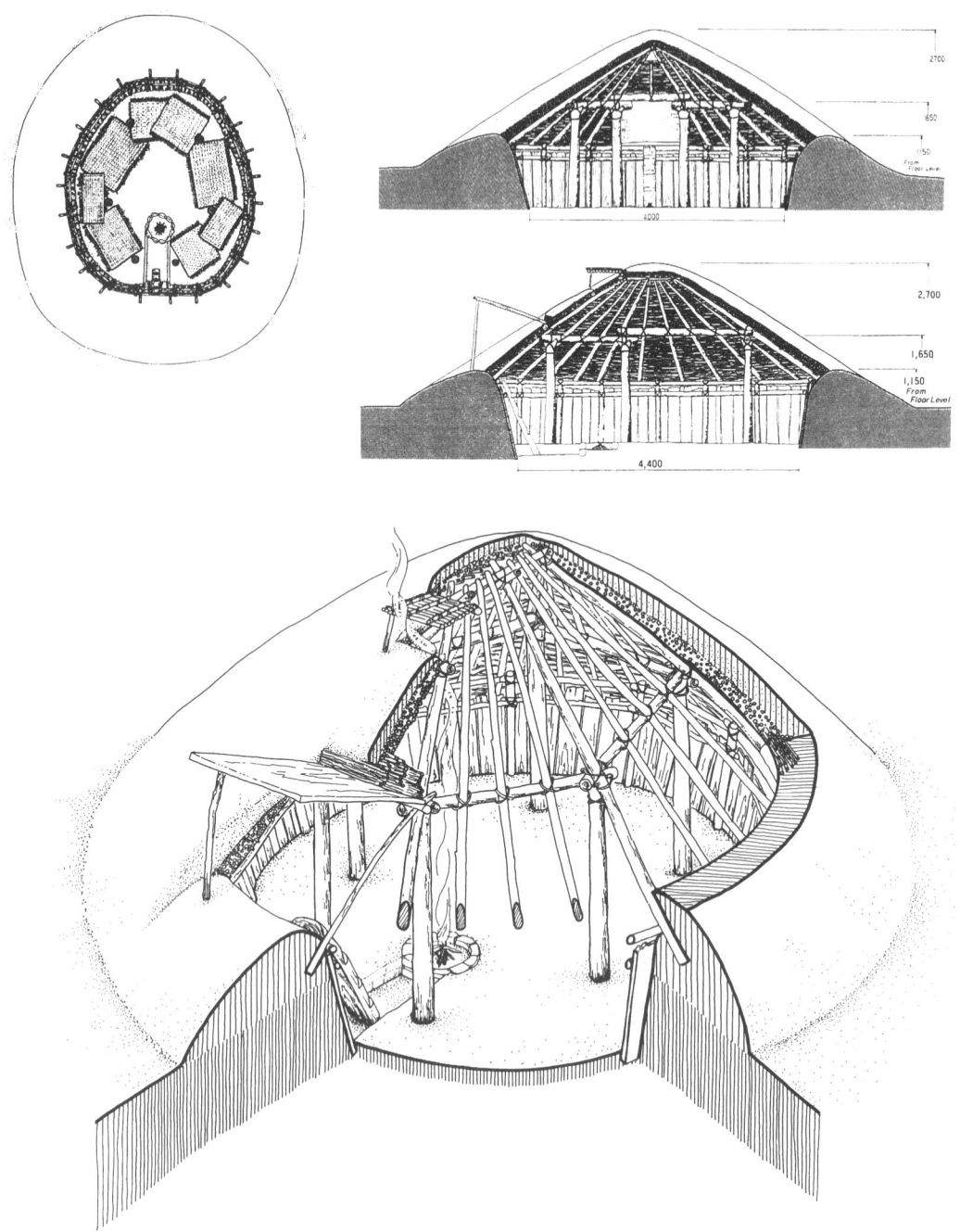

図15　御所野遺跡西区・中型住居の復原図（平面・断面2種・パース）

はあらかじめ1mぐらいに切りそろえて、縄で直径30cmほどのたばにしておいた。

　復元建設では、まず盛土から深さ55cmまで竪穴を掘り込み、その掘削土で周堤を築いて、竪穴の壁高を115cmとした（図16）。床面には、径・深さとも正確な柱穴を掘り、柱を埋めこむ。柱はいずれも上方がY字状の枝を残す股木を用いた（図17）。柱の上に桁・梁をわたし、垂木をのせて建物の骨組を作った。垂木も先端部がY字になった股木を使い、棟木を使わずに、股の部分をかみ合わた（図18）。棟木を使わない円錐状の架構にしたわけで、復元図と異なるが、この種の復元作業において設計図は、たんなる指標の一つにすぎない。垂木の上にはクリの樹皮を敷き重ね、その上に枯枝のたばをおいて縄で締めた（図19）。このとき屋根に4〜5人が一度にのって作業しているが、竪穴はびくともしない。最後に屋根に土をのせ叩き締めていたところ（図20）、急に強い雨が降ってきたので、作業を休止した。雨は小一時間、かなり強く降り続いたが、土はまったく流れなかっ

図16　中型住居の実験建設①（穴を掘る）

図17　中型住居の実験建設②（柱を立てる）

図18　中型住居の実験建設③（垂木をわたす）

図19　中型住居の実験建設④（土屋根下地となる樹皮と枯枝を垂木上に敷く作業）

図20　中型住居の実験建設⑤（屋根に土を被せる）

図21　中型住居の実験建設⑥（完成した竪穴住居）

たし、雨漏りもしなかった。このようにして、6日間で土葺きの竪穴住居が完成した（図21）。

　この復元建設実験は、予想もせぬ大きな成果をもたらした。まず不安視されていた土屋根だが、被覆土は、黒土でも火山灰土でも、適当な屋根勾配さえ配慮すれば、ほとんど崩落しない。当初は屋根土を叩きしめて崩落を防ごうと考えていたが、突然のスコールにより、結果的に片側だけを叩いたにとどまる。ところがその後、乾燥するに従って、叩きしめた側の屋根土だけがヒビ割れしたのである。要するに、縄文の土屋根の場合、被覆土は掘り上げた表土をそのまま下地にのせるだけの方が良い。また、掘削土だけでは土量が足りない。掘削土は周堤部分ではほぼ使い切り、屋根土については周辺の表土を使った。天窓にも問題が残った。大型住居の土層痕跡にしたがって、炉の直上に天窓を設けたが、火を焚いたところ住居内には煙が充満した（図22）。天窓の大きさや数を再検討する必要がありそうである（図23）。とはいうものの、縄文人の大人が直立した場合、頭が接しないレベル（床から約160cm）に梁・桁をのせ、周堤が存在したという仮定にたった上で、土屋根に適当な屋根勾配（約35度）を設定した結果、これまでの復元住居にはみられない、ヒューマンスケールの居住空間が再現されたという自負はある。竣工後しばらくすると、土屋根には草が生い茂り、靺鞨や馬韓の「塚のような」姿をみせはじめ（図24）、それはまたアムール川南岸に分布する赫哲族（ナーナイ）の竪穴住居を彷彿とさせるものでもあった（前節図18）。

図22　御所野遺跡中型住居／天窓の操作

図23　御所野遺跡中型住居／天窓の外観

図24　竣工後1年を経た復原中型住居

２．復元中型住居の焼却実験

（1） 土屋根安定化の要因

　実験的に復元建設された中型住居（DE24住）は、平成9年8月の竣工以来、できるだけ種火を絶やさないようにして維持管理に努めるとともに、温室度の変化を計測した。室内温度は、最高で25～28℃と安定しており、夏に涼しく冬に暖かい。ただし、湿度はいつでも90％前後あって、火を焚かないとキノコやカビが生えてくる。

　この中型住居の復元建設は、調査員と作業員が手作りでおこなった日本で初めての土屋根工事であった。にも拘わらず、心配された雨漏りはまったく生じていない。これは誇るに足る事実である。敷地が台地上にあって水掃けがよかったのかもしれない。しかし、そういう地形上の有利性だけで、しっかりした土屋根を作れるわけでもない。まず屋根勾配が重要であり、35度の勾配をとることにより、雨水はクリの樹皮下地と枯枝を伝って軒先方向に流れてゆく。また、屋根を覆う黒土は樹皮上の枯枝に絡まってずり落ちることもない。これより勾配をきつくすると、屋根土がずり落ちる可能性もあり、逆に勾配を緩くすれば、雨水は軒先方向に流れず、下地にしみ込んで雨漏りが生じる。また、建設の時期と時間も重要な要因である。

　雨の少ない夏季に短期集中で工事をおこなったおかげで、屋根土だけでなく、下地となる樹皮・枯枝が乾燥した状態を維持しながら、建物は竣工した。まもなく土屋根に雑草が繁茂するようになり、屋根土はさらに安定感を増したのである。

（2） 土屋根復元住居の拡散

　この時期、日本各地の縄文遺跡で復元整備が活発化し、他の「ふるさと歴史広場」事業等にも、御所野の実験復元の成果が取り入れられた。とりわけ、同じ縄文中期にあたる北海道虻田町の入江貝塚[7]と富山市の北代遺跡[8]の整備は、御所野の復元データを直接的に借用して復元設計をおこなったものである。しかし、残念なことに、いずれの復元住居も御所野ほど安定感のある土屋根の建物にならなかった。入江貝塚では、住居の屋根土がずり落ち、雨漏りが生じた。入江の復元住居では屋根の勾配が40度とややきつく、土屋根の下地に樹皮を用いるだけで枯枝を敷き詰めなかったこと（図25）、さらに屋根土に表土ではなく、粘土質と砂質の混合土を被せてしまったことに原因があるように思われる。

　北代遺跡の復元住居でも雨漏りが生じた（図26）。北代の場合は、建設にあたって、被覆土と屋根勾配の組み合わせを変えた土屋根の試験体をいくつか製作するなど、周到な準備を進めていたが、1～3月という真冬の建設時期が致命傷となった。工事期間中に雪が降りつもり、屋根土ばかりか、下地となる樹皮・枯枝に水分が浸透して、屋根を乾燥化するプロセスが失なわれたのである。よくよく考えてみれば、寒くて雪の多い冬季に縄文人が住居を建設したはずもない。竪穴住居は寒い冬を越すための施設であり、縄文時代にあっても、御所野のように、乾燥期に短期集中で住居を建設

図25　北海道虻田町入江貝塚・建設中の復元住居 　　図26　富山市北代遺跡・竣工した復元住居と高床倉庫

したに相違なかろう。北代では竣工後も雨の日が多く、屋根や壁面から雨水が滲みでてきて、床面がプール状態になることもしばしばあった。しばらくして、土屋根に草が繁茂し、安定感を取り戻した。建設当初は、雨が降ればビニール・シートを被せて屋根を覆うしか手だてがなかった。ところが、シートで覆えば外気と遮断されるので、こんどは室内に白いカビが大量に発生した。雨水を汲みだしながら、不断に炉の火を焚き続け、室内の湿気をできるだけ除去していくしか対処の方法はなかったようである。

　北代遺跡の整備委員会では、雨の多い北陸の気候に土屋根はむかない、という批判的な意見も最初から出ていた。筆者自身、出土した遺構から土屋根か草屋根かを判別できなかったので、委員会において草屋根案と土屋根案の両方を提出し、とくに土屋根にこだわったわけではない。北代の復元では、筆者個人の主張というよりも、発掘担当者および委員会の総意として、土屋根案が採択されたのである。虻田や富山の惨状をみるにつけ、「雨雪の多い地域に土屋根住居はむかない」という意見を耳にしたが、時代は弥生時代後期に下るものの、富山県高岡市の下老子笹川遺跡で質の高い土屋根の焼失竪穴住居跡が出土しており（図27）、これとよく似た焼失住居跡は山陰地方でも数多くみつかっている（第2章第6節参照）。

（3）　復元住居を焼く

　御所野遺跡では、中型住居の竣工後2年あまりが経過した平成11（1999）年9月5日、この住居を焼くことになった。焼失住居跡から復元した住居を焼くとどうなるのか。多くの研究者がこの実験に注目した。9月3日の夜、関係者が集まり「最後の晩餐」を催した（図28）。住居のなかで肉鍋

図27　高岡市下老子笹川遺跡で出土した焼失竪穴住居跡（弥生後期）　　図28　一戸町御所野遺跡・復原中型住居焼却実験直前の「最後の晩餐」

をつつき、酒を酌み交わしたのである。鮎も焼いた。鮎を焼くために、炉の火を大きくすると、煙が室内に充満して目をあけていられない。火の粉も飛ぶ。火の粉は散乱してクリの部材や樹皮に付着するのだが、まもなく灰と化す。屋根土と樹皮には水分がしみ込んでおり、室内の湿度も高いので、火の粉ぐらいでは着火しないのである。この夜、アルバイトに来ていた学生たちは、この住居で一夜を過ごし、翌日、記録保存の実測調査をおこなった(図29)。

9月5日は早朝8時に集合。まず窓を解体した。通風をよくするためである。それから、炉の直上に設けた火棚と柱まわり、壁際に薪や枯枝をセットした。着火は午前9時8分(図30)。同12分に床面全体に火がまわり、その直後、天窓の枠に引火した(図31)。同21分には梁にも引火。同25分に天窓の周辺土が崩落しはじめる。周堤に突き刺していた垂木尻が空中に跳ねあがって、同51分に土屋根が大崩落。10時から記者発表がはじまり、テレビカメラの前でコメントしているさなか、梁が続々と落下する。このあたりから、炎が失せて煙だけになるが、壁際では蒸し焼き状態が続き、ときおり発火をみる(図32)。11時18分に、燃え残っていた入口の屋根も完全に崩落。14時33分には、土屋根の中段外側のほぼ全周にクラックが入った。16時前には煙の量が極端に少なくなったが、完全に鎮火したわけではなく、木材がよく残る壁際での発火は18時半ころまで、煙は7日の午前まで確認された。その後、雨が降り、8日に煙はとだえたが、屋根土の崩落はさらに進行した。図33は完全に鎮火した後おこなった写真測量の成果である。

以下に、9月5日～8日の詳細なデータを示しておく。なお、柱1～柱6は、出土遺構の柱

図29 一戸町御所野遺跡・復原中型住居の記録保存

図30 一戸町御所野遺跡・復原中型住居に着火

図31 御所野遺跡中型住居焼却実験・天窓から燃え上がる炎

図32 煙をもくもくと立ちのぼらせる復原中型住居

穴番号P1～P6に対応している。

9月5日 8:00 天窓の解体・薪のセット（薪16たば、小枝4たば、杉葉6たば）。9:02 薪のセット完了。9:05 炉にて種火点火。9:08 柱1に点火→9:09 本格的に炎上（周りの薪）。柱2に点火。9:09 柱3に点火。柱4に点火。9:10 炉奥の薪に点火。柱5に点火。9:11 柱6に点火。ほとんどの薪が本格的に炎上。9:12 床面全体に火がまわる。9:13 天窓に引火。9:14 火棚崩落。9:16 天窓より薪1たば投入。9:18 天窓の口上部焼けきる。9:19 横風（入口に向かって左）あり。煙が入口より吹き出す。天窓解体時の廃材を天窓より投げ込む。9:20 天窓の縦の支柱に引火。9:21 柱3-4間の梁が焼け落ちる。9:22 薪1たば天窓より追加。9:23 天窓ほぼ焼けきる。9:24 天窓近くの土をさわってみたが、あまり熱くない（人肌より多少あたたかいぐらい）。9:25 天窓崩落（奥へ1m）。柱1に引火。9:26 柱3に引火。屋根崩落（右奥50cm）。9:27 左奥屋根に引火。9:29 柱2-4の梁引火。9:31 屋根崩落（左奥50cm）。また屋根崩落（左奥50cm）。9:33 屋根崩落（左奥50cm）。9:34 入口に小枝1たば設置。入口より柱5に薪1たば、葉付き小枝1たば投入。9:37 入口に葉付き小枝1/3たば設置。9:38 入口に薪1たば設置。9:40 入口に小枝1たば、薪1/2たば設置。入口の小枝に点火。柱3付近の屋根材崩落。9:41 入口に薪1たば投入。9:42 入口に薪1たば投入。9:43 入口設置の薪、本格的に炎上。9:44 竪穴内が酸欠になって竪穴内の火力が多少落ちたので、入口で燃えている火を竪穴内に押し込む。9:45 屋根崩落（右奥50cm）。9:46 柱6に引火。9:47 柱5に引火。9:48 入口奥の支柱に引火。入口梯子炎上。入口より薪6本投入。9:49 入口右壁（樹皮）に引火。柱4に引火。9:50 入口屋根奥側炎上。風により天窓崩落部から火柱がたつ（1m）。9:51 屋根大崩落（右側）。入口屋根崩落開始。9:52 入口屋根内側（樹皮）炎上。屋根（右奥）崩落。9:53 屋根（左奥）崩落。入口屋根徐々に落ちている。9:54 屋根（右奥）徐々に落ちている。入口直上構造材ほぼ落ちる。9:55 入口が炭化材によりふさがる。9:56 周堤（左側）において崩落部から50cmのところに亀裂ができ煙が吹き出す。10:00代（記者発表中）柱1-2・2-4・4-6間の梁が焼け落ちる。柱は健在。周堤の温度はほとんど変化なし。壁直上の屋根面から内側はほぼ崩れ落ちている。その外側には亀裂ができる。ただし、人が乗っても平気。10:00 炎はほとんど失せ煙しか見えない。10:43 記者発表終了。観察再開。10:57 柱3-5間の梁おれ

図28 焼却実験後の写真測量図（一戸町教育委員会提供）

る。11:02　入口右奥崩落（竪穴側から確認）。入口で炎確認。11:05　入口奥側の梁折れ、入口屋根が垂直に。11:07　入口屋根徐々にずり落ちる。11:17　入口手前（左側柱・壁）に引火。11:18　入口屋根完全に崩落。11:35　竪穴内左側壁より炎確認、10分程度で見えなくなる。11:54　竪穴内左側壁より炎確認。11:58　炎は見えなくなる。12:22　竪穴内左側壁より炎確認。12:30　炎は見えなくなる（このころ上空3mを飛行中の蜻蛉、煙により竪穴内落下）。12:49　周堤小規模な崩落（20㎝）。13:25　煙は竪穴内入口付近と竪穴内左壁からのみ。14:20　竪穴内左壁の煙は見えない。14:33　柱2・3に蜻蛉がとまる。周堤外側ほぼ全周にクラックが入る。柱4から煙を確認。竪穴内部入口（梯子?）から煙を確認。15:05 竪穴内に蠅がたかり始める。15:09　竪穴内左壁から再び煙を確認。15:25　煙は入口付近2ヵ所のみになる。15:30　風により竪穴内左壁からの煙の量が急増。15:55　竪穴内左壁の煙の量極端に少なくなる。16:00　風により竪穴内左壁の煙の量が回復。16:04　竪穴内左壁の煙の量が極端に少なくなる。16:08　竪穴内左壁上のマウントからわずかづつ土が落ちる。16:11　竪穴内左壁から炎が上がる。16:15　竪穴内左壁の炎はほとんど見えない。16:17　竪穴内左壁の炎は見えなくなった。16:35　入口方向からの風により竪穴内左壁炎上。16:37　竪穴内入口部（入口から向かって左）の煙の量急に増える。16:45　竪穴内左壁の炎は見えない。16:50　竪穴内入口部（入口から向かって左）の煙の量急に減る。17:31　竪穴内左壁から炎が上がる。17:34　竪穴内左壁の炎は見えない。17:37　竪穴内左壁壁材一本崩落。17:45　竪穴内左壁奥（垂木の根元?）より煙。18:23　竪穴内左壁の煙あまり見えず。炭と化した材が燃えているのが見える。18:26　左記のものあまり見えず。18:29　左記のもの全然見えず。18:33　風（入口方向）によりほとんど見えなくなっていた火が少し強くなる。18:35　火、煙ともほとんどなし。18:40　煙は竪穴内入口、竪穴内左壁、竪穴内左壁より。18:48　一番星（これ以後の自然光、肉眼の観察は不可能）。19:05　煙は竪穴内入口、竪穴内左壁、竪穴内左壁内より。19:24　竪穴内入口の煙弱まる。20:00　竪穴内入口右側の煙少し強まる。竪穴内左壁煙少し弱まる。21:08　竪穴内左壁の煙は消えた？　10:30　竪穴内左壁の煙が見えなくなる。

　9月6日　6:30　竪穴内入口の煙はとても少ない。11:26　竪穴内入口の煙は見えない。14:19　炉直上付近から煙。15:27　炉直上付近の煙は見えなくなった。

　9月7日　8:40　竪穴内入口付近で煙を確認。14:15　雨。14:33　雨、本降りになる。15:00　雨やむ。

　9月8日　8:00頃から雨。9:45　竪穴内入口付近の煙は確認できず。竪穴内左壁、柱1・2上の周堤に若干の崩落有り。10:00　雨小降りになる。10:23　竪穴内入口付近に煙確認。10:26　雨再び本降りになる。11:00　雨とても強くなる。13:00　煙確認できず。13:20　柱1上の屋根土が柱1-3間の梁にずり落ちている。柱1のクラック拡大。15:16　柱1上の土奥側半分崩落。

(4)　恣意的な火災

　この焼却実験にあたり、竪穴の内部にセットした燃料は薪16たば、小枝4たば、杉葉6たばであった。これで竪穴住居が焼け尽くしたわけではない。途中で竪穴内部が酸欠状態になり、鎮火しそうになったので、何度も燃料となる小枝や杉葉を補給した（上記データ参照）。これだけの燃料を投入しないと、土屋根を崩落し燃焼させることができないわけで、鎮火してなお壁際には多くの炭

化材が直立したまま残っている。これが草葺き建物の燃焼パターンと根本的に異なるところである。土屋根の住居は、意図的に焼こうとしない限り焼けない。たんなる失火で火災を引き起こすのは難しいと思われる。この実験データを重視するならば、発掘調査で出土する多くの焼失住居跡もまた「焼けた」建物ではなく、意図的に「焼いた」建物であったと考えられる。ひるがえって、御所野遺跡西区住居群の焼失状況を再検討すると、土で覆われた建物なのだから延焼はありえない。にも拘わらず、各棟おなじような焼け方をしているのは、4～5棟の建物で構成される「生活単位」全体の住居群を一気に焼き捨てた可能性を示すものと考えられる。大島直行氏は、死者がでたら家を焼くアイヌの習俗などを参照して、縄文時代の焼失住居を、故意に「焼いた」建物だと推定しているが、その見解は今回の実験によっても裏付けられたと言えるだろう。

　さて、御所野の焼却実験では、予想をはるかに上まわる量の薪を用いて、強制的に家を「焼いた」のだが、それだけの燃料を投じても、壁際を中心に、なお多くの部材が炭化した状態で原位置に遺存している。壁際を中心にして材の残りがよく、天窓が存在した屋根中央部の直下では部材の痕跡をほとんど残さない。それは、焼失竪穴住居跡における炭化部材の出土状況とよく整合している。こういう焼け方は土屋根の住居に特有なものと判断してよいのではないだろうか。考古学的な厳密さをもって言うならば、垂木などの炭化材の上に下地材の炭化物層がひろがり、その下地層が焼土を含む屋根土層の下に食い込む事実を確認することによって、はじめて上部構造を土被覆と認定できる。しかし、屋根が草葺きであるならば、短時間の火災でも建物は全焼するはずだから、御所野のような焼失状況を示すとは思われない。したがって、構造材－屋根下地－被覆土層という層位関係を完全に確認できなくとも、床面に多くの炭化材を残す場合、その建物が土被覆であった可能性は高いと言える。ただし、注意を要するのは、土層の反転現象である。焼却実験の経過にみるとおり、土屋根の崩落は天窓周辺から段階的にくりかえされるため、なんどか焼土層の反転現象を引き起こす。構造材よりも先に土屋根の一部が崩落するのである。発掘遺構にみる炭化材と焼土層の複雑な層位関係は、おそらくこういう崩落の過程を反映するものと思われる。

　ところで、焼却実験を終えた御所野の中型竪穴住居には異様な迫力が感じられた（第2章第2節図3）。それは廃墟としての哀愁を漂わせており、燃え残った建築部材は見る者の想像力を掻きたてる。建築物が火災によって遺跡化する初期状態を目のあたりにした衝撃は、予想以上に大きかった。このとき筆者は、ほとんど衝動的に、この初期化した「遺跡」を保存するよう一戸町に提案した。どうやら町の想いも同じだったようで、ここに通す予定であった園路の迂回をただちに決定し、今も実験中型住居の焼け跡が史跡公園に展示されている。

3．竣工した復元建物

　焼却実験をおこなった平成11年度から遺跡整備は本格的な施工段階に入り、遺構上での集落復元が始まった。実施設計にあたっては、これまでの復元研究、中型住居の実験建設および焼却実験を踏まえ、若干の修正を施した。以下に概要を述べておく。なお、実施設計は創宇社（仙台市／古川

雅清代表）が担当した。竣工は平成11年12月である。

(1) 大型住居（図34～41）

　大型住居（DF22住）については、背面を入母屋風にして、妻壁にあたる部分を排煙口の一つとしていたが、実施案では屋根に段差をつけず、よりカマクラに近い形状として、炉の直上および背面上部の天窓はいずれも突上げ戸にした。また、石棒の出土した P5－P6－P8 近辺でとくに部材がよく焼けていることから、この部分にも通風性の高い開口部の存在した可能性があり、石棒の呪術性やアイヌのイナウ配置などとの近似性から推して、やや低めの位置に天窓を設けることにした。

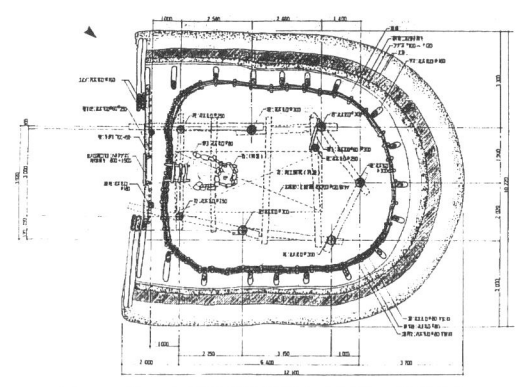

図34　竣工大型住居平面図（作図：創宇舎）

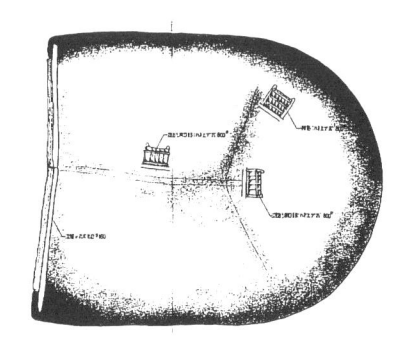

図35　竣工大型住居屋根伏図（作図：創宇舎）

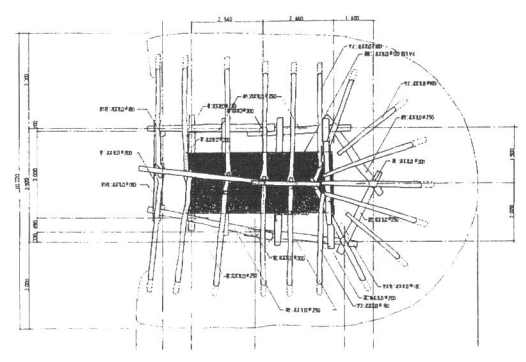

図36　竣工大型住居小屋伏図（作図：創宇舎）

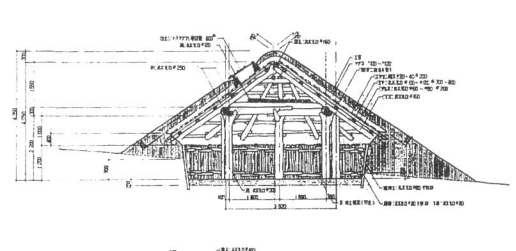

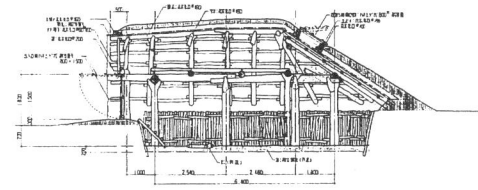

図37　竣工大型住居断面図（作図：創宇舎）

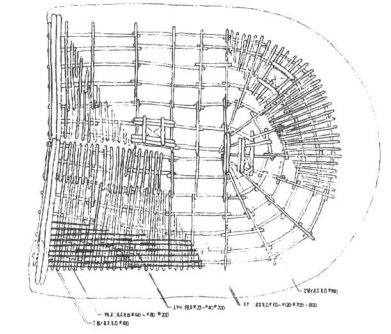

図38　竣工大型住居立面図（作図：創宇舎）

図39　竣工大型住居骨組

図40　竣工大型住居外観

図41　竣工大型住居内部の梯子

図42　竣工中型住居天窓

アイヌ住居のカムイプヤルとの類似性からこれを「神窓」と仮称している。この低い天窓が存在したかどうかは不明であるが、採光・換気・避難など復元建物の維持管理においてはきわめて有効であり、整備指導委員会（林謙作委員長）の席上で設置を提案したところ同意を得た。

内部では近接する二つの柱穴P6・P8を利用して、小屋裏に上がる梯子をかけた（図41）。小屋裏には部分的に棚を設け、食料などの貯蔵スペースとして活用するとともに、梯子から梁上の棚に上がって天窓の開閉を操作できるようにした。

（2）　中型住居（図42〜47）

中型住居DE24住は饅頭形の屋根に復原していたが、やはり炉脇にある2本の柱穴が入口に近接しているので、そこに垂直壁を立ち上げ、カマクラに近い上屋を作ることにした。全体が大型住居を小振りにし、桁行方向に圧縮した感じで、天窓の数と位置は同じと考えた（図42）。内部では近接する2本の柱が2ヶ所にみられるので、その両方に梯子を設け、小屋裏の棚に上がれるようにした。

(3) 小型住居（図48～51）

　小型住居のうち、DH28住が3本柱、DG26-01住は無柱の竪穴で、上屋はいずれも三脚テント構造と関わりが深いと考えられる。3本柱構造の場合、土屋根の重量を支えることも不可能ではなかろうが、無柱で土屋根を作るのは常識的に困難と思われる。そこで、3本柱のDH28住は土屋根の復元図（図48）、無柱のDG26-01住は土屋根と樹皮葺テント構造の両復元案（図49・50）を描いてみた。このうち3本柱を有するDH28住の建設を、東京都立大学（現首都大学東京）山田昌久研究室を中心に考古学専攻の大学生諸君が担当することになった。中型住居の焼却実験と相前後する9

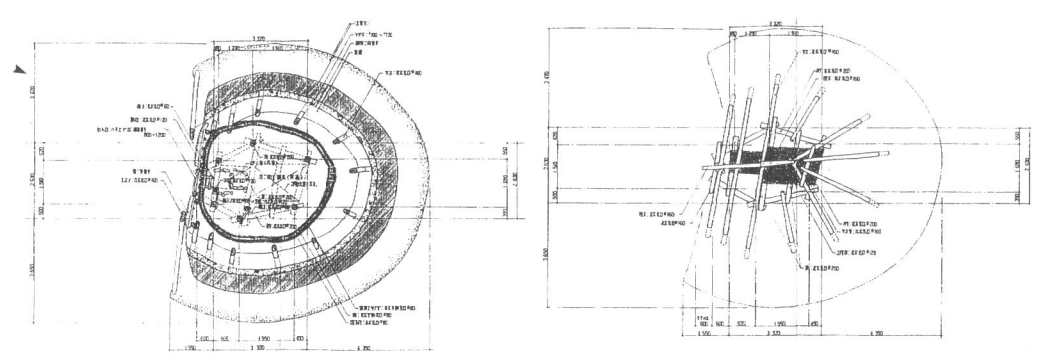

図43　竣工中型住居の平面図と小屋伏図（作図：創宇舎）

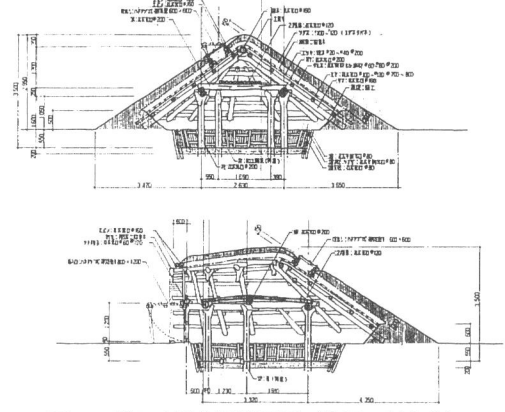

図44　竣工中型住居断面図（作図：創宇舎） 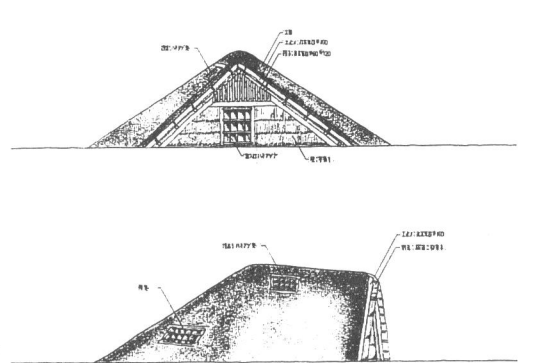　　　図45　竣工中型住居立面図（作図：創宇舎）

図46　竣工中型住居骨組 　　　図47　竣工中型住居外観

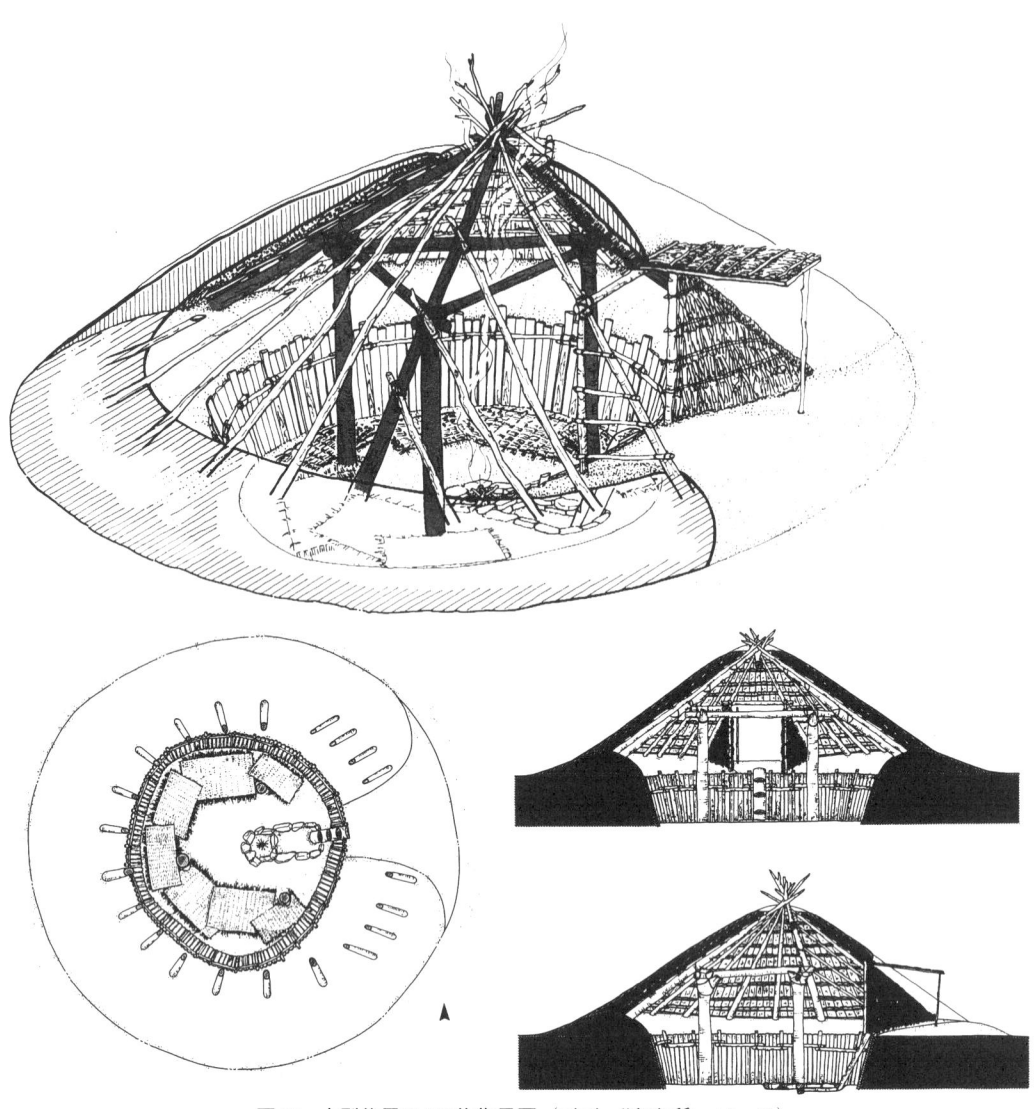

図48　小型住居DH28住復元図（平面・断面2種・パース）

図49　小型住居DG26-01住土屋根復元案　　　図50　小型住居DG26-01住草屋根復元案

210　　　第4節　御所野遺跡の実験

図51 山田研究室の復原した大工道具　　　　図52 竣工した小型住居DH28住

月初旬のことである。山田研究室では、出土した石器から掘削具や伐採具を復原し（図51）、それらの石器を使用して竪穴を掘り、クリの木を加工した。これを山田助教授（当時）および高田が指導し、発掘作業員の協力をえてDH28住はみごと竣工の運びとなった（図52）。小型のわりに構造が複雑すぎる感は否めないが、手造りの土屋根住居としては上出来だと思っている。ただし、屋根を表土被覆ではなく、芝土植え込みとしたため雨漏りが生じた。平坦な下地面を作れなかったことが原因と考えられる。平成11年度には、以上の3棟のほか5棟の土屋根竪穴住居が竣工し、平成12年度にも追加で1棟が建設された。

4．土屋根の掘立柱建物

(1) 大湯環状列石の掘立柱建物

　御所野遺跡の整備事業で竪穴住宅復元以後取り組むべき最大の課題は、配石遺構周辺をめぐる「掘立柱建物」の復元である。焼却実験のおこなわれた平成11年度には、御所野に先がけて秋田県の大湯環状列石（万座のストーンサークル）で、縄文後期にあたる掘立柱建物の復元建設が事業化し、筆者（浅川）は文化庁からその指導を依頼された（委員就任は固辞）。大湯環状列石では、ストーンサークル周辺において長方形もしくは六角形（亀甲形）の掘立柱が多数検出されており、柱穴の規模が大きいことから、これまでは高床建物であろうと推定されてきた。とりわけ亀甲形を呈する建物については、弥生時代以降の独立棟持柱付掘立柱建物と平面形が近似するため、弥生土器に描かれた「神殿」風の復元模型が資料館に展示されていた（図53）。調査員による手作り模型であるという。

　筆者はこの復元案に賛同できなかった。平面形が近似するものの、梁間1間長方形平面の両妻側に独立棟持柱を突出させる弥生時代の掘立柱建物と、円形もしくは楕円形の円周上に柱を並べる縄文時代中後期の六角形掘立柱建物は、本質的に構造が異なるものと判断していたからである。後者の場合、柱の配列はその建物に前後する竪穴住居の柱配列とよく似ている。平面の類似性から推しはかるに、縄文時代の掘立柱建物は竪穴住居を地上化した可能性が高いであろう。とすれば、弥生

図53 資料館に展示された大湯環状列石周辺の掘立柱建物復原模型

土器にみえる舟形切妻の屋根ではなく、寄棟的な求心構造の屋根に覆われていたと考えたい。また、柱穴内に残る柱痕跡を仔細に再検討したところ、最大で直径50cmを越えるが、最小では直径25cmに満たない。直径25cmほどの柱では、桜町遺跡出土部材を応用した大引貫型高床建物に復元するのは難しいと思われる[10]。以上から、平地土間式で求心構造の草葺き屋根に覆われる四面開放の復元建物エスキスを呈示したのだが、この変更案に対する地元の抵抗は非常に強かった。

　「祭祀」の建物だから「高床」にしたいというのが発掘担当者の願望であり、その願望には論理的な根拠が欠落しているように思われた。しかしながら、筆者は大湯環状列石の調査委員や整備委員を務めてきたわけでもないので、地元の好むように復元すればいいだろうと進言した。ところが、最終的に事業主体の鹿角市は筆者のアイデアを採用し、武蔵野市の歴史環境計画研究所（秋山邦雄代表）が設計監理を担当して、平成11年内に建物は竣工した（図54）。竣工した掘立柱建物は南西諸島の「神アシャゲ」に似た趣きがある（図55）。当時の掘立柱建物がこうであったという確証はないけれども、高床にしなかったことにより、建築群の丈は低くなってボリュームが抑制され、ストーン・サークルの景観を阻害する度合が薄められたとは思っている。

(2) 草屋根か土屋根か

　御所野遺跡の掘立柱建物は、大湯環状列石よりもわずかに古く、縄文時代中期末のものである。平面は桁行2間×梁間1間で、柱径は30cm前後、柱穴は非常に深い。この遺構についても、筆者の復元に対する考え方は同じである。掘立柱建物の柱配置、柱穴規模などを同時期もしくはその前後の竪穴住居と対比すると、両者には緊密な関係性を読みとれる。したがって、掘立柱建物は平地土間式で、寄棟的な求心構造に復元すべきと思うのである。ただ、一つ気がかりなことがある。屋根は草葺きでよいのだろうか。大湯環状列石の復元事業において、掘立柱建物を草葺きにしたのは、軒が接地しない建物に土屋根はありえないという前提を、無意識のうちに受け入れてしまっていたからである。

図54 竣工した万座環状列石周辺の掘立柱建物群 　　図55 竣工した復元掘立柱建物（万座）

ところが、土屋根の掘立小屋に関する記録が秋田県にいくつか残されている。よく知られているのは菅江真澄［1754-1829］の『埋没之家居』、平田篤胤［1776-1843］の『皇国度制考』などの紀行文である。菅江真澄は、安永4年（1775）の米代川洪水によって鷹巣町の小勝田で埋没家屋が出土したことを絵入りで記している。ただし、真澄自身はこの家屋を実際にはみていない。にもかかわらず、絵が写実的すぎるから疑いが残る、との史料批判もあるが、平田篤胤の『皇国度制考』と黒沢道形の『秋田千年瓦』も、同じ埋没家屋をとりあげている。『皇国度制考』は岡田知康の記録を転載したものであり、道形も実物はみていない。埋没家屋は7間×9間と3間×5間の2棟で、4尺ほどの深さの竪穴式だが、軒は2尺5～6寸（約80cm）の高さに浮いており、岡田知康によれば「屋根は割板を敷きならべ杉の皮を葺き其の上にねば土、厚さ二寸五分程塗りかけたり」という状態であった。屋根は割板を敷き並べてから杉の樹皮を葺き、それを厚さ8cmほどの粘土で塗りかためていたというのである。

埋没家屋で知られる男鹿市の脇本小谷地遺跡では、下層の古墳時代住居（接地型／5世紀）だけでなく、平安中後期に比定される屯田村の平地式住居でも、杉板の上に泥を直接塗りつける屋根が出土している。杉板はヤリガンナ仕上げで、釘穴・仕口がいっさいなく、粘土は杉板重ねの被覆材兼接着剤として機能したことが分かる。

以上は歴史時代の参考例ばかりであるが、東北地方においては、かなり新しい時代まで草葺きではなく、樹皮もしくは木羽を重ねて粘土で留める屋根構造が存在したことは間違いなかろう。ひるがえって縄文時代の場合、いったいいつどこで草葺屋根が出現したのであろうか。御所野のように住居を草葺きとせずに土屋根とした集落遺跡の場合、竪穴との系譜関係によって掘立柱建物の上部構造を推定復元しようとするからには、屋根の構造だけでなく、その材料についても竪穴住居との連続性を示すべきではないだろうか。すなわち、掘立柱建物の屋根は寄棟的な求心構造としてまずは樹皮を葺き、それに厚さ10cmほどの粘土を塗りつける技法を採用すべきと考える（図56）。竪穴住居とともに、軒が接地しない掘立柱建物の屋根にも粘土を塗りつけることによって、両者の景観にさらなる一体感が生まれることは疑いなく、江戸時代の記録に残る杉板葺粘土塗りつけの技法への展開も鮮明になるだろう。こういう意図のもとに「墓前建物」の復元設計を進め、平成13年度に3棟の掘立柱建物が竣工した（図57）。委員会等で検討の結果、3棟のうち2棟を寄棟、1棟を切妻に復元した。

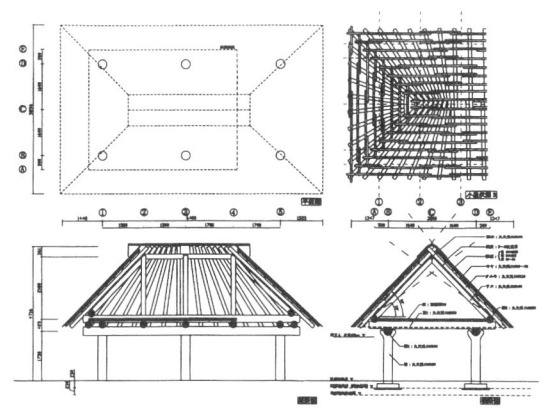

図56 御所野遺跡の掘立柱建物復元図（作図：創宇舎）　　図57 御所野遺跡に復元された堀立柱建物

図58　防水処理完備の山田上ノ台遺跡の復元住居（左：内部、右：ガイダンス施設2階からみた復元住居群）

附記

本節の初出は以下のとおりである。

浅川滋男・高田和徳　2001　「縄文集落遺跡の復原―御所野遺跡を中心に―」、浅川滋男編『竪穴住居の空間と構造』平成12年度科学研究費補助金特定領域研究成果報告書、国際日本文化研究センター：pp.94-116

　御所野は筆者にとって生涯忘れ得ぬほど想い出深い遺跡である。30代後半から40代前半にかけて足繁く通い、縄文焼失住居の復元に熱中した。本節は平成12（2000）年度までの復元整備事業の成果をまとめた論考である。当時、復元には熱中していたが、頭の中から「防水」処理が消え失せていた。御所野では、どういうわけか防水処理しなくとも、土屋根の構造に破綻がおきなかったのだが（7年後に問題が発生し修復）、御所野をモデルにして御所野の整備よりも早く土屋根住居の建設に取り組んだ他の縄文遺跡では、竣工後まもなく雨漏りがおきて、復元住居の内部が水浸しになった。御所野の出来がよいものだから、御所野以外の遺跡の復元設計・施工がよくないのだと当時は思い込んでいたのだが、木構造に植物質の屋根をかけて土で覆えば、植物質の屋根が早晩腐朽するのは目にみえている。奈良国立文化財研究所から鳥取環境大学に籍を移した平成13（2001）年度以降、そのことに気づき、遅ればせながら防水処理を考えるようになった。床、壁、屋根のすべてに防水処理は必要である。1）床には固めの三和土を施す。2）周堤の下に幅15cmほどのコンクリート壁をめぐらせ周囲の水が竪穴に入らないようにする。3）屋根には二重に防水シートを敷く。平成13年度に竣工した仙台市の山田上ノ台遺跡の3棟の復元住居でこの3つの処理を実践した。台風などの大雨の場合には、煙抜からわずかに雨が浸透することもあるが、平常時の雨漏りは皆無であり、御所野から山田上ノ台に至ってようやく防水処理を完備した縄文復元住居を完成させることができた（図58）。しかしながら、可笑しなもので、その後、縄文住居の復元建設に携わっていない。

註

(1) 御所野遺跡の概要については、『御所野遺跡Ⅰ』（一戸町教育委員会、1993）、林謙作・岡村道雄編『縄文遺跡の復原』（学生社、2000）を参照されたい。

(2) これまで発表してきた御所野遺跡の焼失竪穴住居に関する論考には以下のものがある。

①高田和徳「御所野遺跡の焼失家屋」『考古学ジャーナル』415号、1997　②浅川・西山和宏「縄文時代中期の焼失住居跡とその復原(1)(2)」『日本建築学会大会学術講演梗集』F、1997　③浅川・西山「御所野遺跡で出土した縄文時代中期の焼失竪穴住居群」『奈文研年報』1997-Ⅰ　④高田「縄文土屋根住居の実験的復原」『人類

誌集報』東京都立大学考古学報告3、1998　⑤高田・西山・浅川「縄文時代の土屋根住居の復原(1)(2)」『月刊文化財』417-418号、1998　⑥高田・西山「縄文土屋根住居の復原―御所野遺跡の実験―」『先史日本の住居とその周辺』同成社、1998　⑦浅川・西山「縄文集落遺跡の復原」『第2回アジアの建築交流国際シンポジウム論文集』日本建築学会・大韓建築学会・中国建築学会、1998　⑧木造建築研究フォーラム「先史時代の木造建築技術をめぐって」『木の建築』50号、2000
（3）丹羽祐一「縄文集落の住居配置はなぜ円いのか」『論苑考古学』天山舎、1993
（4）岩手県教育委員会『西田遺跡』1976、佐々木勝「岩手県における縄文時代の掘立柱建物跡」『岩手県立博物館研究報告』12号、1994。
（5）秋本信夫「環状配石群と建物跡―大湯環状配石群近傍に分布する建物跡の分布―」『よねしろ考古』6号、1989
（6）石井寛「縄文集落からみた掘立柱建物跡」『先史日本の住居とその周辺』同成社、1998。林謙作「縄紋社会の資源利用・土地利用」『考古学研究』44巻3号、1997。
（7）虻田町教育委員会『入江貝塚整備事業報告書―史跡等活用特別事業―』1998
（8）富山市境域委員会『史跡北代遺跡ふるさと歴史の広場整備事業報告書』1999
（9）大島直行「縄文時代の火災住居―北海道を中心として―」『考古学雑誌』80巻1号、1994。同「家を焼く風習」『Arctic Circle』№14、1995。
（10）桜町遺跡の小型高床倉庫柱材は直径33cmほどが主流。1本だけ直径22cmのものもあるが、貫穴は幅20cm近くあり、当初の径はやはり30cm以上と推定される
（11）永井規男「秋田の埋没家屋」『日本古代文化の探求家』社会思想社、1975。富樫泰時「埋没家屋について」『古代日本海域の謎Ⅰ住まいからみた人と神の生活』新人物往来社、1989。

第5節　居住の技術（Ⅱ）―弥生時代―

1．松菊里型住居の平面と構造

(1)　松菊里型住居の平面構成

　弥生時代の住居は、縄文時代の晩期に朝鮮半島からもたらされた「松菊里型住居」と縄文住居の重層として展開する。「松菊里型住居」が最初に発見されたのは、1968年のことである。韓国忠清南道の休岩里遺跡でみつかった住居跡は、円形平面の中央に大きな楕円形ピットを備え、左右対称の位置に2本の主柱穴が掘られていた。この特異な住居平面が発掘当初から注目されていたとすれば、「休岩里型住居」という呼称が与えられて然るべきであったが、休岩里遺跡の報告書は1990年になってようやく刊行されたため、1975年から調査が始まった忠清南道松菊里遺跡での発見例が先行して有名になってしまったという経緯がある。それを学術用語として、最初に論文で使用したのは日本人の中間研二［1987］であった。中間は、「松菊里型住居」を朝鮮半島無文土器（青銅器）時代中期の住居としている。日本の縄文時代晩期から弥生時代中期にほぼ併行する時代である［西谷1998］。

　休岩里および松菊里での発見以降、今日に至るまで続々と「松菊里型住居」の類例が各地で報告されている。その分布は朝鮮半島西南部［大貫2001］にとどまらず、日本列島西部のほぼ全域にひろがり、東限は愛知県あたりであるという。これだけ広範囲に拡散しているため、平面も多様化してみえるのだが、「松菊里型住居」と呼ばれる類型に共有される特徴は、平面中央の楕円形ピットとその内側もしくは外側に近接して設けられる左右対称の2本主柱である。床面の平面形状は円形もしくは楕円形が大半を占めるが、まれに隅丸長方形を呈する場合もある。また、＜中央ピット＋2本主柱＞以外の外周域に4本柱もしくは多角形配列の主柱をともなう平面も少なくない。とくに日本の出土例については、石野博信［1985］が＜中央ピット＋2本主柱＞のみの平面を「神辺型」、＜中央ピット＋2本主柱＞の外側に多角形配列の主柱をもつタイプを「北牟田型」とよび分けて類型化した。ここにいう「北牟田型」こそが、縄文時代の住居に特有な多角形主柱配列の平面に朝鮮半島起源の松菊里型住居の中心部分を取り込んだ「縄文＋松菊里」重層の状況を平面的に示す可能性が高いと考えられる。

　一方、李健茂［1992］は朝鮮半島で出土した松菊里型住居を類型化するにあたって、中央ピットのみで柱穴がまったく存在しないC型を設定している。A型は2本主柱が中央ピットに内接するタイプ、B型は2本主柱が中央ピットの外にでるタイプ、C型は「無柱型」である。A型とB型を一括して松菊里型とするのは問題ないとしても、2本主柱の存在しないC型までも松菊里型に含めてよいものかどうか、議論の分かれるところであろう。

近年では、松菊里型住居の国内起源地の一部と目される筑紫平野北部三国丘陵の初期出土例を対象に、山崎頼人ら［2008］が細かな類型化を試みている。中央土坑と中央2柱のみの「中央2柱」円形松菊里型／系住居、その周辺に4本柱をともなう「4本柱」円形松菊里型／系住居、周辺の主柱が5本以上の多角形配列をなす「多主柱」円形松菊里型／系住居を基本型（系）とし、「4本柱」と「多主柱」については、中央2柱の省略された平面を「派生型」と命名している。

さて、松菊里型住居の場合、楕円形中央ピットの存在がきわめて特異であり、その機能について幾多の推論がなされてきたが、作業場説、灰穴炉説、水溜穴説など、いずれの解釈も一長一短で、未だ定見を得るに至っていない。作業をするために楕円形の穴を掘る積極的な意味があるとは認めがたく、灰穴炉や水溜穴だとすれば、A型のようなピット内接柱は火に焼かれるか水に浸かること

形式	分　　　　類	特　　徴
a式	A号　　6号	中央兩柱孔 長軸一列 両端支柱孔
b式	2号　　3号	中央兩柱孔
c式	B号　　1号／1号　　5号／7号　　8号	中央兩柱孔 無支柱孔

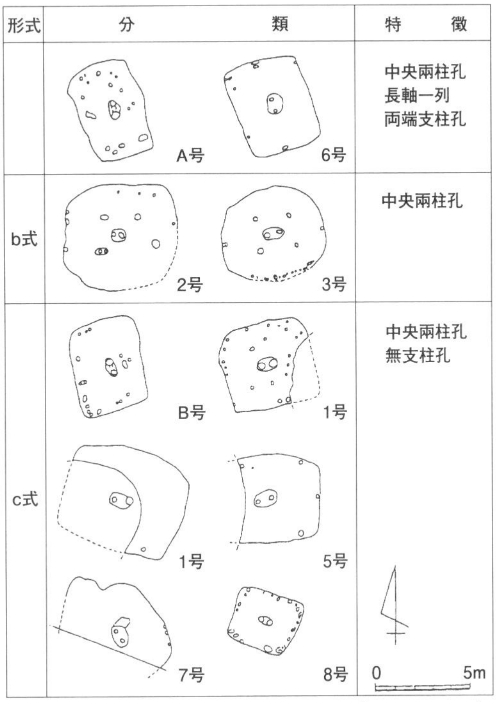

図1　松菊里型住居の分類パターン［李健茂1992］

になる。A型を原初型と理解するならば、2本主柱を一括して地面に掘り入れるための地業のような役割（いわゆる布掘）として理解できなくもないだろうが、初期のピットはきわめて浅く、しかもB型の場合、柱がピットの外に出るのだから、中央ピット＝布掘地業説も成立しがたい。これについては、C型＝「無柱型」の構造を検討するにあたって、再度考察を加えたい。

さて、日本国内におけるこの種の住居の最古例は、福岡県糟屋郡粕屋町の江辻遺跡（前5世紀）の環濠内部でみつかった11棟の遺構である。ここでは、松菊里型住居群に梁間1間×桁行5間の掘立柱建物（おそらく高床倉庫）が数棟複合化し、水田稲作の痕跡も確認されている。江辻の松菊里型住居は円形平面で、楕円形中央ピットに2本主柱が外接している。この住居跡の復元は江辻の南西約8kmにある福岡市板付遺跡（紀元前4世紀）の整備で実践された。復元された上屋構造は2本の主柱を棟持柱として短い棟をもつ寄棟造であり、不思議なことに、出入口以外に煙抜の開口部を備えていない。これでは中に住む人が燻製化してしまう。正しい復元であるとは言えないであろう。

(2) 松菊里型住居の上屋構造

鳥取市の下味野童子山遺跡SI-01は弥生時代中期中葉の松菊里型住居で、2002年に千代川左岸の丘陵部（標高約40m）でみつかった（第2章第6節4）。竪穴の内部では、掘り下げ当初から、焼土および炭片の出土が目立ち、主柱穴間周辺および北側壁面一帯にかけて厚い焼土に覆われ、東側付近の床面で東西に軸をもつ板状の炭化材が複数検出された。垂木材と推定される。住居の中央の

周辺部で焼土が確認された。北西側壁面は削平されている。さらに、住居の東半で壁面に沿う位置に土圧で潰れた土器8個体分が床面から出土した。以上の出土状況からみて、あきらかに焼失住居であり、土器は元の位置をある程度反映していると考えられる。

　松菊里型住居の復元を考える場合、2本柱を過度に評価してはいけない。2本柱を主柱とみなして、その頂点に二つのケツンニ（三脚）を組み、両者の頂部を短い棟木でつないで垂木を扇状にめぐらせる復元案を想定することもできるが、この場合、垂木尻の軌跡は楕円形を描く。しかし、下味野童子山遺跡SI-01の平面はほぼ円形を呈している。平面と構造の不一致が露呈するわけで、復元の考えかたが間違っていることの証となるだろう。

　平面がほぼ完全な円形を呈しているということは、ケツンニが一つで、その頂点は円形平面の中心に位置し、頂点から竪穴の全周をめぐるように垂木が配列したことを暗示している。これは円錐形テントの構造にほかならない。とすれば、2本の棟持柱は煙出（越屋根）の棟木を受けるために配置されたもので、棟木は円錐構造の頂点と2本の柱で支持されていたとみるべきであろう。

　以上の復元を考えるにあたって、朝鮮半島の松菊里型住居のなかに2本主柱のないC型（無柱型）が含まれることに着目した。筑紫平野三国丘陵の筑前町大木遺跡でも無柱型の円形住居C4（夜臼Ⅱb～板付Ⅰ期）が検出されている［山崎ほか2008］。これら柱のない円形平面の場合、上屋構造は円錐形テントと同類のものであった可能性が高い。先に問題視した、松菊里型住居の類型化の難点が浮かび上がる。李健茂がC型とする無柱型を松菊里型住居に含めてよいものか議論の分かれるところだが、中央ピットだけの無柱型（C型）が仮に松菊里型と呼べないにしても、2本主柱をもつA型やB型の平面形状に近似する無柱型が存在するという点を無視できるわけではなかろう。

　構造の変化を「進化」としてとらえることが許されるならば、原初型としては柱のない円錐形構造の竪穴住居がまずあり、2本主柱は頂部の煙抜となる越屋根を支持するための棟持柱とみなすことが最も合理的な理解だと筆者は考えている。無柱の円錐形構造では頂部の雨仕舞に難があり、2本柱によって越屋根を設けた。その越屋根は真下にある炉から発生する煙を外に出しながら雨の吹き込みを防ぐ役割を期待されたものであった。こうしてみると、中央ピットの初源的機能は「炉」とみなすべきであり、その真上に越屋根を設けるため炉に内接する位置に2本の柱を立てたが、2本の柱は火に近すぎて燃焼しやすかったため、炉の外側に位置を移していった。これがA型からB型への変化ではないだろうか。さらに、建築技術の発展により、2本柱がなくとも越屋根を設置できるようになり、「派生型」［山崎ほか2008］の出現を招いたのではないだろうか。板付遺跡の復元的理解と筆者らの考えが根本的に異なるのは、板付が2本主柱を構造本体の棟持柱とみなすのに対して、筆者らは2本主柱を越屋根（煙抜）の棟持柱と考えている点である。

　さて、円錐形のテントは北方ユーラシアから北アメリカの狩猟民にひろく活用されており、ベースとなる構造は3脚と4脚の両種がある［大林1991］。童子山SI-01の復元では4脚を採用するほうがよいと判断した。3脚の場合、2本主柱との関係が非対称構造になるのに対して、4脚では対称のサス配列をつくりだせるからである。竪穴の中心を対称軸とする4本のサスを構造の中核とし、その周辺に垂木をめぐらした。垂木は出土炭化材にあわせて板状の材とし、小舞を通したうえで、

板状垂木に茅を横に敷き並べ、小舞の上に茅を縦に葺き、その上に土を被せた。下地となる茅の縦横葺きは妻木晩田遺跡妻木山SI-43（後出）の出土状況に倣っている。なお、入口の位置について確証はないけれども、斜面の下側に設けることで雨水処理には適しており、床面の東半壁面近くに土器が集中している点などを斟酌し、南西側に設けることにした。

（3）松菊里型住居の拡散と土屋根

　山陰地方における松菊里型住居の最古例は鳥取県琴浦町の上伊勢第 1 遺跡竪穴住居 1（弥生前期後葉）である。この住居跡は旧地表の削平が著しく、竪穴のエッジ部分を残していない。遺構検出面では、平地面に 5 本の主柱穴を配列し、その中央に楕円形ピットと 2 柱穴をともなう。竪穴のエッジは検出されていないが、五角形主柱配列との平行関係から類推すれば、竪穴の形状は円形に近いものであったろう。濱田竜彦（2006）は、縄文晩期（古海式併行期）の伯耆町三部野遺跡で近似する五角形主柱穴配列が認められることから、以下のように述べている。

> 事例が少なく、推測の域をでないが、上伊勢第 1 遺跡竪穴住居 1 の主柱穴の配置は三部野遺跡例に近似しており、在地系譜の住居に、いわゆる松菊里型住居の属性が付加されているようにみえる。

　山陰には弥生時代前期までに松菊里型住居の中のいわゆる「北牟田型」が伝来しており、濱田の推定に従うならば、その平面は在地系縄文住居と松菊里型住居の重層としてとらえうるであろう。筆者もこの見方を支持したい。山陰では、その後、弥生時代中期～後期前半頃の集落遺跡で松菊里型住居が散見される。鳥取市の下味野童子山遺跡SI-01はその末端に位置づけうる遺構であり、建築史学の立場からなにより注目したいのは、それが「神辺型」（あるいは李健茂のいうＢ型）の焼失住居跡であることだ。焼失住居跡として炭化材を多く残す竪穴住居跡の大半は土屋根の上屋構造に復元される。土屋根で覆われていたからこそ、火災にあっても、密封状態の住居内部は酸欠状態となり、木造の部材は不完全燃焼のまま倒壊してしまう。これが草屋根であれば、もっと燃えやすく、炭化材は多く残らない。下味野童子山遺跡SI-01の場合、板状垂木と目される炭化部材の上側に屋根土と推定される焼土が堆積していることからも、土屋根の上部構造であった可能性は高いと思われる。

　松菊里型住居が土屋根に復元されることについて、驚きの念を禁じ得なかった。弥生時代の土屋根と草屋根の分布構造の違いについて、以下のような単純な図式を想い描いていたからである。

　　近畿・山陽・北九州＝平野部＝環濠集落＝草葺き住居（源流は松菊里型）

　　北陸・山陰・東北＝山間部＝高地性集落＝土屋根住居（源流は縄文住居）

　上はあくまで地域性を示す大枠の図式であって、たとえば、近畿・山陽・北九州の山間部に縄文系の土屋根住居が存在することは承知の上での模式である。一方、下味野童子山遺跡SI-01の場合、縄文系の土屋根住居が卓越するとみていた山陰地方の高地性集落で発見された松菊里型住居である

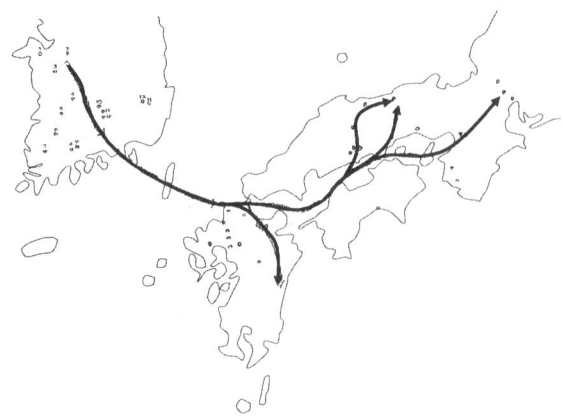

図2　松菊里型住居伝播の図（[李健茂 1992] 原図に加筆、浅川研究室作成）

が、上屋構造は草葺きではなく、土屋根に復元される。これについては、「北牟田型」の平面と同様の文化的重層性として理解すべきかもしれない。「北牟田型」の松菊里型住居が在地系の多角形配列住居の中心部に松菊里型の「中央ピット＋2本柱」を導入した平面の重層性を示すのと同様に、土屋根の松菊里型住居も大陸系の平面に縄文系の屋根が複合化した建築として理解することも不可能ではないのである。ただし、後者の場合、古い松菊里型住居の屋根材料があきらかになっているわけでもない。初期の松菊里型住居は最古例の北九州でみるように、環濠集落や水田稲作との複合性が顕著であり、どうしても低湿地の「草屋根」という先入観を抱きがちだが、それもまた推定の域をでないものである。

　一方、岡村道雄 [2008] の焼失建物資料集成によれば、広島県広島市の塔之原遺跡、同庄原市の和田原E地点遺跡、同高田郡の植谷遺跡、愛知県海部郡志賀公園遺跡などで、炭化材や焼土層をともなう焼失遺構としての松菊里型住居が確認されている。なお、岡村は2008年の段階で、全国47都道府県のうち8都府県のデータを集成した段階であり、そのうち広島と愛知に焼失遺構としての松菊里型住居が確認された、ということである。従って、全国的に集成が進めば、さらに多くの地域で土被覆の松菊里型住居例を知ることになるであろう。いずれにしても、松菊里型住居（の一部？）は山陰に伝播する以前から土で覆われるようになった可能性が高いと思われる。こうなると、国内の起源地である北九州の様相が気にかかるが、現状では土屋根に復元しうる松菊里型住居の焼失遺構はみつかっていない。しかし、焼失遺構が存在しないから「草葺き」であると断定することもできない。たとえば、第1章第1節で述べたように、魏志馬韓伝や後漢書馬韓伝には、馬韓の住居が中国の「塚」に似た土饅頭のような姿の竪穴住居であることを記している [浅川 1995]。時代はやや下るにしても、朝鮮半島南部に古くから土屋根の住居があったことを示す史料であり、松菊里型住居が必ずしも草葺きとは限らないことを暗示している。

　なお、縄文と弥生の土屋根は、建物の上屋に土を被せるという点で共通しているが、下地は異なっている。弥生時代の多くの焼失住居跡で垂木上に茅を検出するのに対して、北海道・東北地方の焼失住居跡の集成を進めている高田和徳によれば [浅川編 2008]、後期頃までの縄文住居で茅がみつかることはほとんどなく、下地は樹皮を想定すべきであるという。すなわち、縄文時代の「樹皮葺き下地＋土被覆」から、弥生時代の「茅葺き下地＋土被覆」への変化があったといえるわけで、これは「茅葺き」が弥生時代にひろく普及していたことの証とも言えるだろう。

2. 焼失住居跡の構造復元

(1) 南谷大山から妻木晩田まで

　わたしが初めて焼失竪穴住居跡に出会ったのは1992年のことである。鳥取県羽合町（現湯梨浜町）の南谷大山遺跡でみた2棟の焼失竪穴住居跡に大きな衝撃をうけた（第2章第6節1）。床面上に「垂木」と推定される板材や棒材が集中して横たわっており、その上には炭化した茅が「垂木」に直交して堆積していた。おもしろいものだと思った。こういう焼失住居跡を研究すれば、竪穴住居の上屋構造は「想像復元」の域をはるかに超えて「実証的復元」のレベルに近づけるからである。南谷大山の焼失竪穴住居跡ASI-01（弥生時代後期後葉）とBSI-20（古墳時代前期前葉）は、主柱よりも内側がよく焼けており、炭化木材は主柱の外側に集中していた。この焼失状況を重視し、当時は梁・桁までを茅葺き下地の土屋根、梁・桁より上を茅葺きとする「二段伏屋」式構造に復元したのだが、茅葺き下地にのる土の範囲については未だよく分かっていない。屋根全体にひろがる場合もあれば、屋根の裾側にしか載らない場合もあるだろう（後述）。

　その後、1996年に岩手県一戸町の御所野遺跡西区で縄文中期末（約4000年前）の焼失住居群が発見され、調査から施工までの全プロセスに係わった（第2章第4節）。そして、2000年に鳥取県の妻木晩田遺跡で、日本有数の焼失竪穴住居跡がみつかった。妻木山地区のSI-43（弥生後期）である。弥生時代の住居跡として、上部構造の情報を最もよく残す遺構だと断言できる（第2章第6節2）。

　SI-43は隅丸方形4本柱の竪穴住居跡である。山陰地方の竪穴住居に特有な中央ピットについては、中央ピットから1条もしくは複数の溝が周壁にのびており、さらに周堤を貫いて竪穴の外にまでのびる例が妻木晩田遺跡で多数検出されている。床面に滲み出す水分の排出溝とみなしうるものであり、中央ピットは水溜の可能性が高い。SI-43では中央ピットを囲むようにして、赤褐色もしくは暗赤褐色の焼土面が3ヵ所に残る。水溜の周辺に地床炉を配していたということであろう。この平面を松菊里型住居との相関性で検討すると、4本主柱をもつ「北牟田型」の松菊里型住居から中央ピット脇の2本柱を取り除いた状態と理解してよいかもしれない。ただし、中央ピットの形状や深さは大きく異なり、機能も両者で同一とはいえない。これを上屋構造との関係でとらえると、四脚構造のサスを支持する柱の出現とともに、炉や水溜に近接する越屋根（煙抜）用棟持柱の省略という変化が生じた可能性を示唆している。SI-43の炭化材は多くが板状（幅15～30cm）の垂木であり、平側では心々距離約25cmのピッチでほぼ平行に配列され、それらは桁・梁よりも内側にのびている。一方、中央東寄りの隅側では、扇状の垂木配列を確認した。垂木材を被覆する薄い茅の層もひろい範囲で検出している。長い2本の垂木の上面で、茅が水平方向に横たわる状況が鮮明にみとめられ、さらに水平方向の茅の上に、求心方向の茅を確認できる。直交して重層するこの茅列は、大量の焼土を含む分厚い土層の下にくいこんでいる。

　以上の情報から屋根の構造が読み取れる。土屋根最下層の下地として、板状の垂木を密に配して

いる。密に並ぶ板状垂木で「箱」をつくろうとする発想であり、その上にまず茅束を水平方向に敷き詰める。さらに、横方向の茅と直交する縦方向に茅を葺き流してから、土を被せている。縦方向の茅は、土屋根から沁みてくる水分を周堤方向に流す役割、その下に敷く横方向の茅束は土粒の落下防止の役割を果たしたのだろう。この横方向の茅束が腰折れしないように、板状の垂木を密に配する箱状の構造物が必要だったのである。茅を縦横に重ねる土屋根下地の発見は、群馬県中筋遺跡の焼失住居（5世紀）を初例とするが、SI-43はそれに先行する弥生時代後期の例として注目される。

（2） 地形の復元と周堤

　遺構から建物を復元するにあたって、まず最初になすべき作業は地形の復元である。遺構検出面は先史・古代の人びとが生活した地面ではない。大半の場合、旧地表面は後世の整地などによって削りとられており、遺構検出面は旧地表面より20〜50cmばかり低いのが一般的である。これをもとの地形に戻す作業は容易でないけれども、発掘調査を担当した考古学者と共同で旧地形を復元的に再現しておかなければならない。とりわけ竪穴住居の場合、旧地表面の掘削により、竪穴が浅めに検出されるので、当初の深さを執拗に検討しておく必要がある。

　竪穴周囲の旧地表面には周堤がめぐる。一般の竪穴住居跡では、周堤の痕跡をとどめる遺構は少ない。後述するように、竪穴掘削土の大半は周堤土として使われるはずで、住居廃棄後、再び竪穴に埋め戻される。周堤が失われた場合でも、周堤溝がしばしば発見される。周堤の外側にあって雨水や地中の水分を溜めて排水する溝で、地面に傾斜がある場合、馬蹄形を呈する。周堤が立体的に姿をとどめるケースは例外的であるけれども、妻木晩田遺跡の洞ノ原地区では大型円形住居（SI-08）に、幅3〜5m、高さ30〜50cmの周堤が残っていた。この住居の周堤に、垂木やサスなどの斜材を掘りこんで埋めた痕跡はまったく認められない。竪穴の周辺に小屋組を組んでから、その木組の裾を土で固めたことを示すものである。都出比呂志［1998］が指摘したように、竪穴の掘削土と周堤の土はほぼ同量と推算できるが、掘削土をそのまま周堤として竪穴の周囲に盛りあげたのではなく、掘削土はいったん穴から離れた位置にとりおいておき、まず竪穴を覆う木組を組んで、その後、木組の裾に土を練りつけるようにして周堤を築いたとみるべきであろう。参考までにのべておくと、これは、古代中国建築における「暗礎」の手法とよく似ている。暗礎の場合、基壇を築成する中途段階で礎石を配し、柱を立てる。そして、柱を立てた状態で、基壇の版築を続けていくのである。こうすると、基壇上面に柱自体の痕跡は残るけれども、その掘形の痕跡は存在しえない。

図3　妻木晩田遺跡洞ノ原地区SI-08に残る周堤（筆者撮影）

この基壇と暗礎の関係が、竪穴住居における周堤と斜材の関係に近いと筆者は考えている。

なお、大阪の八尾南遺跡では、ほぼ完全な姿で周堤が出土した。そして、垂木の掘形痕跡が周堤上にみつからない一方で、周堤の一部外側に凸凹状の遺構を発見したことから、その凸凹遺構を垂木の接地痕跡と判断して、周堤の外側に垂木を接地させる復元案を想定している。この復元的解釈については支持できない。上に示した木組の基礎としての周堤の意味が失われてしまい、周堤の機能そのものが不明なアイデアであって、建築学の常識を無視し、遺構の出土状況を過度に尊重した解釈になってしまっている。凸凹の小ピットは、周堤まわり全域で確認されているわけでもなく、垂木の接地痕跡とみるには無理があるだろう。一方、群馬県の黒井峯遺跡（5世紀）では、火砕流に押し倒された垂木が周堤から跳ね上がった痕跡が明瞭に残っている。垂木材が周堤の内部に納まっていた証拠である。

（3）復元のプロセス

上屋構造の復元については、以上の前提のもとに、まず1/20スケールのラフ模型を制作する。竪穴住居は設計図のない時代に、現場あわせで築かれた建築物であり、復元にあたっても、いきなり断面図や平面図を作成するのは不可能であって、まずはラフ模型を試作しつつ、手探りで構造を模索するしかない。これは古代の現場あわせにあたる作業と言えよう。この作業は手間がかかる。1回や2回の模型制作ではなかなかよいバランスの構造を再現することはできない。

まず地形を復元し、周堤部分も粘土でつくっておく。そして、竪穴住居跡の床面に1／20スケールの遺構図を貼り付け、柱穴位置に柱を立ててみる。柱の高さは弥生人の身体寸法をベースとして検討する。たとえば、梁・桁は「頭が触れない程度の高さ」あるいは「両手でもちあげられる高さ」などを基準として設定する。一方、サスや垂木は茅葺きの基準勾配である45°（10／10）を標準として、8／10～11／10の勾配をいくつか設定し、斜材の下端を粘土に突き刺していく。こうして、柱高と屋根勾配を微妙に変化させながら、小屋組の納まりがよいと判断されるまで模型作りをくり返す。

ラフ模型によって建物の構造がとりあえず定まったら作図に移行する。ラフ模型では、割り箸や焼き鳥の串など安価な材を使う場合が多く、スケール感がまちまちなので、作図してみると、納まりが悪いこともしばしばある。そこで、図面を修正する。図面上の微修正を徹底させるのである。図面としての復元を完成させ、最後に、その図面に即して、もういちど模型をつくる。ラフ模型は復元図作成のための手段にすぎないが、最終模型は復元案の最終形であり、できれば鑑賞にたえるレベルに創りあげたい。

（4）打出遺跡SI01の復元

ここで、焼失住居の遺構解釈と上屋構造の復元について、富山市打出遺跡で出土した焼失住居跡SI01（弥生終末期）を例にとって具体的に述べてみよう（第2章第6節5）。

打出遺跡SI01は4本主柱をもつ隅丸方形の竪穴住居跡である。4本主柱穴には、いずれも柱痕跡が残っており、柱径は140～180cmに復元される。竪穴の深さは、遺構検出面から60cmを測る。調査

担当者は旧地表面を遺構検出面プラス10cm程度と想定しているので、竪穴の深さは約70cmに復元できる。周堤については、近隣の高岡市下老子笹川遺跡の平地住居跡（弥生後期）などを参考にすると、幅2.5～3.0m、高さは50cm前後に復元できる。周堤の外側をめぐる周溝は掘られていなかったと考えられる。

　SI01は、竪穴内部のほぼ全域に炭化材を残す良質の焼失住居跡であるけれども、4本主柱の内側に炭化材と焼土が少なく、4本主柱の外側で炭化材と炭化茅を多く残す。これは、①4本主柱より内側に天窓もしくは越屋根状の煙抜が存在していた可能性、②主柱より内側の屋根に下地としての茅葺が露出していた可能性、のどちらかを示唆するものである。一方、主柱より外側に炭化材・炭化茅が多いのは、そこが土屋根に覆われて、不完全燃焼を強いられた結果とみなせよう。

　なお、周堤に接する内側の棚状部分とその近くにも建築材は存在したはずだから、ここに炭化材が残っていても不思議ではない。実際、2005年に発掘調査された鳥取県琴浦町箆津の乳母ヶ谷第2遺跡の焼失住居跡SI3・SI4（弥生後期）では炭化材と炭化茅を周堤上に残していた。ただし、乳母ヶ谷は例外的に室内で火のまわりが著しく激しかった例と考えられる。大半の焼失住居では、周堤上もしくはその隣接部分に炭化材を残さない。木組の裾部分は炭化せず、木材が腐食して痕跡をとどめなかったものと推定される。

　打出遺跡SI01で出土した炭化材の大半は垂木と考えられる。竪穴のエッヂが直線状の部分では平行配列、北辺などの湾曲エッジ部分では扇形配列とする。梁・桁材と推定される横材も床面に落下している。母屋桁の可能性のある横材も含まれる。非常にめずらしい例である。

　以上、屋根とかかわる諸要素を整理すると、ⅰ）床面直上の炭化材（建築部材）、ⅱ）炭化材を覆う屋根下地層（炭化茅）、ⅲ）炭化材と下地層を覆う焼土層、の3つの要素の複合性を確認できる。この3条件を充足する焼失竪穴住居跡は、屋根を土で覆われていた可能性が高いだろう。ただし、土をどの程度覆っていたのかについては注意を要する。打出遺跡SI01の場合、4本主柱から内側に炭化材・炭化茅・焼土がほとんど残存しないわけだから、この部分は完全燃焼したことになる。それは屋頂部の越屋根（煙出）だけではなく、土屋根の下地である茅葺き面が少なからず外気に露出していた可能性を示すものである。焼土の分布範囲からみて、屋根土は越屋根まで達しておらず、越屋根と4本主柱の中間あたりでとまっていたのかもしれない。

3．八尾南遺跡の住居跡が投げかける問題

　大阪の八尾南遺跡で洪水によって押し流された住居集落の遺跡が発見され、従来不明であった住居の細部構造があきらかになった。ここでは、とくに重要と思われる点を整理しておく。

（1）　壁の構造と壁溝

　岩手県一戸町の御所野遺跡西区では縄文中期末の焼失住居群がみつかった。とりわけ大型住居では炭化材の残存状況が良好で、垂木や梁・桁と推定される材だけでなく、竪穴の壁に並ぶ土留めの

丸太材もしくは半裁材が直立した状態で残っていた。この焼失状況は「壁溝」の機能を決定づけるものとして注目される。すなわち、竪穴のエッジで検出される浅い壁溝は、土留めの壁材の裾を納める基礎として理解されるのである。

ところが、弥生時代以降の壁材は大きく変化している。群馬県の黒井峯遺跡（古墳時代）では、竪穴住居の壁に張り付くように植物質の編材が付着しており、鳥取県米子市古市宮ノ谷遺跡の焼失住居跡（弥生後期）では、薄いヘギ板の編物が壁土に付着した状態で床面に崩落していた。こういう出土状況を参考にして、妻木晩田遺跡では洞ノ原2号住居の壁材に編材を用いて復元している。アンペラ状の壁材の場合、壁溝を壁材基礎としてとらえることはできない。これについて大阪八尾南遺跡の住居群が圧倒的な情報をもたらしている。ここでは最も保存状況が良好であった竪穴建物9の壁と壁溝に関わる記載［㈶大阪府文化財センター 2004　第1分冊：pp.218-223、第3分冊：pp.458-459］を抜粋・要約しておこう。

①壁構造：　東壁の周壁下半では斜方向に貼り付けられたヨシの茎束のような植物繊維が検出され、他の周壁際でも剥がれ落ちた貼り壁が壁溝の上に載っていた。茎束は網代のように完全に編まれた状態ではなかったが、黒色粘土を挟みつつ数枚を異なる方向に貼り付けており、剥落した貼壁の一部では部分的に編まれている状態も認められた。この数枚の壁材を貼り付ける造作は一度の施工なのか、数度の補修を反映するものかは分からない。また、貼り壁を押さえた方法についても不明とせざるをえない。

②壁溝：　特筆されるのは、竪穴建物2や6の壁溝で部分的ながら溝の蓋受けが良好な状態で検出されたことで、壁溝全体にわたって100本に及ぶ横木が溝に直交して渡されていた。これらの横木には、ミカン割りや半裁した材、あるいは板・角状に分割した材が用いられており、小枝を使用していた竪穴建物2や6にくらべると一段と手間が掛けられている。横木の設置にあたっては、一端を壁面に刺し込み、もう一端の上に貼床を施すことで固定を図っており、加えて南壁側では横木をより安定させるために約2.4mの板材が壁の溝の内肩に沿って埋め込まれ

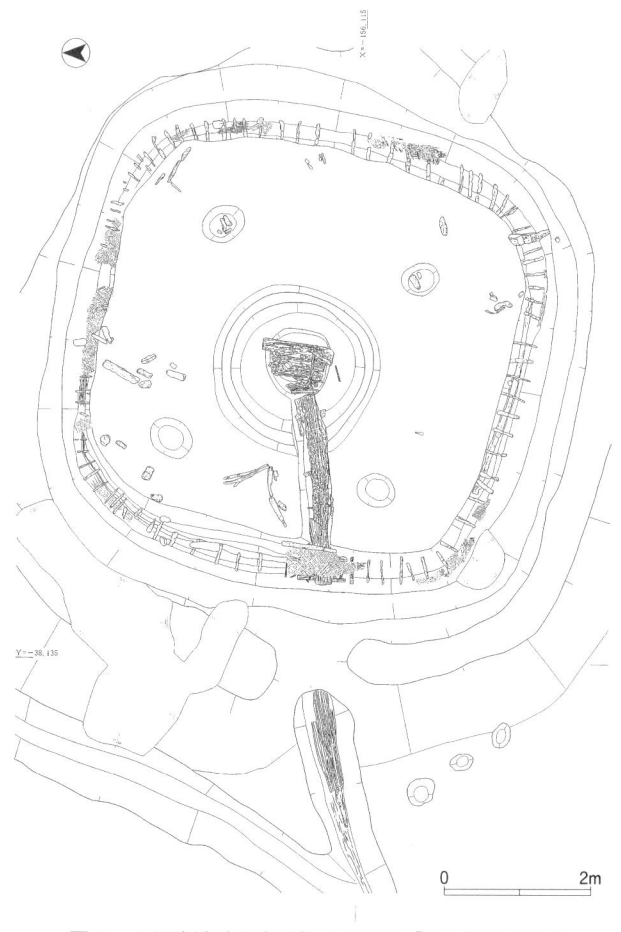

図4　八尾南遺跡竪穴建物9平面図［㈶大阪府文化財センター 2008］

図5　八尾南遺跡竪穴住居9出土壁材
（写真：㈶大阪府文化財センター）

図6　八尾南遺跡竪穴住居9の西南隅から検出された刻梯子（写真：㈶大阪府文化財センター）

ていた。横木の上に植物の茎束や樹皮が溝に平行して被せられ、その上に周壁に貼られた茎束が連続して垂れ下がっている様子を観察することができた。以上から、壁溝は除湿・排水のための暗渠溝であったことが判明した。

八尾南遺跡竪穴建物9の出土状況をみる限り、弥生住居の壁溝は暗渠溝であり、それを跨ぐ横木を数多く渡して板などで蓋をし、その蓋をおそらく壁材の裾で覆っていたのであろう。一方、床面に注目すると、「床面全体にわたって茶褐色を呈した薄い有機物層の広がりが認められ、植物質の敷物が敷かれていた可能性」が想定されている［㈶大阪府文化財センター2004　第1分冊：p.219］。信州秋山郷の茅壁中門造の土座住まいにみるように、枯草で下地のパウンドをつくり、その上に筵状の編材を敷いたのであろう。想像の域をでないけれども、壁溝の蓋はまず壁材の裾で隠し、次にその全体を床面のマットで覆ったのではないだろうか。

暗渠としての壁溝は中央ピットの機能とも深く相関性をもって存在したようだ［㈶大阪府文化財センター2004　第1分冊：p.225］。八尾南遺跡竪穴建物9の中央ピットは3段掘りになっており、その2段目から下に箱状の構造物が設置されていた。そして、中央ピットから西に排水溝がのびて壁溝と合流し、その溝は周堤を貫いて周堤溝と合流しつつ、さらに西にのびる（総長約11m）。この排水溝も、室内では壁溝と同様の横木が渡され、蓋で覆われていた。こうしてみると、中央ピットと壁はともに土中から滲みだした水分を溜める水溜であり、排水溝はその水を竪穴住居の外側に排出することを目的として設置されたものであろう。ただし八尾南遺跡では、他の竪穴建物の中央ピットで「炉」とみられる遺構もあるらしく、機能を水溜めに限定することを控えるべきとしている［㈶大阪府文化財センター2004　第3分冊：pp.459-460]。

(2)　隅入の構造

八尾南遺跡竪穴建物9では、西南隅に刻梯子が立ったままの状態でみつかり、入口が竪穴の隅にあった証拠として注目を集めた。従来、竪穴住居の復元では、家屋文鏡などの影響からか、妻入と

する例が圧倒的に多く、まれに平入に復元される場合もあった。筆者自身、縄文住居の平面モデルを再構成するにあたって［浅川 2000a］、埋甕の位置や柄鏡型住居の門道の位置を重視し、一方の妻側の中央に入口を配することを提示してきた（第 2 章第 8 節）。

一方、鳥取県では、古墳時代に下るけれども、倉吉市の上神猫山遺跡で隅入の門道が 2 方向で確認されており、さらに近年、同じ倉吉市のクズマ遺跡で地盤を固くたたき締めた門道を南隅にともなう住居跡が発見された（第 2 章第 7 節 1）。古墳時代後期の 5 号住居跡（C2期）である。平面は4 本柱型で、やや東西に短い隅丸方形を呈する。最終時（C2期）の床面は削平されていたが、壁溝は残っている。C2期の壁高は住居西辺で最大1.5mもある。猫山遺跡・クズマ遺跡の隅入住居跡に共通してみられる特徴として、導線の方向を指摘できる。門道が隅に設けられるとはいえ、門道中心線は隅の柱を向いておらず、その延長線は妻側柱間の中点に達する。

復元にあたって、『鉄山秘書』高殿の図を参照することにした（第 2 章第 7 節図 2）。図に描かれた高殿は梁・桁の上下で構造を分離している。下層は垂木を扇状にめぐらせるのに対して、上層は梁・桁上にケツンニ風の三脚とオダチを 2 組立てて棟木を支え、その上に垂木をわたして切妻の屋根をつくっている。そして、なにより注目したいのは、隅に鳥居状の入口を設けていることである。クズマ遺跡 5 号住居の復元には、『鉄山秘書』高殿の構造をほぼそのまま採用し、ただ下層屋根を土被覆、上層屋根を茅葺きとして変化をつけた。この上下分離構造を採用すれば、縄文時代であろうが、弥生時代であろうが、隅入の構造を復元することは可能である。しかし、ひとつの障壁が存在する。梁・桁上にサスをのせる構法の成立期が不明なのである。しかしながら、奈良時代に叉首が用いられたのはあきらかであり、また、梁に斜めの穴をあける部材が古墳時代後期～奈良時代で確認されているから、少なくとも古墳時代後期のクズマ遺跡 5 号住居に高殿の構法を採用しても問題はないと考えている。

ただし、縄文～弥生時代となると、現状では、梁・桁上にサスやケツンニをおく構法を確認できているわけではない。サスやケツンニは接地しつつ棟木に達していた可能性が高いであろう。隅入の構造を実現するためには、隅にサスを配する構造では不可能であり、ケツンニ型の構造が有効と思われる。

4．まとめ

以上、松菊里型住居の復元から出発して、焼失住居跡および八尾南遺跡建物 9 から復元される細部と構造の検討を経て、最後に隅入の問題を構造と結びつけて考察した。これまでの分析を整理しつつ、そこから展開する重要事項を補筆してまとめとしたい。

1）弥生住居の原型とされる松菊里型住居の構造は、3 脚もしくは 4 脚をベースとする円錐形テントの煙出部分を 2 本柱で支えた越屋根で塞ぐものと推定される。とくに 2 本柱との関係を考えた場合、4 脚をベースした左右対称構造の可能性が高い。

2）松菊里型住居の越屋根直下にあたる中央ピットの初源的機能は「炉」と考えられ、火に近接

していた2本柱が次第に遠ざかり、最終的には屋根構造の発展により消滅して中央ピットのみが残ったものと推定される。2本柱が消滅した後の中央ピットは「炉」と深い「水溜め」に機能分化していったものと思われる。

3）弥生住居は在地の縄文住居と融合することによって、周囲に多角形柱配列をもつ「北牟田型」に変容する一方で、それとは独立の動きとして屋根に土を被せる変容がおきた可能性がある。ただし、土被覆については、朝鮮半島西南部から北九州への伝来時期から発生した可能性もあり、必ずしも松菊里型住居の縄文化と断言できるわけではない。

4）焼失住居では炭化材の上面で茅がしばしば検出される。土屋根住居の下地として茅葺きがなされていたことを示している。それはまた、弥生時代に茅葺き屋根がひろく普及していたことの証拠とも言える。一方、縄文時代の住居跡で茅がみつかることはほとんどなく、縄文住居の葺材・下地材としては樹皮が多用されたものと想像される。

5）焼失住居跡の大半は土屋根に復元される。竪穴の掘削土はほぼ周堤で使いきってしまうので、屋根の被覆土は他の場所から運びこんだものであろう。ただし、焼土層は地山系の粘質土が一般的であり、これをどうして確保したのか、検討を要する。

6）これと関連して、屋根土の範囲には全面被覆と部分被覆の両方があったものと推定される。小型・中型の住居では全面を覆うだけの土を確保しえたであろうが、打出遺跡SI01のような大型住居では、土で覆われていたのは梁・桁より少し上ぐらいまでであったかもしれない。全面被覆か部分被覆かは、焼失住居の出土状況によってある程度判断できる［浅川・門脇 2009］。

7）屋根を土で覆う技術は縄文時代から継承されたものだが、その第一の目的は「防火」であった可能性が高い。できるだけひろい範囲を土で覆うことによって防火機能を期待できる。一方、土で覆われた住居は解体しにくく、部材も湿気を帯びて再利用しにくい。その結果、住居の改修や解体・再利用よりも、意図的な焼却による廃棄がなされたと思われる。

8）周堤は屋根の木組を安定させる機能をもつ一種の基礎である。竪穴を掘った土をいったん取り置き、木組を組んでからその木組の裾に土を練りつけるようにして周堤を築いたものと想像される。

9）弥生時代の竪穴住居の壁はアンペラ状の材を周壁に貼り付けたものだが、その留め方はあきらかでない。縄文時代において壁材の基礎であった壁溝は、弥生時代においては排水用の暗渠として機能した。暗渠としての壁溝は中央ピットと放射状の排水溝で結ばれ、周堤を貫いて住居外に排水される場合もあった。

10）壁溝はそれをまたぐ横木の上に板で蓋をした。その蓋はアンペラ状の壁材の裾で隠され、さらにその上を、床面に敷く植物質のマットが覆った可能性が高い。

11）弥生住居のなかには隅入の平面構造をもつものがあり、上部構造にケツンニ（三脚）を用いると、隅入の構造を実現できる。

12）柱のない無柱型の円形平面が3本主柱や4本主柱の構造に変化していくのは、上部構造を受ける3本ないし4本のサスを柱で支持したものと想定され、その結果として、隅にサスを配する構法が生まれた可能性がある。これはとくに多角形主柱配列の場合に採用された構法であろう。この

「隅サス」構法は、構造に安定感をもたらすけれども、とりわけ 4 本主柱構造の場合、隅入の平面構造とは矛盾する。隅入を実現させるには、主柱の位置（すなわち梁・桁の接合位置）ではなく、主柱間の梁・桁上にサスを配する構法が有効な場合もあることを示している。

附記
本節の初出は以下のとおりであり、他章節との重複を避けるため若干の削除と修正を施した。
 浅川滋男　2009　「居住の技術―弥生時代」『弥生時代の考古学 6　弥生社会のハードウェア』同成社：pp. 107-125

参考文献
浅川滋男　1995　「正史東夷伝にみえる住まいの素描」『文化財論叢Ⅱ』奈良国立文化財研究所
  2000a「竪穴住居の空間分節」『古代史の論点 2　女と男、家と村』小学館
  2000b「妻木晩田遺跡の焼失竪穴住居」『奈良国立文化財研究所年報』2000-Ⅰ
  2004「住居の始原―東方アジア民族建築の先史学的パースペクティヴ―」『弥生のすまいを探る―建築技術と生活空間』鳥取県教育委員会
  2009「居住の技術－縄文時代」『縄文時代の考古学　生活空間―集落と遺跡群―』第 8 巻、同成社
浅川滋男編　1998　『先史日本の住居とその周辺』同成社。
  2001　『竪穴住居の空間と構造』平成11～12年度科学研究費特定領域研究成果報告書、国際日本文化研究センター
  2006　『大社造の起源と変容に関する歴史考古学的研究』平成16～17年度科学研究費基盤研究C研究成果報告書、鳥取環境大学
  2008　『山陰地域の弥生時代建築に関する実証的復元研究』平成19年度とっとり＜知の財産＞活用推進事業助成研究成果報告書、鳥取環境大学
浅川滋男・島根県古代文化センター編　2010　『出雲大社の建築考古学』同成社
浅川滋男・藤井利史　2006　「打出遺跡SI01の復元」『富山市打出遺跡発掘調査報告書』富山市埋蔵文化財調査報告 7、富山市教育委員会
浅川滋男・門脇史知　2009　「野田Ⅱ遺跡SI01の復元」『野田Ⅱ遺跡』一戸町文化財調査報告書第63集、一戸町教育委員会
石野博信　1985　「西日本・弥生中期の二つの住居型」『論集日本原史』吉川弘文館
  1990『日本原始・古代住居の研究』吉川弘文館
㈶大阪府文化財センター　2008　『八尾南遺跡』㈶大阪府文化財センター調査報告書第172集（全 3 冊）
太田博太郎　1984　『日本住宅史の研究（日本建築史論集Ⅱ）』岩波書店
大貫静夫　2001　『韓国の竪穴住居とその集落』平成12年度科学研究費特定領域研究成果報告書、国際日本文化研究センター
大林太良　1991　『北方の民族と文化』　山川出版社
岡村道雄編　2008　『日本各地・各時代の焼失竪穴建物跡』奈良文化財研究所
倉吉市教育委員会　2007　『クズマ遺跡第 4 次発掘調査報告書』
都出比呂志　1989　『日本農耕社会の成立過程』岩波書店
  1998「いわゆる松菊里型住居と弥生住居」『先史日本の住居とその周辺』同成社

鳥取県教育委員会　2004　『弥生のすまいを探る―建築技術と生活空間―』
㈶鳥取市文化財団　2004　『下味野古墳群Ⅱ　下味野童子山遺跡』
富山市教育委員会　2006　『富山市打出遺跡発掘調査報告書』富山市埋蔵文化財調査報告7
中間研二　1987「松菊里型住居―我国稲作農耕受容期における竪穴住居の研究―」『東アジアの考古と歴史』中、
　　　　岡崎敬先生退官記念事業会、同朋社出版
西谷　正　1998　「松菊里型住居の分布とその意味」『先史日本の住居とその周辺』同成社
根鈴智津子　2010　「大栄町と倉吉市の集落」　『出雲大社の建築考古学』同成社
濱田竜彦　2002　「山陰の縄文時代後期・晩期の集落―大山山麓を中心に―」『考古学ジャーナル』No485
　　　　　2006　「山陰地方における弥生集落成立期の住居跡について」『第55回埋蔵文化財研究集会 弥生集落
　　　の成立と展開』要旨集埋蔵文化財研究会
山崎頼人・沖田正大・廣木誠・柿本慈　2008　「松菊里型住居の変容過程―筑紫平野北部三国丘陵における住居
　　　動態―」『古文化談叢』第59集、九州古文化研究会
李　健茂　1992　「松菊里型住居分類試論」『韓国史論叢』擇窩許善道先生停年紀年韓国史学論叢刊行委員会

第6節　弥生集落の焼失住居とその復元

1．南谷大山遺跡　AS101・BS120

　鳥取県湯梨浜町（旧羽合町）の南谷大山遺跡は長瀬高浜遺跡のすぐ近くにある高地性集落で、存続年代は弥生時代後半〜古墳時代前半とされる。山陰ではこの時代、山の斜面や頂きに防御的な集落を営むことが多かった。そして、これらの山上集落遺跡からは、しばしば質の高い焼失竪穴住居跡が発見される。

　本遺跡では、1991〜92年度の調査によって、4棟の焼失竪穴住居跡がみつかった[1]。この4棟のうち、弥生時代後期後葉のAS101と古墳時代前期前葉のBS120は、家屋の上部構造を実証的に復元しうる有力な資料である（図1・2）。AS101とBS120は主柱4本構造の隅丸方形平面をもち、規模はほぼ一致していて、年代差も50年以内と近接しているので、ここでは一括して論じることにする。

（1）焼失部材の再検討

　まず、焼失部材について再検討しておきたい。AS101では、北側にスダジイの板材が集中的に遺存する。いずれも竪穴の壁際から、桁材と推定される717材にむかって倒れこむように傾斜している。東・南・西の3面は遺存状況が芳しくなく、スダジイもしくはスギの丸太材の破片が散乱するにすぎないが、それらの破片は、原則として外から内への方向性を示しており、垂木の残骸とみてよかろう。BS120もこれとよく似た木材の配列を示している。竪穴の北東部分を中心にスギの板材が数枚残り、南・西の2面には外→内の求心的方向性をもつスダジイの丸太材が20〜30cmのピッチでならんでいる。

　ここで問題となるのは、これらの、おなじ方向性に規定された板材と丸太材の機能差である。1992年度発掘調査の報告書では、古川郁夫等が炭化材の樹種鑑定を試み、とくにBS120の板材が他の材とは唯一異なるスギであることに着目して、「住居構造材というよりはむしろ、扉のようなもの」と推定された[2]。しかし、材種の差異のみから部材の用途差を判定するのは危険である。むしろ、桁材と推定される東西方向の材との位置関係や、BS120の北東隅および北西隅にのこる扇垂木風板材の配列をみると、板材・丸太材いずれも「垂木」とみるのが妥当と思われる[3]。換言するならば、AS101およびBS120の両住居跡においては、板材と丸太材が、垂木として併用されていたということである。

　それでは、この併用をいかに理解すべきなのか。まず、垂木に板材を用いる場合、通常の草葺は考えられない。また、板そのものを屋根材とすれば、家屋の保温性はいちじるしく低下するから、雪国である山陰の気候には適応しがたいであろう。むしろ、板材の上に土をもりあげた土被覆の屋

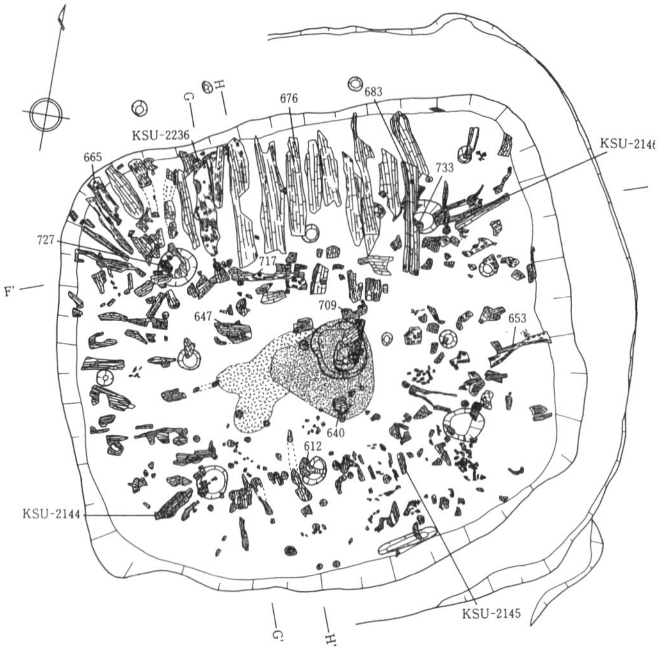

上：炭化材出土遺構面（1：88）　下：床平面・土層断面図（1：112）

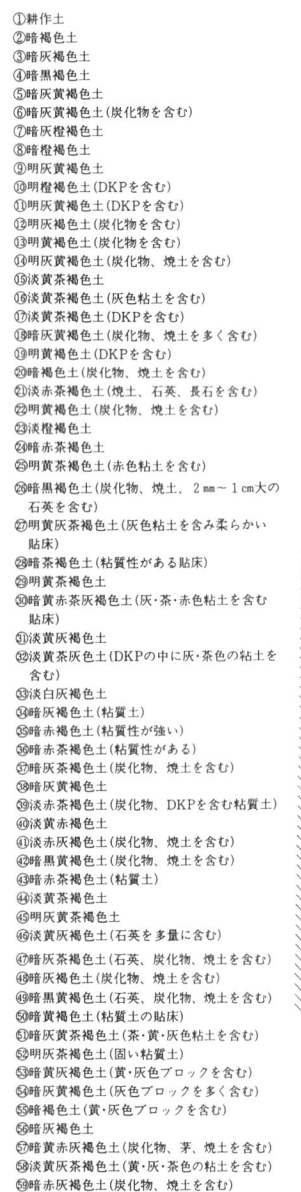

①耕作土
②暗褐色土
③暗灰褐色土
④暗黒褐色土
⑤暗灰黄褐色土
⑥暗灰黄褐色土(炭化物を含む)
⑦暗灰橙褐色土
⑧暗橙褐色土
⑨明灰黄褐色土
⑩明橙褐色土(DKPを含む)
⑪明灰黄褐色土(DKPを含む)
⑫明灰褐色土(炭化物を含む)
⑬明黄褐色土(炭化物を含む)
⑭明灰黄褐色土(炭化物、焼土を含む)
⑮淡黄茶褐色土
⑯淡黄茶褐色土(灰色粘土を含む)
⑰淡黄茶褐色土(DKPを含む)
⑱暗灰黄褐色土(炭化物、焼土を多く含む)
⑲明黄褐色土(DKPを含む)
⑳暗褐色土(炭化物、焼土を含む)
㉑淡赤茶褐色土(焼土、石英、長石を含む)
㉒明黄褐色土(炭化物、焼土を含む)
㉓淡橙褐色土
㉔暗赤茶褐色土
㉕明黄茶褐色土(赤色粘土を含む)
㉖暗黒褐色土(炭化物、焼土、2㎜～1㎝大の石英を含む)
㉗明黄灰茶褐色土(灰色粘土を含み柔らかい貼床)
㉘暗茶褐色土(粘質性がある貼床)
㉙明黄茶褐色土
㉚暗黄赤茶灰褐色土(灰・茶・赤色粘土を含む貼床)
㉛淡黄灰褐色土
㉜淡黄茶灰色土(DKPの中に灰・茶色の粘土を含む)
㉝淡白灰褐色土
㉞暗灰褐色土(粘質土)
㉟暗赤褐色土(粘質性が強い)
㊱暗赤茶褐色土(粘質性がある)
㊲暗灰茶褐色土(炭化物、焼土を含む)
㊳暗灰黄褐色土
㊴淡赤茶褐色土(炭化物、DKPを含む粘質土)
㊵淡黄赤褐色土
㊶淡赤灰褐色土(炭化物、焼土を含む)
㊷暗黒黄褐色土(炭化物、焼土を含む)
㊸暗赤茶褐色土(粘質土)
㊹淡黄茶褐色土
㊺明灰黄茶褐色土
㊻淡黄灰褐色土(石英を多量に含む)
㊼暗灰茶褐色土(石英、炭化物、焼土を含む)
㊽暗灰褐色土(炭化物、焼土を含む)
㊾暗黒黄褐色土(石英、炭化物、焼土を含む)
㊿暗黄褐色土(粘質土の貼床)
(51)暗灰黄茶褐色土(茶・黄・灰色粘土を含む)
(52)明灰茶褐色土(固い粘質土)
(53)暗黄灰褐色土(黄・灰色ブロックを含む)
(54)暗灰黄褐色土(灰色ブロックを多く含む)
(55)暗褐色土(黄・灰色ブロックを含む)
(56)暗灰褐色土
(57)暗黄赤灰褐色土(炭化物、茅、焼土を含む)
(58)淡黄灰茶褐色土(黄・灰・茶色の粘土を含む)
(59)暗赤灰褐色土(炭化物、焼土を含む)
(60)暗赤灰褐色土(粘質土)
(61)木の根による撹乱

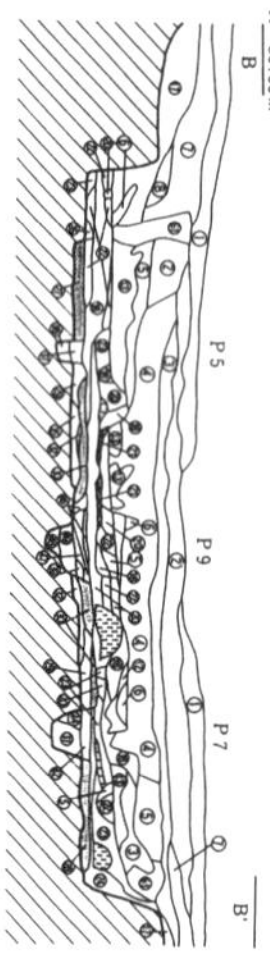

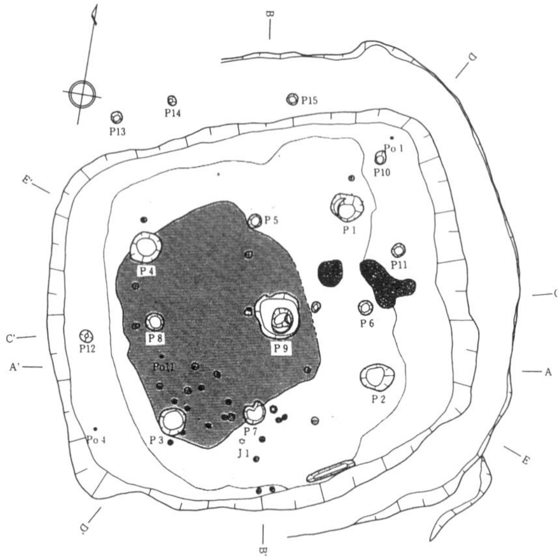

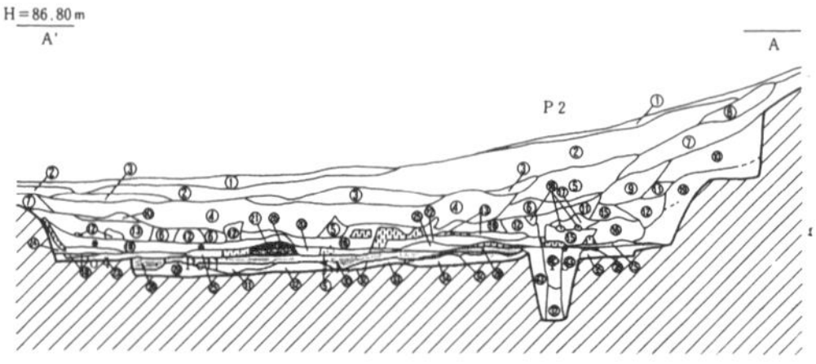

図１　南谷大山遺跡ASI01遺構平面図・断面図

根が想定されるべきである。一方、ピッチを20～30cmとする丸太材を垂木とした場合、通常の草葺が当然ありうるが、ここで注目したいのは、BSI20の炭化材に関する以下の記述である。

　　板状の炭化物の上には、茅と考えられる炭化物が板と直交してのっている。この状況は、
　　南の垂木にも見られる（後略）[(4)]。

　茅のたばが、垂木と推定される板材および丸太材の上に、それらと同方向ではなく、直交する水平方向にのっていたという事実は、あきらかに茅が葺材そのものではないことを示している。この場合、これらの茅のたばは、土屋根の下地とみるのが最も自然な解釈といえよう。要するに、垂木とみなされる板材と丸太材の上面には、それぞれ「土」と「草」という異なる被覆材が使われていたのではなく、いずれも、茅を下地として土をその上に被せた可能性が高いのである。このことが出土炭化材より推定されるのだが、さらに注意を要するのは、炭化材が二つの住居跡のいずれにおいても、4本主柱の内側にほとんどみられないことである。つまり、炭化材は桁よりも外側に横たわり、家屋の中心部分が焼けつくしているのだが、宮本長二郎は、このような焼失状況を示す竪穴住居を、主柱を境にして桁から上を草葺き、桁から下の地面までを土屋根にする「二段伏屋式」に復元すべきタイプとみる[(5)]。この問題については、さらに焼土層の面からも接近してみよう。

(2)　焼土の再検討

　焼失住居跡の場合、炭化材の周辺に焼土層をともなうのは当然のことである。この焼土層の状況も、二つの住居跡でよく似ている。ASI01では、直径約120cmの焼土層が中央部分に集中してみら

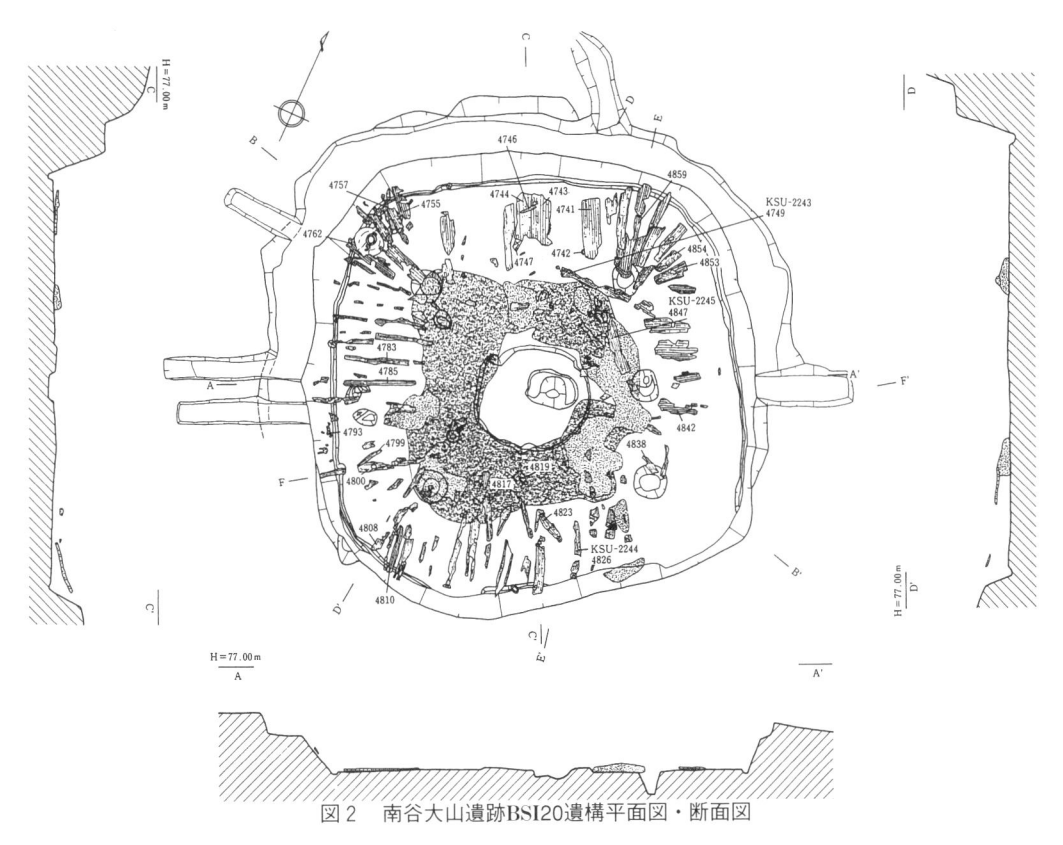

図2　南谷大山遺跡BSI20遺構平面図・断面図

れ、その層の厚さは最大で12cmもあった。この焼土は炭と灰のほか、砂礫を含んで締まりがなく、範囲も限られていることから、発掘報告書では「焼け落ちの焼土」と解釈している。しかしながら、「砂礫をふくんで締まりのない」土が土屋根の材料として必ずしも適しているとは言えない。雨が降れば、容易に屋根土が流出してしまうからである。じっさい、二ツ岳噴火時の火砕流に呑みこまれた群馬県の黒井峯遺跡と中筋遺跡の古墳時代住居跡（5世紀）では、屋根土の上下を茅ではさみこむサンドイッチ構法を確認しているが、そこに使われている屋根土は非常に締まったものであったという[6]。この事実を参考にすると、ASI01中心部の「砂礫をふくんで締まりのない」焼土は、燃焼する中心部分の消火用土砂だった可能性もあるだろう。

　一方、BSI20では、中央ピット周辺をのぞく床面の中央部分で、炭化物（炭と灰）を多量に含む層がみられ、その下層では焼土混じりの層が盛りあがるようにして検出された。さらに、その焼土層縁辺部は周辺の炭化材を覆うように堆積しており、発掘報告書ではやはり「屋根には茅などの他に土が一緒に葺かれていた」可能性を指摘している。つまり、下から炭化材→焼土→炭化物というサンドイッチ的な層序を確認できるわけで、ここに検出された焼土層が屋根土の痕跡である可能性は否定できない。しかし、中央ピットとその周辺のかなり大きな領域に、まったく焼土層と炭化物層が確認されていないのは、なんとも奇妙である。このドーナツ状にひろがる炭化物・焼土層の分布は、宮本が言うような「二段伏屋式」の構造、すなわち主柱より内側を草葺きとする屋根であったことを暗示するものなのであろうか。仮にそうだとすれば、ドーナツ状の炭化物・焼土層は、周辺の屋根土が内側に崩れ落ちてきたものということになる。

　以上みたように、焼土層および炭化物層の検討から、発掘担当者は、二つの竪穴住居の中心部分も土で覆われていたことを推定しており、宮本の言う「二段伏屋式」とは異なる復元を想定している。しかし、少なくともASI01の場合、焼土の状況からみて「二段伏屋式」の可能性を否定できない。BSI20についても、炭化材と焼土層の上下関係から全面土屋根とみる解釈も不可能ではないが、とすれば、中央ピット周辺にまったく焼土痕跡がないのは不可思議と言えよう。

（3）復元すべき構造

　以上から、ASI01とBSI20の上部構造復元にとって、最も重要な点を整理しておこう。

①外から内むきにたおれこんだ板材および丸太材は、いずれも垂木と理解すべきであり、その上面に茅のたばを水平方向にのせてから土を被せていた。

②上部構造は、全面土屋根の可能性もあるが、中心部に草葺きを併用する「二段伏屋式」の可能性も否定できない。

③外側の土屋根部分は、さらにその上面に草をのせていた可能性がある。

　加えて、いくつかの問題が残されている。まず、出入口だが、すでに指摘したように、板材を扉とみるのは妥当ではない。発掘担当者は、BSI20の西側壁付近にみられる浅い二つの柱穴P7・P8を出入口で使用された階段の痕跡とみている。いささか唐突な参考例かもしれないが、北東アジアの少数民族が住む土饅頭形の竪穴住居では、屋根の頂点や各所に出入口が設けられる[7]。「二段伏屋式」

の場合でも、草葺の妻側を出入口にして梯子で昇降していた可能性も視野に納めておくべきだろう。

　テラス状遺構の機能も判然としない。ただ、南谷大山遺跡では、多くの竪穴住居跡にみられるテラス状遺構が、いずれも高い山側に偏ることに注目すべきだろう。また、ASI01・BSI20のいずれにおいても、テラス状遺構に炭化部材はまったくみられないので、このスペースが家屋の「内部」であったかどうかの判別も難しい。筆者は、このテラス状遺構を、竪穴住居を造るために、山の傾斜地形を整形したものととらえている。すなわち、高い山側では傾斜面を削りこんでテラスを造り、低い谷側では土を盛りあげ周堤を造って、全体の地形を均整のとれた状態にしてから、小屋を組んでいったのではないだろうか。

　以上から、1993年の段階では、ASI01を「二段伏屋式」とみる復元案を発表した（図3〜6）。しかし、今はこの復元案に疑問を感じないわけでもない。この種の焼失住居跡を「二段伏屋式」とみなすのは、「主柱から内側はほとんど焼き尽くされているけれども、その外側で部材の残りが非常によい」ことを最大の根拠としているが、各地で出土した焼失住居跡をみてみると、どこでも似たような焼けかたをしているからである。要するに、土屋根の頂部に天窓が開いていれば、そこに炎が集中するので、主柱よりも内側が完全燃焼するのに対して、周堤の近くでは酸欠状態となって不完全燃焼を引き起こし、蒸焼き状態の炭化材が当初の姿を残しやすくなる。二段伏屋式であろうとなかろうと、中心部分は似たよ

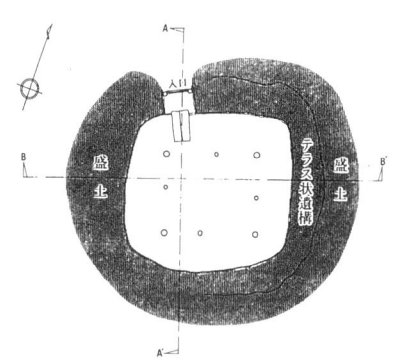

図3　南谷大山遺跡ASI01復原平面図

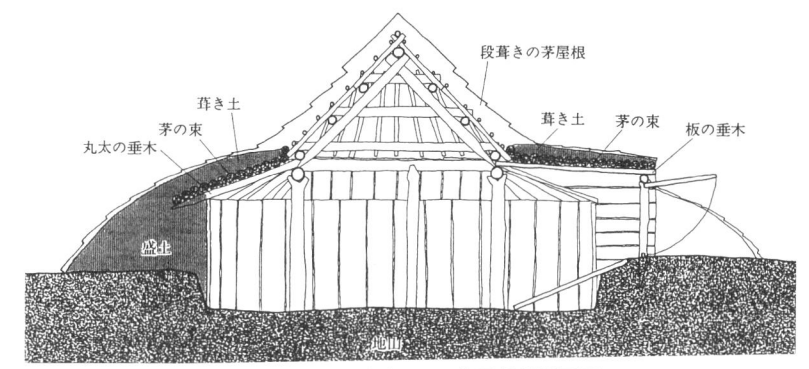

図4　南谷大山遺跡ASI01復元梁行断面図

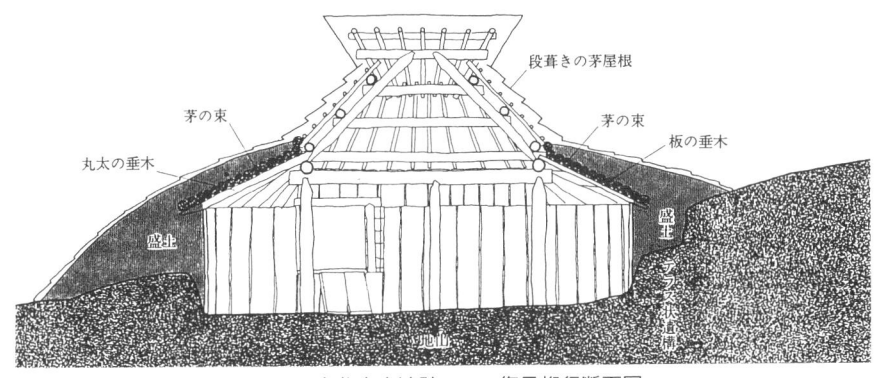

図5　南谷大山遺跡ASI01復元桁行断面図

図6　南谷大山遺跡の集落復原イメージ図

うな焼け方になるのである。

　こういう反省のもとに、以下2例を検討し、復元案を示してみたい。

2．妻木晩田遺跡妻木山地区 SI-43

　鳥取県の大山町と淀江町にまたがる妻木山および晩田山の丘陵平坦面(標高90～179m)で、おもに弥生時代後期に比定される複数の高地性集落が発見された。これらの集落群を一括して妻木晩田遺跡と呼んでいる。1997年度までの調査では、遺跡全体で竪穴住居384棟、掘立柱建物502棟を検出しており、なかでも妻木山地区は竪穴住居155棟、掘立柱建物217棟を数え、居住関係施設が最も集中する。この妻木山D2E地区できわめて保存状況の良好な焼失竪穴住居跡SI-43がみつかった(図7)。

(1)　遺構平面

　SI-43は隅丸方形の竪穴住居跡である（図8）。平面規模は長軸方向（北西―東南）で4.98m、短軸方向（北東－南西）で4.62mを測り、正方形に近いかたちをしている。竪穴の床面直上からは、妻木晩田9期の土器片が出土しており、存続年代は弥生時代後期後葉（2世紀後半）頃と推定される。ちなみに妻木晩田遺跡の竪穴住居全体では、大まかながら、円形→隅丸方形・多角形→方形という形態変遷を確認できるという。数量的には隅丸方形プランが圧倒的に多く、それはSI-43が建っていた後期後葉にピークを迎える。

　床面で検出された主柱は4本で、柱穴P4上には高さ8cm、径10～12cmの炭化した柱材が立ってお

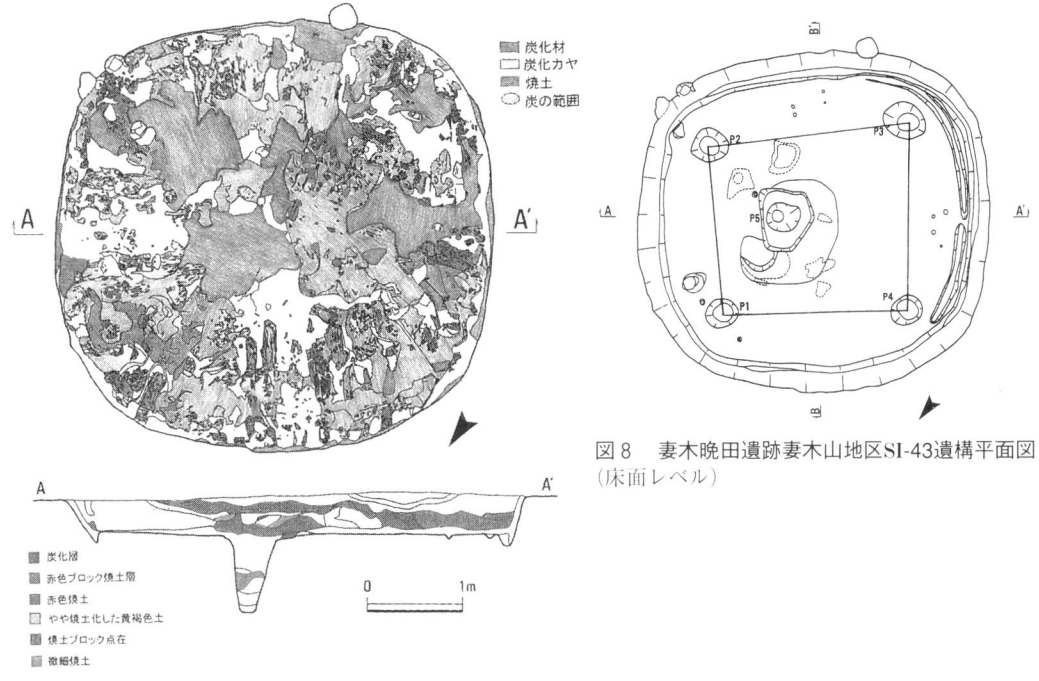

図7 妻木晩田遺跡SI-43の炭化材出土面（上）と土層断面図
　　　状況（下）［浅川編2001］（口絵8）

図8　妻木晩田遺跡妻木山地区SI-43遺構平面図
　　　（床面レベル）

り、その地下部分は空洞化していた。また、主柱穴P1・P2・P3・P4の底径は22〜30cmであり、柱は径20cm前後のものばかりであったろう。床面の深さは遺構検出面から約40cmである。主柱穴の位置は隅に近く、壁から50cmほどしか離れていない。柱間寸法はP1－P2が228cm、P2－P3が275cm、P3－P4が252cm、P4－P1が258cmを測り、長軸すなわち主軸の北東側があきらかに縮んでいる。一般的に竪穴住居の入口は主軸のどちらか一方にあるが、南西側には壁溝が検出されているので、P1－P2側を入口とみたい。

　中央ピットP5は竪穴の中心ではなく、わずかにP1－P2側に位置する。この配置もまたP1－P2側が入口にあたることの裏付けになるかもしれない。山陰地方の竪穴住居に特有な中央ピットについては、これまで機能不詳とされてきたが、妻木晩田遺跡では中央ピットから1条もしくは複数の溝が周壁にのび、さらに周堤を貫いて竪穴の外にまでのびる例が多数検出されている。この溝は床面に滲み出す水分の排出溝であるから、中央ピットは水溜めの可能性が高い。SI-43ではP5を囲むようにして、赤褐色もしくは暗赤褐色の焼土面が3ヶ所に残る。水溜めの周辺に地床炉を配していたということであろう。

（2）　炭化部材と焼土層

　炭化材と屋根土層を一括して検出した埋土上層面の状況をのべておく（図7）。最も多量に炭化材を検出したのはP4－P1間である。とりわけP4側では、ほぼ平行に配列された板状の垂木材（幅

15-30cm）が心々距離約25cmのピッチで並び、それらはP1とP4をつなぐ桁よりも内側にのびている。屋根土層の下では、さらに鮮明に平行配列の垂木を検出した（図9）。ただし、P4に近接する垂木材はわずかながら内向きに斜行している。一方、P3－P4間では、中央東寄りの場所で、2本の垂木材が竪穴の中心方向に斜行して倒れており、屋根土層の下では扇状の垂木配列を確認した（図10）。P1・P2・P3周辺のコーナー部分でも、やはり扇状の垂木配列がみとめられる。なお、P3の北側に接する材は桁の可能性がある。

　P4－P1間では、垂木材を被覆する薄い茅の層を検出している。中央の長い2本の垂木の上面で、茅が水平方向に横たわる状況が鮮明にみとめられ（図11）、さらにそのP1側では水平方向の茅の上に、求心方向の茅を確認できる（図12）。直交して重層するこの茅列は、大量の焼土を含む分厚い土層の下にくいこんでいる。この土層全体が屋根土と推定されるが、焼土がアメーバー形状の固まりをなして数ヶ所に分散するのは、屋根が焼け落ちる際、崩落土層の反転現象が発生したためと思われる。

（3）　上部構造の復元

　以上から上部構造を検討してみよう（図13～17）。

　①軸組：　柱を壁近くに配する4本主柱構造である。柱径は約20cmと細いので、桁を受ける上端は股木とした可能性が高い。常識的には柱に桁をのせてから、桁上に梁をわたしたはずだが、桁と梁の上面をそろえないと、平側と妻側で垂木勾配が変わるので、桁・梁の接合部で梁の下面に抉り

図9　妻木山地区SI-43／平行に配列された垂木の出土状況（南から）

図10　妻木山地区SI-43／扇状に配列された垂木の出土状況（西から）

図11　妻木山地区SI-43／垂木とその上面で検出された水平方向の茅（北から）

図12　妻木山地区SI-43／水平方向の茅列上面で検出された求心方向の茅（北から）

をいれ、さらに梁の上面を平らに加工するなどの工夫を施していたであろう。復元案では、桁を梁の上下に通して、土屋根の勾配を確保した。

　②垂木配列と小屋組：　土屋根の下地として、板状の垂木を密に配する。平側では平行の垂木配列、妻側および四隅では扇状の垂木配列をとる。垂木は桁をこえて内側にのびるが、天窓が当然存

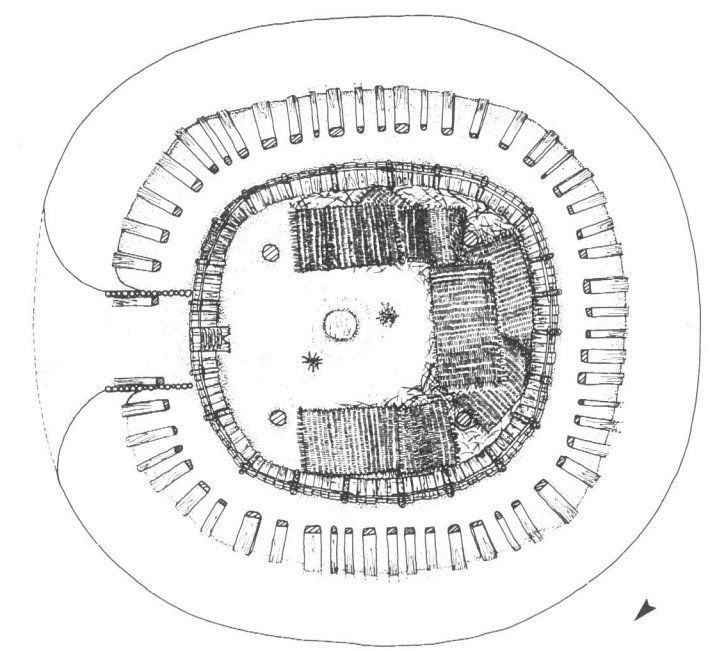

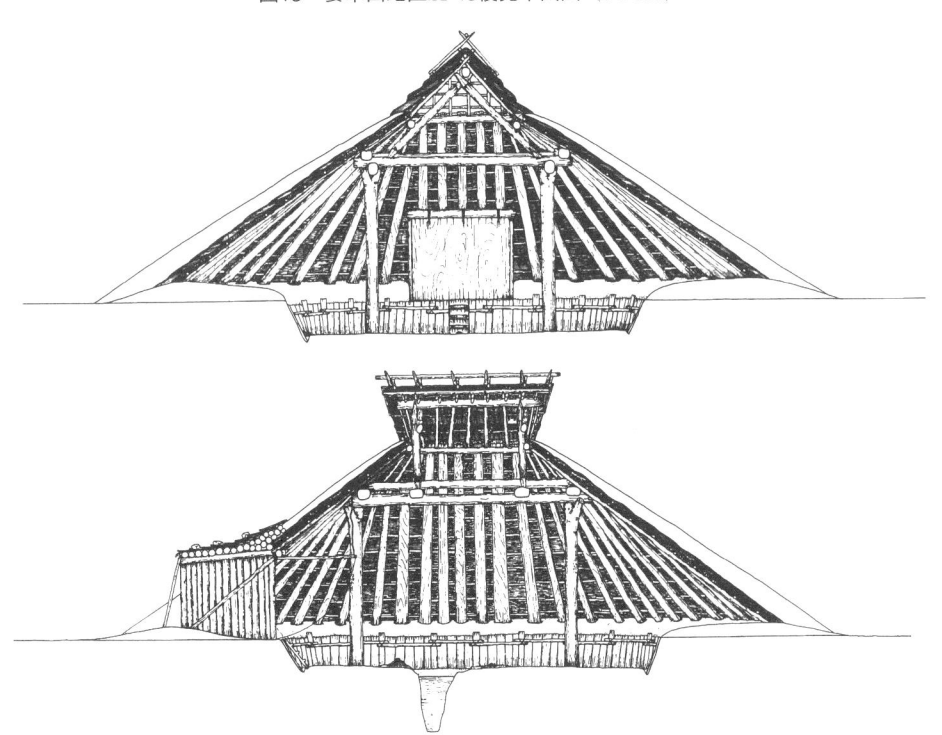

図13　妻木山地区SI-43復元平面図（1：100）

図14　妻木山地区SI-43復元断面図（上：桁行方向、下：梁行方向）（1：92）

図15　妻木山地区SI-43復元パース（床面のみ出土状況を示す）

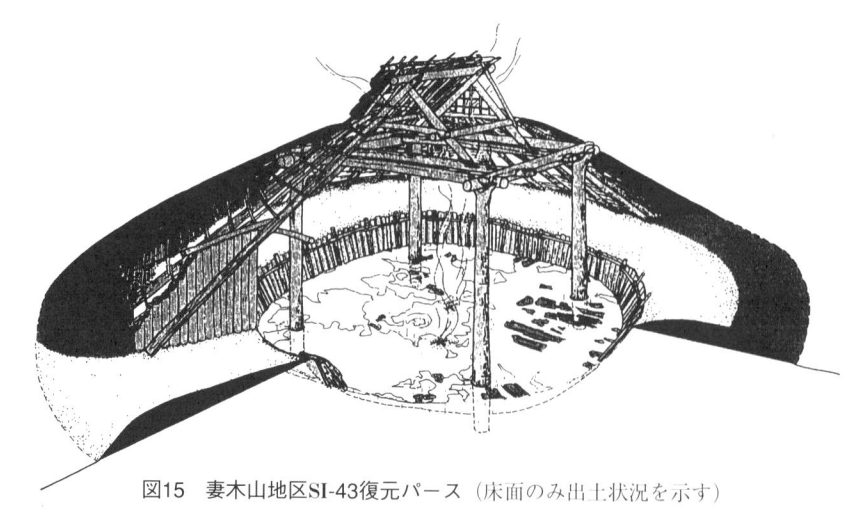

図16　作図のために制作したSI-43復元模型（北から）　　図17　作図のために制作したSI-43復元模型（西から）

在したはずだから、棟木まで達していたかどうかはわからない。2000年度の復元案では、桁の4等分点の外側2ヶ所に梁を架け、そこにサスを組んで棟木を支持し、サスの中間に母屋桁を井桁状にめぐらして垂木掛けとした。この母屋桁には、周堤からのびる土屋根の垂木上端だけでなく、屋頂部に設けた草屋根の垂木下端もかける。桁・梁上にのせるサスについては、第2章第5節でも述べたように、弥生時代に存在した証拠はないが、この構法を用いると垂木の納まりがすこぶる良好である。しかし、妻木晩田遺跡の復元事業では、結果として採用を見送った。

　③開口部：　この小振りの草屋根の両妻部分を煙抜き兼天窓とした。しかし、実際に天窓がどういう構造をしていたのかは不明である。入口の構造もよく分からない。復元図では、樺太アイヌと黒龍江ニブヒの竪穴住居に付く入口を参照している。扉は竪穴との境で内向きの跳ね上げ戸とし、丸太で囲んだ門道の外側は板を立てかけるにとどめた。

　④土屋根の構造：　密に並ぶ板状垂木の上にまず茅たばを水平方向に敷き詰め、それと直交する縦方向に茅を葺き流してから、土を被せている。縦方向の茅は、土屋根から沁みてくる水分を周堤方向に流す機能、その下に敷く横方向の茅束は土粒の落下防止の機能を期待されていたのであろう。この横方向の茅たばが腰折れしないように、板状の垂木を密に配したわけである。茅を縦横に重ね

る土屋根下地の発見は、群馬県中筋遺跡の焼失住居（5世紀）を初例とするが、SI-43はそれに先行する弥生時代後期の例として注目される。

　⑤周堤と垂木勾配：　洞ノ原地区の大規模円形住居SI-08では、幅3〜5m、高さ30〜50cmのなだらかな周堤を検出している（前節図3）。SI-43は小規模なので、周堤幅はせいぜい2m程度と推定される。土屋根の垂木尻は周堤のほぼ中点に達する。この結果、竪穴周壁の外側には幅約1mの「棚」ができる。

図18　妻木晩田遺跡妻木山SI-43の展示用復元模型

（4）　土屋根にかかわる問題点

　これまで筆者らは、岩手県一戸町の御所野遺跡（縄文時代中期末）等における復元実験により、土屋根としてふさわしい勾配が35度前後（7寸勾配＝7／10）であることをあきらかにしてきた。35度前後の勾配を確保すると、水分は樹皮下地にそって地面に流れおち、屋根土がずり落ちることもない。しかし、これは樹皮を下地とする縄文時代の土屋根に適した勾配であって、茅下地の土屋根に応用できる保証はない。一般に茅葺屋根の場合、45度の勾配を確保しないと、水分は茅にそって軒先に向かわず、雨漏りが生じる。したがって常識的には、茅下地の土屋根から沁みてくる水分を周堤方向に流そうするならば、45度前後の勾配が必要とされたであろう。

　ところが、屋根勾配を急にすると、屋根土がずりおちてしまう。これを防ぐには、土の質を変えるほかない。縄文時代の場合、緩い勾配の屋根にさらさらの旧表土（おもに黒土）を被せている。これに草が生えると、屋根は安定性を増す。一方、弥生時代になると、急勾配の茅葺き屋根に土を被せるわけだから、土の粘性を強くしておく必要があったはずである。妻木晩田で出土した焼土にみるとおり、地山系粘土質の土を茅下地にべったり絡ませたのだろう。群馬県の中筋遺跡では、土屋根の上にさらに茅を敷いて、排水能力を高めている。こういう工夫をしない限り、土屋根の崩落と雨漏りを防げなかったのかもしれない。

　妻木晩田遺跡だけでなく、弥生時代の集落遺跡において土屋根の竪穴住居を復元建設しようとするならば、上に述べたような下地勾配と土質の相関性が、克服すべき最も重要な課題となるだろう。建設にあたっては、まず試験体等による周到な実験をおこない、その観察データにもとづいて、最適の勾配とそれに見合う土を採用することが肝要と思われる。

3．鳥居南遺跡大神段原 SB6

(1) 馬蹄形の周堤

　島根県太田市の鳥居南遺跡は弥生時代後期の高地性集落であり、山の斜面に多くの竪穴住居跡が重複して検出されている。このうち1997年に調査された大神段原（OKD）地区のSB6はきわめて質の高い焼失住居跡である（図19）。

　SB6に限らず、大神段原地区で発掘された住居跡は、いずれも周堤を削平されているが、周堤の外側をめぐる周溝の残りがよい（図20）。竪穴の壁面から周溝までの距離が周堤の幅であり、その寸法は優に2mを超える。さらに興味深いのは、SB11の周堤形態である。SB11の周堤は、竪穴の形状と平行関係を有する円形ではなく、あきらかに馬蹄形を呈している。斜面上方は半円形に周溝がめぐるのに対し、斜面下方では周溝が斜面に沿って直線的にのびており、環状に収束していないのである。よくみると、SB11の竪穴そのものも馬蹄形に近く、後世の削平のためかもしれないが、斜面下方側に壁面がみとめらない。SB6の周溝はSB11ほど遺存状況が良好ではなく、平面そのものが斜面下方側を崖状に削平されていることもあり、はっきりとした馬蹄形平面を確認できるわけではないが、遺構図をみる限り、SB11と類似する周堤をもった可能性が高いように思われる。

　馬蹄形の周堤は、小屋組の構造と密接な相関性をもつはずである。後述するように、SB6は典型的な4本主柱構造の柱配列をもつ竪穴住居であり、御所野遺跡の縄文大型住居にみられるような5角形の柱配列をとってはいないが、少なくとも馬蹄形の周堤平面をみる限り、斜面下方の妻側を切妻にして入口とし、斜面上方の奥側を寄棟風にするカマクラ形の上屋構造に復元できる可能性があるだろう（第2章第3節図1）。

図19　鳥居南遺跡SB6全景（東から）

図20　鳥居南遺跡大神段原（OKD）地区の遺構配置図

(2) 平面および炭化材の分析

　SB6は主軸方向がほぼ南北をむき、主軸5.0m以上、横軸6.2mの比較的大きな竪穴住居である（図21）。南側が崖状に削平されており、遺存する平面は馬蹄形を呈する。柱間寸法は主軸方向が西側2.2m、東側2.1m、横軸方向が北側2.9m、南側2.6mを測り、斜面下方にむかって逆台形状に柱間をせばめている。北側の2本の隅柱は壁との距離が40cmほどしかなく、壁に柱を近接させる点は妻木山地区SI-43と共通している。柱穴の径は40cm前後だが、東南隅のみ30cmに充たない。4本主柱以外にも、いくつか小ピットが確認されるほか、主軸と横軸の交差部分にひょうたん形の比較的大きな中央ピットを設けており、妻木晩田遺跡の成果に従えば、水溜めの可能性がある。

図22　鳥居南遺跡大神段原地区SB6の炭化部材と焼土層（西から）

図21　鳥居南遺跡SB6遺構平面図（床面）

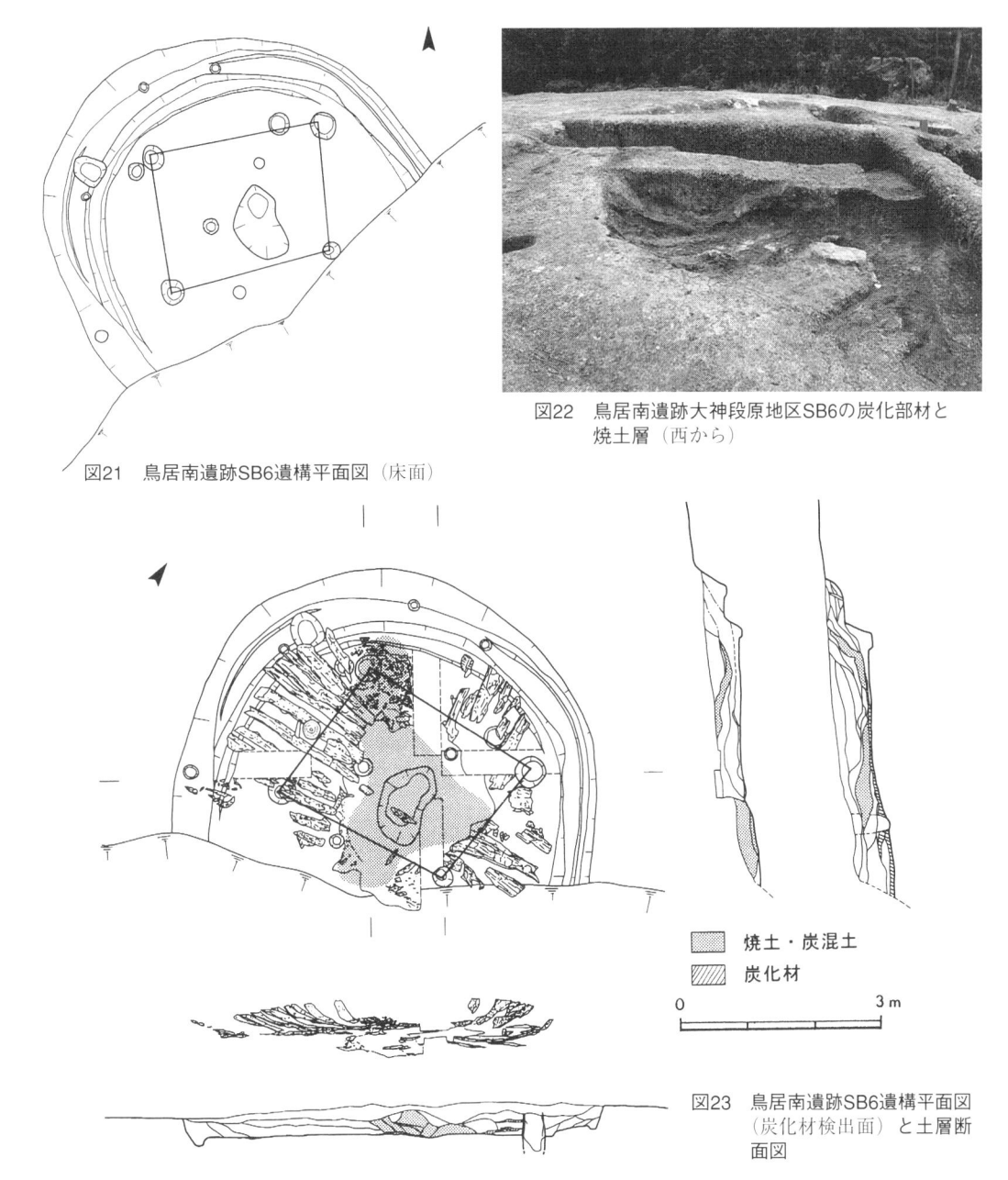

図23　鳥居南遺跡SB6遺構平面図（炭化材検出面）と土層断面図

第2章　竪穴住居の空間と構造

炭化材は主柱より外側に集中しており、内側に少ないが、逆に中央ピット周辺に焼土が集中している（図22）。また、西側では板状の垂木列が主柱よりも内側にのびた状態で出土しており、この状況も妻木山地区SI-43とよく似ている。出土した炭化材は、幅10～25cmほどの板材であり（図24）、断面図にみるとおり、竪穴壁面上端から中央にむかって下方に倒れ込んでいる。妻木山地区SI-43および南谷大山遺跡ASI01・BSI20においても、これと似た板材がみつかっているが、いずれも

図24　鳥居南遺跡SB6の板材

「板状の垂木」と認定すべきものと思われる。垂木相互のピッチは内法で5～18cmと短く、ほとんど隙間がないほど密に配列されている。垂木上の下地痕跡は確認されていないが、板状垂木の密な配列からみて、草葺き屋根ではなく、土屋根と推定される。板状の垂木を並べてボックスを作り、その上に樹皮もしくは筵を敷いてから土を被せたのであろう。なお、板状の垂木は基本的に平行配列であり、北東と北西の隅では扇状の配列を確認できるが、南西隅柱の部分では平行配列の垂木が斜面下方にむかってのびている。これもまた、斜面下方側の平面が環状に収束せず、直線状にのびて全体平面が馬蹄形を呈したことを示す証拠と言える。

　もう一つ注目したいのは、テラス状遺構に残る小ピット群であるが、この解釈については後述する。

(3)　復元考察

　以上から上部構造を復元してみよう（図25～28）。

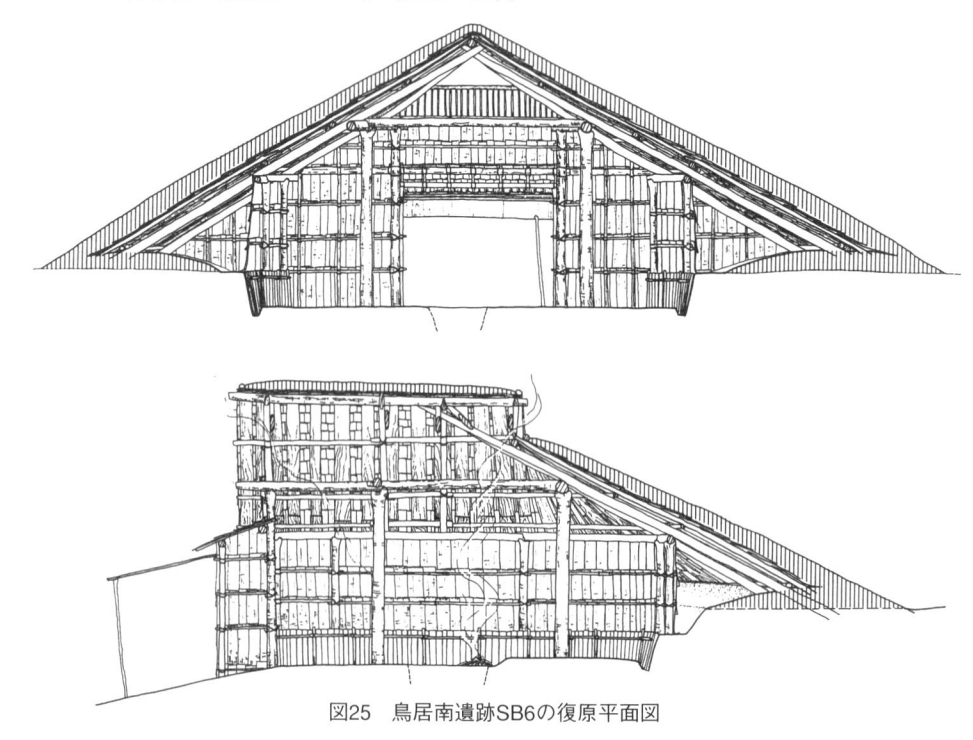

図25　鳥居南遺跡SB6の復原平面図

①平面と軸組： 斜面下方側を直線的にする馬蹄形の平面に4本主柱を配する構造である。この場合、斜面下方側が入口となる。主柱を壁面に近づける点は妻木山SI-43と共通するが、平面規模・柱径ともSB6がひとまわり大きい。東西の桁は南側の主柱を超えて片持梁状にのびているが、おそらく妻面戸柱の位置で横材に支持されていたであろう。

②小屋組と屋根下地： 板状の垂木を隙間がほとんどないほど密に配してボックスをつくり、土屋根の下地とする。妻木山SI-43でも板状の垂木を配しているが、SB6のほうがピッチははるかに密だから茅下地を編みつけることは難しく、屋根工は板状垂木上に敷いた樹皮もしくは筵などマット材に被せたのだろう。

③開口部： くりかえし述べてきたように、SB6の平面は馬蹄形を呈しており、その上部はカマクラのような形をした土被覆の屋根に復元できる。この場合、入口は斜面下方の妻壁に開く。ここは切妻となり、おそらく土留めの材を土屋根の端部にわたしていたものと思われる。入口に関する痕跡はまったく残っていないので、実証的な復元は不可能だが、本案では雨除けのため妻壁に小庇を掛け、そこに板の突上戸を設けた。背面の屋根は入母屋状につくり、妻飾の部分を煙抜の天窓とする。正面入口となる小庇上の切妻壁にも、やや大きめの天窓を設ける。

④周堤とテラス状遺構： 幅2mほどの周堤のほぼ中点にサスや垂木が接地する。その周堤の内側にめぐらされたテラス状遺構には4ヶ所で小ピットが検出されている。本案では、これをテラス

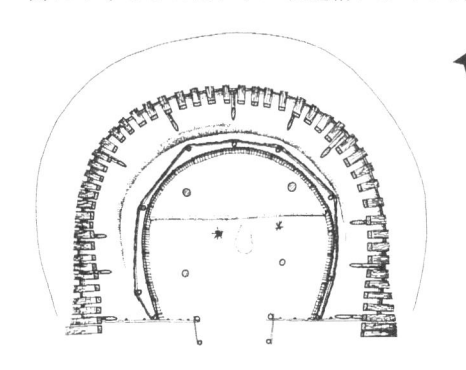

図26 鳥居南遺跡SB6の復元平面図 　　図27 鳥居南遺跡SB6の復元模型（側面）

図28 鳥居南遺跡SB6の復元模型（正面）

の上に立てられた壁付柱の痕跡と考えた。この位置で草壁を立ちあげるとともに、壁付柱の上に横材をめぐらしサスをうけるのである。

(4) おわりに

　焼失竪穴住居の復元研究に手を染めた南谷大山遺跡ASI01・BSI20の分析には、今ふりかえればなお多くの修正が必要なようである。以下、同じ山陰地方の高地性集落である妻木晩田遺跡および鳥居南遺跡の焼失住居跡の検討によりあきらかとなった点を整理しておきたい。

　1) 炭化材が主柱より外側に集中し、その内側にほとんどみられない住居跡を「二段伏屋式」と認定する宮本長二郎の復元案は必ずしも成立しない。妻木山地区SI-43や鳥居南SB6では、板状の垂木が主柱を超えて内側にのびているので、基本的に屋根は全面土被覆で、屋頂部もしくはその近くに天窓をもつものと解釈できる。

　2) 同じ山陰地方の高地性集落ではあるが、土屋根の技法には地域差が認められる。まず、垂木については、妻木山と鳥居南でいずれも板状の垂木を用いているが、妻木山のほうが板幅が短くてピッチは長く、下地には茅を縦横に敷くのに対し、鳥居南では幅広の板材を密に敷き詰めて板状のボックスをつくっている。また、南谷大山では板状の垂木と丸太の垂木を併用しており、その上面に茅を横方向に敷いている。

　3) 南谷大山遺跡の住居跡に残るテラス状遺構については、山の斜面をたいらに整形するための手段と考えていたが、この場合、テラス状遺構の上に再度盛り土して周堤を築く必要がある。これに対して、鳥居南遺跡の住居跡では、周堤の内側にテラス状遺構がめぐっており、そこには小さなピットが散在している。鳥居南SB6の復元では、この小ピットを壁付柱の痕跡と解釈した。南谷大山の場合でも、周堤をテラス状遺構の外側に想定すべきかもしれない。

4．下味野童子山遺跡 SI01

(1) 土に覆われた「松菊里型住居」

　いわゆる「松菊里型住居」は、縄文時代の晩期に、朝鮮半島から環濠集落・水田稲作農耕・金属器などと複合して北九州に伝来し、西日本各地に拡散していく（第2章第5節図2）。

　松菊里型住居は主として平面が円形、もしくは楕円形（まれに長方形も含む）を呈し、床面中央に円形のピットを設け、その外か内に1対となる2つの柱穴を掘り込んでいる。これが弥生住居の原型であり、在地系の縄文住居と融合しながら、外側に4本主柱もしくは多角形配列の主柱をもつ平面が、日本各地で展開していく（図29）。その一方で、朝鮮半島では、床面には中央ピットのみあり、柱穴がまったくない平面も知られている。この「無柱

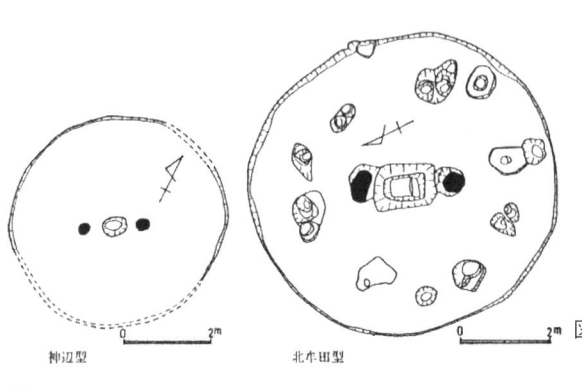

図29　日本の松菊里型住居の類型（神辺型(左)と北牟田型(右)＝石野博信の分類による）

型」の平面は松菊里型住居の復元考察にあたって、きわめて示唆に富む。柱がなかったとすれば、その上屋は円錐形テントの構造であったとしか考えられないからである。

　鳥取では、おもに伯耆地方で松菊里型住居がみつかっている。最古の例は弥生前期末（約2300年前）の上伊勢第1遺跡の竪穴住居1である。このほか、下山南通遺跡（中期中葉）、茶畑第1遺跡（中期後葉）など、中期の遺跡にこの類の竪穴住居が散見される。

　今回とりあげるのは、鳥取市下味野童子山遺跡SI-01である。下味野童子山遺跡SI-01は松菊里型住居の焼失住居跡であり、床面に垂木などの炭化材をよく残し、屋根土と推定される焼土が堆積している。このような焼失遺構としての松菊里型住居は全国的にみてもめずらしいだろうと思っていたところ、以下のような類例があることを知った［岡村2008］。

【和田原E地点遺跡SB5（広島県庄原市）】　平面は円形とみられ、竪穴上面の直径は約5.8m、床面は直径約5.2m、床面積は21.2m²を測る（図30）。ピットは多数確認できるが、中央楕円坑とその両端の柱穴とみられるピット以外は11〜20cmと小さく柱穴とは考えにくい。楕円坑は60×70cm、両端の柱穴は直径35〜42cmと直径40〜45cmを測る。炭化部材は、周縁部から棒状の垂木を放射状に検出されている。また、垂木（と推測する）材と直交する棒状板状の材が検出され、横木の可能性がある。構造部の主柱穴付近に少し幅のある棒材が検出され、棟木の可能性がある。

【塔之原遺跡SB9（広島市）】　平面は楕円形で、短軸3.2m、長軸3.9m。遺構検出面から床面までの深さは47〜80cm。中央楕円坑はみられず、2本の柱穴の中間に57×37cmの範囲で焼土が確認できるが、炉跡とは断定できない（図31）。むしろ焼土は屋根土の可能性があるだろう。2本の柱穴は径35cm・深さ59cmと径37×32cm・深さ56cm。床面はほぼ平らで壁の内側に沿って壁溝がめぐっている。壁溝には小さなピットが付随している。床面直上では前述の中央部以外では火を受けた形跡がなく、一部に灰層や炭化材が堆積している。住居が使われなくなってから、意図的あるいは不可抗力的に火を受けたと調査担当者は推定している。炭化部材は、中央ピット両脇にある柱穴P1およびP2上に柱と思われる炭化材が立った状態で出土している。

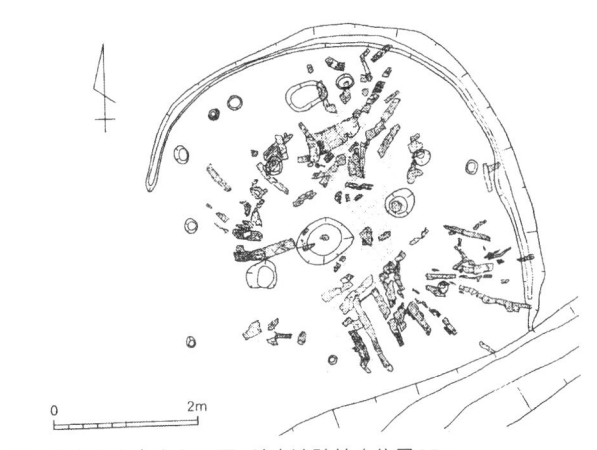

図30　広島県広島市和田原E地点遺跡焼失住居SB5

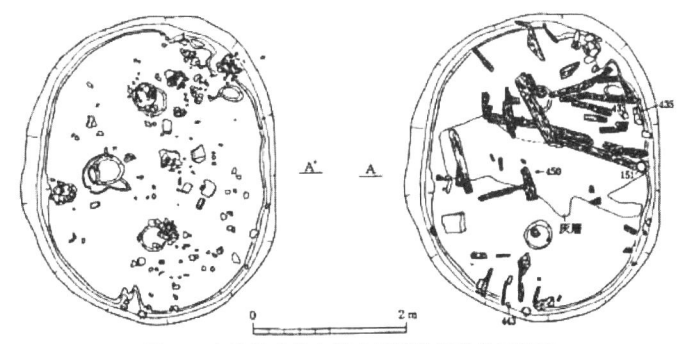

図31　広島県広島市塔之原遺跡焼失住居SB9

第2章　竪穴住居の空間と構造

【植谷遺跡SB3（広島県高田郡）】　長軸3.1×短軸2.8mの楕円形平面。竪穴の掘込は遺構検出面から30cm。床面中央に楕円形の炉跡かもしれない遺構がみられ、その両端に2本の柱穴がある（図32）。楕円坑は60×70cm、深さ11cm。柱穴は径50cm・深さ43cmと径58×63cm・深さ45cm。主柱穴間の距離は1.6mを測る。床面ほぼ平坦で全面に貼床がみられる。床面上の埋土の炭化物が多量にみられるが、焼失住居とは断定できないと報告書に記してある。

【志賀公園遺跡SB12（愛知県海部郡）】　直径5.6mの円形平面。掘込は浅く、遺構検出面から約10cmしかない。中央楕円形土坑の両端に1対の柱穴があり、さらにその周囲に4つの柱穴が確認される（図33）。中央柱穴の片方からは柱根が、周囲の柱穴の一つからは礎板が確認されている。中央土坑92×52cm、深さ16cm。柱穴は径約20cm。炭化部材は、床面に焼土あるいは炭化物が混在する粘土塊の広がりがあり、炭化材は放射状に径10cm前後のものが10本以上出土。床面直上から炭化した編物が数ヶ所確認されている。これは茎を編んだ筵と考えられる。

岡村道雄が集成した8都府県のデータによれば［岡村2008］、広島と愛知で焼失遺構としての松菊里型住居が確認されている。焼失住居跡であれば、その多くは土屋根に復元できる。これについては、以下の両方の可能性が想定されるが、どちらが正しいのかを判別できる段階にない。

1）松菊里型住居が朝鮮半島から北九州に伝来する当初から屋根は土に覆われていた。
2）松菊里型住居が朝鮮半島から北九州に伝来する当初は草葺き屋根だったが、広島、愛知、鳥取などの地方に拡散する際、縄文時代以来の在地系住居と融合し、草屋根の上に土を被せるようになった。

（2）　鳥取市下味野童子山遺跡SI01

遺跡は千代川左岸の丘陵部（標高40～160m）の一帯にひろがる古墳群の中にあり、古墳10基をはじめ、弥生中期の竪穴住居3棟、段状遺構、土坑、溝状遺構などがA区で検出された。A区の竪穴住居SI-01が焼けた松菊里型住居で、平面は円形を呈し、竪穴の直径4mを測る。床面には多量の焼土、炭、炭化材とともに、つぶれた状態の弥生土器数個体が出土した。一方、東側の丘陵（B区）でも竪穴住居、段上遺構、土坑を検出し、弥生中期を中心とした遺物が出土した。

遺構は東北東にのびる尾根筋から北へ下る斜面の鞍部手前、稜線上よりやや西側に位置する（図

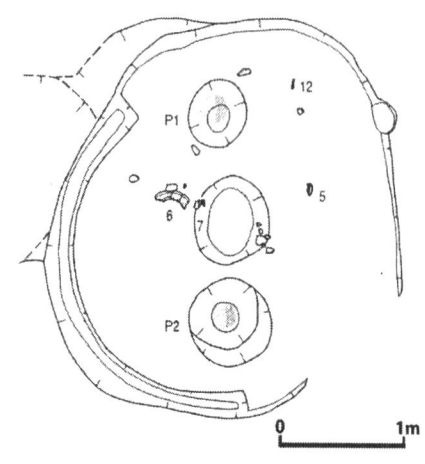

図32　広島県高田郡埴谷遺跡焼失住居SB3 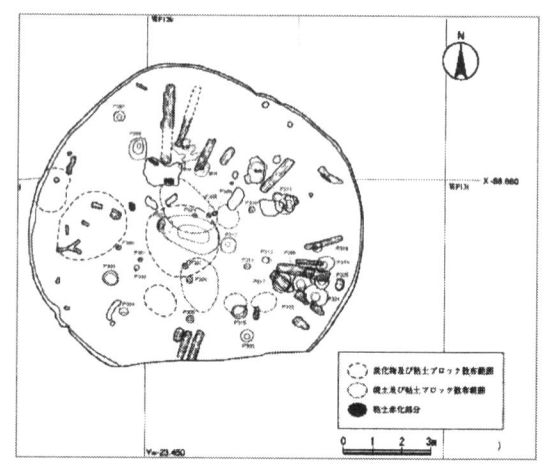　　　図33　愛知県海部郡志賀公園遺跡焼失住居SB12

34・35)。標高は40.37〜41.40m。東には47号墳、鞍部を越えた北側には46号墳が築造されている。また、SI-01の南側と斜面の間にSD-01がSI-01に沿って弧状に配置している。SD-01はSI-01の周堤溝と考えられる。住居の中央には後世の根堀とみられる径2mの円形の攪乱穴があり、その周辺部で焼土が確認された。北西側壁面は削平されている。竪穴の平面は円形を呈し、復元径は約4.2m、遺構検出面からの最大深さ58cmを測る。床面はほぼ平坦である（標高40.8m前後）。竪穴の周壁には深さ5cmばかりの壁溝がめぐり、主柱穴は斜面に直交方向の東西2本で、柱間は1.70mを測る。

　主柱穴の中間には、松菊里型住居特有の平面楕円形ピットがある。土層断面に柱の痕跡は認められず、埋土は焼土ブロックや炭片を多く含む灰黄褐色粘質土であった。竪穴の内部では、掘り下げ当初から、焼土および炭片の出土が目立ち、主柱穴間周辺および北側壁面一帯にかけて厚い焼土に覆われ、P-02東側付近の床面で東西に軸をもつ炭化材が複数検出された。これは垂木材と推定される。さらに、住居の東半で壁面に沿う位置に土圧で潰れた土器8個体分が床面から出土した。出土状況からみて、あきらかに焼失住居であり、土器はある程度元位置を反映していると考えられる。

　SD-01は、すでに述べたように竪穴住居の南側を弧状にめぐる周堤溝である。SI-01の竪穴壁からの距離は約80cm。西側は完結し、東側は47号墳に掘削される。残存長6.8m、幅1.3m、深さ40cmを測る。断面は椀状で、埋土は4層に分かれる。埋土からSI-01と同時期の土器片などが出土している。

(3)　復元考察

地形の復元　SI-01は斜面上に立地しているが、床面が全域にわたって平坦であることから、当時の斜面上に平場（加工段）がつくられ、その上に住居が建てられたと考えられる。また北西壁面が削平されていることから、旧地形復元が住居復元にあたって必要不可欠である。

　この遺構では壁面の外側80cm程度の場所に周堤溝が検出されていることから、周堤の規模は幅80cmと考えられる。すると、周堤を含む竪穴住居の平面規模は直径5.8m（＝0.8＋5.2＋0.8）に復元できる。したがって、整形したテラスの規模は、この平面よりも大きくならなければならない。削平

図34　下味野童子山遺跡SI-01および焼土範囲と炭化材（鳥取市埋蔵文化財センター提供）

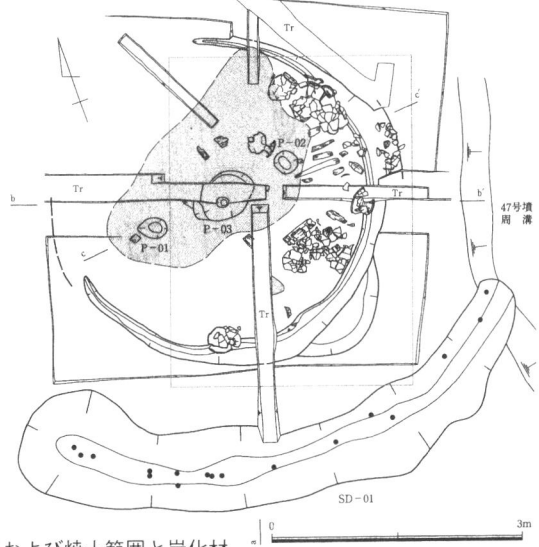

図35　下味野童子山遺跡SI-01および焼土範囲と炭化材
（鳥取市埋蔵文化財センター提供）

されている北西側については、高さ50cm程度の周堤が存在したはずであり、周堤の上端を全面でそろえるように復元した。

円錐形テントの屋根構造　松菊里型住居の祖型たる「無柱型」の上屋構造は、平面形との関係からみて、円錐形テントの構造以外考えられない。換言するならば、「無柱型」は円錐形テントの床面を掘り下げたものとみなすことができよう。円錐形テントの弱点は頂部に空隙ができてしまうことである（第2章第1節図1）。頂部に空隙がないと室内に煙が充満し、そこで生活する人間は薫製と化してしまう。これまで松菊里型住居が唯一原寸で復元されているのは、福岡市の板付環濠集落（前4世紀）であるが、ここでは旧地表面の掘削が激しく竪穴住居跡はまったく残っていない。そこで、近隣の類例である江辻環濠集落（前5世紀）で出土した松菊里型住居の平面を使って建物を復元している（図36）。この復元住居をみると、不思議なことに、頂部に煙抜のための装置をまったく考慮していない。

竪穴住居に煙抜は必要不可欠である。ただし、円錐形テントのように、頂部に空隙ができると、

図36　板付環濠集落に復元された松菊里住居の骨組（左）と外観（右）

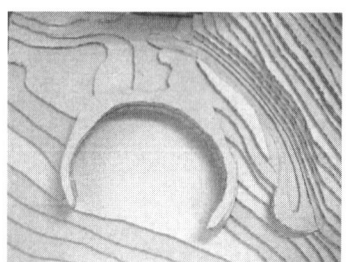

図37　下味野童子山遺跡SI-01地形模型

図38　同左の復元地形模型と円錐形テント構造

図39　同左の越屋根を支える2本柱

図40　下味野童子山遺跡SI-01復元模型屋根下地構造

図41　下味野童子山遺跡SI-01復元模型入口

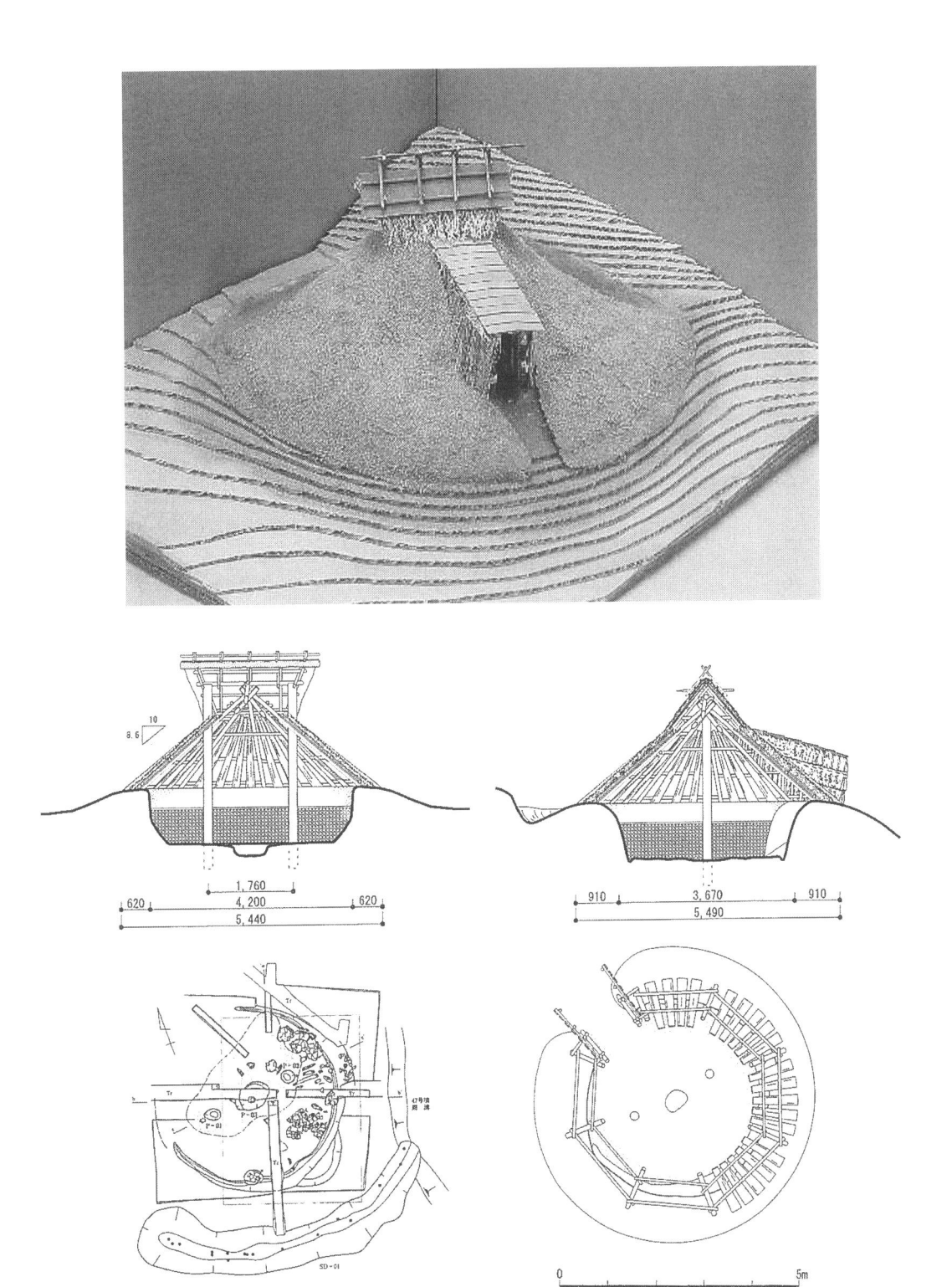

図42 SI-01復元模型と復元桁行断面図（中左）、同梁間断面図（中右）、同平面図（下右）、遺構図（下左）

第2章 竪穴住居の空間と構造 ─────────────────251

その煙抜から雨が吹き込んでくる。この雨除けのために越屋根が必要となり、その越屋根の棟木を支えるために2本柱を採用することになったのではないか、というのが筆者らの考え方である。

さて、円錐形テントの基本構造は3脚もしくは4脚であるが、この2本の越屋根用の柱との複合性からみて、今回は4脚を採用するほうがよいと判断した。この4本のサスを構造の中核とし、その周辺に垂木をめぐらした。垂木は出土材にあわせて板垂木とする。こういう板垂木や焼土の出土状況からみて、屋根が土で覆われていたのは確かであり、屋根勾配は模型制作実験の結果、41°とした。

越屋根を支える2本柱　越屋根の2本柱は円錐形テントのサスに接し緊縛することで、構造的に安定させる。智頭枕田のように（第2章第3節3）、貫をとおすことも考えたが、柱間が短いことから貫は使わない。越屋根は棟木と円錐形テント最上部の母屋（小舞）に勾配50°で垂木をかけ、茅で屋根を葺く（縦葺のみ）。屋根は切妻だがわずかに外転びとして、風雨を防ぐ。両妻側は開放で、ここを煙出とする。越屋根部分には住居規模、テント構造による屋根構造の脆弱さを考慮し土をかけないものとする。越屋根の頂部には樹皮を被せ千木で押さえ、笄でとめる。

板状垂木と土屋根の構造　茅層の下から板状の炭化材が検出されているため、板垂木を採用する。円錐テント構造の板垂木の上に小舞をわたし、まず小舞と面をあわせるように茅を横葺にして、その上に茅を縦に葺く。この横葺→縦葺の構造は妻木晩田遺跡妻木山SI-43の出土状況に従っている。茅を縦横に葺くことで、土屋根の土が屋内に崩落してくることを防げるし、雨水は上面の縦葺で地面に押し流す。縦葺については、基本的に逆葺とするが、接地部分のみは本葺とする。これはアムール流域ナーナイ族の草屋の葺き方を参照している。縦葺完了後、土を被せる。土厚は屋頂部では0～10cm、地面で30～40cmとした。

入口の復元　遺構には入口の痕跡はない。ただし、地形全体としてみた場合、斜面の下側に設けるほうが雨水処理には便があり、床面の東半壁面近くに土器が集中している点などを斟酌し、南西側に入口を設けることにした。戸口の高さは960cm、幅120cm。屋根の勾配が緩いため、茅を葺いた上に樹皮を被せる。

5．打出遺跡SI01の復元

富山市打出遺跡で弥生時代終末期と推定される竪穴住居跡SI01がみつかった。筆者が2004年9月17日に打出遺跡を訪れて遺構を観察したところ、炭化材・炭化茅の残存状況はきわめて良好であり、上部構造を復元するに十分な情報を有する焼失住居跡であることが分かった。ここに復元考察を試みる。

(1) 遺構の分析

平面の規模と形状　SI01は4本主柱をもつ隅丸方形の竪穴住居跡である（図43）。ただし、その形状を厳密に観察すると、北辺が南辺に比べてわずかに短く、南辺では直線状の部分が2.0m弱認められるのに対して、北辺は扇状にまるまっている。規模は長軸8.4m、短軸7.6mを測るが、柱筋

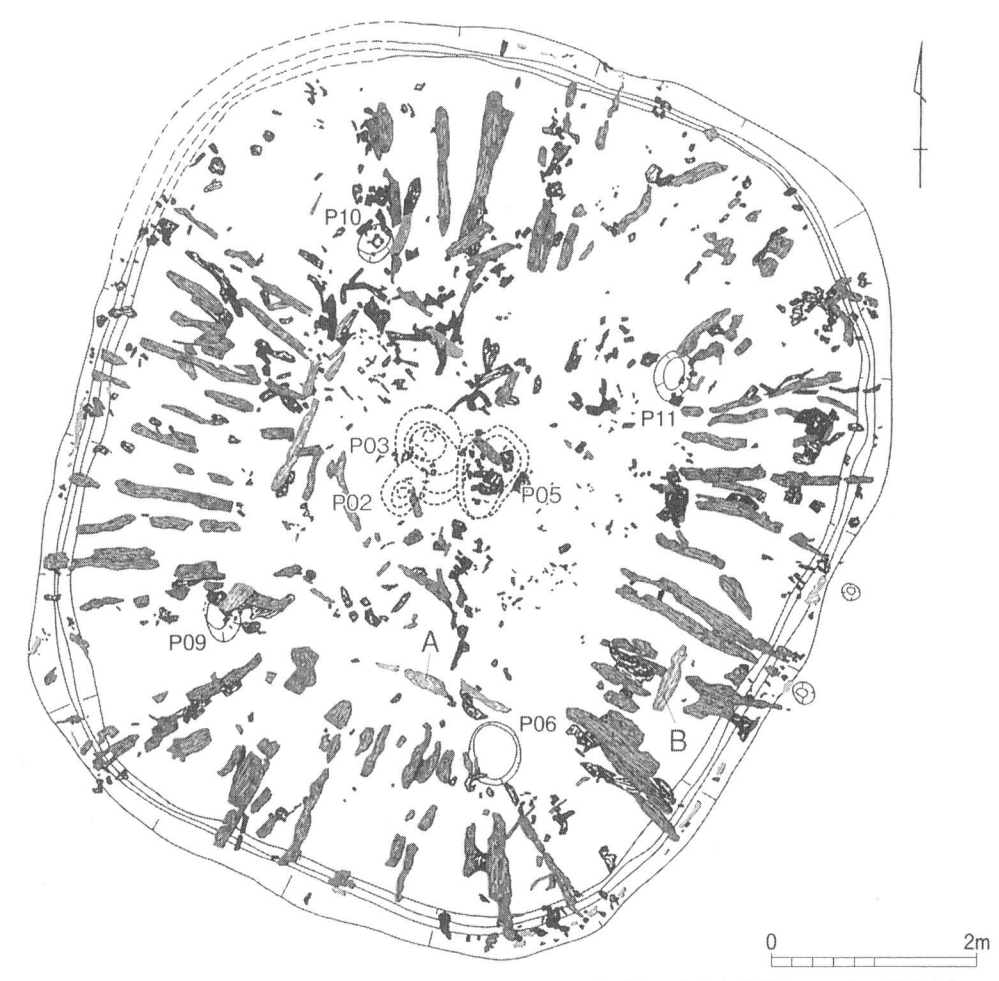

図43 打出遺跡SI01住居遺構平面図（黒い部分が炭化材）［富山市教育委員会2006を一部改変］

で比較すると、南側のP06－P09ライン上での竪穴幅が約7.4m、北側のP10－P11ライン上の竪穴幅が8.3mで、あきらかに北辺側がひろくなっている。柱間寸法をみても、棟通りにほぼ平行する桁行方向ではP09－P10とP06－P11が3.75m等間であるのに対し、梁行方向ではP06－P09が2.98m、P10－P11が3.10mを測り、やはり北側がわずかにひろい。

　床面積は壁溝内側で44.9㎡。ほぼ全面に地山土と類似する厚さ5㎝の貼床が施されており、壁溝（深さ約15㎝）もSK51による攪乱部分をのぞいて全域にめぐる。縄文時代中期末に遡る岩手県一戸町の御所野遺跡の焼失住居跡では、壁溝にさし込まれた壁板が直立もしくは倒れた状態で多数出土しており、同遺跡でおこなった土屋根復元住居の焼却実験でも、壁の堰板は最も残りのよい炭化材であった［浅川編 2001］。打出遺跡SI01の場合、壁溝はあるけれども、壁板はまったく残っていない。壁板が炭化しなかったことも想定されるが、植物質の編物を壁材としていた可能性もあるだろう。鳥取県米子市古市宮ノ谷遺跡の焼失住居跡（竪穴住居跡7、弥生後期）では、壁材と思われる

ヘギ板の編物が出土している。

　一方、SI01では床面のほぼ中央に楕円形のピットが複数重複してみつかっている。床面中央にある複数のピットのうち、P03が排水用の「中央ピット」、P05が炉の痕跡という。

　入口については東辺のほぼ中央外側で、小ピット2基（P13・P14）が下層遺構SI04の床面でみつかっており、これを戸柱の痕跡とみているようだが、竪穴のエッジに近接しすぎており、深さもP13が4cm、P14が8cmと浅いので、必ずしも戸柱の痕跡とは限らない。

　平面の形状全体をみる限り、妻側にあって総長が短いにも拘わらず、直線部分の長い南辺に入口があった可能性が高いと思われる。「中央ピット」や炉がわずかに北辺よりに設けられている点も示唆的で、これもまた南辺入口説の傍証たりうる要素である。

　柱穴と柱痕跡　4本主柱穴には、いずれも柱痕跡が残っている。それぞれの実測値を以下に示す。

　　P06　柱穴径（口径）460mm　　柱痕径（底径）140mm　　深さ470mm
　　P09　柱穴径（口径）390mm　　柱痕径（底径）160mm　　深さ510mm
　　P10　柱穴径（口径）330mm　　柱痕径（底径）180mm　　深さ450mm
　　P11　柱穴径（口径）370mm　　柱痕径（底径）140mm　　深さ450mm

以上からみて、柱径は140～180cmに復元される。

　周堤の復元　竪穴の深さは、遺構検出面から0.6mを測る。発掘調査担当者は旧地表面をⅢ層上面プラス10cm程度と想定しており、旧地表面からみた竪穴の深さは約0.7mに復元できる。竪穴の周囲には土盛りがなされており、いわゆる「周堤」を形作っていたと想定される。高岡市の下老子笹川遺跡の平地住居跡や鳥取県妻木晩田遺跡松尾頭地区の竪穴住居跡からみて、周堤は幅が2.5～3.0m、高さが0.5m前後に復元される。旧地表面との関係からみて、周堤の外側をめぐる周溝は掘られていなかったと推定する。

（2）　焼け方の分析と建築部材の同定

　焼失状況　SI01は、竪穴内部のほぼ全域に炭化材を残す良質の焼失住居跡である。その焼け方は、焼失竪穴住居跡の典型であり、4本主柱の内側に炭化材と焼土が少なく、4本主柱の外側で炭化材と炭化茅を多く残す。これは、①4本主柱より内側に天窓もしくは越屋根状の煙抜きが存在して外気（酸素）との接点が多かった可能性、②主柱より内側の屋根全域を土が被覆していたわけではなく、部分的に下地としての茅が露出していた可能性を示唆するものである。一方、主柱より外側に炭化材・炭化茅が多いのは、そこが土屋根に覆われて湿っており、しかも酸素供給が十分ではないため、不完全燃焼を強いられた可能性を示すものである。周堤部分にも建築材は存在したはずだから、ここに炭化材が残っていても不思議ではなく、2005年に発掘調査された鳥取県琴浦町箆津の乳母ヶ谷第2遺跡の焼失住居跡（弥生後期）では炭化材と炭化茅を残していた。しかし、これは例外的に火のまわりが著しく激しかった例である。一般的には、打出遺跡SI01のように、周堤上では部材は炭化せず、その結果、木材が腐食して痕跡をとどめない。

　一方、屋根土の痕跡とみられるSI01の焼土については、主柱の外側に集中して10～20cmほど堆積

しているが、北西隅の周辺のみほとんど認められない。これについては、以下のどちらかと考える。
　a）北西隅の屋根に土を被せていなかった。
　b）北西隅に火熱がそれほど及ばなかった。

　北西隅では、他の部分よりいくぶん少ないとはいえ、炭化材が残っているので、土に覆われていた可能性が高いから、ここではとりあえずb）と解釈しておくが、近年、大阪府八尾南遺跡（弥生後期）の竪穴住居跡で隅部分に刻梯子が発見されたように、隅に出入口を設ける場合もあるようで、a）はその可能性を示唆するものとして留意したい。

　垂木とサス　炭化材のなかで大多数を占めるのが垂木である。竪穴のエッジが直線状の部分では平行配列、北辺などの湾曲エッジ部分では扇形配列とする。これら垂木の大半は板材か丸太半截材であり、角材や丸太材の残存例は少ない。一般的に隅の部分では板垂木が使いにくいので、小径丸太を扇垂木として配列するが、SI01では炭化材が少なく、南東隅に小径木を残す程度である。板垂木は、厚さ0.5～8cm、幅6～25cmである。丸太半截材の垂木は厚さ1～6cm、幅5～19cmを計る。垂木のピッチ（隣あう材の中心間距離）は大半24cm以内におさまり、とりわけ4～12cmが最も多く、きわめて密な配列をなす。ただし、扇垂木となる北辺では幅広のピッチも認められる。

　注目したいのは垂木材が上下にかさなる部分があることで、上下のうちの下材はサスの可能性がある。とくに四隅付近で出土し、若干斜め方向をむく材は、厚さ5cm、幅12cm前後と角材に近く、丸太材を用いる場合もある。これらをサスと断定するのは危険だが、「サスの可能性がある材」としておきたい。

　なお、戸柱の痕跡とされるP13－P14のほぼ中間に横たわる垂木状の板材は、かりにこの位置に伏屋状の切妻屋根（入口）が存在したと仮定すれば、その伏屋の棟木であった可能性もある。ただし、それは厚さ2cmの板材であり、形状からみれば、棟木とはみなしがたい。

　炭化茅は南東隅のほか中央から北西辺付近に多く分布し、床面だけでなく、炭化材の直上で膜状に検出された。ここにいう炭化材は大半が垂木であり、遺存状態が良好であった南東隅では肉視でも植物質とわかる茅が垂木上で出土した。垂木上にまず横方向に茅を置き、その上に縦方向に茅を葺きながす。妻木晩田遺跡や黒井峯遺跡で確認されている土屋根下地としての横縦二重葺き構造が、打出遺跡でも確認できたのである。とくに注目されるのは、半截材との関係である。松江市田和山遺跡の焼失住居跡（弥生中期）では、やはり半截材を垂木に使っており、その平坦面の上に茅を横方向においた事実があきらかになっている［鳥取県教育委員会 2004］。ところが、打出遺跡SI01では、半截材の湾曲面に横方向の茅を敷いている。山陰と北陸で、垂木の上下面を反転させていることが判明した（図44）。

　梁と桁　SI01では、桁材および梁材と思しき横材が床面に落下して残っている。これは非常に珍しいことである。P06－P09上に残る半截丸

図44　打出遺跡SI02住居 茅の巻き付いた半截垂木
（筆者撮影）

太材が梁、P09－P10上の半裁丸太材が桁と思われる。いずれもほぼ当初位置で真下に落下している。ところで、P09の上面では、梁が下、桁が上になった状態で両材が交差しているようにみえるが、梁と推定される材がマツであるのに対して、P9上の「梁状の材」はコナラであり、同一の材種ではない。調査所見によれば、P9上の「梁状の材は垂木が桁下にもぐりこんだものと解釈される。したがって、折置組（梁が下で桁が上）か京呂組（桁が下で梁が上）かを判別できないが、ここでは左右の桁行柱間寸法が等間であることを考慮して、折置組を採用する。

なお、P06－P11、P10－P11の近辺には横架材らしき材はみられないが、東辺に近い位置でP06－P11に平行する半裁材の破片がみられる。この材は桁が落下時に位置を移したものか、母屋桁の可能性があろう。

（3） 上部構造の復元

以上から打出遺跡SI01の上部構造を復元してみよう。

土屋根の構造　屋根とかかわる諸要素を整理すると、以下の3つの要素の複合性を看取できる。

　　ⅰ　床面直上の炭化材（建築部材）
　　ⅱ　炭化材を覆う屋根下地層（炭化茅）
　　ⅲ　炭化材と下地層を覆う焼土層

この3つの条件を充足する焼失竪穴住居跡は、屋根を土で覆われていた可能性が高い［浅川2001、2004］。ただし、土をどの程度覆っていたのかについては注意を要する。SI01の焼け方を再検討すると、4本主柱から内側に炭化材・炭化茅・焼土がほとんど残存しないわけだから、この部分は完全燃焼をおこしたことになり、茅が露出していた部分が少なくなかったものと想像される。それは屋頂部の越屋根（煙出）だけではなく、土屋根の下地である茅葺き面が少なからず外気に露出していた可能性を示すものかもしれない。焼土の分布範囲からみて、屋根土は越屋根まで達しておらず、越屋根と4本主柱の中間あたりでとまっていたのではないか。参考までに述べておくと、これまで多くの縄文・弥生住居を復元建設するなかで、土を屋根全面に被せる場合、屋根の重量が増して湿度が高くなり、垂木の腐敗や破損を招く。土を部分的に被せると、重量も湿気も少なくなるので、建物が長持ちしやすいようにも思われる。

屋根の構造は、隅以外の部分を板材および半裁材を垂木として密に配列し、その上にまず茅を横方向、ついで縦方向に葺いてから、土を被せたものと思われる。横方向の茅は土の落下防止、縦方向の茅は雨雪の排水を目的とする。縦方向の茅は穂を下に向ける逆葺とするが、周堤との接地面のみ本葺とする。隅に関しては、おもに小径丸太を扇垂木状にめぐらしてから、茅を横→縦に葺き土を被せたのであろう。屋根勾配は模型の実験的製作の結果、8／10前後とした。土は屋頂部までではなく、越屋根のやや下から周堤まで被せることとした。屋根土の厚さは上端0㎝、下端（周堤近辺）で約30㎝とする。

越屋根（煙出）の形状や構造は不明だが、土器絵画や家屋文鏡にみえる船形屋根とする。越屋根はサスを最上段の母屋桁にさして勾配をきつくする（12.4／10）。越屋根については、茅の縦葺の

み。土を被せることはありえないので、横方向の茅は必要ない。また純粋な茅葺きであるから、越屋根の垂木は丸太でピッチを30cm程度あける。

入口の問題　入口の位置は判然としない。発掘調査の見解に従えば、東面中央の平入となるが、戸柱が竪穴の壁に近すぎるところなどに難点がある。竪穴住居全体の形状等からみると、南辺中央の妻入が妥当と思われる。さらに、隅から出入した可能性もある。今回は妻入案（図45～47）と平入案（図48～50）を両方示すことにした。入口は、平入の場合、周堤土にサスを差し込んだ伏屋型の切妻造、妻入の場合、周堤土に戸柱を立てた片流れの差し掛け庇とした。

軸組とサス　平面は入口と反対側にあたり、「中央ピット」と炉を囲む3方向に座を設ける。座は枯枝・枯草を下地にしてムシロを敷く。軸組は4本主柱に梁・桁を折置組で架ける。屋根荷重はサスを通して軸組に伝達する。サスは4隅のほか各辺に2本配し、計12本用いる。

周堤は幅約3m、高さ約50cmとする。サスは周堤に突きさすのではなく、あらかじめ地表面上に配列しておき、それに周堤土を被せて固める。垂木は周堤のほぼ中点に下端をあてる。壁溝には編物の壁を立てかけて、竪穴エッジに並べた丸太と結んでとめる。

以上、打出遺跡SI01の上部構造に関する復元考察に取り組んできたが、従来の復元と異なるのは、屋根土の被覆範囲である。SI01の焼失状況をみる限り、屋根被覆土は腰屋根まで達していたとは限らず、桁－棟木の中間あたりで途切れていた可能性をも想定すべきと考えた。主柱より内側に炭化

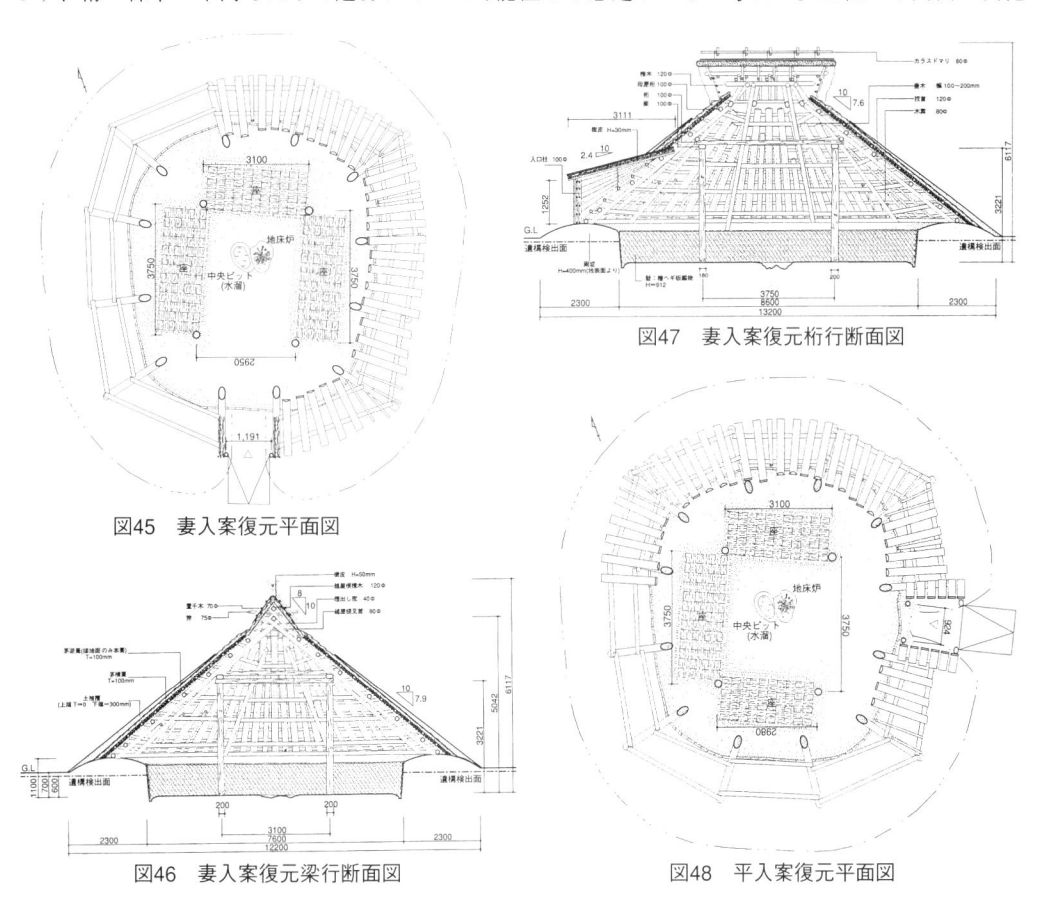

図45　妻入案復元平面図

図47　妻入案復元桁行断面図

図46　妻入案復元梁行断面図

図48　平入案復元平面図

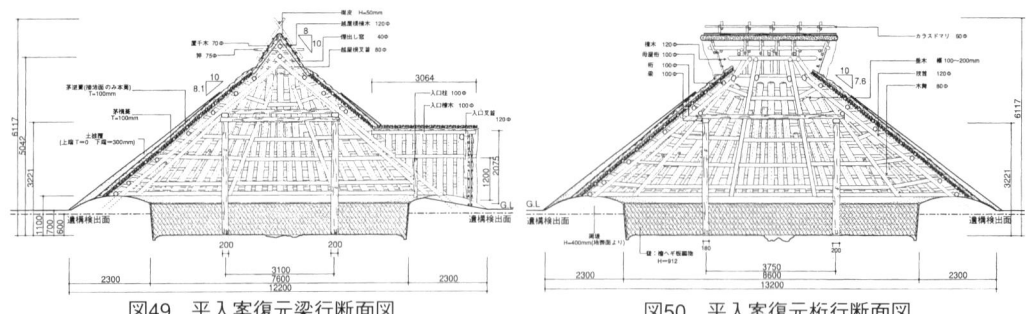

図49 平入案復元梁行断面図　　　　　　　　　図50 平入案復元桁行断面図

図51 復元模型妻入案：南西方向からみた架構 　　図52 平入案：北東方向からみた架構と入口

物・焼土が少なく、その外側に集中する傾向は、他の焼失住居跡でも多々みうけられる。屋根土の被覆範囲については今後の課題として残された。竪穴の掘削土は周堤で使い切るので、屋根土は他所から運搬してくる必要がある。その土量には限度があったかもしれないし、屋根に被せる土を多くすると、荷重と湿気により屋根下地の破損を招く。景観的にみるならば、茅下地を露出する大型住居と露出しない小型住居が混在していたのかもしれないが、それとて推定の域を出ない想像である。

註
(1) 『南谷大山遺跡・南谷ヒジリ遺跡・南谷22・24～28号墳』鳥取県教育文化財団調査報告書32集、1993
(2) 古川郁夫・小泉純・矢部活「南谷大山遺跡住居跡出土木材炭化物の樹種構成」(註1前掲書：p.271)
(3) 竪穴住居内で出土する板材については、このほか都出比呂志が登呂遺跡1号住居跡の板材によって推定したような周堤内側の堰板とみる考え（『日本農耕社会の成立過程』岩波書店、1989：p.101-110）も無視できないが、ASI01とBSI20の場合、板材が外側から内側にむけて倒れこんだような状況で出土しており、他の材との配置関係をみても、垂木に相当する材とみるのが適切だろう。
(4) 註2前掲書：p.135
(5) 宮本良二郎「さまざまな家」(鈴木公雄編『縄文人の生活と文化』講談社、1988：p.85-103)
(6) 黒井峰遺跡に関しては、石井克己・梅沢重昭『日本の古代遺跡を掘る4　黒井峯遺跡』(読売新聞社、1994)

を参照。この情報に関しては、発掘を担当された石井克己氏（子持村社会教育課）からご教示をうけた。中筋遺跡の火砕住居については、渋川市発掘調査報告集第13集（1987）および第18集（1988）などに詳細な報告がみられる。また、遺跡整備のパンフレット「中筋遺跡―火砕流からよみがえった古墳時代のムラ―」にも、わかりやすい住居構造の解説がある。

(7) この代表例として、アリューシャン列島アリュート族の竪穴住居をあげておく。アリュート族の土饅頭形竪穴住居は、オンデレーツケ島の穴居として、すでに18世紀末の漂流記『環海異聞』に図入で紹介されている（池田皓訳『環海異聞』雄松堂、1989）。

(8) 註1前掲論文

附記

初出論文は以下のとおりである。

①浅川滋男　1994　「焼失竪穴住居の構造復元ASI01とBSI20にみる二段伏屋式構造―」『南谷大山遺跡Ⅱ 南谷29号墳』鳥取県教育文化財団36：pp.223-226

②浅川滋男　2000　「妻木晩田遺跡の焼失竪穴住居」『奈良国立文化財研究所年報』2000-Ⅰ：pp.30-31

③浅川滋男　2001　「弥生高地性集落の焼失住居―山陰地方の3つの事例から―」浅川滋男編『竪穴住居の空間と構造』平成12年度科学研究費補助金特定領域研究成果報告書：pp.117-131、国際日本文化研究センター

④浅川滋男・横田研二　2008　「弥生住居の源流―鳥取市下味野童子山遺跡SI-01の復元」浅川編『山陰地域の弥生時代建築に関する実証的復元研究』平成19年度とっとり「知の財産」活用推進事業助成研究成果報告書：pp.49-53、鳥取環境大学

⑤浅川滋男・藤井利史　2006　「打出遺跡SI01の復元」『富山市打出遺跡発掘調査報告書』富山市埋蔵文化調査報告7：pp.190-199、富山市教育委員会

弥生時代の焼失竪穴住居に関する復元研究を集成したものだが、土屋根の被覆範囲についての解釈が揺らいでいる状況を読み取っていただきたい。揺らぎの大きな原因は焼け方にある。焼失住居跡の多くは、主柱より内側がよく焼けて炭化部材が少ない反面、分厚い焼土がひろがり、主柱より外側では炭化物は多いが焼土は少ない。これを「二段伏屋式」とみるか、「全面土屋根」とみるか、「全面土屋根の越屋根付近のみ下地茅露出」とみるかで解釈が揺れている。民族誌データをみる限り「全面土屋根」の可能性が高いとは思うのだが、考古学的にそれを証明するだけのデータが出そろっていない現状にあって、未だに揺れがおさまっていない。

参考文献

浅川滋男　2000　「妻木山地区SI-43の上部構造―焼失竪穴住居の復原研究―」『妻木晩田遺跡発掘調査報告Ⅳ＜洞ノ原・松尾城地区＞』大山町教育委員会・大山スイス村埋蔵文化財発掘調査団

　　　　　　2001　「土屋根住居とは何か」『宮畑縄文人の家を考える―焼けた家の謎』pp.11-16、福島市教育委員会

　　　　　　2004　「宮畑遺跡SI-43の復元」『福島市埋蔵文化財報告書』第173集、pp.189-203、福島市教育委員会

浅川滋男編　2001　『竪穴住居の空間と構造』平成11～12年度科学研究費特定領域研究成果報告書、国際日本文化研究センター

岡村道雄編　2008　『日本各地・各時代の焼失竪穴建物跡』奈良文化財研究所

鳥取県教育委員会　2004　『弥生のすまいを探る―建築技術と生活空間―』第5回弥生文化シンポジウム予稿集

第7節　隅入の住居／無柱の住居

1．八尾南遺跡と倉吉クズマ遺跡の隅入住居

(1)「隅入」の竪穴住居

　大阪府八尾南遺跡竪穴建物9は方形平面をもつ弥生時代後期の遺構である。八尾南遺跡は洪水により、集落全体が水没した住居群であり、当時の生活面を非常によく残している。とりわけ注目したいのは、東南の隅に刻梯子が壁にもたれかかったままみつかったことである。この位置に住居の入口があったことを強く示唆している（第2章第5節図6）［大阪府埋蔵文化財センター 2008］。従来、竪穴住居の復元では、家屋文鏡などの影響からか、妻入とする例が多く、まれに平入に復元される場合もあった。しかし、智頭枕田遺跡の住居跡（第2章第3節3）でもみられたように、壁溝の切れ方などからみて、隅に入口のある可能性も指摘されている（本論文執筆後、妻木晩田遺跡で実現した）。

　倉吉市など鳥取県の中部では、これまで古墳時代の隅入住居が確認されていた。その代表と言えるのが上神猫山遺跡である（図1）。2006年度には、クズマ遺跡でも地盤を硬くたたき締めた門道が建物の南隅で検出されている。これらの遺構では、門道の正面が隅柱ではなく、柱間の中央にむかっている。

　鳥取県日野郡江府町宮市の鉄山師、下原重仲が天明4年（1784）に著した技術書『鉄山秘書』（正式名称を『鉄山必用記事』という）に描かれた竪穴建物「高殿（たたら）」にも隅入の出入口が表現されている（図2）。高殿は古墳時代に端を発し、近世まで続いた建物と言われている。地面から梁・

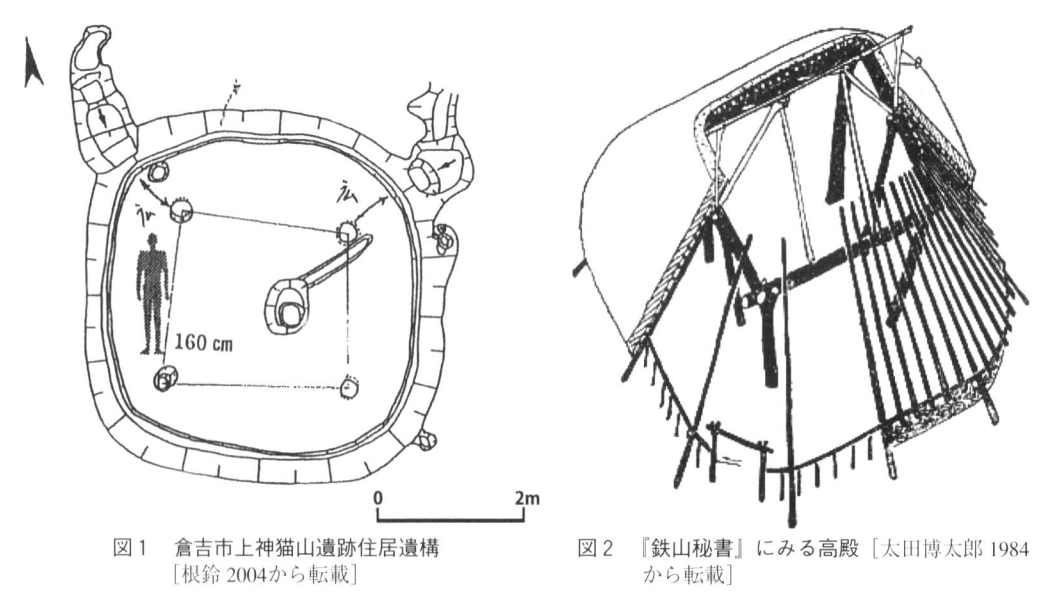

図1　倉吉市上神猫山遺跡住居遺構
　　　［根鈴2004から転載］

図2　『鉄山秘書』にみる高殿［太田博太郎1984から転載］

桁まで垂木を密に配し、それより上の部分は3脚のサス（ケツンニ）と棟束（オダチ）を併用している。

(2) 倉吉市クズマ遺跡5号住居

　クズマ遺跡は、倉吉市市街地から北西に約4km離れた倉吉市上神字クズマに位置する。調査地は倉吉市北側の北栄町にある蜘ヶ家山（標高171.1m）から南西へ樹枝状に派生した丘陵終尾根筋および南斜面である。標高は調査地の最高所で標高45m、周辺の水田面との比高差は約25mである。弥生時代後期～古墳時代後期の竪穴住居37棟、墳丘墓10基、掘立柱建物2棟のほか、奈良時代の道路遺構や遺物が多数みつかっている。2006年度の第4次調査でみつかった古墳時代後期の5号住居は丘陵尾根筋に立地する。平面はやや東西に短い隅丸方形を呈する。ほぼ同じ位置で少なくとも4回建替えしている。貼床及び各ピットの状況から図3のように、A～C期の遺構変遷を調査担当者は推定している。住居の床面は建替えにともない貼床して整えている。貼床層は最大で16cm程度の厚みがあり、断面観察では大きく上下2層に分けらる。最終時（C2期）の床面は削平されていたが、周壁溝は残っている。C2期の床面規模は南北5.8m、東西5.4m、壁高は住居西辺で最大1.5mもある。以下、遺構変遷を要約する。

　A期：主柱は2本柱（P7・P8）で、柱穴間2等分線上約30cm南東にピットP10を設ける。P10は2段掘で、弥生住居の「中央ピット」的なものか。B期以降よりも全辺が一まわり小さく、平面形も東西が短くて東辺が広い台形状を呈する。床面規模は南北5.3m、東西4.6m。A期周壁溝を検出した面では、住居南東半分はまだ地山では地山土の混ざり土で、人為的に埋め戻した土であった。埋め戻し土の範囲の南東外側はA期住居周壁溝とほぼ一致し、また、掘削・埋め戻しをした範囲は、地山のうち最も軟質な倉吉軽石層（D.K.P.層）の黄色土層の範囲とも一致する。この層はキメが細かいが締まりのない土質で、床面に向かない土質の層を硬質な地山土と置き換えてA期床面としている。住居内埋土から高坏など古墳時代の土師器が多量に出土し、貼床土中にも小型甕などの土師器片を少量含む。また、覆土下層からミニチュア土器壺、床面から短甲形土製品、動物形（馬形）頭部片、動物形土製品の足、入口部分の貼床中から盾形土製品、P4西側の貼床中で不明土製品などの祭祀遺物が出土している。

　B期：2本柱（P5・P6）＋壁際ピット（P13・P14・P15）の構成で、C期よりもおもに住居東辺が一まわり小さい。床面は下層貼床土で形成される。P15の南側約70cmには幅5cm、長さ50cmの溝がある。P13、P15は柱穴ラインの垂直線上対称に位置する。さらに、その垂直線上住居南東側にP11、P12が存在する。壁際ピットは柱穴ラインの垂直2等分線上に位置することが多いが、垂直

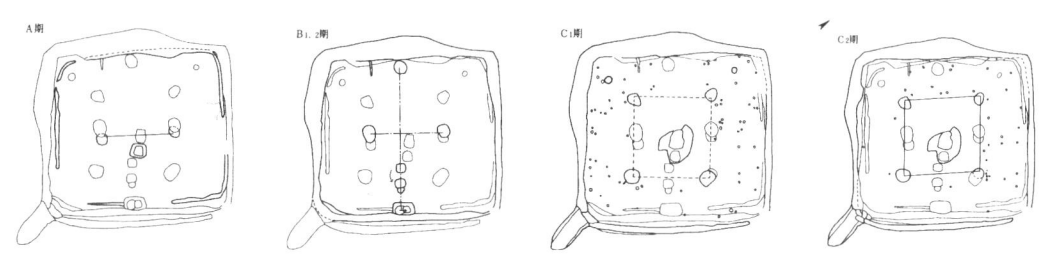

図3　クズマ遺跡5号住居の変遷：左からA期、B期、C1期、C2期（倉吉市教育委員会提供）

線が南にずれているのは、P11の設置にあたりA期の中央ピットP10から少し南に位置を変えたものか。P12は埋土全体が締まっていない。中程に炭層があるなど、柱穴の埋土ではなく、むしろ他遺跡の住居の「中央ピット」の埋土に似ている。P11の埋土とは違うものの、P12とほぼ同じ規模である。P14もP13とほぼ同じ規模であるが、埋土にはあきらかに締まりがない。これらのことから住居南東側のピット変遷は、B1期がP11とP13、B2期がP12と壁際ピットP13・P14という組合せで、B2期のピットはC期建て替え時に使用状態のまま上面に貼床されたと考えられる。

C期： 4本柱（P1～4）+中央ピット（P9）の構成。上層貼床のうちC2期に用いられたのは、白色粘質土と暗灰黒色粘質土である。白色粘質土は地山に同質の層を含むが、暗灰黒色粘質土は地山に存在しない。5号住居のこの時期の貼床にしかない特徴的な土であった。南隅に上端の幅0.6m、長さ1.46mの溝状遺構があり、溝底が住居床面と同様の粘質土で貼床されていた。これは溝ではなく、住居の門道（入口）と判断した。門道は住居床面から外に向けてわずかに下がり、約10cmのレベル差がある。門道は貼床掘り下げ後の地山面も硬化していたため、初めから入口として造られたと判断した。住居床面も水平ではない。4本柱を結ぶラインあたりに向かってわずかに盛り上がっている。床面直上では炭化あるいは腐植化した草状の面をほぼ全域で検出している。その面は非常に薄く、敷物の存在を想像させる。また、P1―P4ラインの内側で焼土面を1ヶ所確認した。門道および住居内側の貼床土の質、B期周壁溝の内側の地山面が硬化していないこと、隅部分周壁溝の断面観察から、2本柱住居（A・B期）が4本柱住居（C期）へと建て替わった段階に門道が設けられたと調査担当者は考えている。4本柱住居に建て替えてから最終時（C2期）に至るまでの段階がC1期である。C1期はC2期よりわずかに内側に周壁溝が確認でき、面積がやや小さくなっている。なお、P2は他の柱穴2個分の規模がある

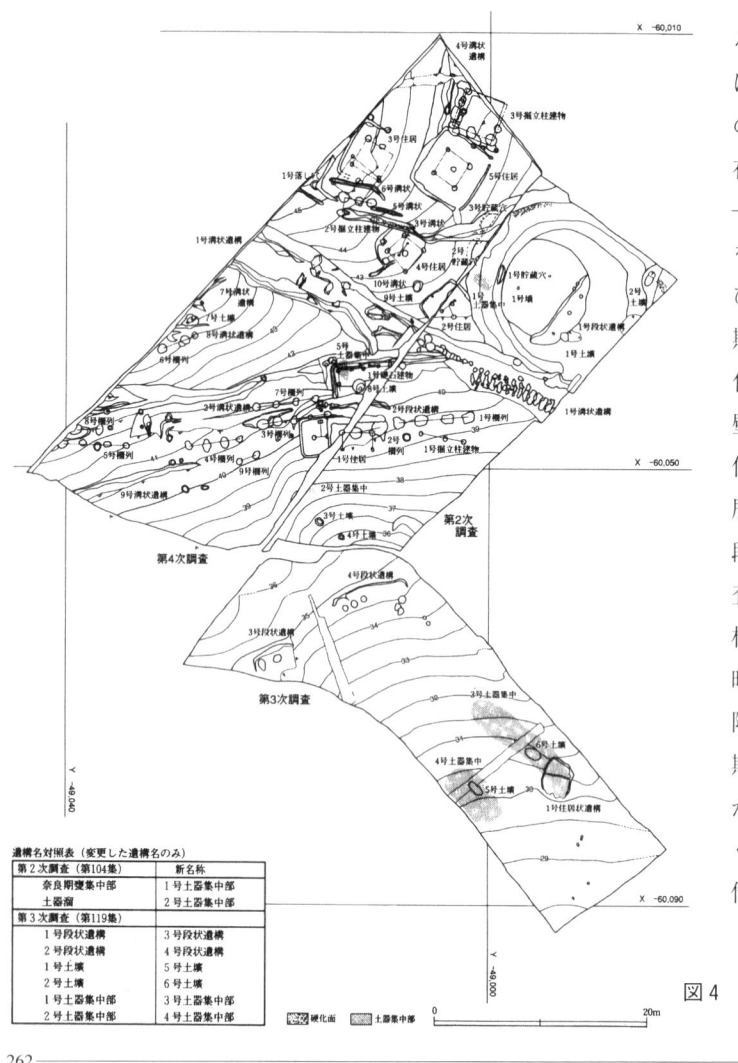

図4 クズマ遺跡全体遺構図（倉吉市教育委員会提供）

ため、柱の位置をわずかに動かして建て替
えた可能性がある。周壁溝にあわせ柱穴の
ラインを考えるとほぼ正方形に復元でき
る。

(3) 復元考察

　クズマ遺跡5号住居のうち、門道をもつ
C2期の上屋構造を復元する（図5）。

　5号住居は斜面上に配置されていること
から、当時斜面上に平場（加工段）を設け
たと考えられる。そのため、住居を囲んで
いた周堤があったと思われる範囲を平坦に
復元した。

　当初、隅サスを用いずに、地面からケツ
ニニ（3脚）で屋根を支える構造を想定し、復元模型の制作に取り組んだ（図6）が、竪穴平面が
方形を呈していることから納まりが悪く、復元を断念した。3脚で構成される屋根の勾配とそれら
を支える柱の高さの関係が釣り合わないのである。

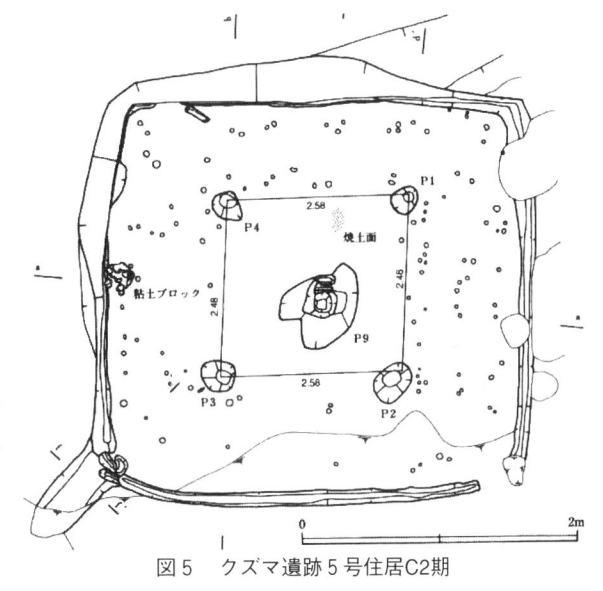

　次に『鉄山秘書』高殿の図を模した復元を試みた。地表面から柱上部に梁・桁を組んだレベル
までを「下層」とする。下層の屋根構造は棟木を支える必要がないのでサスを必要としない。その
ため梁・桁に直接垂木がかかり、その下端が接地する単純な構造となる。屋根の葺き材は分からな
いが、とりあえず「土屋根」と仮定して、幅20cm〜30cmの板垂木を密に配した。ただし、土屋根の重
量を考えると強度に不安があるので、1m〜1.5mおきに力垂木となる丸太を配した。登り梁のよう
な部材である。

　板垂木の上では、棒状力垂木の上面とあわせるように横方向の茅を葺く。その上面で、力垂木の
上に茅留となる小舞をわたす。この小舞に縦茅を結びつける。横茅と縦茅については、すでになん
どか述べたように、屋根土の落下防止と雨水処理のために併用するのである。

　梁・桁から上を「上層」とする。上層の構造は『鉄山秘書』高殿や北海道アイヌの住居チセの屋
根構造に倣った。まず梁・桁の上にケツニニ（3脚）を2つ置き、その頂点に棟木をわたす。高殿
の構造に従い、梁上に棟束（オダチ）を立て棟木を支える。棟木と梁・桁に垂木をわたす。上層の
屋根は草葺き（縦方向のみの逆葺き）なので、垂木は棒材で、ピッチは心々で30〜40cmとする。

　この復元の問題点は、サスと同様の機能をもつケツニニを梁・桁に差し込むことである。サスを
梁・桁に差し込むのは近世以降という見方もあるようだが、奈良時代に家叉首が存在したことはあ
きらかであり、また、梁に斜めの穴をあける部材が古墳時代後期〜奈良時代の遺跡で確認されてお
り、古墳時代後期にあたるクズマ遺跡C2期の復元に採用しても大きな問題はないと判断した。

図5　クズマ遺跡5号住居C2期

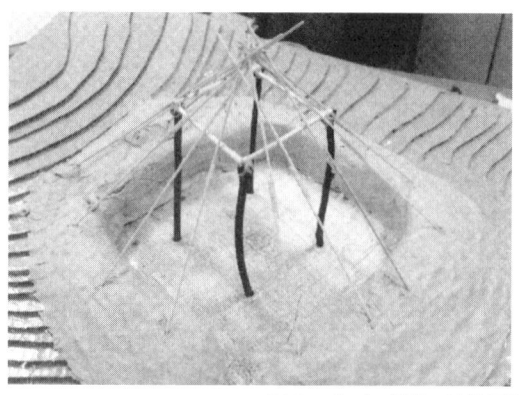

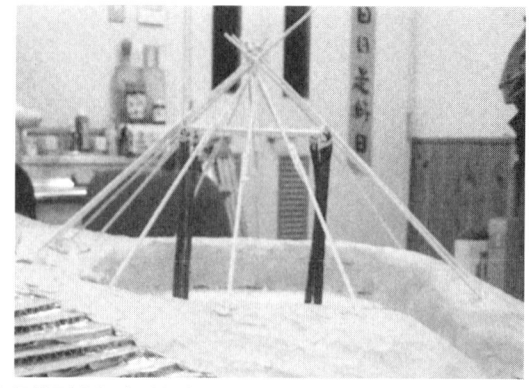

図6　クズマ遺跡5号住居復元模型当初案（左右とも）

図7　同復元模型最終案下層

図8　同復元模型最終案上層

図9　同復元模型最終案　板垂木と葺材

図10　同完成した復元模型

2．一戸町野田Ⅱ遺跡SI01の復元

　岩手県二戸郡一戸町高善寺字野田に所在する野田Ⅱ遺跡は、馬淵川沿いの低位段丘面上に形成された市街地のほぼ中央部でみつかった。遺跡東側の崖下を馬淵川が北に流れており、その対岸に一戸城跡（中世一戸南部氏の居城）がある。一戸城跡は南北700m、東西350mの範囲にひろがる大規

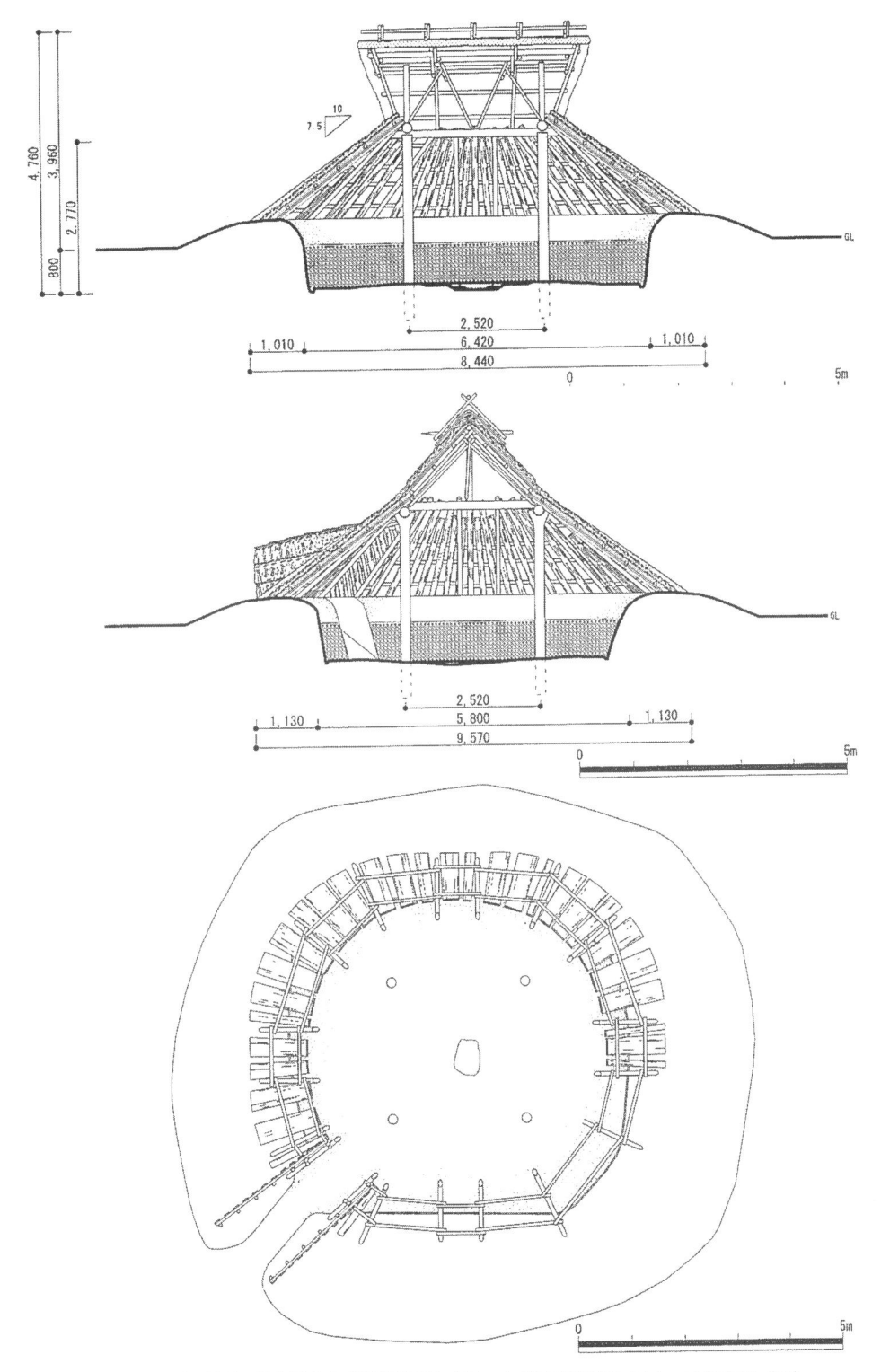

図11 クズマ遺跡5号住居復元桁行断面図（上）、同梁行断面図（中）、同平面図（下）

模な城跡で、初め初代城主、南部彦太郎行朝の居住地として発掘調査されたが、古代からヒトの営みが始まっていた。

(1) 野田Ⅱ遺跡SI01

　竪穴住居跡SI01はほとんど起伏のない平坦面に位置している。平面は隅丸方形を呈しており、北東から南西の一辺が3.1m、北西から南東の一辺も3.1mを測る。面積8.65㎡の小型住居である（図12）。カマドが南西壁中央に付設されており、煙道部は長さ150㎝、底部は煙出し方向にわずかに下降している。煙出し部の径は40㎝で、深さ61㎝のピットを形成する。カマド北側のコーナー際に径54㎝×48㎝、深さ20㎝の楕円形土坑があり、カマドの一部を攪乱している。

　竪穴内部に柱穴は存在しない。ただし、南側に2ヶ所硬化面を検出している。この硬化面が「柱」と関係するかどうかは不詳であるが、「無柱穴」の小型方形平面という点にSI01の最大の特徴があるだろう。床面はほぼ平坦で、床下には掘形があり、黒色土、黒褐色土、暗褐色土、褐色土の混土を掘り上げた後に埋め戻すようにして床を構築している。このような床の構築方法は古代では一般的なものである。

　SI01の竪穴の深さは、北西壁で38～44㎝、南西壁で20～36㎝、南東壁で44～50㎝、北東壁で38～50㎝を測る。遺構検出面は旧地表面から20㎝前後の削平を受けていると推定されるので、竪穴の深さ（壁高）は60～70㎝に復元される。竪穴内の堆積土は6層に大別できる（図13：断面図）。

　　1層：上から掘られた攪乱層。
　　2層：黒褐色土　灰白色火山灰土が粉末状、あるいは薄い層となって混入、炭化材少量含む。
　　3層：黒色土。焼土粒含む。
　　4層：黒褐色土と黒色土の混土。
　　5層：黒色土。炭化材、焼土を含む。
　　6層：黒褐色土。暗褐色土、褐色土を塊状に含む。焼土粒含む。

　炭化材は竪穴全体に多量に残っているが、炭化材と焼土は2層および5層～床面の上・下から出土している（図16）。中に土を挟んで、その上下に炭化材と焼土が重なり合っているのである。5層上面は竪穴中央部が最も深く、床上10㎝まで下がるが、周辺で少しずつ高くなる。このレンズ状堆積のほぼ全面に炭化材が分布し、その中には求心方向に倒れ、放射状の配列を示す部分がある。炭化材は全体に細いものが多く、樹種はヌルデ（ウルシ属）が多く、他にコナラやオニグルミも使う。とりわけ注目されるのは、樹種と部材の径および倒壊方向に規則性があり、コナラ材はサス（4脚）、ヌルデ材は垂木、オニグルミ材は小舞と推定される（図19）。

　焼土は分散的に出土しており、竪穴の南東側にやや集中する。竪穴南東側の焼土は2層と5層の間にひろく残存しており、とくに北側に集中している。この部分の炭化材は比較的太いものも含まれている。隅に近い斜材であり、サスなどの構造材の可能性があるだろう。住居の中央部では径10～45㎝の石が出土している。炭化材や焼土の上下にも石が確認できる。

　なお、竪穴の埋土や土坑内から長胴甕・壺・内黒灰などの土師器、鉄鏃、台石などが出土してお

図12　野田Ⅱ遺跡SI01遺構平面図

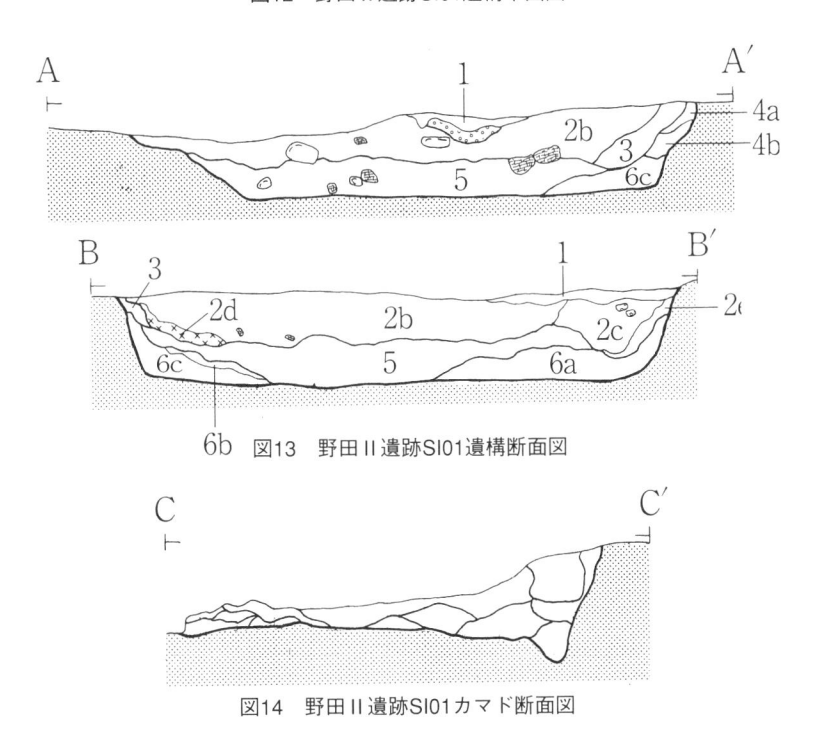

図13　野田Ⅱ遺跡SI01遺構断面図

図14　野田Ⅱ遺跡SI01カマド断面図

第2章　竪穴住居の空間と構造 ―267

り、住居の年代は土師器の編年から奈良時代後期に比定される。

(2) SI01上屋構造の復元

四角錐テント構造 SI01は3.1m四方の隅丸方形平面で柱穴がない。柱穴がない一方で硬化面が2ヶ所発見されているものの、その硬化面が柱の基礎であるという保証もない。本節では、「無柱穴の小型方形平面」という特徴を尊重し、柱のない角錐形テント構造を採用することにした。かりに硬化面の「基礎」であったとしても、後補柱と係わる遺構とみなす。

一般に無柱のテントは3脚を基礎構造とする円錐形のものが北方ユーラシア、北米地域に卓越するというイメージがあるけれども、野田Ⅱ遺跡SI01は奈良時代後期の遺構で、平面が隅丸方形を呈しており、3脚構造ではなく4脚構造が適している。平面の4隅から住居の中心に向かう宝形のような屋根であったと想定される（図22〜28）。

周堤は竪穴の平面規模や屋根勾配から検討して、幅155〜160cm、高さ50cmとした。6層には炭化材・焼土がほとんどないことから、調査担当者は火災前の周堤崩落土と推定している。周堤の構造的な意味は、小屋組の基礎である。竪穴から掘りあげた土をいったんとりおいて、竪穴の周辺に小屋を組み、その基礎を土でかためて周堤とするのである。そして周堤の内側には壁をつくる。SI01には壁溝などの痕跡がなく、今回は樹皮のマットを貼った。

土屋根の構造 炭化材と焼土の出土状況から、屋根が土で覆われていたのはほぼ疑いないだろう。とくに5層上下の炭化材・焼土は屋根材の可能性が高い。求心方向に倒れ込んだ垂木は板状ではな

図15　遺構全景

図16　炭化材出土状況

図17　カマド出土状況

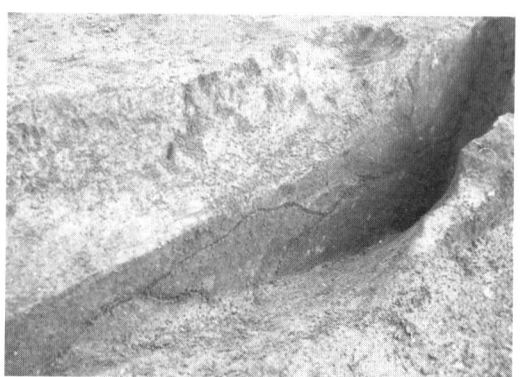

図18　カマド土層断面

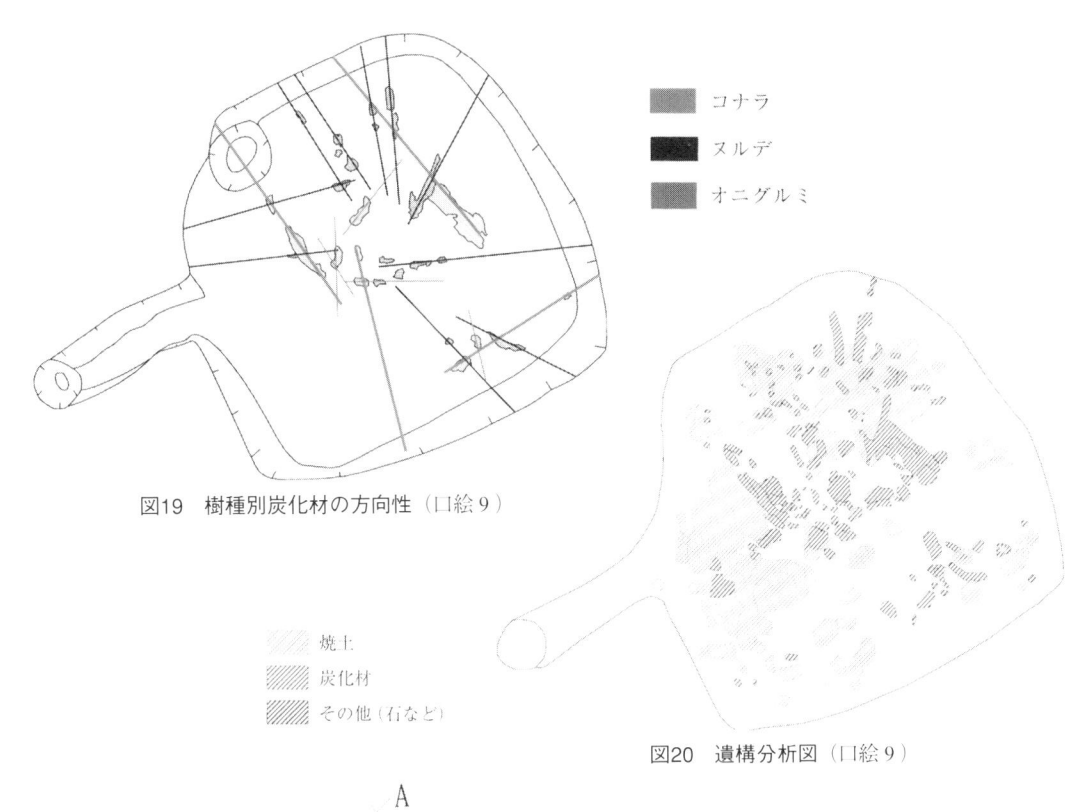

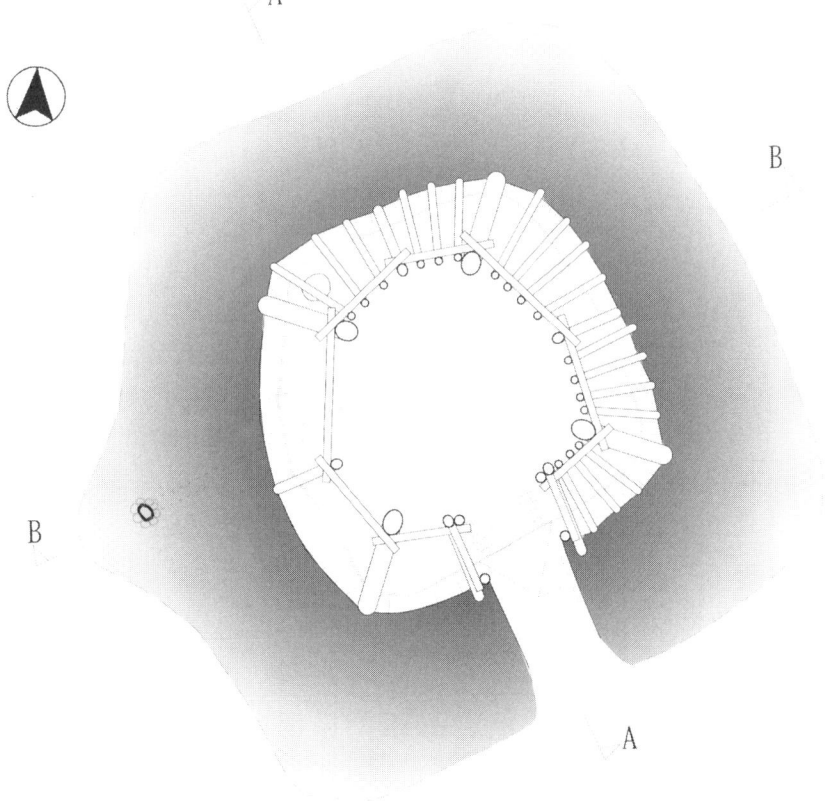

図19 樹種別炭化材の方向性 （口絵9）

図20 遺構分析図 （口絵9）

図21 復元平面図

第2章 竪穴住居の空間と構造

図22 復元断面図A—A'

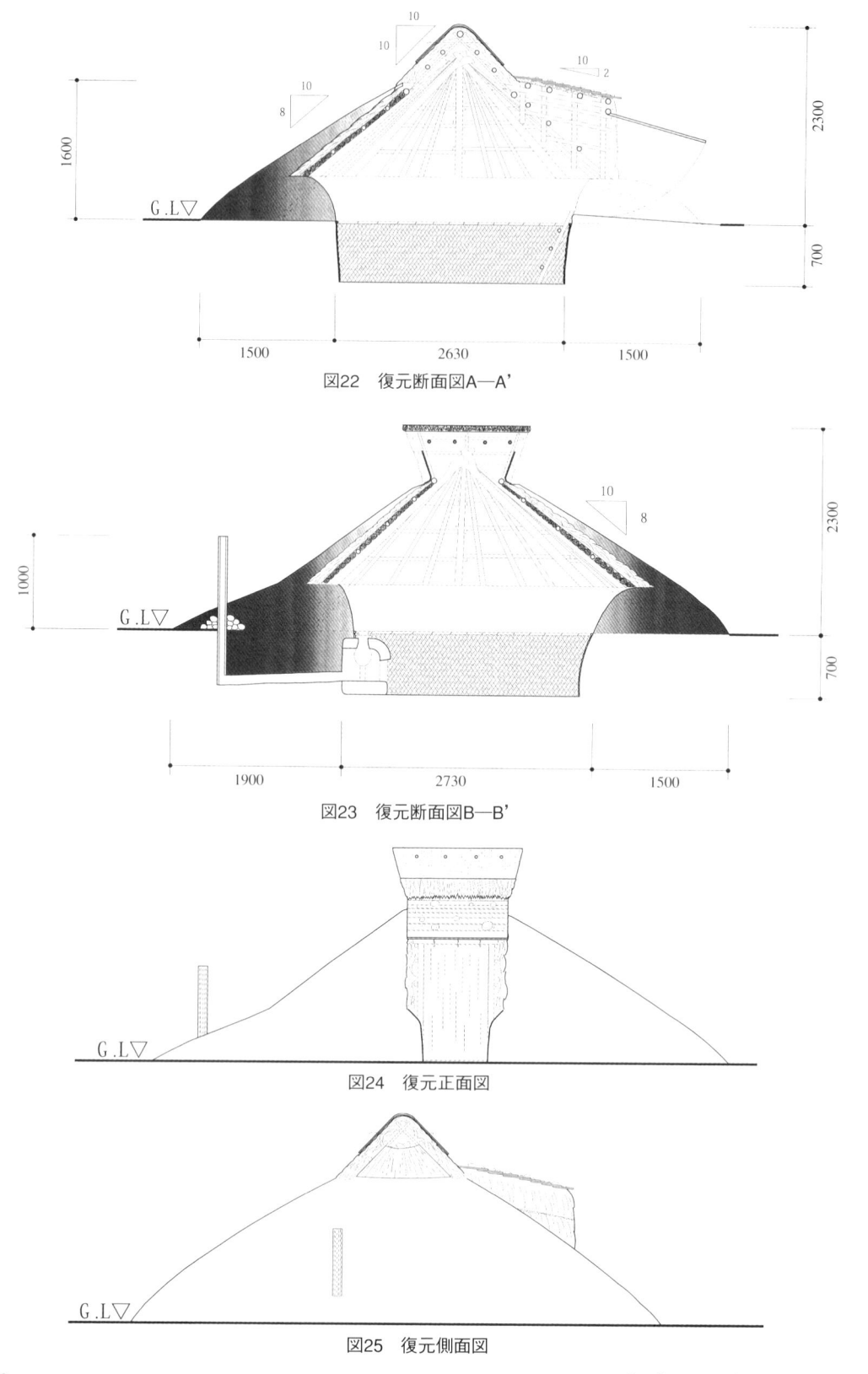

図23 復元断面図B—B'

図24 復元正面図

図25 復元側面図

270 ─────────────────────────────── 第7節 隅入の住居／無柱の住居

く、比較的小振りの丸太材である。小振りの建物なので、あえて板材を密に配列する必要もなかったのだろうか。小舞らしい方向性をもつ細い炭化材もみつかっている（図30・31）。下地については不明である。茅が出土しているわけでもなく、樹皮らしい痕跡が認められるわけでもないが、無柱構造の場合、サス（4脚）をある程度急勾配にしないと小屋組が不安定になるので、勾配のゆるい樹皮葺きより茅葺きのほうが適していると判断した。下地の茅については、妻気晩田遺跡（弥生時代後期）や黒井峯遺跡（古墳時代後期）の焼失住居で確認された「下側＝横葺、上側＝縦葺」の二重構造を採用する（図32）。こうすることによって、屋根土の零れ落ちを防ぎ、雨水を外側に流すことができる。下側の横茅は垂木、上側の縦茅は小舞に結びつける。屋根勾配は8／10とし、屋根土の厚さは屋根頂部で0〜10cm、周堤との接点で30〜40cmとした。

　越屋根は最上段の小舞を基礎として垂木を組み上げ、横葺きなし逆葺きのみの茅葺きとする。茅葺きなので勾配はややきつく10／10として、全体に樹皮を被せ笄を刺してとめる（図33・34）。

　入　口　入口の位置を直接的に示す資料はない。ただし、炭化材・焼土の分布からみて、屋根は南東側から少しずつ崩れその後北側が一気に崩れたと想定されること、カマドを付属する竪穴住居は排煙のために入口をカマド近くに設ける例が東北・北海道に多いことなどを参照し、南東側に設置した。入口の形状については切妻妻入案（図35）と小庇平入案の両方を検討したが、前者の場合、

図26　復元模型正面

図27　復元模型西側面

図28　復元模型側面

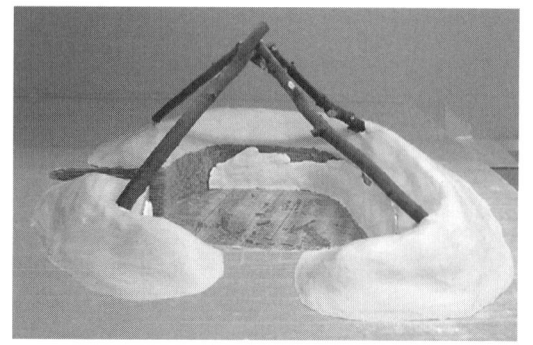

図29　模型制作プロセス①　4脚構造

図30　模型制作プロセス②　垂木・小舞取り付け

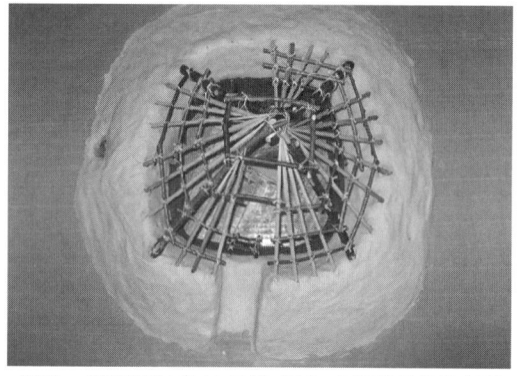

図31　模型制作プロセス③　垂木・小舞取り付け完了

図32　模型制作プロセス④　茅葺き下地の状況

図33　模型制作プロセス⑤　越屋根の完成

図34　模型制作プロセス⑥　土屋根・越屋根完成

図35　切妻妻入案模型（骨組）

図36　小庇平入案模型（骨組）

建物本体の容量に比して大きすぎる傾向が否めず、小庇平入案を採用した（図36）。入口の屋根勾配は2／10とし、横葺きなし逆葺きのみの茅葺きに樹皮を被せ、石をのせた。竪穴埋土の中間で発見される石は樹皮葺き石置屋根の石かもしれない。また、入口部分は、地面にも水勾配をつけて雨水を屋外へ流すようにする。戸は板で、突上戸とする。

　カマド　根城跡東構地区の住居跡カマド、八戸市湯浅屋新田遺跡のカマドを参考にし、さらに青森県埋蔵文化財センター編『青森県の歴史』（1993）掲載の復元模型、桐生直彦［2005］の研究などを参考にして、甑が一つだけのるタイプのカマドに復元した。ただし、既往の復元案では屋外に煙突を設けていない。煙道だけで煙突がないと、雨が煙道に吹き込むし、熱気を帯びた煙が上昇する力が弱くなる。当然のことながら、煙突は存在したと考えるべきであり、煙道との接点は石積みして粘土で固めるなどの工夫を凝らしていたものと推定される。実際、大平遺跡などでは煙道に小石や焼けた粘土が放り込まれた状態で検出されており、また樺太アイヌのトイ・チセ（土の家）でも高い煙突を設けている。したがって、かつて西山和宏ら［2001］が一戸町の北館遺跡2号竪穴住居で復元したように、一定の高さをもつ煙突が必要不可欠であったと考えるべきだろう。

（3）　焼失住居の焼け方の分類

　以上のように、野田Ⅱ遺跡SI01は柱のない四脚構造をベースとする四角錘形屋根の竪穴住居に復元される。奈良時代後期にしては珍しく、竪穴の内部に柱が1本もなく、テントに似た構造で土屋根を支えている点に注目したい。

　こうした土屋根の建物は、御所野遺跡の住居跡にみるように、遅くとも縄文時代中期に出発点をもつ。野田Ⅱ遺跡SI01は、そのような伝統が奈良時代の後期まで継承されてきたことを示す重要な資料である。ここでまた焼失住居をテーマとして復元考察を試みたわけだが、一口に焼失住居と言っても、その焼け方は多様である。その多様さは以下の3レベルに大別できる。

　1）最近（2008年）視察した兵庫県有年牟礼遺跡の焼失住居跡（弥生中期）では、中央部に炭化材が集中して残り、周辺部に炭化材は存在しない。焼土も少なく、炭化材の上に点在する程度。この出土状況は不完全燃焼の典型を示す。屋根土は屋頂部まで達して室内の密封性が高く、その結果、室内の部材は越屋根周辺しか焼けないで、壁際の材は炭化すらせず、土壌化してしまう。

　2）中央部に炭化材が少ない反面、焼土が集中。炭化材は壁際に残る。これが焼失住居跡では最も一般的な焼け方である。越屋根の周辺は土で覆われず、茅などの下地が露出していた可能性が高いだろう。この焼け方の場合でも、周堤上には炭化材を残さないのが一般的だが、鳥取県の箆津乳母ヶ谷第2遺跡SI5・SI6（弥生後期）のように周堤上に炭化材を確認できる遺構も例外的に存在する。ただし、この場合、壁から内側の炭化材はやや少なく、3のような赤焼土堆積の範囲がひろくなる。竪穴内部でよく焼けた証拠であろう。

　3）竪穴の全面で炭化材は少ないが、分厚い焼土が床面にひろく堆積。この代表例が福島市の宮畑遺跡（縄文中期末）である。炭化材をほとんど残さないほど全体がよく焼けており、竪穴の全面に厚さ25～40cmの赤焼土が堆積する。これは粘土が高温で焼けたために土屋根が一定時間、ドーム

状に自立していたことを示している。通風がよく、完全燃焼しており、地山系粘土の屋根被覆土が燃焼により硬化し、ドーム状に自立していたものと推定される（第2章第3節2）。

　この焼き方と直接関係するわけではないが、最近、樹皮や草で葺いた屋根を土で覆う最大の要因は「防火」にあると確信するに至っている［浅川 2009a・b］。草葺きや樹皮葺きの竪穴住居は失火で燃えやすい。燃え始めれば、またたくまに「全焼」の憂き目にあう。これを防ぐために草や樹皮の上に土を被せたのだと思うのである。土を被せると、屋根材だけでなく、室内全体の湿気が高くなって、失火による火災が起きにくくなる。その反面、湿気によって、屋根材や木材は腐りやすくなるので、一定期間を経て、住居の廃棄もしくは焼却を余儀なくされる。建物の解体による部材の再利用は腐朽により難しい。住居が廃棄された場合、土屋根は自然に崩落し土壌化していくが、それには時間がかかる。そこで、饅頭状の高まりを平地化するため意図的に住居を焼いた。その遺構が「焼失住居」として全国各地の遺跡で発見されるのだと思っている。

附記
本節2論文の初出は以下のとおりであり、若干の修正を施した。
　浅川滋男・横田研二　2008　「古墳時代の隅入住居―クズマ遺跡5号住居の復元」『山陰地域の弥生時代建築に関する実証的復元研究』鳥取環境大学浅川研究室：pp.54-59
　浅川滋男・門脇史知　2009　「古代の竪穴住居跡の建物復元」『野田Ⅱ遺跡』一戸町文化財調査報告書第63集：pp.33-45

参考文献
浅川滋男　2000　「妻木晩田遺跡の焼失竪穴住居」『奈良国立文化財研究所年報』2000-Ⅰ
　　　　　2001　「土屋根住居とは何か」『宮畑縄文人の家を考える―焼けた家の謎』福島市教育委員会
　　　　　2003　「大原D遺跡SC003の復原」『大原D遺跡群4』福岡市埋蔵文化財調査報告書741集、福岡市教育委員会
　　　　　2004　「宮畑遺跡SI-43の復元」『福島市埋蔵文化財報告書』第173集、福島市教育委員会
　　　　　2004　「住居の始原―東方アジア民族建築の先史学的パースペクティヴ―」『弥生のすまいを探る―建築技術と生活空間』鳥取県教育委員会
　　　　　2005　「竪穴住居の構造」奈良文化財研究所編『日本の考古学―連続と変革―』上巻、学生社
　　　　　2009a　「居住の技術－縄文時代」『縄文時代の考古学』第8巻、同成社
　　　　　2009b　「居住の技術－弥生時代」『弥生時代の考古学』第6巻、同成社
ASAKAWA Shigeo　2004　"Behausungen, Raumaufteilung und Struktur von Grubenhäusern in der Jomon-Zeit", ed. W. Alfried, W.Steinhaus und M.Sahara, *Zeit der Morgenröte, Japans Arcäologie und Geschichte bis zu den ersten Kaisern*, Reiss-Engelhorn-Museen, Manheim
浅川滋男・藤井利史　2006　「打出遺跡SI01の復元」『富山市打出遺跡発掘調査報告書』富山市埋蔵文化財調査報告7、富山市教育委員会
浅川滋男編　1998　『先史日本の住居とその周辺』同成社
　　　　　2000　『北東アジアのツングース系諸民族住居に関する歴史民族学的研究―黒龍江省での調査を中心に―』住宅総合研究財団研究成果報告書、丸善

　　　　　　2001　『竪穴住居の空間と構造』平成11〜12年度科学研究費特定領域研究成果報告書、国際日本文化
　　　　　　　　　研究センター
　　　　　　2006　『大社造の起源と変容に関する歴史考古学的研究』平成16〜17年度科学研究費基盤研究C研究
　　　　　　　　　成果報告書、鳥取環境大学
　　　　　　2008　『山陰地域の弥生時代建築に関する実証的復元研究』平成19年度とっとり＜知の財産＞活用
　　　　　　　　　推進事業助成研究成果報告書、鳥取環境大学
大貫静夫・佐藤宏之編　2005　『ロシア極東の民族考古学』六一書房
大林太良　1991　『北方の民族と文化』山川出版社
岡村道雄編　2008　『日本各地・各時代の焼失竪穴建物跡』奈良文化財研究所
桐生直彦　2005　『竈をもつ竪穴建物跡の研究』六一書房
西山和宏・蓮沼麻衣子　2001　「東北・北海道における歴史時代の竪穴住居」浅川編『竪穴住居の空間と構造』

第8節　オホーツク文化の船形住居
―トコロチャシ跡遺跡オホーツク文化9号住居跡の復元―

1．オホーツク文化住居の復元へむけて

(1)　北海道の先史文化と住居の変遷

　北海道に弥生文化は存在しない。縄文晩期に大陸から稲作技術をともなう文化複合が日本列島にもたらされ、弥生時代になって、その波はまたたくまに青森にまで及んだが、津軽海峡を越えることはなかった。北海道で縄文文化に後続するのは「続縄文文化」であり、本州が律令期に入るころ「擦文文化」に変容していく。住居はいずれも竪穴式で、縄文〜続縄文期の円形平面から擦文期の方形に変化する。擦文文化の方形竪穴住居は本州東北地方の古墳時代〜律令期の住居形式に影響を受けており、東北・北海道に残る古代方形住居は焼失遺構の炭化材配列や焼土層からみて、その大半が土屋根に復元される。

　北海道に擦文文化が栄えていたころ、遠い海の彼方から海獣狩猟を生業とする集団が道東の沿岸域に押し寄せ、擦文文化の担い手と抗争をくりひろげていた。先住漁撈定住民と漂海民の軋轢がそこにはあり、後者が岸辺近くに定着して残した文化を「オホーツク文化」と呼ぶ。厳密に言うならば、オホーツク文化は3世紀から13世紀までオホーツク海沿岸を中心とする北海道北半、樺太、南千島の沿海域に栄えた。司馬遼太郎は『オホーツク街道―街道をゆく〈38〉』[朝日文芸文庫 1997]のなかで、日本書記にいう蝦夷(えみし)が擦文文化の担い手、粛慎(みしはせ)がオホーツク文化の担い手にあたる可能

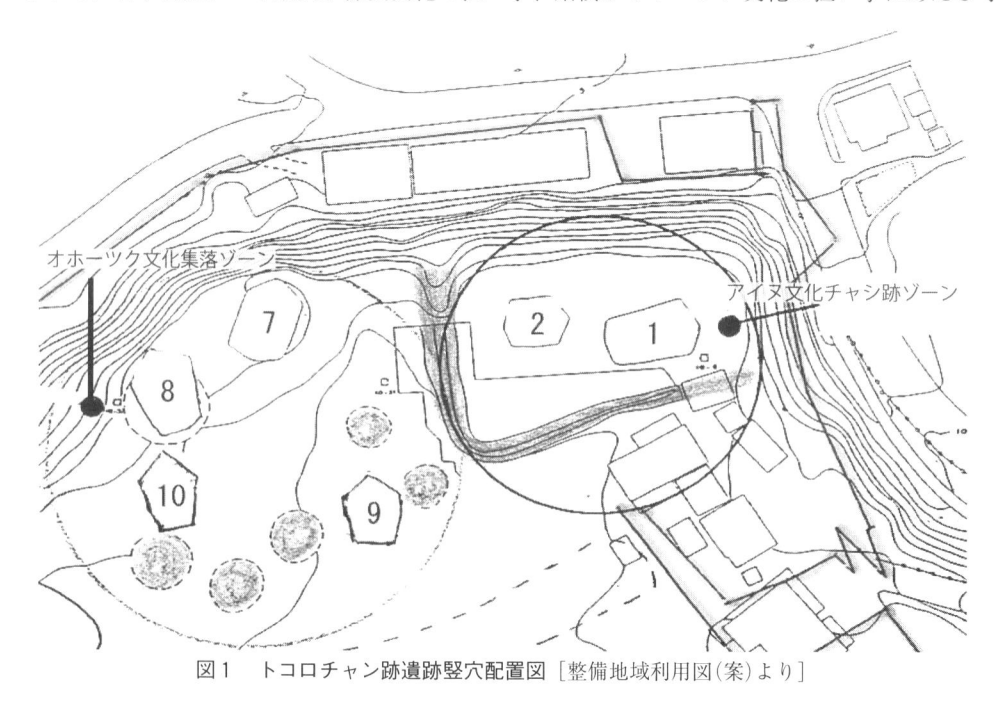

図1　トコロチャン跡遺跡竪穴配置図 [整備地域利用図(案)より]

性を示唆している。『晋書』の東夷伝にみえる粛慎（しゅくしん）がアムール川流域の古代狩猟・漁撈民であることを知っている者ならば、司馬の推察に心ときめかされるが、いまのところ「みしはせ」と「しゅくしん」との関係は立証されていない。

さて、オホーツク文化の住居もまた竪穴式ではあるけれども、日本全国のどこにも存在しない不思議な形をしている。その平面形は不整六角形と呼ぶべきもので、妻側片方の先端が鋭角的に飛び出しているのに対して、もう一方の妻側の先端はわずかしか外にでていない。この形はおそらく船を意識したものであろう、というのが筆者らの見解である。六角形をなす深い竪穴の斜面を斜めに削りこめば、穴は船底に似た形状になるからである。また、マストをイメージさせる棟持柱を妻側両端に伴うことも特徴の一つであり、屋根はシラカバの樹皮葺きに復元される。六角形平面が船の暗喩であるか否かについては異論もあろうから断定的な表現はひとまず控えることにして、以下の点を強調しておきたい。擦文文化がそのまま近世アイヌ文化に進化するわけではなく、擦文文化とオホーツク文化の担い手たちが対峙しつつ融合していく結果として、近世アイヌの文化が生まれる。とりわけ9世紀以降、オホーツク文化は擦文文化の影響を受けて大きく変容する。その文化を「トビニタイ文化」と呼ぶ。ここでまた住居も変化する。突出の短い妻の片側が直線になって、平面は五角形が主流を占めるのである。方形（擦文）と六角形（オホーツク）の融合として、五角形平面が登場したという見方が許されるかもしれない。そのトビニタイ文化も13世紀になると擦文文化に完全に吸収されてしまう。

(2) トコロチャシ跡遺跡の整備と先行復元研究

北海道北見市はトコロチャシ跡遺跡の史跡指定・整備の準備を進めており、2008年に鳥取環境大学浅川研究室へオホーツク文化9号住居（c期）の基本復元設計を委託した。本節は、その復元設計案を示すものである。トコロチャシ跡は、その名のとおり、アイヌ文化の砦跡の遺跡である。海岸に近い小高い丘の上に城柵を築く防御性の高い砦跡に加え、アイヌ期に先行するオホーツク文化の竪穴住居もいくつかみつかっており、両者を複合的に遺構表示することが史跡整備の課題の一つとなっている。

オホーツク文化の住居については、おもに平面構成に関わる大井晴男［1979］、藤本強［1982］、武田修［1996］らの先駆的な業績がある一方で、上屋構造の復元は、標津町ポー川史跡自然公園（トビニタイ文化）、常呂町埋蔵文化センターの復元模型（オホーツク文化）（図2・3）、オホーツクミュージアムえさし（オホーツク文化）の部分的復元建物（図4）などが先行事業としてあるものの、いずれも復元の方法やプロセスに関わる情報はほとんど公開されていない。本節では、9号住居の復元について遺構解釈から復元設計にいたるプロセスを詳細に論述する。オホーツク文化住居に関するこの種の建築考古学的研究はこれまでなされていない。

(3) オホーツク文化の住居空間

すでに述べたように、オホーツク文化の住居跡は、五角形もしくは不整六角形の平面を呈し、中

図2　常呂町埋蔵文化財センター展示復元模型

図3　常呂町埋蔵文化財センター展示復元模型

図4　オホーツクミュージアムえさし復元住居

図5　ところ遺跡の館の展示復元模型

央に石囲炉か木枠囲炉を設ける。この炉をかこむようにしてコ字形の貼床がつくられている。藤本強は擦文文化の住居空間を分析するにあたり、主柱より内側を「内区」、その外周域を「外区」と呼んでいるが、大井晴男はこの用語をオホーツク文化住居にも適用し、内区を共同のユーティリティ・スペース、外区のうち出っ張りのある妻側を祭祀空間、長い平側を個人的な居住空間とみる（図6）。

オホーツク文化の住居は、やや出っ張りの弱い妻側外区の中央に、必ず骨塚を設けている。ヒグマをはじめエゾシカ、キタキツネなどの頭骨の集積であり、祭祀的空間と関わる遺構と考えられる。北見市常呂町の常呂川河口遺跡15号竪穴住居（焼失住居跡）では、骨塚の周辺床面から特大型の土器が出土したり、オオムギ、アワ、キビなどの種子が多数出土するケースもあり、武田修［1996］はこの特大型土器を骨塚とかかわる祭器もしくは拡大家族の共用物とみなしている。

遺物は外区に集中して発見される。15号竪穴住居では、大型土器・中型土器・小型土器・鉄器・青銅製品・骨角器・石鏃・削器・木製品が6つの区域にそれぞれセットで分かれて出土している。武田修はこの竪穴外区の領域をⅠ～Ⅶ域に分け、Ⅰ域を骨塚を中心とする祭場、Ⅱ～Ⅶ域の6域を核家族（単位集団）の居住空間とみて、全体では6家族が集住した拡大家族と推定している（図7）

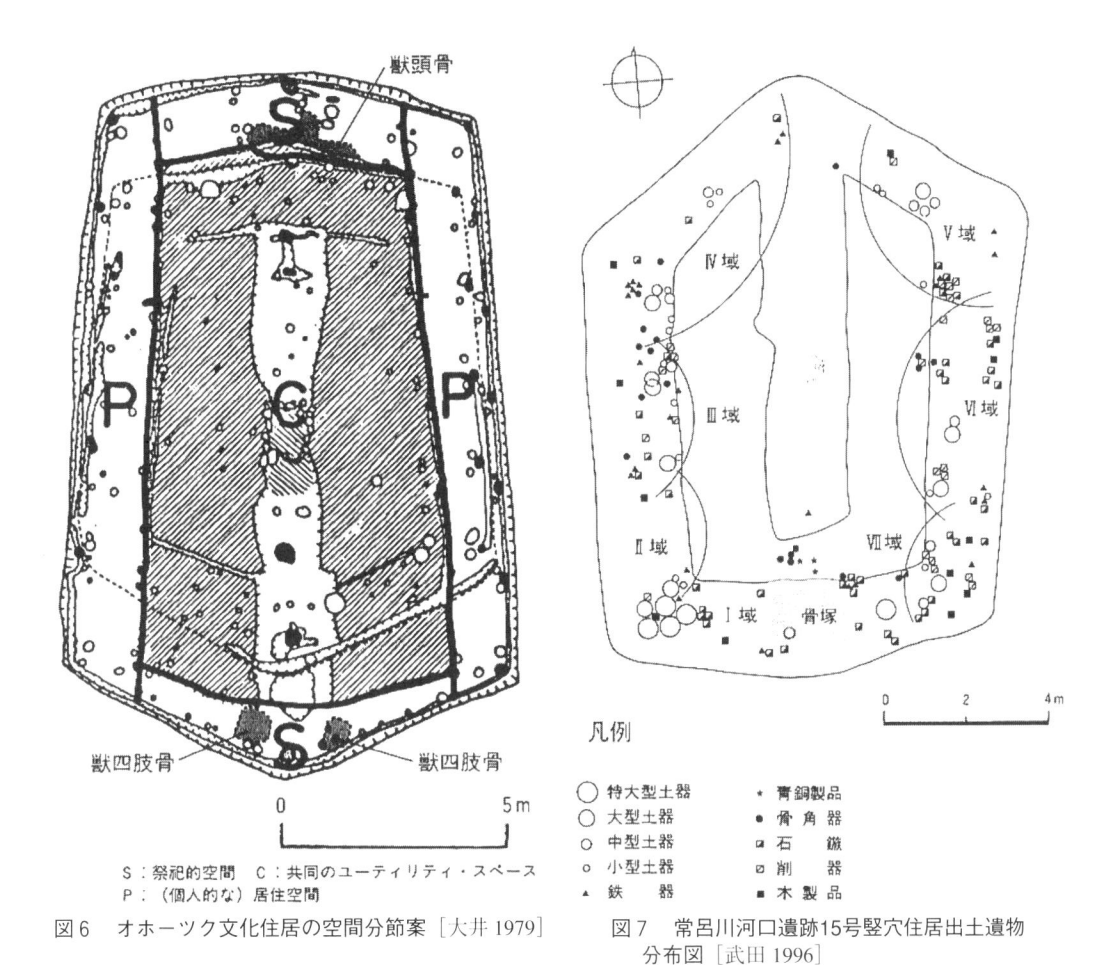

図6　オホーツク文化住居の空間分節案［大井 1979］　　図7　常呂川河口遺跡15号竪穴住居出土遺物分布図［武田 1996］

［武田修 2006：p. 126、図54参照］。

　入口については明確な痕跡がない。カムチャツカ半島や北米の先住民に特有な天窓出入の可能性も想定されている（図2）が、常呂川河口遺跡15号竪穴住居などでは、屋根材と推定されるシラカバの樹皮が出土しており、屋根が樹皮葺きだとすれば、足場の強度からしても天窓出入りは考え難い。内区の貼床部分がコ字形を呈し、貼床のないコの字の開口部の領域が骨塚とは反対側に位置している点を北方ユーラシアのテントや竪穴住居と比較するならば、出っ張りの強い妻側に入口があったと考えるべきであろう。なお、大井晴男［1979］は、トコロチャシ跡遺跡1号竪穴などで獣頭骨を集積した骨塚の反対側の妻側外区に獣四肢骨の堆積の堆積が認められることから、両妻側を祭場と推定している。これは、住居空間を身体になぞらえ、奥を頭、出入口を足とみなすアイヌ住居のシンボリズムに似ており、同じように身体の隠喩を思わせることからも、獣四肢骨の堆積した妻側が入口であっても矛盾はない。

2．オホーツク文化9号住居跡について

(1) 9号竪穴の層序と平面プラン

　2001～2002年度に東京大学文学部考古学研究室がおこなったトコロチャシ跡遺跡オホーツク文化9号住居（8～10世紀ころの遺構）の発掘調査では、前年までに調査を終えた7・8号住居の南東部にあたる大型の凹みの位置にトレンチを設定した。ところが、過去の測量後に二次堆積土が積み上げられたため、現地表面では凹みが確認できない状態であった。二次堆積土を除くと、住居床面までの覆土の厚さは住居中央部・壁際とも約60㎝であった。竪穴住居内覆土の基本層序は、以下のとおりである。

　　Ⅰ層：表土層（二次堆積土を含む）
　　Ⅱ層：暗褐色土層
　　Ⅲ層：黒褐色土層
　　Ⅳ層：炭化物・焼土・粘土粒が混在する茶褐色土層

　トレンチの北西側では、Ⅲ層中に白色火山灰が薄くまばらに堆積する部分があった。また、住居の北面壁際、六角形の頂点付近に相当する位置のⅢ層下部～Ⅳ層上面には海獣骨を中心とした動物遺体の集中がみられたが、床面よりかなり高い位置にあった。

　竪穴住居は火災をうけて全体的に燃えていたが、粘土の貼床及び壁材・柱材の遺存状況はそれほど良好とは言えない。貼床は、北側の一部でレンガ状に硬化している部分が遺存していたほかは、ぼろぼろに風化していた。住居の壁を構成する樹皮・板材も、住居北面・西面の壁際では炭化した状態で遺存している部分もあったが、他の部分では材の一部が痕跡として認められる程度であった。

　住居の周溝は複雑に切り合っている。遺存する壁材の位置から判断して、少なくとも3回の建て替えないし改築があったと考えられる。これらの建て替えは住居の縮小および長軸中心軸の平行移動をともなっており、基本的には外側が古く内側が新しい。古い順に9a号・9b号・9c号と呼び分けるならば、最も大型の9a号が最初に構築され、次に長軸中心軸を南西側に平行移動しつつ縮小して9b号を構築し、続いて9b号をわずかに内側に縮小して9c号に造り替えている。9a～9c号の建て替え

図8　9号竪穴住居変遷図（左：a期、中：b期、右：c期）（口絵10）

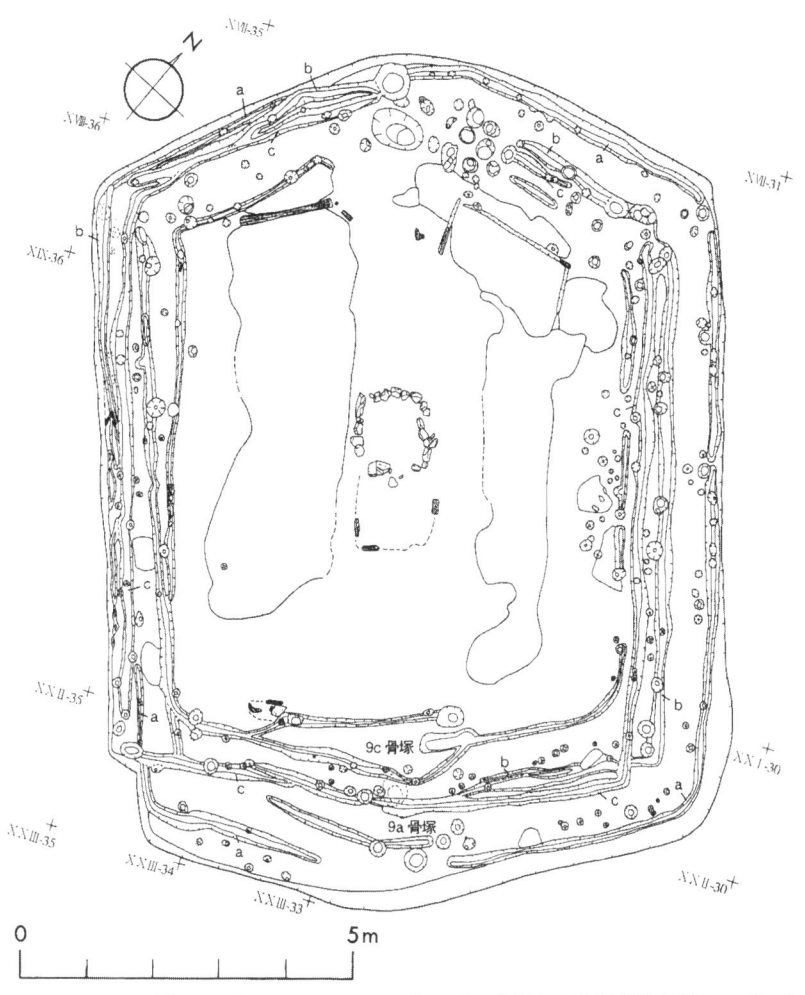

図9　9号竪穴住居遺構図（宇田川［2003：p.20, fic.10］では9a骨塚と9c骨塚が入れ替わっていたため修正）

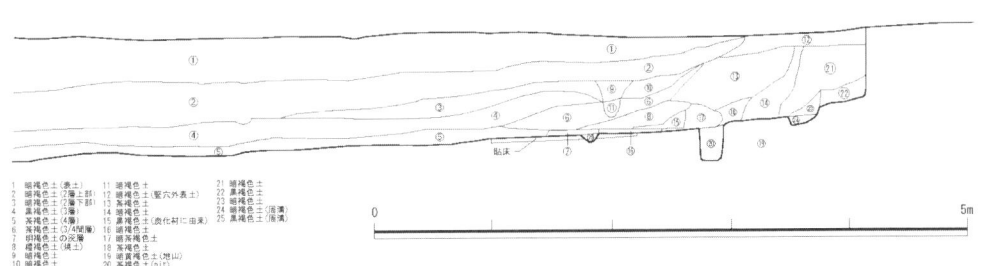

図10　ウ区南北サブトレンチセクション図（東京大学文学部考古学研究室提供の遺構図から作成）

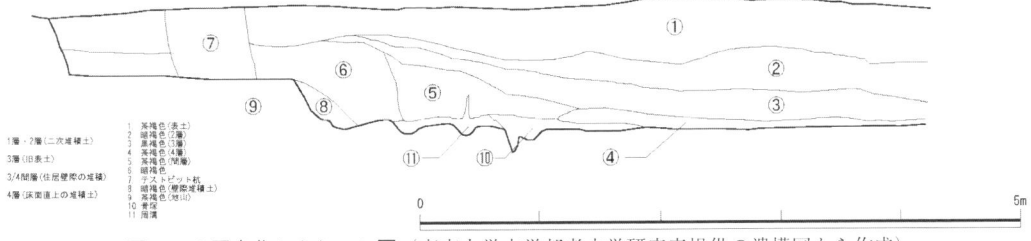

図11　3区南北セクション図（東京大学文学部考古学研究室提供の遺構図から作成）

に合わせて貼床や炉も変更されている（図8）。

　住居の規模については、9a号の長軸が竪穴上端部で12.4m、下端部で11.9m、短軸は下端部で9.2m～8.4mを測る。9b号は長軸10.5m、竪穴下端部の周溝部分で測定した短軸は8.4m、9c号は長軸10.4m、短軸8.0m～7.8m（同じく下端部周溝部分）である。平面は、貼床開口部方向が強く張り出す不整六角形を呈する。住居の長軸方向は9a～9c号とも北西である［宇田川 2003］。

（2）　細　部

　柱　穴　9c号住居に対応する2本の大きくて深い柱穴が確認されている。入口側の柱穴が直径約22cm、奥側の柱穴が直径19cm程度で、深さは約50cmを測る。いわゆる「主柱穴」と判断される遺構である。ここに棟持柱を立てていたと考えられる。これ以外では壁際に多数の柱穴が検出されているものの、住居の構造材として機能する柱を立てていたようにはみえない。興味深いことに、北東（開口部）側にやや大型で深いサイズの柱穴（直径約10～20cm、深さ約30cm）が10本ほど列をなして密集している。これについては、出入口などの施設が想定される。

　壁の構造　丸太の外皮部分を残した厚さ3～6cmほどの板材を、外皮部分を内側に向けながら縦使いで並べて壁とする構造で、壁材と壁面（土の掘削面）の間に樹皮をあてる裏込も一部で確認されている（図12）［宇田川 2003：p. 20］。

　貼　床　古い貼床の上に新しい貼床を重ねた部分と、その貼床をさらに成形し直している部分が確認でき、少なくとも2回の改修が認められる。レンガ状に硬化して遺存している一部以外では、ぼろぼろに風化しており、貼床の範囲や形状は不明瞭である。だが、粘土粒が散っているような状態で痕跡が残されている部分からみるに、貼床の当初範囲は、他のオホーツク文化住居と同様に、炉を囲む「コ」字形に復元できるだろう。最も新しい貼床の周溝には、板状の炭化材が遺存している。木枠のようなもので囲まれていたのかもしれない［宇田川 2003：p. 21］。

　炉　住居の中央付近には、南北に隣接するようにして炉が2ヶ所で検出された。北側の炉は正方形の石組で、平面は約1.3m四方。この北側の炉は、遺存状態などから判断して9c号の時期に対応する可能性が高い［宇田川 2003：p. 21］。一方、南側の炉は遺存状態が悪いため、炭化材がわずかに確認されたにとどまる。本来は一辺1m前後の正方形であり、周囲を木枠で囲んだ炉であったとされる。炭化材が断片的にしか確認できないような遺存状態の悪さから考えると、北側の石組炉より古いものなのかもしれない［宇田川 2003］。

　骨　塚　骨塚は9a号と9c号のそれぞれに対応するように遺存していた。9a号の骨塚は、主柱穴の前に形成されていた痕跡を確認できる。その範囲は約0.5×1mの横長長方形を呈しており、底面には板状の炭化材、周囲には木枠状の炭化材が残っている。木枠をもつ祭壇状構造物の上か内部にクマなどの動物骨を堆積させていたのだろう。9c号の骨塚は住居長軸上にあって、奥壁に接する。範囲は長軸方向2m×短軸方向1.3

図12　壁材と壁面の間の樹皮（復元模型）

mほどで、焼けた骨や土器が堆積している。9c号骨塚の最下面ではヒグマの下顎骨も一体分安置されていたという。また、住居の北面壁際にあたる六角形頂点付近のⅢ層下部〜Ⅳ層上面には海獣骨を中心とした動物遺体の集中的な堆積がみとめられる［宇田川 2003：p. 19］。この動物遺体の堆積が、獣頭骨を集積した骨塚の反対側の妻側外区に位置していることから、両妻側を祭場として住居空間を身体になぞらえ、奥を頭、出入口を足とみなす身体の暗喩が9号住居でも認められる可能性がある。

部材の樹種 9c号住居には樹種に関する詳細なデータがないため、常呂川河口遺跡15号竪穴住居の例から構造材を紹介しておくと、ナラ属、ナナカマド属、ニシキギ属などの硬木に限定されている。板壁材には比較的割りやすいモミ属やイチイを使用していた。これらの樹木を9c号住居に用いていた可能性が考えられると同時に、屋根にシラカバの樹皮を用いているので、シラカバの木を構造材や壁材に使っていたと考えることもできるだろう。

3．オホーツク文化9c号住居の復元考察

(1) 旧地表面と周堤の復元

旧地表面の復元 ほとんどの発掘調査現場において、遺構検出面は旧地表面から若干掘り込まれたレベルにある。かつての生活面は、後世の整地などによって削平されているのである。そのため、まず旧地表面のレベルを復元することが必要になる。9号住居の場合、遺構検出面から竪穴床面までの深さは約70cmだが、他の出土例に比べればやや浅く、旧地表面から20〜30cm程度の削平を受けていると判断し、旧地表面から床面までの深さを約1mに復元した。

周堤の意味と規模 オホーツク文化の住居に周堤が存在したという証拠は未だみつかっていない。しかし、周堤がないと小屋組を支持することはできない。周堤は小屋組の垂木尻を固定するための基礎であり、時代や文化を超えて必要な竪穴住居構造の一つである。この場合、小屋組を地面上に築いてから垂木尻に土を盛り固めていく。周堤を築いてから垂木材のための穴を掘るのではない。周堤の幅は一般的に周提溝と竪穴壁の距離によって計算できる。オホーツク文化の場合、周提溝はみつかっていないので正確な周堤幅を復元できないが、一般に竪穴掘削土の量と周堤の土量には相関性があると言われている。本節では、弥生時代住居跡などにおける周堤規模や9c号住居の深さから判断して、周堤の幅を2.5〜3.0m、高さを約65cmに設定する。

(2) 平面の復元

船の暗喩としての竪穴住居 オホーツク文化住居の竪穴平面は不整六角形を呈する。はじめに述べたように、入口側の出が大きく、奥壁側の出は短い。この形状特性について、出の長い前方妻側を「舳先(へさき)」、出の短い背面を「艫(とも)」に見立てることができる。海の彼方からやってきた海獣狩猟民たちは、陸地に定着する以前、船に住みながら海を移動していた。船こそがかれらの住まいであった。だから、陸地定住化後、住まいとしての船が感覚として共有され、その結果、船の形をした竪

穴を掘り込み、艫と舳先にマスト（主柱）を立てたのではないか、と想像している。

9c号住居に対応する2本の主柱穴には、もちろん棟持柱を立てる。主柱を両妻側の中央に立てると、屋根は切妻造になる。さらに、屋根の平面の形状にあわせるなら、船のような形をした切妻造になるだろう。

壁際に主柱と呼べるほどの柱穴は検出していないが、両壁際に3本ずつ、平行関係にあるピットを選びだすことには成功した。これらのピットに立てた柱の上を股木にして桁・梁をわたす。

壁の構造　外皮部分を残した板材を板壁にしている。外皮部分を内側に向け、縦使いに並べて壁とする構造であることはすでに述べた。この壁の構造を竪穴住居外区の壁面を覆うように再現する。今回の復元では、さらにシラカバの樹皮を板材のむき出しの部分に横材とツルで固定して背もたれの仕上げを施した。7号住居で、表面を外側に向けたシラカバの樹皮を壁の立ち上がり部分に沿って何枚も重ね、さらにその内側に丸太材を並べていた形跡を確認できるためである（図13）。板壁の高さについては、オホーツク人の身長や竪穴の深さから推定し、1.5m前後に設定する。

貼床と板敷　貼床部分の正確な形状と範囲を遺構図から読み取ることは難しかったが、ある程度の推定はできる。遺存する貼床の範囲と木枠の延長線を照らし合わせながらコ字形に内区を囲んでいくのである。さらに、貼床の外側と竪穴壁面との幅については、人が居住スペースにできる範囲を確保するようにスケールを設定する。貼床の厚さについては、常呂川河口遺跡15号竪穴住居［常呂町教育委員会 1996］を参考にして4cm程度であると判断した。貼床は炉のまわりの作業場と考えればよいだろう。

貼床の外側にはベンチ状の板敷が設けられた。そこは拡大家族を構成する核家族もしくは個人単位の居住空間であり、遺物の多くはこのエリアから出土する。ここには床束のためのピットや炭化した床板などがしばしば検出され、ベッド状板敷の床下が土器などの収納場所となっていたと考えられている。9号住居ではその痕跡が鮮明ではないが、隣接する7号住居と8号住居ではベンチ状施設の痕跡が認められる。ただし、8号住居の場合、一部の板敷は床面に接していただろうとも報告されている［宇田川 2003：p.16］。

これを民族学的にみると、ギリヤーク族の半地下式住居「トルィフ」の住居内ベンチが参考にな

図13　床と板壁の構造（復元模型）

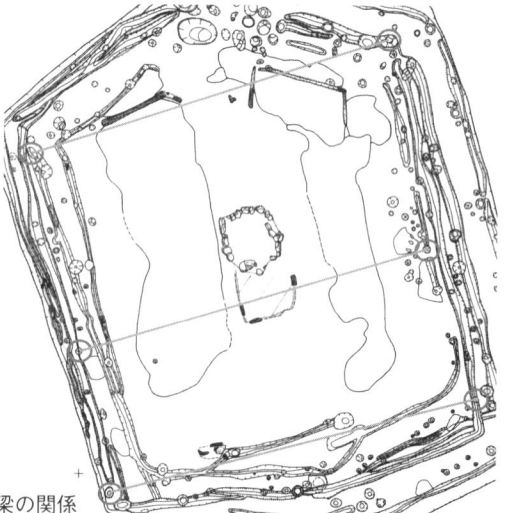

図14　9c号住居における壁際柱と梁の関係

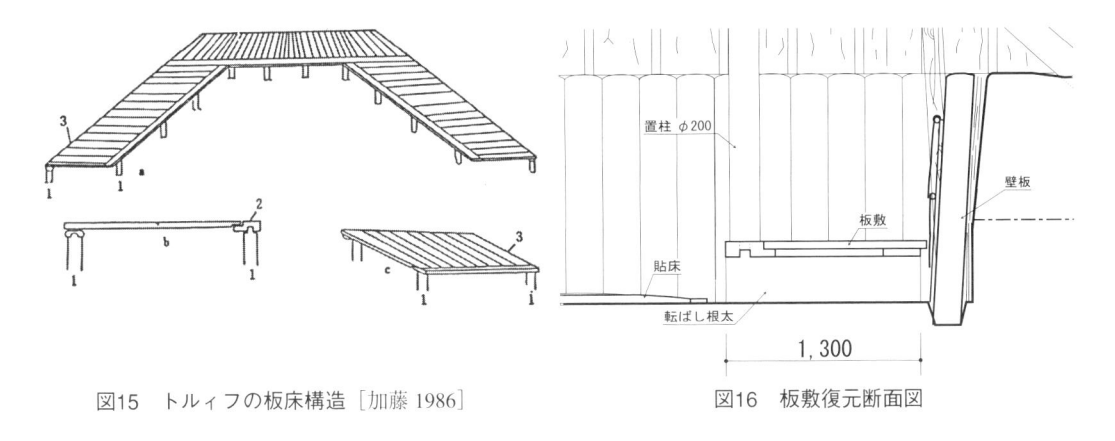

図15　トルィフの板床構造［加藤 1986］　　　図16　板敷復元断面図

るだろう。『北東アジアの民族学史の研究』［加藤九祚 1986］に図解されているギリヤークのトルィフ内部にはコ字形をなす板敷の揚げ床が描かれている（図15）。ここで 9 号住居に立ち戻ると、板敷に関わる床束ピットなどの情報は皆無であるが、8 号住居の一部の板敷が「床面に接していた」可能性を尊重し、床束ではなく、転ばし根太を使った低い板敷に復元することにした。低いが、構造的にはきわめて安定感のあるベンチである。この板敷は柱の基礎にもなりうる。9c号住居の梁間寸法は約10.4mと長いにも拘わらず、竪穴の内部には小屋組を支える柱の痕跡が存在しない。遺構の状況に従って柱を立てないと屋根が崩れてしまう。そこで、板敷の上に置柱を立てることにする。オホーツク文化の時代にはヤリガンナがすでにあった。ヤリガンナなどの鉄器が使えるのであれば板も角材も容易に作れるので、低い板敷の上に角柱を立てることにする。この柱は補助柱である。板と柱の底面の接合をどうしたのか、よく分からない。筋交状の金具や釘があれば最善であるけれども、そういう材があったという証拠は未だないようである。しかし、たんなる置柱だとしても、構造的に効果がないわけではない（図16）。今回は柱の下面にホゾ穴を削り出し、板敷に突き刺して安定させることにした。

　置柱は間仕切りの骨組にもなる。武田［1996］があきらかにしたように、核家族間の領域区分を明確にするため、板敷の上を通っている置柱筋の梁に海獣などの毛皮をくくりつけ、簡易な垂壁を設けた。

　骨　塚　9c号住居の骨塚は住居長軸上の奥壁に接する部分に位置し、範囲は長軸方向 2 m×短軸方向1.3mほどで、焼けた骨や土器が堆積している。9a号住居に対応する骨塚が木枠に囲まれた祭壇状のものであったと読み取れるため、7 号住居と 8 号住居の出土状況も確認しておこう。7 号住居の場合、外側住居の骨塚は長軸ラインを中心に幅1.8mほどの床面に板材の痕跡が認められる。おそらく外側骨塚の下面は祭壇状になっていたと思われる。この外側骨塚ではクマの頭骨が壁側から内側に重ねて並べられた縦の列が数列確認された。頭骨から確認されたクマの個体数は100を超える。内側住居の骨塚は、骨塚下面に祭壇状の構造は確認できなかった。規模も小さく、クマ頭骨が配列された様子も認められない。ただし、オホーツク文化の土器が出土している［宇田川2003：p. 15］。8 号住居の場合、骨塚は南東の奥側と、その反対側にあたる貼床開口部のやや東寄りの壁際

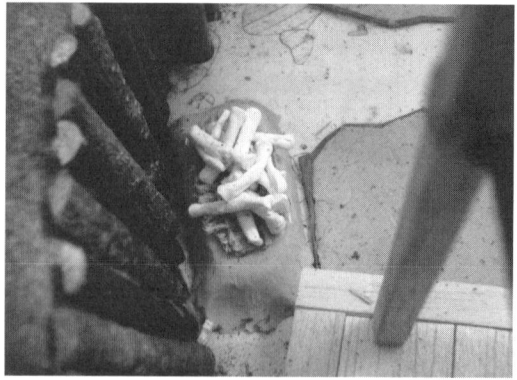

図17　9c号住居の骨塚（模型）　　　　図18　9c号住居における動物遺体の集中箇所（模型）

でみつかった。奥壁の骨塚は主柱穴の前面から貼床までの間を中心にひろがっており、一部は貼床上までひろがっていた。貼床開口部の骨塚は、50×60cmほどの木枠の上に集積された小規模なもので、ヒグマの四肢骨が出土している。以上から、9c号住居も木枠囲いの祭壇状骨塚であった可能性を否定できない。加えて、海獣骨を中心とした動物遺体の集中が、骨塚の反対側の妻側外区に位置していることからも、両妻側が祭場になるように復元設計を進めた。

出入口　9c号住居の遺構図をみると、北東側で9c号住居の周溝が途切れ、やや大型で深い柱穴が10本ほど列をなして密集している。調査担当者はこれを出入口の痕跡とみている。入口がどのような構造だったのかは分からないが、このたびの復元案では海獣の皮を暖簾のように何枚も重ねて垂らしている。後述するように、屋根材と推定されるシラカバの樹皮が住居内部で点々と出土しており、竪穴住居を覆う屋根は樹皮葺きに復元できる。本州の先史時代や北海道の擦文時代の焼失住居には、焼けた屋根土の層が鮮明に残っているが、オホーツク文化の焼失住居にそういう土層は認められない。したがって、住居内で検出されるシラカバの樹皮は土屋根の下地ではなく、屋根材そのものだと考えられる。樹皮葺きの場合、天窓出入りは考え難い。足場の硬い土屋根だから天窓出入りが可能なのである。この点からみても、北方ユーラシアの古アジア語族や北米先住民の一部が用いた土屋根・天窓出入の竪穴住居の構造とオホーツク文化住居の構造は大きく異なる。

（3）　上屋構造の復元

身体寸法と屋根勾配　屋根勾配には身体寸法が関わっている。いわゆる無文字社会では、身体の部位を寸法の単位とし、その倍数によって建物の縦・横・高さを決定している。先史社会においても、この方式が使われたのであろう。建物の規模・寸法に関わる復元のうち、平面的な縦・横については、遺構を読み取ることで復元しえるけれども、高さについての根拠を遺構に求めることはできない。高さについては、身体寸法と葺材にともなう屋根勾配の複合性によって推測する以外に方法はない。

オホーツク人の成人男性の平均身長は160cm程度であるという。梁・桁の高さについては、身長160cmの人の頭が接しない高さであり、建設工程にとっては、人が手を伸ばした高さより低いほう

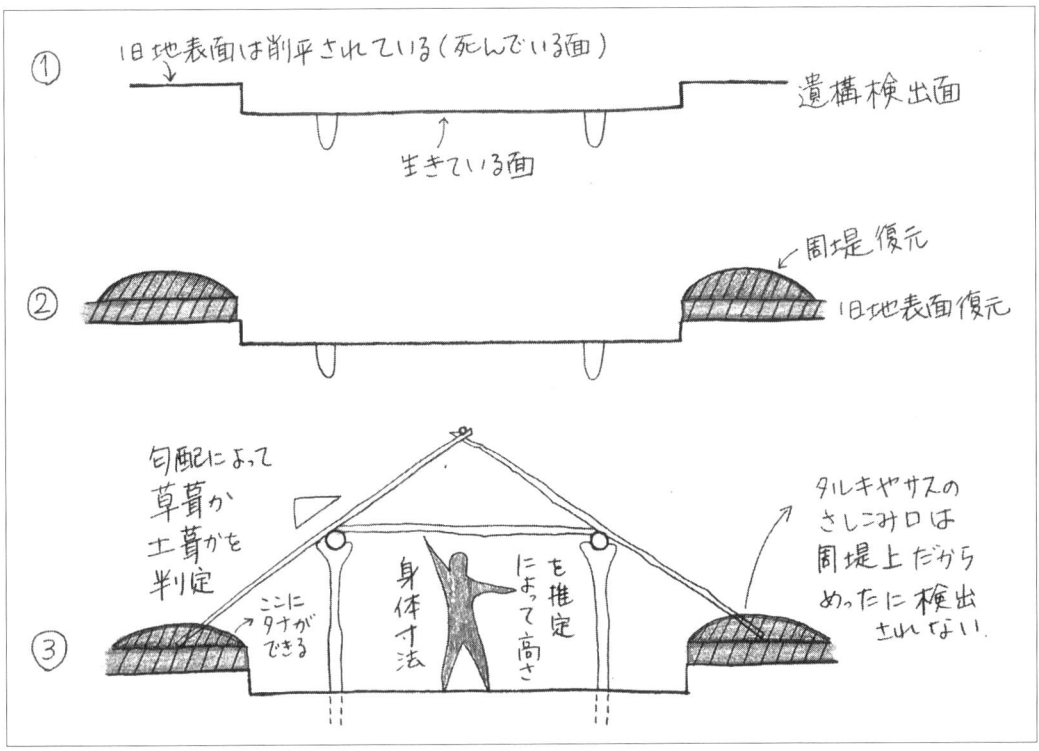

図19　身体寸法と屋根勾配

が望ましいだろう。実数で示すならば、オホーツク文化成人男性が手を伸ばした高さは約 2 m にあたる。したがって、梁・桁の高さを h とすれば、1.6m＜h＜2.0m と想定されるのだが、建物が大型化すると、屋根勾配との関係から h の値を高めに設定せざるをえなくなるだろう。今回復元した 9 号住居も、一般的な竪穴住居に比してかなり大きいものであり、h の値はやや大きめになることが予想された。

一方、屋根勾配については、シラカバの樹皮葺の場合、常識的には5／10～7／10 だが、道東は豪雪地域であり、樹皮屋根に雪が堆積するのを防ぐため、やや強めの8.5／10 に設定した。この結果、床面から桁・梁までの高さ（h）は 2 m となった。

4 脚構造とサス　遺構に適当な柱穴がないため、どのような上屋にすべきか悩まされた。このような場合、多くは民族誌を参照する。最も参考すべき民族誌資料は北海道アイヌの住居チセであろう。アイヌのチセは草葺き草壁の地上式掘立柱建物で、梁・桁上の左右対称の位置にケツンニ（第 2 章第 2 節図 2 ）と呼ばれる 3 脚（ケツンニ）を立て、その頂点に棟木をわたす。こういう構造は北欧ラップランド狩猟民の楕円形テントなどと共通している［大林 1991］。アイヌのチセやラップランドのテントの場合、屋根は寄棟系となる。これをオホーツク文化住居の屋根構造に採用できないわけではない。実際、常呂町埋蔵文化財センターに展示されているオホーツク文化住居模型は亀甲型の寄棟造に復元されている。しかし、妻側中央突出部に残る棟通りの柱穴は、床面に残る他の

ピットに比べてはるかに大きく、側柱の一つというよりも、棟持柱の可能性が高いであろう。これを、わたしたちは「舳先と艫に立つマストのような柱」と認識したのである。こういうマストのような長い棟持柱が立っていたとすれば、屋根は切妻造であったであろう。切妻造に、ケツ二は使い難い。3脚のうちの1本が棟持柱の位置とバッティングするため、「舳先」や「艫」にあたる部分の構造材の納まりが良くないのである。これについては、実際にラフ模型を制作し、納まりの悪

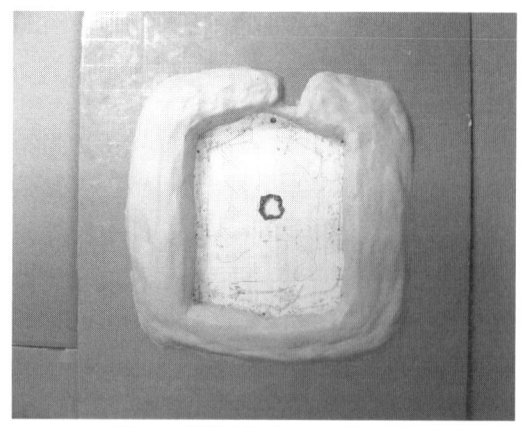

図20　模型制作プロセス①　周堤

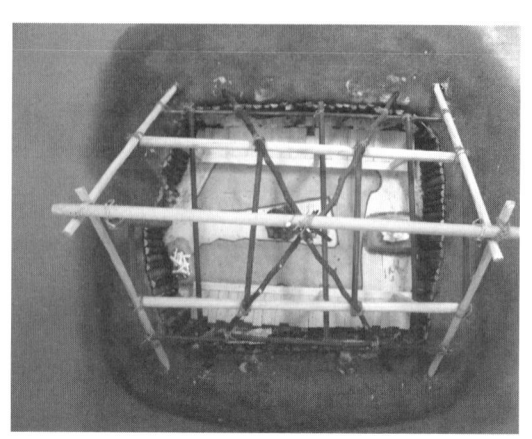

図21　模型制作プロセス②　4脚構造・サス

図22　模型制作プロセス③　母家桁取付

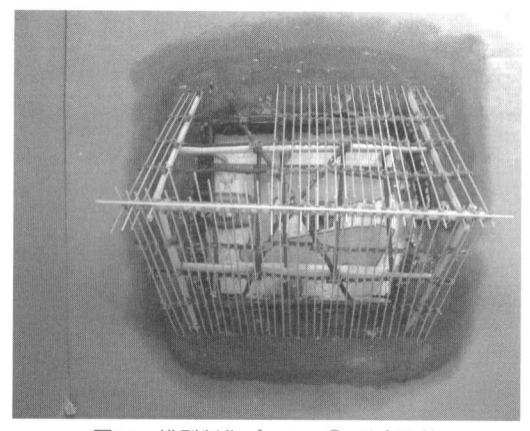

図23　模型制作プロセス④　垂木取付

図24　模型制作プロセス⑤　小舞取付

図25　模型制作プロセス⑥　樹皮葺き

さを確認している。

　さて、3脚は寄棟屋根に特有な小屋組というわけではない。その源流は円錐形テントの構造体にある。ただし、北方ユーラシアから北米の狩猟民住居としてひろく拡散している円錐形テントについては、構造体を3脚とするものと4脚とするものの両方があり、大型のテントについては4脚を採用する傾向が認められる［大林太良1991］。

　3脚や4脚は転々と移動する居地に近い森で伐採した皮付きの丸太材で、末口に股木を残す。股木を相互に噛み合わせることで、構造は驚くほど安定する。今回のトコロチャシ跡遺跡オホーツク文化9c号住居は大型であり、両端の棟持柱とのバッティングを避けるために、棟木の中央を4脚で支える構造を採用した。筋交的な役割をもつ斜材が一つの頂点を共有し、前後左右対称に4本配されるのである。ただし、この頂点と2本の棟持柱の3点支持では棟木が不安定なので、4脚と棟持柱の中間に2脚のサスを設けて棟木を5点で支持することにした。この場合、4脚と2脚（サス）を支えるのは、周堤以外では壁際の側柱でうける桁と置柱上の桁だけであり、この点からみても板敷上の置柱はぜひ設けたい。4脚と2脚（サス）の上にはモヤ（母屋桁）をわたし、その上に垂木を架けて屋根を葺く。

　屋根の復元　9号住居には、垂木などの屋根に関わる炭化材や焼土がほとんど残っていない。それは、9号住居が土屋根ではなかったことを示すものである。一方、9号住居の床面には焼けたシラカバの樹皮が点々と散乱しており、屋根はシラカバ樹皮葺であった可能性が高いであろう。垂木のスパンは不明ながら、常識的な寸法として1枝＝30cmで配列した。垂木上の小舞は25cmスパンで水平にわたし、幅60cm×長さ90cmのシラカバの樹皮を葺き重ねた。樹皮葺きというと、雨仕舞に難がありそうな印象を覚えるが、葺足を長くとることで十分防水できる。

　なお、ケラバ部分では垂木を外転び扇状に配列した。転びは入口側（舳先）で約10°、奥壁側（艫）で約5°とした。こうすることによって、屋根は船形切妻の外観を獲得し、平面の不整六角形とも対応する。地面上の外観が船の形状に近くなるだけでなく、内部は六角形の船底のようになり、「船としての住まい」が強く意識されるのである。

4．復元案の整理と比較

　以上、遺構平面の分析から出発して、類例・民族例を参照しながら、トコロチャシ跡遺跡オホーツク文化9c号住居の復元案を作成した（図27～32）。今回、「船としての住まい」を復元のコンセプトとして徹底してきたが、それは思いつきのものではなく、平面の特殊な形状と棟持柱の存在を重視した結果である。このコンセプトのもとに復元した9c号住居の復元案は、標津町ポー川史跡自然公園に建設されているトビニタイ文化の復元住居（以下「ポー川復元建物」と略称）とよく似ている（図26）。ただ、両者に違いもある。まずポー川復元建物には周堤がなく、9c号住居の復元案には周堤がある。すでに述べたように、周堤は竪穴の掘削土を用いた小屋組の基礎であり、周堤は竪穴住居に必要不可欠な要素と考えられる。また、内部の板敷上に置柱を立てたことも9c号住居復元

図26　ポー川自然公園のトビニタイ文化復元住居

図27　北側からみた復元模型の全景

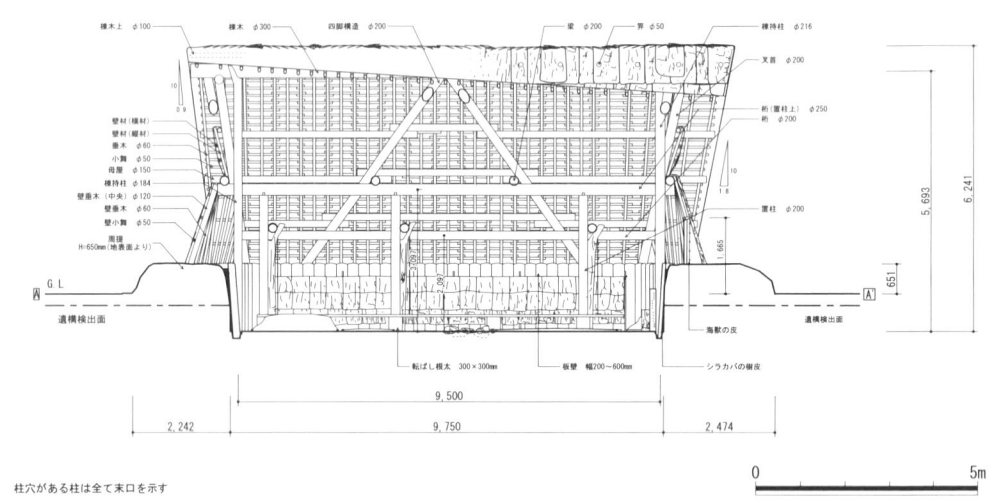

図28　9c号住居復元桁行断面図（A—A'）

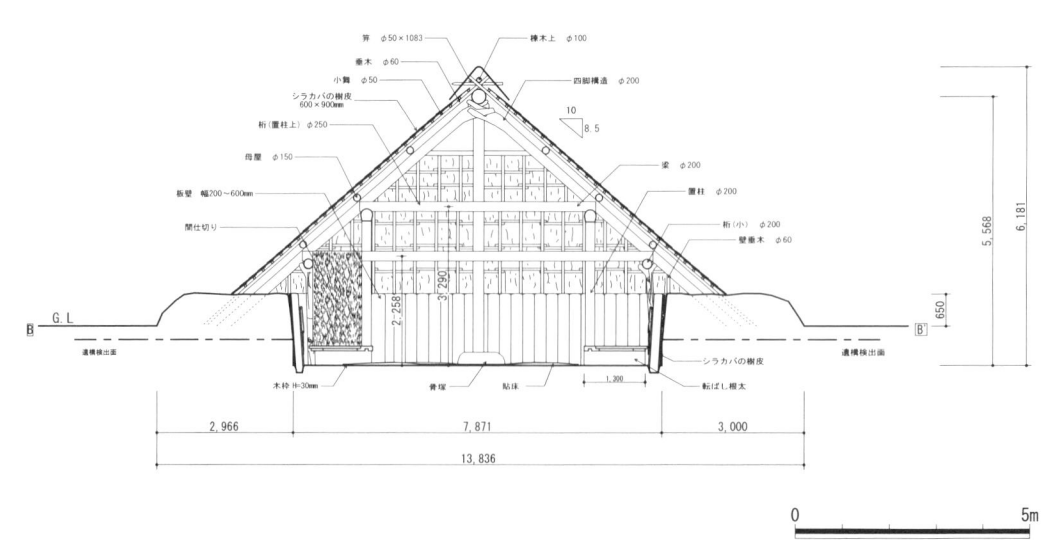

図29　9c号住居復元梁行断面図（B—B'）

第8節　オホーツク文化の船形住居

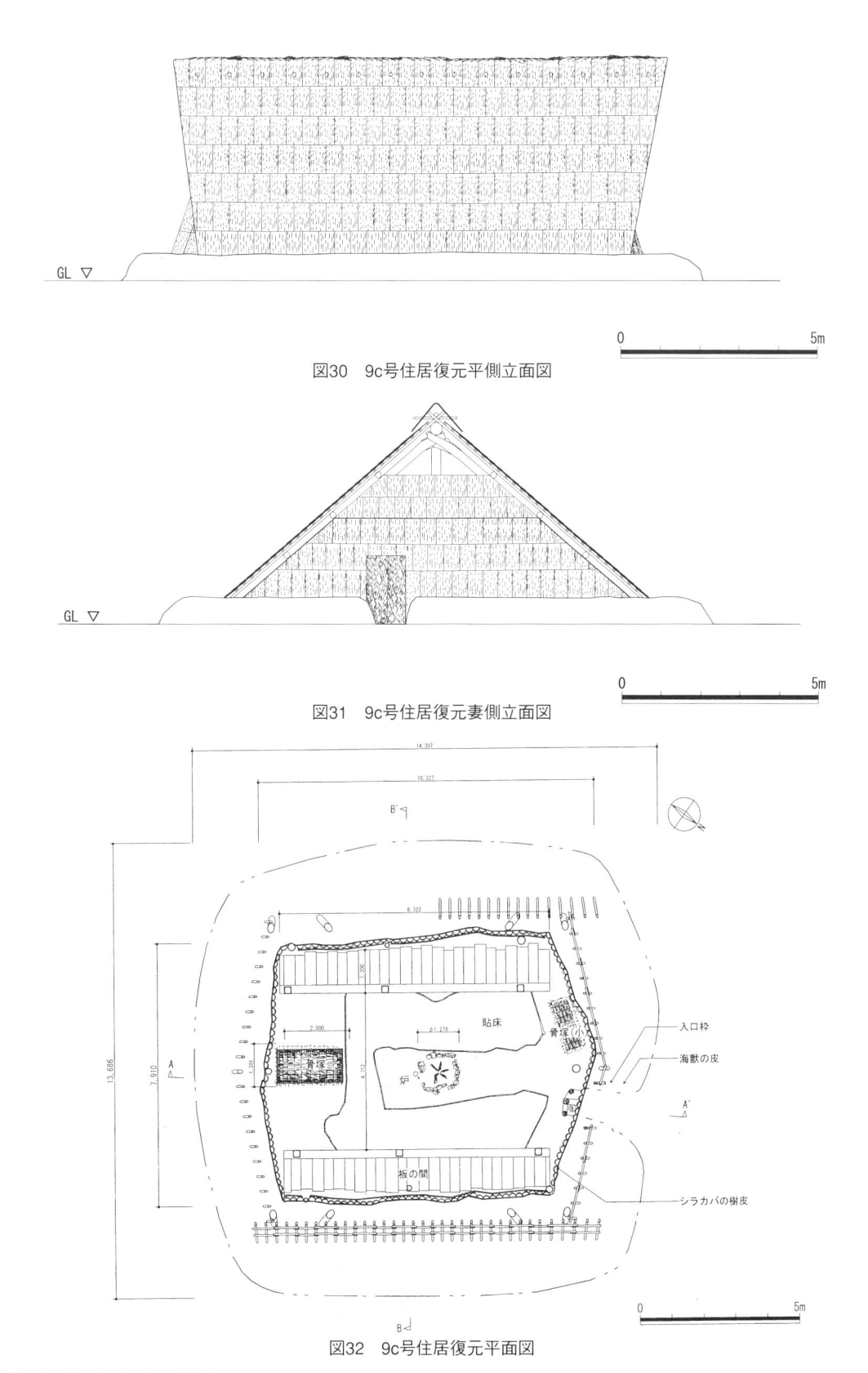

図30　9c号住居復元平側立面図

図31　9c号住居復元妻側立面図

入口枠
海獣の皮
シラカバの樹皮

図32　9c号住居復元平面図

第2章　竪穴住居の空間と構造 ―――291

案の特徴であり、ポー川復元建物にはみられない。この置柱が存在したという証拠はどこにもないが、建築構造の安定性にとって重要な部材である。今後の史跡整備に伴う遺構上に復元建設にあたって、置柱の必要性を説いておきたかったのである。

このほか、小屋組に4脚と2脚を併用した点などについても異論を招くかもしれないが、一次資料の欠落する部分であるから、他に有力な小屋組のあり方が提案されるならば、それを否定するつもりはまったくない。

オホーツクミュージアムえさしの展示室にもオホーツク文化住居の原寸復元については、部分的な復元であることから構造の全体像を理解し難い。ここでは比較検討の対象から除外する。一方、東京大学文学部考古学研究室が復元した常呂町埋蔵文化センターのオホーツク文化住居模型（図2・3）は上部構造を詳細に表現している（以下「東大復元案」と略称）。東大復元案と今回の9c号住居復元案は大きく異なっている。前者は緩い寄棟造屋根に天窓を設け、そこから出入する構造に復元している。この復元模型については、寄棟造の屋根と棟持柱の可能性が高い2本の主柱が矛盾することをすでに指摘した。また、土屋根に復元できない建物が天窓出入になるはずはない。さらに緩い勾配の屋根である点が非常に気にかかる。豪雪地帯の建物に緩い勾配の屋根を採用すると屋根上に雪が堆積して根雪となり、内側の熱気との接点である葺材から雨漏りが生じやすくなる。ひいては小屋組の崩落を招くであろう。豪雪地域にあっては、屋根勾配を強くしなければならない。

このようにトコロチャシ跡遺跡9c号住居復元案を既存の復元案と比較すると、東大復元案とは大きく異なり、ポー川復元建物との共通点が少なくない。結果としてみるならば、9c号住居復元案はポー川復元建物のコンセプトを継承し、学術的に補強したものという評価を将来受けることになるかもしれない。

オホーツク文化の竪穴住居は、日本列島の全域に分布した先史～古代の竪穴住居の中できわめて特殊な位置を占める。それは他の地域・文化のどこにもない「異端の住居」である。こうした住居の復元に携わることができたのはまことに幸運であり、オホーツク文化住居の研究史にわずかなりとも新しい視点をもたらすことができたとすれば大きな喜びである。

附記

本節論文の初出は以下のとおりであり、若干の修正を施した。
　浅川滋男・大給友樹　2010　「オホーツク文化の船形住居―トコロチャシ跡遺跡9号住居跡の復元―」『鳥取環境大学紀要』第8号：pp.69-86

参考文献

浅川滋男編　2001　『竪穴住居の空間と構造』平成12年度科学研究費補助金特定領域研究成果報告書、国際日本文化研究センター
　　　　　　2008　『山陰地域の地域の弥生時代建築に関する実証的復元研究』平成19年度とっとり〈知の財産〉活用推進事業成果報告書、鳥取環境大学
宇田川洋　2003　『居住形態と集落構造から見たオホーツク文化の考古学的研究』東京大学大学院人文社会系研

　　　　　　　究科付属北海文化研究常呂実習施設
枝幸町教育委員会　1994　『目梨泊遺跡』一般国道238号枝幸町斜内改良工事にともなう埋蔵文化財発掘調査報
　　　　　　　告書
大井晴男　1976　「オホーツク文化の船」『北方文化研究』第10号、北海道大学文学部付属北方文化研究施設
　　　　　　1979　「オホーツク文化の竪穴住居址」『三上次男博士頌寿記念論集』同記念論集編集委員会
大井晴男編　1982　『オホーツク文化の諸問題』学生社
加藤九祚　1986　『北東アジア民族学史の研究』恒文社
菊池徹夫　1984　『北方考古学の研究』六興出版
児玉作左衛門・犬飼哲夫・高倉新一郎　1970　「住居」『アイヌ民族誌』第一法規出版
小林孝二　2000　「アイヌ民族の住居（チセ）に関する研究」『北の文化交流史研究事業』研究報告別刷
　　　　　2002　「アイヌ民族の住居（チセ）に関する研究―2」『北海道開拓記念館研究紀要』第30号
武田　修　1992　「オホーツク文化期の焼失家屋」『月刊文化財』3月号
　　　　　2006　『常呂遺跡群』同成社
東京大学文学部考古学研究室　1972　『常呂』弥生会
常呂町教育委員会　1996　『常呂川河口遺跡(1)』常呂川河口右岸掘削護岸工事にともなう発掘調査報告書
野村　崇・宇田川洋　2003　『続縄文・オホーツク文化』北海道新聞社
北海道立北方民族博物館　1995　『湧別町川西遺跡』―北海道東部におけるオホーツク文化の遺跡調査―
松井孝宗　2004　「北方世界からの視点」『竪穴雑考―サハリンアイヌ・ニブヒの冬型住居から―』北海道出版
　　　　　　　企画センター
米村　衛　2004　「モヨロ貝塚」『北辺の海の民』新泉社
羅臼町教育委員会　1984　『松法川北岸遺跡』羅臼文化財報告8

表1　資料別データ一覧

宇田川洋「居住形態と集落構造から見たオホーツク文化の考古学的研究」『トコロチャシ跡遺跡オホーツク地点の調査』、2003

遺跡名	住居遺構番号	平面規模	深さ	壁	床板	貼床	骨塚	屋根材	入口	炉
トコロチャシ跡遺跡オホーツク地点	7号竪穴 外側住居	上端部の推定長軸13.5m 短軸は9.7m 下端部長軸12.9m 短軸8.5m	中央部北西地域約60cm 南側壁際約120cm	壁際に床面から数センチの高さでベンチ状施設。ベンチ下に木製品収納	炭化した樹皮・板材 表面を外側に向けた白樺樹皮を壁の立ち上がり部分に沿って何枚も重ねる。その内側に径8〜10cm丸太材、周溝内部に立てて並べる。（北西壁部分） 丸太材の代わりに厚さ3cmの板材使用、壁を横方向の材と丸太の立柱で押さえている構造（西側・南壁部分）	熱でレンガ状に硬化 a、b面 「コ」の字型 c面 「ニ」の字型 周囲に板状炭化材（木枠）	壁際やや高く内部に向って緩やかに傾斜 長軸ライン中心に幅1.8mほどの板材の痕跡。下面は祭壇状に構築 内側住居骨塚、貼床cと壁際の間、規模（小）			木枠状
	内側住居	下端部長軸8.5m 短軸7.4m								
	8号竪穴 （五角形）	下端部長軸12m 短軸8.8m	中央部約30cm 東側コーナー部壁際160cm	炭化した樹皮・板材 壁面に樹皮をあて、厚さ3cmの板材を縦に並べて壁とし、それらの壁を横方向の材と丸太の立柱で押さえる構造	幅30〜40cmの板材、床面に接するように置かれていた 一部はベンチ状施設以外の構造物である可能性	「ニ」の字風「コ」の字型 木枠状囲い	貼床まで流れ込む 貼床開口部骨塚、50×60cmの木枠上に集積された小規模なもの 南東側奥壁			石組み・木枠併用
	9号竪穴 a	長軸上端部12.4m 下端部11.9m 短軸下端約9.2〜8.4m	中央部・壁際約60cm	丸太の外皮部分を用いた厚さ3〜6cmほどの板材縦に並べる 壁材と壁面の間に樹皮を当てる構造		2回改修 「コ」の字型 木枠状囲い	北部壁際動物遺体集中 範囲約0.5×1m横長方形、木枠 長軸方向2m 短軸方向1.3m	やや大型で深い柱穴10本ほど列をなして密集		南側・炉木枠
	b	長軸10.5m 下端部長軸8.4m								
	c	下端部長軸10.4m 短軸8.0〜7.8m								北側・炉石組み

「常呂川河口遺跡（1）」―常呂川河口右岸掘削護岸工事に伴う発掘調査報告書―、北海道常呂町教育委員会、1996

遺跡名	住居遺構番号	平面規模	深さ	壁	床板	貼床	骨塚	屋根材	入口	炉
常呂川河口遺跡	14号竪穴（六角形）	長軸10.8m 短軸9.8m	約45cm			認められない	東壁にあり直径約1.3m			中央に石囲み炉約1.5m
	15号竪穴（六角形）	長軸14m 短軸10m	約50cm	幅10〜30cmの板材検出。ベッドもしくは壁の土止め板 白樺樹皮、幅約30cm長さ約50cm		「コ」の字型	奥壁中央部 白樺樹皮、幅約30cm長さ約50cm木釘を伴う			石囲み炉

「常呂」、東京大学文学部考古学研究室、弥生会、1972

遺跡名	住居遺構番号	平面規模	深さ	壁	床板	貼床	骨塚	屋根材	入口	炉
栄浦第二遺跡	4号竪穴（隅丸の長方形）	南北13m 東西9m	周囲20cm		ベンチ的なものあり	「コ」の字型	クマ獣骨堆積 40×70cm 3カ所			石囲み 1.1×1.8m 厚さ15cm
	5号竪穴	約3m	約1m							
	6号竪穴									炉址（無）
	7号竪穴（亀の甲型）	東西約10.5m 南北9m	1.8m			「コ」の字型	竪穴内の北より中央部 1.6m×1.3m			
	8号竪穴					「コ」の字型 厚さ約2cm				
	11号竪穴（五角形）			斜めに掘り込まれている		無し				
	12号竪穴（正方形）	一辺3.5m		丸太材が壁に斜めにつきささるように見出された	床板・それに変わる施設					周囲に礫

「オホーツク海沿岸・知床半島の遺跡下巻」、東京大学文学部、1964

遺跡名	住居遺構番号	平面規模	深さ	壁	床板	貼床	骨塚	屋根材	入口	炉
トコロチャシ	1号竪穴（六角形ないし五角形）	南・北壁12m 東壁11mの壁が中央、5.5mの2辺に分かれる 西壁8m 中幅15m	西側約1.5m 東側約1m 中央約80m			「コ」の字型				

「栄浦第二・第一遺跡」、北海道常呂町教育委員会、1995

遺跡名	住居遺構番号	平面規模	深さ	壁	床板	貼床	骨塚	屋根材	入口	炉
栄浦第二遺跡	25号竪穴（六角形）	長軸9.8m 短軸推定約6m	約1.1m			「コ」の字型 厚さ9cm	台状のものがある			大小2箇所 小炉直径75cm 大炉直径1m

「目梨泊遺跡」―一般国道238号枝幸町斜内改良工事に伴う埋蔵文化財発掘調査報告書、枝幸町教育委員会、1994

遺跡名	住居遺構番号	平面規模	深さ	壁	床板	貼床	骨塚	屋根材	入口	炉
目梨泊遺跡	第1号住居址（五角形）	西壁長さ8.5m	高さ45cm		床面部分は北側80cm 南側1m10cm幅					
	第2号住居址（正方形）									2m40cm×80cmほどの掘り込み
	第3号住居址	南側4.5m 西側2.3m	40cm			見られない				
	第4号住居址（五角形）	長軸11.7m 短軸9.34cm				見られない	見られない			中央部に1m20cm×1m石組み

「松法川北岸遺跡」羅臼文化財報告8、羅臼町教育委員会、1984

遺跡名	住居遺構番号	平面規模	深さ	壁	床板	貼床	骨塚	屋根材	入口	炉
松法川北岸遺跡	1号住居址（五角形）		山側約1m・海側30cm			海岸線と平行している南北約8m・東西約7m	見られない			石囲炉
	2号住居址	南北4.2m				厚さ1〜3cm				直径1m
	5号住居址	南北6.7m・東西8m程度	30〜40cm程			「コ」の字型 開口部は海を向く				
	4号住居址	横軸約12m				「コ」の字型				径1m石囲炉
	10号住居址									周囲の床より10cm程高い段を設け両側には柱穴が配されている
	11号住居址	南北（短軸）約9m程								
	12号住居址	短軸9.2m		角材・板は板屋状材料		開口部は海を向く				直径80cm前後石囲炉
	13号住居址		40〜50cm以上	板壁		開口部は海を向く 12cm角の角材によって粘土縁辺部の崩壊防ぐ	最奥部中央直径1m内外			

「オンネモト遺跡」、「調査遺構」、根室市教育委員会、1974

遺跡名	住居遺構番号	平面規模	深さ	壁	床板	貼床	骨塚	屋根材	入口	炉
オンネモト遺跡	1号竪穴住居址（六角形）	長軸8.3m								
	2号竪穴住居址（五角形）	長軸14.6m				貼床ではなく「砂場」	4ヵ所獣骨の集積発見			1×2m石囲炉

「ホロベツ砂丘遺跡」「遺構・遺物」、枝幸町教育委員会、1985

遺跡名	住居遺構番号	平面規模	深さ	壁	床板	貼床	骨塚	屋根材	入口	炉
ホロベツ砂丘遺跡	第1号住居址（六角形）					明瞭に確認 厚さ均等に6cm				
	第2号住居址（五〜六角形）	残存部規模 長さ1.1m幅7.1								

「湧別町川西遺跡—北海道東部におけるオホーツク文化の遺跡調査—」、北海道立北方民族博物館、1995

遺跡名	住居遺構番号	平面規模	深さ	壁	床板	貼床	骨塚	屋根材	入口	炉
湧別町川西遺跡	3号竪穴（六角形）	長軸約8m・短軸6.5m	旧地表面から50cm	立ち上がり急						
	2号竪穴（将棋の駒型）		旧地表面から約1m			あった時期もあるが、その後の造り替えで剥離された可能性あり	動物の骨集積された場所あり			
	8号竪穴	約6.8×約6.5m	旧地表面から90cm			炉を取り巻く「コ」の字型	北西壁寄りに見られる			石組み炉

「根室市トーサムポロ遺跡R—1地点の発掘調査報告書」、北地文化研究会、2004

遺跡名	住居遺構番号	平面規模	深さ	壁	床板	貼床	骨塚	屋根材	入口	炉
トーサムポロ遺跡R—1	1号竪穴		中心部60cm							幅70cm・深さ5cm
	2号竪穴	幅5.6m 長軸3.8m								石組み70cm
	6号竪穴（六角形）	長軸6.4m 横幅5.9m	中心部70cm 西部50cm			貼床ではなく「砂場」				70×80cm
	7号竪穴（六角形）	長軸6.0m 横幅4.55m	60cm 南東壁側40cm			貼床ではなく「砂場」			屋根上の出入り口を経て屋外に通じる梯子のピット見つかる	105×60cm
	13号住居（五角形）	地山上面軸長6.16m 幅5.12m 床面軸長5.62m 幅5.06m 床面積約26〜27㎡	0.75m〜0.65m	幅30cm程度の板材を連続で打ち込んだ		中央部低く、壁際5〜10cmせり上がる 粘土床はなくローム面低い面のみ貼床	検出されていない			石囲炉 1.06m×0.6m

第9節　竪穴住居の空間分節

　これまで竪穴住居の上部構造復元にほぼ終始してきたが、第2章の最後に内部空間の構成について検討する。竪穴住居の内部空間といえば、ワンルーム式で、単純かつ乱雑な構成をイメージしがちであろう。ところが、北方ユーラシアの民族誌をみると、竪穴住居やテントの内部は、炉を中心として縦横2つの優劣概念がおりかさなり、空間全体を4つの領域に分割し秩序づけている。一般に入口側を「下座」、それに対する奥側の領域を神聖な「上座」とし、左右の座も、年長／年少、男／女、客人／家人などの対立概念によって序列化されているのである。この場合、住居の内部には、炉辺と入口周辺を馬蹄形にかこい込む皿字形の着座領域が形成される。

　発掘調査によって出土する日本の竪穴住居跡でも、貼り床・ベッド状遺構・植物質堆積の分布などから皿字形着座領域の存在を証明できる。そして、皿字形の着座領域が形成されているならば、炉を中心に直交する2つの優劣軸の存在を傍証できるだろう。このような前提にたちながら、竪穴住居床面の遺物分布を解釈し、日本の竪穴住居を統制していた空間構成の原理を導きだしてみたい。とりわけ石棒や埋甕など、性差を鮮烈に映し出す遺物の出土状況からみた縄文住居の象徴表現の解読が本節の主要なテーマとなる。

1．竪穴住居の間取りモデル

(1) 水野正好の「間取り」モデル

　長野県の与助尾根遺跡を中心に縄文時代の集落構造を解析した水野正好の「縄文時代集落復原への基礎的操作」[1]は、竪穴住居の空間分節を論じた先駆的業績でもある。水野は東京都の西秋留遺跡第1号住居、長野県の藤内遺跡第9号住居および徳久利遺跡第7号住居を資料として、「出入口」「作業空間」「炉辺」「儀間」「居間」「寝間」などからなる空間領域を呈示した（図1）。この領域区分を水野は「間取り」と呼ぶのだが、もちろんそれは、物質的な間仕切りを伴わない場所の機能分化を示している。

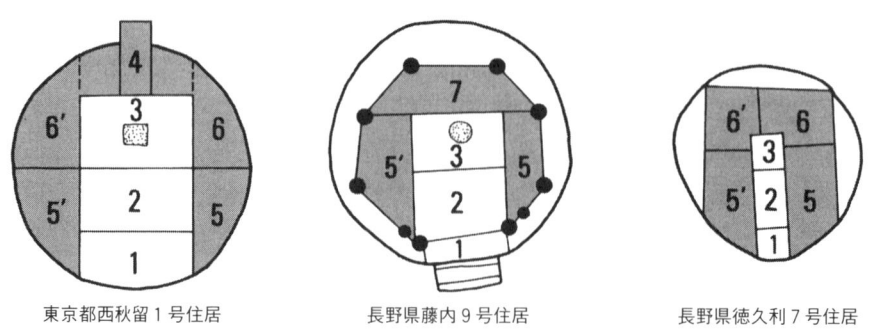

東京都西秋留1号住居　　長野県藤内9号住居　　長野県徳久利7号住居

1：出入口　2：作業空間　3：炉辺　4：儀間　5：昼の居間　6：夜の居間　7：寝室もしくは儀間

図1　水野正好による縄文住居の間取りモデル（筆者リライト。トーンも筆者による）

さて、水野のいう「儀場」とは、入口と真反対にある奥の壁際を占める。西秋留の住居はここに突出部をつくりだし、徳久利の住居では奥壁にそって石柱をたてる。一方、「炉辺」左右の領域について、与助尾根の住居跡を例にとり、「左居間に女性祭祀と関連する土偶や埋甕葬がみられ、右居間に男性祭祀と関連する石棒があり、奥居間には祖霊を祀る石柱が発見」されているので、「右居間に男、左居間に女、奥居間に家長の座を求めることができる」とする。すなわち、水野は「奥＝上座／入口＝下座」とはべつに、「右＝男／左＝女」という対立図式をも示してみせた。

(2) 桐原健の空間理解

　水野が1969年にこの論文をよせた『古代文化』21巻3・4号には、桐原健の「縄文中期に見られる室内祭祀の一姿相」[2]という論文が掲載されている。桐原も、水野が注目したのとおなじ長野県の与助尾根や藤内の住居跡を題材にして、竪穴住居内の「奥座」の聖性を論じているのである。桐原が注目するのは、縄文中期の竪穴住居において、炉が徐々に入口とは反対の「奥」側に偏向し、しかもその最奥の場所に、しばしば石壇・敷石・石柱・大型ピットなどの特別な施設を設けることである。桐原は、とくに石を用いた特殊施設を、超自然力のやどるマナ[3]と解釈し、火（炉）を中心として、「奥＝上座、入口＝下座」という二項対立的な空間概念が存在したことを読みとろうとする。桐原のアイデアは、水野の間取りモデルにおける「儀間」と「出入口」の関係に、そのままあてはまるだろう。

　さて、桐原も男女の空間領域に言及している。桐原が参考にしたのは、日本民家におけるイロリまわりの着座規範である。周知のように、イロリ奥側のヨコザが主人の座、ヨコザから前をみて左側のカカザ（ニョウボザ）が主婦の座、右側のオトコザは主人以外の男の座とする。オトコザはキャクザでもあり、男の客を迎える場合、家の男はオトコザの席を客にゆずって、キジリに移った。土間に接するキジリは一番ランクの低い場所で、奉公人・老人・子供が座り、ここから薪をくべたのである。この習俗を参考にして、縄文時代の竪穴住居においても、「炉と出入口を結んだ線を基準として左右が男性、女性の空間として設定された」と桐原は推定しており、水野のアイデアと近似した結論が導きだされている。

(3) 水野案に対する批判

　水野と桐原が縄文住居の空間分節案を示した2年後、水野の案に対する強烈な批判があらわれる[4]。
　　西秋留1号例や徳久利7号例は、水野氏がいうような一般的な住居形態とは見做し難く、それを一般的な住居に普遍化することはできない。一般的な住居の最良の状態を示す藤内九号例をもってしても、その遺物や遺構の在り方を観察すると、水野氏が言うような明瞭な存在状態を示しているとはいい難い。住居内における遺物の在り方は、（略）同一住居においても違ってくるのは当然であるから、類推は存在しえても規定性は存在しえない。住居の機能が基本的に"寝る所"にある以上、暖房・照明・調理・作業という付帯ないし付加行為は、"寝る所"としての機能を極力妨げない範囲内で実現されなければならない（略）。

この堀越正行らの論評をうけて、小林達雄は、さらに厳しい水野批判を展開している[5]。

たしかに、多くの民族例において、炉を中心に居住空間の機能分割される場合が少なくない。しかし、縄文時代の住居跡自体にそうした水野流の間仕切りの証拠なく、各々を機能的に分割する根拠もなく、結論までの論理的考証さえまったく蔑ろにされているのではないか（略）。そもそもいかなるデータとの係わりもないままに、考古学的方法によってそこまで解明できると期待しているところに問題がありそうである。

ところで、水野を批判する小林と堀越の考え方にも、じつは根本的な違いがある。堀越が住居の本質を「寝る所」とみなし、他の機能を付加物として切り捨てるのとは対照的に、小林は水野とおなじく埋甕・石棒・石柱などの特殊遺物に注目し、なおかつ日常の土器がほとんど出土しない状況から、調理用ではない炉を中心とした竪穴の内部は「日常生活とは次元を異にする性質もまた併せもつ」と主張する。ところが、桐生直彦は小林の考え方につよく反発し[6]、「住居床面に遺棄された縄文土器が、頻繁に見出し得るものではないものの、特殊な器種に限定されるような事実は認められない」と小林を批判するのである。桐生が指摘するように、竪穴内部の炉が煮炊きに使われない非日常的な「火」であったという小林の解釈にはとうてい従えないが、小林は竪穴住居の内部が完全に非日常的な空間だと言っているわけではない。竪穴の内部空間は、日常性と非日常性の両面を備えると主張しているのであり、それは誤った理解ではないだろう。竪穴住居は所詮「寝場所」にすぎないとする堀越の一面的な見方に比べれば、小林ははるかに住居の本質を見抜いている。問題は、日常性と非日常性の差異が、住居空間のなかの領域区分と対応するのか、それとも空間全体の時間的な意味の転換なのか、という点にあるだろう。

(4) 大林と佐々木のモデル修正

ところで水野は、前掲論文において、住居に関する民族誌資料をまったく引用していない。埋甕・石棒・石柱や石敷の有無を指標に間取りモデルを示している。もっとも、都出比呂志が喝破しているように[7]、水野論文の背景には、双分組織や象徴的二元論[8]に関する豊富な民族誌的知識がかいまみえる。桐原は、さらにはっきりしたスタンスで民俗資料に依拠し、縄文中期以降の住居空間を分析しようとしている。

この種の民族誌・民俗学的資料を最大限に活用し、縄文時代の社会組織の復原にいどんだのが大林太良である[9]。大林は、水野の業績をたかく評価しながら、縄文時代の竪穴住居における「右＝男／左＝女」という空間分節の対立図式には賛同しなかった。北方ユーラシアおよび中央アジアの住居空間を大きく3つの形式に分類したグスタフ・レンクによれば、縄文時代の竪穴住居は、炉を中心として男・女の座を右・左にふりわける内陸アジア遊牧民型の空間分節（第2形式）ではなく、炉の後・前に男・女の領域を区分する北方ユーラシアの狩猟民型（第1形式）にふさわしく（図2）、女を象徴する埋甕・土偶と男を象徴する石棒・石柱の出土位置は、左・右よりも前・後の領域に対応するだろうというのである。しかし、山本暉久があきらかにしたように、男根をかたどる石棒は、竪穴内の一定領域ではなく、ほとんどあらゆる場所から出土しており、土偶についても同様の傾向

が認められる。のちに大林自身が自戒しているように、住居内に放置されたモノから男女の領域区分を解明するのは、至難の技というほかない。[10]

ところが近年、佐々木高明[11]はオロチョンのテントおよび樺太ニブヒの竪穴住居の空間利用を参考にしながら、大林の推定した「男＝後／女＝前」の領域区分案を支持し、水野の示した竪穴住居空間分節の修正モデルを示している（図3）。そして佐々木は「わが国の農家に最近まで残っていたイロリを囲む座席の役割が竪穴住居の機能空間の配置に一致」し、「イロリを囲む正面のヨコザや出入口にちかいカカザの伝統ははるか縄文時代にまでさかのぼる可能性がある」と述べている。しかし、

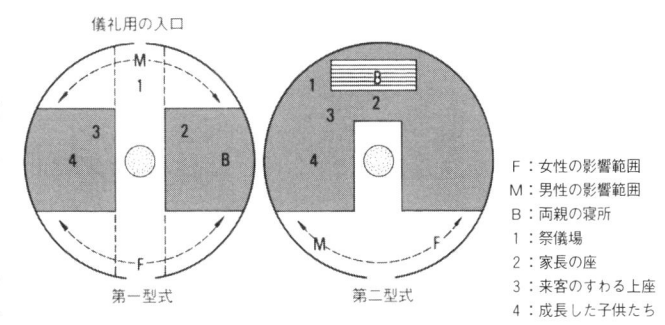

図2　グスタフ・レンクによる第一形式と第二形式の空間領域モデル（大林1971をもとに作図）

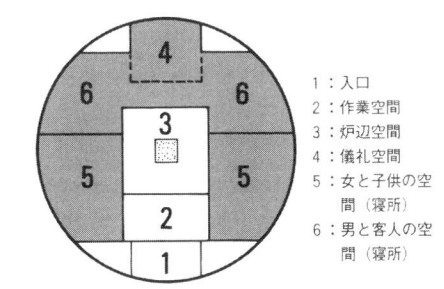

図3　佐々木高明による縄文住居の間取りモデル（水野案の修正バージョン：筆者リライト。トーンも筆者による）

リチャード・ズグスタ[12]の詳細な比較研究によれば、北方ユーラシア住居の空間分節は、炉を中心にして2つの優・劣概念が重層化し、基本的に4つの領域に区分されたものであり、

　　狩猟民：男＝後 ／ 女＝前
　　遊牧民：男＝右 ／ 女＝左

という単純な図式で割り切れるものではないだろう。佐々木が縄文住居からの伝統をうけつぐという日本民家の場合でも、「男＝後／女＝前」の分節原理では、とうてい説明できない。イロリまわりの着座規範は、

　　ヨコザ＝上座＝後 ／ キジリ＝下座＝前
　　キャクザ＝男（客）＝右 ／ カカザ＝女（家）＝左

という対立図式を規範としており、とくにカカザとキャクザの関係は、むしろ男女を左右にふりわける遊牧民に特有な分節原理を示している。

2．民族建築からみた住居の空間分節

(1) レンクの分類

いま民族学的な空間理解に難色を示してみたが、モノの性格や配置のみから空間分節の原理を摘出する考古学的手法には限界があり、先史日本文化と係わりの深い北方ユーラシア諸民族の住居に

おける空間分節のあり方を参照しないわけにはいかないだろう。まず、全体を俯瞰するために、大林の依拠したグスタフ・レンクの分類をおさらいしておきたい。

　第1形式：　祭場を入口の真反対、すなわち炉の後壁側に配す。ここは男性賓客の座であると同時にシャーマンの儀場であり、なおかつ、もっぱら男性がおこなう狩猟活動にとっても実用的な性格を発揮する。この上座の両側の座は男性が占め、女性の着座領域は入口の両側にある。すなわち、炉を境にして「男＝後／女＝前」という領域の対立が顕著に認められる。北ヨーロッパのラップランド人やコミ族、西シベリアのハンティー族・マンシ族・ドルガン族・ケット族・サモエド語族、東シベリアのエヴェンキ族、沿海州および樺太のニヴヒ族・ウルチ族・ナーナイ族・アイヌ族などが、この種の住居の担い手である。住居形式は円錐形テントが代表的だが、矩形の地上建物もふくまれる。大林はこれを「北方ユーラシアの狩猟民型」と要約する。

　第2形式：　祭壇は第1形式とほぼおなじ位置にあるが、入口からみて左側に寄るケースもめずらしくない。大切な男性賓客は、祭壇の真正面に着座する。家長の座は入口と正反対にあり、客は上座から正面をみた場合、家長の右、妻は左に座る。すなわち、入口と炉をむすぶ軸線を境に、「右＝男／左＝女」という分節原理が存在する。第1・2形式のいずれにおいても、前後方向における着座位置の序列は同じで、地位の高い人が奥（後）側、地位の低い人が前（入口）側に座る。南シベリアに卓越し、チューバ族・アルタイ族・ヤクート族などを担い手とするが、モンゴルや中央アジアの遊牧民と関係が深く、円筒形テントが代表的な住居で、大林はこの形式を「内陸アジア遊牧民型」と呼ぶ。

　第3形式：　ユーラシア極北・極東の地に居住するチュクチ族・コリヤーク族・イテルメン族などの、いわゆる古アジア系漁労民の竪穴住居に特有な空間分節のタイプ。第1・2形式のような厳格な着座規範がない。大林は「東北アジア漁労民型」と一括する。

(2)　マルと万字炕

　つぎに、筆者自身が調査経験のある中国黒龍江省のツングース系諸民族住居を例にとってみたい。エヴェンキやオロチョンに代表される興安嶺一帯のツングースは、レンクの分類でいう第1形式の円錐形テントをもって遊動する狩猟・漁労民であった。しかし、満州族や漢族の影響をうけて定住化し、今では平地住居に住むようになっている。満州族系の住まいでは、西側の寝室に「万字炕」を設けるところに特徴がある。炕は、カマドの排煙を利用したベッド状の床暖房施設で、それが寝室の入口側をのぞく3方に配され凹字形を呈する。この凹字形配置を「卍」の字にたとえて「万字炕」と呼ぶのである。ところで、満州族の住居では、なぜ炕を凹字形に配するのか。満州族の住居をいくら調査しても、その答えはみつからなかったのだが、内蒙古に近い黒龍江省訥河市の興旺郷で、エヴェンキ族の住居を調査するに至り、その謎が氷解した。

　興旺のエヴェンキ族はかなり早くから定住化が進み、築後100年以上という平屋の家屋も存在する。やはり西側の寝室に万字炕を設けるが、今はそれを切り縮める家が多い。しかし、万字炕の痕跡は床や壁にはっきり残っている。そして、なにより注目したいのは、万字炕を設けた部屋の奥の

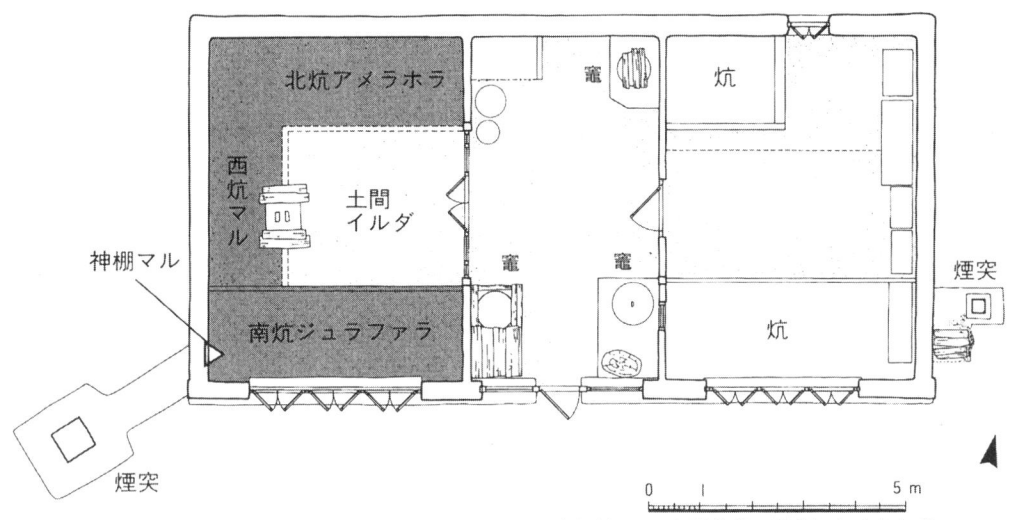

図4 エヴェンキ族の平地住居（黒龍江省興旺郷占仁村、100年以上前の建築）にみられる
万字炕の痕跡と神棚マルの位置［浅川実測 1996］

壁に、マルとよばれる神棚を祀ることである（図4）。この神棚は壁の正面ではなく、南側（後述するジュラファラ側）の隅に掛ける。神棚に接する西炕が上座にあたり、幅は狭く、やはりマルという。マルは神棚を示すと同時に、上座を意味する言葉であって、空間領域としてのマルは、本来人が座してはならない神聖な場所だった。これに対して、庭側の窓に面する南炕ジュラファラは年長者の夫婦、背面の壁に面する北炕アメラホラはその子供たちが着座・就寝する領域とされていた。ただし、大勢の人がこの部屋に集合する場合、上座のマルは最年長者の座になったという。

（3）ツングースのテント

万字炕の形態と着座規範が、円錐形テントの空間構造を継承したものであることは想像に難くない。オロチョン族のテント「仙人柱」を例にとってみよう（図5）。1965年の定住以前におけるオロチョン族の生態を調査した秋浦[16]によると、「仙人柱」は入口を南もしくは東にむけ、入口からみて奥の中央に神画、その左に神像、右に狩猟用の鉄砲を垂木に掛けた。テントにおける神像の位置は、万字炕における神棚の位置と対応していることが分かるだろう。

炉はテントの中央にあり、入口側をの

図5 オロチョン族のテント「仙人柱」の平面（左下）・
内部空間（左上）［秋浦編 1984］および建設過程（右）
［浅川・大貫・坂田 1997］

第2章 竪穴住居の空間と構造

ぞく3方にノロジカの毛皮の敷物をしく。この場合、着座領域は凹字形をなし、炉の背面側の座をマル、その両側の脇の座をアオルとよぶ。マルは年長者もしくは男性貴賓が占める上座にあたり、月経時の女はこの領域に近づいてはならなかった。神画や神像を汚すと考えられたからである。左右のアオルは、マルから入口をみた場合、右が左に優越する。右のアオルが主人夫婦、左のアオルが若夫婦の座と寝場所になる[17]。毛皮の敷かれない入口ちかくの領域は、調理や作業の場である。

ロシアの民族学者セルゲイ・ミハイロビッチ・シロコゴロフによると[18]、ツングース社会において、女の血は甚だしく強力で危険なものと考えられており、男は女が月経中か否かが分からないので、月経時の女に対する禁忌は、月経のある年ごろすべての女にそのまま適用されるという。この結果、炉の北半を占めるマルは女のタブー領域となり、男が独占することになるわけだ。テントの内部空間を縦方向に規定するのは、あくまで「後＝聖＝上座／前＝俗＝下座」という二元論であり、この原理に即して、不浄時の女が上座から排除されるのである。一方、炉を境にした横方向では「右＝年長／左＝年少」という序列が存在し、この縦横2方向の優・劣観念がおりかさなって、テント全体の空間構造を秩序づけている。万字炕のある奥壁のジュラファラ側に神棚を祀り、テント奥の男のアオル側に神像を掛けるのは、そこが縦横2軸によって分節された4つの領域のうち、最優位を占めるからにほかならない。

(4) 樺太ニブヒの竪穴住居

つぎに、樺太ニブヒ（ギリヤーク）の竪穴住居ドーラフの空間構造を検証しておこう[19]（図6）。ドーラフは一辺8m前後の正方形の竪穴に門道がついた住居で、屋根は中央に煙抜きの天窓を設けた土屋根とする。内部には、門道の反対側の4本柱の外側に、板敷きの揚床を凹字形につくる（もちろん炕はない）。この場合、正面奥の床が上座で家神像を安置し、普段は家長の座だが、貴賓を招く場でもあった。上座から炉をみて左側の床が息子夫婦の座、右側の座が他の家族のメンバーの座となる。興味深いのは、4本柱の上端にコックとよばれる男女の像が彫りこまれることで、モヨロ貝塚に復元されたニブヒの竪穴住居（図7）の場合、4本柱のうちの前側2本を「女柱」、奥の2本を「男柱」とする[20]。また、娘は、左右の座いずれにおいても、入口に近い端に座り、女の客も必ず下座に座ることになっていた。樺太（サハリン）および北海道のアイヌ住居でも、これと似た着座規範が住居空間を秩序づけていた。

レンクはニブヒやアイヌの住居も第一形式に含めており、たしかに「前＝女／後＝男」という領域区分はツングースのテントよりも明瞭に確認できる。しかし、ニブヒの場合でも、縦方向の空間分節を規定しているのは、やはり「前＝下座／後＝上座」の対立的原理であり、この二元論に男・女の優劣が重ね合わさったものとみたほうがよいだろう。一方、炉の左右では、やはり上座から炉をみて右が年長、左が年少という序列が認められる。ここでも優劣の二元論が縦横におりかさなって空間分節を規定し、全体では4つの概念領域を生成しているのである。

これがモンゴルの円筒形テント（ゲル）に代表される第2形式や日本の民家になると、横方向の空間分節は、左が男もしくは客人（公）、右が女もしくは家人（私）という序列に変わる。

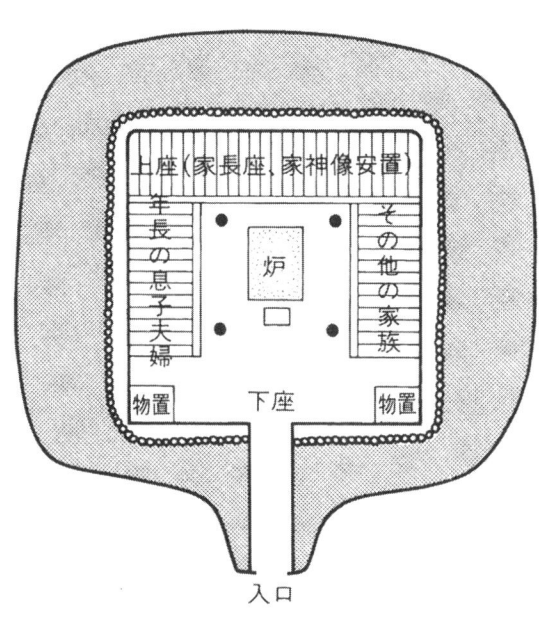

図6　樺太ニブヒ族の竪穴住居ドーラフ（土の家）の平面図（平面は約8m四方、［加藤1986］などをもとに作図）

図7　北海道モヨロ貝塚に復元されたニブヒの土屋根竪穴住居（上：外観、下：内部）。かつて樺太に住んでいたニブヒ人（宝部孝一氏と中村千代氏）が樺太時代の住居を復元建設したものである。

　この場合、たしかに男女の着座位置は炉の左右にふりわけられるが、全体の空間構造が縦横2つの軸で4分割される点は、第1形式と共通している。この縦横2分節軸を考古学的に検証することはきわめて困難だが、重要なメルクマールとなるのは、炉をかこむようにして入口の反対側に形成された凹字形の着座領域であろう。

3．オホーツク文化の住居空間

(1)　凹字形の貼り床と外区の性格

　竪穴内部に凹字形領域の痕跡を残し、しかも空間の象徴性をあざやかに表現する発掘遺構は、前節で上部構造の復元を試みた北海道オホーツク文化の住居である。北海道におけるオホーツク文化の起源は続縄文時代の終末期にまで遡り、鎌倉時代前期頃まで存続した。その分布域は道東と道北の沿岸もしくは島嶼に限られる。上述した北方ユーラシアや樺太の諸民族と地理的にもちかく、おそらくなんらかの系譜関係を否定しえないであろう。

　オホーツク文化の住居跡は、五角形もしくは不整六角形の平面を呈し、中央に石囲炉を設ける。この石囲炉をかこむようにして凹字形の貼り床がつくられる。ここは上に述べてきた居住者個々の

座にあたる凹字形領域ではない。この貼り床の外縁にそって主柱がめぐらされ、その外側に貼り床のない領域が周堤内側全域にめぐる。藤本強[21]は擦文文化の住居空間を分析するにあたり、主柱より内側を「内区」、その外周域を「外区」とよんでいるが、大井晴男[22]はこの用語をオホーツク文化住居跡にも適用し、内区を共同のユーティリティ・スペース、外区のうちでっぱりのある妻側を祭祀空間、長い平側を個人的な居住空間とみる（第2章第8節図6）。

　なお、外区には小さな床束風のピットが散在するので、そこにはニブヒの住居のような揚床が築かれ、土器などを床下に収納したものとみる意見もあるが、羅臼町松法川北岸遺跡の12号および13号竪穴（いずれも焼失住居）には、炭化した板材が貼り床と同レベルで出土している。

(2)　骨塚のシンボリズム

　オホーツク文化の住居は、ややでっぱりの弱い妻側外区の中央に、必ず骨塚を設けている。ヒグマをはじめエゾシカ、キタキツネなどの頭骨の集積であり、あきらかに動物祭祀とかかわる遺構と考えられる。骨塚の近くでは、熊の木彫製品が複合的に出土する傾向もあり、アイヌの熊祭りを彷彿とさせる祭場跡といってもいいだろう。ところで、常呂川河口遺跡15号竪穴（焼失住居）では、骨塚の周辺床面から特大型の土器が5点出土しており、土器の表面には動物意匠や記号状貼付文などの特殊な装飾がみられる。骨塚の近くではオオムギ、アワ、キビなどの種子が多数出土するケースもあり、武田修[23]はこの特大型土器を骨塚とかかわる祭器、もしくは拡大家族の共用物とみなしている。

　遺物は外区に集中して発見される。15号竪穴はその典型であり、大型土器・中型土器・小型土器・鉄器・青銅製品・骨角器・石鏃・削器・木製品が6区域に分かれてセットで出土している。武田はこの竪穴外区の領域をⅠ〜Ⅶ域に分け、Ⅰ域を骨塚を中心とする祭場、Ⅱ〜Ⅶ域の六域を核家族（単位集団）の居住空間とみて、全体では6家族が集住した拡大家族の住居と推定している（第2章第8節図7）。この場合、平側の外区は左・右それぞれに3つの単位集団がふりわけられることになる。各単位集団の占有位置についても、世代や年齢に対応して序列化されていた可能性はあるが、それを証明する決定的な手がかりはえられていない。ただし、上述した5点の特大型土器のうちの4点が、骨塚側外区の南西隅において伏せた状態で出土したことには注目すべきであろう。これらの特大型土器が祭器ないし宝器であるとすれば、その安置場所は北海道アイヌの住居における宝壇ソパとよく似ている。アイヌ住居の場合、入口とは反対側の正面奥に神窓カムイプヤルを設け、カムイヤプルから炉をみた右側が家長夫妻の座、左側がその他の家族の座で、やはり優・劣の二元論に規定された2つの空間分節軸が交差し、住居空間は全体で4つの領域に区分されている。その四領域のうち最優位の位置をしめる「後」の「右」側の隅に、行器・鉢・高坏・飾刀などの大祭用の道具が収納されていた。オホーツク文化住居の場合、伏せられた特大型土器がこれらの祭具に似たものであると仮定すれば、骨塚から炉をみたときの左が右に優越することになるだろう[24]。

図8　北海道標津で復元されたオホーツク文化後期
（トビニタイ文化）の竪穴住居（オロッコの仮
小屋に似た白樺樹皮葺きとする）

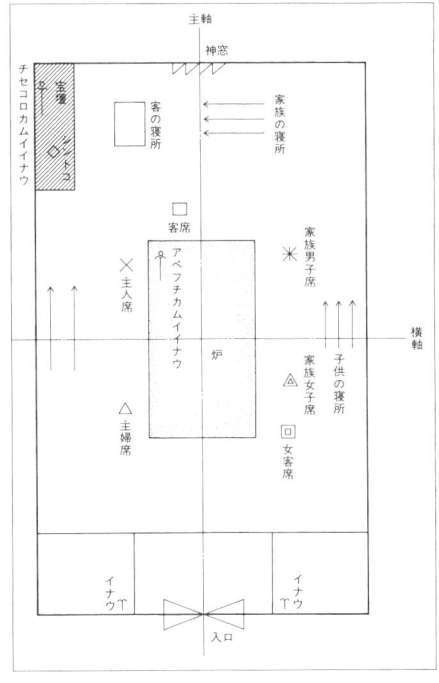

図9　北海道アイヌの住居における空間利用

（3）入口と獣四肢骨堆積

　入口については、明確な痕跡がない。貼り床のない外区が凹字形ではなく、周堤の内側全域をめぐるので、天窓出入りの可能性も指摘されている。しかし、常呂川河口遺跡15号竪穴では、屋根材と推定される白樺の樹皮が出土しており、竪穴の屋根が樹皮葺きだとすれば、天窓出入りは考え難い。また、内区の貼り床部分が凹字形を呈し、貼り床のない凹字形内部の領域が骨塚とは反対側に連絡している点を重視すると、このでっぱりのきつい妻側に入口があった可能性を否定できないだろう。

　大井晴男[26]は、トコロチャシ遺跡の1号竪穴などで獣頭骨を集積した骨塚の反対側の妻側外区に、獣四肢骨の堆積が認められることから、両妻側を祭場と推定している。しかし、この獣頭骨と獣四肢骨の配置関係は、縄文住居における石棒と埋甕の関係、あるいは住居空間を身体になぞらえ、奥の神窓を頭、出入口を足とみなすアイヌ住居のシンボリズムに似ており（図9）、獣四肢骨の堆積した妻側が入口であってもなんら矛盾はない。

4．凹字形の着座領域と空間分節の原理

（1）空間モデルの単純化

　オホーツク文化の住居跡のように、遺構と遺物の出土状況から住居の空間分節をある程度復元できるケースは例外であろう。小林達雄が揶揄するとおり、住居空間の構造を「考古学的方法によっ

てそこまで解明できると期待している」ほうがおかしいのかもしれない。とはいえ、ここまできたからには、オホーツク文化以外の竪穴住居についても、私見を示しておかなければならない。筆者は、すでに述べたように、竪穴住居跡から空間分節を復元する鍵となる物証は、炉をかこむようにして入口とは反対側に形成された凹字形領域ではないか、と考えている。炉のまわりに凹字形の座が形成されている場合、そこには優・劣の二元論に規定された縦横2つの分節軸が存在し、住居の内部空間を4つの領域に区分していた可能性が高いからである。

興味深いことに、水野と佐々木の示した縄文住居の間取りモデルにも、凹字形の領域がはっきり表現されている（図1・3）。ただ、両者ともに、凹字形領域を含む竪穴の内部空間を細分化しすぎている。しかも、その細分化した空間領域に個別の機能を割りふってしまうから、「根拠がない」という批判を甘受せざるをえなくなるわけだ。住居のなかのどこで何をおこなったか、という事実もたしかに重要だろう。しかし、炉の周辺ならば、調理場にも作業場にも祭場にもなる可変性を備えており、場の単一な機能同定よりも、機能の重層性とその背後にひそむ空間分節の原理を把握する必要がある。そのためには、もう少し空間のモデルを単純化したほうがいい。

（2）　主軸と凹字形領域

たとえば、先に示した藤本強[27]による「内区／外区」の分節図式は、単純だが有効なモデルの代表と思われる（図10）。竪穴住居の主柱より内側の「内区」が共用の空間、主柱の外側をめぐる「外区」が個別的な領域という考え方は、擦文文化やオホーツク文化の住居跡だけでなく、縄文・弥生・古墳各時代の竪穴の内部空間にも応用可能なものである。とくに竈が導入される以前の竪穴住居の場合、入口側の外区と内区が共用空間として結びつき、残り3方の外区が凹字形を呈することになる。ただし、主柱の位置が壁際に偏る平面では、この凹字形領域は主柱よりも内側に及んでいたはずである。

橋本正[28]は、この空間領域区分に「主軸」という概念をもちこんだ。橋本のいう主軸とは、建築用語でいう棟通りのことである。橋本は「主軸によって竪穴平面は相似形に二分され、主柱は主軸上に乗るものと主軸を挟んで対峙するものにわかれる。炉は全て主軸上に乗」るという。そして、入口・穴・竈などは主軸とは無関係に構築される場合もあるが、主軸をもつ構造は、平面の異同にかかわらず、竪穴住居のすべてに共通しているから、それは竪穴の「平面利用の型」に一貫した解釈を与えるとして、空間利用のモデルを呈示する。すなわち、出入口から住居内の通路・中央部（火処をふくむ）までを「共用平面」、それを「個別平面」が馬蹄形にかこむと橋本は理解する。この「馬蹄形の個別平面」こそが、筆者のいう凹字形着座領域に近似する空間概念なのである。

（3）　ベッド状遺構と床面の硬軟

中央の共用空間とそれをかこむ個別的な凹字形領域の区分は、遺構の出土状況によっても存在を実証できる。まず思いうかぶのは、いわゆるベッド状遺構である。ベッド状遺構とは、

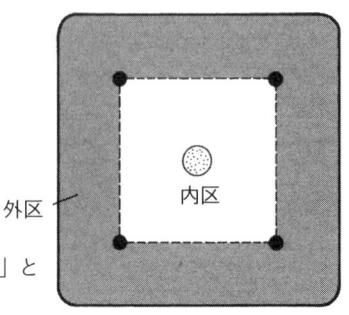

図10　竪穴住居における「内区」と「外区」の概念

竪穴住居の主柱より外側に設けた幅50～100cmの土壇であり、縄文時代の前～中期に北海道・東北・北陸で使用されはじめ、弥生～古墳時代になると、むしろ西日本で卓越するようになる。竪穴床面の湿気を避けるため、一段高い寝間や物置として機能したものが多かったであろう。時代はくだるが、鳥取県の上種第5遺跡32号住居跡（6世紀）では、主柱より外側の「外区」の3方に、床束の痕跡が規則正しく残っており、そこに板敷のベッド状遺構が形成されていたことを示している。もっとも、竪穴内部におけるベッド状遺構の配置はじつに多様で、すべてが凹字形を呈するわけではない。とくに奥の一部を占める小規模の遺構には、祭壇として機能したものもあったにちがいない。

　ベッド状遺構がない場合でも、主柱より外側の領域は、やはり寝所や物置として機能していた部分が多かっただろう。田村晃一は、一部の住居にベッド状遺構をともなう千葉県我孫子町の古墳時代集落遺跡を例にとり、竪穴床面に「踏み固められない部分」と「踏み固める部分」が共存し、前者がベッド状遺構と同じ主柱より外側の領域を占めることを確認した。この集落すべての竪穴住居では、土間と寝所の区分が確立されており、ベッド状遺構はむしろ普遍的な現象である住居の内部構造の変化のうちの、きわめて特殊な現象としてとらえることができるという。

　ただ、床面土壌の硬軟については、調査者の発掘技術や感覚に左右されかねないという問題がある。この種の誤差や錯覚を排除すべく、自然科学的立場から床の硬軟を検討したのが小池裕子である。小池は、小金井市はけうえ遺跡の縄文中期住居跡の床面を山中式硬度計を用いて計測し、「一般に炉の周囲が比較的硬く、壁ぎわで柔らかくなる傾向を示した」と述べている。こうしてみると、和島誠一による小豆沢遺跡の調査（昭和13年）以来指摘されてきた、入口から炉端もしくは竈周辺にかけて硬床（土間）が分布するという認識は、基本的に納得できる。

　さて、入口から炉端にかけての領域が「踏み固められた」土間であるならば、その外側の壁際の領域は凹字形を呈することになる。そして、そこに揚床やベッド状遺構が設けられない場合、植物質の敷物か堆積物が存在した可能性があり、藤内遺跡の第9号住居には、その痕跡が残っている。この住居跡は家屋が不完全燃焼し、蒸し焼きの状態で廃絶したおかげで、室内の保存状況はきわめて良好であった。円形竪穴の入口に接する側の三分の一をしめる土間に粘土をおさめたピットがあり、その左横には砥石や台石とともに黒曜石の破片、反対側の右横には竹材や剥片石器が散在していた。すなわち、入口に続く土間が土器づくり、その左側が石器づくり、右側が木・竹製品づくりの作業場と推定できる。一方、土間から壁際にひろがる領域には炭化物層が堆積しており、遺物はこの炭化物層の上にのっていた。炭化物層は厚さ15～20cmで、草葉・そだ・草葉のサンドイッチ状堆積をなしていた。近年まで土座の残存していた信州秋山郷の民家では、地面にまず茅や藁を厚く重ね、その上にムシロを敷いていた。藤内の縄文住居でも、この種の草敷きの座が、炉のまわりを凹字形にかこんでいたのだろう。

5．縄文住居のシンボリズム

（1） 主軸のシンボリズム

以上みてきたように、とくに縄文時代の竪穴住居の場合、主軸上の入口とは反対側の炉の周辺を3方からかこむ凹字形の着座領域が形成されていた可能性が高い（図11）。そして、凹字形領域が存在したならば、そこに炉を中心として、空間を分節する縦横2つの軸を想定できる。そのひとつは、「主軸」にほかならない。入口と炉、そしてしばしば祭壇や石柱などの特殊遺構[32]がこの主軸上に配される（図12）。この配列から、

　　　後＝上座＝聖
　　　前＝下座＝俗

という意味的対立を導きだせるだろう。

この場合、問題となるのは、入口周辺で出土する埋甕である。埋甕が、通説どおり、胎盤収納もしくは幼児埋葬の儀礼具であるならば、それはたしかに出産＝女とむすびつく物質文化と言える。これが住居の前半部を女の領域とみなす有力な根拠の一つになってきたのである。筆者は地中に埋められた甕を「子宮＝女体」の暗喩とみる解釈には魅力をおぼえているが、出産習俗説[33]そのものには疑問を禁じえない。神村透[34]・村田文夫[35]・水野正好[36]らによって主張されてきた住居建築儀礼説にちかい立場をとっている。

たとえば後世の胞衣壺を例にとるならば、それはある一家に新生児が誕生した際、新生児の胎盤を軒下や敷居などの地下に埋める習俗である。かりに縄文時代の住居内埋甕がこれに類する祭祀物であるならば、埋甕が住居建設後に埋められたという証拠が必要だろう。しかし、神村は埋甕用の土器が住居内で出土する土器よりも古いことを指摘しており、水野は住居建設当初から埋甕の意図的配置が考慮されていたと主張している。

一方、木下忠[37]は、埋甕を伴わない竪穴住居も併存するから、埋甕が住居建設に先行していたとは考え難いという。埋甕と住居建設の時間関係を証明するのはやっかいだが、筆者は以下のような考えから、埋甕を地鎮具にちかい祭器と推定している[38]。

竪穴住居の場合、柱を立てるよりも先にまず、居住空間となる大きな穴を掘らなければならない。穴を掘るとは地面を激しく動かすことであり、大地を支配する諸精霊の祟りをうける恐れがある[39]。だから住居の床面に、供

図11　縄文竪穴住居の空間分節モデル
　　　　（浅川案）

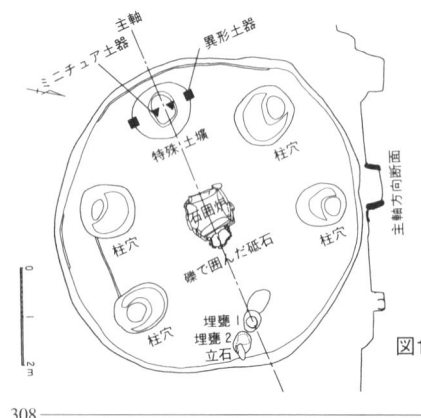

図12　新潟県糸魚川市長者ケ原遺跡の20号住居平面と主軸
　　　　（『長者ケ原遺跡八次調査概報』掲載図に加筆）

物を奉納した甕を埋め、地母神的性格を有する精霊を鎮めたのではないか。埋甕の中から時として出土する獣骨は、地母神に対する献納物として解釈することも可能であろう。

それでは、なぜ地鎮具たる甕を入口ちかくに埋納する必要があったのか。ここで筆者は、古アジア族の竪穴住居に関するリチャード・ズグスタ[40]の発言を思いおこさずにはいられない。ズグスタは、「竪穴住居の水平軸は代理の垂直軸である」と述べている。入口周辺の埋甕が大地にむけられた祭器であるのとは対照的に、奥壁際の祭壇にたつ石柱は、その垂直性によって天上世界を指向し、天上世界から降臨する精霊たちの依代のようにみえる。縄文時代の竪穴住居においても、

　　入口＝埋甕＝地下世界
　　炉（火）＝家の中心＝人間世界
　　上座＝祭壇＝天上世界

という一連の暗喩が、ミクロコスモスとしての住居の主軸に投影しているのではないだろうか。

(2) 左右の序列は存在したか

つぎに問題となるのは、主軸と直行する横方向の分節軸の存否である。凹字形の着座領域が形成されていたとするならば、その左右の座になんらかの序列的規範が付随していた可能性は十分ある。しかし、それが何かを検証するのはたいへん難しい。

左右の座の性格を推定する手がかりとされていたのは、男性を象徴する石棒と女性を象徴する土偶であった。しかし、両者ともある一定の領域に限定された出土状況を示さない。とくに石棒については、入口・炉・祭壇という主軸に集中して出土する傾向がみられ、左右の座からの出土数はきわめて例外的である。これに対して小杉康[41]は、茨城県原町西貝塚一号住居を資料として、石皿・敲石・鉢形土器・土壙の出土分布から、詳細に住居空間の機能区分を推定し、奥から正面をみた場合、右が男、左が女の領域と推定しているが、遺物の性格は石棒や土偶以上に性差を表現していない。いずれの論拠においても、「右＝男／左＝女」の分節原理は、にわかには容認しがたい状況にある。

とはいえ、左右の座が「年長／年少」などの優・劣概念によって秩序づけられていた可能性をまったく否定できるわけではない。これについては、さきにオホーツク文化の住居跡を分析したのとおなじ方法で、横軸方向の序列を推定できる。万字炕における神棚マル、ツングースのテントにおける神像、そしてアイヌ住居における宝壇ソパは、いずれも直交する二つの分節軸によって形成された4つの領域のうち、両軸の優位側が重なった最優位のコーナーに設けられている。じつは縄文住居の石敷祭壇や立石にも、主軸上ではなく、左右どちらか一方に偏る事例を認めうる。たとえば、著名な与助尾根の第7号住居では、石柱を立てた祭壇は炉の北西側に設けられている（図13）。これは、奥から正面をみた場合、主軸の右側奥にあたる。おなじ与助尾根の第15号住居でも、ほぼおなじ位置に石壇を築くが、その場所はさらに右端による（図14）。これと似て興味深いのは、石棒を石囲炉のコーナーに立てる事例である。たとえば長野県富士見町の曽利遺跡・第28号住居では、石囲炉の北西隅に有頭石棒が埋めたてられていた（図15・16）。この例は、アイヌ住居の炉内に立てられたイナウ（御幣）[42]の位置と近似する。いずれも奥から正面をみた場合、炉の右奥に石棒を立

図13　長野県与助尾根遺跡7号住居（茅野町教育委員会提供。石囲炉は主軸上にあるが、石柱は右座側にずれて立つ）

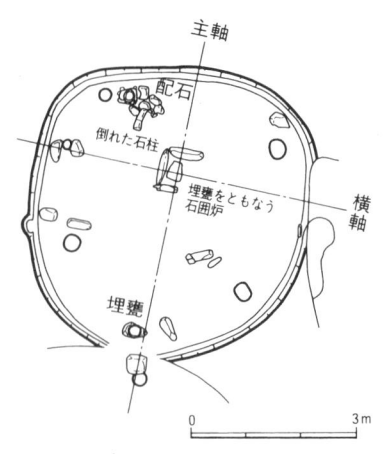

図14　長野県与助尾根遺跡の15号住居における石柱と主軸・横軸の位置関係（宮坂英弌『尖石』1957掲載図をもとに作図）

図15　長野県曽利遺跡28号住居の石囲炉西北隅にたつ有頭石棒と土壇上の伏甕（富士見町教育委員会提供）

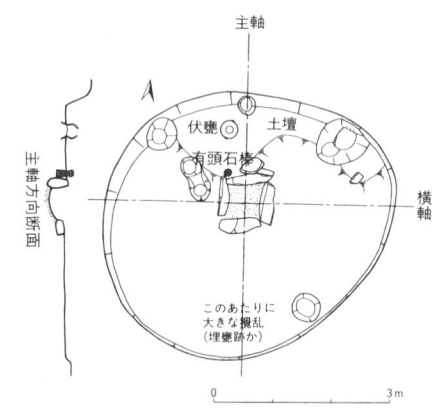

図16　長野県曽利遺跡の28号住居における有頭石棒の位置（富士見町教育委員会『曽利』1978掲載図に加筆）

ているのである。この右の奥という方位は、アイヌ住居の場合、宝壇ソパと一致する。縦横2軸のいずれも優位を占める最優位の方向なのである。以上からみて、与助尾根や曽利の縄文住居は、右座が左座に優越していた可能性もあるが、この序列性を、縄文住居全体に適用するのはいまだ早計であろう。

(3)　火の中心性と埋甕

　住居空間に直交する2つの空間分節軸が存在する場合、その交点に位置するのは炉であり、炉こそが住居空間の中心であって、炉の火は時として家の代替概念にもなりうる。縄文住居の場合、直交2軸の存在を実証する根拠がいまひとつ乏しいとはいえ、炉が住居空間の中心であるという認識に異論のある人は少ないだろう。それでも、竪穴住居には炉跡のない例も多い、という反論がある

かもしれない。しかし、すでに今村啓爾(43)や小林達雄(44)が力説しているように、それは炉がないのではなく、検出され難いということであって、火のない竪穴住居が一般的に存在したとは到底考えられない。

ところで、竪穴住居の炉には地床炉、石囲炉、埋甕炉がある。筆者はとくに埋甕炉の存在に注目している。石でかこえば炉を簡単に作れるのに、わざわざ割れやすい土器を縁囲いに使うのはなぜなのか。要するに、埋甕炉の甕には何かを納めていたのではないか。尖石遺跡などで発見された石囲炉中の埋甕も、おなじように何かを土中に納めるための道具なのではないだろうか。

ここで一つ興味深い民族例を紹介しておきたい。筆者は、中国雲南省西北の瀘沽湖畔に住むモソ人とプミ族の住居集落を調査した経験がある（図18）。これらの民族は羌と呼ばれた古代西域遊牧民の一集団がしだいに南下し、雲南北部の土着民と混血して形成された民族と推定されている(45)。モソ人は住居新築にあたり、家屋落成後に盛大な火おこしの儀礼をおこなう。それは、炉に「火の心臓」を埋納し、点火する儀式なのである。火の心臓とは彩絹で飾った甕のことで、その中には松の枝・牛糞・彩色した石・獣脂・塩・茶・一元銀貨・稲・麦・トウモロコシ・裸麦・稗・松の実・ヒマワリの種などをいれ、イロリの炉石の直下に埋納し、石で蓋をしてから灰で覆う。この後、炉の点火儀礼をおこない、炎が勢いよく燃えさかれば、家もまた栄えると考えられている。

モソ人住居の炉下に埋め込まれた供物入りの甕は、五穀豊穣・六畜繁栄・健康長寿・吉祥如意を祈願するもので、それは「火の心臓」であると同時に「家の心臓」でもある。落成した家屋の中心に「心臓」を埋めこみ、その上面で点火したとき、そこは初めて人の住まいとして機能する。たんなる建築物から、人の住む場所へと変化をとげるのである。ところで、この埋甕が五穀豊穣や家族繁栄を願うものであることは確かだが、土中に埋めこむという行為からみると、その本来的な意味はやはり地鎮に近いものだったのではないだろうか。甕の中の多くの供物は、地母神的な諸精霊を鎮めるためのものであり、地母神の平安と加護は、大地の五穀豊穣および家の安寧と繁栄に直結する。

モソ人住居における埋甕の論理を縄文住居にそのまま適用するのは危険だが、筆者は炉下の埋甕と戸口の埋甕は、本質的におなじ意味をもち、埋甕炉自体にも地鎮具の性格を認めうるのではないか、と考えている。戸口の埋甕が祭壇との対照性によって、垂直方向のシンボリズムを水平軸（主

図17 長野県尖石遺跡の林道J地点で出土した石囲炉中の埋甕（茅野町教育委員会提供）

図18 雲南省永寧落水村のプミ族住居（落水村のプミ族はすっかりモソ化しており、住居もモソ人のそれと同じになっている。主室の正面奥に火神ゾンバラを祭り、ゾンバラから前をみて、炉の左側を男（客）座、右側を女（家人）座とする。炉の下には、「火の心臓」としての埋甕をすえる）

軸）に投影したものであるのに対し、炉下の埋甕はおそらく屋根上に存在したであろう天窓[46]と対をなし、「天－火（家）－地」という垂直軸の空間概念をそのまま表現しているようにみえる（第2章第4節図15参照）。

（4）　男女の合一

　住居がしばしば子宮＝女体の暗喩となるように、甕のような容器も、形態の類似性によって、しばしば女陰もしくは子宮の暗喩となる。子宮としての象徴性は、甕が地上や台上に置かれる時よりも、地中に埋めこまれる場合、いっそう鮮烈になる。したがって、入口周辺や炉中の埋甕から女のイメージを読みとることは不可能ではない。柄鏡形（えかがみがた）住居の場合、その形態自体が子宮を連想させるが、埋甕は膣に相当する柄すなわち門道の先端部分に配置され、女陰としてのイメージをさらに先鋭化させているようにみえる。

　一方、男性を直截的に表現する遺物といえば、石棒である。長岡元広[47]や山本暉久[48]の研究によれば、石棒の分布域はほぼ主軸周辺に集中し、入口周辺、炉辺、奥壁周辺に大別できるという。意外かもしれないが、この3つの領域のなかで、最も多く石棒が出土しているのは、埋甕のある入口周辺である。山本の統計によると、竪穴住居内における石棒出土がピークに達する縄文時代中期から後期初頭においては、入口部と柄鏡形住居の張出部での石棒出土が最も多く、埋甕との複合性が顕著に認められる。伊那市・城平遺跡や下伊那郡・瑠璃寺前遺跡の住居では、埋甕のなかに石棒が樹立した状態で出土しており、まさに男女の合一をイメージさせる[49]。

　炉辺での石棒出土量は入口周辺ほどではないが、炉中および炉石（転用材ふくむ）を加えると、むしろ入口周辺をしのぐほど多い。とりわけ注目されるのは、石囲炉のコーナーに石棒を樹立している例[50]（図19）、および炉中に石棒を樹立している例[51]（図20）であり、家の象徴たる火が男性原理によって支配されたことを暗示しており、それは炉と近接する傾向を示す祭壇＝上座の性格にもつながるものかもしれない。

　ところが、炉には埋甕をともなう場合があり、石囲炉のなかで有頭石棒が直立する住居跡のみつかった埼玉県岩の上遺跡では、石囲炉に埋甕を伴う住居跡も確認されている。とすれば、埋甕に石棒を差しこんだ炉が存在した可能性もあるだろう。それを示唆するのは、横浜市・馬の背遺跡で出土した有頭石棒である。馬の背の石棒は、周縁部を河原石でかこんだ埋甕（底を抜いた勝坂式土器）の中から出土しており、屋外施設とみなされているが、周辺部が調査されていないので、竪穴内部の石囲炉だった可能性もある。

　以上みてきたように、入口周辺および炉においては、女を象徴する埋甕と男を象徴する石棒が複合化する傾向を認めうる。ここでは男女の対比だけでなく、両者の合一が表現されているのである。男女の合一とはすなわち種の保存であり、子孫の繁栄を意味している。しかも、かりに馬の背遺跡のように、埋甕中に石棒を樹立する炉が竪穴内に存在したとするならば、屋内の炉＝火とは、まさに男女の合一した「夫婦＝家」そのものを意味する概念と言えるであろう。縄文人にとって、住まいは宇宙の凝縮であり、火は住まいの凝縮であった。世界の多くの民族が描きだすシンボリズムの

類例を、ここにまた一つ追加できるのではないだろうか。

6．農耕社会の竪穴住居

(1) 不透明なシンボリズム

　弥生時代以降の竪穴住居跡には、オホーツク文化における獣頭骨や獣四肢骨の堆積、あるいは縄文文化における石柱・祭壇・石棒・土偶・埋甕のような象徴的遺物があまり認められない。汎アジア的に住居空間の分節原理を比較研究したリチャード・ズグスタ[52]は、くしくも「農業的な象徴性は住居内では弱いか存在しない」ことを結論の一部としている。たしかに弥生時代以降の農耕社会における住居からは、狩猟活動を生業基盤とした縄文文化やオホーツク文化の住居ほど強烈なシンボリズムを抽出し難い。とはいっても、弥生時代以降の農耕社会に住居の空間分節や着座規範がまったく失われたわけではない。ただ、それが非常に読みとりにくくなっただけのことであろう。たとえば近世民家にしても、イロリをめぐる明快な規範が存在したわけだが、それを示す遺物があるかといえば、ないのである。

(2) 住居空間の変化と画期

　さて、桐生直彦[53]は、遺物の出土状況から竪穴住居を、以下のⅢ期に分けている。

図19　石囲炉の四隅に石棒を樹立させる岐阜県堂之上遺跡の6号住居および同遺跡出土の石棒と女陰状石製品（岐阜県教育委員会提供）

図20　長野県瑠璃寺前遺跡中島地区3号住居（長野県教育委員会提供。主軸上に配石・石囲炉・埋甕がならび、埋甕の中に有頭石棒が樹立する）

Ⅰ期：縄文時代
Ⅱ期：住居内に炉を有する弥生時代から古墳時代中期
Ⅲ期：住居内にカマドを有する古墳時代後期から奈良・平安時代

単純明快で要をえた時期区分だが、カマドの出現するⅢ期とそれ以前の差異に比べれば、Ⅰ期とⅡ期の差はさしたるものではなかっただろう。カマドがなく、炉と入口が主軸上にのるならば、やはり入口の反対側に凹字形領域が形成され、空間全体は炉を中心にして直交する２つの分節軸により、４つの領域に区分されていた可能性が高いからである。ただ、縄文時代とちがうのは、奥壁際に聖性を示す石敷の祭壇や石柱がなくなったことなのだが、かりにその種の聖性が失われていたとしても、「後＝上座／前＝下座」という序列性は継承されていたことだろう。八王子市の神谷原遺跡SB124は、縄文的な空間分節をうけつぐⅡ期の好例である（図21）。

さて、桐生はこの住居の左右の座を「寝所」と解するが、上座から入口をみた左座の前側で土器が多量に出土していることから、そのコーナーを物置場とみる。ところが、おなじ神谷遺跡上層（弥生末古墳初）の住居跡136棟を統計的に分析した長岡史起は、土器の出土量を比較して、80％近くが左側から出土している事実をつきとめ、「右＝男／左＝女」という空間分節のあり方を示している。左右の座を男女にふりわける空間分節の傾向は、縄文住居から摘出しにくかった。今後、長岡の結論と符合するような事例が増加するならば、近世民家におけるオトコザ（キャクザ）とカカザの関係が、弥生時代以降の農耕文化の伝統であることが明らかになるかもしれない。

(3) カマドの出現前後

すでにのべたように、竪穴住居の空間構造は、カマドの登場を画期として革命的に変質した。しかし、カマド出現の前夜から、その変革の萌芽をみとめうる。渡辺修一[55]によると、千葉県・草刈遺跡における古墳時代和泉期の竪穴住居では、炉が複数化し、一つは内区、他方は外区に設けられるのだが、外区の炉跡のほうが火熱痕跡が大きく、そこが炊事専用の空間であったことを示唆するという。領域論的にみれば、外区の炉とは、壁際に設けられたカマドの祖型にほかならないだろう。

擦文文化の住居[56]のように、カマドが入口の脇に築かれる場合、内部空間にはそれほど大きな変化が生じない。おそらく炉をかこむ凹字形領域は、そのまま残るだろう。しかし、入口を含む正面以外の壁際にカマドを築くと、凹字形の領域は消滅する。カマドが入口の対辺におかれるならば、着座領域は平行二列に分かれ、

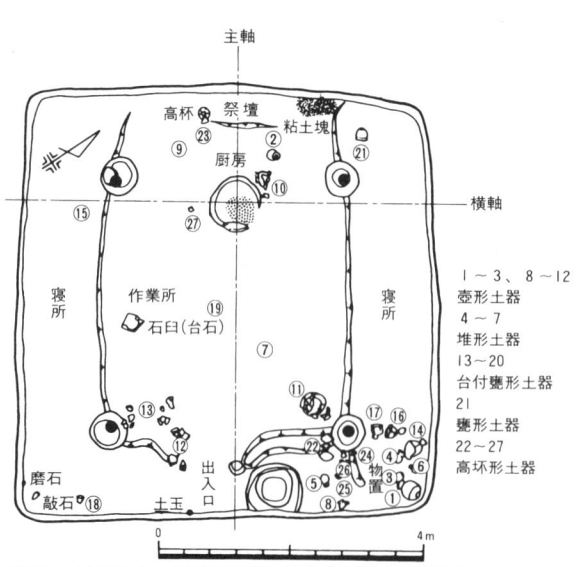

図21 八王子市・神谷原遺跡上層（古墳時代前期）の焼失住居SB124に対する桐生直彦の機能解釈（筆者は「厨房」の位置を炉の下座側にもってきたほうがよいと考える。原図は椚田遺跡調査会『神谷原Ⅰ』1981掲載）

入口と直交する辺に置かれる場合、着座領域はL字形になる[57]。いずれにしても、凹字形領域によって推定された直交二方向の分節軸は、おおきく崩れることになる。

　この変化は、炉を中心とした空間構造からカマド中心の空間構造への転換を意味し、煮炊きや食事に使われる日常的な道具ばかりでなく、剣形品・有孔円板・管玉・勾玉・臼玉・有文紡錘車・石鎌・刀子などの祭祀遺物もまた、カマドの周辺に集中して出土するようになる。大陸からもたらされた新しい「火」の信仰が、カマドとともに住居内に取り込まれたことは想像に難くない。

　しかし、カマドは完全に炉に取って代わったわけではない。両者は共存し、各々に伴う火の文化は重層していたはずである。つまり、炉の周辺には、縄文・弥生時代以来の空間分節の原理が生き続けていた可能性を否定できないだろう。時代はくだって、炉（イロリ）とカマドが揚床と土間、もしくは主屋と釜屋に分置されるようになると、炉は再び独立性をとりもどし、その周辺に明快な着座規範を示すようになる。近世民家のイロリまわりに表現された着座の論理がいつの時代に遡るのかはわからない。しかし、それがカマド出現以前の竪穴住居を統制していた空間分節の原理とまったく断絶したものだとは思われない所以であろう。

附記

本節論文の初出は以下のとおりであり、若干の修正を施した。
　　浅川滋男　2000　「竪穴住居の空間分節」『古代史の論点2　女と男、家と村』小学館：pp.99-130

註

(1) 水野正好「縄文時代集落研究への基礎的操作」『古代文化』21巻3・4号、1969
(2) 桐原健「縄文中期にみられる室内祭祀の一姿相」『古代文化』21巻3・4号、1969
(3) マナとは、メラネシアにおける超自然的な力をさすことばであるが、イギリスの民族学者R.コドリントンが1891年に『メラネシア人』という著作をあらわしてから一般的な学術用語として定着した。
(4) 井上裕弘・堀越正行・小野田哲憲・鎌田俊昭・鶴丸俊明・長崎元広・安藤洋一「水野正好氏の縄文時代集落論批判」『ふれいく』創刊号、1971
(5) 小林達雄「縄文時代の居住空間」『國學院大學大学院紀要』19、1988
(6) 桐生直彦「住居床面に遺棄された土器の認識について〜小林達雄『縄文時代の居住空間』批判」『東国史論』6、1991
(7) 都出比呂志『日本農耕社会の成立過程』岩波書店、1989
(8) 双分組織とは、部族や村落が明確な機能をもつ二つの集団に分かれる組織構成のことで、二分された各集団は「半族」と呼ばれる。北アメリカのハイダ族を例にとると、カラス族とワシ族という半族に二分されており、婚姻の場合、半族相互で配偶者を求めなければならないし、相互に労働の提供や贈与の義務を負う。互いに補完関係にある外婚制の集団と言えるだろう。こういう双分組織のあり方は、男と女、上と下、右と左、聖と俗などの二項対立を基本とした認識体系、すなわち象徴的二元論と不可分に結びついている。本稿の意図するところも、竪穴住居の空間構造を象徴的二元論の立場から読みとくことである。
(9) 大林は、W.コパースのいう「拘束された比較」をひろく解釈して、以下のような二つの比較が有効と考えた。すなわち、①同一系統の先史文化と未開文化の比較、②類似した生態学的条件のもとに、類似した経済形態や文化段階をもつ先史文化と未開文化との比較である。このような観点から、カリフォルニア・インデ

ィアン、東北アジア漁労民、北方ユーラシア狩猟民を民族誌モデルとして採用し、縄文社会の復原を試みる［大林太良「縄文時代の社会組織」『季刊人類学』2巻2号、1971］。ちなみに、建築史学の分野では、村田治郎がはやくも1950年代に北米および東北アジアの竪穴住居に着目し、日本の竪穴住居跡復原の参考としているが、これはきわめて例外的な研究である［村田治郎「原始住居構造の一つの型」『建築雑誌』775、1951］。

（10）大林はモノから男女の空間区分を導きだす作業に対して、きわめて慎重なスタンスをとっている。それは考古資料にかぎらず、民族誌資料においても同様であって、たとえば規範としては男女の空間区分の厳しい西南アラスカのエスキモーでさえ、男性が留守のあいだ女性が男性の道具を使うことを禁じていない。すなわち、日常生活においては、男女の区分を撹乱する要因が存在する。また、石皿のように、男性・女性のどちらが使うかがあきらかでない遺物が多いことも、性にともなう空間区分の抽出に困難をもたらしている［大林太良「住居の民族学的研究」『日本古代文化の探求　家』社会思想社、1975］。

（11）佐々木高明『日本史誕生』集英社、1991

（12）ZUGUSTA, R. "Dwelling Space in Eastern Asia", *Publication of Osaka University of Foreign Studies*, No4, 1991

（13）Ränk, G. "Völker und kulturen Nordeurasiens", *Die Kulturen der eurasischen Völker*, Akademische Verlagsgesellschaft Athenation, Frankfurt am Main, 1968.

（14）古アジア諸語（Paleo-Asiatic）とは、19世紀中頃に活躍したレオポルド・フォン・シュレンクが提唱した概念で、北アジアに住む諸民族のうち、アルタイ諸語にもウラル諸語にも属さないグループを一括総称したものだが、実態は「その他諸々」の言語もしくは民族ということである。エニセイ川流域のケット以外は、ギリヤーク、ユカギール、チュクチ、イテリメン、コリヤーク、アレウトなどユーラシアの極北・極東に分布し、アイヌも古アジアの一群とみなされていた。「古アジア」という語感どおり、これらの集団はウラル語やアルタイ語を話す諸民族よりも古くからこの地に住む先住民と推定され、北米の原住民とも文化的に系譜関係があるだろうと考えられていた。三上次男は古アジア系の諸族に特有な屋頂天窓出入り式の土葺き竪穴住居が、史書に記された挹婁―勿吉―黒水靺鞨の竪穴住居に酷似することを指摘している［三上次男『古代東北アジア史研究』吉川弘文館、1966］。しかし、「古アジア」という概念そのものに問題があり、アムール川流域に住むナーナイなどのツングース系漁労民も竪穴住居に住むので、「靺鞨＝古アジア」という図式に疑問をおぼえる研究者も少なくない。

（15）これが部屋の全面にひろがると、朝鮮半島のオンドルになる。

（16）秋甫編『鄂倫春族』文物出版社、1984

（17）大塚和義の報告は若干異なっている。定住化したオロチョン族の狩猟時のテントでは、マルを「主人・上客の座」、右のアオルは「子供・客座」、左のアオルは「妻・女の座」であり、トナカイ・エヴェンキのテントも、ほぼこれとおなじ着座規範を示すという［大塚和義『草原と樹海の民』新宿書房、1988］。なお、余談ながら、大林太良［1957（1991）］はツングースの円錐形テントの基本構造を4脚とみなしているが、筆者らの観察では、あきらかに3脚であった［浅川滋男ほか「北東アジアにおけるツングース系諸民族住居に関する歴史民族学的研究」『住宅総合研究財団研究年報』23号、1997］。

（18）シロコゴロフ、S. M.（川久保悌郎・田中克己訳）『北方ツングースの社会構成』岩波書店、1941

（19）加藤九祚『北東アジア民族学史の研究』恒文社、1986

（20）北海道教育庁振興部文化課編『オロッコ・ギリヤーク民俗資料調査報告書』北海道教育委員会、1974

（21）藤本強『擦文文化』教育社、1982

（22）大井晴男「オホーツク文化の竪穴住居址」『東洋史・考古学論集』三上次男博士頌寿記念論集編集委員会、1979

（23）武田修「オホーツク文化竪穴住居内の出土遺物パターンについて」『古代文化』48巻6号、1996

(24) この場合、アイヌとは左右の序列が逆転しているが、左右の優劣は民族によって異なる。筆者は、この分析によって、オホーツク文化の左座が右座に優越していたという結論を主張したいわけではない。あるコーナーに聖性をもつ遺物や遺構が出土した場合、主軸とそれに直交する横軸に 2 つの優劣概念が付随していた可能性があるという推定の方法を示してみたかったのである。逆に、あきらかに日常的な道具の物置とわかるような場所が一定のコーナーで検出された場合、それは直交 2 軸における劣位と劣位が重なった最劣位の領域である可能性があるから、やはり 2 つの優劣軸を推定復原する根拠の一つになるだろう。

(25) 標津では、すでに白樺の樹皮で屋根を葺いたオホーツク文化の竪穴住居が復原されている。白樺樹皮葺きの建物としては、間宮林蔵の『北蝦夷図説』に描かれたオロッコの仮小屋がある。

(26) 大井前掲論文（註22）

(27) 藤本前掲書（註21）

(28) 橋本正「竪穴住居の分類と系譜」『考古学研究』23巻 2 号、1976

(29) 吉田章一郎・田村晃一「千葉県我孫子町中学校校庭遺跡の調査」『考古学雑誌』47巻 1 号、1961

(30) 小池論文は、小金井市はけうえ遺跡を対象とした自然科学的手法による研究論文集に収録されている（註

(37) この論文集には、小池が床硬度を分析したのとおなじ六号および九号住居を対象に、D. A. ロリガーと掘内晶子が土壌のリン（燐）分析を試みている。人間をふくむ動物はリンを体内に含有しており地面と身体の接触頻度がたかいほど、土壌にのこるリンの濃度もたかくなる。したがって、リンの濃度は床硬度以上に、人間の行動痕跡を残すはずだが、ロリガーおよび掘内の分析は、住居内の空間区分を鮮明に示すほどの成果をもたらしていない。ところが、W. H. チンマーマン（ニーダーザクセン州歴史文化調査研究所）は、住居跡の内部および周辺におけるリン分析によって注目すべき成果をあげており、筆者らを驚かせた。チンマーマンが主として湿地帯で検出された歴史時代（1 ～ 6 世紀）の掘立柱建物を対象に、土壌のリン分析をおこなったところ、ロングハウス内部でリンの濃淡がきわめて鮮明にあらわれた。この結果、ロングハウスは複数の家族が集住するアパートメントではなく、各部屋の機能に大きな差異があり、部屋相互を移動した人間の動きの痕跡までもがあきらかになった [Zimmer mann, W. H., "Die Siedlungen des 1. bis 6 Jahrhunderts nach Christus von Flögeln-Eekhöltjen, Niedersachsen : Die Bauformen und ihre Funkionen", *Probleme Der Künstenforshung im Süllichen Nordseegebiet, Band 19*, 1992]。近年、縄文時代の大型建物が東日本各地で続々と発見されているが、竪穴式・平地式いずれの遺構も機能が不透明なままである。チンマーマンが採用したようなリン分析を応用してみる価値があるのではないだろうか。

(31) 中央内区の地面が軟らかい竪穴住居も存在する。長野県岡谷市の橋原遺跡（弥生時代後期）の竪穴住居を分類した会田進によると、中央に硬い床面のない竪穴が集落のはずれに三棟あり、甕が少なく、高坏が出土する。会田は中央の軟らかい地面の上に揚床が存在したとみており、とくに一棟の中央部分からは紡錘車が多量に出土するので、「巫女的な女性の家という特殊な住居」を想像している［会田進「弥生時代住居址と集落」『橋原遺跡』岡谷市教育委員会、1981］。これと関連して注目されるのは、おなじ長野県の東筑摩郡北村遺跡（縄文後期）で、柄鏡形住居SB555の炉の周辺に板敷の痕跡（クリの炭化材）がはっきり残っていたことである［村田文夫「柄鏡形住居址考～その後」『季刊考古学』50、1995］。こういう空間利用がなされた住居では、床面の中央はかえって軟らかい状態で検出されるはずである。

(32) 祭壇や石柱以外の特殊遺構をもつ例として、糸魚川市長者ケ原遺跡で出土した20号住居（縄文中期後半）をあげておこう（図12）。20号住居は円形の竪穴で四本主柱を有し、広場を指向する主軸上に埋甕－石囲炉－特殊土壙がならぶ。上座にあたるこの土壙の埋土からは、異形土器 2 点とミニチュア土器2点が出土しており、祭祀性を強く感じさせる。なお、埋甕は 2 点出土しており、主軸上の埋甕 1 は石蓋をともないほぼ完形で出土しているが、主軸からややずれた埋甕 2 は火災をうけて破砕されており、なかから石柱（無頭石棒か？）

が出土している。埋甕 2 は埋甕 1 よりも新しい時期に埋納されたもので、複数の埋甕が存在する場合、埋納の意味や時期が異なる可能性のあることに注意すべきだろう。おなじ糸魚川の寺地遺跡 1 号住居でも、これと似た出土状況を確認できる。

(33) 木下忠『埋甕～古代の出産習俗』(雄山閣、1981)、桐原健『縄文とムラの習俗』(雄山閣、1988)、渡辺誠「埋甕考」(『信濃』20巻 4 号、1978)、同「埋甕考(続)」(『古代文化』20巻 7 号、1978) など

(34) 神村透「南信地方の埋甕について」『長野県考古学会誌』15号、1973。同「埋甕と伏甕」『長野県考古学会誌』19・20号、1974

(35) 村田文夫「川崎市潮見台遺跡の縄文中期集落復元への一試論」『古代文化』26巻 4 号、1974

(36) 水野正好「埋甕祭式の復元」『信濃』30巻 4 号、1978

(37) キダー、J. E. 編『はけうえ遺跡・研究編(Ⅰ)』国際基督教大学考古学研究センター、1983

(38) 参考までにのべておくと、筆者自身、奈良時代後半に建設された西隆寺回廊東北隅の柱礎石据付穴の直下で、地鎮用と思われる大型祭祀土器を検出した経験がある。この土器はあきらかに回廊の建設にさきだって、柱の下に埋められていた。じつは脂肪酸分析によって、土器内における動物性脂肪の存在が示唆されたのだが、それが人間の胎盤に由来するという確証はなく、出土状況を総合的に判断し、胞衣壺ではなく地鎮具であろうと解釈したのである [杉山洋「考古学からみた土器埋納遺構の性格」『西隆寺発掘調査報告書』奈良国立文化財研究所、1993]。

(39) かつて中国貴州省の榕江流域でトン族の集落を調査するにあたり、集落全体の測量をするため、基準点となる杭を地中に打ち込もうとした際、村人から猛烈な反発をかった経験がある。村の古老によれば、杭を地中に打ちこめば龍脈(風水)を乱し、村に大きな被害をもたらすことになりかねない。ここにいう龍脈とは、地形・地貌のすべて、すなわち大地全体を統制する「気」の流れのことである。

(40) ZUGUSTA, R. 前掲論文 (註12)

(41) 小杉康「住居址に関する問題」『原町西貝塚発掘調査報告書』1985

(42) イナウとは、柳、ミズキ、キハダなど、アイヌが神聖視している木でつくる御幣のこと。祭事のたびに男がつくる。神々の数が多いように、イナウの種類も多いが、最も重要なのは家の守護神チセコロカムイを表現するチセコロイナウで、住まいの東北隅に安置され、そこで拝まれるだけでなく、時折もちだして炉の東北隅にさし込み、家長が祈願をこめる。

(43) 今村啓爾「縄文早期の竪穴住居址にみられる方形の掘り込みについて」『古代』80号、1985

(44) 小林達雄前掲論文 (註5) および同『縄文人の世界』朝日選書、1996

(45) モソ人とはナシ族の地方集団で、金沙江東岸側の高原地域に住み、牧畜と雑穀栽培を生業基盤とする。おなじ雲南省でも、稲作を営む南方のタイ系諸民族とは基層文化を大きく異にする。中国に住む56民族のなかで、唯一母系社会を残す点でも有名であろう。さらに注目したいのは、炉の左右の座を男女にふりわけており、レンク流にいうならば、中央アジア遊牧民に卓越する第 2 形式の空間分節を示している。生業経済だけでなく、住居の技術や空間構造にも、北方各地の民族文化との連続性を認めうるのである [浅川滋男「雲南に流れこんだ北方文化」『季刊民族学』72号、1995。同「殯と火の祭壇～雲南省・永寧モソ人の葬送と火をめぐる習俗」(『まじないの世界Ⅱ』日本の美術№361、至文堂、1996]。

(46) 岩手県一戸町の御所野遺跡では、縄文中期の良好な焼失竪穴住居群がみつかっている。このうち大型のDE24住では、屋根の葺土崩落層が石囲炉直上の径1.5mほどの範囲でとぎれており、天窓の痕跡と推定されている [高田和徳「御所野遺跡の焼失家屋」『考古学ジャーナル』415号、1997]。土葺き屋根の竪穴住居の場合、内部の密封性がつよいから、天窓が存在しなかったはずはない。しかし、それが考古学的に示されたのは、おそらく初めてだろう。

(47) 長崎元広「石棒祭祀と集団構成～縄文中期の八ヶ岳山麓と天竜川流域」『季刊どるめん』8 号、1976
(48) 山本暉久「敷石住居出現のもつ意味（上）（下）」『古代文化』28 巻 2・3 号、1976
(49) 縄文後期中頃の静岡県三島市北山遺跡の柄鏡形住居では、「柄」と「鏡」のジョイント部分の両脇に 2 本の石棒がたてられていた［村田前掲論文（註31）］。これは門道と居住空間の境界標示なのかもしれないが、「柄」が膣の暗喩とするならば、やはり膣に対する男根の挿入を象徴する表現とみることもできよう。
(50) 長野県・曽利28号住居、岐阜県・堂ノ上 6 号住居、東京都船田 C-35住居、群馬県・小室 1 号住居など。
(51) 東京都・船田 B-15住居、埼玉県・岩の上16号住居など。
(52) ZUGUSTA, R. 前掲論文（註12）
(53) 桐生直彦「カマドを有する住居址を中心とした遺物の出土状態について（素描）」『神奈川考古』19号、1984
(54) 長岡史起「遺物の出土位置からみた竪穴住居の居住空間について」『神奈川考古』22号、1986
(55) 渡辺修一「古墳時代竪穴住居の構造的変遷と居住空間」『研究連絡誌』11、千葉県文化財センター、1985
(56) 宇田川洋によれば、擦文文化の竪穴住居は奈良・平安時代における本州農村の竪穴住居の模倣であり、土師器とともに伝来した文化要素という［宇田川洋『アイヌ文化成立史』北海道企画センター、1988］。平面は隅丸方形で四本支柱をそなえ、カマドと炉を共用するが、本州から受容したカマドを入口脇に設けるところに特徴がある［宇田川洋「縄文時代竪穴住居の出入口について」『ライトコロ右岸遺跡』東京大学文学部、1995］。一般にアイヌを擦文文化の継承者と考えるが、住居の空間分節や象徴性に目をむけると、擦文文化の住居跡よりもオホーツク文化の住居跡から、アイヌ住居との類似性を読みとりうる。
(57) 金子裕之「古墳時代屋内祭祀の一考察」『国史学』84号、1971

第 3 章 歴史時代の建築考古学

第1節　仏を超えた信長
―安土城摠見寺本堂の復元―

1．はじめに

（1）　研究の背景と目的

　織田信長が築いた安土城の山麓に「摠見寺」という寺院があった。中世城郭の場合、郭の一角に持仏堂や戦死武将を慰霊する祀堂などを設ける例は各地に知られているが、摠見寺のように城山の主要部に大伽藍を設けるのは異例である。残念なことに、今は三重塔と仁王門を残して境内に堂宇はみあたらない。本能寺の変の直後に安土城は焼け落ちたものの、摠見寺は焼き討ちや類焼を逃れたが、19世紀中ごろ火災に遭い伽藍の中枢は灰燼に帰した。

　いま摠見寺の跡地を訪れると、本堂跡の基壇の向こうに西ノ湖を望める。近年、「近江八幡の水郷」の一部として重要文化的景観に選定された西ノ湖を俯瞰できる境内跡は近江を代表する名勝地の一つである。基壇の上には、柱が立っていた位置を示す礎石が規則的に並んでいる。安土城本体については、これまで宮上茂隆や内藤晶が復元に取り組んできたが、不思議なことに、摠見寺の建築に関する復元的な研究の蓄積はまったくない。

　ところで、大火に見舞われたとはいえ、摠見寺は法灯を存続させている。徳川家康が屋敷を構えたとされる山麓の一画に仮の本堂を建て、臨済宗の古刹として威厳ある姿を今も誇示している。

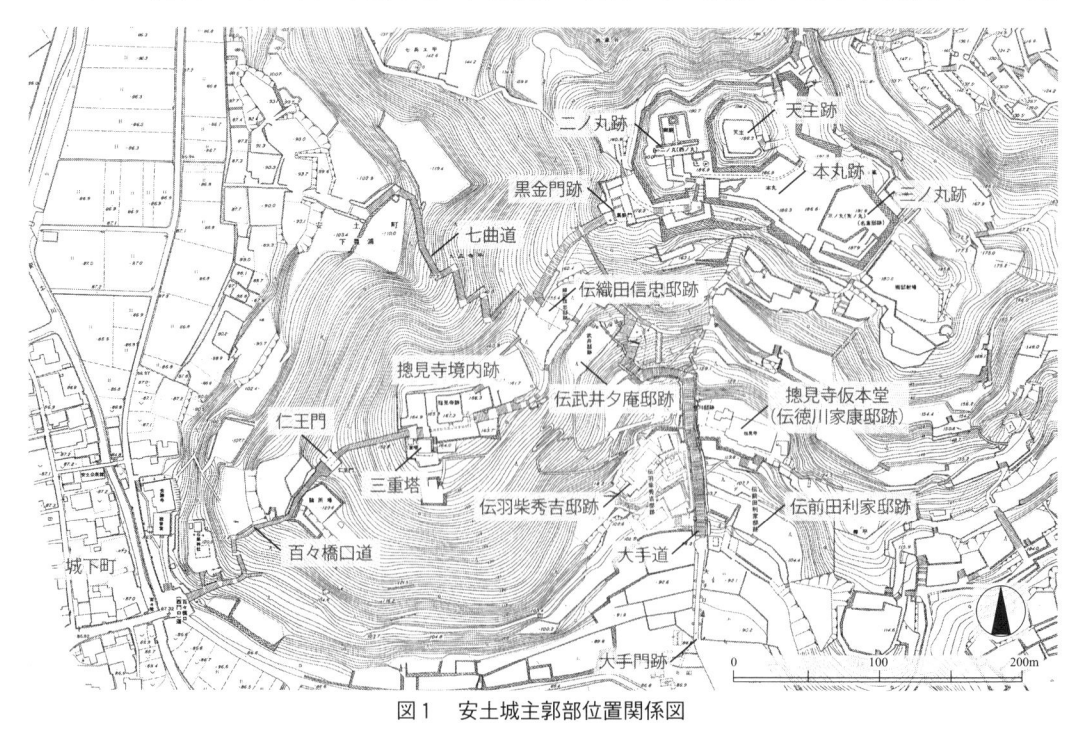

図1　安土城主郭部位置関係図

「摠見寺本堂跡地に本堂を復元したい」という同寺の要請に滋賀県立大学が応え「安土城・摠見寺再建学生設計競技」(2008) を主催した。鳥取環境大学浅川研究室もコンペに参加し、優秀賞を受賞した。その後、さらに摠見寺本堂の変遷と復元に関する考察を深化させたので、ここに復元研究の成果を公開する。

(2) 摠見寺の歴史

盆山を祀る寺 摠見寺は城下町の百々橋口道が城山に入り込んで天守閣に至る安土山の中腹に造営された。太田牛一の『信長公記』巻14[(1)]には、

　（天正九年）七月十五日、安土御殿主、并に惣見寺に挑灯余多つらせられ（後略）

とあることから、天正9年（1581）以前の竣工であることが知られる。さらに厳密に言うならば、安土築城が始まった天正4年（1576）以前に寺の建設が遡るとは思われないので、造営期間は1576～81の5年以内ということになる。これほどの短期間で伽藍を完成しえたのは、後述するように、境内堂塔のほぼすべてを近隣の寺社より移築したからであろう。

「安土山摠見寺旧写記」(1912) によれば、安土城竣工時の住職は尭照法印なる人物で、信長が小牧城在城時に屋敷を拝領し、その後、信長とともに安土へ移ったという[(2)]。尭照法印は真言宗の僧侶であり、創建当初の摠見寺は「真言宗の寺院」ということになるが、信長が真言宗を信仰したというよりも、敵対する天台宗や浄土真宗などの宗派が排除された結果とみるべきかもしれない。信長にとって重要なものは経典でも本尊でも宗派でもなく、自らの分身たる「盆山」だったからである。ルイス・フロイスの『日本史』第3巻55章[(3)]に、摠見寺に関する記述がある。

　神々の社には、通常、日本では神体と称する石がある。それは神像の心と実体を意味するが、安土にはそれがなく、信長は、予自らが神体である、と言っていた。しかし矛盾がないように、すなわち彼への礼拝が他の偶像へのそれに劣ることがないように、ある人物が、それにふさわしい盆山と称せられる一個の石を持参した際、彼は寺院の一番高いところ、すべての仏の上に、一種の安置所、ないし窓のない仏龕を作り、そこにその石を収納するように命じた。

信長は「盆山」というご神体を自らの化身として、本堂ご本尊の上に「仏龕」を造って祀ったとフロイスは書き残している。仏像の上層に自らの化身を祀るという行為は、比叡山や本願寺を壊滅的状況に追い込み、中世宗教社会を解体した信長の思想を露骨にあらわすものと言える。さらに、境内の立地に目を向けると、最も背の高い三重塔を本堂よりも低い隣接地に配し、「盆山」を安置する本堂の2階から見下ろせるようレイアウトしていた。以上のような伽藍内部の空間設計を通して、信長は己が「仏を超えた存在」であることを誇示しようしたのであろう（図2）。

さて、フロイスのいう「仏龕」とは何なのであろうか。「龕」とは、洞穴の壁面や厚い石壁をくりぬいた棚状の施設をさす。そこに仏像を鎮座させれば、その棚は「仏龕」となるわけで、東アジア仏教文化圏においては石窟寺院内の「仏龕」がよく知られている。摠見寺本堂に、石窟寺院のような「仏龕」があったはずはなく、本尊の真上に造られた小型の2階部分（楼閣）を「仏龕」に喩

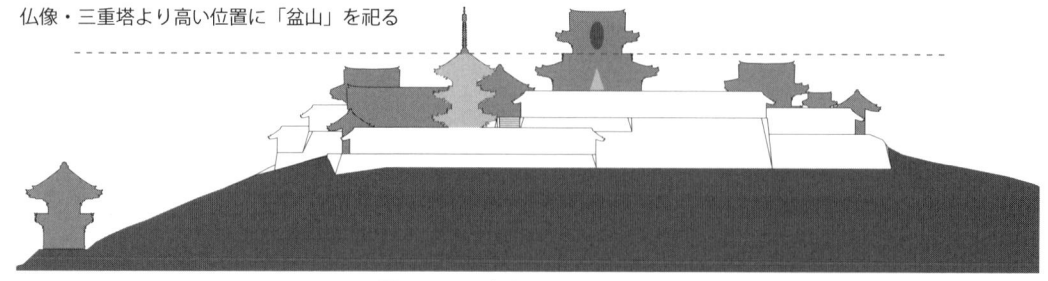

仏像・三重塔より高い位置に「盆山」を祀る

図2　摠見寺内イメージ立面図

えたのであろう。それはおそらく「厨子」に似た施設で、常時扉を開いており、境内の地面から直接盆山を遙拝できたのではないだろうか。『信長公記』巻15に以下の一文がある。

　　正月朔日、隣国の大名・小名御連枝の御衆、各在安土候て、御出仕あり。百々の橋より惣見
　　寺へ御上りなされ（後略）

このように、隣国の大名・小名はみな摠見寺を経由し天守に出仕したとされるが、それは「盆山」の遙拝を義務づけたものと解釈できる。また、フロイスの『日本史』第3巻55章には、信長が「庶民」に対しても摠見寺に関する御触を出し、信長の誕生日を「聖日」と定めて、摠見寺を参詣するよう指示したことが記してある。町民が安土城天守閣で信長にお目通りすることはかなわないが、代わりに摠見寺で信長の化身たる盆山を礼拝せよ、という意図であろう。こうしてみると、摠見寺そのものが織田信長という権力者の代替物として機能していたことが分かる。

伽藍の変遷　安土山中腹の境内に現存する三重塔と仁王門（ともに重要文化財）は、それぞれ享徳3年（1454）と元亀2年（1571）の建立であり、いずれも安土城天守閣より古い中世和様の建造物である。寛政3年（1791）の「境内坪数並建物明細書」によると、創建当初の境内を構成した本堂、仁王門、三重塔、拝殿、鎮守社、鐘楼堂のほとんどが安土城近隣の寺社から移築されたという。

天正10年（1582）、信長は天下布武を目前に「本能寺の変」により命を落とし、まもなく安土城は

表1　摠見寺関連年表

年代			事項
天正4	1576	正月中旬	安土城築城開始（『信長公記』）
天正7	1579	5月11日	信長、安土城天主へ移る（『信長公記』）
天正9	1581	7月15日	摠見寺に挑灯をつる（『信長公記』）※摠見寺の初見
天正10	1582	1月1日	諸将安土出仕、百々橋より摠見寺へ登る（『信長公記』）
			諸人、摠見寺毘沙門堂舞台見物（『信長公記』）
		5月19日	摠見寺において幸若舞を見る（『信長公記』）
		6月2日	本能寺の変（『信長公記』）
		6月4日	光秀安土入城（『多聞院日記』）
		6月15日	安土城炎上（『兼見卿記』）
天正11	1583	1月15日	秀吉安土入城（『兼見卿記』）
		2月	秀吉、信長廟建設
天正20	1592	1月8日	秀吉、摠見寺に寺領百石を寄付（摠見寺文書）
慶長5	1600	9月19日	家康、摠見寺に乱暴狼藉等の禁制を発布（摠見寺文書）
慶長7	1602		摠見寺領検地（摠見寺文書）
慶長9	1604	8月	秀頼、三重塔を修理（摠見寺文書）
元和3	1617	8月28日	徳川秀忠、摠見寺領227石余に増加（摠見寺文書）
寛永20	1643		摠見寺鐘供養（摠見寺文書）
寛文8	1668		臨済宗に改宗し、妙心寺派の末寺となる（取調書）
天和2	1682		信長百回忌（摠見寺文書）
貞享4	1687		近江国蒲生郡安土古城図作成（摠見寺文書）
正徳元	1711	5月	摠見寺、きりしたん禁制を発布（摠見寺文書）
享保16	1731		信長百五十回忌（摠見寺文書）
宝暦4	1754		塔破損修復の助力願出（摠見寺文書）
明和4	1767	4月	摠見寺、とうう・こうそ・てうさん禁制を発布（摠見寺文書）
天明元	1781	6月2日	信長二百回忌（摠見寺文書）
寛政3	1791	9月	摠見寺境内坪数取調（摠見寺文書）
		10月	「摠見寺境内絵図」作成
文化2	1805		「木曽名所図会」作成
天保2	1831	5月26日	摠見寺鐘供養（摠見寺文書）
天保3	1832	6月2日	信長二百五十回忌（摠見寺文書）
嘉永7	1854	11月16日	摠見寺焼失（摠見寺文書）

灰燼に帰した。そのとき摠見寺は天守崩落の類焼を免れた。信長の死後も秀吉や家康によって寺領を安堵され、信長の菩提寺として年忌法要が営まれていた。明治年間の取調書によると、寛文8年（1668）に臨済宗に改宗して、妙心寺派の末寺となっている。18世紀末の隆盛期には、本堂を始め22棟の堂塔が軒を連ねていたという。しかし嘉永7年（1854）、本堂からの失火により主要堂宇のほとんどを焼失し、本堂も礎石と基壇を残すのみとなった。

　本稿では、移築・改修・改宗などの諸要素を総合的に捉え、本堂と伽藍の変遷を以下の3期に分ける（図4）。

　　A期：　安土城内に本堂を移築する前の時期
　　B期：　安土城内に本堂を移築し、臨済宗に改宗するまでの時期
　　C期：　臨済宗改宗以後の時期

　なお、すでに述べたように、類焼を免れた三重塔・鐘楼・仁王門・玄関門・庫裏門・裏門のうち、三重塔・仁王門は現在も旧地に現存し（図5・6）、裏門は滋賀県神崎郡能登川町南須田の超光寺、玄関門は同県愛知郡愛知川町長野の光澤寺に移築されている。嘉永7年の火災によって壊滅的なダ

図3　安土城旧摠見寺境内敷地全体図

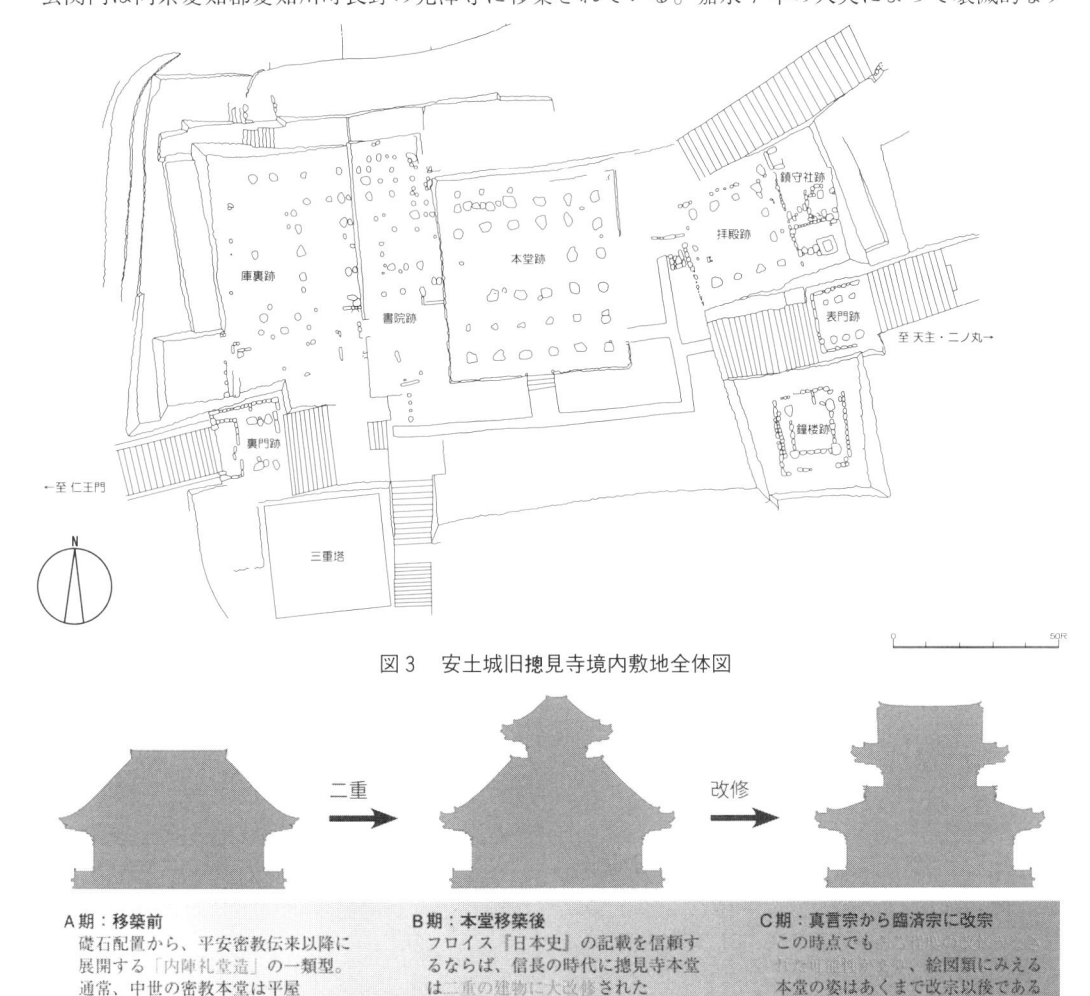

図4　安土城旧摠見寺境内敷地全体図

A期：移築前
礎石配置から、平安密教伝来以降に展開する「内陣礼堂造」の一類型。通常、中世の密教本堂は平屋
→本堂は真言系の中世仏堂か

B期：本堂移築後
フロイス『日本史』の記載を信頼するならば、信長の時代に摠見寺本堂は二重の建物に大改修された
→二重に「盆山」を安置した

C期：真言宗から臨済宗に改宗
この時点でも［…］絵図類にみえる本堂の姿はあくまで改宗以後であると考えられる

メージをうけた摠見寺は旧境内での再興を諦め、同年、大手道脇の伝徳川邸跡に仮本堂を建て、現在に至る。[7]

2．復元の方法

(1) 摠見寺に関する先行研究

　上に述べてきたように、安土城摠見寺は信長によって城内に移築建立され、信長が自らの分身である「盆山」を祀った寺院である。このような性格を反映して、本堂の建築様式よりも、摠見寺に表現された信長の思想や人物像についての研究がこれまで主流を占め、それは壮大な七重天守閣の復元研究へと昇華されていった。天守閣の発掘調査は昭和15～16年（1940-41）におこなわれた。[8] それから四半世紀を経た昭和51年（1976）に内藤昌、翌52年に宮上茂隆が天守閣復元案を発表する際、摠見寺にあらわれた信長の思想や寺院建立の意図について触れている。内藤は信長が天道思想にもとづいて摠見寺を建立し、庶民信仰をおこしたと解釈している[9]のに対して、宮上は信長の中国志向から摠見寺の建立は「瀟湘八景図」にみる「遠寺晩鐘」の実現化と解釈している。[10] また、平成2年（1990）、秋田裕毅は摠見寺の建立について内藤と同様の解釈を示しており、さらには宣教師の記録と『信長公記』の記載を照らし合わせることで、これまで不明とされていた摠見寺の建立年月日が天正9年（1581）7月15日であることを明らかにしている。[11]

　その後、平成6年（1994）の発掘調査によって摠見寺境内跡の遺構があきらかになると、同8年（1996）に安土城郭調査研究所が、本堂移築後における堂宇大改修について指摘するとともに、本堂を含め焼失前の境内全域の平面を復元した。[12] そして、平成14年（2002）には、松岡利郎が城郭内の宗教施設に関する研究の中で、城内に高層建築である天守と三重塔が並立する例として摠見寺を挙げており、そこには覇者の権威誇示以外の意図が存在している可能性を示唆している。[13] また、平成15年（2003）に木戸雅寿が近年の城郭研究をもとに、城郭内に寺社建築を置く例が他にも確認されたことから、摠見寺は城郭の「要害」、つまり防御施設であったと述べている。[14]

(2) 安土城・摠見寺再建学生設計競技

　以上にみたように、摠見寺に関する研究は、安土城に付随する研究の「参照資料」程度の扱いに留まっており、復元研究に至っては安土城郭調査研究所による平面的な復元に限られている。要す

図5　現存する三重塔　　　　　図6　現存する仁王門

るに、平成20年（2008）の「安土城・摠見寺再建学生設計競技」以前に摠見寺本堂の上部構造復元はおこなわれていない。また、この設計競技における参加者の復元案は「オーソドックスな復元手法」からかけ離れたものが大半を占めていた。ここにいう「オーソドックスな復元手法」とは、
1) 遺構の徹底的な分析と解釈
2) 文献・絵図史料の精査
3) 類例建築データの網羅的な集成・分析と引用

の3点に集約される。この3つの作業は「復元」にあたって必要不可欠であり、特段新しい視点を示しているわけではないが、地道な作業の積み重ねこそが「復元」にとってなにより重要だと認識すべきであろう。

(3) 文献・絵図史料と復元へのアプローチ

上に示した3つのアプローチのうち2)の文献・絵図史料については、資料そのものがあまり多くなく、以下の5点に限られる。
・太田牛一『信長公記』（天正年間）
・ルイス＝フロイス『日本史』（天正年間）
・摠見寺所蔵「摠見寺境内絵図」（寛政3年）
・摠見寺所蔵「境内坪数並建物明細書」（寛政3年）
・秋里籬島「木曽路名所図会」（文化2年）

このうち本堂外観復元のモデルになりうるのが「摠見寺境内絵図」[15]（図7）と「木曽路名所図会」（図8）に描かれた本堂である。「摠見寺境内絵図」は寸法の記載や組物の詳細などがいくつかみられ、「境内坪数並建物明細書」と複合した重要な史料である。しかしながら、これらは臨済宗に改宗以後のものである。信長時代の本堂復元においては、あくまで2次資料として扱うべきものであろう。さらに、この2葉の絵図は制作年代が近いにも拘わらず、本堂の建築様式について顕著な相違がみとめられる。これについては後で詳述したい。

また、信長時代の本堂に直接関わる『信長公記』や『日本史』などの文献資料はきわめて重要な位置を占めるが、これらに記された本堂の記載はきわめて少なく、しかも厳密に言うならば、その記載が本堂の正しい姿を伝える保証があるわけでもない。よって、復元の方法としては、本堂跡に

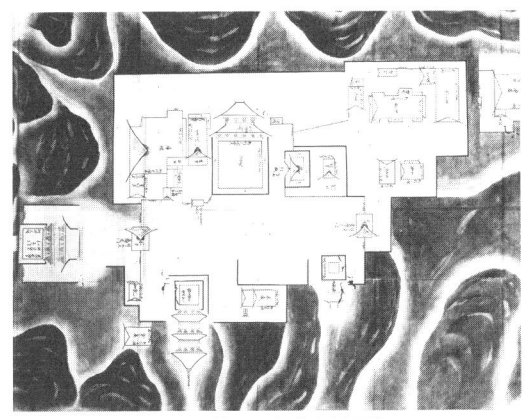

図7　「摠見寺境内絵図」　　　　　　　　図8　「木曽路名所図会」

残された礎石などの遺構分析を第一とし、遺構から抽出したデータをもとに時代と地域が近接する類例の引用に力点を置かざるをえないであろう。

3．遺構解釈と平面分析

（1）本堂遺構平面の分析

　当該地は、天守のある安土山頂（標高199m）から西にのびる東西尾根の頂部（標高約166.5m）に位置している。基壇は、東西約15.60m（52尺）×南北約16.20m（54尺）で、南側に石段がつく。南面および南東・南西隅部のみ切石による亀甲乱積み、西・北・東面は湖東流紋岩の自然石による野面積みの化粧基壇である。

　本堂の平面は礎石配置より間口5間×奥行5間に復元され、西側の北端2間分と北辺の西端3間分に縁束礎石が残っていることから、四面に縁を廻した方五間堂と言える。柱の礎石は約1.1m×0.7mで、南側の4基が約0.6m×0.5mと他の礎石より小振りであることから床束の礎石と考えられる。従って、南側に間口5間×奥行2間の礼堂（外陣）を配し、北側に間口3間×奥行2間の内陣、その両脇に間口一間分の脇間と背後に後戸があったと推定できる。すなわち、摠見寺本堂は内陣礼堂造の中世仏堂であったことが分かる（図9）。この遺構の特徴は、後戸の柱間が1.65m（5尺5寸）ばかり短くなっており、内陣の来迎壁を後退させて後戸の空間を狭めている。他の柱間は、外陣が東西南北ともに約2.4m（8尺）、内陣が東西約2.4m（8尺）、庇が東西2.4m（8尺）である。側柱から基壇端までは約1.65m～1.80m（5尺5寸～6尺）であり、軒の出を推定できる。

　平成6年（1994）の発掘調査では、建物中央部に南北トレンチを設定して深掘りしている。この結果、礫群との境に接した位置で、礫に囲まれた1.1m×1.4m以上の隅丸方形の遺構が検出された。この遺構は上面の貼土直下から掘り込まれており、約75cmの深さがある。囲みの石組は、礫を乱雑に3石ばかり積み上げたものであり、掘り込みの中央部には2つの平石が置かれているが、この下から遺物は検出されなかった。礎石は残存しているものの、大半が薄く剥離しているか赤色に変色しており、8基はクラックが入っている。また、貼土上面からも焼土・炭化物・瓦砕片・釘類が多量に出土しており、嘉永7年（1854）の火災を裏付けている[16]。

　さて、以上の遺構の状況と寺伝をもと

図9　摠見寺本堂遺構図

に、まずは摠見寺本堂の変遷について整理しておきたい。先に述べたように、本堂は信長が新たに建立したものではなく、他所から移築されたものであり、建立年代こそ不明であるが、本堂初重は中世仏堂であったはずである。また、創建時住職の堯照法印が真言宗の僧侶であったことから、移築された仏堂は真言系密教の本堂であったと考えるのが妥当であり、方五間という規模、そして中世仏堂の通例からみて、移築前の本堂は単層であっただろう。しかし、フロイスの記述を信じるならば、信長は盆山を堂内諸仏の上に祀っていたわけだから、移築後の仏堂は二重と考えられる。つまり、移築前の単層方五間仏堂を信長は重層に建て替えたことになる。

ここで本堂は画期的な変化を遂げた。前述の時期区分に従えば、A期からB期への劇的な変化である。その後、真言宗から臨済宗に改宗したこともすでに述べたとおりだが、このB期からC期への移行にともなって本堂に建築的な変化がみられたか否かについては、以後の分析で考察する。

(2) 柱間寸法の復元

類例からみた遺構平面 すでに述べたように、礎石配置より本堂は方五間で、内部を「内陣」と「礼堂」に分け、周囲に縁をめぐらせていたことが分かった。また、梁行方向において、側柱と入側柱の柱配列にずれが認められるのが特徴的である（図9）。そこで、この平面特性をもつ中世仏堂の類例を近畿・中部地方を中心に集成し、類型化を試みた。その結果、平面は二つのパターンに大別できる。

一つは堂内空間を外陣と内陣に二分割する長寿寺本堂（滋賀県甲賀郡／鎌倉前期）などのパターン（図10）。もう一つは、さらに内陣側を「内陣」「脇間」「後戸」に細分する新長谷寺本堂（岐阜県関市／1480）などのパターンである（図11）。以下、前者を「長寿寺パターン」、後者を「新長谷寺パターン」と仮称する。摠見寺本堂跡の礎石配列から復元される方五間の平面は、すでに述べたように、内陣側に脇間や後戸の存在が想定されるので、「新長谷寺パターン」の一種と考えられる。

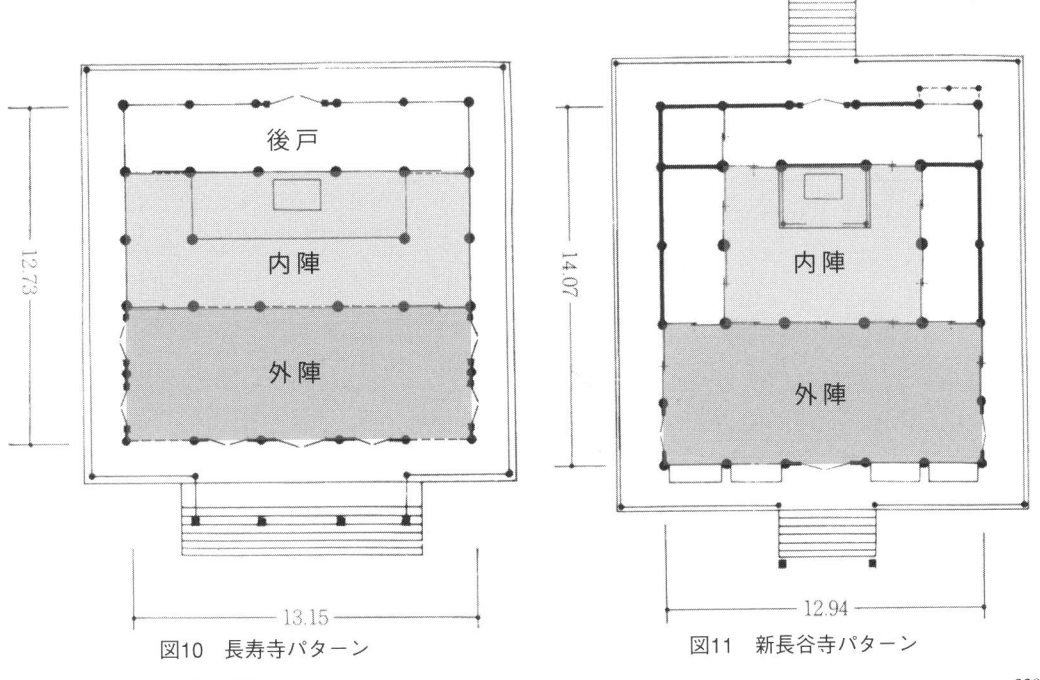

図10 長寿寺パターン　　　図11 新長谷寺パターン

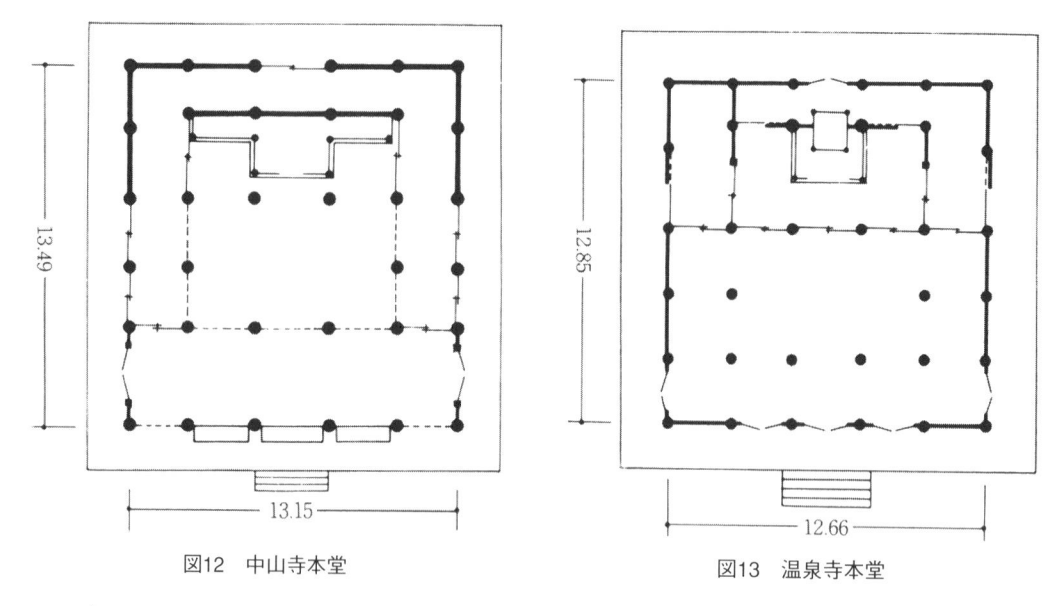

図12　中山寺本堂　　　　　　　　　　　　　　　図13　温泉寺本堂

なお、「新長谷寺パターン」には中山寺本堂（福井県大飯郡／室町前期）、温泉寺本堂（兵庫県城崎郡／1387）などのバリエーションが認められる。これらは摠見寺本堂と同じく、内陣の入側柱筋が側柱筋とずれる平面パターンである（図12・13）。

類例分析　時代や地域が近接する類例仏堂を分析することで、構造形式や意匠などの「文法」がみえてくる。また、中世以降の寺社建築では、時代に即した木割が確立しており、その設計寸法の基準とされたのが「枝（支）」、すなわち隣接する垂木相互の心々距離である。「枝」を設計単位として平面規模や軒の出を決定する「枝割」の技術は、鎌倉時代以降発展していく。今回は、鎌倉時代から桃山時代における建物のうち、地域が近接する近畿・中部地方の類例遺構を対象とした。ここではまず近隣地域の仏堂で確認された単位寸法（＝枝）の寸法を時代ごとに示しておこう（表2）。表2にみるように、時代が進むにつれ、単位寸法としての「枝」は7寸前後（鎌倉）→5寸前後（室町）→7寸前後（桃山）と変化している。桃山時代の仏堂については類例が少ないことから一様に1枝＝7寸とは言い難いが、移築前の摠見寺本堂は室町時代に竣工した建物と推定されるので、本堂の1枝は5寸だったと仮定して、以下の考察を進める。なお、母集団となる建物は鎌倉時代か

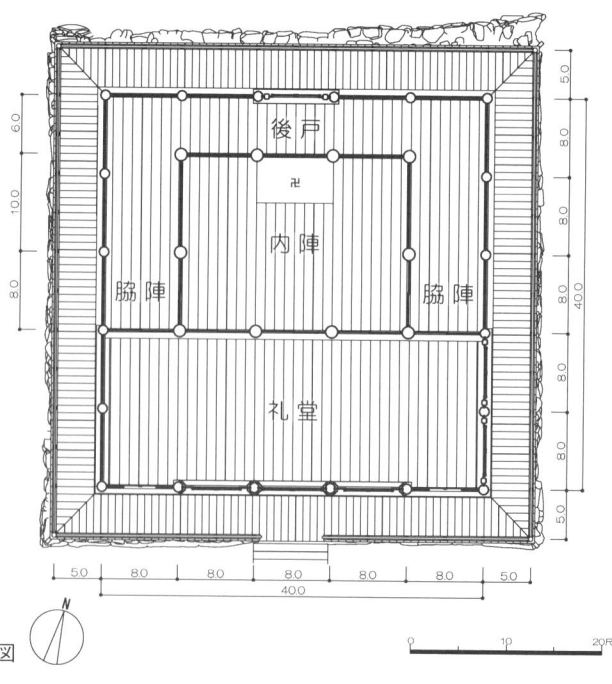

図14　本堂初重復元平面図

表2 類例集成一覧表

ら桃山時代における遺構のうち、規模が五間四方で、地域が近接する建物（近畿・中部地方）を対象とした。

平面の規模と枝割 摠見寺本堂の場合、遺構の礎石配列から側柱筋の柱間寸法は 8 尺等間に復元できる。また、「摠見寺境内絵図」や「境内坪数並建物明細書」によると、本堂の全体寸法は「梁行六間六寸・桁行六間壱尺」と記されている。ここにいう「一間」の実寸は明らかではないけれども、仮に一間＝ 6 尺 5 寸とすると、本堂の全長は梁行39尺 6 寸・桁行40尺となって、本堂遺構（40尺四方）とほぼ一致する。ここでは、設計寸法として40尺四方を採用する。そして、類例遺構の分析によって導かれた「 1 枝＝ 5 寸」の単位寸法値を採用すると、柱間寸法 8 尺は16枝に相当し、平面全体では80枝四方と表現できる。

問題は内陣の入側柱筋であり、桁行 8 尺（16枝）等間とみなせるが、梁行では以下のように変則的な割付になる(17)。

　・南側　　8 尺（16枝）
　・北側　10尺（20枝）
　・後戸　　6 尺（10枝）

この梁行方向にみられる側柱筋と入側柱筋の柱配列のみだれが、中山寺本堂や温泉寺本堂と共通する特徴であり、摠見寺本堂の平面もこれらの類例と共通する平面と構造に復元すべきであろう。平面配置の考察を含め、以上より、本堂の復元平面は図14のようになる。これをもとに床上の構造を復元していく。

4．3期の復元案

(1) 床上構造の復元

　以上の平面特性から、本堂初重の架構は、基本的に平面が近似する新長谷寺本堂に倣う。以下、部位別に復元の根拠を示す。

　大瓶束による真隅の構造　すでに何度も述べてきたが、摠見寺本堂遺構は内陣側の桁行方向で来迎壁の柱筋が後戸側にずれこみ、入側柱と側柱の位置が揃わない。方五間堂の多くは柱筋が揃っており、入側柱と側柱の上部を隅木でつなぎ、真隅の小屋組を造れるのだが、摠見寺本堂の場合、背面側の柱上部に隅木を載せると振隅になってしまうのである。そこで、同様の柱配列をもつ中山寺本堂などの架構をみると、入側柱筋の貫上に大瓶束を立て、束の上部で隅木を支えている。こうすることにより、真隅の小屋組が生まれ、垂木が架けやすくなる。須弥壇を置く内陣のスペースをひろげるために来迎柱を後戸側に寄せることによって生じる構造的矛盾を、大瓶束によって解消している。ちなみに、このような空間と構造の処理は、松尾寺本堂（奈良県大和郡山市／1337）などの方三間の小型仏堂にもみられる。

　大虹梁と蟇股　摠見寺本堂の礼堂（外陣）では入側柱を省略しており、内陣・外陣境の柱と南側正面の側柱を大虹梁でつなぐことにした。中世密教の諸仏堂に倣い、内外陣境側は虹梁尻を柱中間の挿肘木で受け、正面側柱側は柱上部に虹梁尻を載せる。隅木まわりについては新長谷寺本堂に倣い、大虹梁の中点に蟇股を置いて隅木を受ける。内陣の架構については、平面が近似する孝恩寺観音堂（大阪府貝塚市／鎌倉後期）の虹梁配列を参照した。脇間の入側柱と柱は、新長谷寺本堂の繋虹梁を用い、柱筋が通っていない部分においては、温泉寺本堂や中山寺本堂を参考にして大瓶束と側柱を繋虹梁でつなぐことにした。

　柱の径と高さ　摠見寺本堂遺構では、入側柱の礎石は側柱に比べ一回り大きい。同規模仏堂の類例をみると、そのほとんどが側柱の径を1尺～1尺2寸、入側柱の径を1尺4寸～1尺5寸としている。これらのデータを参考にして、摠見寺本堂の側柱径は1尺、入側柱径は1尺4寸とした。柱の形状は新長谷寺本堂に倣った。柱高については、柱高と柱間寸法の比例関係を類例仏堂から集めて平均値を求めた（表2）。平均の比率（柱高／柱間）は1.488である[18]。摠見寺本堂の柱間寸法は8尺であり、柱高は8尺×1.488＝11尺9寸とした。

　軒　本堂遺構の側柱礎石心から基壇端までの距離は5尺5寸～6尺であり、軒の出は6尺に復元した。なお、雨落溝は残っていないが基壇外への排水を考慮し、軒の出は12枝とした。軒は二軒で、組物については「境内坪数並建物明細書」に記載のある出組を採用した。

(2) A期の本堂復元

　唐戸の意匠　以上の考察により、本堂初重の構造が形を成してきた。この初重はA・B・Cの3期に共通する。なにより、移築前の本堂であるA期の仏堂そのものと言ってもよいだろう。B期・

C期の外観については、時代は下るけれども「木曽路名所図会」「揔見寺境内絵図」「境内坪数並建物明細書」を参照するしか手だてがない。まずは「境内坪数並建物明細書」に記された本堂の記載を引用しておこう。

　・三ツ斗作　丸柱　枡形出組　正面唐戸三ヶ所
　　中入口明キ六尺五寸　左右同唐戸明キ五尺弐寸
　　同正面東西ニ瓦洞口弐個所有之候
　　東北之方ニ唐戸三個所明キ五尺弐寸
　　尤四方五尺縁
　　上ニ桁行弐間四面之枡形出組
　　二軒扇棰閣有之棟寄セ棟二重共屋根瓦葺
　　並北東之方ニ便所壱ケ所　梁行壱間　桁行弐間
　　屋根瓦葺

後半に記された二重（2階）の記述については後に述べるとして、初重については正面に唐戸（桟唐戸）が3ヶ所あり、中央の唐戸の内法が6尺5寸で、左右の唐戸の内法は5尺2寸とやや小さい。さらに北側と東側に内法5尺2寸の唐戸が3ヶ所あるという。北側と東側にどのように唐戸が配置されるかは不明ながら、中世仏堂の類例をみると、多くは桟唐戸を側面に2ヶ所、背面に1ヶ所設置しているので、これに倣った。

花頭窓　「木曽路名所図会」に描かれ、「境内坪数並建物明細書」に記載された「瓦洞口」（花頭窓）は改宗以後の装飾として捉えるべきもので、必ずしも信長在世時に存在したとは限らない。しかしながら、『安土山記』[19]によれば、安土城天守閣において信長は中国志向が顕著であり、安土城建築に「唐様」（禅宗様）を積極的に取り入れたという。こういう信長の趣味を勘案し、B期の段階から花頭窓を採用することにした。なお、本堂移築前のA期についても、すでに和様と禅宗様の折衷は進展しており、真言宗本堂に花頭窓が取り入れられていたとしてもおかしくはないが、B期以降との差別化を図るため連子窓を採用した。

建具と屋根　建具等の意匠は地域の特徴を受け継いだ可能性があるとみなし、長寿寺本堂および揔見寺三重塔・仁王門など近隣の類例に倣った。屋根については、類例を参照して寄棟造を採用し、構造は孝恩寺観音堂に倣った。茅葺きか檜皮葺きかは判断に迷ったが、周辺地域に茅葺の本堂を確認できなかったので、今回は最も近隣の類例である長寿寺本堂と同じ檜皮葺とした（図15）。

（3）　B期以降の本堂復元

異なる絵図の謎　寛政3年（1791）の「木曽路名所図会」（以下「図会」と略称）と文化2年（1805）の「揔見寺境内絵図」（以下「絵図」と略称）に描かれた本堂の表現を細かく観察すると、制作年代が近いにも拘わらず、まったく別の建物を表現したような印象をうける（図18・19）。共通点と相違点を以下に示そう。

図15　A期（移築前）本堂復元パース

図16　A期（移築前）本堂復元立面図

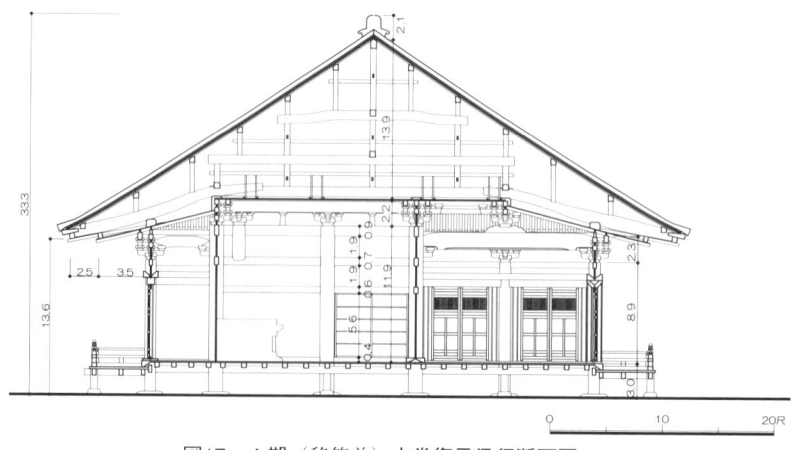

図17　A期（移築前）本堂復元梁行断面図

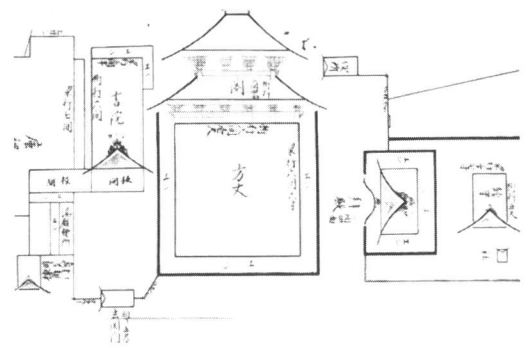

図18 「摠見寺境内絵図」(1791) に描かれた本堂 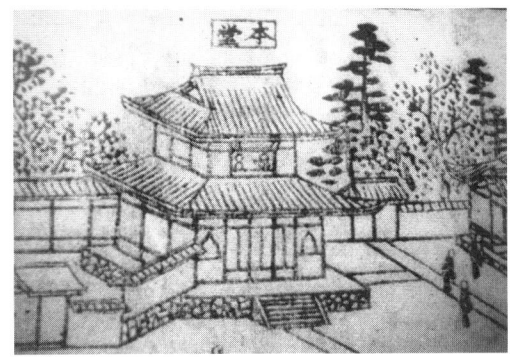　　図19 「木曽路名所図会」(1805) に描かれた本堂

＜共通点＞
・ともに二重の建物
・初重、二重とも瓦葺き屋根
・初重の正面に唐戸が3ヶ所
・初重の両脇に花頭窓がある

＜相違点＞
・二重の大きさ（「図会」は小さく、「絵図」は大きい）
・二重の建築様式（「図会」は禅宗様、「絵図」は和様か）
・屋根形式（「図会」は寄棟、「絵図」は入母屋）
・初重縁の有無（「図会」は無、「絵図」は有）

　これら相違点の由来については、最後に考察することにして、まずは二つの画像に近づけた復元を試みる。なお、「境内坪数並建物明細書」（以下「明細書」と略称）は「図会」と複合した寛政3年（1791）の史料だが、寸法や細部様式については他に頼る史料がないため「絵図」についても採用する場合がある。

　禅宗法堂風の二重仏堂　秋里籬島の描いた「木曽路名所図会」（1805）からみてみよう。「図会」は摠見寺境内全域の俯瞰図で、現存する仁王門・三重塔を含む伽藍配置を知ることができる。中央には「本堂」と記された禅宗寺院法堂風の二重仏堂が描かれており、寛文8年（1668）の臨済宗改宗との関係を想像させる。本堂二重に注目すると、中央に扉はなく、内側に2名の人物がみえる（図19）。おそらく扉については、内部の状況を表現するために省略した可能性がある。このような省略は他にもみられる。現存する三重塔と絵図のそれを比較すると、二重と三重の縁が省略されている。また、本堂初重の縁も描かれていない（遺構には縁束の礎石が残っている）。以上を踏まえ、二重の内部に「盆山」をおいた状態の復元的状況を図化した（図20）。なお、二重の縁については、類例をみる限り、二重仏堂のほとんどが縁をまわしていることから、「図会」では省略されたものと解釈した。

　問題は二重の平面規模である。「明細書」（1791）は、二重の規模を「二間四方」と記しているが、

「図会」の二重は二間四方よりもはるかに大きくみえる。また、「明細書」では屋根を寄棟と記しているのに対して、「図会」では明らかに入母屋造に描いている。したがって、平面規模と屋根形式は「明細書」の記載に従わないことにした。一方、集成した二重仏堂や山門などの類例をみると、二重の側柱は初重の入側柱から 2 枝内側に納めて立てている。「図会」の状況と比較しても、その可能性が考えられることから初重入側柱筋から「二枝落」の平面規模を採用した。復元した本堂初重入側柱筋は24尺（48枝）四方であるから、二重の平面規模は22尺（44枝）四方となる。

　細部の処理については以下に整理しておく。

　（イ）組物：　「図会」からは組物を判別できないので、「明細書」に倣い出組を採用した。

　（ロ）屋根：　二重の屋根は「図会」の表現に従い、入母屋造本瓦葺とした。勾配・構造については相国寺法堂（京都府京都市／1605）を参照した。また、軒については絵図からは判別できないが、禅宗様法堂のほとんどは二軒扇垂木であり、「明細書」も二軒扇垂木としている。

　（ハ）妻飾：　「図会」では記されていないため判断に迷ったが、摠見寺境内の仁王門や常楽寺本堂（滋賀県湖南市／1360）などで豕叉首が妻飾に使用されていることから、これを採用した。

　（ニ）勾欄：　「図会」には初重・二重ともに縁の表現が省略されており、跳勾欄か擬珠勾欄なのかは不明である。二重仏堂の類例をみると、金峯山本寺は二重に跳勾欄がみられ、単層の諸仏堂のほとんどは擬珠勾欄を使用している。復元本堂の二重には跳勾欄を、初重には擬珠勾欄を用いた。

　（ホ）盆山の位置：　遺構の発掘調査で本堂中央に深いピットが検出されており、ここになんらかの埋納品が納められていた可能性がある。この中央ピットの直上にあたる二重の中心に、盆山を安置する須弥壇風の台を設置した（図23）。

「洛中洛外図」にみる二重建物と摠見寺　一方、「摠見寺境内絵図」（1791）は「明細書」と同年の制作で、いずれも摠見寺境内建物の概要を寺社奉行に提出した資料とみられている。「絵図」「明細書」ともに二重を「二間四方」で屋根は「寄棟瓦葺」であると記している（図18）。

　ここで、試みに二重の平面を復元してみよう。一間を初重同様の 6 尺 5 寸とすれば、二重の平面

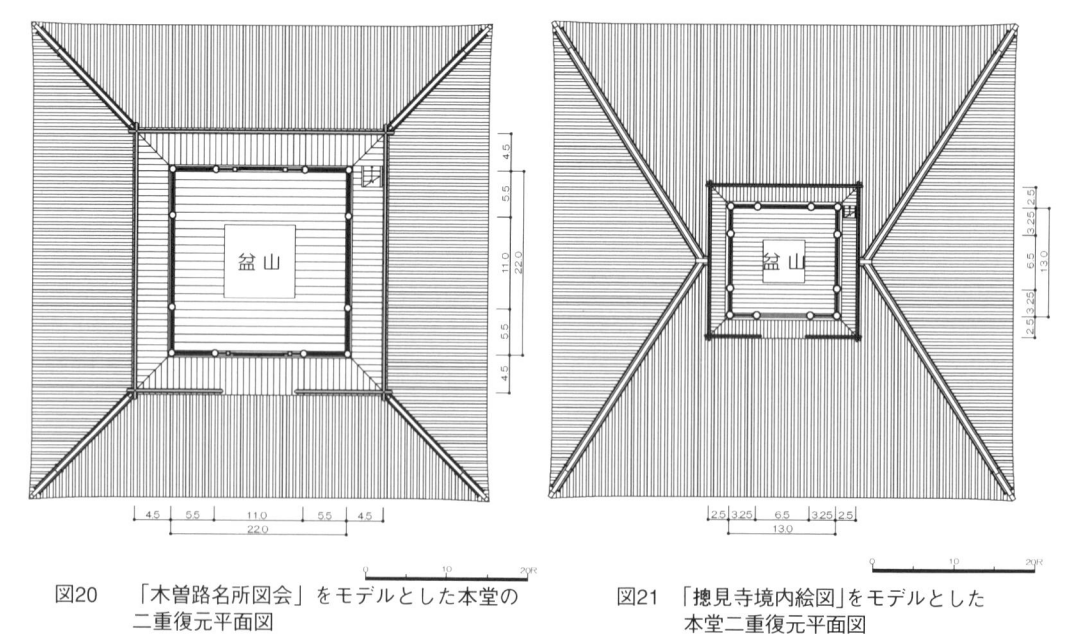

図20　「木曽路名所図会」をモデルとした本堂の二重復元平面図

図21　「摠見寺境内絵図」をモデルとした本堂二重復元平面図

図22　初重復元内観パース（札堂：外陣） 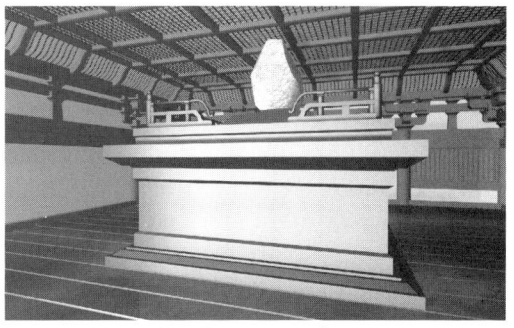　　図23　二重復元内観パース（「盆山」を祀る）

図24　「木曽路名所図会」をモデルとした本堂の復元外観パース

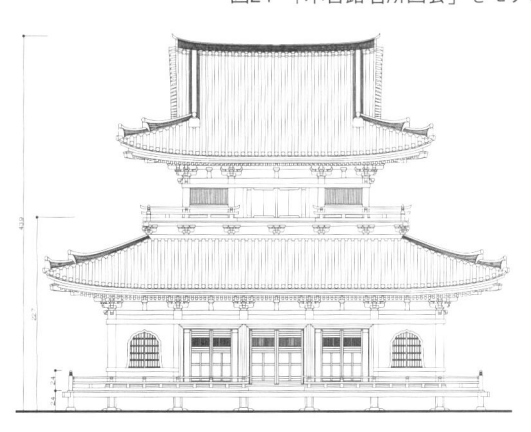

図25　「木曽路名所図会」をモデルとした
　　　本堂復元立面図

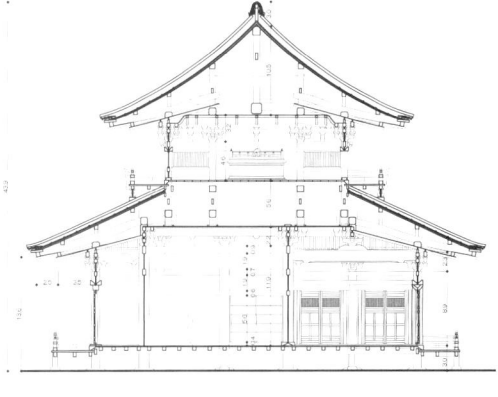

図26　「木曽路名所図会」をモデルとした
　　　本堂復元梁行断面図

は13尺四方となる。「図会」から復元した二重の規模に比べてはるかに小さいことが分かるだろう。この規模は、フロイスのいう「仏龕」を彷彿とさせる。人を収容するスペースとしては狭すぎるが、「盆山」を安置するにふさわしい厨子のような小楼閣である（図21）。

　このような小楼閣を初重の大屋根に載せた二重建築は「洛中洛外図屏風」の諸本（16～17世紀）[20]にも散見される。たとえば、写実性の高い池田家本においては、左隻第一扇下半に望楼をもつ家をはじめ、極端に小さな楼閣を大屋根に載せた例が多数みうけられる（図27）。現存する建造物としては、東福寺開山堂（京都府東山区／1823）や本願寺飛雲閣（京都府下京区／桃山時代）などがその典型であり、これらはあたかも地上にあった建物を屋根に置いたかのような印象を受ける[21]（図28・29）。また、勝興寺鼓堂（富山県高岡市／1733）のように二重に腰袴をまわした城郭風小楼閣も知られている（図30）。

　二間四方の平面をもつ小楼閣は以下のように復元した。

　（イ）「明細書」にみる二重の記載：　「上ニ桁行弐間四面之枡形出組　二軒扇椽閣有之　棟寄セ棟二重共屋根瓦葺」とあることから、出組、二軒扇垂木、瓦葺寄棟屋根を採用。

　（ロ）盆山の位置と屋根構造：　集成した類例仏堂のうちもっとも規模が小さく、Ｂ期に年代が近い地蔵峰寺本堂（和歌山県海草郡／1513）に倣った。また、「図会」による復元と同様、中央に盆山を安置した。

　（ハ）禅宗様の要素：　「絵図」「明細図」に従い、初重花頭窓、台輪、詰組、全面扇垂木、粽付柱などを採用した。

　（ニ）勾欄：　「図会」による復元と同様の処理にした。

5．結　論

　以上、長々と考察を続けてきたが、結果として３つの本堂を復元するに至った。摠見寺の歴史の

図27　「洛中洛外図屏風　池田家本」にみえる小楼閣（17世紀）

図28　東福寺開山堂（京都市東山区／1823）

図29　本願寺飛雲閣（京都市下京区／桃山時代）

図30　勝興寺鼓堂（富山県高岡市／1733）

なかで、この3案をどう位置づければよいのだろうか。
　まず、移築前にあたるA期の本堂は基壇の礎石配置から中世仏堂に特有な内陣礼堂造の平面をもつ単層寄棟造檜皮葺きに復元した。移築前と移築後で柱の位置が変わっていないという前提に立っての復元である。摠見寺の場合、伽藍の造営期間がきわめて短いことから、移築前後に本堂の初重を大きく改変したとは考え難く、今回のような復元になった。
　次に、「摠見寺境内絵図」（1791）と「木曽路名所図会」（1805）という二つの絵図に描かれた異なる様式の二重仏堂を別々に復元した。このうち、ルイス・フロイスのいう「仏龕」に近いイメージをもつのは、「絵図」に描かれた二間四方の小楼閣を大屋根に載せた復元案である。一方、「図会」

図31　「摠見寺境内絵図」をモデルとした本堂の復元外観パース

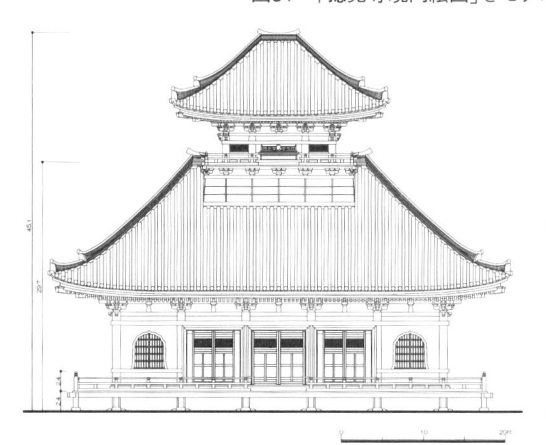

図32　「摠見寺境内絵図」をモデルとした
　　　本堂復元立面図

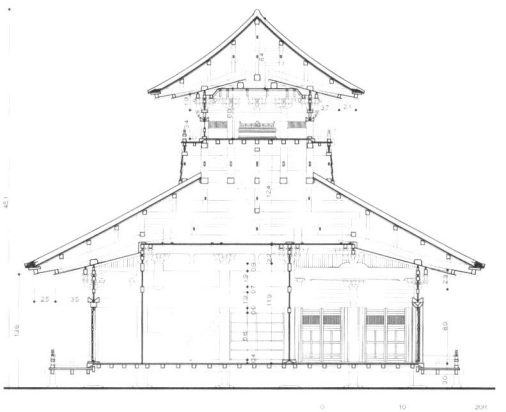

図33　「摠見寺境内絵図」をモデルとした
　　　本堂復元梁行断面図

より復元された二重仏堂は禅宗寺院の法堂を思わせる大きな2階をもち、その内部には人物が2名描かれている。以上の表現とイメージの差異から判断して、「摠見寺境内絵図」に描かれた本堂こそが信長在世時代のB期、「木曽路名所図会」に描かれた法堂風の仏堂は臨済宗改宗以後のC期の姿を示すものと考えられよう。

問題は年代である。摠見寺が臨済宗に改宗するのは寛文8年（1668）のことであり、「摠見寺境内絵図」（1791）に描かれた本堂は改宗後123年を経た時代の姿を示すものである。

この時間差を埋める資料がないわけではない。摠見寺文書によると、「摠見寺境内絵図」が制作された寛政3年（1791）の十年前、天明元年（1781）に信長の二百回忌がおこなわれている（表1）。信長の二百回忌法要については比較的史料が多く残っており、「摠見寺殿二百年遠忌修行之記」（天明元年）には、法要が閏五月二十九日から六月二日の三日間にかけておこなわれ、妙心寺の僧侶をはじめ、織田家から多くの参詣者を招いた盛大なものであったことが記されている[22]。

この法要は「摠見寺境内絵図」に描かれた本堂を舞台におこなわれたものであろう。その建物は信長が自ら移築・改修した建物であった、とひとまず仮定して、文化4年（1805）の「木曽路名所図会」に飛ぶ。文化年間になって、摠見寺の本堂は禅宗寺院らしい法堂風の姿に変わっている。このような改修は、むしろ真言宗から臨済宗への改宗時になされたのではないかという反論もあるかもしれない。しかし、そう仮定してしまうならば、「摠見寺境内絵図」と「木曽路名所図会」ではほぼ同じ外観に描かれていなければならないはずである。絵図両葉をみる限り、とりわけ二重の規模と屋根形式は大きく異なっており、改宗・改築同時の仮定では絵図にあらわれた建物表現の差異に

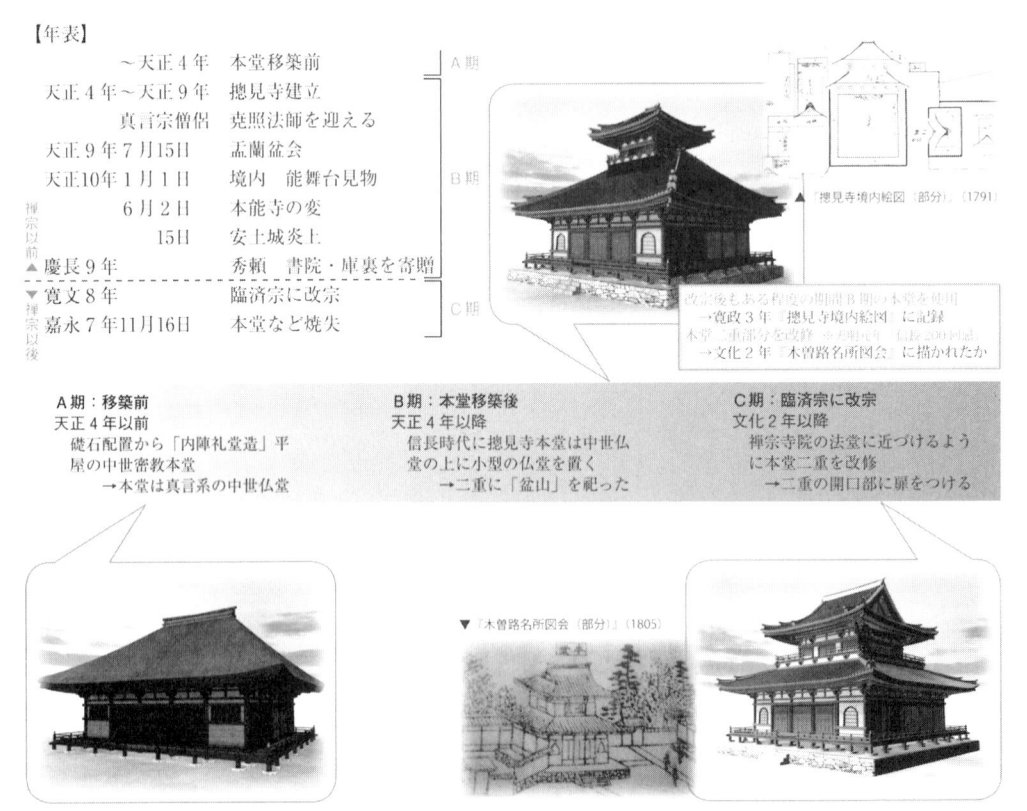

【年表】

	～天正4年	本堂移築前
	天正4年～天正9年	摠見寺建立
		真言宗僧侶　堯照法師を迎える
	天正9年7月15日	盂蘭盆会
	天正10年1月1日	境内　能舞台見物
禅宗以前	6月2日	本能寺の変
	15日	安土城炎上
▲	慶長9年	秀頼　書院・庫裏を寄贈
▼	寛文8年	臨済宗に改宗
禅宗以後	嘉永7年11月16日	本堂など焼失

A期：移築前
天正4年以前
礎石配置から「内陣礼堂造」平屋の中世密教本堂
→本堂は真言系の中世仏堂

B期：本堂移築後
天正4年以降
信長時代に摠見寺本堂は中世仏堂の上に小型の仏堂を置く
→二重に「盆山」を祀った

C期：臨済宗に改宗
文化2年以降
禅宗寺院の法堂に近づけるように本堂二重を改修
→二重の開口部に扉をつける

図34　復元した摠見寺本堂（A期・B期・C期）の位置づけ

ついて説明できない。

　以上、「仮定」を連続して述べてきたが、ここでわたしたちは自らの仮説を整理しておく必要がある。

　信長が安土城近隣の寺院から移築してきた本堂（A期）は、摠見寺境内の最も高い場所に基壇を築いて2階建の本堂に大改修された。その本堂はA期仏堂の大屋根の上に小さな楼閣を載せて、そのなかに信長の化身たる「盆山」を安置していた（B期の始まり）。天正10年（1582）の「本能寺の変」の後まもなく安土城天主は炎上落城したが、摠見寺は類焼を免れ、信長の菩提寺として存続し、本堂もそのまま使い続けられた（盆山を2階に祀っていたかどうかは不明）。その本堂は、寛文8年（1668）の臨済宗改宗以後、すなわちC期になっても使われており、天明元年（1781）の信長二百回忌もまたここでおこなわれた。

　二百回忌の際（あるいは二百回忌の直後から）、老朽化した本堂の改修話がもちあがった可能性がある。当時、摠見寺は臨済宗の寺なのだから、「本堂」と呼ばれる施設は不要であり、禅宗伽藍の中心施設として「仏殿」が必要だったはずである。「本堂」の規模を踏襲して、方五間の「仏殿」に建て替えようというアイデアが提案されたのかもしれないが、方五間の仏殿は五山格の禅寺にしか許されない規模である。方五間の仏殿を新築するのは不可能であるから、当初の初重平面規模を維持しようとするならば、2階の規模を大きくする「改修」案が得策であり、本堂を「法堂」風の二重建築に改修することで禅寺としての風格を誇示できると考えたのではないだろうか。そういう考えのもとに生まれたのが「木曽路名所図会」（1805）に描かれた本堂だろう、と推定している。

　すなわち、B期の本堂は信長の在世時に出発し、信長の二百回忌法要（1781）の舞台となるばかりか、さらに十年ばかり存続して「摠見寺境内絵図」（1791）に描かれたものの、その前後から改修工事が進み、2階を拡大して法堂風の外観を獲得した。その大改修後の姿が「木曽路名所図会」（1805）に描かれたのではないか。史料が少なく決定的なことは言えないが、このたび復元した3つの本堂の歴史的位置づけを、このように推定している。

附記

　本節論文の初出は以下のとおりであり、若干の修正を施した。
　　岡垣頼和・浅川滋男　2010　「仏を超えた信長―安土城摠見寺本堂の復元―」『鳥取環境大学紀要』第8
　　　　　号：pp.31-51、鳥取環境大学
　このように当初論文は研究室5期生の岡垣君をファーストネームとしている。岡垣君は鳥取環境大学環境デザイン学科に提出した同名の卒業設計作品を大学院修士課程進学後、論文に書き改めて大学紀要に投稿する作業に着手した。浅川はもちろん卒業制作段階から本研究の指導を始め、紀要投稿段階では何度も原稿を校閲し続けた。章節を入れ替え、文章も大幅に改稿している。他の学生との共著においても同様の作業をしていて、大半の論文は文章を浅川、作図や模型・CG制作を学生が担当し、知的財産としてみた場合、浅川のアイデアが70％以上を占めるので、著作権もそれに比例していると判断される。ただし、本論文に関しては、岡垣君の知的財産権が50％以上に及ぶだろうという認識が私の側にもある。この点、本書に納めるべきか悩んだ。しかしながら、なにより岡垣君が本書への掲載を承諾し、さらに研究室の他のメンバーが模型制作等で多大な支援を

提供し、文章は浅川によるところが大きいので、本論を研究室全体の成果とみなし、ここに掲載することにした。この問題については、「あとがき」でも解説しているのでご参照いただきたい。

註

（1）太田牛一・榊山潤訳『原本現代訳20 信長公記（下）』ニュートンプレス：p. 223、1980
（2）信長創建時の住職は明確でない。「安土山摠見寺旧写記」（1912）によれば、信長安土在城時代の住職は尭照法印なる人物で、信長が小牧在城時代に屋敷を拝領し、その後信長に伴って安土へ移ったという。一方、江戸時代の「摠見寺由緒」は、初代住職を正仲剛可としている。しかしながら、正仲剛可は秀吉時代の人物であり、信長時代の住職ではないことが滋賀県教育委員会『特別史跡安土城跡発掘調査報告書』6（1996：p. 5）であきらかとなっている。これに従い、尭照法印を信長創建時の住職とした。
（3）ルイス・フロイス（松田毅一・川崎桃太訳）『完訳フロイス日本史3 織田信長編Ⅲ』中公文庫：p. 136、2000
（4）太田牛一（榊山潤訳）『原本現代訳20 信長公記（下）』ニュートンプレス：p. 244、1980
（5）ルイス・フロイス（松田毅一・川崎桃太訳）『完訳フロイス日本史3 織田信長編Ⅲ』中公文庫：pp. 134-135、2000
（6）滋賀県教育委員会『特別史跡安土城跡発掘調査報告書』6：p. 88、1996。所載の第3表に「境内坪数並建物明細書」記載の規模・寸法・由緒が整理されており、これに従った。
（7）滋賀県教育委員会『特別史跡安土城跡発掘調査報告書』6、1996。同『特別史跡安土城跡発掘調査報告書』Ⅰ、2008。
（8）滋賀県『滋賀県史蹟調査報告書第十一冊安土城阯』1942
（9）内藤昌『復元 安土城』講談社：pp. 298-311、2006
（10）宮上茂隆『復元模型安土城』草思社：pp. 26-35、1995
（11）秋田裕毅『織田信長と安土城』創元社：pp. 187-217、1990。同『神になった信長』小学館；pp. 45-70、1992。
（12）滋賀県安土城郭調査研究所『平成11年度秋季特別展安土城・1999特別史跡安土城跡発掘調査10周年成果展』滋賀県立安土城考古学博物館、1999。同『安土城・信長の夢』サンライズ：pp. 42-50、2004
（13）松岡利郎「城郭内の宗教施設に関する一考察」『城郭研究会』第16号、中世城郭研究会、2002
（14）木戸雅寿『よみがえる安土城』吉川弘文館：pp. 58-65、2003
（15）註12）前掲書（滋賀県立安土城考古学博物館）：p. 53、1999
（16）註7）前掲書
（17）註7）前掲書に記載される復元柱間寸法は、内陣奥行2間を9尺2寸5分等間、後戸奥行1間を5尺5寸としている。今回は類例から得た枝割と遺構を照らし合わせ、独自の復元柱間寸法を設定した。
（18）集成した類例のうち、同規模である方五間単層の仏堂を対象とした。ただし、極端に比率が異なるもの（孝恩寺観音堂、善福寺釈迦堂、地蔵院本堂）は除外した。
（19）『安土山記』の著者南化玄興は、安土城の特徴が「唐様」にあり、その新機軸は信長の構想になると記している。
（20）狩野永徳作の上杉家本はあまりにも有名であるが、その作品の中に対象となる二重建物はみられないことから、対象物が多く描かれている池田家本を例にあげた。なお、池田家本の画家および制作年代は不明だが、町並みの風俗描写が豊富であることや、右隻右上端に描かれた伏見城が他の諸本よりも写実的で、左隻左下端に元和3年に焼失したとされる西本願寺が正確に描かれていることから、慶長末～元和の制作と考えられている（奥平俊六『新編名宝日本の美術第25巻洛中洛外図と南蛮屏風』小学館：pp. 54-55、pp. 95-96、1991）。
（21）浅川滋男「飛雲閣のかたち—不釣り合いな意匠の謎—」『人環フォーラム』4号：pp. 22-25、京都大学大学院人間環境学研究科、1998

(22) 滋賀県立安土城考古学博物館前掲書（註12）：p. 55、1999

参考文献（※注に示した論著は除く）

秋里籬島　　1805　「木曽路名所図会」
太田博太郎・関口欣也　1975　『日本建築史基礎資料集成7　仏堂Ⅳ』中央公論美術出版
京都府教育委員会　1971　『重要文化財大徳寺山門（三門）修理工事報告書』
　　　　　　　　　　1976　『重要文化財妙心寺法堂・経蔵修理工事報告書』
　　　　　　　　　　1982　『重要文化財南禅寺三門並びに勅使門修理工事報告書』
　　　　　　　　　　1982　『重要文化財大徳寺経蔵及び法堂・本堂（仏殿）修理工事報告書』
　　　　　　　　　　1992　『重要文化財知恩院三門修理工事報告書』
　　　　　　　　　　1997　『重要文化財相国寺本堂（法堂）・附玄関廊修理工事報告書』
滋賀県教育委員会　1957）『重要文化財長寿寺弁天堂修理工事報告 附：長寿寺本堂』、
　　　　　　　　　　1959）『重要文化財円光寺本堂修理工事報告書』、
　　　　　　　　　　1975）『重要文化財長命寺護摩堂・鐘楼修理工事報告書』
重要文化財温泉寺本堂修理委員会　1970　『重要文化財温泉寺本堂修理工事報告書』
重要文化財新長谷寺本堂修理委員会　1953　『重要文化財新長谷寺本堂修理工事報告書』
重要文化財地蔵院本堂修理委員会　1956　『重要文化財地蔵院本堂修理工事報告書』
重要文化財中山寺本堂修理委員会　1965　『重要文化財中山寺本堂修理工事報告書』
摠見寺所蔵　1791　「摠見寺境内絵図」
　　　　　　1781　「摠見寺殿二百年遠忌修行之記」
奈良県教育委員会　1955　『重要文化財松尾寺本堂修理工事報告書』
　　　　　　　　　　1957　『重要文化財正蓮寺大日堂修理工事報告書』
　　　　　　　　　　1984　『国宝金峯山寺本堂修理工事報告書』
奈良県文化財保存事務　1988　『重要文化財宝幢寺本堂修理工事報告書』
文化財建造物保存技術協会　1995　『重要文化財明鏡寺観音堂修理工事報告書』
文化庁　2000　『国宝・重要文化財大全11　建造物（上巻）』毎日新聞社
　　　　2000　『国宝・重要文化財大全12　建造物（下巻）』毎日新聞社
和歌山県文化財研究会　1972　『国宝長保寺本堂修理工事報告書』
　　　　　　　　　　　1974　『国宝善福院釈迦堂修理工事報告書』、
　　　　　　　　　　　1978　『重要文化財地蔵峰寺本堂修理工事報告書』
和歌山県文化財センター　1996　『重要文化財長樂寺仏殿修理工事報告書』
　　　　　　　　　　　　1998）『重要文化財雨錫寺阿弥陀堂修理工事報告書』

図版引用一覧

図3、9：滋賀県教育委員会『特別史跡安土城跡発掘調査報告書6』（1996）をリライト。
図7、8：滋賀県安土城郭調査研究所『平成11年度秋季特別展安土城・1999特別史跡安土城跡発掘調査10周年成果展』（1999）滋賀県立安土城考古学博物館から転載。
図27：奥平俊六『新編 名宝日本の美術　第25巻　洛中洛外図と南蛮屏風』（1991）小学館から転載。
図28、29、30：文化庁『国宝・重要文化財大全11建造物上巻）』（2000）毎日新聞社、同『国宝・重要文化財大全12　建造物（下巻)』（2000）毎日新聞社から転載。

第2節　摩尼寺「奥の院」遺跡上層遺構の復元

1．摩尼山と摩尼寺「奥の院」遺跡

（1）　因幡国山中他界の霊山

　摩尼山は鳥取市街地東北の覚寺集落から東へ4km余りのところに位置する霊山（標高357m）で、中国三十三観音霊場の一つである（図1）。別名を喜見山ともいう。摩尼山は峰が八つに分かれ、その峰々のうち南に位置するのが、帝釈天の降臨した「鷲が峰」（標高340m）である。「鷲が峰」なる名は、仏陀が弟子たちに説法をしたインドの「霊鷲山（鷲峰山）」に由来している。霊鷲山の頂上には説法台とされる大きな岩があり、現在も仏陀が常在する場所とされている。摩尼山の「鷲が峰」にも「立岩」と呼ばれる巨巌がある（図2）。凝灰岩の巨石で、古代には磐座であった可能性が高い［竹内1982：p.476］。後に帝釈天降臨の依代として『因州喜見山摩尼寺縁起』（以下、縁起書という）を彩る。

　喜見山摩尼寺は帝釈天を本尊とする古刹であり、鳥取県内では大山寺、三仏寺と並ぶ天台宗の拠点である。極楽往生の末法思想と結びつき、平安時代後期ころから因幡国山中他界信仰の霊山となり、国内の死者の霊魂は摩尼山を経由して極楽に逝くと信じられていた［鳥取県1973：p.535］。天和3年（1683）に権大僧都法印覚深の著した縁起書によれば、承和年間（834〜848）に比叡山第三代座主、円仁（794〜864）が開山し、その造営を藤原秀衡（1122〜1187）が指揮したという。縁起書をみると、唐から帰国した円仁は、仏法をひろめるため諸国をめぐり適当な地を探していた際、摩尼山をみて、山の形が八つに分かれ蓮華の八葉を表していることから、ここを仏教の拠点と定め、茨を切り払って岩を穿ち数々の堂宇を建立し、山中深くに「奥の院」を開いたとある。一方、大病を患っていた藤原秀衡が帝釈天に祈ったところ、帝釈天が夢枕に立ち「われもと因州摩尼寺にあり。汝もし彼に祈らば病はたちどころに癒ゆべし」と答えた。秀衡はさっそく摩尼寺に遣いを出し、平癒を祈らせるとみるみるうちに病は癒えた。そこで秀衡は、報賽の気持ちとして摩尼寺の伽藍を建て、杉苗数本を寄進したと伝える。しかしながら、円仁と秀衡の生存時代には大きなずれがあり、

図1　摩尼山（鷲が峰）　　　　　図2　帝釈天が降臨したと伝える「立岩」

円仁の山陰巡錫を疑う声も根強くある［野本 2011］。

(2)　近世の摩尼寺

　中世の他界信仰の霊地とそれを背景とする摩尼寺の繁栄に大きな打撃を与えたのは、天正九年（1581）の羽柴秀吉による一山焼討ちとされる。秀吉の攻略に抵抗する摩尼寺の僧道好の奮闘と憤死については、縁起書に活写されている。さらに縁起書は、秀吉の鳥取城攻めの際に一山焼き討ちにあって荒廃するも、元和3年（1617）に池田光政が再興したとしている。『因幡誌』（1795）によれば、「按るに秀吉公這回寺を焼拂ひ玉ひしは今の摩尼寺にはあらず其地三四町東に離れて今の奥の院の谷にありしを焼打せられたるにて後に今の境内再興したるなり」とあり、それを引用してか、WIKIPEDIA は「豊臣秀吉の焼き討ちに遭い荒廃していた寺を、江戸時代初期に池田光仲・光政によって、鳥取城の鬼門にあたる現在の山裾に再建されたものである」と説明している。

　ところが、『因幡民談記』（1688）所載の絵図には「奥の院」に2棟の重層建物が描かれている。この絵画に従う限り、境内の移設は光政の時代よりも遅れる可能性が高いであろう（図3）。下って、『因幡誌』（1795）や『稲葉佳景 無駄安留記 影印篇 上巻』（1858）（以下『無駄安留記』という）の挿図には「奥の院」にそれらしき堂宇は描かれていない。しかも『無駄安留記』には、麓に移設された後の境内が描かれている。このように、縁起書に記された伝承そのものに疑問を禁じえない点や、その他の史料と対照したとき、縁起の記載と噛み合わない点があるなど、縁起書の信頼性が高いとは言えない。なお、縁起書を著した覚深の後書には、「天正の兵革によって摩尼寺の縁起が失われ、そこで古老の伝えるところを聞いてこれを記した」とある。ところが、縁起書には元禄や享保の事柄まで書き足してあり、少なくとも今に残る縁起書は後世の写本とみなされる。

　天保初年の『寺社方御法度』によると、寛永9年（1632）には「摩尼寺山林竹木、此以前より御

図3　『因幡民談記』にみる喜見山摩尼寺図（「奥の院」一帯）

法度之処、一切入りましき者也」とあって、摩尼寺境内山林保護の方針が確認されている［鳥取県 1976：p.15］。しかし、藩政初期には摩尼寺の維持は不安定で、正保2年（1645）の藩命によって、「摩尼寺え、今迄之坊主追払に付て、長寿寺より居留守坊主」が置かれ［鳥取県 1976：p.33］、元禄三年（1690）に東照宮（樗谿神社）の別当寺淳光院（後に慈雲院、唯識院、大雲院と改名）の隠居心静院の「摩尼寺之作廻仕度之旨」の出願をきっかけに、淳光院兼帯の寺院となった［鳥取県 1971：p.675-698］。享保3年（1718）唯識院の願いにより摩尼寺は天台律院となり、近江比叡山安楽院末寺とされ、安楽院から代々輪住が派遣された。現在、摩尼寺に蔵される近世文書の大半は安楽院末寺となって以後のものである。

(3) 摩尼寺「奥の院」遺跡の発見

摩尼寺「奥の院」遺跡は「鷲が峰」から60mほど下ったところにある。喜見城の下にある行場（道場）という位置づけなのかもしれない。「奥の院」遺跡の発見は2009年10月に遡る。同年秋、まず八頭町柿原に所在する千手院窟堂跡の地形測量に基づく復元研究に挑み（図4）、摩尼寺「奥の院」遺跡についても2009年末までに礎石位置等の測量を終えた。

摩尼寺「奥の院」には、石塔を納める上層の小さな岩窟と石仏・木彫仏を納める下層の大きな岩陰、さらに中段の虚空菩薩立像を安置する岩窟、弘法大師厨子を納める岩陰など複数の「仏堂」が巨巌に穿たれ、その正面に2段の平場（加工段）があり、地表面に多くの礎石が顔を出している（図5）。岩窟・岩陰と複合した木造建築があったのはほぼ疑いない。『因幡誌』（1795）や『無駄安留記』（1858）に記された洞穴・岩陰がこれらの岩陰・岩窟にあたり、『因幡民談記』（1688）に描かれた2棟の重層建物は「奥の院」に位置していたものと思われる。

2．発掘調査の概要

(1) Ⅱ区の遺構

摩尼寺「奥の院」遺跡の発掘調査は2010年8月3日から同年11月30日までおこなった。現場が奥深い山上にあるため、ベルトコンベア等の機材を搬入できず、経費の関係で作業員を雇用できなかったので作業は難行した。また、分厚い整地土が堆積しており、遺構検出が非常に難しく、さらには8〜9月の猛暑、10〜11月の長雨に苦しめられ、予定の3倍以上の時間を費やした。調査面積は

図4　千手院窟堂復元CG
（制作：浅川研究室）

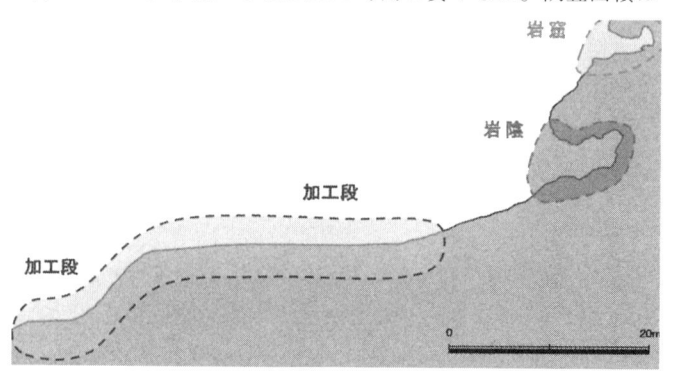

図5　岩窟・岩陰・加工段の位置関係

約200㎡（Ⅰ区12㎡、Ⅱ区182㎡、Ⅲ区1.1㎡、Ⅳ区5㎡）である（図6）。ここでは下層岩陰正面の平場（Ⅱ区）の調査について概要を記す。

Ⅱ区は標高298ｍ前後の平場で、東西20ｍ×南北30ｍの範囲に礎石や基壇縁石と思われる石が地表面に露出している。目にみえる礎石をすべて網羅するよう14ｍ×13ｍのトレンチ（182㎡）を設定した。L字状のベルト（畔）を対称に配置し、トレンチを四分している。四分したエリアは、遺構検出した順に、A区（東南区）、B区（西北区）、C区（西南区）、D区（東北区）と名付けた。

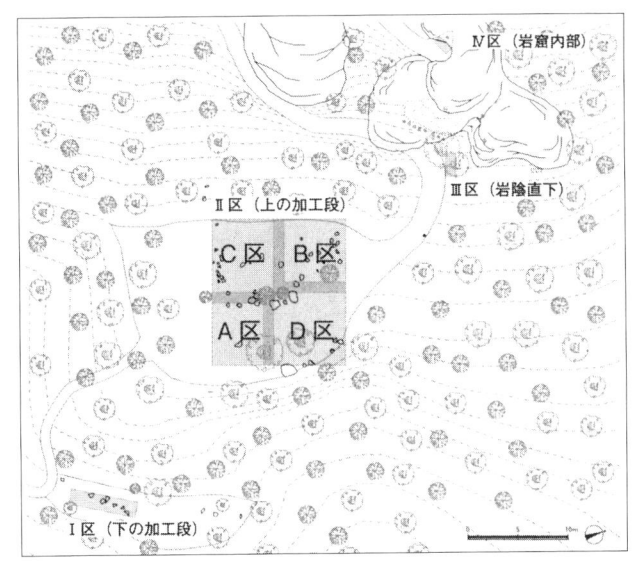

図6 摩尼寺「奥の院」発掘調査区

Ⅱ区は上層遺構と下層遺構に分かれる。表土の下に上層建物の基壇化粧にあたる三和土（淡茶灰粘質土）の面がひろがる。三和土の下にはベースとなる砂礫混淡黒灰褐粘質土、茶灰褐粘質土を敷いている。その下には凝灰岩片を多量に含む「赤褐土」系の下層整地土が凝灰岩盤と平行に浅く堆積しているが、その下では東に向かって斜めに堆積する。A区中央あたりから「赤褐土」系整地土を上層の「灰褐土」系整地土が覆い、「赤褐土」はトレンチの底に向かって消えてしまう。下層の整地はⅠ区（下側の平場）に向かってなだらかに落ちていくのだろう。Ⅰ・Ⅱ区で、2011年夏におこなったボーリング調査により、整地層は地表面下約2.5ｍまで達していることが判明した。

上層建物SB01　上層では建物跡1棟、礎石24基、礎石据付・抜取穴11基、土壙2基、用途不明遺構5基を確認し、下層では建物跡1棟、岩盤に穿たれたピット10基、掘立柱堀形・抜取穴2基、井戸1基、土壙1基、溝状遺構1条を検出した。礎石と思われる表面の平たい石は23個確認した。そのうち、元位置からほぼ動いていない石が13個（s01〜s13）、動いている石が10個（s14〜s23）である。礎石の周囲にみられる据付穴は、そのほとんどが淡茶灰粘質土（三和土）でパックされており、三和土が失われているところではその下地である砂礫混淡黒灰褐粘質土の上面で据付穴を検出した。凝灰岩盤と近接する礎石に関しては、据付穴というよりも礎石を安定させるための地業といえる。これらの礎石はいずれも小ぶりで、平面規模は50㎝×40㎝ほどである。

トレンチのほぼ全域に及ぶ範囲で、グリッド状に配置される礎石や礎石抜取穴を検出した（図7）。また、トレンチ外の西側斜面上に原位置から動いていない礎石が露出しており、西側の2間以上が斜面上に立地する懸造の礎石建築であることがあきらかになった。樹根等で検出できない礎石抜取穴も少なくないが、上の痕跡により、SB01の平面は東西8間（52尺）以上×南北8間（48尺）以上に復元できる。その柱間寸法は以下のようになる（方位は真北から西に5°触れる）。

南北：6尺＋6尺＋6尺＋6尺＋6尺＋6尺＋6尺＋6尺＝48尺
東西：6.5尺＋6.5尺＋6.5尺＋5尺＋6.5尺＋6.5尺＋8尺＋6.5尺＝52尺

このように、柱間は南北方向が6尺（1.818m）等間、東西方向は8間中6間が6.5尺（1.969m）等間だが、1間は8尺（2.424m）と長く、もう1間は5尺（1.515m）と短い。ただし、6.5尺＋6.5

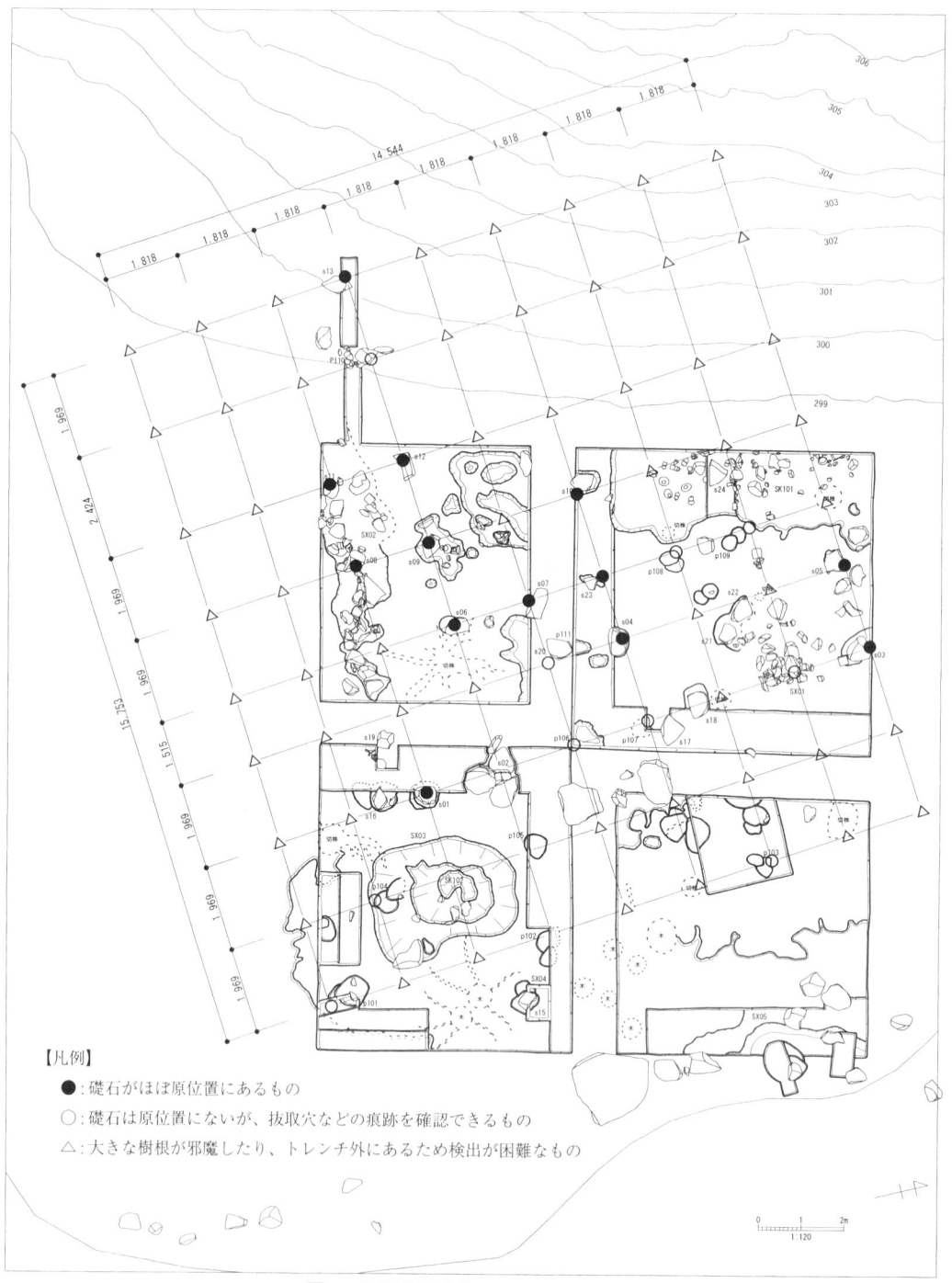

図7 Ⅱ区上層建物SB01柱配置復元図

尺＝8尺＋5尺＝13尺であり、確認した東西総長は13尺を4倍した寸法になる。

下層建物SB02 下層では建物跡1棟、岩盤に穿たれたピット10基、掘立柱柱穴2基、井戸1基、土壙1基、溝状遺構1条を検出した（図8）。下層の調査は上層の遺構を壊さない範囲に限られたので、明確に建物跡を確認できたわけではないが、トレンチの中央から西寄りにひろがる凝灰岩盤に、計10ヶ所のピットを検出した。このうちほぼ正方形を呈するp201は「ほぞ穴」のイメージに近

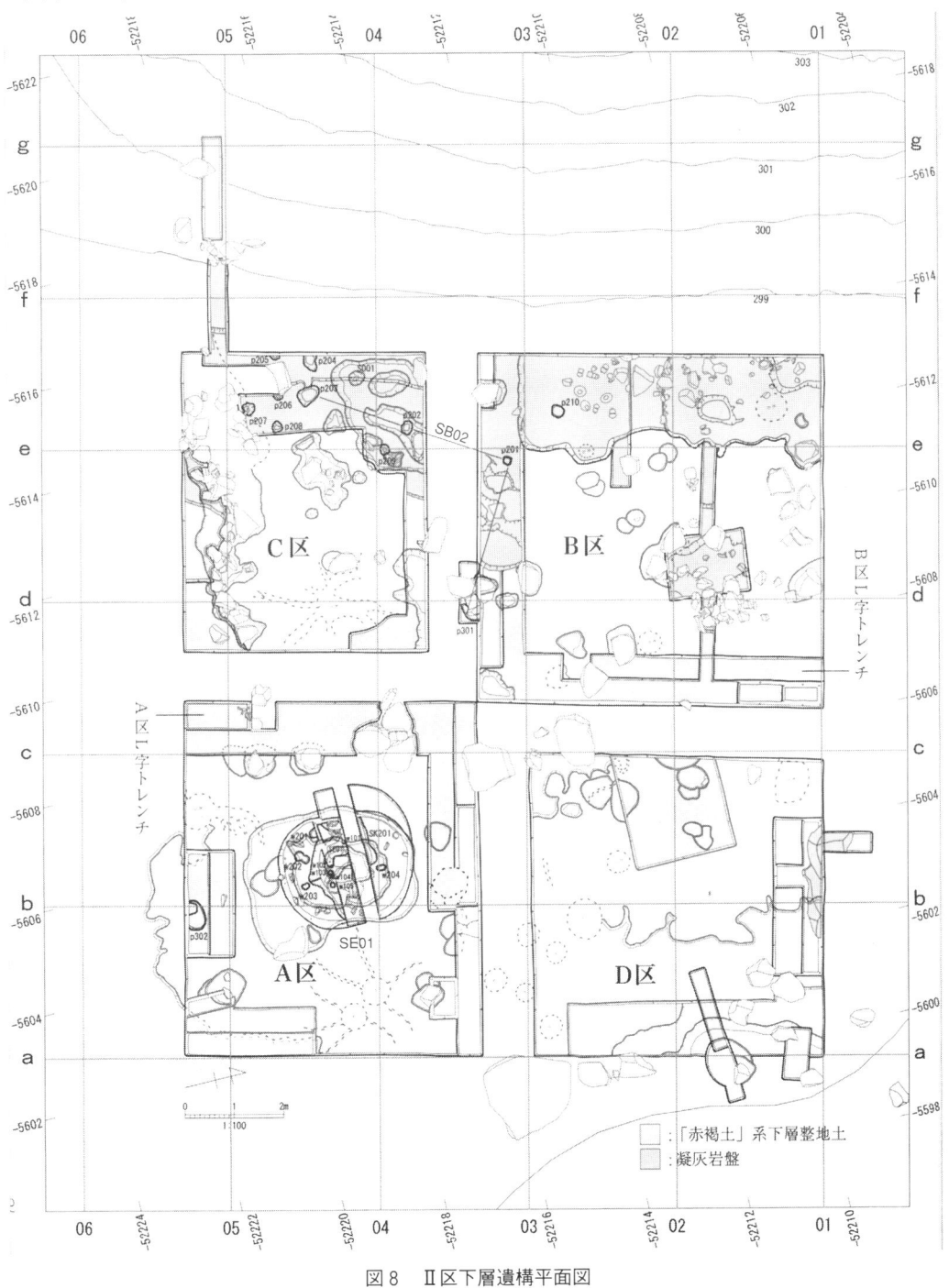

図8　Ⅱ区下層遺構平面図

第3章　歴史時代の建築考古学

く、角柱もしくは正方形のホゾを納めたようにみえるばかりか、p201－p202－p203と並ぶ柱穴列は7尺等間で（図9）、方位もp201西辺の方向と一致する。p201－p202－p203のラインと直交しp201から10尺の位置に掘立柱の掘形・抜取穴p301を畦断面で検出した（図10）。SB02の本体は岩盤上のピットに柱を立てたので、その正面に掘立柱の土庇を付加したのだろうか（図11）。

下層の井戸SE01　調査前からA区のほぼ中央にすり鉢状の掘り込みが存在し、上層整地を取り払い掘り下げた結果、下層の井戸跡SE01にあたるものと理解している。一辺が約50cmの正方形平面で、深さは1m以上下げたが底は確認できていない。周辺の土層堆積からみて石組井戸であった可能性が高く、井戸内外の境にあたる筋で、ほぼ鉛直に差し込まれた木材の痕跡w101～w105を確認した（直径6～10cm）。これらは井戸を埋める際に井戸神の「息抜き」として差し込まれた竹が土壌化したものと推定している。また、SE01の周囲を八角形に囲む杭列w201～w204も検出した（直径約160cm）。これらは直径15～20cmとやや太い反面、残存深さは12cmと浅い。土層関係からみて、井戸そのものの覆屋ではなく、息抜きの竹を保護するための覆屋の柱跡ではないかとみている（図12）。

（2）　主な出土遺物

土器とその年代観　土器は145点出土した。遺跡全体で平安時代（もしくはそれ以前）のものと、中世後期以降～近世のものに分かれ、その中間の時代にあたるものがほとんどないところに特徴がある。器種は土師器66点、須恵器36点、青磁器3点、備前すり鉢2点のほかは不明であり、器種としては皿、杯、瓶、壺、鍋、蓋などがみられる。Ⅱ区の造成年代の判定に係わる重要な土器として、下層整地土をパックする茶灰褐粘質土から15～16世紀ころの備前焼のすり鉢No.026が出土している。下層から出土した土器は土師器7点（No.049～No.054・No.076）と少数ではあるけれども、いずれも平安時代の土器であり、複数の考古学者が「10世紀以降」とみている。下層の溝状遺構SD01

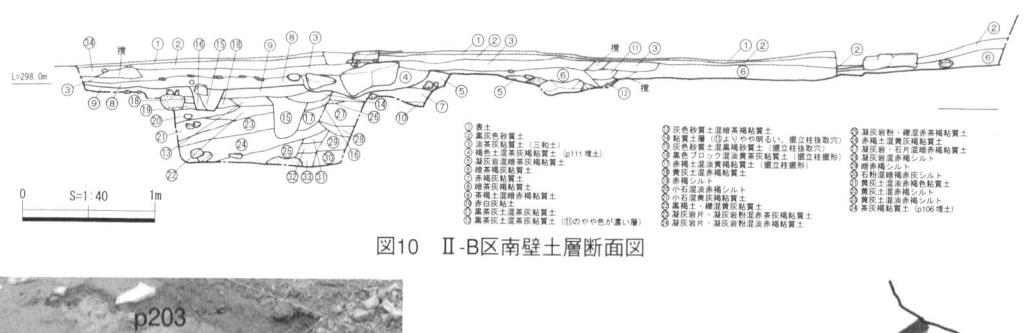

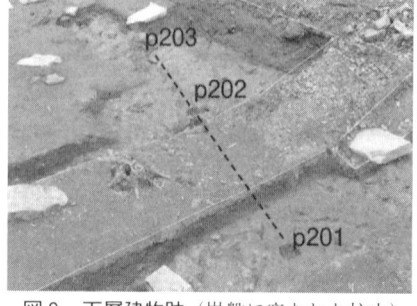

図10　Ⅱ-B区南壁土層断面図

図9　下層建物跡（岩盤に穿たれた柱穴）

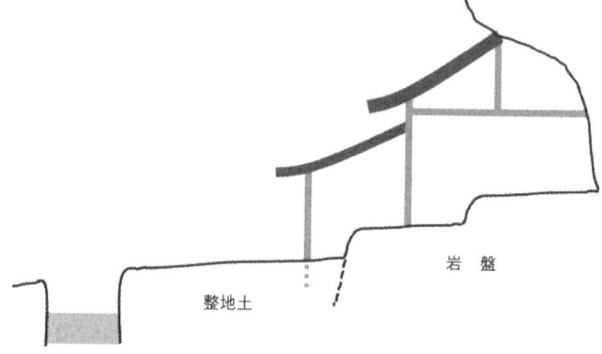

図11　下層SB02の復元断面イメージ（下層建物と井戸）

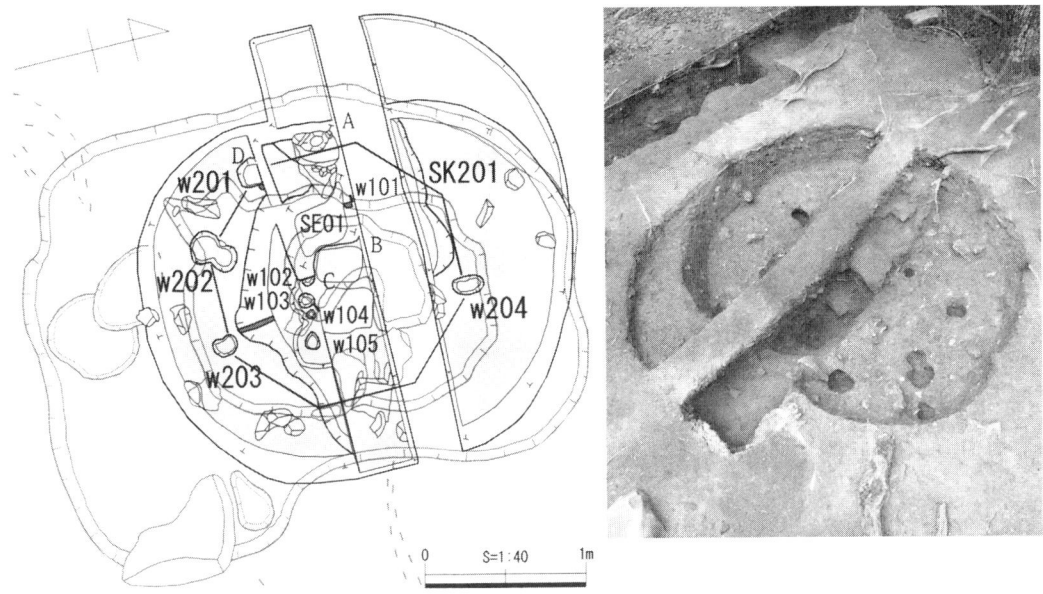

図12 SK201・SE01平面図と写真

から集中的に出土した土師器のうち4点がその年代を示す。

　このように、下層から出土した土器は極端に少ないが、その一方で、上層から鎌倉時代以前の土器が多数出土している点に注目したい。Ⅰ区最下層出土の13点をのぞくと、上層出土土器の総数は125点を数え、うち50点が鎌倉時代以前のものである。さらに年代を絞り、平安時代以前の土器ならば上層だけで45点、平安時代初期（9世紀）から奈良時代以前に遡りうる土器は12点もある。下層の発掘面積は狭小であり、その全体像をつかめなかったが、上層における古代土器の多さは、遅くとも平安時代後半には下層遺構が成立していた可能性を裏付けるものであり、また遺構は存在しなくとも、ヒトの活動が奈良時代にまで遡りうることを示唆している。これと関連して、放射性炭素年代の成果を以下に示す。

　　PLD-19413：1493AD（76.4％）1603AD
　　PLD-19414： 807AD（57.9％） 903AD　　916AD（34.0％） 967AD
　　PLD-19415：1489AD（76.9％）1604AD
　　PLD-19416： 989AD（95.4％）1030AD

　最も注目すべき年代は、Ⅰ区の最下層（整地層）から採取したPLD19416の989AD～1030AD（信頼性95.4％）であり、平安時代10世紀以降とされる下層出土土器の年代観とよく一致している。下層整地の造成年代が10世紀末～11世紀前半の可能性を示すものである。これと近い年代を示すのはⅡ－A区の上層整地土をはぎ取り下層遺構面を検出していた際に採取したPLD-19414であり、下層の土器年代に合致している（炭化材の部位は不明）。一方、畦沿いに下層の遺構面を検出していた際に採取されたⅡ－C区のPLD-19413とⅡ－C区のPLD-19415も下層遺構面検出時に採取した炭化物で、パレオ・ラボ社の測定によると、信頼性76％で15世紀末～16世紀前半の年代を示している

図13　岩陰の仏像群（檜尾恵スケッチ）

（炭化材の部位はいずれも最外年輪）。この年代は下層の廃絶期に対応し、上層最下層で出土した備前焼や青磁香炉などの年代と一致している。

　以上、AMS法放射性炭素年代測定でもたらされた年代は土器による年代観と対応しており、下層遺構は「10世紀末～11世紀前半」以降に形成され、「15世紀末～16世紀前半」以降に廃絶した可能性を示唆するものと言えよう。

　五輪塔と石仏・木彫仏　26点の五輪塔片がすべてⅡ区から出土した。一石五輪塔と4石（空輪・風輪、火輪、水輪、地輪）複合型に分かれる。制作年代は室町時代後半～江戸時代初期の様式を示す。ほとんどは上層廃絶後のものと思われるが、上層整地土に埋め込まれたものも6点ある。

　石仏頭片が1点、上層の土壙から出土している。仏像の年代・種類は不明だが、「釈迦如来」か「阿弥陀如来」の可能性が高いと思われる。仏顔が面長であり、室町時代以降の作と推定される。石仏については、岩陰・岩窟仏堂にも多々祀られており（図13）、放射性炭素年代測定によれば、岩陰の中心仏である木彫仏の年代は15世紀後半～17世紀前半であり、上層遺構と対応している（図14）。上層の本尊にあたる帝釈天像の可能性もあるだろう。

(3)　上層・下層の年代観

　復元考察の前提として、遺構変遷のイメージを整理しておきたい。上下層より出土した土器、および炭化物の放射性炭素年代測定により、以下のような伽藍の変遷過程を推定できよう。

　　奈良時代　　：「奥の院」周辺でヒトの活動があった？
　　平安後期　　：急峻な巨巌を削って、下層の斜面を整地しSB02を建立
　　室町後期以降：下層廃絶、上層を整地し、SB01を建立

図14　岩陰仏堂（Ⅲ区）の木彫仏（檜尾恵スケッチ）

18世紀前半：上層廃絶→現在の境内に伽藍を移設

　縁起書との係わりを述べるならば、円仁が「奥の院」を開山した可能性はきわめて低い。円仁によって開基・再興されたという縁起をもつ寺院は山陰に少なくない［天台宗典編纂所編 1995］。以下の例が知られている。

【鳥取県】最勝寺（年代不明／河原町）、三仏寺（嘉祥二年／三朝町）、大雲院（年代不明／鳥取市）、大日寺（承和八年／倉吉市）、大山寺（年代不明／大山町）、転法輪寺（承和年間／琴浦町）、摩尼寺（承和年間／鳥取市）

【島根県】　鰐淵寺（年代不明／出雲市）、玉理寺（年代不明／松江市）、顕正寺（年代不明／浜田市）、乗相院（年代不明／安来市）、大通寺（年代不明／松江市）、長楽寺（年代不明／安来市）、瑠璃光寺（年代不明／浜田市）、蓮台寺（年代不明／斐川町）、清水寺（年代不明／安来市）

　これら円仁開山・再興伝承について疑問視する声も強く、野本［2011］は、円仁は帰国後山陰地方を訪れていないという見方を示している。円仁開基伝承をもつ寺院は、全国に615ヶ寺以上あり、それら寺院の縁起のなかには円仁が入唐中の開基のものや、無名若年代中の開基のもの含まれており、大半の由緒は後世の附会とみるべきと思われる。

　一方、秀吉の摩尼山焼き討ちに関しても、積極的に裏付ける考古学的資料を得ることはできなかった。天正9年（1581）、摩尼寺に大打撃を与えたとされる秀吉の摩尼寺焼き討ちについて、縁起書には、秀吉の鳥取城攻めの際に一山焼き討ちにあって荒廃したとある。さらに、『因幡志』（1795）には、秀吉の焼き討ちの被害にあったのは麓にある現境内ではなく「奥の院」周辺であったことが記されている。これらの記載に従うならば、少なくとも天正9年までは、摩尼寺の中心は「奥の院」周辺の境内であったと推定される。しかしながら、2010年度に調査したトレンチでは、顕著な焼土層・炭層は認められず、大火災の痕跡を確認できなかった。但し、一部の土壙や上下層境の土層には少量ながら炭が混じっており、秀吉の「奥の院」焼討ちを完全に否定できるわけではない。

　いずれにせよ、『因幡民談記』（1688）掲載絵図の山頂近くに描かれた2棟の重層建物のうち、SB01が手前の楼閣にあたり、18世紀初期ころまで存続していた可能性は高いであろう。また、岩陰（Ⅲ区）直下では掘立柱の柱穴を検出しており（図15）、それはおそらく絵図に描く奥側の建物を構成するもので、岩窟・岩陰と一体化した二重入母屋造の建物遺構と推定される。WIKIPEDIAが記すように、池田光政の時代（1617〜1623）に境内が山麓に移設されたのではなく、『因幡民談記』の時代まで境内は山頂近くにあったことになる。2棟の仏堂を中心とする「奥の院」は『因幡志』（1795）では描かれていないので、厳密に言うならば、上層SB01の廃絶は1688〜1795年の間であり、とすれば、東照宮別当寺淳光院兼帯寺となった元禄3年（1690）から比叡山安楽院末寺となった享保3年（1718）ころに境内の山麓移設がなされたと可能性が高いだろう。

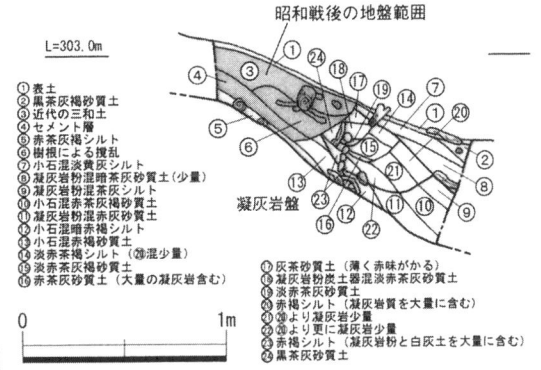

図15　Ⅲ区北壁断面図

3．上層遺構のSB01復元

(1) 絵図にみる「奥の院」の重層建物

　すでに述べたように、『因幡民談記』(以下、民談記という)の山頂付近には2棟の重層建物が描かれている(図16)。実際に「奥の院」の周辺環境と民談記の描写を照らし合わせてみると、この2棟の建物が「奥の院」の仏堂である可能性は高い。民談記の刊行年代(1688)からみて、上層遺構SB01の終末期に近く、手前側の楼閣がSB01とみなされよう。遺構の検出状況から、SB01は総柱平面の懸造もしくは楼造の仏堂であり、絵図の楼閣をみると、入母屋造の楼で周囲に縁のような表現がなされている。床下には、束柱や貫状の横材が描かれている。外観意匠としては、格子窓が2面に表現されている点を軽視すべきではなかろう。床上の柱や妻飾、組物等は省略されており、建物の規模はおろか細部の意匠についは不明である。以上の状況を鑑み、本章では、以下の方法で上層建物の姿を紡ぎだす。

　　1) 遺構の分析と解釈を最も重視する
　　2) 『因幡民談記』に描く楼閣の意匠を外観の基本モデルとする
　　3) 県内の懸造建築や全国の中世仏堂の類例を集成・分析する
　　4) 類例の複合化によって構造・意匠・細部を復元する

(2) 楼造の類例

　建築年代の近い鳥取県内の懸造・楼造建築として、三仏寺文殊堂(三朝町／室町後期)、三仏寺地蔵堂(三朝町／室町後期)、不動院岩屋堂(若桜町／室町初期)、長谷寺本堂(倉吉市／室町後期)の意匠・構造を分析し、これらを模範とすべき類例の主軸とする。なお、長谷寺本堂については2010年11月18日に研究室で実測調査し、床上平面と床下平面、梁行断面図を作成した。以下、今回類例として積極的に参照する懸造仏堂4例について説明しておこう。

　三仏寺文殊堂　三徳山中に露出した巨巌の北側断崖に張り出し、巨巌頂部を一部削平して建立された懸造仏堂であり、明治37年(1904)に重要文化財に指定されている(図17)。束柱(床下柱)が巨巌岩肌から直接立ち上がる総柱式で、床下平面は正面5間×奥行6間である。床下構造は、桁行・梁間方向に井桁状の柱盤を設けて床上構造の土台としている。床上平面は3間×4間の縦長平面とし、トチ葺入母屋造妻入で正面に軒唐破風が付く。組物は舟肘木。須弥壇は西面する。正面1間を外陣とし、中央2間を内陣、奥1間に仏間と脇間を配する。仏間の背面に須弥壇と厨子を設ける。南東隅側以外の3面に切目縁がまわり、勾欄を設けていない。妻飾は板壁のみとする。近年、須

図16　『因幡民談記』にみる2棟の重層建物

弥壇裏側から墨書が発見され、永禄10年（1567）に厨子が造られたことがわかっている［文化財建造物保存技術協会 2006］。

三仏寺地蔵堂　文殊堂と同じく明治37年（1904）に重要文化財に指定（図18）。やはり巨巌の上に建つ懸造仏堂で、束柱が岩肌から垂直に立ち上がる総柱式である。正面は西面し、床下平面が正面5間×奥行6間、床上平面が3間×4間の縦長平面とし、組物は舟肘木。トチ葺入母屋造妻入で正面に軒唐破風が付加するなど、地蔵堂の意匠は文殊堂とよく似ている。文殊堂と地蔵堂の建立年代に若干のずれがあり、文殊堂が地蔵堂を模して少し後に建立されたと考えられている［文化財建造物保存技術協会 2006］。意匠は似ているけれども、地蔵堂は文殊堂のように柱盤を設けて床上構造を独立させていない。通柱を採用している。意匠も若干異なり、文殊堂が一軒繁垂木に対して、地蔵堂は二軒繁垂木とする。また、妻飾に豕扠首を用いている。

不動院岩屋堂　若桜町の不動院岩屋堂は不動明王を本尊とする真言宗の仏堂である（図19）。修験道寺院の建築としても知られ［若桜町 1982：p.773-777］、昭和28年（1953）重要文化財に指定さ

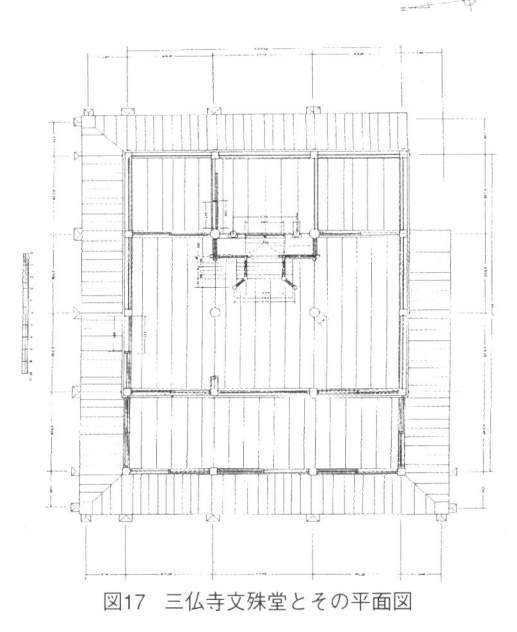

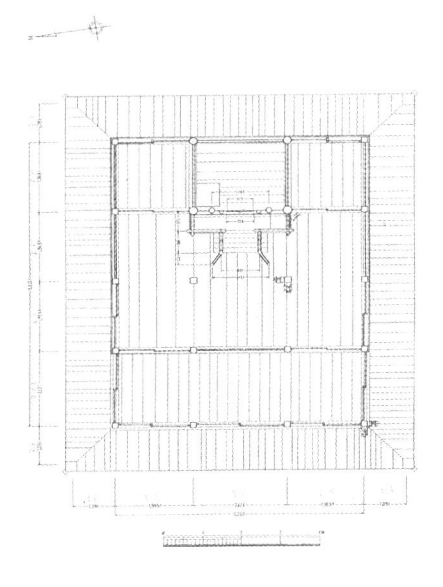

図17　三仏寺文殊堂とその平面図　　　　図18　三仏寺地蔵堂とその平面図

れている。岩屋堂は岩窟内に建てられる懸造の仏堂であり、資料が乏しく建築年代は明確ではないが、柱および舟肘木や花頭窓、さらに須弥壇の様式などにより、室町初期（南北朝期）の建立と推定される。床下平面は正面3間×奥行2間。床上平面は方3間。仏堂は南面する。トチ葺入母屋造であるが、岩窟側の背面は切妻造とする。岩肌に礎石を置き、束柱を立ち上げる礎石建の総柱である。岩屋堂も文殊堂と同様に床上と床下の構造が独立している。束柱の上端に柱盤を井桁状に設け、上部に独立した構造の仏堂本体を建てる。ただし、仏堂本体の側柱を床下柱より1枝分内側に納めており、東側の柱列においては、枝分内側に納めている点が文殊堂と異なる。

長谷寺本堂　倉吉市打吹山の長谷寺は天台宗寺院で、伯耆三十三番札所、中国観音霊場の一つである。縁起によれば、養老5年（721年）の創建で、法道上人を開祖とする。当初は、長谷村（倉吉市北谷地区）にあったが、後に都志都古により現在地に移築されたという伝承がある。本堂は、天正年間（1573～1591年）に造営された後、いくどかの改変を経て、現在の形になった（図20～23）。また、内陣の禅宗様厨子は室町時代後期のもので、重要文化財に指定されている［鳥取県教育委員会1987：p.67-68］。

本堂と仁王門は、平成19年に県指定文化財になったばかりである。長谷寺本堂の特徴は平面配置にある。南を正面とするが、西側に入口のある瓦葺寄棟造妻入で、向拝をくぐると左に内陣、右に外陣という配置になる。方五間堂であり、南と西側2面に縁が付いているが、これら縁は後世のもので、後補の縁をとりさると本堂は内陣礼堂造の典型的な中世仏堂に復元される。外陣に入側柱が立っている点からみるに、中世仏堂のなかでも古いタイプのものと思われる。一方、向拝は虹梁型頭貫の絵様からみて幕末～明治に下るであろう。また、懸造脚部をみると、当初柱には根継等の継ぎ足しが非常に多くみられる。長谷村から中世仏堂を移築し懸造としたためであろう。組物はなく柱の上に直接梁や桁がのる。当初は方五間の茅葺き仏堂に復元できよう。

(3)　床上平面の復元

検出した上層建物跡SB01の平面は8間以上×8間以上だが、とりあえず8間×8間と仮定して復元に取り掛かった。床下平面は、遺構から復元した平面を基にするのだけれども、床上の平面については不明としかいいようがない。そこで床下平面が東西方向に長い特性に注目し、縦長平面をもつ中世仏堂・懸造建築の類例を参照した。懸造仏堂ではないが、5間×7間の妻入形式をとる善光寺本堂（大分県宇佐市／室町中期）が七間堂の稀少例であり（図24）、これに倣い床上平面を5間×7間の妻入形式に復元した（図25）。その平面は外陣を正面5間×奥行2間とし、内陣を正面3間×奥行4間と広くとっている。内陣の両側に1間の脇間と後戸を配する。特筆すべきは、広い内陣の奥側1間をすべて仏壇にあてている点であろう。上層SB01は、東西方向柱間のうち西側斜面上の1間が8尺と長い。善光寺本堂に倣い、ここに仏壇があったと仮定し、その周辺に後戸と両脇陣を配し、内・外陣の周辺に縁をめぐらせると、床下平面は南北8間×東西9間となった（図26）。なお、東西方向柱間のうち5尺と狭いところは、僧侶が内陣・脇間に入るための出入口ととらえ、両開戸を設けた。

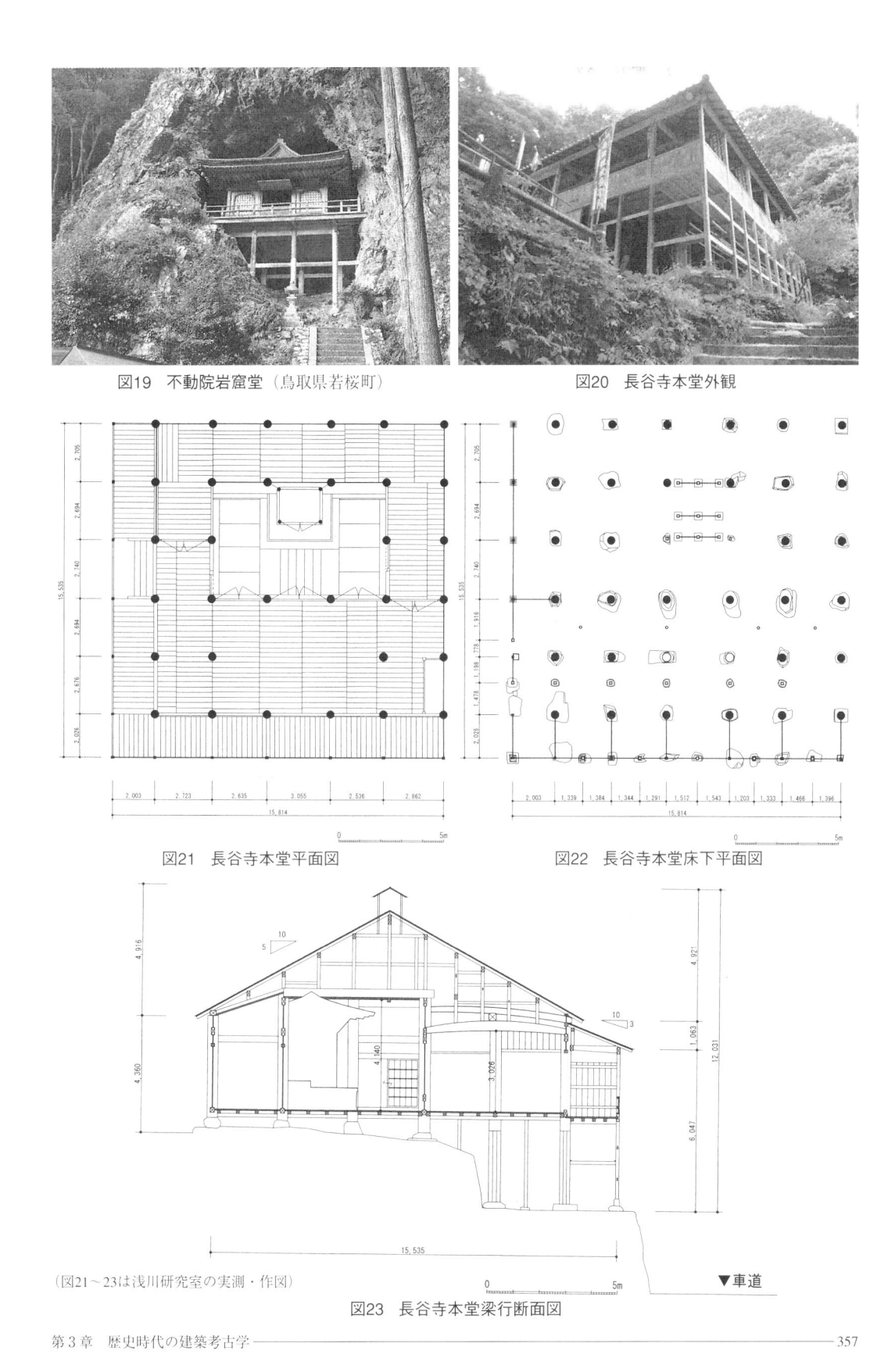

図19 不動院岩窟堂（鳥取県若桜町）

図20 長谷寺本堂外観

図21 長谷寺本堂平面図

図22 長谷寺本堂床下平面図

（図21～23は浅川研究室の実測・作図）

図23 長谷寺本堂梁行断面図

第3章 歴史時代の建築考古学

図24 善光寺本堂と平面図（宇佐市、室町中期）

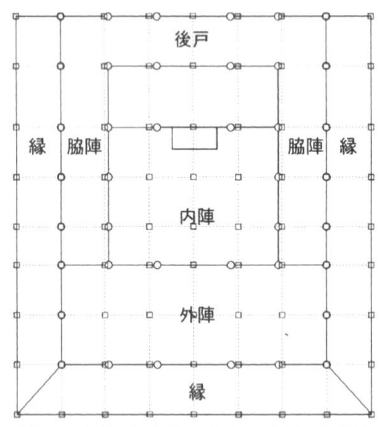

図25 善光寺本堂にならった復元平面

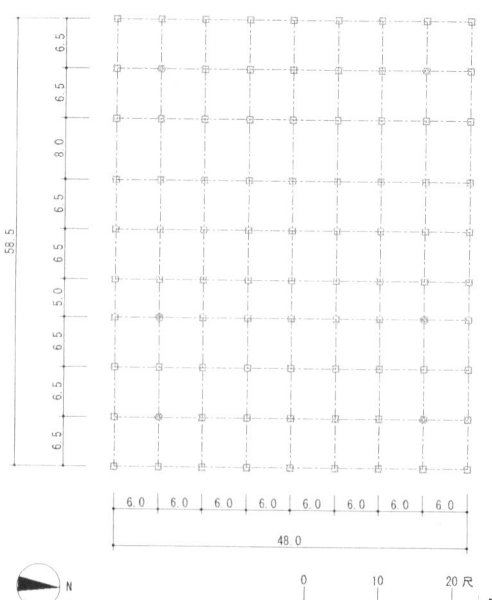

　柱間寸法については、建築年代が室町後期とされる三仏寺文殊堂・地蔵堂に倣い、1枝＝5寸とし柱間を復元した。東西方向の柱間寸法は床下平面に従うものとするが、南北方向の柱配置は床下平面の6尺等間をそのまま流用すると振隅になってしまう。これを真隅とするため、端間の柱列を床下柱より1枝内側に納めた6.5尺の位置に配し、脇間の柱列を3枝内側に納めた7尺の位置に配することで、中央間9尺、脇間7尺、端間6.5尺とした。床上の柱筋を「一枝落」「三枝落」と内側に配する手法は県内の類例では不動院岩屋堂にみられる。南北方向の柱間の別パターンとして中央間10尺、脇間6.5尺、端間6.5尺という柱間配置が考えられるが、この場合、中央間10尺が極端に広くなり、また脇間の6.5尺は建具を入れたときに視覚的に狭くみえることから、今回は中央間9尺、脇間7尺とした。床上平面は、総長が桁行45.5尺、梁行36尺となる。床上平面の柱間寸法は以下の通り。

　　南北：6尺（縁）＋6.5尺（端間）＋7尺（脇間）＋9尺（中央間）＋7尺（脇間）＋6.5尺（端間）＋6尺（縁）

図26　SB01床下復元平面図

東西：6.5尺（縁）+6.5尺×2（外陣）+［5尺+6.5尺×2］（内陣）+ 8 尺（仏壇）+6.5尺（後戸）
　　　+6.5尺（縁）

　摩尼寺は往古より山中他界の聖地であり、そのならわしとして長く位牌供養をしていたので、SB01にも位牌壇を設けることとした。善光寺本堂の場合、内陣奥はすべて仏壇であるため、位牌壇の平面配置については三仏寺文殊堂・地蔵堂に倣う。設置場所は、内陣仏壇のある 3 間×1 間の空間を 3 分割し、中央は本尊を祀る厨子とし、両脇を位牌壇とした。ただし、文殊堂・地蔵堂の場合は中央が厨子で両脇は脇間となっており、位牌壇ではない。また、地域の特性を考えると、同年代と推定される長谷寺本堂のように、外陣の隅に入側柱を設け、内陣には文殊堂・地蔵堂のように四天柱を立てるべきだろう。善光寺本堂の柱配置だけで楼造とする場合、構造に不安もあったが、入側柱と四天柱を追加することで強固にできる（図27）。

（4）意匠と構造の復元

　復元した床上平面をもとに床上の構造を考えてみよう。

　床下構造と意匠　SB01は総柱平面で、なおかつ上層礎石は50cm×40cm程度のものが多く、短いスパンで小ぶりの束柱（床下柱）を規則的に立て並べ、床上に床下とは別の仏堂を築いたと推定される。そこで、床下構造は文殊堂と岩屋堂に倣い、床上と別構造の床下を想定した。とりわけ、建立年代の近い文殊堂の構造を積極的に採用した。文殊堂は束柱の上端に柱径よりも断面の大きい柱盤を井桁状に組み、上部構造の土台としている。文殊堂は 6 寸の角柱を束柱としている。今回復元するSB01の束柱も 6 寸角とした。束柱の上に井桁状に柱盤を組み、その上に床上の管柱を据える。なお、復元した床上平面は、構造を安定させるため通柱を一部に設けた。通柱を用いる例は、三仏寺地蔵堂や打吹山長谷寺でみられる。床下の柱高については、西側斜面の礎石s13と平坦面の礎石s12との高低差から導き出した。この 2 石の高低差は 6 尺（2.178m）あり、それをそのまま床下の柱高とした。

　床上構造と意匠　架構については 5 間×7 間の妻入という特徴的な平面のため、参考例が極端に少ない。また、同規模の類例として

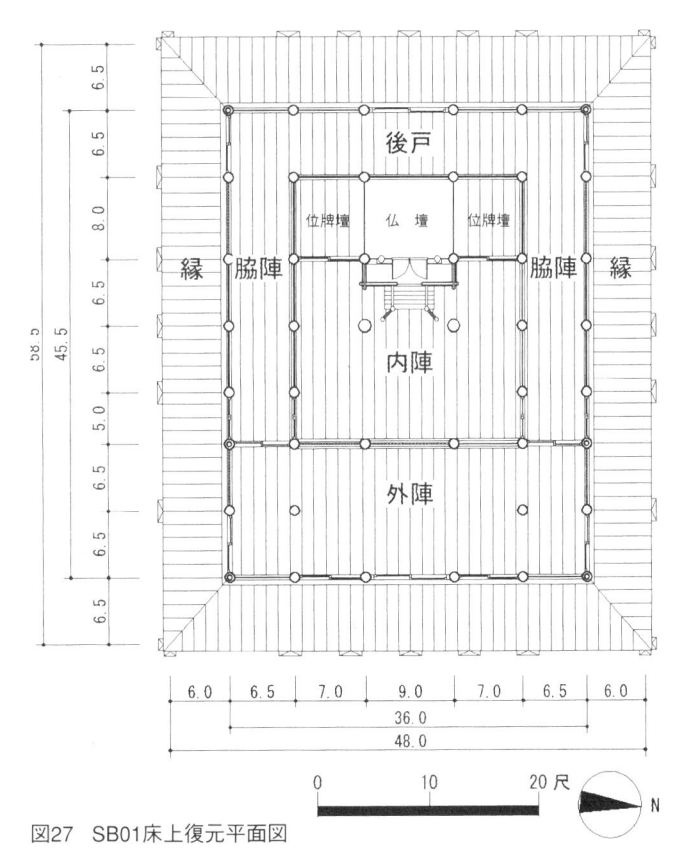

図27　SB01床上復元平面図

善光寺本堂があげられるが、SB01の復元床上平面は善光寺本堂と柱配置が異なるため、架構まで参照するのは難しい。他に5間×7間妻入の類例として、法隆寺聖霊院（奈良県生駒郡／1284）、同律学院本堂（1627）などの例があるが、いずれも年代が離れており、時代や地域の特色にそぐわない。そこで、7間×5間の平入仏堂だが、梁行方向に虹梁を飛ばすのではなく桁行方向に虹梁を渡す善水寺本堂（滋賀県湖南市／室町前期）の架構を参考にし、側柱・入側柱・四天柱を虹梁でつないだ。梁行方向に関しては繋虹梁で側柱と入側柱を結ぶ。

　屋根は、民談記の表現から入母屋造とした。なお、屋根葺材は瓦が一片も出土していないので、三仏寺の文殊堂・地蔵堂や大山寺阿弥陀堂（大山町、1552）に倣い、トチ葺きとした（図25）。小屋組については、清水寺本堂（島根県安来市／1393）がトチ葺入母屋造方7間堂の仏堂であり、建築年代がやや古いが、これに倣う（図30）。天台宗仏堂でみられるトチ葺きの例としては、山陰で最大規模のものである。小屋組の特徴としては、大きく軒先に向かって垂れ下がる小屋梁を使っており、この小屋梁を井桁状に構成することで、柱配置がまばらな桁行方向でも均等に小屋束を割り付けることができる。小屋組と屋根勾配については基本的に清水寺本堂に倣う（図28・29）。柱高については、清水寺本堂の柱高と柱間の比率から導き出した値を参考に復元した。清水寺は柱間1間9尺に対し、柱高が15尺であり、その比率（柱高／柱間）は1.6である。復元した仏堂の床上平面の柱間での主軸が6.5尺となるため、柱高は6.5尺×1.6＝10.4尺とした。細部の処理について以下にまとめる。

　軒　遺構から復元した床下平面より、縁の寸法は南北方向が6.5尺、東西方向が6尺とした。よって軒は6.5尺以上とするのが望ましい。文殊堂・地蔵堂の縁と軒出の寸法の比率から、軒出を7尺とし、二軒平行垂木に復元した。枝割で表現すると14枚となる。

　組物　組物については、民談記からは推測できず、類例をもとに組物を決定した。全国的にみると、1間〜3間堂の懸造建築はシンプルに舟肘木を使用しており、鳥取県でも文殊堂・地蔵堂・投入堂、岩屋堂などでみられる。4間〜5間堂になると、出組もしくは出三斗を用いるのが少なくない。清水寺奥院（京都市／1633）

図28　大山寺阿弥陀堂（大山町、1552）

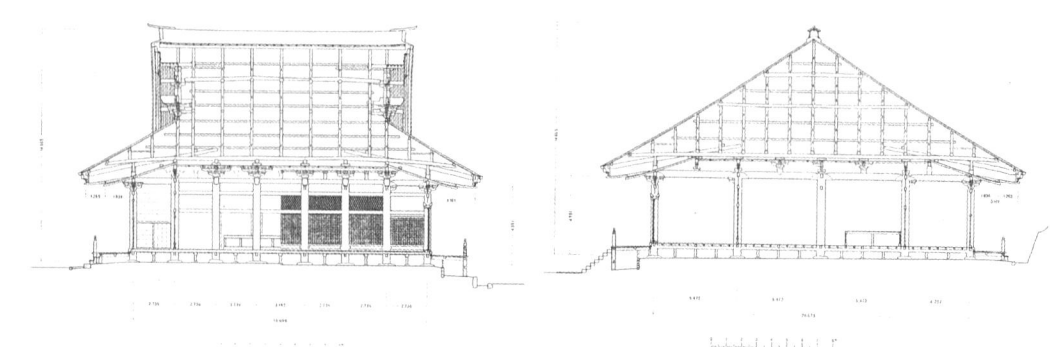

図29　大山寺阿弥陀堂断面図（大山町、1552）

や笠森寺観音堂（千葉県長生郡／1597）などがこれにあたる。鳥取県内の懸造仏堂の特色を取り入れる場合、舟肘木を用いるのが妥当であろうが、4間堂以上の規模になると、大斗を用いた組物になっているため、単純に舟肘木を採用するのがためらわれた。SB01床上平面の規模からすると、舟肘木ではなく、大斗組もしくは大斗肘木が適切と判断した。今回は長寿寺本堂（滋賀県甲賀郡／鎌倉前期）に倣い、大斗肘木を採用した。

建具の配置と様式　外壁の建具については、民談記をみると外壁の全面に格子戸の表現がなされている。これを素直に受け入れ、板壁上部の小壁の位置に連子窓を設けると同時に、桟唐戸の上部にも格子をつけた。側面は、外陣2間中1間を板戸とし、もう1間を連子窓とした。内陣は柱間8尺の部分に連子窓を設け、柱間5尺の部分を両開の板戸とした。内部の建具は地蔵堂に倣い、内・外陣境の3間をはめごろしの吹寄せ格子戸とし、位牌壇へ抜ける仏壇脇の両脇間は引違い板戸とした。

須弥壇と厨子　内陣に設ける須弥壇および厨子の意匠については、床上平面で引用した文殊堂を参考にした。文殊堂と地蔵堂で、厨子の意匠に若干の違いがあり、屋根葺材は文殊堂がトチ葺きであるのに対し、地蔵堂は桧皮葺である。また、文殊堂の厨子には飾り金具が多用されている。今回は制作年代があきらかになっている文殊堂の厨子（永禄十年）を引用した。

妻　飾　妻飾は民談記では省略されている。鳥取県内の懸造仏堂では、地蔵堂で豕扠首が妻飾になっているが、文殊堂や岩屋堂をみると妻飾は妻板壁のみである。今回は地蔵堂に倣って豕扠首を採用した。

勾　欄　「絵図」の縁には勾欄が描かれておらず、省略されたとみることもできるが、文殊堂や地蔵堂は勾欄を設けていないため、今回はそれに倣う。

(5)「奥の院」歴史的景観の再現

　鳥取県内懸造建築の類例や『因幡民談記』をもとに摩尼寺「奥の院」遺跡で検出した上層建物跡SB01を復元した。しかし、この懸造仏堂を復元しただけでは「奥の院」の歴史的景観を完全に再現したことにならない。すでに述べたように、『因幡民談記』の絵図には、楼造の仏堂とは別にもう1棟二重入母屋造の仏堂が描かれている。

　そこで、あくまで推測の域をでないものではあるけれども、「奥の院」の歴史的景観の再現に着手した。復元した懸造仏堂と絵図との位置関係から、もう1棟の二重入母屋造の仏堂は「奥の院」の岩陰仏堂に密着し、さらには岩窟仏堂までもを覆っていたと思われる。このような岩窟と木造仏堂が複合した建物は大分県国東半島六郷満山とその周辺に現存しており、摩尼寺「奥の院」遺跡では、実際にⅢ区からは岩陰の下で柱穴が検出されている。設定したトレンチの範囲が狭かったた

図30　清水寺本堂（安来市、1393）

図31 SB01復元内観パース（外陣）

図32 SB01復元内観パース（内陣）

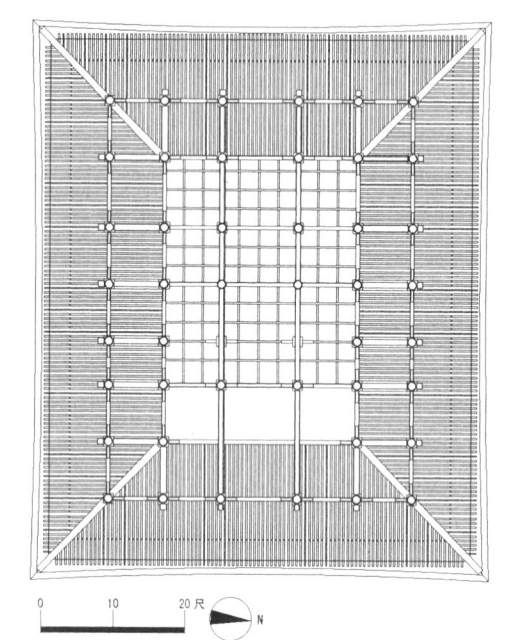

図33 SB01復元天井見上図

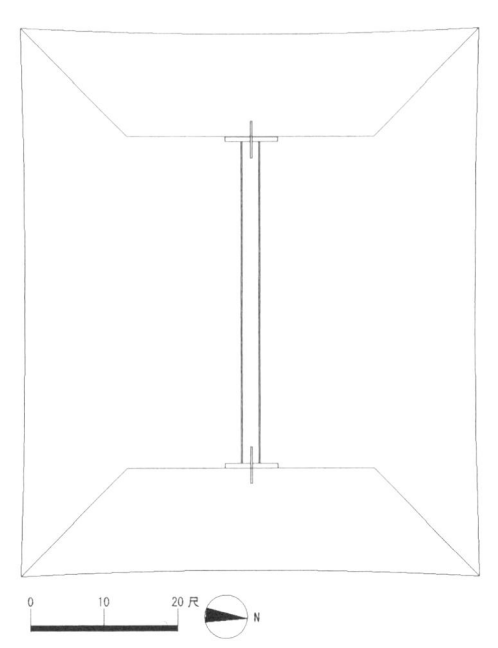

図34 SB01復元屋根伏図

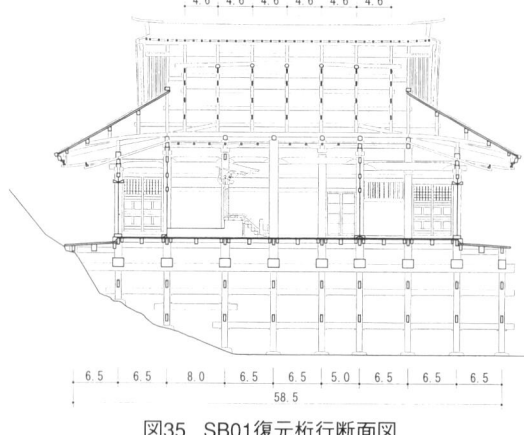

図35 SB01復元桁行断面図

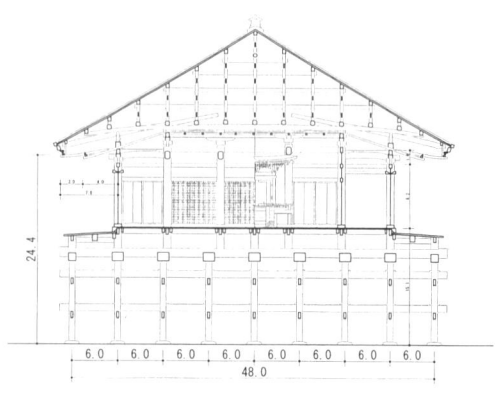

図36 SB01復元梁行断面図

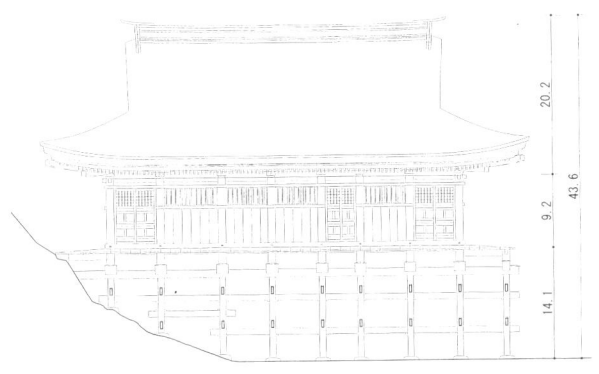

図37 SB01復元桁行立面図

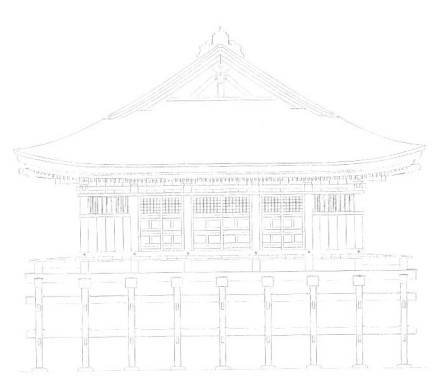

図38 SB01復元梁行立面図

図39 SB01復元CGパース

図40 SB01復元模型

図41 摩尼寺「奥の院」の景観再現

め、今回岩陰で確認できた柱穴は 1 基のみで平面規模等は不明だが、絵図からその規模を推定し、復元に取り組んだ。意匠・構造は、復元建物SB01をもとに、二重入母屋造の仏堂のイメージパースを作成。それを 3 次元レーザースキャン測量した岩陰周辺の地形と複合して、「奥の院」の 2 棟の建物とその景観を再現した（図41）。

4．おわりに

　以上は、報告書『摩尼寺「奥の院」遺跡―発掘調査と復元研究―』[浅川編 2012]の内容を上層遺構SB01の復元に焦点を絞って纏めたものだが、復元については発掘調査をおこなった2010年度段階の考察を踏襲している。2010年度は復元設計図をもとに復元CGを制作し、その出来映えにそこそこ満足感を覚えていたのだが、2011年度になって復元模型（1／50）を制作し、若干の不具合に気がついた（図40）。軸部に対して、屋根が大きすぎる。どうやら軒に問題は抱えているようだ。復元案では、仏堂の規模に伴う類例に固執し、組物を「大斗肘木」、軒を「二軒・二重軒付」にしている。これが良くなかったのだろうと今にして反省している。たとえば、組物を「隅のみ舟肘木で、一般部は桁天のり」、軒を「一軒・一重軒付」に変えるならば、軒の出は短くなり、屋根のヴォリュームを抑えることができる。軸部や縁の出にみあう屋根のスケールになるだろう。そもそも現場に立ち返ると、礎石と思しき23個の石は50㎝×40㎝程度の小さなものばかりだった。この礎石に「大斗肘木」や「二軒・二重軒付」は似合わない。平面規模の大小はあるけれども、三仏寺地蔵堂・文殊堂や長谷寺本堂に倣うべきだったのである。「類例のパッチワーク」が復元の技術的原則であるのは確かだが、出土遺構にみあう構想力がなにより肝要であることを改めて思い知らされた。研究室全体のよい反省材料になったと前向きに捉えたい。

附記

　本節論文は浅川編『摩尼寺「奥の院」遺跡―発掘調査と復元研究―』（2011年度鳥取県環境学術研究費助成研究費・2010～2012年度科学研究費基盤研究C成果報告書、鳥取環境大学）におけるSB01の復元に係わる部分を要約したものである。この研究については、岡垣頼和君（鳥取環境大学5期生）の修士論文に多くを負っているが、報告書編集の段階で浅川が大きく加筆修正を施している。

参考文献

浅川滋男　2011　「あとがき」鳥取環境大学建築・環境デザイン学科＆鳥取県教育委員会歴史遺産室編（2011）所収
浅川滋男編　2012　『摩尼寺「奥の院遺跡―発掘調査と復元研究―』鳥取環境大学
安部恭庵　1981　『因幡誌』世界聖典刊行協会
井口一幸　1991　『古代山人の興亡―懸け造り堂宇の謎』彩流社
　　　　　1996　『続 古代山人の興亡―懸け造り寺社巡礼 西日本編』彩流社
今城愛・大給友樹　2011　「石窟寺院への憧憬 ―岩窟/絶壁型仏堂の類型と源流―」鳥取環境大学建築・環境デザイン学科＆鳥取県教育委員会歴史遺産室編（2011）所収
今城　愛　2011　「余論：文化的景観としての摩尼寺奥の院遺跡」、鳥取環境大学建築・環境デザイン学科＆鳥取県教育委員会歴史遺産室編（2011）所収
植木佳那・西村百代・船塚彩香　2008　「東アジア文化から見た現代に語られる湖山長者（2）」『地域文化調査報告書』鳥取大学

岡垣頼和・浅川滋男　2012　「岩窟・岩陰型仏堂と木造建築の関係についての調査ノート」『鳥取環境大学紀要』第9号

鐘方正樹　2003　『井戸の考古学』同成社

川崎吉光　2004　「特別霊場 摩尼寺」『中国観音霊場巡礼の旅』山と渓谷社

小泉友賢［原著］・徳雄職男［校訂註］　1958　『稲場民談記』日本海新聞社

下中　弘　1992　『日本歴史地名大系第32巻 鳥取県の地名』平凡社

竹内理三　1982　「摩尼山」『角川日本地名大辞典31 鳥取県』角川書店

田中新次郎編　1958　『因幡の摩尼寺』鳥取県民俗研究会

田中寅夫編　1983　『摩尼みちの自然と摩尼寺の歴史?摩尼さんまいりのガイドブック』蛍光社

天台宗典編纂所編　1995　『みんなで聞こう 円仁さん』祖師讃仰大法会

鳥取環境大学建築・環境デザイン学科＆鳥取県教育委員会歴史遺産室編　2011　『大山・隠岐・三徳山─山岳信仰と文化的景観─』平成21・23年度鳥取県環境学術研究費・平成23年度科学研究費成果報告書

鳥 取 県　1971　『鳥取藩史 第4巻 財政志・刑法志 寺社志』鳥取県立図書館
　　　　　　1973　『鳥取県史 2 中世』鳥取県立図書館
　　　　　　1976　『鳥取県史 7 近世資料』鳥取県立図書館

鳥取県教育委員会　1987　『鳥取県の近世社寺建築 鳥取県近世社寺建築緊急調査報告』

鳥取県埋蔵文化財センター2003　『改訂 発掘調査の手引き』

鳥取地誌研究会　2006　『稲葉佳景 無駄安留記 影印篇』鳥取大学地域学部

中村喜實　1912　『喜見山摩尼寺縁起書』

中村喜實　1980　『喜見山摩尼寺』

日本石仏協会　1993　『日本石仏図典』国書刊行会

野本覚成　2011　「慈覚大師円仁が残した山陰の仏教」鳥取環境大学建築・環境デザイン学科＆鳥取県教育委員会歴史遺産室編（2011）所収

平田市誌編纂委員会　1996　『平田市誌』平田市教育委員会

不動院岩屋堂修理委員会編　1957　『重要文化財不動院岩屋堂修理工事報告書』不動院岩屋堂修理委員会

文化財建造物保存技術協会編　1992　『重要文化財清水寺本堂保存修理工事報告書』重要文化財清水寺本堂保存修理委員会

文化財建造物保存技術協会編　2006　『国宝 三佛寺奥院（投入堂）ほか三棟 保存修理工事報告書』三徳山三仏寺

文 化 庁　1998　『国宝・重要文化財大全11 建造物（上巻）』毎日新聞社

三朝町教育委員会　2002　『特別展 大三徳山 三徳山の歴史と美術』第17回国民文化祭三朝町実行委員会

山本義孝　2003　「彦山における中世墓の展開」『山岳信仰と考古学』同成社

吉田　正　1976　『鳥取県古社寺100選』牧野出版社

若 桜 町　1982　「不動院岩屋堂」『若桜町誌』鳥取県若桜町

第3節　出雲大社境内遺跡大型本殿跡の復元

1．遺構解釈と復元の前提

（1）　遺構とその年代に対する認識

　2000年度に出雲大社境内で発見された大型建物跡の平面構成はいわゆる金輪造営図とよく似ており（図1）、当初は平安時代末頃の大社本殿遺構とみる向きが多かった。平安時代の本殿跡であるからこそ、福山敏男博士が復元された「十六丈説」にみあう遺構として注目が集まったわけだが、ウィグルマッチ法による宇豆柱南柱材の^{14}C年代が1215～1240年（信頼度95％）、心柱南西柱材の下から出土した杉材（大型礎板）の最外層年輪年代が1227年を示すなど、本殿の造営年代は鎌倉時代初期に下る可能性が高くなっている[1]。宝治度造営に関わる「杵築大社正殿造営目録」（千家家文書／鎌倉遺文11881号）には、寛喜元年（1229）に「杣山始木作始事」とあるから、科学的年代測定値に相応するのは、宝治2年（1248）に遷宮され、文永7年（1270）に火災で焼失した本殿であり、平安時代中期以降、文献に記録が残る正殿式本殿の最後の姿を伝える遺構である。とすれば、鎌倉時代初期の境内を描いたとされる「出雲大社並神郷図」（以下、神郷図と略称）とも年代観が重なりあい、神郷図にみえる本殿こそが出土遺構の往時の姿である可能性が高まっている。出土した宇豆柱の表面にベンガラが付着している点も神郷図本殿の色彩とよく一致しており、注目されるところであろう。さて、まずは平安時代後半～鎌倉時代初期における正殿の「顛倒」と「遷宮」について再確認しておきたい。

図1　大型本殿遺構検出状況　［西原 2010より転載］

①長元4年以前に一度顛倒？
②長元4年（1031）風なくして神殿顛倒、柱中折れ(2)。長元9年（1036）正殿遷宮
③康平4年（1061）社殿顛倒。治暦3年（1067）正殿遷宮。
④天仁2年（1109）社殿傾き、顛倒せんとする。永久2年（1114）正殿遷宮／寄木造営。
⑤保延7年（1141）社殿顛倒。久安元年（1145）正殿遷宮。
⑥承安2年（1172）社殿顛倒。建久元年（1190）正殿遷宮。
⑦嘉禄元年（1225）社殿顛倒。宝治2年（1248）正殿遷宮。
⑧文永7年（1270）杵築社火災。

このように、出雲大社の本殿は長元4年（1031）以降、少なくとも6回「顛倒→遷宮」を繰り返しており、正殿遷宮のスパンは27年〜51年である。くりかえすまでもなく、宝治2年（1248）の造替はその最後の遷宮にあたるものであり、建久元年（1190）まで続いた平安本殿遷宮の伝統を受けついだ大事業とみて大過なかろう。ここで神郷図に目をむけると、本殿床下の柱は床上の柱よりも太く描かれており、しかも、貫の表現はまったく認められない。本殿正面にたつ楼門初重の柱に貫らしき横材が交差しているのに対して、本殿の床下には1本の横材も描かれていないのである。また、本殿床下の柱は白くて高い基壇上に立っており、基壇上に礎石の表現はない。広大な絵図の中心を占める小さな建築画であるから、大胆な省略を否定できないとはいえ、掘立柱をベースとしたであろう平安本殿の様式を、完全とは言えないまでも、よく伝える建築画と思われる。

(2) 金輪造営図

いわゆる金輪造営図には、以下の5種類の写しが知られている(3)。①千家家所蔵「金輪御造営差図」、②貞享3年［1686］刊・佐草自清『出雲国造系譜考』所載「三輪之図」、③寛政7〜文化9年［1795-1812］刊・本居宣長『玉勝間』所載の指図、④佐草家の造営図写し、⑤明治12年刊「出雲大社造営沿革図」に含む「金輪造営図」。

①が最も有名な指図で、包み紙に「金輪御造営差図」と表記される（図2）。②は図下に「此旧図一葉、在于千家家」とあり、図は粗略で寸法の記載がまったくない。ただし、心柱を大きく描く点は①と共通する。ところが、宇豆柱の出が短く、9ヶ所に描く柱の配列は出土本殿跡よりも現本殿に近い。また、柱上において井桁状に組む横材の先端を縁の端部にあわせている。他の指図はいずれも桁の先端が縁よりも突き出る一方で、梁の先端は縁の内側に納まる。④は寸法等の記載が②より多いが、③よりもはるかに少ない。②と同様、粗略な写しである（年代は幕末？）。⑤はこの指図をはじめて「金輪造営図」と呼んだもので、巻子仕立で描かれている。虫食い位置が①と異なる（筆者未見、岡宏三氏の所見による）。③は千家俊信が本居宣長に写しを送付し『玉勝間』に掲載された指図で、最も人口に膾炙している（図3）。①についで寸法等の記載が多く、復元にとって重要な位置を占めるが、①と異なる点も少なくないので、以下に異同をまとめておこう。

まず「大床」の形状は、①がほぼ正方形であるのに対して、③はいくぶん桁行方向に長い長方形となっている。金輪で括る柱を9ヶ所描くところはもちろん共通するが、金輪内部の3本柱をみる

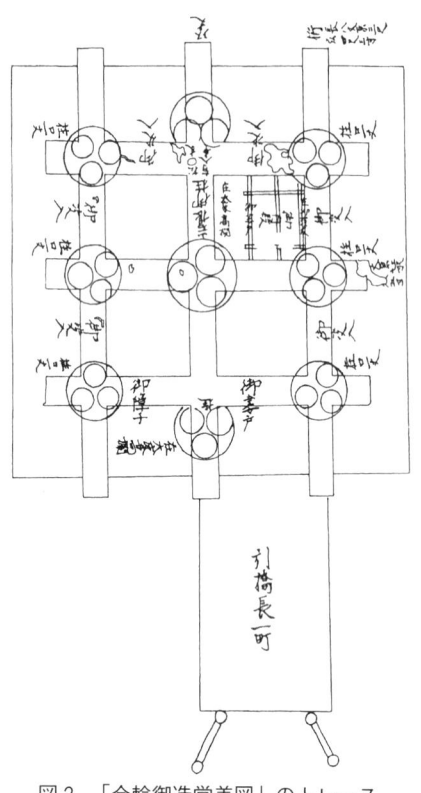

図2　「金輪御造営差図」のトレース 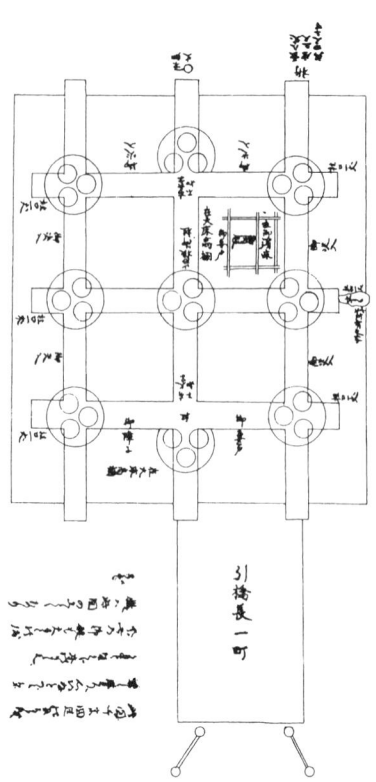　　　　　　図3　『玉勝間』所載の金輪造営図トレース

と、①は柱材相互および柱材と金輪がほぼ接しあうのに対して、③では柱材を細く相互に切り離して描き、金輪と柱材も接していない。また、柱材の配列も微妙に異なる。とくに③では、宇豆柱以外の7ヶ所で、3本柱を東西に2本＋1本、もしくは1本＋2本と配列しているが、①で同じ規則性を示すのは心柱のみである。ところが、その心柱についても大きさが違う。③では心柱を他の8本と同じ大きさに描くのに対して、①ではあきらかに心柱を大きく描いている。この心柱の大きさ、柱材相互の接し方、そして柱材と金輪の接し方をみると、直截的な建築的表現によって遺構の出土状況と類似するのは、あきらかに①のほうである。このほか、桁・棟桁・梁の寸法についても、①は比較的詳しい説明書きを残すが（後出）、③では「不知□丈」、「有文字不知」、「此所有文字」などの注記に変わり、原本に記す文字を読みきれていない。また、虫喰い・破れに関する記載も①は8ヶ所認められるが、③では1ヶ所にすぎない。思うに、③は書写にあたって、読めない文字を素直に「読めない」と記し、虫喰い・破れについても顕著な部分のみ記したものではなかろうか。それでも、①と③の相同点は少なくないから、①が③の原本であったとしてもおかしくはないであろう。

　以上みたように、いわゆる金輪造営図のうち最も制作年代が古く、その祖本と近似する蓋然性が高いのは①の千家家蔵「金輪御造営差図」である。その制作年代を確定できるわけではないけれど

も、史料上の「差図」の初見は康永2年（1343）というから、①の原本は宝治度造営本殿焼失後の作とみるのが妥当であろう。2012年4月になって①の原本が公開された。これについては「附記」を参照されたい。

(3) 3本柱の意味 —通柱・添束構造

　以上の前提を踏まえて、金輪造営図との整合性を示す3本柱について、私見を述べておく。筆者は、3本のうちの1本を通柱、残りの2本を添束と考えている。まず重要と考えるのは、3本柱を構成する柱材の配列である。大型建物跡の柱配列と「金輪御造営差図」（前項①）のそれを仔細に比較検討すると、軽視できない差異を読みとれるからである。「金輪御造営差図」の3本柱は、9ヶ所の柱位置すべてにおいて、柱材に明確な規則性を認めがたい。各位置でランダムに柱材を配列しているようにみえる。

　一方、このたび発見された建物跡で確認された柱位置はわずか3ヶ所にすぎないが、その3ヶ所すべてにおいて、柱配列の規則性を認めうる。宇豆柱は南から1本＋2本（図4）、心柱はそれが反転して南から2本＋1本（図5）、南東の隅柱も南から2本＋1本（図6）と並んでいる。この平行する2本の柱列こそが床桁を承ける添束であろうと思うのである。ところで、この出土状況を「金輪御造営差図」と対照すると、完全な一致をみるのは宇豆柱のみにすぎない。南東の隅柱も配列は似ているが、北側の1本が東にずれている。心柱になるとまったく配列が異なり、出土遺構を右に90度回転したように描いている。こういう差違に注目するならば、「金輪御造営差図」は出土した鎌倉時代初期の本殿そのものではない、と理解される。

　ここで出土した遺構に再度着目すると、宇豆柱と南東側柱はトレンチ際の矢板にかかっており、柱径寸法の確定値を得るに至っていないが、心柱では3本の柱材に明瞭な大小関係を確認できる。南側に並列する2本が直径約110cmと小振りであるのに対して、北側の柱材は一まわり大きく、直径約135cmを測る。この大小関係からみても、大きな1本が床上までのびる通柱、並列する小さな

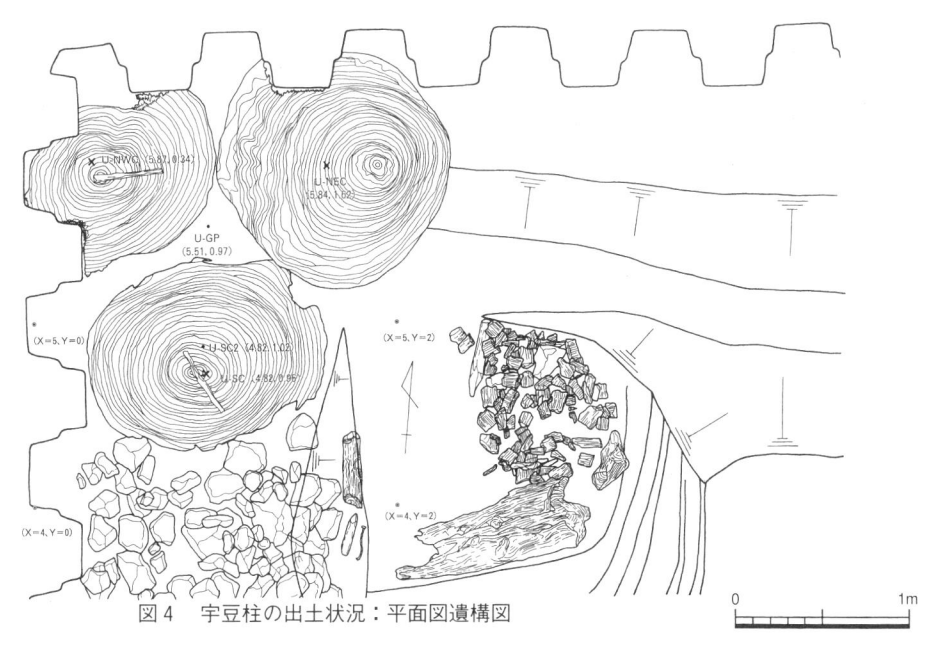

図4　宇豆柱の出土状況：平面図遺構図

図5　心柱の出土状況：平面図遺構図

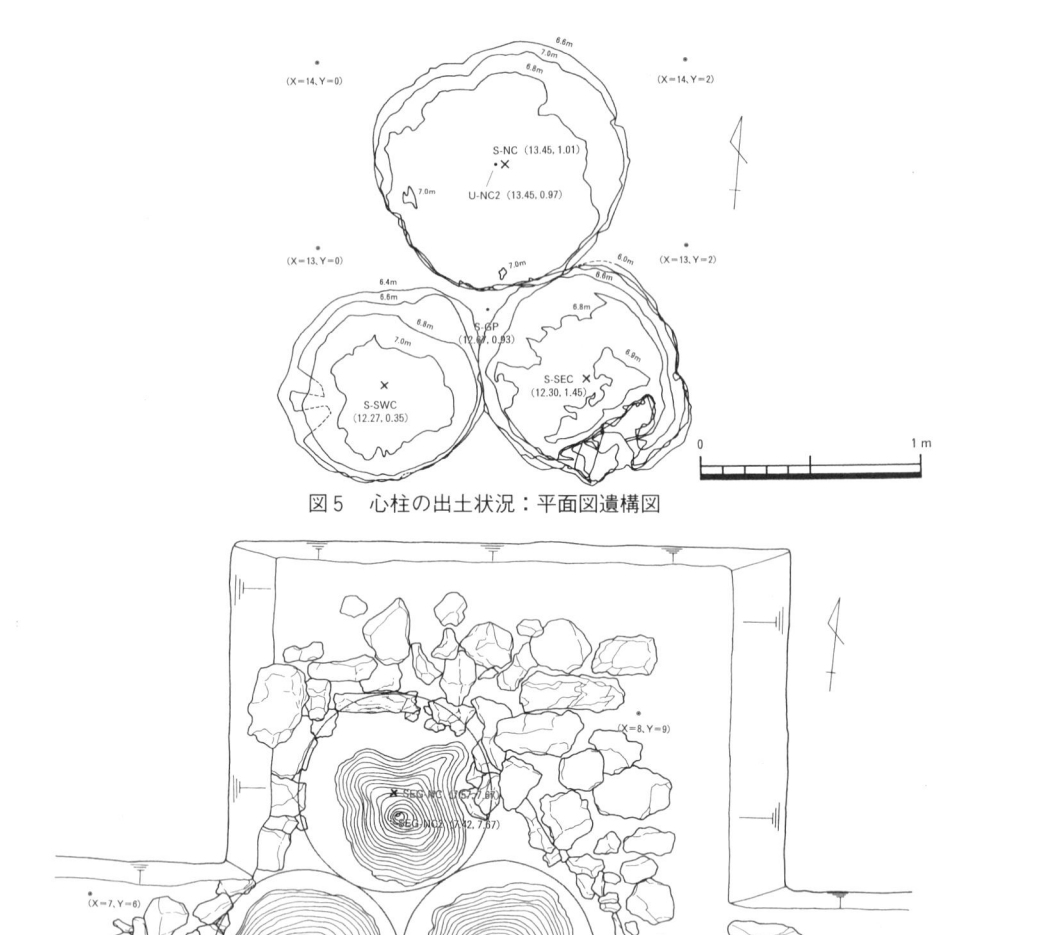

図6　南東隅柱の出土状況：平面図遺構図

2本の柱は床を支える添束ではないか、と推定されるのである。そもそも奈良～平安時代の床張り建築、とりわけ掘立柱の住宅系建築は基本的に添束式である。このシステムが大型本殿に応用された結果、「通柱1本＋添束2本」に発展したのではないかと思うのである。この場合、なぜ添束は1本ではなく2本なのか、という疑問が生じるが、この問題は後にまわす。

さて、福山博士の復元図やそれを立体化した復元模型をみると、3本柱を屋根まで立ちあげている。床の部分では、横から長押状に床桁を渡しているようである。釘打ちして横材を留めているのであろうが、床の支持は不安定だと言わざるをえない。ところで、添束がなくとも高床建築を建てられる。2間×2間の総柱建物なのだから、一つは床上に板倉式の壁を組む方法があるだろう。しかし、この場合、「御决入」（横板落込）と記す金輪御造営差図の記載と整合しないし、現存する大社造本殿の様式からも逸脱する。床下とは別の柱を床上に立てる方法もあって、これこそが日本建

築の伝統だと切って捨てる横暴な意見も耳にするが、それは礎石建物の伝統であって、掘立柱建物ではむしろ通柱を用いるのが縄文以来の正統である。構造的安定性からみても、床と小屋の両方を掘立柱で地面に引き寄せるほうが理に叶っている。

さらに木割の問題がある。現本殿の規模は案外大きく、柱間寸法は梁行方向（東柱間）で18.17尺（5.505m）を測るが、出土遺構のそれは22尺（6.667m）なので、床上神殿の木割は現本殿の1.21倍と推定できる。そこで柱の直径に着目すると、『出雲大社延享造営傳』（後出）によれば、現本殿の側柱は2尺6寸（78.78cm）、心柱は3尺6寸（109.08cm）であり、これを1.21倍すると、宝治度造営の側柱は95.32cm、心柱は131.99cmという柱径値が得られる。この直径の推定値が必ずしも妥当とは言えないだろうが、出土した3本柱すべてではなく、そのうちの1本が床上に立ちあがっていたことの裏付けになるのではないだろうか。金輪御造営差図に記載された「柱口一丈」とは、あくまで床下部分の柱径を示すものと理解すべきであろう。

2．柱間寸法の復元

以上の前提、とりわけ3本柱のうちの1本が通柱で他の2本が添束であるとする仮説に基づきながら、遺構より柱間寸法を復元したい。以下は大社町より送付されてきた縮尺1/10の実測野帳コピー（図3・4・5の原図）から、本殿遺構の柱間寸法と基準尺を復原した方法とプロセスを示すものである。なお、以下の分析では、国土座標系ではなく、発掘調査時に用いた任意の座標系をそのまま採用している。また、基準尺となる鎌倉尺は現行尺（1尺＝30.3cm）に等しいものとみなす。

(1) 宇豆柱と心柱の座標

宇豆柱Uでは南柱材U-Sを通柱、北西柱材U-NWと北東柱材U-NEを添束とみなす。このうち南柱材の柱根のみ完形を残しており、その形状は楕円形で長径が130cm、短径が100cmを測る。添束とみた北西柱材・北東柱材はいずれも矢板が打ち込まれているが、北東柱材が完形に近く、直径120cmに復元できる。北西柱材については、北東柱材と同寸法と仮定する。以上から、各柱材の中心座標はそれぞれ以下のようになる。

　　　南柱材の中心座標U-SC（4.82、0.96）
　　　北西柱材の中心座標U-NWC（5.87、0.34）
　　　北東柱材の中心座標U-NEC（5.84、1.62）
この値から宇豆柱全体の重心を求めると、その座標U-GPは（5.51、0.97）となる。

心柱Sの柱材はいずれも円形を呈する。通柱と推定される北柱材S-Nは直径が135cm、添束と推定される南西柱材S-SWおよび南東柱材S-SEの直径は110cmを測る。各柱材の中心点座標はそれぞれ以下のように復元できる。

　　　北柱材の中心座標S-NC（13.45、1.01）
　　　南西柱材の中心座標S-SWC（12.27、0.35）

南東柱材の中心座標S-SEC（12.30、1.45）

この値から心柱全体の重心を求めると、その座標S-GPは（12.67、0.93）となる。

ここで、重心と重心を繋ぐラインが構造的に最も強いとみなし、U-GP（5.51、0.98）とS-GP（12.67、0.93）を繋ぐ直線の方位を復元すると、その南北方向の直線は北で西に0.32°振れる。勾配に直すと、わずか56／1000の振れしか認められないので、ほぼ南北方向に対応しているとみて差し支えなかろう。つぎに、通柱の中心点であるU-SC（4.82、0.96）とS-NC（13.45、1.01）の距離を求めると8.63m、すなわち28.48尺となる。これは28尺5寸の近似値と認められる。

（2）床上における通柱の中心座標と距離の復元

以上は、床下における柱材の中心点（および重心）・方位・距離に関する分析だが、通柱は床下では不整形を呈する場合があるけれども、床上においてはきれいな円形に削り出されるはずなので、通柱の床上中心点は床下中心点とわずかにずれる可能性がある。ここで、床上柱の中心座標をつなぐ直線が先に求めた重心間直線と平行であると仮定し、さらにその全長が8.63m（28.48尺）の近傍に納まるとすれば、U-SC（4.82、0.96）とS-NC（13.45、1.01）の近接点としてY座標だけ調整すると、以下の床上中心座標が求まる。

宇豆柱の床上中心点U-SC2（4.82、1.02）［U-SCから東に6cmずれる］

心柱の床上中心点S-NC2（13.45、0.97）［S-NCから西に4cmずれる］

この2点間の距離を求めると、やはり8.63m（28.48尺）となるので、この近似値として28尺5寸を採用し、南東側柱との直交関係から、床上妻柱の中心座標T-C（7.39、1.00）が求まる。この結果、桁行方向の柱間寸法（心柱－妻柱の心々距離）は20尺、宇豆柱の出（妻柱－宇豆柱の心々距離）は8尺5寸に復元される。

南東側柱SEGは柱穴を完掘していない。3本の木材が一つの柱を構成することはあきらかだが、各柱材の輪郭線は未検出で、柱材の形態と径がぼやけたままになっている。したがって、通柱にあたる北柱材の中心座標SEG-NC（及びその床上中心座標SEG-NC2）を求めるのは容易ではない。

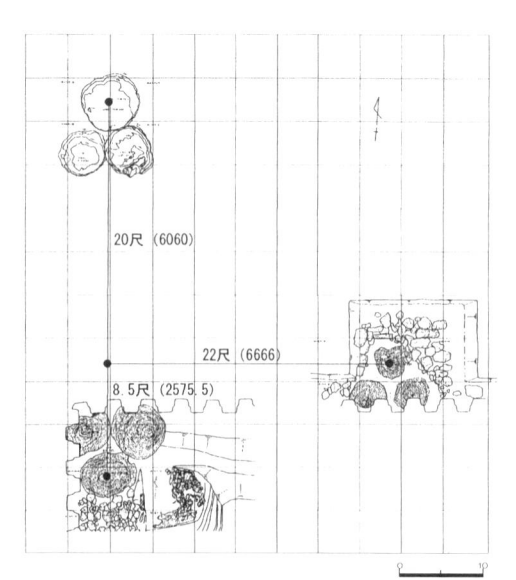

そこで、かりに中心座標が柱材の髄に一致すると仮定し、髄の座標（7.44、7.72）と妻柱中心座標T-C（7.39、1.00）の距離を求めると、6.72m（22.17尺）となる。この場合、梁行の柱間寸法として候補となるのは22尺と22尺5寸である。これに軸組の直交条件などを加えて推算すると、梁行柱間寸法22尺の場合の中心座標は（7.42、7.67）、梁行柱間寸法22尺5寸の場合の中心座標は（7.42、7.82）となる。ところで、南東側柱の3つの柱材の径は不明ながら、3本の木材が正円だと仮定すると、直径105cmで相接する。ここで3つの柱材

図7　出雲大社境内遺跡大型本殿遺構柱間寸法の復元（浅川研究室作画）

の直径を105cmと仮定すれば、北柱材の床下中心座標SEG-NCは（7.57、7.67）となり、これに近いのは柱間寸法22尺のほうである。そして、梁行柱間寸法を22尺とれば、北柱材の床上中心座標SEG-NC2は（7.42、7.67）となる（図7）。SEG-NC2（7.42、7.67）はSEG-NC（7.57、7.67）よりもX座標が小さい。これは、北柱材が仮定した正円形ではなく、宇豆柱と同様の横長楕円形を呈する可能性を示唆するものといえよう。以上の分析に従うと、南東側柱では通柱となる北柱材が横長楕円形、南側に並列する2本の添束が直径105cmの円形と推定される。

3．床上構造の復元

(1) 平面の復元

さきに「金輪御造営差図」は出土した鎌倉時代初期の本殿そのものではない、と述べた。しかし、復元にあたって「金輪御造営差図」を無視することはできないので、まず指図にみえる寸法を遺構と対照しつつ検討しておこう。すでに述べたように、金輪造営図のうち最も古い写しとされる千家家蔵「金輪御造営差図」は、寸法を最も多く記録にとどめる指図でもあるのだが、柱間寸法や平面寸法まで明示しているわけではない。この図で平面の各寸法に影響するのは、桁の寸法「長八丈」と棟桁の長さ「玖丈」だけである。桁の長さ八丈に対して、棟桁のそれを玖（九）丈としており、両材の寸法が異なるにも拘わらず、図に描く桁と棟桁の長さは一致している。これについては、井桁状の表現を床を承ける土居桁とみる意見もあるようだが、土居桁ならば、その先端が「大床」の端部に一致しなければならない。ところが、梁行方向の材は「大床」の内側に納まり、桁行方向の材は「大床」よりも長く描いているから、小屋の桁・梁の表現とみるべきであろう。ここで桁の長さ＝八丈（80尺）とすれば、大型本殿遺構より復元された桁行柱間寸法は20尺だから2間の柱間総長が40尺となるので、両妻面における桁の出は20尺となる。この寸法の信憑性については後で再検討するが、指図では桁の長さよりも正背面の縁の出が短くなっている。要するに、正背面における縁の出は20尺未満であり、ここでは出土遺構における宇豆柱の出（8.5尺）の2倍と仮定しよう。こうすると、正背面の縁の出は17尺となる。他の可能性ももちろん視野に納めているのだが、とりあえずこの寸法を採用して論を進める。

一方、延享度造替の現本殿では、正面の縁の出が約12尺、側面（および背面）の縁の出が約9尺であり、比率に直せば、正面：側面＝4：3となる。「金輪御造営差図」では正面と側面の縁の出をほぼそろえているが、常識的には側面側の縁の出は短いはずなので現本殿の比例を尊重すると、復元すべき平側の縁の出は17尺×3／4＝12.75尺となる。復元寸法としては12.75尺の近似値として13尺を採用する。なお、現本殿との比例を応用するならば、背面の縁の出も13尺とすべきだが、出土遺構では、独立棟持柱が背面にも立っていた可能性があり、そうなると「金輪御造営差図」の平面と共通する。ここでは、「金輪御造営差図」が正面と背面の縁の出を同寸法としていることを尊重し、背面の縁の出も正面と等しく17尺とする。

以上から、次の基本寸法が復元できる（下線部分が遺構より復元した寸法）

①桁行方向の柱間寸法 20尺（2間の総長 40尺）
　②梁行方向の柱間寸法 22尺（2間の総長 44尺）
　③宇豆柱の出 8尺5寸
　④縁の出　正背面 17尺　側面 13尺
　⑤床面梁行方向総長 70尺（13尺＋22尺＋22尺＋13尺）
　⑥床面桁行方向総長 74尺（17尺＋20尺＋20尺＋17尺）
　以上の復元案にみられる特徴は、桁行柱間寸法20尺、桁行方向総長40尺、梁行方向総長70尺など完数による寸法値が得られることである（図8）。さらに、桁総長80尺、棟桁総長90尺という値も同類の完数値と言えるが、さらに梁両端の出を側柱心から3尺ずつとると、梁の総長50尺という完数値を得る。

(2) 柱径と床の構造

　ところで、宇豆柱のうち南柱材だけが横長の楕円形を呈しているのはなぜだろうか。一つの可能性は、宇豆柱の見え方に対する心づかいである。正面からみた場合、背面の添束を隠しながら、3本の柱材を1本の柱のように映す工夫であったのかもしれない。あるいは、1本を楕円形にするほうが3材を金輪でくくりやすかったのだろうか。材に接しない金輪部分が短くなって、縛りが強くなるからである。

　さて、楕円形の柱をそのまま床上に立ち上げていたとは考え難い。床上の神殿部分では柱の断面は正円形だから、柱を床下の不整形断面から床上の正円形に削出していただろうと筆者は考えている。通柱を削り出して床を張る構法は、弥生～古墳時代に卓越する床張り技術であるが、出土本殿の場合、削出し柱と添束を併用して高床を作っていたのではないだろうか。添束の上面と通柱の削出し面をそろえて、その面全体に床桁をかませていただろうと思うのである。こういう発想により、床上の柱径は床下よりも小さくしている。床組は、まず2列に並ぶ添束の位置で床桁を南北方向にダブルで通し、つぎに添束の位置で東西方向に床梁をわたす。そして、床梁と床梁の間には等間隔に根太をかけ、床を張る。

(3) 延享度造営本殿との寸法関係

　すでに述べたように、出土本殿跡の梁行柱間寸法は現本殿の1.21倍を測る。この比例関係を尊重し、鎌倉初期本殿の床上部材寸法は基本的に現本殿の寸法を1.21倍して復元する。もちろん、すべての部材を1.21倍すれば事足りるわけではない。とくに大社造本殿最古の遺構とされる神魂神社本殿の木

図8　桁行総長74尺、梁行総長70尺の場合の復元平面図（当初案）

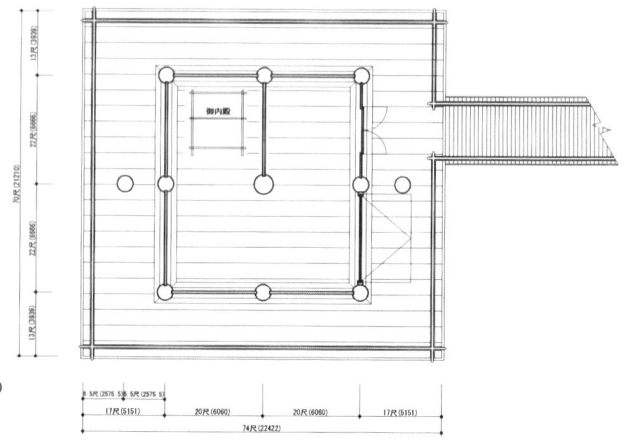

表1 延享造営伝にみる部材寸法と復原寸法

部　材	長さ/幅etc	尺	×1.21(尺)	復原寸法(尺)	×30.3(cm)	金輪造営図(cm)
心の柱(全長)	3丈1寸	30.1	36.421			
心の柱(床上長)	3丈1寸－大床(高)	16.3	19.723	20.0	606.0	
心の柱(差渡し)	3尺6寸	3.6	4.356	4.4	133.32	
宇頭柱(全長)	4丈9尺1寸	49.1	59.411			
宇頭柱(床上長)	4丈9尺1寸－大床(高)	35.3	42.713	43.0	1302.9	
宇頭柱(差渡し)	2尺8寸8歩	2.88	3.4848	3.5	106.05	
側柱(全長)	3丈1寸	30.1	36.421			
側柱(床上長)	3丈1寸－大床(高)	16.3	19.723	20.0	606.0	
側柱(差渡し)	2尺6寸	2.6	3.146	3.1	93.93	
本桁　松(長)①	5間4尺	30.4	36.784	36.0	1090.8	9丈(2727)
本桁　松(長)②	5間2尺1歩	32.71	39.5791	40.0	1212	
本桁　(幅)	3尺	3.0	3.63	3.6	109.08	
本桁　(厚)	2尺8寸	2.8	3.388	3.4	103.02	
差梁(幅)	3尺	3.0	3.63	3.6	109.08	4?尺4寸(134)
差梁(厚)	2尺	2.0	2.42	2.4	72.72	3尺7寸(112)
桁(幅)	2尺	2.0	2.42	2.4	72.72	4尺3寸(130)
桁(厚)	2尺	2.0	2.42	2.4	72.72	3尺(90.9)
桁(長)	6間半	39	47.19	47.0	1424.1	8丈(2424)
垂木(長)	3丈8尺5寸6歩	38.56	46.6576	47.0	1424.1	
垂木(角)	4寸6歩	0.46	0.5566	0.55	16.665	
御戸板　杉(長)	8尺6寸	8.6	10.406	10.4	315.12	
御戸板　(幅)	4尺	4.0	4.84	4.8	145.44	
御戸板　(厚)	3寸8歩	0.38	0.4598	0.46	13.938	
上蔀　弐枚(横)	7尺7寸3歩	7.73	9.3533	9.3	281.79	
上蔀　(竪)	5尺9寸5歩宛	5.95	7.1995	7.2	218.16	
下蔀　壱枚(横)	1丈5尺4寸6歩	15.46	18.7066	18.7	566.61	
下蔀　(竪)	3尺6寸3歩	3.63	4.3923	4.4	133.32	

割の太さが気になるところだが、神魂の場合、本殿平面が縦長であり、横長平面の復元には適さないと判断した。復元にあたっての方針を以下に示そう。

　1) 入手可能な現本殿の実測図としては、『日本建築史基礎資料集成　社殿Ⅰ』（中央公論美術出版、1998）所載の図が最も信頼性が高いと思われる。しかし、そこにはごく一部の基本寸法しか示されていない。ここでは現本殿の造営記録である『出雲大社延享造営傳』（以下、延享造営伝と呼ぶ）[4]に記す部材寸法を上記実測図と対照しつつ採用し、その寸法値を1.21倍した上で、さらに微修正を加え復元寸法とした（表1）。

　2) 柱材の寸法については、延享造営伝よりも出土した柱根の寸法を最優先すべきである。以下に柱根の寸法 a) を整理しておく（「　」内の名称は延享造営伝の表現）。

　　「心の柱」　a)　φ135cm（添束φ110〜115cm）
　　「宇豆柱」　a)　長径130cm　短径110cmの楕円形（添束φ110cm）
　　「側柱」　　a)　φ105cmよりも長径が長く、短径が短い楕円形（添束φ105cm）

一方、延享造営伝には3種類の柱の「差渡し」（径）が記されている。以下は、左のb) に延享造営伝の柱寸法、右のc) にそれを1.21倍し、微修正した柱寸法を示す。

　　「心の柱」　b) 3尺6寸（φ109.08cm）　→ c) 4尺3寸（φ131.30cm）
　　「宇豆柱」　b) 2尺8寸8歩（φ87.26cm）→ c) 3尺5寸（φ106.05cm）
　　「側柱」　　b) 2尺6寸（φ78.78cm）　→ c) 3尺（φ90.9cm）

まず「心の柱」をみると、a) と c) の値が近く注目されるが、a) は地面、b) は床面での寸法である。添束＋通柱削出しの技法で床を張るならば、床面で通柱の直径を4尺に削出す必要がある。この場合、床桁の幅は2尺となる（成は4尺とした）。「宇豆柱」「側柱」でもこの床桁の寸法を採用すると、「宇豆柱」の床上部分は直径3尺3寸、「側柱」は直径3尺の削り出しとなる。

(4)　「金輪御造営差図」にみえる桁・棟桁・梁の寸法

「金輪御造営差図」には、桁・棟桁・梁の寸法が記されている。「金輪御造営差図」と出土本殿跡は必ずしも同一の建物ではないので、指図にみえる部材寸法を復元に採用すべきかどうかおおいに迷うところだが、さきに桁・棟桁の長さを参照した関係上、ここでは思い切ってこの寸法を取り入れてみたい。図中には以下のように記されている。

　　　・桁　長八丈　　厚三尺　　　弘四尺三寸　　（棟桁長）玖丈
　　　・梁　長□丈　　厚三尺七寸　　弘□尺五寸（□は虫食い）

このように、完全な寸法を記すのは桁だけである。棟桁については、「玖（九）丈」とあるだけで断面寸法を記していない。これは桁と同寸法であるからと理解したい。一方、梁は虫食いのため長さと幅が不明だが、長さはさきほど五丈（50尺）に復元した。幅については「弘□尺五寸」とあるので、桁幅と近い四尺五寸を採用した。表1をみれば明らかなように、「金輪御造営差図」から採用した桁・棟桁・梁の寸法は、延享造営伝の部材を1.21倍した寸法より一まわり大きい。これをスケールアウトとみなして不採用とすべきかもしれないが、なにぶん本殿は尋常な建物でなく、蝶羽の出を長くした屋根を支持するために、大きな材を採用した可能性がないとは言えまい。

(5)　神郷図に描かれた本殿の構造形式

神郷図に描く大社境内の施設が宝治度造営の社殿であることはほぼ疑いない。問題は絵図の制作年代である。文永八年（1271）の本殿焼失以前か以後か、議論の分かれるところだが、ここでは佐

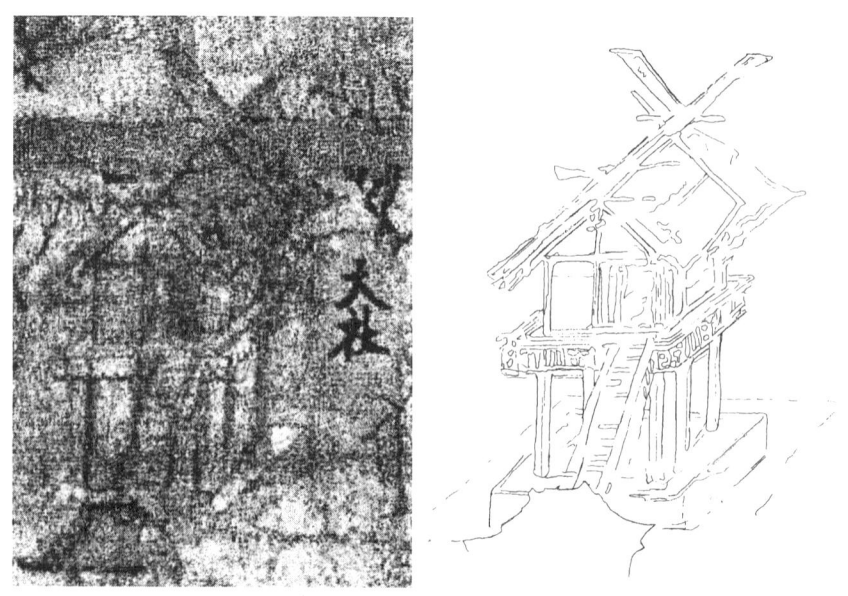

図9　神郷図に描く出雲大社本殿のトレース

伯徳哉氏に倣い、「おおむね13世紀半ばから14世紀にかけて」という時間幅をもった理解をしておく[5]。制作年代が本殿焼失後に下る可能性があるとはいえ、本殿の外観復元にあたって最も尊重すべき画像資料であることは言うまでもない。絵図に描かれた本殿の構造形式をまずは整理しておこう（図9）。

　垂直に切り上がる白い基壇の上に赤い柱を立てている。床下の柱は正面と東側面の5本を描く。礎石の表現は認められない。床下の柱は床上よりも明らかに太い。「大床」に上がる木階は急勾配で、屋根を伴わない。廻縁の高欄は低く、その下の幕板は長く描いている。幕板には剣巴らしい文様が描かれ、その色彩は白と黒に限られる。高欄と幕板は木階に連続する。縁板および木階の踏板は木肌に近い色彩としている。床上の柱は床下の柱より細く描かれているが、赤い柱をはっきり確認できるのは西南の隅柱と妻柱のみである。木階の正面には赤い扉を描く。梁近くまで達する高い扉である。扉以外の柱間は白く塗る。屋根構造は二重に描いている。梁・桁・扠首・束らしき構造材を黒線で描き、それとはやや異なる角度で茅葺きらしい屋根面を表現しているのである（黒線は下書き線の可能性もある）。背面の螻羽はずいぶん外側に飛び出している。屋頂部では、背面側に異様なほど大きな女千木を描き、堅魚木も3本確認できる。ところで、屋根面の右（東）側では屋根形が建物の背面側にしか認められない。すなわち、正面側の屋根形は省略されている。省略されているのは屋根形だけではない。じつは、宇豆柱の床上部分も省略されている。妻面の中央にみえるのは隅柱と筋をそろえる妻柱であり、その前方に存在したはずの宇豆柱が描かれていない。さらに正面側の女千木も描いていない。床下の宇豆柱が存在しているにも拘らず、床上では省略されていて、その宇豆柱を覆っていたはずの屋根形や女千木も省略されている。それはおそらく、神殿の正面、すなわち妻面の構成を描きたかったからであろう。正面側における床上宇豆柱と屋根形の省略を見損なうと、「宇豆柱の出はほとんどなく、螻羽の転びもほとんどない」という誤った解釈を導きかねない。宇豆柱の出と螻羽の転びの有無については、何の情報も読みとれない。

(6)　細部の処理
　神郷図に描く細部について、実際の復元設計でどう対処したのかを示しておく。
(イ)　基壇：　平面規模は「大床」と一致させる。高さは根拠がないが、仮に5尺とした。遺構検出面から柱掘形底面までの深さは2mあまりだが、旧地表面はこれより高いので、当初の深さを仮に10尺とすると、基壇上面から柱掘形底面までの深さは15尺となる。すなわち、柱の底部を約4.5m土中に埋め込む復元案とした。基壇の構造は不明ながら、柱掘形に詰め込まれていた玉石を基壇では逆に積み上げて泥土で固め、表面を白漆喰仕上げとしたのだろうか。
(ロ)　高欄：　神郷図からは跳高欄か擬宝珠高欄かを判別できないが、大社造最古の建築遺構である神魂神社本殿に倣い、擬宝珠高欄とする。
(ハ)　幕板：　東大寺法華堂内陣の幕板が鎌倉再建の際の新補と理解されている[6]ので、年代的に近く、これをモデルとした。法華堂でデジタル・カメラによる幕板文様の撮影をおこない、それをCADにとりこんで線画を作成した。

(二) 木階： 木階の勾配は通常40～45°だが、勾配が緩いと床が高くなれば木階の出も長くなり、正面の楼門を圧迫するので、やや急勾配（14/10）とした。幅は扉にあわせた。

(ホ) 柱間装置： 木階正面は板扉とする。神郷図では梁下まで高い扉を描くが、復元案では常識的な高さに納めた。正面西半の柱間は神郷図では壁とするが、省略の可能性もあり、現本殿および金輪御造営差図では蔀としているので、これに倣う。他の柱間は横板落込みとして白色を塗る。

(ヘ) 妻飾： 神郷図の黒い線を構造材とみなせば、妻飾は豕扠首となる。これは現大社本殿の和小屋組とは異なるが、独立棟持柱をもつ伊勢神宮正殿と一致する。

(ト) 千木と堅魚木： 現本殿は男千木、神郷図は女千木であり、迷うところだが、神郷図では女千木を異常に大きく描いて強調している点を尊重したい。堅魚木は3本とする。

(7) 金輪御造営差図に依拠した場合の復元案

　金輪御造営差図に採用された部材寸法が、スケールアウトしていることをすでに指摘した。部材断面の大きさは螻羽の出と結びつけてとりあえず理解したが、それにしても、その螻羽の出が長すぎる。側柱心からの桁の出は20尺だから、桁行柱間寸法に等しく、常識的にはありえない長さであろう。しかも、棟桁の総長は九丈で、桁の八丈よりも一丈長い。この結果、側柱心からの棟桁の出は25尺となる。但し、宇豆柱が側柱および妻柱の心から8尺5寸も飛び出しているので、宇豆柱心からの棟桁の出は16尺5寸となる。この場合、当然のことながら、螻羽は外転びとなって、屋根全体は船形を呈する。船形屋根をもつ掘立柱建物は弥生～古墳時代の土器絵画や埴輪家に数多くみられるけれども、現存神社本殿屋根の転びは緩いものであって「船形」と呼べるほどのものではない。しかし、金輪御造営差図記載の寸法に従えば、このように復元せざるを得ない。すでに述べたように、神郷図では正面右（東）側の屋根形と床上の宇豆柱を省略しており、切妻屋根の螻羽が直線だったのか、外側に転んでいたのかを絵図からは判断できない。但し、背面側をみると、船形を呈してはいないが、螻羽が妻面から大きく外側に飛び出している点が気にかかる。以上、判断を躊躇させる要素が錯綜としているが、遺構そのものが尋常ではないので、同じく尋常とは思われない「金輪御造営差図」に則った復元を試みる学術的意義があると判断し、復元図を描き模型を制作してみた。以下、この復元案を「当初案」とよぶ。図10～12が当初案の復元図（桁行断面図・屋根見上げ図）、図13・14がその模型写真である。予想されたとおり、当初案では螻羽の出があまりにも長く、妻より外側の屋根が重くなりすぎている。

(8) 上記復元案の修正

　このまま上の案を最終案とするのはためらわれるので、若干修正を加えることにした。修正の前提となる方針は以下のとおりである。

1) 「金輪御造営差図」に記載された桁と棟桁の寸法をそのまま採用することはできないが、棟桁＞桁という寸法差については遵守し、螻羽を外転びにする。
2) 基本寸法の決定にあたっては、完数値を尊重してきたので、修正寸法でもそれに倣う。

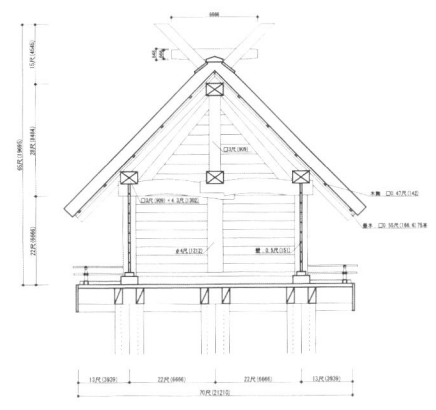

図10 当初案（床上）の復元梁行断面図

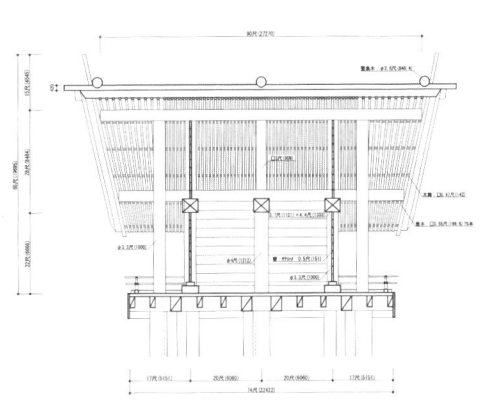

図11 当初案（床上）の復元桁行断面図

図12 当初案（床上）の復元 屋根見上げ図

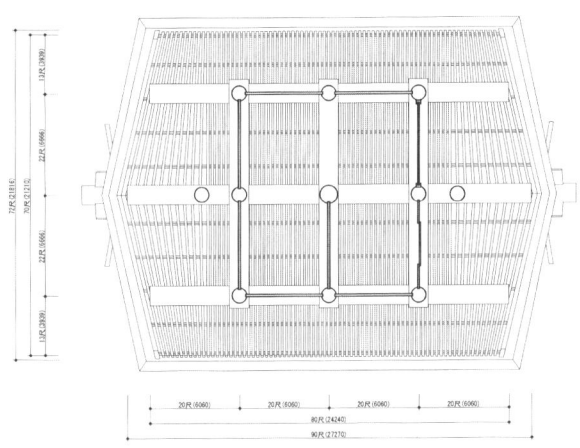

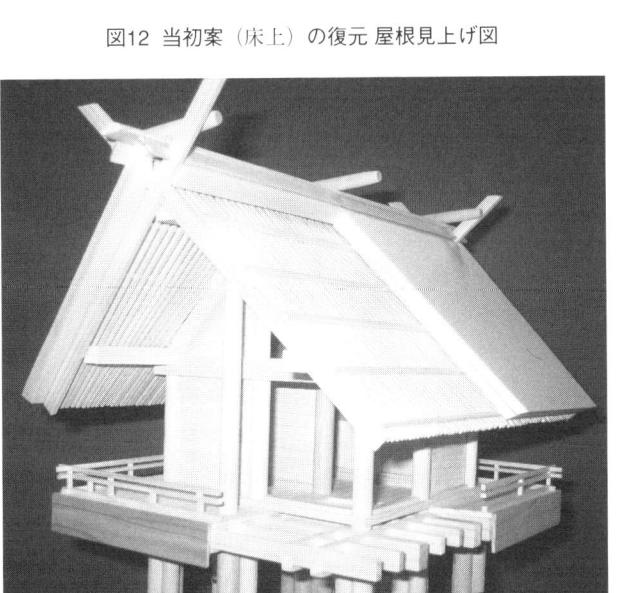

図13 当初案復元模型の床上部分

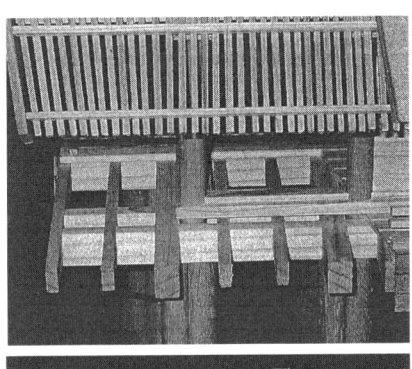

図14 当初案復元模型（上：床の構造、下：正面全景。床高は後述するB案に従う）

第3章 歴史時代の建築考古学

修正第1案は、桁の出を「大床」の縁の出に合わせるアイデアである。縁の出は宇豆柱の出の倍、すなわち17尺に復元したので、桁の出も17尺とする。この場合、桁の総長は74尺となる。棟桁は桁よりも長い完数値としたいので、総長80尺とした。この場合、妻柱からの出が20尺、宇豆柱からの出が11.5尺となる。図15に桁行断面図を示す。

　修正第2案は棟桁の出を宇豆柱の出（妻柱から8尺5寸）の2倍、すなわち17尺とみるアイデアである。この場合、棟桁の総長は74尺で、桁は棟桁より短い完数値としたいので総長70尺とした。側柱からの桁の出は15尺となって、正背面の縁の出17尺よりも短くなるから、縁の出も15尺に縮める。正背面の縁の出を15尺とすれば、側面の縁の出は15尺×3／4＝11.25尺となるが、ここでは梁行総長を完数値としたいので、あえて13尺のままとする[7]。この場合、「大床」は東西・南北とも70尺の正方形となる。図16～18に復元図（平面図・桁行断面図・側面図）を示す。

　以下、当初案、修正第1案、修正第2案の基本寸法を比較しておく。

	当初案	修正第1案	修正第2案
大床規模（桁行×梁行）	74尺×70尺	74尺×70尺	70尺×70尺
棟桁長	90尺	80尺	74尺
桁長	80尺	74尺	70尺
梁長	50尺	50尺	50尺

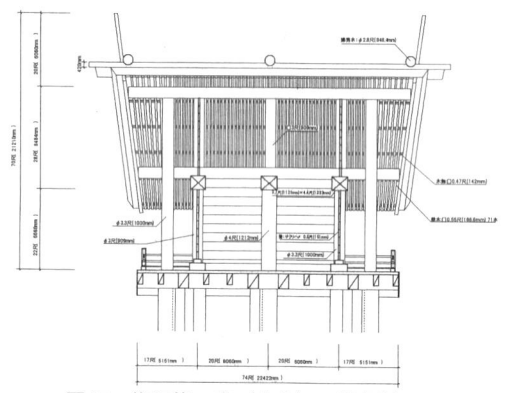

図15　修正第1案（床上）の桁行断面図

図16　修正第2案（床上）の復元平面図

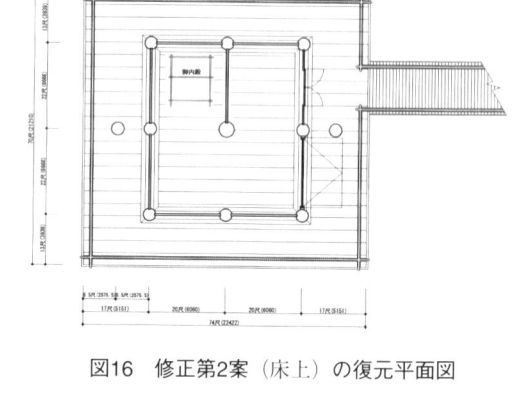

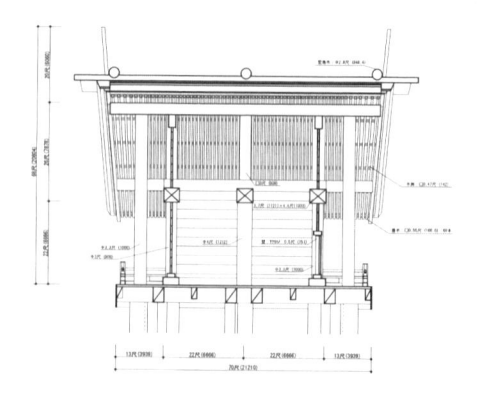

図17　修正第2案（床上）の復元桁行断面図

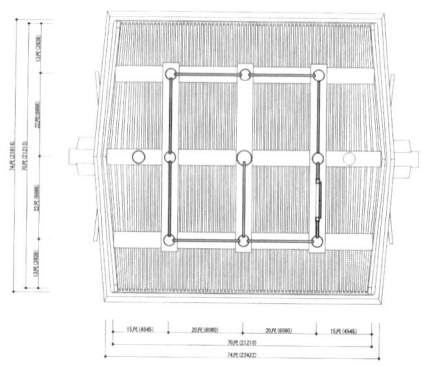

図18　修正第2案（床上）の復元平面側面図

4．床高の復元

(1)「寄木造営」の用材寸法

「杵築大社造営旧記注進」（北島家文書）[8]によると、天仁3年（1110）7月4日、稲佐浦に大木百支が流れ着いた。大きな材が18本。その長さは10丈、9丈、8丈、7丈、6丈で、直径は7尺、6尺、5尺、4尺だった。中ぐらいの材が9本。その長さは5丈以上あった。小さな材で長さ4丈以上のものが10本あった。小さな材で長さ3丈以下のものは60本あったという[9]。にわかには信じがたい出来事であるが、4年後の永久2年（1114）、この流木を用いて正殿の遷宮がおこなわれた。世に名高い「寄木御造営」である。宝治年間よりも130年ばかり遡る平安時代の造営であり、当時の本殿規模が宝治のそれと一致するという保証はないけれども、ここでは最も長い10丈という材の長さにこだわって、本殿の高さを考察してみたい。

(2) 3つの復元案

稲佐浦に流れ着いた大木のうち、長さ10丈の材をどの部材としたのかは定かではないが、常識的には柱に用いた可能性が高いであろう。それでは、いったいどの柱に用いたのか。最長の材をどの柱に使うのかによって、本殿の高さは大きく変わる。以下に3つケースを想定してみた。

　A案：　宇豆柱を長さ10丈とする復元案
　B案：　心柱・側柱を長さ10丈とする復元案
　C案：　添束を長さ10丈とする復元案

さて、材の長さが10丈と言っても、地面から柱の上端までの高さが10丈になるわけではない。旧地表面から掘形底面までの深さを1丈と仮定すれば、柱上端までの高さは9丈となる（図19）。したがって、A案は棟木の下端までの高さが九丈、試みに女千木の高さを15尺とすれば、総高108尺

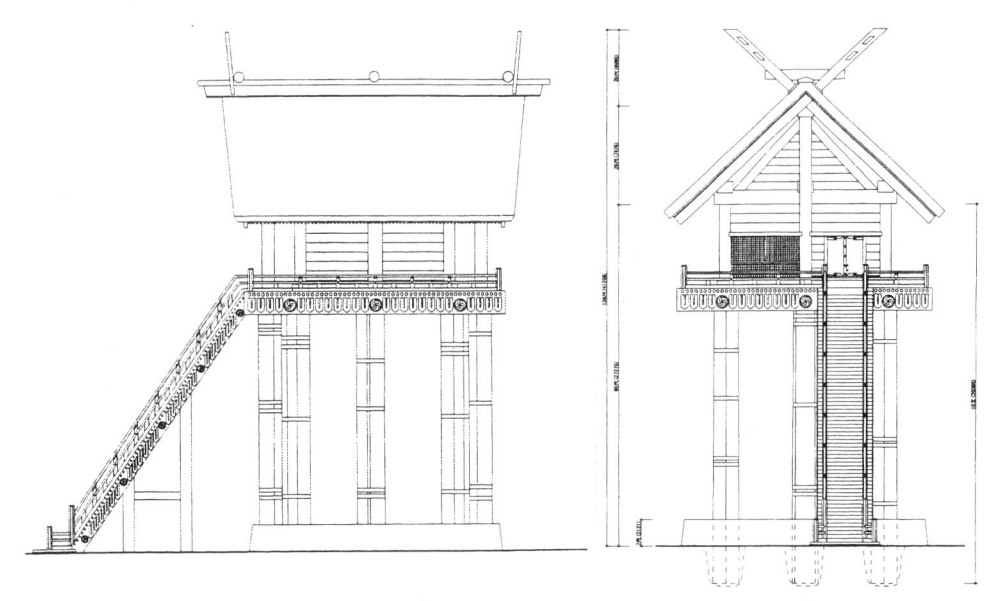

図19　B案を例にとってみた10丈の材の使い方（左：側面図、右：正面図）

（32.7m）となる。B案は梁の下端までの高さが9丈で、女千木の高さを20尺とすれば、総高138尺（41.8m）となる。C案は床桁の下端までの高さが9丈となり、千木の高さ20尺とすれば、高158尺（47.9m）となる。ちなみに、外観のバリエーションを一つ増やしたかったので、C案のみ男千木にしている。

　図20に並列させた3案を比べると、A案はどうみても腰が低く、鈍重な感が否めない。施工はさ

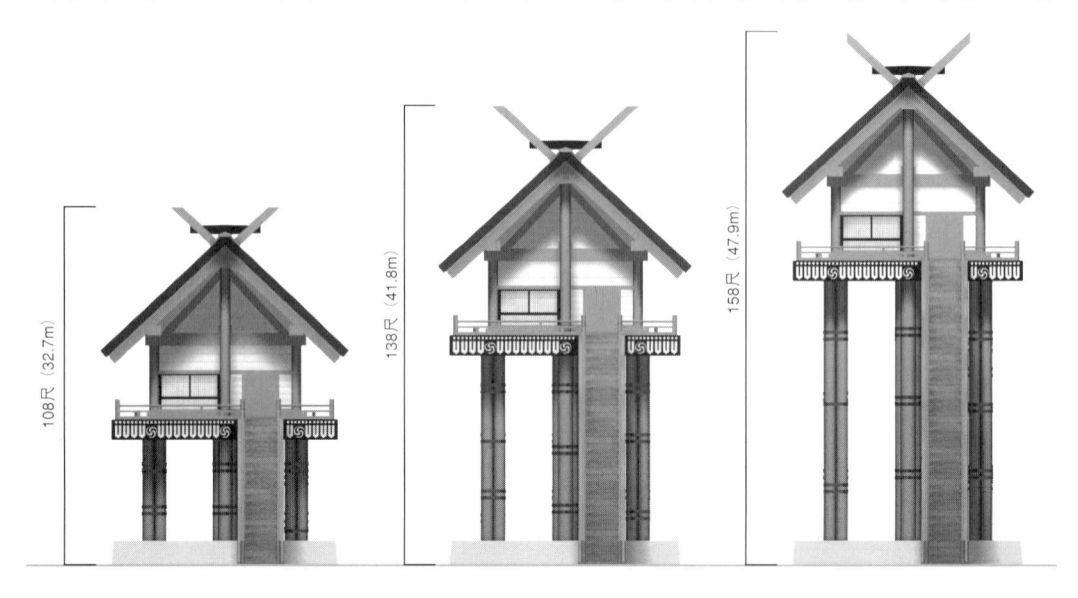

図20　A案・B案・C案の正面図比較

図21　神郷図と同じアングルからみたA案

図22　神郷図と同じアングルからみたB案

図23　神郷図と同じアングルからみたC案

ほど困難ではなかろうし、建設後も安定感があって倒れ難いだろうが、神郷図にみえる本殿の外観ほど均整がとれていない（図21）。これと対照的なのがＣ案で、足が長く腰が高い。外観上もっとも見栄えが良く、細身のプロポーションに目を奪われる反面、構造的にはなんとも頼りない。施工の困難さが容易に想像される。神郷図の本殿と比べても明らかに床下が長すぎて、異質な感じがする（図23）。Ｃ案の場合、添束とする10丈の材が18本必要だが、記録では6丈〜10丈の材の合計が18本である点も不利に働く。

　神郷図の本殿に最も近い印象を与えるのはＢ案である（図22）。心柱に最長の材をあてる点にも説得力がある。よく知られているように、現存する大社造本殿の心柱は、宇豆柱と同じ中心軸に並びながら、棟木に届かない。梁の下端でとまっている。心柱が高天原と底津岩根を結ぶ依代のような存在ならば、宇豆柱と同様、棟木に達しても不自然ではないのに、梁の高さでとまるのはなぜだろうか。巨大本殿の復元を思考するなかで、一つのアイデアが思い浮かんだ。

　心柱には集められた木材のうち最長のものを使う。そして、その心柱で梁を承ける。仮にそういう前提があったとしよう。この場合、梁の上に束を立てれば棟木の支持に問題はない。一方、宇豆柱は屋外に独立しており、直接棟木を支えるしかない。しかし、宇豆柱は最長の材ではなかった。と、考えておこう。その場合、2材を繋いで棟木を承けるしか方法はない。しかし、2材を単純な継手で接合するだけでは折れてしまうから、ギブスのような役割を果たす添木が必要だった。その添木の役割を果たしたのが、2本の添束（床束）だった。まず、2本の添束に宇豆柱を縛りつける。宇豆柱は2材を繋いでいるが、継手の上下を金輪で括り、釘で打ってとめる。こうすれば、添束がギブスとなって宇豆柱は骨折しない。おそらく、この技術は宇豆柱だけではなく、側柱にも応用されたに違いない。要するに、2本の添束は床を支えるだけではなく、1材では長さが足りない通柱を繋ぎ材としながら立ち上げるための添木でもあったと思われる。通柱を繋ぐ位置は一定ではなかったであろう。だから、柱材を上下に繋ぐ技術と金輪が相関しているのならば、金輪を巻く高さは繋ぎの位置に則してランダムであったはずである。

　仮説に仮説を継ぎ足す愚考だと言われるのを覚悟の上で推論を続けよう。集められた木材のうち最長の材を用いて立てたのが心柱であり、心柱は屋内の中心にあって梁を支える通柱であった。なぜ棟木を支えなかったのかと言えば、それは社殿が高大すぎたからである。最長の材一本で棟木を支えようにも届かなかったから、梁の位置でとめるしかなかったのではないか。棟木を支えるには繋ぎ材としなければならなかった。しかし、それでは心柱の象徴的意味――おそらく「天と地をつなぐ媒体」という神話性を表現できない。心柱はあくまで一材でなければならなかった。一材であることに意義のあるオブジェであった。一方、屋外にたつ宇豆柱は、構造上、棟木を支えなければならない。だから、ギブスで継ぎ接ぎにしてでも、棟木に達する長さを確保する必要があった。この伝統が、現在の大社造本殿に生きているのではないか。ほとんど妻柱に退化した宇豆柱は、屋外に身を置いているわけでもないのに、棟木を直接支えている。ところが、棟木まで届いてもおかしくない心柱は、もっと長い材を確保できるはずなのに、梁の直下で納まっている。この不自然な構造形式は、本殿が巨大であった時代の伝統を無意識のまま継承しているからではないのか。

5．おわりに

　以上の考察と推定から、本稿では、B案を最も妥当な復元案と判断する。時代は遡るが、永久2年（1114）の「寄木御造営」で用いられた最長の材を心柱にあて、地面から梁下面までの高さを九丈と推定した案である。実際にはこれより高かったのか低かったのか、見当もつかない。床上の神殿は、延享造替の現本殿を1.21倍拡大して寸法を微修正し、様式を鎌倉時代初期以前に戻す作業によって復元を試みた。加えて、「金輪御造営差図」に記された桁・棟桁・梁の寸法を積極的に取り入れてみたが、桁長を八丈、棟桁長を九丈とする当初案では、蝶羽が重すぎてあまりにもバランスが悪く、桁行方向の寸法を修正せざるを得なくなった。修正第1案（図24）もしくは修正第2案（図25）が遺構にふさわしい規模と言える。

　いま述べたように、「金輪御造営差図」に記載された部材寸法は、現本殿を1.21倍し微修正した他の部材寸法よりあきらかに大きくなっている。これを採用した結果、復元作業は迷路にまよいこんだ。柱の配列だけでなく、寸法においても、遺構と指図の間に懸隔が認められるわけで、金輪御造営差図が鎌倉初期本殿そのものではない、と思われる所以である。しかし、金輪御造営差図が史実に基づかない偽造の指図だと決めつけることも、現段階ではできないはずである。金輪御造営差

図24　床上を修正第1案とした場合のB案　　　　図25　床上を修正第2案とした場合のB案（浜床付）

図の原本が文永7年（1270）火災焼失後の作であるにしても、その原本が制作できたのは古い時代の情報が集積されていたからであり、そこに表現されたすべての要素を否定できるわけではない。なにより、このたび出土した本殿跡と同じ平面構造を有するさらに大きな本殿が存在しなかった、とだれが断言できるであろうか。鎌倉初期本殿跡の下層では、建物跡かどうかわからないが、溝状の遺構が確認されている（図26）。それが平安時代の本殿と関わる遺構でないとは言えまい。かりに平安本殿が鎌倉初期本殿より一まわり大きな建物であったとすれば、金輪御造営差図のスケール感と一致する可能性が生まれてくる。べつに大きな本殿跡が出土することを願っているわけではないけれども、宝治度造営以前にも、数回にわたって遷宮の記録が残されているのだから、平安時代の本殿跡をみてみたいと思うのは筆者一人ではないだろう。金輪御造営差図の最終的な評価は、その平安本殿が姿をあらわしてからでも遅くないはずである。

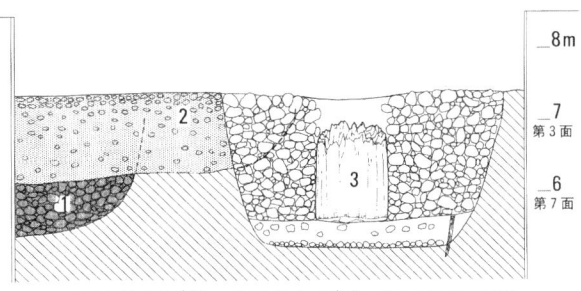

1：1段階の遺構　2：2段階の遺構　3：3段階の遺構
図26　心御柱柱穴周辺の土層構成図

附記

本節論文の初出は以下のとおりであり、若干の修正を施した。

　浅川滋男　2004　「鎌倉初期出雲大社本殿跡の復元」『出雲大社境内遺跡』大社町教育委員会：pp.439-468

また、上記初出論文をもとに2度論考を著しているので、あわせてご参照いただければ幸いである。

　浅川滋男　2006　「出雲大社境内遺跡と本殿遺構の復元」『出雲大社』日本の美術No476：pp.46-58、至文堂
　浅川滋男　2010　「出雲大社境内遺跡出土本殿遺構の復元」『出雲大社の建築考古学』同成社：pp.438-453

　さて、本文でも述べたように、2012年4月、出雲大社は「金輪御造営差図」原本の公開に踏み切った。本節で取りあげた5種類の差図のうち③本居宣長『玉勝間』所載の指図は江戸時代の写しであり、これまで公開してきた①千家家所蔵「金輪御造営差図」は③より古式の情報を残すが、やはり後世（江戸時代か）の写しの可能性が高いという。その写しの原本が突如公開されたのは、遷宮ならびに東日本大震災被災地支援のためであった。同年4月28日～6月17日に宮城県多賀城市の東北歴史資料館特別展「東日本大震災復興祈念特別展　神々への祈り」に出陳され、筆者は5月1日、その展示をみた。その図録解説を部分的に抜粋引用させていただく。

金輪御造営差図（鎌倉時代）

　　（略）今までは江戸時代に写されたと思われる図（写図）が公開されてきましたが、（略）虫食い跡などの位置・形状がほぼ一致することから、本図はその原本と考えられます。（略）原本にはない文字記載は、中心の柱「岩根御柱」の下部の記載と左側枠外にある「国御沙汰（くにのおんさた）」の二ヶ所です。「岩根御柱」の下部の記載は（略）判読しづらいですが、

　　　　長八丈厚三尺五寸□□□（弘四尺カ）二（または三）寸

　　と見えます。「国御沙汰」の「国」については出雲国（いずものくに）を指し、この本殿造営に対する出雲国の関与を示しています。これは天皇の宣旨（せんじ）に基づき、出雲国内に賦課される一国平均役によ

って、造営費用が賄われていたことを示しているものと思われます。つまり、この造営事業が中央の許可を得て、出雲国一国をあげた一大事業であったことを物語っています。本図の製作年代は、（略）出雲国一国平均役による造営、つまり宝治2年（1248）まで行われていた造営の時代まで遡るものと考えられます。

以下、予め送信されてきた「原本」の写真データ（附図1）を観察した時点で気づいた点である。
〈1〉正面南西隅の3本柱のうちの1本が二重丸◎になっている。1本通柱説と関係するか？
〈2〉背面側宇豆柱にもう1つの半円形が描かれて、丸太が4本のようにみえる。追記の1本が壁付の妻柱、3本柱（の先端の1本）が棟持柱か？
〈3〉正面から2列目、すなわち梁行方向では中央列の3本の柱束の丸太配列において、写本に比べると原本のほうが「1＋2」の規則性が強く感じられる？
〈4〉「引橋長一町」の文字が大きく、他と字体が異なるようにみえる？？
とくに「一」と「町」の文字がいびつで、字間も狭すぎる？？？

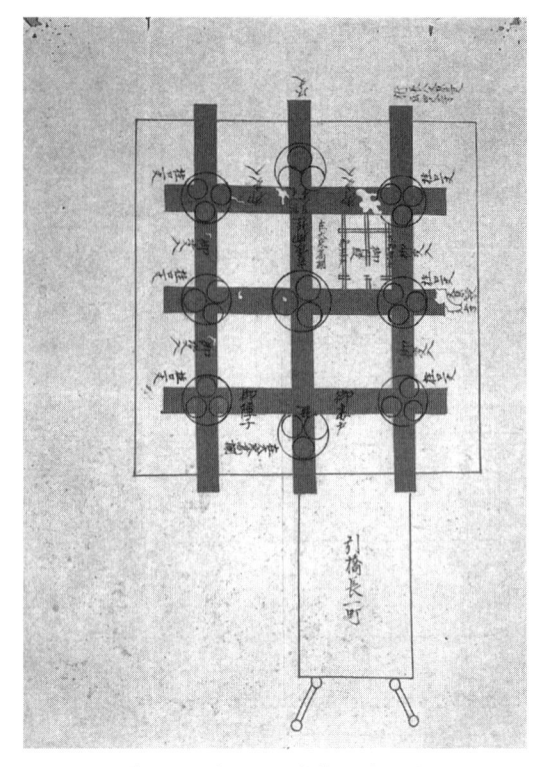

附図1　金輪御造営差図（原図）

次に東北歴史資料館出陳の原図観察後の感想を記す。「岩根御柱」下部【図では上側】の「長八丈厚三尺五寸……寸」は、向かって右側の「桁」字の下部【図では上側】に記す「長八丈厚三尺弘四尺三寸」に非常に近い。本文ではこの寸法を「桁」とみているが、桁行方向「土居桁」の可能性もある。また、原図では右側「桁」の寸法を縦方向に記すのに対して、写図では横方向に書いている。一方、梁行方向中央筋の右外側には「□（長カ）八丈厚三尺七寸□（弘カ）四尺二（または五カ）寸」という同種の記載がある。こちらは本文で「梁」の寸法としたが、梁桁方向「土居桁」の寸法かもしれない。

一方、「宇豆柱―岩根御柱―宇豆柱」筋の上外側に「玖丈」（九丈）の記載がみえる点は写図と同じである。この寸法は棟桁の長さと思われる。側桁については、土居桁と同じ八丈であるため省略したのではないだろうか。筆者は「金輪御造営差図」に描く出雲大社本殿が境内遺跡出土大型本殿よりもひとまわり大きい、という意見を繰り返し述べている。上に示す部材の寸法は境内遺跡出土の柱材との複合性という点で、明らかに大きすぎる。したがって、「金輪御造営差図」に描かれた大社本殿がほんとうに存在したものであるならば、それは境内遺跡本殿よりも古い時代、要するに平安時代の本殿であった可能性を否定できないと考えている。ただし、「引橋」だけはいただけない。「引橋長」までの字体と「一町」が違いすぎるし、「一町」の字間がある。こちらは本文で「梁」の寸法としたが、梁行方向「土居桁」の寸法かもしれない。。

註
（1）従来、歴史考古学の分野で放射性炭素年代を積極的に参照することはあまりなかったが、出雲大社境内遺

跡の場合、放射性炭素年代と年輪年代がみごとな一致を示している。放射性炭素年代に全面的な信頼をおくとすれば、宇豆柱南柱材の^{14}C年代（1215〜1240）よりも、宇豆柱の掘形から出土した木の葉の^{14}C年代（1242〜1280年）に注目すべきであろう。前者が柱材伐採年代の近似値であるのに対して、後者はまさに本殿建設年代に相当するからである。

(2) 長元4年、出雲国司橘俊孝が杵築社神殿が顛倒したと偽って中央に報告した。俊孝は神殿の造営事業に便乗して国司重任・山陰道の助力など様々な要求をしたのだが、翌5年、中央からの使者が検分して詐称が発覚し、俊孝は佐渡に流された。三浦正幸はこの「無実（虚偽）」に注目し、「長元四年の報告は（略）出雲守等による作為的なものであった可能性が高い」としているが、長元9年（1036）の正殿遷宮には言及していない（三浦正幸「出雲大社本殿」『日本建築史基礎資料集成　社殿Ⅰ』中央公論美術出版、1998）。新たな神殿が造営されたからには、古い神殿は顛倒したか、解体されたかのどちらかであり、かりに顛倒したものでないにしても、「転倒しても不思議ではない」という認識が共有されていない限り、詐称を企てようとする動機が生じるはずはないであろう（目次謙一「文献史学からみた本殿の建築について—宝治度造営関連史料を中心に—」平成15年3月20日発表資料）。

(3) 岡宏三「『金輪御造営指図』について」平成15年3月20日発表資料

(4) 『出雲大社延享造営傳』（山村家旧蔵本・出雲大社蔵、徳川家旧蔵本・東京国立博物館蔵）は、延享度の造替遷宮を宮大工が記録として伝えたものである。西岡和彦（国学院大学）によると、旧徳川家本は旧山村家本の転写本であろうという。旧山村家本は、『出雲大社延享造営傳　乾』（『乾』本）の外に、旧徳川家本にない『出雲大社延享造営傳（素鵞）坤』（『坤』本）の計二冊からなる。『乾』本は、延享元年（1744）に造営遷宮した出雲大社本殿の建築から遷宮までの過程を挿図を入れて立体的に記している。宮大工の記録ゆえに、建物の規模のみならず、飾り物まで寸法が具体的に記録される。一方、『坤』本は、本殿背後の八雲山麓に鎮座する素鵞社をはじめ、延享四年までに白削りを加えて建て替え、または修理された摂社・末社の様子などが記録されているが、挿図はない。出雲大社の本殿以外の建造物を実測した西山和宏（文化庁）によれば、「本殿部分に関する記載は部材寸法などが不明のため、何とも言えないのが現状だが、それ以外の社殿については、構造形式や寸法など、ほぼ一致しており、史料の記載はおおむね信頼性が高い」という。

(5) 佐伯徳哉「『出雲大社並神郷図』は何を語るか—出雲国鎮守の主張—」（『日本歴史』662号、2003年）。神郷図は「杵築郷とその周辺の地理的景観の中に王土を表現しながら仏国土の要素を重ね合わせたもの」という斬新な解釈を示している。この論文の結論にふさわしい絵図の制作年代は、文永8年の本殿焼失後であるとされるから、「金輪御造営差図」の制作年代ともおおむね重なりあうところが注目される。

(6) 浅野清「東大寺法華堂の現状とその復原的考察」（『東大寺法華堂の研究』吉川弘文館、1948年）

(7) すでに述べたように、現本殿では縁の出が正面：側面＝4：3であるが、「金輪御造営差図」ではほぼ同寸法となっているので、正面15尺、側面13尺でも問題はないと思われる。

(8) 『出雲国造家文書』清文堂、1968（鎌倉遺文7017号文書）。「杵築大社造営旧記注進」の原文については、島根県古代文化センターの複写史料を閲覧させていただいた。「杵築大社造営旧記注進」は、平安時代から鎌倉時代初めに至る杵築大社の造営事業の過程を、在任中の国司の事蹟もあわせて記したものである。執筆年は未詳であるが、建久元年（1190）の正殿遷宮までを記載しており、少なくとも鎌倉期以降の成立とみられる。ところで、平安時代における出雲大社の造営事業は、天皇が命じて出雲国衙と神官が主導する体制でおこなわれた。一方、鎌倉時代宝治度の造営事業は、朝廷・国衙の機能低下による遅延を幕府や守護・地頭が補う形をとってなんとか遂行されたものである。このことをふまえると、宝治度造営に際し、国造出雲氏が従前の通り遷宮を実施するよう各方面へ働きかけていく上で、本文書の記す過去の造営事業の過程がその主張の根拠として重要な役割を担った可能性が推定できる。よって本史料は、宝治度造営の前後に作成された可能

性が高いと考えられる。以上は、目次謙一氏のご教示による。

(9) 原文では、本文に小文字で以下のように添え書きしている。「国日記云、天仁三年七月四日、大木百支自海上寄稲佐浦、大十支、長十丈、九丈、八丈、七丈、六丈、口七尺、六尺、五尺、四尺、中九支、長五丈已上、小十支、四丈已上、小六十支、三丈已下」とある。ここにいう『国日記』は国司の記録、もしくは出雲国造家の記録とみられる。年代・原文などの詳細は一切不明だが、「杵築大社造営旧記注進」では引用された当時の公文書（官宣旨・在庁官人解文）を補う形で用いられており、造営事業を伝える独自の同時代史料として貴重な記録といえよう。ところで、『国日記』の添え書きは「件木有御示顕、材木方尺也、所以何者、因幡上宮御近辺、長十五丈、口一丈五尺大木一本寄来、然木在地之人民乍成疑、欲切取之処、大蛇纏件木、仍伐者致恐退畢、雖然伐者等受頓病了、因茲致種種祈祷之処、御示現云、出雲大社毎度御造立者、承諸国神明大行事之間、今度者相当我大行事、已御材木令採進畢、仍伐木一本者、我得分慥也者、以此木可令造立我社、以之諸人等、令聞知此由処也」と続く。目次謙一氏による現代語訳を以下に示しておく。「（流れ着いた百本の大きな）木は神の配慮が形となって現れたものであり、様々な寸法の木が流れ着いたのである。そのわけを尋ねてみると、次のようだ。因幡の国の上宮（宇倍神社）の近くに、長さ15丈、直径1丈5尺の大木が1本流れ着いた。この木をその土地の人々は怪しみながらも、切り取ってしまおうとした。ところが、大きな蛇がその木にまとわりついていたため、木を切ろうとした者は恐れて逃げてしまった。それでも切ろうとした者は、急に病気になってしまった。そこでいろいろな祈祷をしてみると、神のお告げがあった。出雲大社の造営にはその都度、諸国の神々が交替で世話役（大行事）を務めている。そのため、今回天仁年間の造営は私（因幡国宇倍神社の神）が世話役を務めており、既に造営用の材木を調達して出雲大社へお送りしたところである。今流れ着いた1本の大木は、私が（世話役を務めたことによって）得たものであることに間違いはない。この木で私の社を造営するように。以上の因幡国上宮の神の御神託から、人々は大木百本が流れ着いた理由を聞き知ることとなったのである」。ここに登場する「長さ15丈、直径1丈5尺の大木」は、因幡国宇倍神社の造営に用いられたものであり、出雲大社の「寄木御造営」とは無関係であり、「寄木御造営」で使用された木材の最長分は10丈と判断すべきである。松江藩の儒学者・黒沢石斎弘忠が著した『懐橘談』（上巻は承応2年（1653）、下巻は寛文元年（1661）の成立）でも、神門郡杵築の部分で「寄木御造営」について触れられており、その内容は旧記注進とほぼ同じである。近世前期当時の杵築大社内では、旧記注進に基づく「寄木御造営」が広く受け入れられ、外部へも喧伝されていたことが伺われる。

(10) これについては別稿で考察を試みた。拙稿「五本柱と九本柱―大社造の起源と巨大本殿の復元・序説―」（島根県文化財所有者連絡協議会『文化財講座特集号』2003年）。

第4節　都城の建築

1．東アジアの古代都城

(1)　殷周宮城から前漢長安城まで

殷周宮城から前漢長安城まで　「都城」とは、王の居住する都市をさす。一般に「首都」もしくは「副都」がそう呼ばれるけれども、その原義には「城壁で囲まれた都市」というニュアンスを含んでいる。

　日本を含む東方アジア地域において、都城が最初に誕生したのは、いうまでもなく中国であった。ただし、都城の成立をどの時代に認めるかで議論が分かれており、おもに東洋史学では戦国時代［前403-222年］、考古学では殷周時代［前1550-771年］を萌芽期とみる。戦国時代諸国の都城は、城（大城）と郭（小城）の二重構造により成立していた（図1）。小さな「郭」には支配者層、大きな「城」には商人・職人のほか「負郭の民」と呼ばれた農民が居住しており、両者は独立しつつも城壁・城門で連結されていた。王権の求心性はもちろんのこと、身分の階層性や職種の多様性、あるいは貨幣経済の普及などが発露している。また、この時代、「台榭（だいしゃ）」と呼ばれる高層建築が発案され、隆盛を極めた（図2）。「台」とは土で築いた高台（台地を切り込むこともあった）で、これを階段状に積み上げ、その周囲に木造の庇をめぐらせ、頂点に木造建築をのせると、外観全体が木造の高層建築にみえる。この「台」上の木造建築を「榭」という。台榭建築は漢代にもうけつがれ、画像磚石や銅製品の装飾の有力なモチー

図1　**中国戦国時代の都市**（佐藤興治「中国山東山西の都城遺跡」『建築雑誌』1448号より転載）

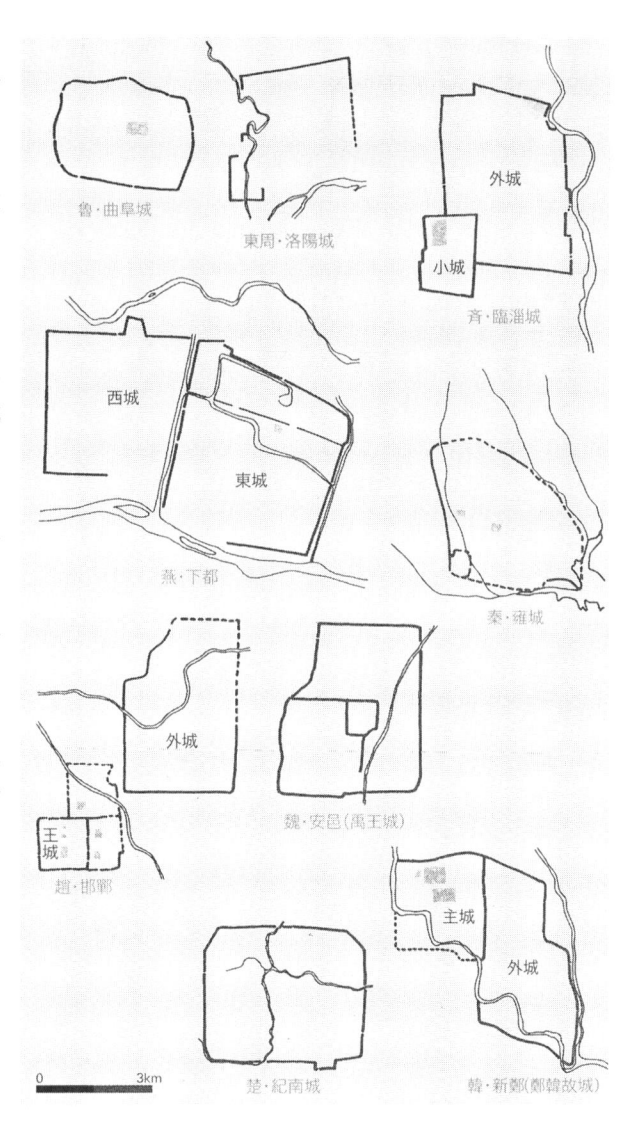

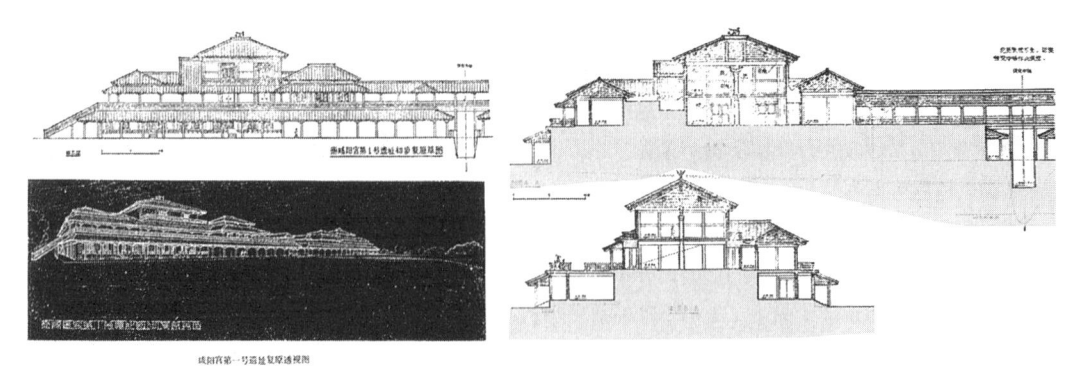

図2　秦の咸陽宮殿（台榭建築）復元図（楊鴻勛復元）

フになった（図3）。神仙思想・儒教儀礼や王権との結びつきを示す重要な都城関係建築施設である。

戦国時代をさかのぼる春秋時代［東周：前1050-771］、周代［西周：前771-403］の都城は、わずかに東周洛陽城（戦国時代まで存続）の規模が確認されている程度で、都城の遺跡調査はほとんど手つかずの状態にある。ただ、西周の周原では、大量の青銅器を埋めた穴蔵とともに、「四合院」式の宗廟や「品」字形の昭穆廟の遺構がみつかっている。これらを「廟」ではなく、「宮」と解釈する意見もある。じっさい、西周時代の青銅器銘文には「京宮」「康宮」などの宮殿名、さらには「卿事寮」という役所名、「百工」（手工業者）、「里君」（村長）、「諸尹」（上級役人）などの役職が記されている。いずれも、西周の東都「洛陽」の状況を示すものである。青銅器銘文には、もとは殷に属していた集団が、殷の滅亡と同時に、周に移住したという記録も含まれている。もちろん周都には、殷の末裔以外にも土着的な集団が先住し、他の地方集団の移住も想定されるから、こういう雑然たる集住性に「都市の萌芽」を認めることもできるかもしれない。

しかし、繰り返すことになるけれども、西周代の都市城壁は未だみつかっていない。ところが、城壁を備える集落もしくは宮殿地区については、殷代以前に相当数の実例が確認されている。その代表例は、殷代前期の鄭州城と偃師城である（図4）。鄭州城は一辺1.7〜1.8kmの正方形に近く、偃師城は縦長の不整長方形で、面積は鄭州城の半分あまり。この規模からみても、殷代の「城」は都

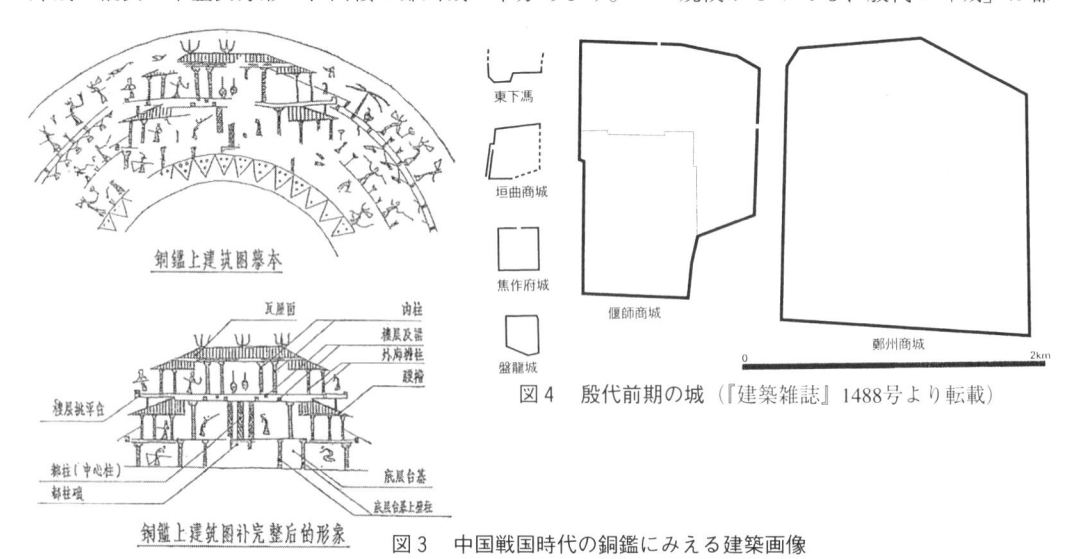

図4　殷代前期の城（『建築雑誌』1488号より転載）

図3　中国戦国時代の銅鑑にみえる建築画像

城ではなく、宮城と考えるべきものであろう。戦国時代の「城・郭」構造と比較するならば、支配者が居住する「郭」の領域だけが自立しており、諸職が集住する「城」の領域は存在しないか、かりに存在したとしても城壁に囲まれていなかった可能性が高い。なお、これら殷の宮城と形態の近似する囲壁集落遺跡が龍山文化期、およびそれに併行する地方文化でも続々と発見されている。とくに集中するのは、黄河流域、長江中流域、内蒙古の諸地域であり、なかでも黄河流域のそれらは夏王朝の「城」の可能性を示唆されてきた。しかし、年代が最も古い例は、長江中流域の石家河遺跡（前2900年～）で、規模が約79haに及ぶ巨大な環濠城壁集落として知られる（図5）。ただし、こういう城壁集落が都市性をもったかと言えば、否であり、防御性を備えた農耕集落とみるのが妥当と思われる。それは弥生時代日本の環濠集落にも似ている。

　このように、龍山文化期は論外として、殷周時代においては、君臣関係に象徴される社会的階層性や宮殿・役所・宗廟など諸施設の存在を確認できるけれども、下層住民を囲壁内部にとりこんだ証拠が存在せず、したがって「都市」および「都城」の成立を積極的に肯定できるわけではない。ただ、建築的には新石器時代からの脱皮を看取できる。それは回廊に囲まれた宮殿遺構と思しき基壇建築の出現である。この最も古い例は、夏代に相当する前1800年頃の偃師二里頭1号および2号宮殿基址である（図6）。いずれも横長の基壇を敷地の後方中央に配し、その全体を単廊で囲み、単廊の外側を厚い壁でふさいで防御性を高めている。1号の基壇上面には、宮殿の柱跡が規則正しく並び、主柱の左右両脇に添柱をもつところに特徴がある。2号の場合は、壁体で屋内を三分割するとともに、壁の前方四周の基壇端に庇柱の痕跡が残る（建物の背面に墓を伴うので2号は廟の可

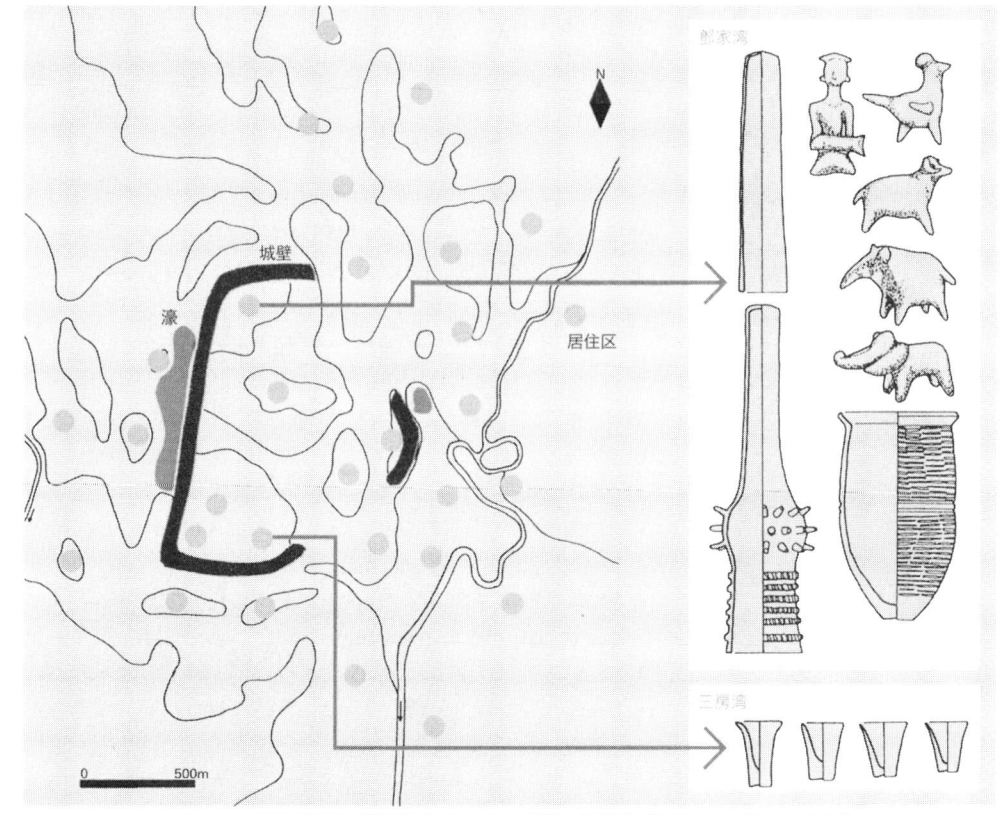

図5　石家河城壁集落遺跡とその出土遺物（『建築雑誌』1488号より転載）

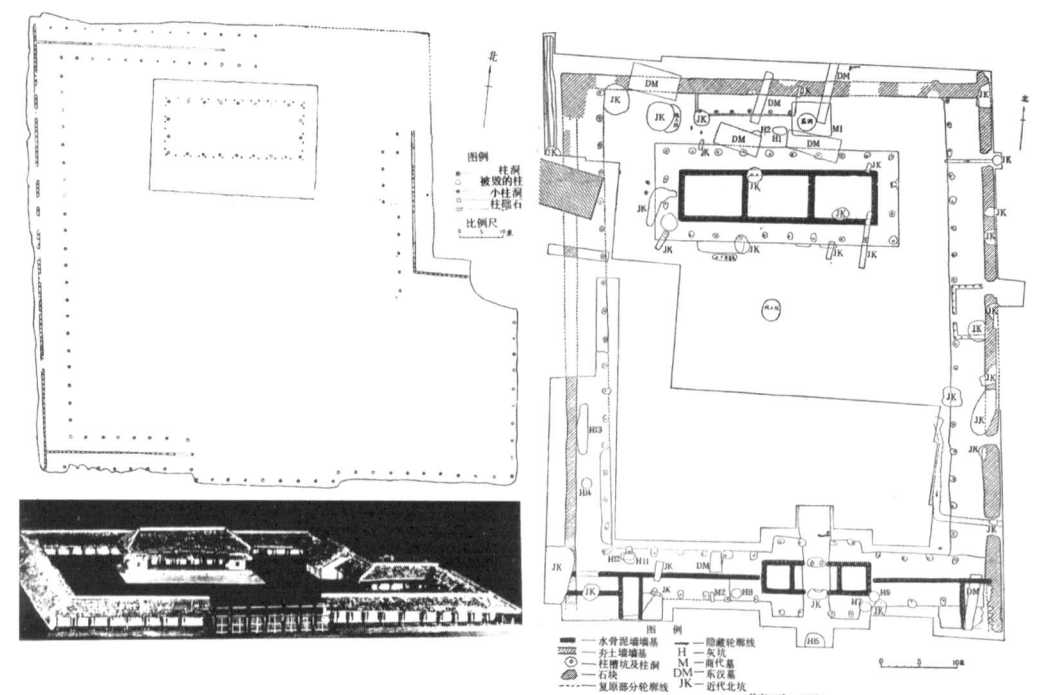

図6　偃師二里頭1号宮殿址（左）と偃師二里頭2号宮殿址（右）

能性もある）。

　これにわずかに遅れるのが偃師尸郷溝の宮殿址で、正面に四階を備える長大な正殿を東廂、西廂、南廡が囲いこみ、「四合院」的な空間を構成する。殷代前期の鄭州城宮殿遺址では、長大な基壇上に主柱が並び、主柱の前方に左右対称の添柱（庇柱）を付加している。殷代後期の盤龍城（湖北）になると、基壇上に「木骨泥墻」式の壁で内陣的領域を作り、基壇端に主柱、基壇下に添柱（庇柱）を並べる。中国建築史の専門家は、この添柱（庇柱）を裳階の痕跡と考えている。『周礼』考工記の「匠人営国」条に「殷人重屋。（略）四阿重屋。」とみえるからである。ここにいう「重屋」を、中国建築に特有な平屋建裳階付きの二重屋根とみなし、さらに「四阿」の表現から大屋根を寄棟造と判断して、「単層・寄棟・裳階」の構造形式に復元する案が一般的に承認されている（図7）。この「単層・寄棟・裳階」という構造形式は、明清紫禁城（北京故旧）の太和殿など主要宮殿に受け継がれている（図8）。

　さて、戦国時代末期から前漢の時代に成立したという『周礼』考工記の「匠人営国」条には、ご

図7　盤龍城殷代後期宮殿復元パース（楊鴻勛復元）　　　図8　北京紫禁城太和殿

存じのように、周代の理想都市に関する記載が含まれている。すなわち、

　　匠人営国。方九里。坊三門。国中九経九緯。経涂九軌。左祖右社。面朝後市。市朝一夫。

という一文である。要するに、都市は九里四方で東西南北に九本ずつ街路を通し、正面に儀礼空間、背面に市場、左（東）側に祖廟（宗廟）、右（西）側に社稷を配するべし……と示唆している（図9）。ところが、西周・東周の時代はもちろんのこと、『周礼』考工記の執筆年代に近い戦国時代において、このようなプランをもつ都城遺跡は確認されていない。斉・燕・秦・趙・魏・楚・韓などの大国は、いずれも前述した「城・郭」構造を都城の基本型としていた。したがって、『周礼』考工記の理想都市が、歴史的にどういう意味をもつものなのか、未だよく分かっていない。

秦の始皇帝が戦国諸侯を統一して、「秦」［前221-206］という大帝国が誕生したが、それは日本史における織豊政権のようにはかない権力組織であった。秦を攻め滅ぼした劉邦（高祖）は、国名を漢［前漢：前206-後8年］と改めた。劉邦ははじめ洛陽に都しその南宮に居たが、まもなく長安への遷都を決意した。高祖5年（前202年）には、長安城北西にあった秦の興楽宮を修築して長楽宮とし、続いてその西側に未央宮と北宮を建設した。項羽が焼き払った秦都咸陽は、渭水の北岸に築かれた戦国時代の古城であったが、始皇帝は南岸側に阿房宮を新設し、さらにその周辺にも多くの離宮を設けていた。漢長安城の長楽宮・未央宮・北宮は、いずれもこれら秦の離宮群を新装したものである。その土木・建築工程を指揮したのは、軍匠出身の楊城延であった。

築城には長い年月を要した。城壁が都市の全周をめぐり、12の城門が完備されたのは、恵帝五年（前190年）のことという。こうして誕生した前漢長安城の平面は、一辺約6kmの正方形に近い。ただし、東壁をのぞく3面ではいずれも城壁が屈曲しており、とりわけ渭水支流の泬河に沿う北壁は、西寄りの部分が斗形に折れ曲がっている。後代の人はこれを北斗七星にみたて、漢長安城を「斗城」とも呼んだ（図10）。

漢長安城は宮殿群のための都市であった。城の西北隅に東市と西市、中央とされるが南よりには

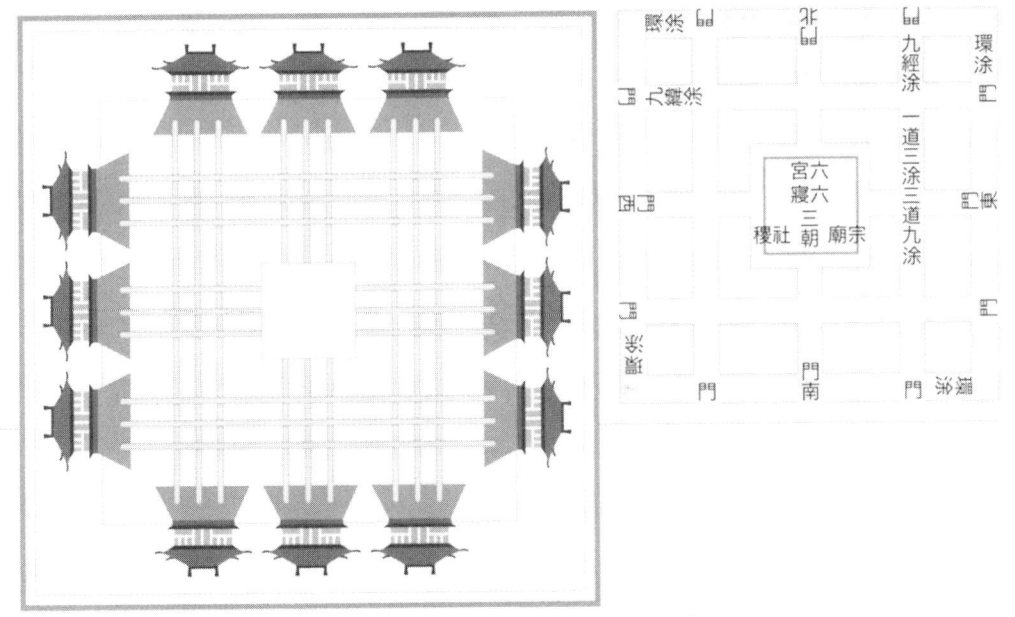

図9　『周礼考工記』の王城概念図（左：宋代の学者聶崇義『三礼図集注』による。右：清代の学者戴震による図）、（『建築雑誌』1488号より転載）

武庫を配したことが確認されており、文献上では四つの「里」（一般居住区）を設けた［『三輔黄図』には里数160とあるが、城外の里をもあわせた数か？］。城内の大半は、未央宮・長楽宮・明光宮・北宮・桂宮の敷地で占められていた。皇帝の居所であり政務の場であったのは西南隅の未央宮で、東南隅の長楽宮も当初は高祖の居所であったというが、後に皇太后宮となる。また、皇帝の正室は、椒房殿を中心とする未央宮内の皇后宮に居り、側室にあたる后妃たちは14の階級に序列化され、北よりの明光宮・北宮・桂宮に分散して住んでいた。側室や女官の数は想像を絶しており、明光宮だけでも2000～3000人に及んだという。つまり、未央宮以外の四宮は、いずれも「大奥」のような宮殿だったのである（本節 2 参照）。皇帝は「紫房複道」あるいは「閣道」と呼ばれた空中廊下を通って、未央宮から后妃たちのもとに通った。

　こうしてみると、前漢長安城は、戦国時代の「城・郭」構造とは大きく異なることが分かるであろう。それは、一般人民の居住区を軽視するという点において、殷代宮城の伝統を受け継いでいるようにもみえる。あるいはまた、殷代宮城の複合的結合体とでも呼ぶべき特異な構造を示しており、中国都城史のなかでも特異な位置を占める。ただし、形態的にとらえるならば、平面は正方形に近く、東西南北の城壁に 3 つの城門を開き、城内の大道は「八街九陌」と呼ばれ、3 つの小道に分かれていた。市も宮殿区域の後方（北方）にあることから、『周礼』考工記の理想都市とは、前漢長安城の情報をベースにして、周代都城の姿を仕立てあげたとする説もある。

後漢洛陽城から隋唐長安城まで　漢帝国は西暦 8 ～23年のあいだ中断する。外戚の王莽が建国した「新」王朝に取って代わられるのだが、王莽の施政は儒教偏重の復古主義的傾向によって反発を招き、「赤眉の乱」を契機に農民や豪族が各地で蜂起した。南陽の豪族、劉秀は王莽の主力軍を昆陽（河南省）に破って大勢を決し、同年、王莽は殺害された。この劉秀こそが、後漢［25-220年］の初代光武帝である。後漢王朝の成立にともない、光武帝は長安から洛陽への遷都を実行した。洛

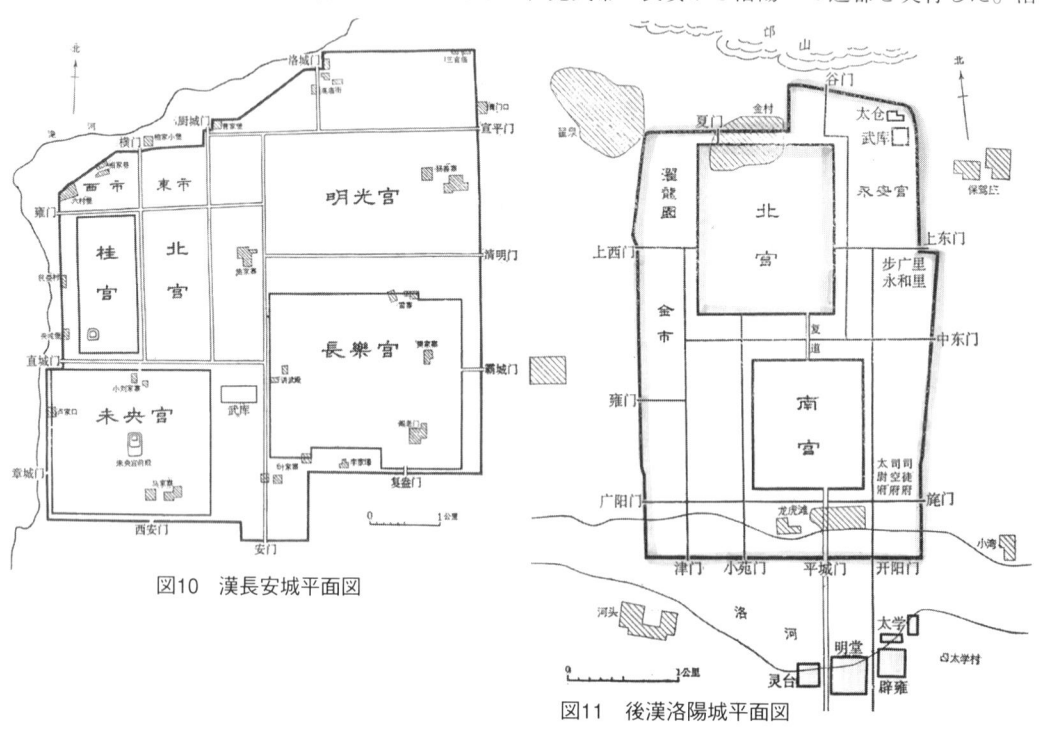

図10　漢長安城平面図

図11　後漢洛陽城平面図

陽は、古くは西周の東方経営拠点である「王城（洛邑）」が置かれていたが、東周になって陝西の鎬京から遷都がなされた。この古城は戦国時代の末期まで存続し、劉邦も最初期には洛陽の地に寓していた。前漢時代の雒陽城はその名残でもあるのだろうが、光武帝は雒陽城を改修して後漢王朝の都城としたのである。

後漢の洛陽城は、南北9里、東西6里の城郭規模を有することから「九六城」と呼ばれた（図11）。城中の宮殿は光武帝により「南宮」、明帝により「北宮」が築かれ、両宮は閣道（空中廊下）でつながれていた。城門は12門、城内北東隅に太倉と武庫、西城壁中央部に金市を配しており、一部に「里」（一般居住区）も含まれていた。なお、後漢時代は、中国における仏教の導入期であり、中国最初の仏寺と言われる白馬寺は、後漢の初めに九六城の西郊に建立された。

後漢も和帝の時代を過ぎると衰退の傾向が著しく、外戚と宦官の政争から「黄巾の乱」を招き、その後は袁紹、董卓らの軍閥が暴虐のかぎりをつくした。この群雄割拠の華北地域を制したのが曹操である。曹操は、後漢最後の皇帝である献帝を擁して魏を建国した。もっとも、曹操の魏は後漢王朝のなかの一国であり、曹操は名目上、魏国の公にすぎなかった。したがって、厳密な定義に従う限り、この時代の中心都市「鄴」（河北省臨漳県）を「都城」と呼ぶべきではない。もともと鄴は戦国時代に斉の桓公が築城した古都であり、晋の統治を経て、最終的には魏の領土となった。これが漢代に鄴県となり、魏郡の郡治とされた。曹操の都「鄴」は、こういう歴史の上に成り立っているのだが、前漢長安城や後漢洛陽城に比べて「里」（一般居住区）の比率がきわめて大きくなっている。これは鄴の先進性を示す特徴のようにもみえるけれども、むしろ戦国時代の「城・郭」構造に由来する特性とみなすべきかもしれない。

これまでの復元研究によると、曹操の鄴城は、東西約6km、南北約4kmの横長平面で、東寄り中央の北端に宮城をおく（図12）。宮城は2列構成になっていて、東のブロックの中心が聴政殿（北

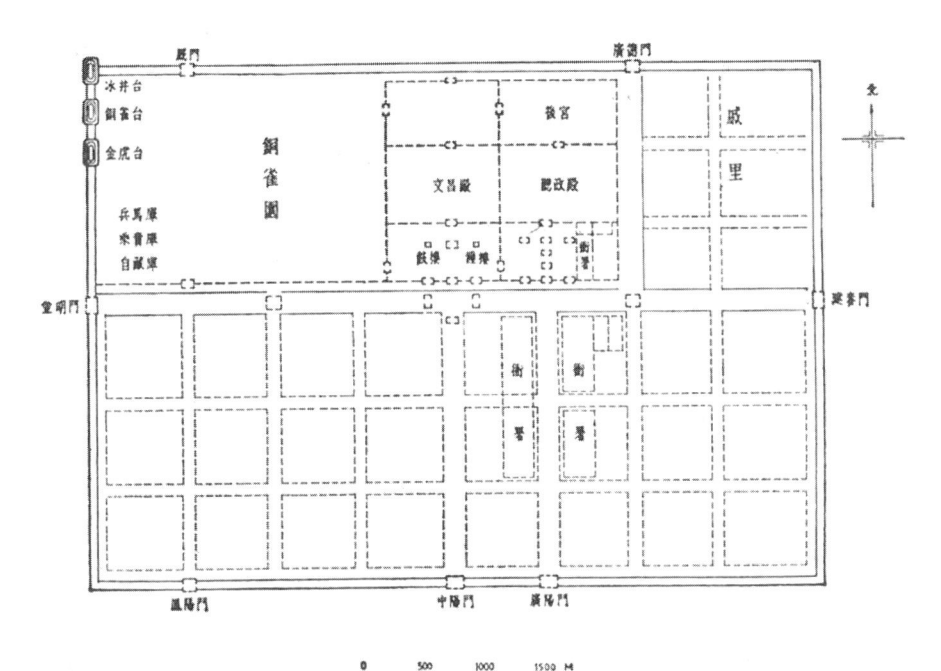

図12　魏の鄴北城平面図（条坊についての根拠はない）

方に後宮)、西のブロックの中心が文昌殿であった。この宮城域の西側には広大な園池「銅爵園」を配している。銅爵園は都城の西壁まで及んでおり、その壁にとりつくように「氷水台」「銅爵台」「金虎台」が軒を連ねていた。これらは、高層かつ壮麗な台榭建築であり、3棟を総称して「三台」と呼ぶ。宮城および銅爵園の外側には、L字形に「里」がひろがっていた。宮城の西側には「戚里」「長寿里」、南側には「吉陽里」「永平里」「思忠里」など居住区があったようだ。曹操の都「鄴」は、後世都城の先鞭を示す要素を少なからず備えており、以後も時代の変革期に洛陽の代役を務める。

　曹操の没した220年、子の曹丕が献帝の禅譲を受けて帝位に昇り、ここに後漢は滅び、華北を支配する魏国が正式に成立した。呉・蜀とともに三国鼎立の時代を担う独立国家としての魏国である。曹丕は正式に皇帝の位について文帝［220-226］となり、魏の都は洛陽に遷った。魏王朝の正統性を誇示することが目的であるから、曹丕はもちろん後漢の洛陽城をうけついで魏の都城とした。二代明帝［226-239］の時、宮内の大改修をおこなっている。とくに注目されるのは、光武帝が建武14年［西暦38］に南宮前殿として造営した崇徳殿を廃し、太極殿を建設したことである。これが「太極殿」という呼称をもつ宮城正殿の出発点である。

　魏に続く西晋［256-317］も漢魏洛陽城を都城として継承したが、五胡十六国の時代になると洛陽は廃都と化していた。その後、洛陽が復興されるのは、華北を平定した鮮卑拓跋氏の北魏［420-534］によってである。北魏は初め平城（今の大同）に都していたが、七代孝文帝［471-499］の時、洛陽に遷都した。これもまた王朝の正統性を主張するのが狙いであった。孝文帝は漢魏洛陽城の南宮を廃し、北宮跡を「皇宮」（宮城）と定めて太極殿などの諸施設を新設した。続く宣武帝は「九六城」を内城として、東西20里、南北15里の広大な外城を築いた。『洛陽伽藍記』は、内城・外城あわせて320の「坊」が存在したとし、当時の戸数を11万戸、寺院数1367と伝える。

　こうして成立した北魏の大洛陽城は、外城の中央北よりに内城をおき、洛水以南の中央に突出す

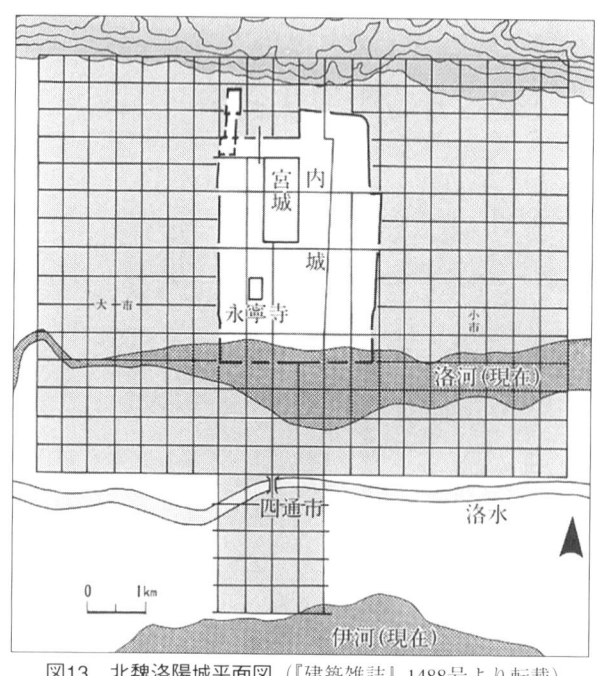

図13　北魏洛陽城平面図（『建築雑誌』1488号より転載）

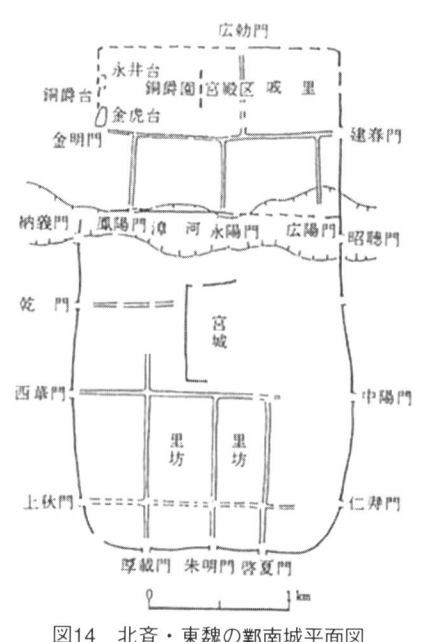

図14　北斉・東魏の鄴南城平面図

る二十坊（東西 4 里×南北 5 里）を「四夷里」「四夷館」と呼んで、異国（四方）の賓客を招くブロックとした（図13）。「四夷里」「四夷館」によって、都城の全体形状は凸字形を呈する。なにより注目されるのは、北魏洛陽城の段階になって、ようやく「坊」という概念が出現することであり、ここに方形区画による都市計画システム、すなわち条坊制の出現を認めることができよう。条坊制が北魏洛陽城で成立したとするならば、仏教の著しい隆盛を一つの背景とみなすことができるかもしれない。たとえば、敦煌の華厳経壁画に描かれているように、インド仏教の理想都市とは中央に仏塔を核とする聖地を配し、その周辺に方形区画の宅地が整然と並ぶものであり、どこか北魏洛陽城の姿と近しい姿みえる。北魏以前の都城で条坊の痕跡がみつかったとしても、それが後漢以降ならば、仏教的世界観の投影を一つの要因とした可能性は捨て切れまい。

北魏は、西魏［535-556］と東魏［534-550］に分裂し、それぞれ北周［556-581］と北斉［550-577］が取って代わる。北魏の終末期に洛陽は戦乱で疲弊し、東魏は洛陽を捨て鄴に遷都した。東魏・北斉時代の鄴城は、曹操の時代の北城に南城を加えて規模が大きくなっていた（図14）。それは北魏洛陽城の内城に相当する領域であり、鄴北城にあった宮城を内城の中央に移し、その周辺に「里坊」を配していた。さらに注目されるのは、四十万戸が北魏洛陽城から移転してきたという『北斉書』の記載である。時代は遅れるが、明代の『章徳府志』にも「蓋有四百余坊」の記載がある。『北斉書』にいう40万戸を都城内に住まわせようとするならば、北魏洛陽城よりもひろい外城が必要であり、それが「四百余坊」であったかどうかは不明ながら、北魏洛陽城をひとまわり大きくした外城が存在したとしても不自然ではない。東魏・北斉時代の鄴城は北周によって徹底的に破壊され、これまで外城の条坊遺構も確認されていない。ただし、外城相当区域からは柱の礎石や仏像の破片などが地表面で採集されているという。北魏洛陽城から隋唐長安城へ至る都城変化のプロセスを知る上でも、東魏・北斉時代の鄴城は非常に重要な位置を占めるものであり、今後の発掘調査が期待される。

魏晋南北朝の大動乱期を制圧し、隋は西晋以来およそ300年ぶりの統一国家を再現させた。北周の重臣であった鮮卑系出自の楊堅は、580年の宣帝逝去にともない、摂政となって全権を掌握し、翌年、静帝より禅譲を受けて隋［581-619］を建国した。楊堅は即位して文帝を名乗り、ただちに「開皇の治」と呼ばれる改革を断行し、新しい都城の造営にも着手した。文帝の開皇 2 年（582）、漢城の西南にあたる地に「大興城」の造営が始まり、翌 3 年に入城している。大興城は東西18里115歩、南北15里175歩の大きさで、城壁の高さは 1 丈 8 尺であったという。この新都城の設計を担ったのが、鮮卑系の工部尚書、宇文愷である。

608年に文帝は死去し、煬帝が後を継ぐ。煬帝は、父がやり残した大土木事業を一気に推し進めた。大興城の建設と並んで大運河の開鑿がよく知られているところだが、これらの大土木事業が人民を苦しめ、全国的な反乱を招いたのである。この動乱に乗じて、隋の太原留守であった李淵（後の高祖）は大興城を攻め落とし、618年、禅譲を受けて唐［618-907］を建国した。

高祖は、都城として隋の大興城を受け継ぎ、「長安城」と改名した。長安城の平面は、南北8,652km、東西9,721kmの広大な長方形を呈し、幅9～12ｍの城壁で全域を囲まれる（図15）。宮城・皇城

（官署域）は中央の北端に配し、皇城正門（朱雀門）と外城正門（明徳門）をつなぐ朱雀大街を中軸戦とする左右対称の都市構造に最大の特徴を認めうる。その対称性は、西市と東市の位置に象徴化されている。外城には南北11条、東西14条の大道が通り、城門に通ずる東西・南北各3条がとくに幅のひろい大通りだった。これらの街路により、外城は108の「坊」（隋では「里」と呼んだ）に区画されていた。この「坊」は「大坊」でもあり、十字形の小路により、4つの「小坊」に分割されていた。したがって、小坊の総数は四百余坊となる。

　都城北端中央におかれた宮城では、中央に「太極宮」（皇帝が居住し政務を司る宮）を構え、東に「東宮」（皇太子の居住する宮）、西に掖庭宮（后妃が居住する池庭付きの宮）を配していた。ところが貞観8年［634］、太極宮の地勢が卑湿であるとして、見晴らしのよい高地に「大明宮」が建設された。高宗の代から、皇帝は宮城の北東に突き出た「大明宮」に常住するようになる。さらに開元2年［714］年、東城壁に沿う興慶坊にも「興慶宮」が造営され、長安城には3つの宮城が併存することになった。これを「三大内」と呼び、相互の位置関係から、太極宮を「西内」、大明宮を「東内」、興慶宮を「南内」と称した。日本の遣唐使が皇帝に謁見したのは大明宮（東内）にお

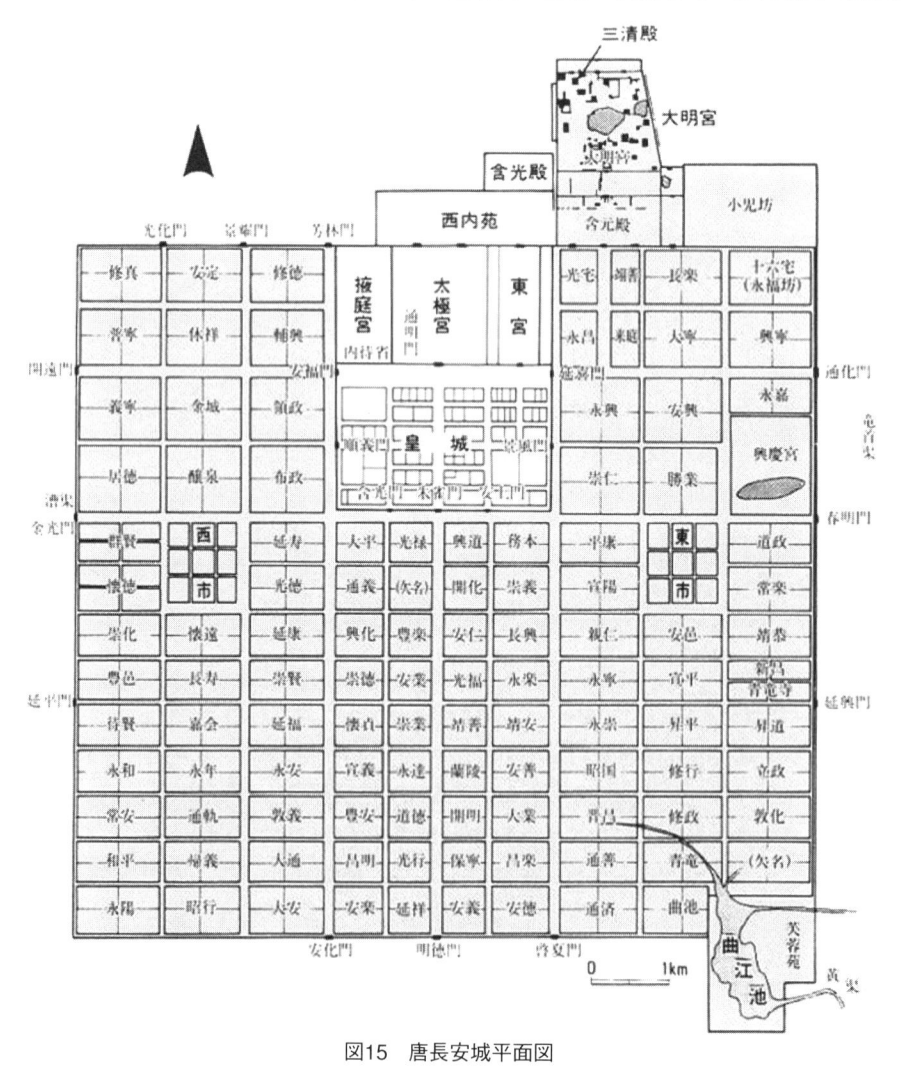

図15　唐長安城平面図

いてであり、大明宮の空間構成と建築様式が平城宮の構造に影を落としている。

　以上みてきたように、後漢以降の中国都城は、後漢の洛陽城から出発し、北魏の時代に漢魏洛陽城の遺構を大規模に修復・改修し内城として位置づけながら、その外側に条坊制を基礎とした外城を付設する段階を経て、唐の長安城に至る。唐の長安城は北朝系都城の到達点というべき存在であるが、北魏洛陽城と目立って異なるのは内城（長安城の場合は「宮城＋皇城」）の位置である。北魏洛陽城の内城が中央北寄りにあるのに対して、隋唐長安城ではそれが北辺に接している。これを近親関係とみるか、独立関係とみるのかは難しいところだが、その判定の基礎資料となりうるのが、東魏・北斉の鄴城であり、その外城の存否および範囲が明確になれば、北魏洛陽城と隋唐長安城の系譜関係をより鮮明に相対化できるであろう。

　いずれにしても、漢魏洛陽城から出発し北魏洛陽城を経由して成立する隋唐長安城の構成には、漢民族の王権を発露する宇宙観（太極・北極・礼などの観念）、北魏から隋に継承される鮮卑系遊牧民族（オーナー楊氏と建築家宇文愷）の空間認識、さらには北魏洛陽城外城に端を発するインド仏教の世界観（華厳経の理想都市）などの諸要素が織り重なって投影している。そういう複合的な宇宙＝世界観と実用性の両立によって、隋唐長安城という斬新かつ巨大な都城が誕生し、国際都市として隆盛をきわめたのである。

（2）　都城以前―飛鳥遷宮の実態

　隋の大興城が唐の長安城に脱皮して成熟しつつあった7世紀の前半、日本に未だ都城は存在していなかった（図16）。崇峻5年（592）に推古天皇が即位した豊浦宮以降、藤原京遷都までの約百年間、天皇の宮室は遷宮をくりかえしていた。しかし、7世紀中葉以降、天皇一代ごとの「歴代遷宮」ではなく、一定の持続性をもつ「造替」的な遷宮が定着していく。難波遷都・大津遷都などによる中断期間を含むものの、飛鳥とその周辺に複数の天皇の宮室が継続して営まれたのである。とりわけ「飛鳥」を宮殿名に冠する飛鳥岡本宮（舒明朝）、飛鳥板蓋宮（皇極・斉明朝）、後飛鳥岡本宮（斉明朝）、飛鳥浄御原宮（天武・持統朝）の四宮は、3層4期にわたる遺構の重複関係からみて、同一の敷地で造替された可能性がきわめて高いとされ、一部の研究者はこの宮殿集中エリアを「飛鳥正宮」と呼んでいる。

　この4宮の場合、宮室の立地した場所が「岡」の麓（すなわち岡本）であり、皇極・斉明朝の「板蓋」は屋根の葺材を示し、天武・持統朝の「浄御原」は宮殿の美称と理解される。近年、飛鳥正宮内郭での発掘調査が進展し、浄御原宮における内郭の「正殿」と思しき建物がみつかった。内郭のほぼ中軸線上にあり、東西8間×南北4間で、面積は300㎡近い。柱間は10尺等間で、床束を備えた揚床式の建築とみなされる。なにより注目すべきは、桁行方向の柱間が8間という偶数間を示し、昇殿する階段も中央ではなく、左右対称両端2ヶ所設けていることである。こういう偶数間や双階の制は、古代中国の因習に倣うものである。とりわけ漢代には、皇帝（男）の宮殿が奇数間で中央階段、后妃（女）の宮殿が偶数間で双階と定められていた。飛鳥浄御原宮の場合、偶数間で双階の大型建物は「女の宮殿」（後宮正殿）というわけではなかろうが、おそらく「内向きの正殿」

（内裏正殿）と表現すべき施設のように思われる。あるいはまた古墳時代豪族居館正殿の平面を受け継ぐものかもしれない（第1章第3節参照）

　飛鳥浄御原宮跡では、内郭に付設された東南郭（エビノコ郭）において、東西9間×南北5間の規模をもつ宮域最大の建物がみつかっている。桁行方向の柱間寸法も11尺とひとまわり大きい。揚床ではなく、土間式の四面庇付建物であり、飛鳥浄御原宮における「外向きの正殿」、すなわち天武紀に言うところの「大極殿」とみられる。とすれば、偶数間の内郭正殿が、同じく天武紀の「大

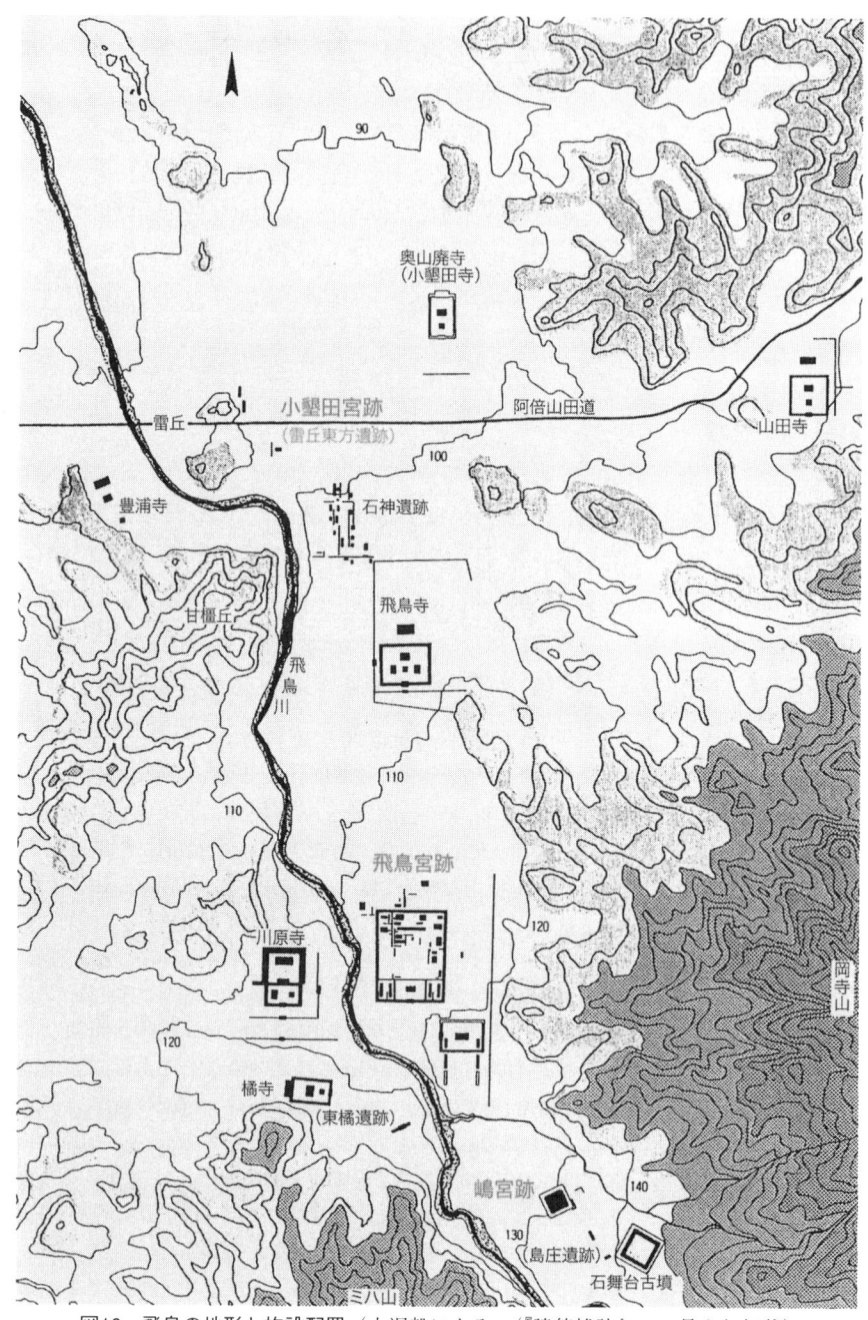

図16　飛鳥の地形と施設配置（小沢毅による。『建築雑誌』1488号より転載）

安殿」に比定される施設かもしれない。飛鳥浄御原宮の東南部では、大極殿に相当する東西棟のほか、朝堂に比定される長大な南北棟も左右対称の位置で確認されており、来たるべき都城時代の大極殿・朝堂院地区の原型がすでに成立していたことを物語る。

　このように7世紀中葉以降の飛鳥正宮は、天皇家の居住と執政の中枢として持続しており、北方には小墾田宮、南方には嶋宮を附属させていた。小墾田宮は推古朝に造営された正宮であったが、その後は兵庫・倉庫群ブロックとして奈良時代後半まで存続した。一方、嶋宮は橘という地域に広大な庭園（＝嶋）を有する別業的宮室で、皇太子の住む「東宮」としての性格をもっていた。

　飛鳥浄御原宮を造営したのは天武天皇である。天武以前、この地は「倭京(やまとのみやこ)」とも呼ばれていた。難波や近江の宮室に対して、大和の宮室エリアをさす概念である。ここにみえる「京」という語に過敏に反応して、「都市性の萌芽」を認めようとする意見もある。しかし、狭い盆地に建造物が溢れている「倭京」の実態は、皇室の宮殿と家政機関（役所）および寺院の集合体であり、条坊や方格地割、あるいは宅地班給の遺構はみつかっていない。官人たちは本貫地から「倭京」に通勤していたのであろう。こういう風景は、戦国時代の城・郭構造に脱皮する直前の中国、すなわち殷周時代の宮城をとりまく風景とどこか似ている。

(3) 藤原京から平城京へ

　天武五年（676）以降、「京」「京師」という用語が日本書記に頻出し、また、「新城(にいき)」という用語も散見されるようになる。ここにいう「新城」こそが後の藤原京であり、天武天皇は早くから藤原京条坊の造営に着手して、しばしばその進捗状況を視察している。一方、「京内二十四寺」（天武9年）を含む範囲はとてつもなくひろく、「京」とは倭京と藤原京を総括する領域を示す可能性がある。天武天皇はその12年に「都城・宮室は一処にあらず、必ず両参を造らむ」と詔し、翌年には「京師を巡行して宮室の地を定」めている。おそらくこの段階で、京師（＝京域）から宮域へ造営工事が推移したはずで、たしかに藤原宮の先行条坊からは天武期の木簡が数点出土している。

　天武の死によって一度は頓挫した藤原京の建設も、持統の即位（690）後に再開された。持統5年（691）の「新益京(あらましのみやこ)」鎮祭、翌年の藤原宮地の鎮祭を経て持統8年（694）、天皇は藤原宮に遷居した。ここに日本最初の都城が誕生したのである。都城というからには、当然のことながら、中国の制に倣うほか途はない。ところが、この時代、日本と唐の国交は断絶していた。斉明朝の時、白村江の戦が勃発した。663年、旧百済軍の援助にまわった日本軍は、海上で唐軍に大敗し敗走したのである。戦後の関係を修復するためにしばらく遣唐使は派遣されていたが、まもなく派遣が中断される。天武天皇は早くから中国式の都城を造営しようと企図していた。その願いとは裏腹に、中国本土の情報が公式に日本に届くことはなくなったのである。

　このような状況にあって、天武が頼るべき情報は中国からもたらされた典籍に限られたと想像される。藤原京の空間構造には、『周礼』考工記の「匠人営国。方九里。坊三門。国中九経九緯。経塗九軌。左祖右社。面朝後市。市朝一夫。」を意識したであろう特徴が少なくない（図17）。京域は十条十坊の正方形で、一坊は1500大尺（約530m）四方。京域内部に縦横9本の大路が通り、中央

4坊に宮城をおく。宮城は整然とした方形対称構造をとり、十二門を備え、朱雀門正面の大極殿院には十二朝堂の制が確立していた。また、市は宮城の北側に置かれた可能性が高いという。もちろん京域を囲む城壁は存在ていないし、左祖右社の痕跡もみつかっていないが、儒教古典にみえる礼の理想都市を日本流に解釈したものとして藤原京の存在を位置づける試みは決して誤りではないだろう。中国のどの時代にも実現したことのない儒教の理想都市が、その全体を表現したわけではないにせよ、国交の途絶えた海東の島国でかりそめに出現した可能性は十分ある。しかし、藤原京の命脈も長くは続かなかった。

　天武の孫にあたる文武天皇は、701年に大宝律令を制定し、702年に遣唐使の派遣を再開した。およそ30年ぶりの再開である。そして慶雲元年（704）、粟田真人ら第7次遣唐使は白村江の戦で捕虜となった倭人とともに、唐と長安の最新情報を携えて帰朝する。これが古代の日本社会に大変革をもたらした。大宝律令から養老律令への法制改革、富本銭から和銅開宝への貨幣転換など、現実の唐制に倣う政策が続々と打ち出された。和銅3年（710）の平城京遷都も、その政策転換の一環として理解すべきであろう。

　日本第2の都城、すなわち平城京は唐長安城の縮小版であった（図18）。外京（東に張り出す条坊区域）をのぞく平城京の面積は長安城の1／4。どういうわけか、京域の縦横比は長安城のそれを反転させている。官衙（役所）を含む宮城を都城中央の北辺に置き、朱雀大路を中軸線として、左

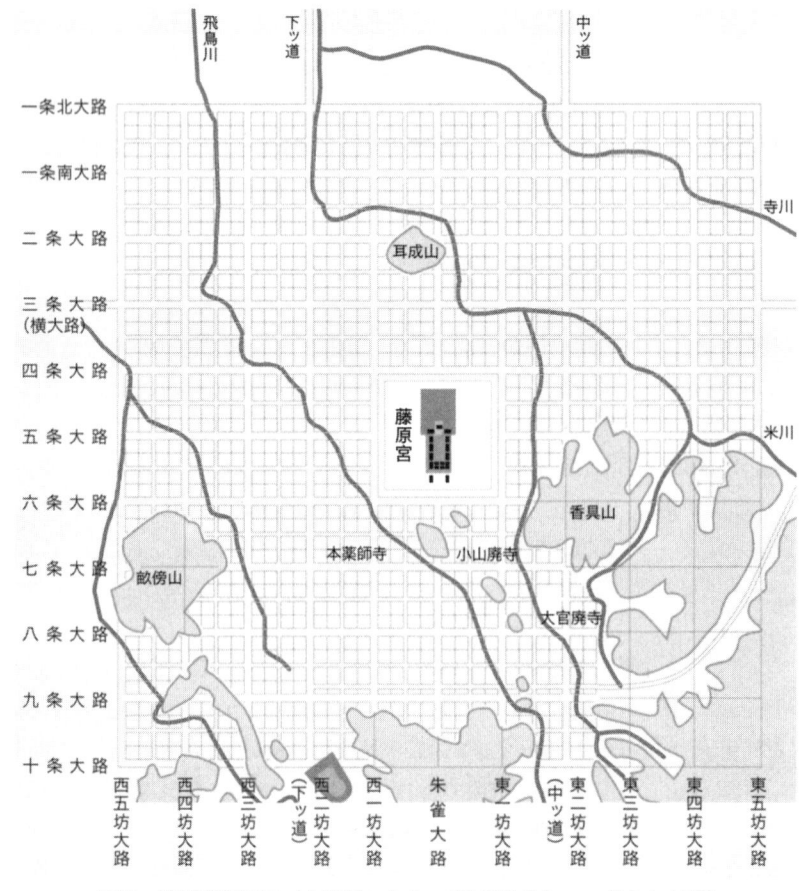

図17　藤原京復元図（小沢毅による。『建築雑誌』1488号より転載）

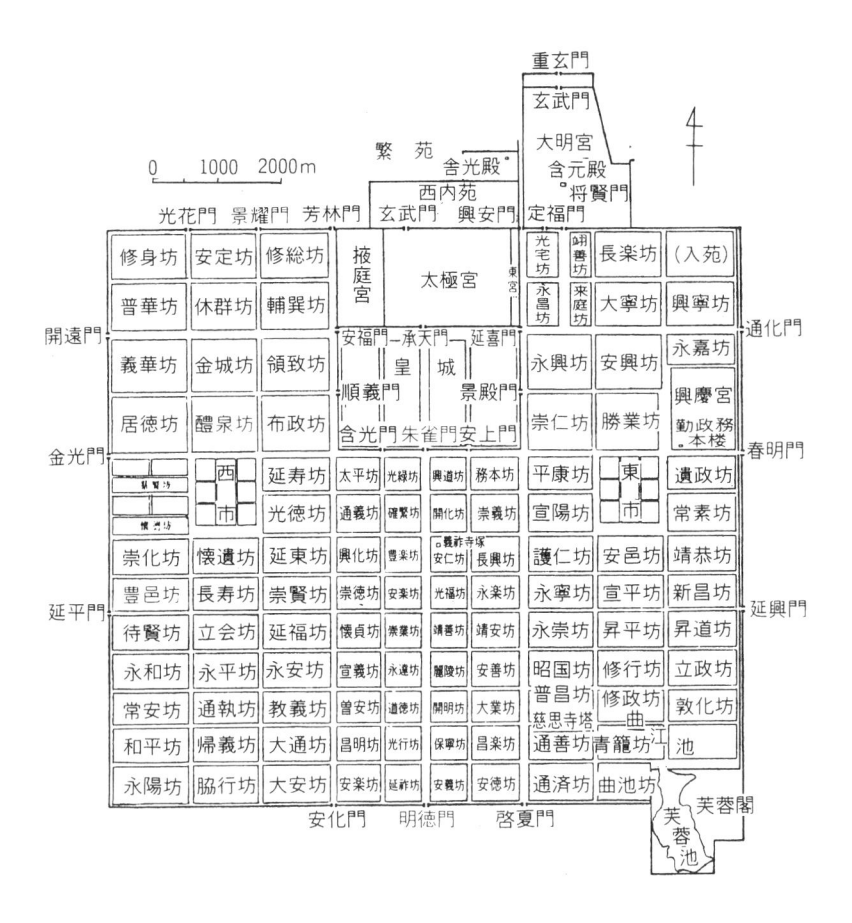

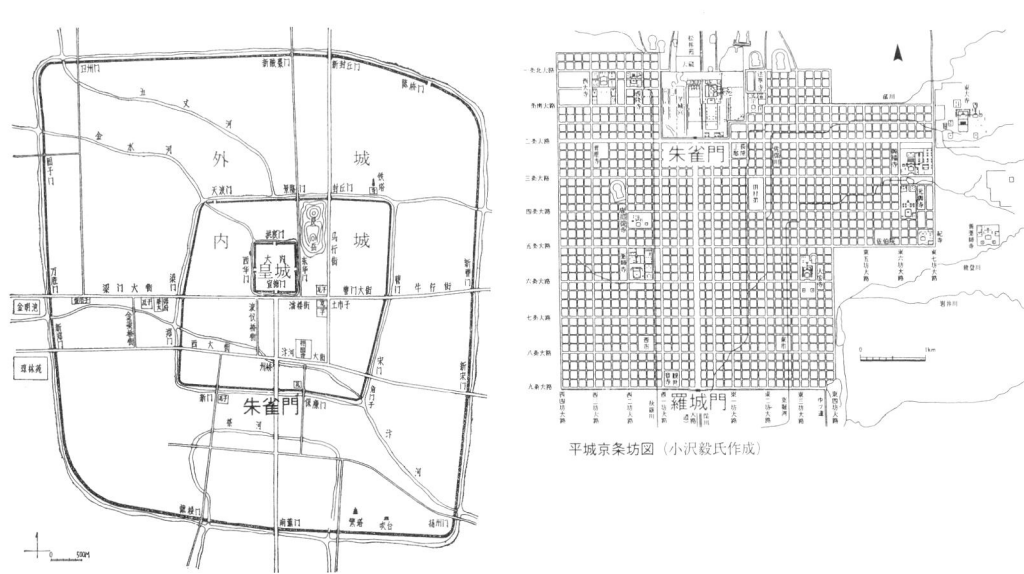

図18 唐長安城（上）・宋東京城（下左）・平城京（下右）の平面比較（縮尺は統一）

平城京条坊図（小沢毅氏作成）

第3章 歴史時代の建築考古学

京と右京で条坊ブロックと市を左右対称に配する。もちろん藤原京から引き継ぐ要素もあった。正方形をなす条坊ブロックの規模と形状は、長安城の横長長方形とは異なり、藤原京の伝統を受け継いでいる。やはり京域を囲む城壁は存在しない。ただし、平城京の場合、羅城門の近辺のみ城壁を設けており、それが南辺全域にひろがっていた可能性も指摘されている。

　このように、平城京は唐長安城を模倣しつつも、藤原京の伝統をも取り込む二重構造によって成立していた。それは京の中核となる宮域の構造にいびつな形で露呈した（本節 3 参照）。平城宮の内部には 2 列の大極殿・朝堂院ブロックが並列する。藤原宮の朝集殿・朝堂院・大極殿院・内裏の構造をほぼそのまま継承したのが壬生門前の東区（第 2 次）の大極殿・朝堂院ブロックであり、宮城正門たる朱雀門の正面には、内裏地区を伴わない広大な西区（第 1 次）大極殿院・朝堂院ブロックが配された。とりわけ大極殿院においては、平安時代の「龍尾壇」に相当する「磚積擁壁」上の空間構成が、当時の長安で執政の場となっていた大明宮（東内）含元殿の大基壇とよく似ている。おそらく平城宮の西区大極殿院は、唐の情報を取り入れた最新の儀礼空間として登場したものであった。しかし、それは両脇から「磚積擁壁」上にスロープで上がる空間構造にのみ限定された可能性が高い。第 1 次大極殿本体に関しては、これまで執拗に繰り返されてきた遺構分析にしたがう限り、藤原宮大極殿移築の可能性があり、入母屋造平屋建の大寺講堂に近い形式であったと推定される。伊東忠太設計の京都平安神宮がそのイメージをよく表現している（図19）。

　平城京は740年から 5 年間、空白期を体験する。都は恭仁、難波、紫香楽を彷徨い、遷都をくりかえすのだが、第 1 次大極殿は山城国分寺に施入されてしまった。745年の平城還都後、大極殿は壬生門正面の東区に規模を小さくして新設された。この時点で大極殿が重層化した可能性がある。その一方で、西区（第 1 次）大極殿院の跡地には、称徳天皇が第 2 の内裏とも呼ぶべき「西宮」の大普請工事を敢行し、その中心施設として巨大な「楼閣宮殿」を建設した。こちらの楼閣宮殿は、長安城大明宮の奥にあって太掖池を見下ろした高層宴会施設「麟徳殿」の日本版であろうと推定さ

図19　平安神宮の外拝殿と龍尾壇

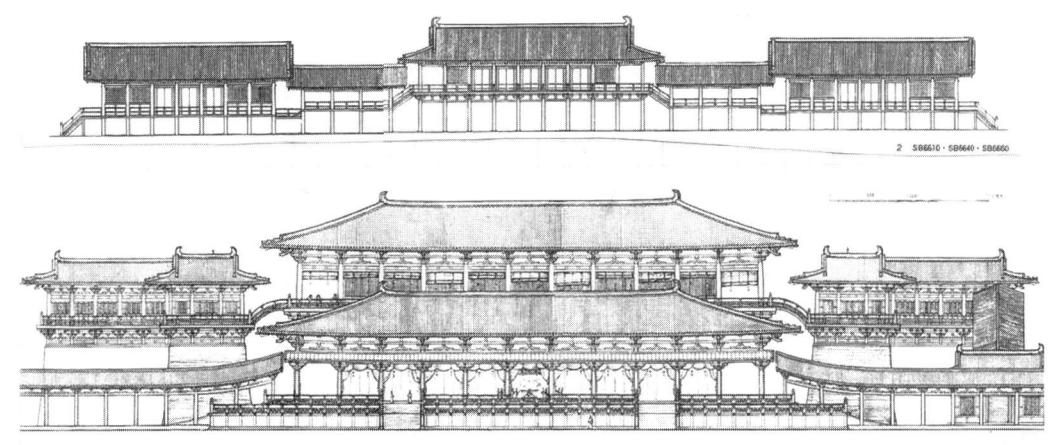

図20　唐長安城大明宮麟徳殿と平城宮西宮「楼閣宮殿」の立面比較

れている（図20）。西宮の北西には「西池」がひろがっていた。要するに、平城宮西区（第1次）の大極殿院は大明宮の模倣を目的として導入され、奈良時代の前半は含元殿　後半は麟徳殿をモデルとした権力のための空間であった。なお、平城宮の場合、西と東に大極殿・朝堂院地区が並列したため、正方形対称平面の藤原宮では宮域内にあった諸施設を納めきれなくなった可能性がある。その結果、平城宮の東側には「東院」と呼ばれる張り出し部分が設けられたのではないか。ここには中国風の優雅な庭園や小振りの楼閣宮殿、あるいは造酒司などの役所を配している。

　長岡京（784-）を経て平安京（794-）になると、藤原京からの伝統をうけつぐ大極殿・朝堂院地区が朱雀門前の定位置を取り戻し、旧西区（第1次）朝堂院は「豊楽院」となって西寄りに移動するとともに、その北方に存在すべき大極殿院は空地となった。あわせて、平安宮全体の平面は縦長長方形となって、東院のような張り出し部分も消滅する（図21）。京域においても平城京の「外京」のような張り出し部分はなくなり、平安時代の宮と京は幾何学的な形態を取り戻す。こういう変化の足跡をみるにつけ、平城宮を中核とする平城京の構造は、唐制導入端緒の混乱を映し出した過渡的「都城」という位置づけが妥当だという思いを強くする。

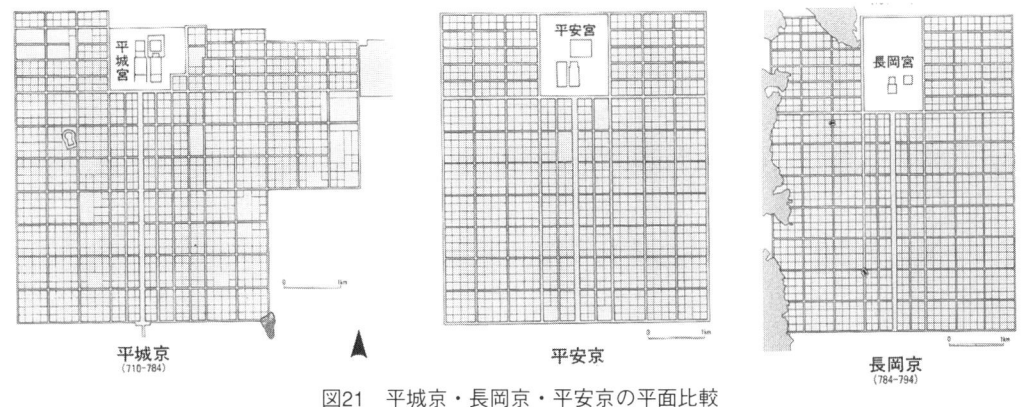

図21　平城京・長岡京・平安京の平面比較

2．前漢長安城桂宮の発掘調査

(1) 漢長安城と桂宮

　前漢の長安城は、高祖劉邦が関中に築いた都である。高祖は皇帝に即位してまもなく、雒陽（洛陽）城の南宮で酒宴を催した。『史記』高祖本紀によると、帝は雒陽を永久の都とすることを望んだが、側近たちの意見に従い、関中への遷都を決意したという。帝位に即いた高祖5年（前202年）、自らは櫟陽宮（今の陝西省臨潼県北東の地）に居を移し、丞相蕭何に命じて長安城の建設にとりかかった。土木・建築工程の実務を指揮したのは、軍匠出身の楊城延という。高祖7年、まず長楽宮が完成した。項羽が焼き払った秦都咸陽は、渭水の北岸に築かれた戦国時代の古城であったが、始皇帝は南岸側に阿房宮を新設し、さらにその周辺にも多くの離宮を設けていた。漢の長楽宮は、秦の離宮のうち戦火を免れた興楽宮を改修したものである。翌8年には長楽宮の西側に未央宮が竣工し、北宮・東闕・北闕・武庫・太倉などが続々と建設されていった。

　しかし、築城にはさらに長い年月を必要とした。城壁が都市の全周をめぐり、12の城門が完備されたのは、恵帝5年（前190年）のことという。こうして誕生した前漢長安城の平面は、一辺約6kmの正方形に近い（図22）。ただし、東壁をのぞく3面ではいずれも城壁が屈曲しており、とりわけ渭水支流の泡河に沿う北壁は、西よりの部分が斗形に折れ曲がっている。後代の人はこれを北斗七星にみたて、漢の長安城を「斗城」と呼んだ。その城は、いわば宮殿群のための都市であった。城の西北隅に東市と西市、北部にさまざまな官署（役所）や甲第（諸侯・高官などの邸宅）、中央南よりには武庫を配してはいるものの、城内の大半は、未央宮・長楽宮・明光宮・北宮・桂宮の敷地で占められていた。皇帝の居所であり政務の場とされたのは西南隅の未央宮で、東南隅の長楽宮も当初は朝儀朝政の場であったというが、恵帝の代に皇太后宮となる。また、皇帝の正室は、椒房殿を中心とする未央宮内の皇后宮に居り、側室にあたる后妃たちは14の階級に序列化され、北よりの明光宮・北宮・桂宮に分散して住んでいた。側室や女官の数は想像を絶しており、明光宮だけでも2,000以上に及んだという。

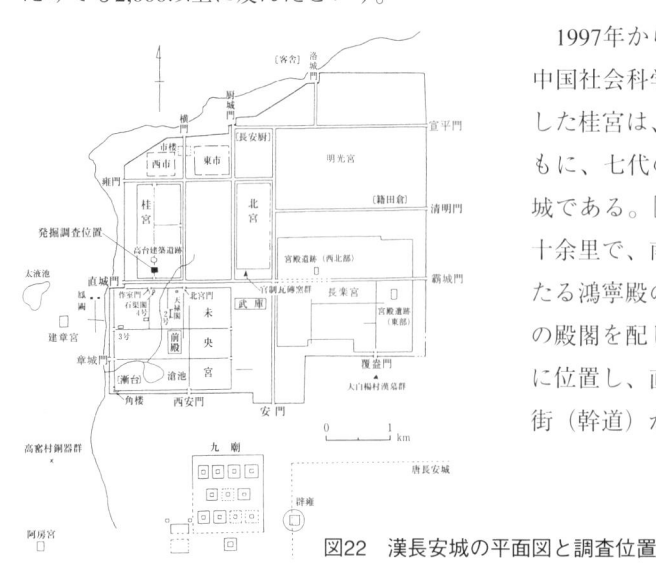

　1997年から奈良国立文化財研究所（奈文研）と中国社会科学院考古研究所（考古研）が発掘調査した桂宮は、明光宮および城外西隣の建章宮とともに、七代の武帝（前157〜87年）が造営した宮城である。『水経注』によれば、宮の周壁総長は十余里で、南に龍楼門を開き、内部には正殿にあたる鴻寧殿のほか、明光殿・走狗台・栢梁台などの殿閣を配していたという。桂宮は未央宮の真北に位置し、直城門と覇城門をつなぐ東西方向の大街（幹道）が南北の2宮を画していたが、大街を

図22　漢長安城の平面図と調査位置

またぐ空中廊下が二つの宮殿をつないでいた。『漢書』にいう「紫房複道」、あるいは『西京賦』にみえる「閣道」がそれであり、皇帝はこの空中廊下によって后妃たちのもとに通ったのであろう。なお、『漢書』孝哀傅皇后伝によれば、哀帝の死後、王莽は皇后を桂宮に隠居させる詔を下している。

(2) 桂宮2号建築遺址の発掘調査

　前漢長安城の調査は、1956年からはじまった。桂宮に関しても62年に範囲確認のためのボーリング調査がおこなわれており、南北1800m×東西880mの規模が判明した。しかし、本格的な調査が動きだしたのは、第2次共同研究がスタートした96年からである。同年、考古研はボーリング調査によって5つの建物跡を確認し、翌97年から桂宮2号建築遺址の発掘に着手した。初年度の調査面積は約5000m²である。

　桂宮2号建築遺址は、北京故宮（紫禁城）北方の景山を彷彿とさせる1号建築遺址（いわゆる高台建築）のおよそ100m南に位置している（図23）。東西63m×南北30mの基壇上にたつ巨大な建物跡だが、基壇は30cmほどの高まりしか残っていない。主柱の配置や規模は不明であり、上部構造の復元は困難を極めている。劉慶柱考古研所長（当時）は、この基壇すべてを覆い包む大屋根の平屋建物と推定しているが、戦国時代から漢代にかけて盛行した台榭建築の形式をとった可能性も否定できない（図24）。台榭建築とは、階段状に基壇を積みあげて、各壇に木造の屋舎をたちあげ、全体として高層楼閣にみせる建築スタイルをいう。

　基壇の外縁部には、方形の壁柱穴が2〜3mの間隔で並んでいる。これはおそらく回廊状の庇の柱痕跡であろう。その壁柱から約2.5m離れた基壇の外周域では、卵石あるいは瓦を密に敷き詰めた「散水」をめぐらしている（図25）。日本ならば、ここに雨落溝を掘って排水するわけだが、中国では石や瓦で雨水を弾きとばしつつ地下に吸収していく。ただし、基壇の南正面に設けた二つの門道（階段）のあいだは磚敷の前庭とし、散水を設けない。基壇の東端と北面中央西よりの場所には、地下室がある。これは『儀礼』にいう「下室」とも推定されているが、具体的な機能は明らかでない。基壇の西につきでた一角と北面の2ヶ所には、庭院を設け

図23　南東からみた桂宮2号建築遺址と高台建築遺跡（手前に卵石散水、中央に東地下室、遠景に高台建築遺跡がみえる）

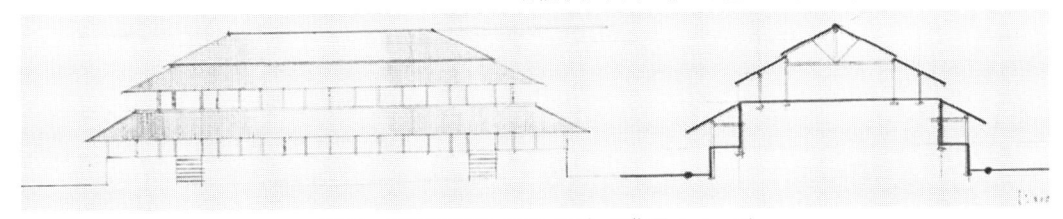

図24　桂宮鴻寧殿（A区正殿）の復元イメージ

る。庭院には四方の屋根から雨水が落ちるので、散水を長細い口字形にめぐらしている。

(3) 女の宮殿

初年度の発掘の結果、桂宮2号建築遺址の平面は、未央宮の皇后宮正殿にあたる椒房殿の南半部とよく似ている[(3)]ことが判明した（図26）。李毓芳教授はこの類似性から、2号建築遺址を桂宮最大

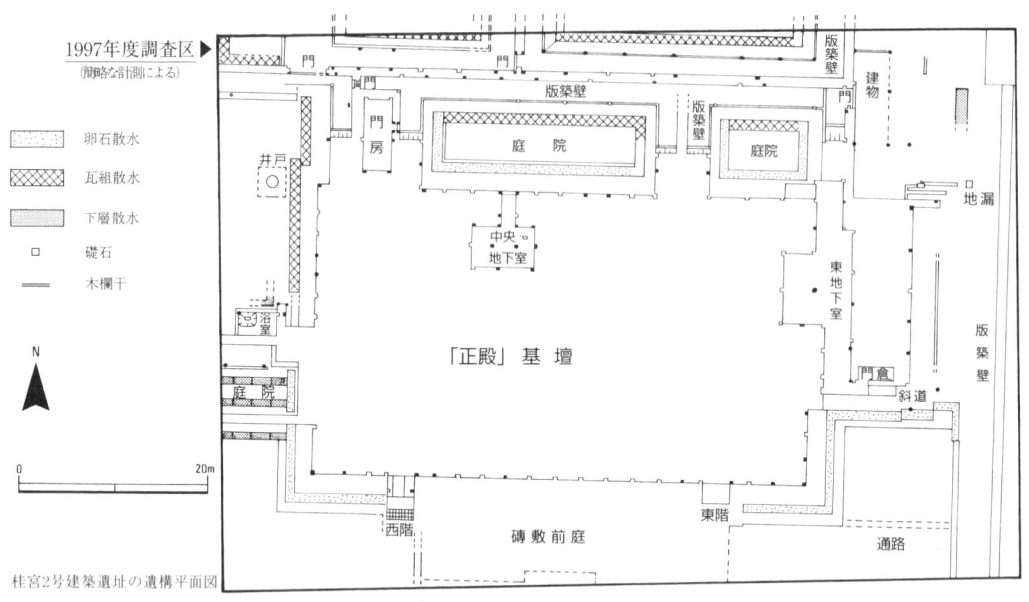

図25　桂宮2号建築遺址A区の遺構平面図

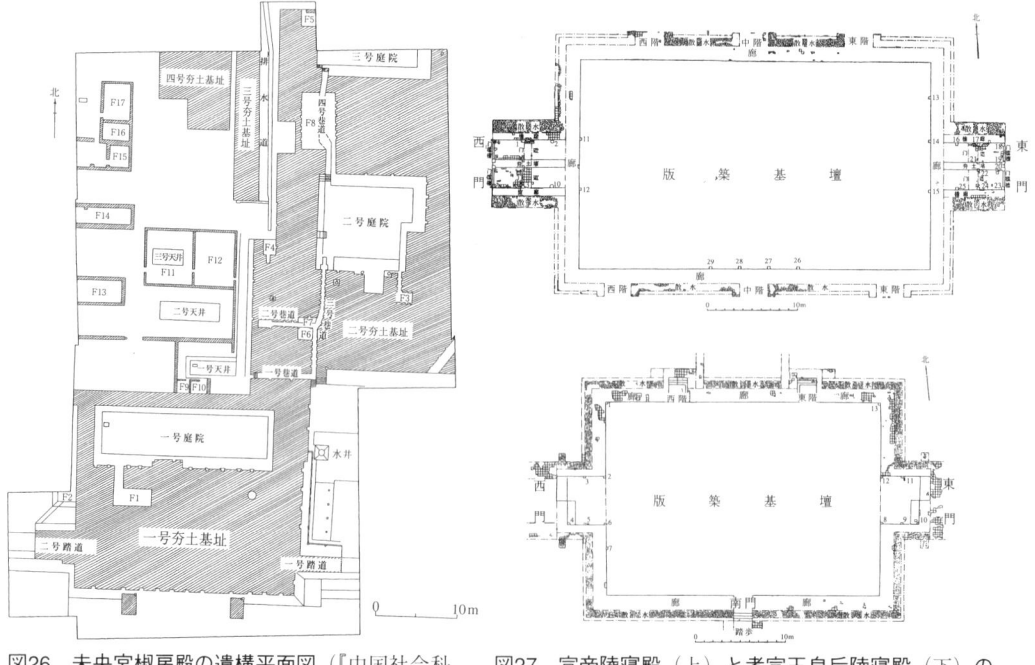

図26　未央宮椒房殿の遺構平面図（『中国社会科学院所蔵 古代中国宮殿都城図集』古都調査保存協力会、1994より転載）

図27　宣帝陵寝殿（上）と孝宣王皇后陵寝殿（下）の遺構平面図（中国社会科学院考古研究所編『漢杜陵陵園遺址』科学出版社、1993より転載）

の建造物である鴻寧殿の遺構と推定している。椒房殿と桂宮2号建築遺址の共通点としてとくに注目されるのは、正面階段の数と文字瓦当である。基壇正面の階段は、両者いずれも「東階」と「西階」の2基のみで、いわゆる「双階」の制をとる。一方、皇帝の宮殿正面には、「東階」「中階」「西階」の3基を必ず設ける。これは帝陵寝園内の建築でも同じであり、た

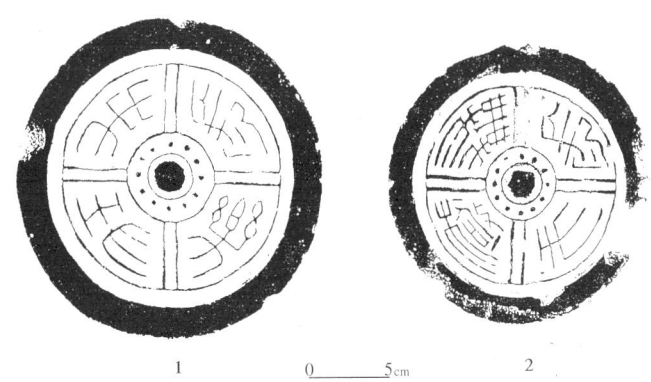

図28　未央宮椒房殿で出土した文字瓦当（左：「長楽未央」、右：「長生無極」。中国社会科学院考古研究所編『漢長安城未央宮』中国大百科全書出版社、1996より転載）

とえば九代宣帝の杜陵では、宣帝陵の寝殿が三階、孝宣王皇后陵の寝殿が双階となっている（図27）。

　同じく杜陵の場合、宣帝陵の寝殿に用いる文字瓦当は「長楽未央」、皇后陵のそれは「長生無極」と記されており、男女で完全に使い分けられていた。桂宮2号建築址でも、「長楽未央」の瓦当はまったく出土していない。すべてが「長生無極」の文字瓦当であり、后妃専用の宮殿であったことを裏付けている。一方、椒房殿は未央宮の中に建てられていたためか、文字瓦当は両者とも出土しているのだが、その比率は「長生無極」と「長楽未央」で2：1であり、前者が圧倒的に多い（図28）。

　椒房殿と桂宮2号建築址の共通点として、さらに注目したいのは、皇帝の宮殿ではみつかっていない地下室の存在である。地下室から出土する生活遺物は極端に少なく、「物置」説や「穴蔵」説には不利であって、非常時における「避難所」とみる見解もある。しかし、それならば、皇帝の宮殿にもあって然るべきであり、むしろ女性の忌みとの関係を検討する必要があるのではないだろうか。この場合、注目されるのが、桂宮の宮名に冠されている「桂」という言葉である。古代中国では、月中に桂樹があって栄枯するという伝承があり、「桂」は「月」の別称でもあった。「桂女」とは月中の仙女をさすが、いうまでもなく月には月経の含意もあるから、桂もまたその暗喩となる事物であった。さらに「桂椒」という熟語がある。椒房殿の「椒」が「桂」と複合しているわけだが、漢代には後宮建築の壁に山椒の実をすりこむ習慣があった。山椒は匂いがよく建物を暖める効能があるばかりか、実をたくさん結ぶので「多産」を象徴する植物でもあったからである。要するに、「桂」も「椒」も女に直結する言葉であり、それを冠した宮殿内の地下室が月経や出産と係わるのかどうか。無視できない検討課題と思われる。

(4)　「後寝」の発見

　未央宮椒房殿との類似性からみて、2号建築遺址の北側の区画には「前朝後寝」における「後寝」の部分、すなわち日常的な生活領域の存在した可能性が当然推定されるので、1999年度はやや西よりの北側に面積約4000㎡の発掘区を設定した（図29）。ところが、驚くべきことに、そこにはトレンチのなかに納まりきらない巨大な基壇建物跡が姿をあらわしたのである。この基壇は南北20m×

図29　高台建築遺跡からみた第2次調査区の全景（北から）

東西78m以上の規模を有し、西北隅には張り出し部分をともなう。やはり、後世の耕作による削平のため、基壇の残高は10～30cmしかなく、主柱の位置と規模は不明である。ただし、基壇の外縁部には礎石が散在し、回廊状の庇を設けていた可能性が高い。

　この巨大な基壇に上がるための斜道が、南側で3ヶ所、西側で1ヶ所、北側で2ヶ所みつかっている。そのうち北側西半のものは幅30m以上のなだらかな磚敷斜道であり、2号建築遺址の磚敷前庭に対応する遺構かもしれない。それ以外は幅3～5mの小さなスロープである。基壇の中央部分では、地下室を東西2ヶ所に設けている。東側の地下室はおよそ5m×5mの正方形平面を呈し、深さは約1.8m。西側の地下室は、基壇を南北に貫く幅約2m、深さ約1.1mの通路状遺構で、床に磚を敷きつめる。このほか基壇の西南隅には、貯蔵穴を囲いこむ小部屋を設け、基壇の前面には3つの庭院を東西に並列させる。庭院の四周には、やはり卵石もしくは瓦組の散水をめぐらせる。また、庭院を区画する位置に築地回廊状の通路を配し、2号建築遺址の北面庭院とつないでいる。

　新たにみつかった超大型の基壇建物は、前年に検出した2号建築遺址と版築壁および庭院を挟んで隣接しており、一連の施設としてとらえるべきものであり、「後寝」の可能性が高いだろう（図30）。日中共同の調査隊が2年間にわたって発掘してきた桂宮の巨大建造物群は、その南半部が未

図30　2号建築遺址で出土した卵石散水と瓦相散水(左)および中央地下通路(右)

央宮椒房殿と酷似する一方で、北半の平面に大きな違いがあり、文献史料にみえる建物との照合や機能比定に少なからぬ課題を残すこととなった。しかし、調査はこれからも継続していく。謎解きの楽しみに、もう少し時間をかければ、新しい視界が開けてくるにちがいない。

註

(1) 第1次調査の正式報告は、中国社会科学院考古研究所・日本奈良国立文化財研究所 中日聯合考古隊「漢長安城桂宮第二号建築遺址発掘簡報」(『考古』1999年1期)である。このほか概略的な報告として、玉田芳英・次山淳「漢長安城2号宮殿の調査」(『奈良国立文化財研究所年報』1998-Ⅰ)、浅川「前漢長安城桂宮の発掘調査」(『世界美術全集　東洋編』第2巻月報、小学館、1998)、同「漢長安城桂宮の発掘調査―中国社会科学院考古研究所との国際共同研究―」(『学術月報』52巻1号、1999)がある。

(2) 厳密に言うと、薄い磚(タイル)であり、それを縦方向に密に並べて土に埋めこんでいる。

(3) 以下、未央宮の発掘成果は、すべて中国社会科学院考古研究所編『漢長安城未央宮』(中国大百科全書出版社、1996)による。

(4) 杜陵の陵墓は寝園の北側にあるので、寝殿の正面は北側となり、そこに「双階」「三階」を設けている。以下、杜陵の発掘成果は、すべて中国社会科学院考古研究所編『漢杜陵陵園遺址』(科学出版社、1993)による。

3．含元殿と麟徳殿

唐の長安城は、海東に浮かぶ日本の平城京をはじめ、東は渤海の上京龍泉府、南は雲南の南詔太和城まで、東アジアのひろい範囲に影響を及ぼした古代の都市モデルである(図31)。北魏洛陽城、北斉鄴南城などの大規模な条坊制都城の伝統を受け継ぎながら、隋の文帝が造営した大興城を原型とする。鮮卑拓拔氏出身の宇文愷を中心に設計と施工が進められ、開皇3年(583)に大興城への遷都が完了した。その平面は宮城(皇居兼儀式区域)と皇城(役所集中区域)を都城中央北端に配

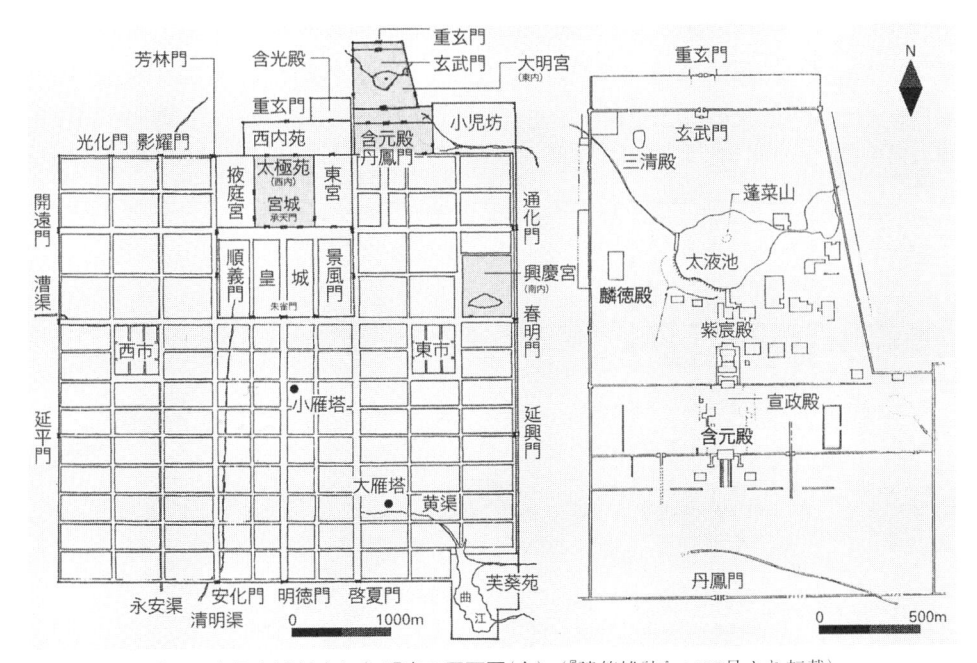

図31　唐長安城(左)と大明宮の平面図(右)（『建築雑誌』1488号より転載）

するものであり、条坊ブロックや「市」の対称配置に特色がある。隋代に皇帝常居の場は宮城（710年に太極宮と改称）に限られていたが、唐代になると大明宮が造営され、宮城との位置関係から「東内(とうだい)」とも呼ばれた。その後、興慶坊にも興慶宮が造営され、皇居は東内（大明宮）・西内（太極宮）・南内（興慶宮）の三カ所に分かれた。ここでは、大明宮の含元殿と麟徳殿の構造と性格を述べ、あわせて日本都城への影響について考えてみたい。

（1）大明宮と含元殿

　含元殿は大明宮の正殿というべき建築である。太宗を父とする太上皇のために貞観8年（634）に造営を始めたが、太上皇病死のため工事は一旦中止を余儀なくされた。龍朔2年（662）、高宗は太極宮が低湿であるのを嫌って、再び大明宮の造営に着手し、翌3年には新築なった含元殿に幸している。高宗以降、歴代皇帝も基本的に大明宮で政務をとり、唐代末期まで存続した。含元殿の地下遺構としては3重の大基壇が残り、南側斜面を削って土を搗き固め造成している。その高さは約15mを測る。この基壇上に1列10基の礎石据付穴が2列平行に並び、そのうち中央9間の柱間寸法が5.35m、両端の柱間はやや狭い。この2列を囲むようにして、西・北・東面に版築壁が残存する。また、東南と西南に楼閣が配され、含元殿本体と廊でつながれていた。

　この遺構の解釈をめぐって見解が分かれている。承礎石（地上の礎石の真下に埋め込まれた石）のある部分を隋代の観徳殿の遺構とし、唐代に入ってから拡張されたとする見方と、現存遺構を唐代の含元殿とみる見方である[1]。前者の立場に従うならば、含元殿は桁行9間、梁間4間の本体に裳階をめぐらせたもので、全体としては東西67.03m、南北28.22mの平面規模に復元できる。これについては、含元殿最上層の基壇には、臣下が跪拝するなど儀式をおこなう場所があったことが分かっており、裳階が基壇に張り出すと、跪拝のスペースを確保し難いのだが、正面の裳腰を吹放しとみれば、この矛盾は解消するかもしれない。

　さて、含元殿といえば「龍尾道」に触れないわけにはいかない。龍尾道といえば、含元殿の前面に3本の斜路を描く復元パースがよく知られている。これは1959～60年のボーリング調査に基づいたものである。しかし、1995～96年の全面発掘調査の報告によれば、含元殿遺構の前面からまっすぐに昇降する斜路の痕跡はまったくなく、含元殿の脇殿にあたる楼閣の基底部まわりで含元殿へ折れ曲がりながら昇る斜路が検出された。

　ところが、これに建築史研究者が異論を唱えた。楊鴻勛は、自ら1995～96年の調査にたちあった結果、含元殿の前面には、3本ではなく2本の龍尾道が観察されたと主張している。含元殿の初期段階で龍尾道は前面に2本あったが、咸亨元年（670）の「蓬莱宮」から「大明宮」への改称に伴い、初期の龍尾道を廃棄して両側の楼閣まわりから昇るようになったと楊は推定している（図32左）。また、中央の龍尾道が唐代にやはり存在した可能性を指摘する意見もある。傅熹年によれば、大明宮は皇城と宮城の二つの性格をあわせもっていた。大明宮の南端中央にある丹鳳門は皇城正門の朱雀門に相当し、丹鳳門から含元殿までの間は小型の皇城に相当する。含元殿は太極宮の正門である承天門に相当し、その背面に控える宣政殿や紫宸殿こそが本来の正殿相当施設であった。また、含

図32　唐長安城大明宮含元殿と平城宮第一次大極殿院の比較

元殿両脇の楼閣は「闕」とも呼んだ。闕の現存代表例としては北京の紫禁城午門が挙げられる。門と左右の楼閣とでコ字形の平面をなす城門兼城楼であり、日本では平安宮応天門がこの形式を採用し、楼閣の呼称も「棲鳳閣」「翔鸞閣」で含元殿と一致する。つまり、含元殿とは本来「門」に相当する施設なのだが、地形が前庭部分と比べて約12mも高いため、門闕の形式をとりながらも、儀式空間である含元殿を正殿とし、脇殿を「閣」と称したとみる。ところで、隋唐時代の都城・皇城・宮城の正門は、いずれも門道が5本あり、含元殿の南にある丹鳳門も5本の門道を備えていて、含元殿の前の五本の路とまさに対応している。皇帝が正式に宮殿を出るには、中軸線上中央の路を通らなければならない。唐代の儀礼制度は君子と臣下との身分差を非常に重んじており、儀礼行為などで大明宮に出入りする際、皇帝専用の御道がなく、臣下とともに側道を通ることは考えられないから、1959〜60年の調査で検出された龍尾道の手がかりを否定すべきではない、と傅は主張している。

　以上とりあげた建築史家の見解はいずれも傾聴に値するものだが、1959〜60年の調査はボーリングに限定されており、そこから遺構の解釈をすること自体に相当な飛躍がある。また、ボーリング調査で確認された文化層が発掘調査で検出されないはずはないし、その調査にたちあったという楊鴻勛が発掘調査のスペシャリストであるわけでもないので、現状では全面発掘調査の成果を尊重すべきと考える。また、唐長安城の影響を受けて成立した平城京においても、高さ2mあまりの磚積擁壁を築く平城宮第一次大極殿院（奈良時代前半に西側におかれた大極殿院）の空間構成が含元殿のそれを模倣した可能性は高く、擁壁上に建つ大極殿へ直行する斜路の痕跡はまったくみつかっていない。大極殿に脇殿や楼閣は付属しないが、大極殿へのアプローチは回廊に近接する左右両脇の斜路からであり、少なくとも盛唐時代の含元殿に、正面からの導入路となる龍尾道は存在しなかったとみるべきではなかろうか。

　逆に、平城宮が藤原宮のように左右対称にして正方形平面の定型を敢えて放棄し、朱雀門と壬生門の正面に2列の大極殿・朝堂院地区を設けたのは、第7次遣唐使が含元殿を中心とする大明宮の威容に接した結果であろうと思われる。すなわち、朱雀門正面の西区が大明宮の模倣、壬生門正面の東区が藤原宮からの継承とみればよいのである（図34左）。

(2) 麟徳殿と太液池

　麟徳殿は、大明宮の西壁からわずか90mのところに位置している。殿舎名が示唆するように、麟徳年間（664～666）の竣工という。おもに大宴会の挙行を目的とした建築であり、大暦3年（768）には、神策軍の将校と兵士3500人が麟徳殿で宴会にあずかった。発掘調査報告によれば、南北130.41m、東西77.55mの巨大な大基壇があり、その上には合計164個の礎石もしくはその据付穴が確認されている。

　麟徳殿は「三殿」とも称される。発掘調査報告は、これを南から前殿、中殿、後殿と呼ぶ。前殿は桁行11間、梁間4間でいわゆる9間4面の平屋と推定される。この「堂」形式の前殿こそが狭義の「麟徳殿」であり、その呼称が複合建築全体の総称としても使われたようである。中殿は桁行11間、梁間5間だが、その両端間（幅約5.5m）の全体が版築壁になっており、桁行は実質9間となる。また、柱配置は総柱式で、幅1mあまりの版築壁によって初層の室内は三分される。中殿端間の分厚い版築壁は後殿の南側4間分とつながっている。後殿は桁行9間、梁間6間で、やはり総柱式の柱配置とする。中殿と後殿については、総柱式平面と分厚い外壁などの遺構とともに、文献にみえる「障日閣」「景雲閣」などの語から、高大な楼閣建築であったと考えられる。楊鴻勛は中殿・後殿上に間仕切りのない大宴会場「景雲閣」を想定しているが、その全体に大屋根をかけるのではなく、軒を接する双堂形式の屋根に復元している(5)（図33）。

　さて、麟徳殿の東、大明宮の中央北寄りには、面積約1.6haの太液池が水を湛え、池中に蓬莱山が浮かんで、その山上には樹木だけでなく亭を配し、太液池の周囲にも多彩な殿舎群が軒を連ねていた。曲池を中心とする広大な自然風景庭園が大明宮の中核だったといっても過言ではない。太液池水面から麟徳殿の比高差は10mあまり。しかも、麟徳殿は高大な楼閣建築なのだから、「景雲閣」から太液池を望めば絶景この上ないものであったろう。日本の平城宮でも、奈良時代後半、称徳女

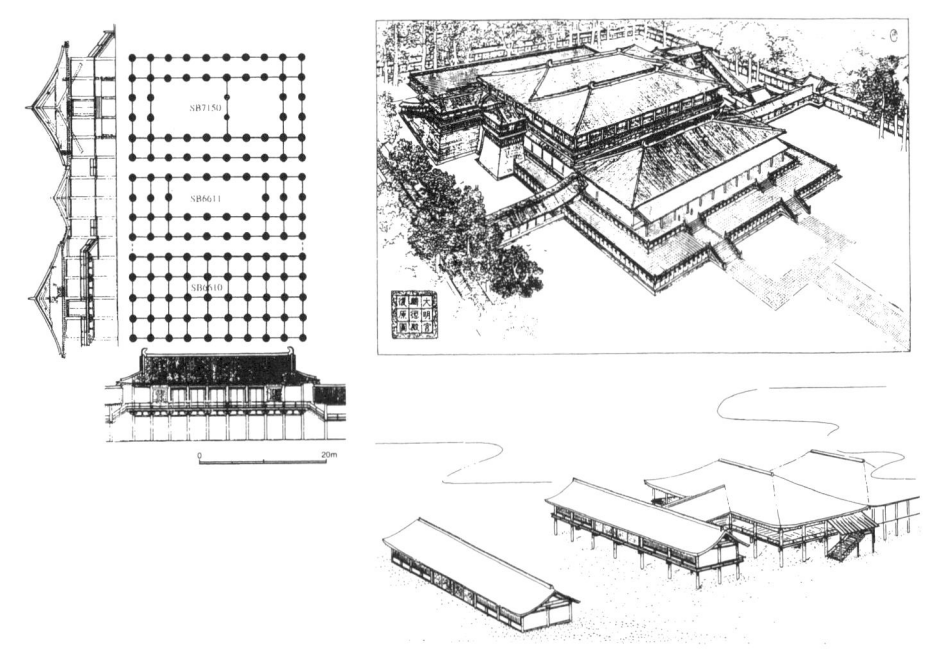

図33　唐長安城大明宮麟徳殿と平城宮楼閣宮殿（左：平城宮「西宮」楼閣宮殿復元図、右下：同「東院」楼閣宮殿復原パース、右上：楊鴻勛麟徳殿の復元パース）

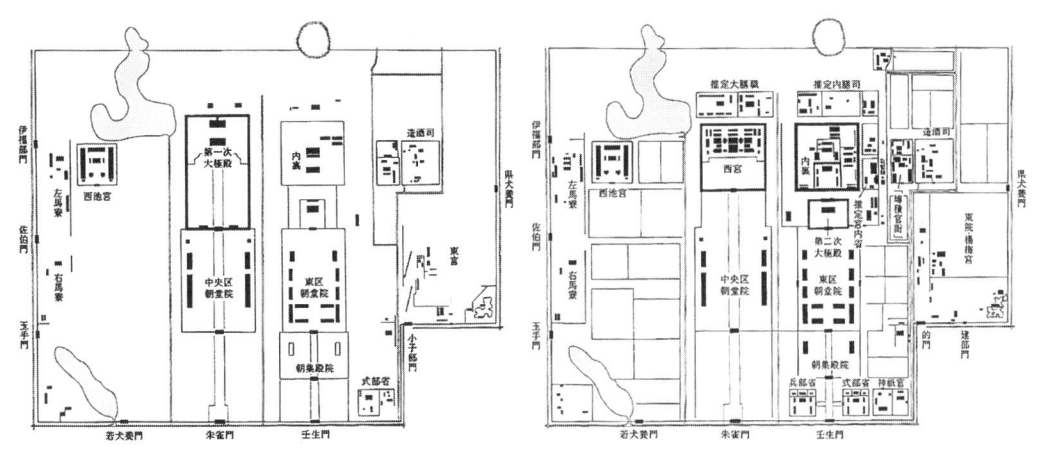

図34 平城宮平面図（左：奈良時代前半、右：後半）

帝が第一次大極殿院の跡地に造営した「西宮」に、桁行9間の総柱式建物が3棟南北に並んだ遺構がみつかっている。また、ほぼ同時期の平城宮東院地区でも桁行6間の楼閣群が建設されており（図33）、『続日本紀』等には東院で宴会を催したという記事が頻繁にみえる。これらの楼閣群はいずれも掘立柱の非瓦葺き（おそらく檜皮葺き）ではあるが、平面構成や楼閣の形式に麟徳殿の影響をうけた可能性を否定できない[7]。また、「西宮」の北西側には西池（現在の佐紀池）の園池、東院楼閣宮殿の東南には東院庭園が設けられていた。いずれも大陸風の曲池を中心におく自然風景式庭園である。宮内の楼閣群から庭園をはじめ、宮内外の景観を一望できたであろう。

(3) 長安城と平城宮・平安宮

すでに述べたように、藤原宮の文法から大きく逸脱した平城宮の不規則平面は、第7次遣唐使がもたらした大明宮の情報に影響されたものとみて大きな誤りはないと思われる。朱雀門正面にあった従来の大極殿・朝堂院地区は壬生門の正面においやられ、朱雀門の正面には含元殿を意識した第一次大極殿院がなかば強引に割りこんできた。但し大極殿本体については、藤原宮からの移築説が有力視されており、第一次大極殿院においても唐長安城と藤原京の二重構造を読みとれる。

ところが、奈良時代後半になると、大極殿は壬生門の正面に移され、第一次大極殿の跡地に掘立柱式の高層楼閣群が建設された。いわば、第一次大極殿院地区において、含元殿から麟徳殿へのモデル・チェンジがなされたことになる[8]（図34）。その結末は平安宮図が示すとおりである（図35）。大極殿と朝

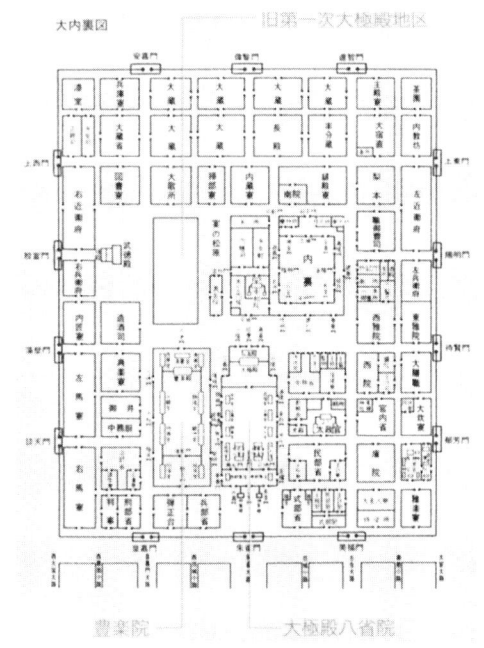

図35 平安宮大内裏図

堂院（八省院）は朱雀門正面のロケーションをとりもどす一方、平城宮第一次朝堂院地区を継承する豊楽院は西の皇嘉門正面に移り、その北方を占拠するはずの旧第一次大極殿地区は「空き地」と化している。それはおそらく西側に築かれた武徳殿の正面にひろがる騎射の道場であったろう。いずれにしても、平安宮の造営段階にあっては、すでに含元殿も麟徳殿も憧憬の対象ではなくなっていた。それは、中国式都城の意味そのものが形骸化する前触れであったのかもしれない。

註
(1) 前者はおもに楊鴻勲氏と傅熹年氏。後者は中国社会科学院考古研究所西安唐城工作隊。詳しくは以下の文献を参照。楊鴻勲「唐長安大明宮含元殿の復元的研究―その建築形態にかんする再論」（『佛教藝術』233号）、傅熹年「含元殿遺構とその当初の状態に対する再検討」（『佛教藝術』246号）、中国社会科学院考古研究所西安唐城考古工作隊「唐大明宮含元殿遺址1995-1996年発掘報告」（『考古学報』1997年第3期）。
(2) こうした城門は、城壁に連なる「台」とその上部の木造建築からなっており、「台」に洞状の穴をあけて通り道とする。これを「門道」という。
(3) 奈良国立文化財研究所『平城宮第一次大極殿地区の調査』平城宮発掘調査報告第XI、1982
(4) 中国社会科学院考古研究所編『唐長安大明宮』科学出版社、1959
(5) 楊鴻勲「唐大明宮麟徳殿復原研究階段報告」『中国考古学研究―夏鼐先生考古五十年紀年論文集（二）』科学出版社、1986年など。
(6) 「西宮」地区を一時「中宮」とみる見解もあったが、今は再び「西宮」で落ちついている。
(7) 浅川滋男・清野孝之「第292次調査」『奈良国立文化財研究所年報』1999-Ⅲ
(8) 浅川滋男「宮城の建築」『日本の考古学 下巻』学生社、2005年

4．宮城の建築

(1) 宮城門と城垣

　『周礼』考工記に記載された儒教の理想都市を日本なりに解釈して飛鳥の地に具現しようとしたとされる藤原京では、正方形の宮城、すなわち藤原宮を都城の中央に配している。藤原宮の規模は約1km四方で、その周囲を囲む大垣はいまだ版築の築地塀ではなく、穴を掘って柱を立て柱間を土壁とする掘立柱塀であった。掘立柱塀の内外両側に濠をめぐらせ、防御性を高めている。大垣の柱はすべて抜き取られていたが、柱痕跡は直径40〜50cm、柱間は2.7m（9尺）等間であり、宮の四周では1200本以上の柱が立ち並んでいた。

　藤原宮の平面は「方九里傍三門」に倣う大藤原京の縮小版のようであり、その四辺すべてに3つの門を開く「宮城十二門」の制をとっていた。これまで発掘した門は4ヶ所だけだが、文献や木簡によって、その呼称は以下のように推定されている。

　　南辺：　若犬養門（西）、大伴門（中）、壬生門（東）
　　東辺：　山部門（北）、建部門（中）、小子部門（南）
　　北辺：　海犬養門（西）、猪使門（中）、丹比門（東）
　　西辺：　伊福部門（北）、佐伯門（中）、玉手門（南）

これにみるとおり、門の呼称には氏族の名を冠するものが多い。その氏族が門の警備にあたること

になっていたためである。

　平城宮は約1km四方の本体部分に「東院」(東西250m×南北750m)が附加されているので、全体がＬ字の不整形をなすが、やはり「宮城十二門」の制をとった可能性が高いとされる。ここで、大垣は掘立柱塀から版築による築地塀へと変わって、一気に中国風宮城の外観を呈するようになった。築地塀の基底部は幅3.0m近くあり、瓦屋根の棟までは5m以上の高さがあったと推定されている。

　大伴氏が警備した宮城の南辺中央門は「朱雀門」もしくは「皇城門」とも言った。「朱雀門」という呼称は唐長安城太極宮皇城正門の門号を借用したものである。一方、日本側の記録では『日本書紀』大化5年(649)3月17日の条に初見される。左大臣阿部内麻呂が亡くなり、時の孝徳天皇は朱雀門に出御し声をあげて泣いた、という。645年の大化改新によって難波に遷都したのだから、この朱雀門は前期難波宮、すなわち難波長柄豊碕宮(なにわながらとよさきのみや)の正門にあたる。1993年、難波長柄豊碕宮の朱雀門跡と推定される遺構が発掘された。この門は桁行5間(23.5m)×梁間2間(8.8m)の掘立柱建物で、柱間寸法は桁行が4.7m、梁行が4.4mだった。柱穴には火災を示す焼土や炭が多量に混じっており、『日本書紀』朱鳥元年(686)正月14日条にみえる難波宮全焼の記事を裏付ける(図48)。孝徳天皇が涙を流したのというは、まさにこの場所であったものと思われる。

　藤原京の宮城正門は、桁行5間(25.5m)×梁間2間(10.2m)で、柱間寸法は桁行、梁行とも約5.1m(17尺)である(図50)。難波宮朱雀門と同じ五間門だが、規模はひとまわり大きく、礎石建・瓦葺きの中国式建築に変わっている。大垣は古風な掘立柱塀ながら、門だけは先行して大陸のスタイルを取り入れているのである。平城宮の朱雀門はこれとほぼ同規模の礎石建物である(図51)。平面は桁行5間(25.1m)×梁間2間(10.0m)の規模をもち、柱間寸法は桁行・梁行とも5.0m(17尺)である。建設前に地面を1.5mほど掘り込んで土を搗き固め地盤を改良しており、その掘込地業の範囲によって、基壇の規模はおよそ33m×18mに復元できる。

　平安宮の朱雀門は、道路の真下にあって発掘調査されていない。しかし、平安時代の宮殿については、文献や絵画資料が豊富に残り、朱雀門も『伴大納言絵詞』(10世紀頃)と『長谷雄卿草紙』(14世紀)という二つの絵巻物に描かれている。それをみると、二階建て入母屋造の瓦葺きで、柱を赤く塗り、上層には高欄をめぐらしている。平面は桁行7間×梁間2間で、平城宮朱雀門よりも横に2間分長くなっている(図55)。

　平城宮跡では、1998年に実物大の復元朱雀門が竣工した(図36)。この復元の方法については次項で詳述するが、ここでも要約しておこう。『続日本紀』には、朱雀門を指したものとは限らないが、「重閣門」という用語が散見される。「重閣門」とは常識的に「2階建ての門」を意味する言葉であり、平城宮内の重要な門の構造形式であったことは間違いない。また、平安宮朱雀は二重入母屋造に描かれているので、平城宮朱雀門も同様の構造形式をもつ「重閣門」であったとみておかしくない。こうして桁行5間×柱間2間の平面をもつ二重入母屋造本瓦葺きという構造と意匠の骨格を復元できる。細部について最も参考になるのは、奈良県内に30棟ほど現存する飛鳥〜奈良時代(7〜8世紀)の寺院建築である。飛鳥〜奈良時代の門には、法隆寺中門、法隆寺東大門、東大寺転害門の3棟がある。このうち、法隆寺中門は重層入母屋造で朱雀門の構造形式に近く、同じく重層

の法隆寺金堂とともに、重層建築の構造や上下層のプロポーション、高欄の意匠の模範となる。また、東大寺転害門は柱間寸法が近似するから、朱雀門の柱径や柱高を推定する手掛かりとなる。さらに大屋根を支える小屋組は唐招提寺金堂、基壇を覆い尽くす軒の三手先組物は薬師寺東塔の形式にならって、全体の意匠を整えた。

なお、平安宮宮城門のうち重層としたのは南面大垣の三門に限られ、側面と背面の九門は平屋であったと推定している。平城宮

図36 再建された平城宮朱雀門

では東院の正門にあたる建部門を5間×2間の平屋門として復原建設しており（図37）、佐伯門についても同様の平屋門として1／10模型を資料館に展示している。

（2） 大極殿と朝堂院

7世紀後半の前期難波宮（難波長柄豊碕宮）に大極殿は存在しない。天皇の政務は、「内裏前殿」もしくは「内裏正殿」と呼ばれる施設でおこなわれていた。この時代、内廷におかれた天皇の家政機関の中心施設が、そのまま国政の中心施設を兼ねていたのである。その点において、大極殿の出現は画期的な意味をもっていた。

天武10年（681）2月、天武天皇と皇后（後の持統天皇）は「大極殿」に諸臣を招聘し、飛鳥浄御原律令の制定と『日本書記』の編纂を指示している。これが『日本書記』にみえる「大極殿」の初見である。飛鳥浄御原の所在地は、飛鳥板蓋宮推定地の上層遺構をあてるのが近年の定説で、その東南側に突き出たエビノコ郭で発見された大規模な正殿が飛鳥浄御原の大極殿、その南側にならぶ建物が朝堂相当施設とみなされている。藤原宮では、エビノコ郭の空間構成を発展させ、宮の中心部分に大極殿を配置し、その南側に12の朝堂を配する太政官院（朝堂院）をおいた。内裏正殿が機能的に内包していた国家的な儀式空間を、大極殿・朝堂院地区に独立させるようになったわけである。それは天皇家の家政と国政を内廷と外廷に分離したことを意味する。なお、朝堂院の前には役人待機の場である朝集堂を東西対称に配している。その南面中門が大伴門（朱雀門）である。

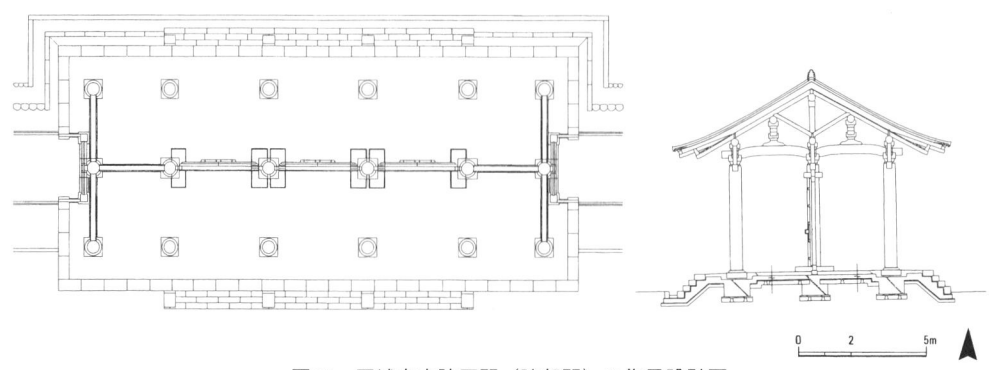

図37 平城宮東院正門（建部門）の復元設計図

図38　平城宮第1次大極殿院復元模型

　平城宮になって、大極殿・朝堂院地区が東西に二極分解する。ここが平城宮の最も重要で不可解な空間構造と言ってよいかもしれない。藤原宮の大極殿・朝堂院地区の空間構造を継承するのは壬生門の北側に造営された「第2次大極殿・朝堂院地区」、新たなコンセプトによって朱雀門の北側に造営されたのが「第1次大極殿・朝堂院地区」である。ここで二つの地区を慣例に倣い、「第1次」「第2次」という時間序列で紹介したが、じつは、両者は奈良時代の当初から併存しており、近年では前者を「東の大極殿・朝堂院地区」、後者を「中央の大極殿・朝堂院地区」と呼ぶ研究者が増えてきている。奈良時代前半、国家的な儀式の中心的な場とされたのは「第1次大極殿」である。第1次大極殿院は南北約320m×東西約180mの区画を築地回廊で囲み、敷地の北3分の1の部分に磚積み擁壁を築いて、その上に巨大な大極殿と後殿を建設した（図38）。但し、奈良時代後半の大規模建設工事の影響で、遺構の残りは芳しくない。大極殿の場合、基壇地覆石の痕跡を残すのみであり、基壇は東西約53m×南北約27m、階段位置から推定される平面は身舎7間×梁間2間に四面庇がつくものである。柱間寸法は身舎桁行が17尺（約5m）、梁行が18尺（約5.3m）、庇の出は15～15.5尺（約4.4～4.6m）に復元できる。この平面の共通性を頼りに、藤原宮から平城宮への移築説を主張する研究者もいるが、朱雀門の移築説と同様、いまだ積極的な根拠に乏しく、慎重な立場をとらざるをえない。しかしながら、わずか16年間しか存続しなかった藤原京の最重要施設をあっさり放棄したとも思い難く、大極殿移築の可能性も否定すべきではなかろう。

　すでに何度も述べてきたように、磚積み擁壁まわりの空間構造が唐長安城大明宮含元殿の大基壇周辺とよく似ている。慶雲元年（704）に帰国した粟田真人ら第7次遣唐使が実見した大明宮の直接的な影響を看取できる（図39）。その点でいえば、平城宮第1次大極殿の外観は含元殿を意識した唐風の意匠に復元すべきとも思われるが、平城宮跡に再建された二重入母屋の復元案は、朱雀門を3倍化したような建物であり、あまりにも巨大で構造的な不安定感が否めない。すでに述べたように、平城宮の第1次大極殿は藤原宮の大極殿を移築した可能性があり、しかも『続日本紀』によれば、天平12年（740）の恭仁京遷都にあたって、平城宮大極殿を移築したというから、唐招提寺講堂として再生された平城宮東朝集殿のように、比較的素朴な構造を基本とした建物であった可能性

が高いと思われる。この点でも高さ25mに及ぶ二重入母屋の復元案には難がある。伊東忠太が設計した平安神宮外拝殿のような正面開放平屋建て入母屋造であったと筆者は考えているが、これについては再度述べる。

　天平17年（745）の還都後、第1次大極殿が復興されることはなかった。壬生門正面の東ブロックにおいて、下層の掘立柱建物を礎石建・瓦葺きの建物群に建て替え、新たな「第2次大極殿・朝堂院」地区が成立した。北方に内裏地区を控えているため、大極殿とそれを囲むブロックは小さくなったけれども、この段階で大極殿の重層化がなされた可能性がある。また、奈良時代前半には存在しなかった朝集殿院が設けられて、藤原宮で成立した「大極殿・朝堂院」地区本来のありかたを継承・発展させるとともに、平安宮八省院の祖形となる空間が生まれたのである。

　こうして大極殿・朝堂院地区の展開をふりかえると、藤原宮→平城宮東区→平安宮という正統的な系統を再確認できる（図40）。平城宮第1次（中央区）大極殿院はこの本流から逸脱した異端の領域ではあったけれども、短期間ながら、国家儀式の中心としての座を奪い取った。それは、繰り返すまでもなく、唐長安城大明宮を実見した遣唐使たちの経験と情報の産物であり、藤原宮から平城宮への構造的転換は、現実の唐制に倣う第1次大極殿院の建設を最重要課題としていたと言って

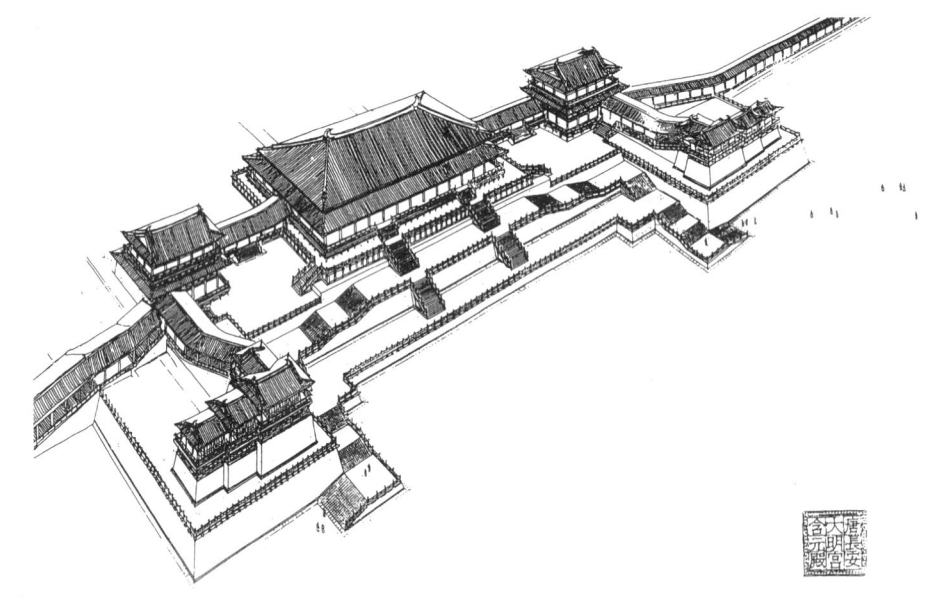

図39　唐長安城大明宮含元殿復元パース（楊鴻勛による）

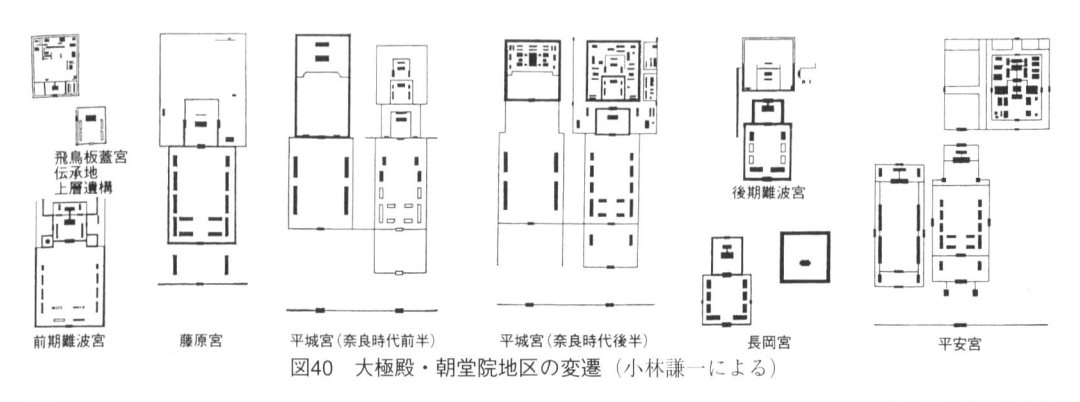

図40　大極殿・朝堂院地区の変遷（小林謙一による）

も過言ではなかろう。他に類例のない平城宮の特徴とされる「東院」についても、大極殿・朝堂院地区が2列に増幅したため、藤原宮では納まっていたいくつかの宮城内機能を正方形プランの外側に押し出さざるをえなかったことを一因としているのではないだろうか。

(3) 楼閣宮殿

前期難波宮の配置にみるように、はじめ内裏は国政の中心的機能をも担っていた。しかし、大極殿・朝堂院地区の確立した藤原宮以降、大極殿の北方に配される天皇家の居所としての性格に限定されていく。平城宮の場合、二つの大極殿地区のうち、東の「第2次」地区北方に内裏を配していた。巨大空間を有する第1次大極殿の北方に内裏は存在しなかったが、その西北方には聖武天皇の時代に「西池」(今の佐紀池)を開削して広大な園池を設けた。この一帯を「西池宮」と呼ぶ。第1次大極殿が含元殿の日本版であるとすれば、この「西池」は大明宮の「太掖池」を意識したものだったのかもしれない。

内裏地区の建築は、掘立柱に檜皮葺きを基本とする。これは大極殿、朝堂、官衙、宮城門などが礎石建ち瓦葺きであったのとは対照的である。天皇の居所であるとはいえ、日新しい大陸風の建築ではなく、古墳時代以来の素朴な建築スタイルを住まいとして遵守したと言えるだろう。

内裏は「中宮」とも呼ばれていた(図41)。奈良時代後半には、称徳天皇が第1次大極殿地区の跡地を利用し、第2の内裏ともよぶべき「西宮」の大普請工事を敢行した(「西宮」を内裏とみる意見もあるが、ここでは内裏の西方にある宮殿という意味でこの用語を用いる)。全体で27棟の掘立柱建物を左右対称に配しているが、あらゆる建物の柱を10尺(約3m)方眼の交点に割り付ける規格性の高いデザインをめざしている。敷地の中心には、方眼の交点すべてに柱をたてる桁行9間の総柱式正殿が3棟南北に連なる(図20・33)。総柱式の遺構は、建物が楼閣式であったことを示している。内裏正殿の場合、総柱式の柱配置はとらない。遺構をみると、床束をたてる小さなピットが側柱と側柱のあいだに点々と並んでいる。この場合、柱と床束で持ち上げられた床面はさほど高くなく、床下で人間が行動できるほどのスペースを確保できない。それに対して、総柱式の楼閣は床面が2階の高さにあり、床下・床上のいずれも人間の生活空間となる。これとよく似た楼閣群が、ほぼ同時期、「東宮」すなわち東院地区の南半部分でも建設されている。「西宮」と同様、10尺

図41 平城宮内裏正殿復元模型 (細見啓三による)

方眼に柱をたてる規格性を有し、総柱式の建物が3棟連続するが、規模は桁行6間に縮小している。
　これら「西宮」や「東宮」の楼閣群遺構は、大明宮太掖池西岸の高台に建造された麟徳殿の平面とよく似ている（図33）。麟徳殿は麟徳2年（665）に竣工した巨大楼閣であるが、狭義には平屋の前殿だけをさす。1階は「麟徳殿」「穿堂」「障日堂」という3つの建物が並び、正面11間（約58m）×奥行16間（約79m）のうちの両脇間1間分（約5.3m）をすべて版築壁とし、その城壁のような構造壁と林立する柱によって「景雲閣」と称する楼閣をたちあげた。その名のとおり、景雲閣に上れば、太掖池に浮かぶ蓬萊山や含元殿など池岸周辺の主要殿閣を一望できる。面積も尋常ではない。景雲閣の奥行約48mという推定が正しいならば、景雲閣は2700～2800㎡の広さを備える楼閣であった。麟徳殿は皇帝が群臣と大宴会を催すための施設であり、記録上最大規模の宴会は768年、3500人の臣下・軍人を招いてのものである。麟徳殿は蕃臣（外国使節）の謁見にも用いられた。粟田真人が則天武后に謁見したのも、この麟徳殿であったという。
　このように麟徳殿は「眺望」と「宴会」を目的として建設された楼閣であった。平城宮で発見された楼閣群も、掘立柱に檜皮葺きという和風の造りながら、おそらく麟徳殿を意識し、「眺望」と「宴会」の両機能を充足させようとしたものと思われる。ことに東院地区では、神護景雲3年（769）以降、侍臣や役人と宴会を催したという記事が頻繁にみられ、発掘された楼閣群との関連性を想定すべきと思われる。近年この総柱建物群を大倉庫群とみる意見もでているが、附記に示したように、筆者はその意見に賛同できない。総柱だから高床倉庫だという発想自体に短絡があり、広大な平面に対する検討が不足している。第1次大極殿地区については、奈良時代前半の含元殿から後半の麟徳殿へのモデル・チェンジを示すものである。その後、楼閣宮殿の宴楽性が中央朝堂院の機能と結びつき、平安宮において「豊楽院」へと展開するが、豊楽院北方の第一次大極殿院相当地区は武徳殿に西面する空閑地と化す。この広場が、騎射や射礼の舞台となった点は、ほぼ同位置にあった大極殿南門周辺空間の機能を継承した痕跡とみることもできるかもしれない。

（4）　庭　園

　7世紀飛鳥の島庄遺跡や石神遺跡では、幾何学的な正方形の池（方池）を中心とする庭園遺構がみつかっており、これを中国の影響と位置づける一方で、8世紀平城京で発掘された曲池を中心とする庭園を和風庭園の出発点とする見方がこれまで常識的であった。しかし、南北朝から隋唐時代の中国では曲池を伴う自然風景庭園が主流であり、奈良時代の庭園こそが中国の影響をより直接的に受容したものと考えるべきである。しかも、飛鳥京苑池などの出土状況をみる限り、中国的自然風景庭園への指向性は7世紀に溯って確認できる。一方、7世紀にあらわれる方池とは、おそらく大藤原京のプラニングと同じく、文献などの間接情報による前時代的中国世界の模倣表現であって、その意味では一種の幻想といってもよいかもしれない。
　慶雲元年（704）に帰朝した遣唐使が、その幻想を打ち砕く。かれらがもたらした唐の情報が、藤原京から平城京、大宝律令から養老律令、富本銭から和同開珎という劇的な構造改革を導くわけだから、庭園の分野でも、これと連動する変化がおきたはずである。平城宮東院地区の東南隅に造

営された庭園（東院庭園）は、7世紀的庭園の姿を脱却し、同時代の中国庭園に近づこうとした代表例として位置づけられよう。中心となる曲池は複雑に折れまがっており、奈良時代前半では汀に沿って池底に大きな玉石を並べていたが、後半には全面に小石を敷き詰めた「洲浜」式の護岸に変わる。池の北岸には、中国でいうところの「仮山」（築山石組）を築き、汀には出島、池中には中島を複雑に配し、その護岸には太湖石（中国江南の太湖で採れる庭石）にも似た奇石を立てて護岸を彩る。また、盃を流して詩歌を詠む「曲水宴」（中国の六朝庭園で流行した）をおこなう水路が南北から池に注ぎ込んでいた。

池の周辺には、どの時代にもいくつかの建物が建てられた。そのうち、奈良時代後半と推定される3棟が苑池とともに復元公開されている（図42）。曲池の東岸にたつ「中央建物」は桁行5間×梁間2間の平面が法隆寺伝法堂の前身建物とよく似ており、基本的にこれに倣って上部構造を復元した。出土した遺構は複雑で、構造を安定させるため、四隅の柱のみ掘立柱とするが、他の位置に顕著な柱穴はみられず、礎石据付穴が削平されたと理解するほかない。また、出土した掘立柱は角柱の四隅を切り落とす大面取の不整八角形、縁束は正八角形を呈しており、梁・桁・垂木・組物などにも同様の面取を施した。面取角柱は住宅系の意匠であり、屋根は檜皮葺きに復元している。建物の正面池側には露台がはりだし、露台と対岸を平橋が繋いでいる。築山石組の北東側では、反橋の正面に桁行3間×梁間2間の礎石建物がみつかっており、これを「北東建物」と呼んでいる。庭中にたつ開放的な建物とみなし、法隆寺食堂に倣って上部構造を復元した。円柱座をもつ礎石が出土しており、円柱をたてて瓦葺きとした。

最も注目されるのは、庭の東南隅でみつかったL字形平面の建物で、これを「隅楼」と呼んでいる（図67）。他に類例のない平面ではあるが、よく観察すると、回廊隅の平面とよく似ている。また、柱は正八角形を呈しており、対辺間距離は33cmほどだが、柱穴は1辺約2mと大きく、複雑な根固めを施すとともに、小石や瓦片をぎゅうぎゅう詰めにしていた。ほぼ以上の状況から、平等院鳳凰堂の翼楼隅にたつ楼閣部分を切りとったような建物と推定した。1階は園路とつながる通路兼

図42　平城宮東院庭園中央建物

溜まり場のような空間、2階の楼閣に人は上がれないが、庭中の最も印象深い点景となるだけでなく、大垣の外側からは宮城隅の楼閣として人びとの目に焼き付いたことだろう。屋根は檜皮葺きで棟に金箔の鳳凰をのせ、各部材には中央建物と共通する面取を施した。時の天皇は、浄土変相図が描く池水の空間をイメージしていたのではないだろうか。すなわち、池水を回廊で囲み、回廊の隅に楼閣をたちあげる庭園に憧憬を抱き、その一部を東院庭園の隅に実現してみせたように思われるのである。

　いま浄土変相図と庭園の関係を指摘したが、東院庭園の東隣の敷地（旧藤原不比等邸）では、法華寺阿弥陀浄土院の庭園跡がみつかっている。不比等の娘にして聖武天皇の后であった光明皇太后が天平宝字4年（760）に逝去した際、彼女を追善供養するために阿弥陀浄土院の造営が始まり1年後に竣工した。1999年春に発掘された調査面積はわずか355㎡であったが、曲がりくねる石組の護岸、池底の敷石、中島だけでなく、水中に浮かぶ礎石建物の遺構が出土した。「七宝の池あり、八功徳水その中に充満し、（略）上に楼閣あり」という『仏説阿弥陀経』の記載そのままの水上建築遺構であり、それはまた浄土変相図の立体的空間表現と言うこともできよう。曲池を囲むように殿舎を配した平安時代後期の浄土伽藍に比べても、はるかに浄土経の本質に近い空間処理をしている。阿弥陀浄土院の遺跡からは、礎石や大量の瓦に加え、垂木先を飾る宝相華紋様の金具や釘隠しの金具も出土している。東西に並列し併存した東院庭園と阿弥陀浄土院は、前者が宮内にありながら掘立柱・檜皮葺きの比較的質素な住宅式意匠を重視する庭園であるのに対し、後者は派手な金物に彩られた礎石建ち・瓦葺きの絢爛豪華な仏堂型庭園であったという点が興味をひく。

参考文献
今泉隆雄　1993　『古代宮都の研究』吉川弘文館
橋本義則　1995　『平安宮成立史の研究』塙書房
田中琢編　1996　『藤原京と平城京』岩波新書
奈良国立文化財研究所　1998　『発掘庭園資料』奈良国立文化財史料第48冊
渡辺晃宏　2001　『日本の歴史04　平城京と木簡の世紀』講談社
小澤　毅　2003　『日本古代宮都構造の研究』青木書店

5．平城宮の復元建物

（1）　朱雀門の復元

　よみがえる平城宮朱雀門　およそ1200年の時空を超えて、平城宮の朱雀門がよみがえった。平城宮朱雀門の第1次発掘調査がおこなわれたのは昭和39年（1964）のことだから、竣工に至るまで33年の歳月が流れ、平成9年（1997）4月17日に完成記念式典が挙行されたところである。

　朱雀門の復元計画は、第1次調査の翌年からはじまっていた。調査の成果を基にして、10分の1縮尺で朱雀門の復元模型を制作したのである。竣工した復元朱雀門も、この模型を原案として若干の修正や近代的な構造補強を施している。

　その後、昭和53年（1988）に文化庁は「特別史跡平城宮跡整備基本構想」を策定した。宮内省、

東院庭園、第1次大極殿院および朱雀門が宮内の建物復元地域に選定され、朱雀門の復元事業が本格的にスタートした。その翌年からは「平城宮跡整備にともなう建物（朱雀門）計画に際しての材料・工法の検討」委員会が組織された。この調査・研究は7年間にわたって続けられ、昭和61年からの「平城宮朱雀門の意匠と構造に関する研究」に受け継がれていく。一方、平成元年度に第2次調査として、未掘地をふくむ朱雀門の全面発掘調査をおこなった。こうして、朱雀門の構造・材料・意匠に関する基礎的研究が整えられ、その一連の研究成果は『平城宮朱雀門の復原的研究』（奈良国立文化財研究所学報第53冊、1994年）としてまとめられた。

このような長く地道な研究活動が実をむすび、ようやく平成元年（1989）から基壇工事に着工、平成5年（1993）からは朱雀門本体の工事に移り、1998年秋に復元朱雀門は完成した。18本の鮮やかな朱色の柱と棟に輝く金色の鴟尾も美しく、高さ約22mの威風堂々とした姿が、すべての人びとの眼前にそびえ建っている。ちなみに、昭和40年（1965）に奈文研に入所し、朱雀門模型を設計した細見啓三氏（元建造物研究室長）は、平成5年度で定年退官し、退官後は朱雀門復元工事事務所長を務めた。朱雀門復元のために入所した細見さんは、退官後4年を経てようやくその仕事を全うしたことになる。後述するように、地下に埋もれた建物跡の上部構造を復元する遺跡整備のあり方については、批判的な意見も少なくなく、必ずしも好意的な受け取られかたをしていない。しかし、朱雀門復元への道は決して平坦なものではなく、また短いものでもなかった。多大な労力と時間をかけて、この苦難の事業が成し遂げられたということを述べておきたい。

以下、朱雀門の文化史的意味と建築的特色をふりかえりながら、遺跡整備に伴う復元建物の問題についても再考してみる。

中国都城の四神思想と初期都城制　古代中国の人びとは、天を円形、地を方形として認識し、地上の空間的世界を天体の運行と一体のものとしてとらえていた。『礼記』月令篇は、春夏秋冬十二紀の移り変わりを、地上の四方位とその一連の象徴物にわりあてている。土と黄を象徴する「中央」を宇宙軸とみなし、南は夏と火と赤、北は冬と水と黒、東は春と木と青、西は秋と金と白に結びつけている。朱雀・玄武・蒼龍（青龍）・白虎の四神も、それぞれ南・北・東・西の四方を象徴する霊獣であり、それはまた星宿の呼称でもあった。

朱雀・玄武・蒼龍・白虎の四神思想は、すでに漢代（前206～後220）には都城の制度に取り入れられていた。『三輔黄図』巻三・未央宮の条には、

　　蒼龍、白虎、朱雀、玄武は天の四霊、以って四方を正し、王は宮闕殿閣を制めるに焉れに
　　法り取る。

とみえる。漢代にはいまだ「朱雀門」という名の城門は存在していないが、後漢（後25～220）の洛陽には四神の名を冠した闕（平面がコ字形で防御的機能の強い楼閣門）を各所に配しており（図43・44）、『漢官典職』には、

　　偃師は洛を去ること四十五里、朱雀闕を望むに、其の上鬱然として天と連なり、是明らか
　　に峻極まれり。洛陽の故の宮名に、朱雀闕、白虎闕、蒼龍闕、北闕、南宮闕有るなり。

とある。前漢（前206～後8）の長安城には「朱雀堂」という建物もあったようで、『漢宮殿疏』には、

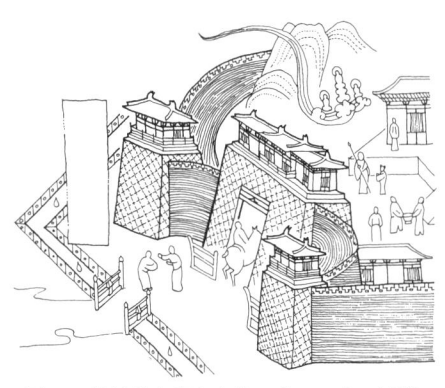

図43　敦煌莫高窟晩唐第9窟にみえる城闕
（蕭黙『敦厚建築研究』文物出版社、1989より）

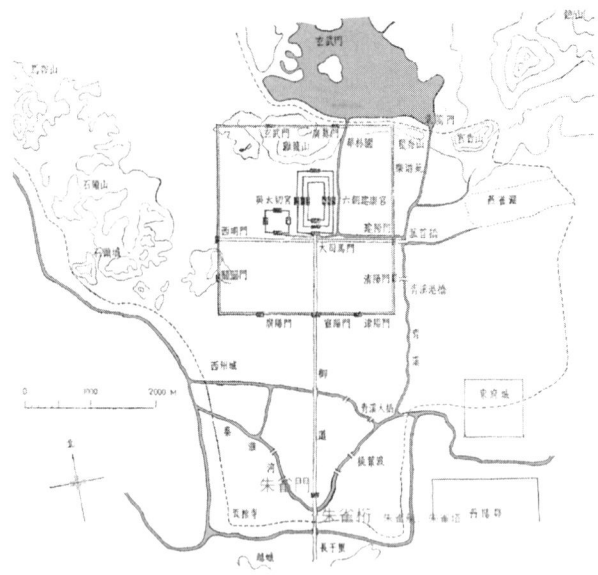

図45　南朝建康復元平面図（中国建築史編写組『中国建築史』中国建築工業出版社、1982より）

図44　故宮午門（現存する闕の代表）

  未央宮に麒麟閣、天禄閣有り、金馬門、青瑣門、玄武、蒼龍の二闕有り、朱雀堂、書堂、
  甲観、非常室有り。又鉤盾署、弄田有り。
とみえる。
 南朝健康の朱雀門　都城の門として、はじめて「朱雀門」という呼称を用いたのはおそらく六朝時代（220-589）の建康（現在の南京）であろう。六朝とは三国時代の呉に始まり、南朝の東晋、宋、斉、梁、陳と続く王朝の総称で、いずれも建康に都をおいた（図44）。朱雀門については、『南史』宋・孝武帝紀の大明五年（461）の条に、以下のような記載がある。
  閏月丙申、初めて馳道を立て、昌闔門より朱雀門に至り、又承明門より玄武湖に至る。
 昌闔門とは本来、天上世界において上帝の住まう紫微宮の門をさすが、ここではあきらかに宮城門のことであろう。南朝の建康城においては、朱雀門は宮城（建康では台城といった）あるいは皇城の門でなく、東から西へ屈曲しつつ長江に注ぐ秦淮河の北のほとりに建てられ、門の正面には「朱雀桁」と呼ぶ大橋を架けていた。『晋書』成帝本紀には、
  明帝太寧三年七月、始め北郊を立てんと詔するも、未だ建つるに及ばずして帝崩じ、故に
  成帝咸和八年正月、前旨を追述して、覆舟山の南に於いて之を立てる。本紀に又曰く、咸
  康二年冬十月、新たに朱雀浮桁を作る。
とあり、また、南宋の『景定建康志』には、
  朱雀桁、朱雀門に対し、南は淮水を渡り、また朱雀橋と名づく。

とみえる。南朝建康城の範囲や平面については、発掘調査が進んでいないので、研究者によって復元案もまちまちである。したがって、朱雀門の果たした役割もいま一つよくわからない。かりに秦淮河が羅城の外濠もしくは内濠であったとすれば、建康の朱雀門は羅城門的な性格が強いことになる。一方、秦淮河が唐の洛陽城のように、都城を南北に二分する水流だったとすれば、その水流と朱雀門はむしろ都城を内城と外城にわける境界としての役割を担ったことになる。

唐・宋の朱雀門 唐（618～907）の長安城では、太極宮の南側に皇城を置いている。この皇城の南面中門が朱雀門である。『唐六典』には、

　　皇城は京城の中に在り、南面三門、中は朱雀と曰い、左は安上と曰い、右は含光と曰う。

とある。平城京の羅城門にあたるのは明徳門（図46・47）であり、朱雀門とのあいだを朱雀街でつないでいた。後述するように、平城京でも朱雀門のことを皇城門と呼んでおり（『続日本紀』和銅3年）、長安城との一致は明らかである。隋唐以前の北朝系都城では、朱明門や朱華門などの類似する門号を用いる例はみられるが、朱雀門という呼称を宮殿地区の正門にあてるのは唐の長安城が最初であろう。

唐以後では、北宋（960～1126）東京城の内城正門が朱雀門と呼ばれていた（図18左下）。今の開

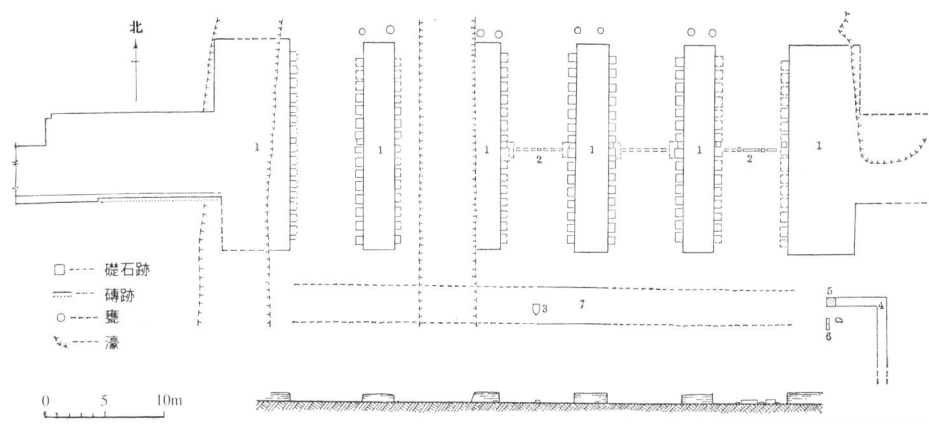

図46　明徳門遺構平面図および立面図（中国科学院考古研究所西安工作隊「唐代長安城明徳門遺址発掘簡報」『考古』科学出版社、1994.1より）

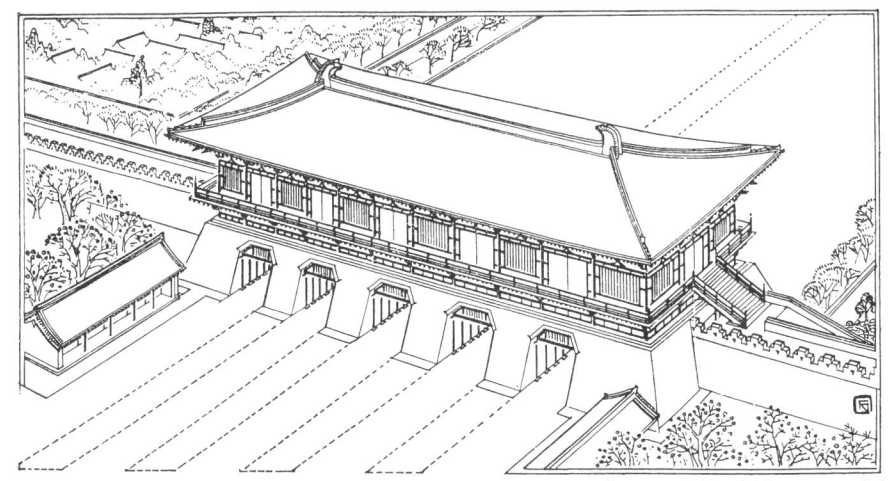

図47　明徳門復元案全景図（傅熹年「唐長安明徳門原状的探討」『考古』科学出版社、1977.6より）

封市にあたる東京城は、後周時代に汴梁として建設され、後にその旧城部分を内城として、周囲に新城を築造し北宋の都とした。『宋史』地理志には、

  旧城の周廻は二十里一百五十五歩あり。(中略)南面三門、中は朱雀と曰い、東は保康、西
  は崇明と曰う。

とみえ、『東京夢華録』にも、

  旧京城は方円約二十里許(ばかり)にして、南壁其の門三有り、正南の門は朱雀門と曰い、左は保康
  門と曰い、右は新門と曰う。

とある。ここにいう旧城とは、尚書省・御史台・開封府・都亭駅などの役所や大廟を置く内城で、その中の北寄りに皇城を配していた。呼称に異同はあるものの、機能的にみて唐長安城の皇城に相当するのは東京城の内城であり、その正門が朱雀門と呼ばれたのである。平安時代に併行する北宋の都の皇城(内城)正門が、やはり朱雀門と呼ばれた点は重要だろう。中国の都城史をふりかえると、皇城の正門を朱雀門と呼ぶのはむしろ例外的だからである。ところが、前期難波宮から平城京・平安京に併行する王朝においては、いずれも皇城正門の呼称を朱雀門としていたわけであり、日本との結びつきの深さを再確認できる。

平城宮以前の朱雀門 奈良県明日香村キトラ古墳の壁画に、高松塚と同様の「四神」が描かれている。日本では遅くとも7世紀末には、四神相応の思想が定着していたことを裏付ける画像資料である。文献的にみると、「朱雀門」という呼称の初見はさらに早く、『日本書紀』大化5年(649)3月17日の条に、

  阿倍大臣薨(こう)せぬ。天皇朱雀門に幸して、挙哀たまひて慟(まじ)ひたまふ。

という記事がみえる。阿部大臣(左大臣阿部内麻呂)が逝去した際、孝徳天皇は朱雀門に出御し大声でお泣きになったという。時は大化の改新直後にあたり、ここにいう朱雀門は孝徳天皇が遷都した難波長柄豊碕宮のそれを指している。長柄豊碕宮については、前期難波宮跡(図49)とみる見解がおおむね支持されており、平成5年に朱雀門遺構が発掘された(図48)。

この門跡は、前期難波宮の内裏前殿－南門－朝堂院南門を結ぶ南北軸線上の最も南側に位置し、朝堂院南門と同じ規模の建物であった。平面は桁行5間(23.5m)×梁間2間(8.8m)の長方形で、柱間寸法は桁行方向が4.7m、梁行方向が4.4mを測る。柱は礎石建ちではなく掘立柱で、炭化した柱根をいくつか残している。また、柱穴にも火災を示す焼壁や炭が混じっており、『日本書紀』朱鳥元年(686)正月14日条にみえる難波宮全焼の記事を裏づける。地下に埋もれた柱根が炭化して出土する例は珍しく、想像をはるかに上まわる大火であったのだろう。

「朱雀門」という呼称は、その後、平城宮の段階まで文献にあらわれない。ただし、持統8年(694)に遷都された日本最初の都城・藤原京の宮殿正門も、桁行5間×梁行2間の平面で、難波長柄豊碕宮や平城宮の朱雀門と同じである。とくに礎石建ちの構造と、17尺(約5.1m)等間という柱間寸法は、平城宮の朱雀門と酷似しており、藤原宮の朱雀門を平城宮に移築した可能性さえ指摘されている。

平城宮の朱雀門 平城京は、和銅3年(710)から延暦13年(784)まで続いた都である。平城宮

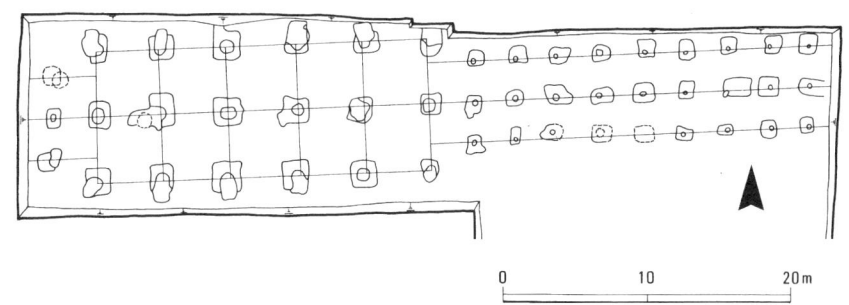

図48　前期難波宮「朱雀門」発掘遺構図（日現地説明会資料［1993］掲載図をリライト）

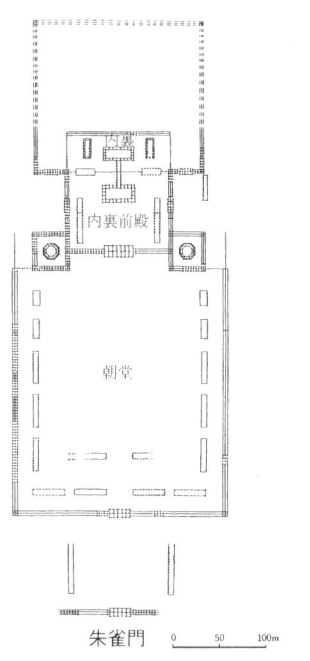

図49　前期難波宮中心部分復元平面図（現地説明会資料［1993］掲載図をリライト）

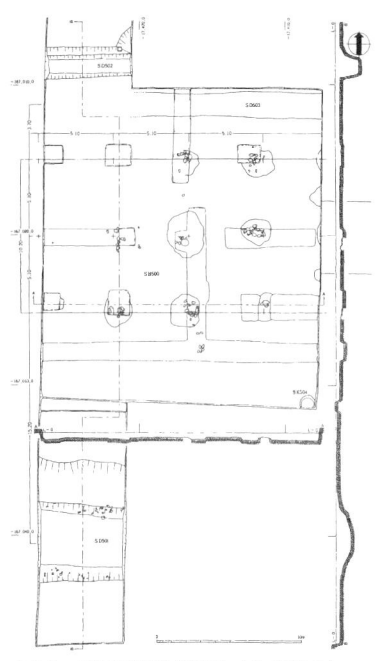

図50　藤原宮宮城正門（朱雀門？）発掘遺構平面図．断面図

は平城京の中央北端に位置し、東に張り出す「東院」をのぞく中枢域は、およそ1km四方の方形を呈する。その中枢部分の南面中門が朱雀門にほかならない。朱雀門をこえて宮殿に入り、そのまま北に進めば第1次大極殿に至り、逆に朱雀門から朱雀大路を4kmほど南行すれば平城京の羅城門につきあたる。羅城門の規模は桁行7間（35m）×梁行2間（9m）で、朱雀門より一まわり大きい。

　平城宮の朱雀門は、桁行5間（25.1m）×梁行2間（10.0m）の平面で、柱間寸法は桁行・梁行とも約5.0mを測る。このころの1尺は約29.5cmであり、柱間は17尺等間ということになる。柱位置には、礎石を据えつけるための根石が残り、一部の礎石は後世の農民の耕作の障害となったのだろうか、柱位置の近くに大きな穴を掘って落とし込んでいる。また、基壇土の下に掘込み地業を設けている。掘込み地業とは、地面を1.5mほど掘り込んで土を搗き固めたもので、建物の重さに耐えうる地盤改良工事の痕跡である。この掘込み地業の範囲によって、基壇の規模はおよそ32m×17mに

復元できる。また、発掘で出土した軒瓦の文様はほとんどが藤原宮式のため、少なくとも瓦については、藤原宮から運んできた可能性が高い。しかし、藤原宮朱雀門の瓦とはまた違っており、建物規模はほぼ一致するものの、朱雀門移築説には慎重な立場をとる研究者が少なくない。

儀礼空間としての朱雀門　奈良時代の朱雀門に関する文献記載はあまり多くない。おそらく以下の4つの記載に限られる。

① 『続日本紀』和銅3年（710）正月元旦条

　（左将軍正五位上大伴宿禰旅人ら）、皇城門の外、朱雀の路の東西に分頭して、騎兵を陳列し、……

② 『続日本紀』霊亀元年（715）正月元旦条

　其の儀は、朱雀門の左右に鼓吹・騎兵を陳列す。

③ 『続日本紀』天平6年（734）2月1日条

　天皇、朱雀門に御し、歌垣を覧す。

④儀制令儀仗条集解古記（天平10年頃成立）

　古記に云く、問ふ、儀仗は、節会の日に取らしむるはいなや。答ふ、元日、朱雀に飾馬を陳列する許りなり。

これらをみると、元旦朝賀の威儀に際して朱雀門を用いるほか、男女が集まって舞踏しながら歌垣をしていたようである。このほか、平安時代の史料をあわせると、朱雀門はたんなる通路境界としての機能だけではなく、元旦朝賀、大祓、追儺、歌垣などの舞台として、多彩な役割を果たしていたことが分かる。

宮城十二門と朱雀門　ところで朱雀門は、宮城十二門の一つとして、平安時代には「大伴門」とも呼ばれていた。門の名前に氏族の名を冠するのは、その氏族が門の警備にあたることになっていたからである。中国では宮城の四面に各3門、計12の門を開いていた。これを宮城十二門と言う。

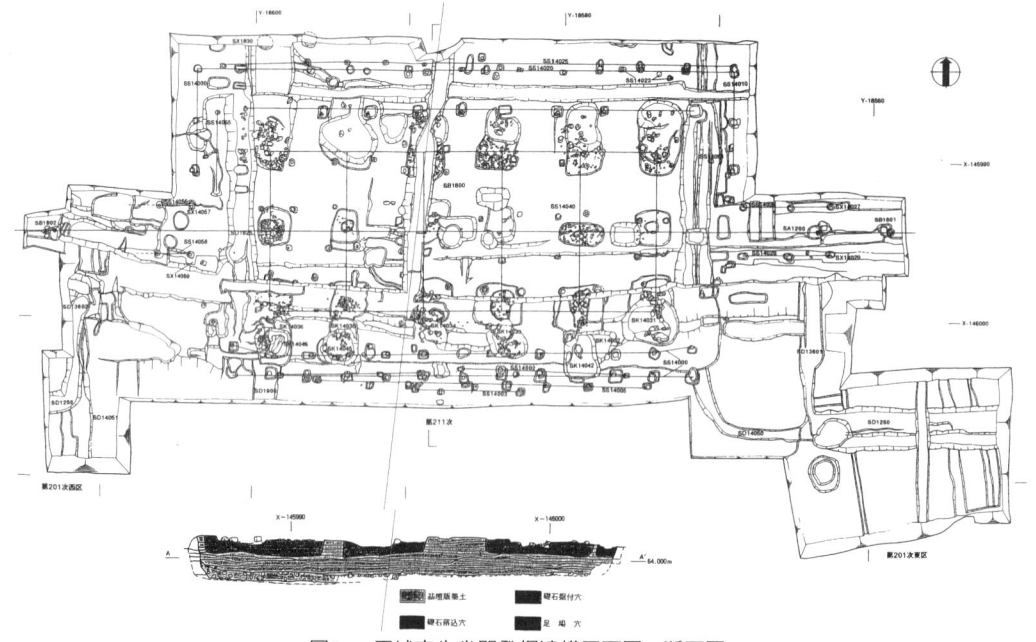

図51　平城宮朱雀門発掘遺構平面図・断面図

たとえば『日本書紀』皇極天皇4年（645）6月12日条には、

　　中大兄、衛門府に戒めて、一時に倶に十二の通門を鎖めて、往来はしめず。

とある。これは大化改新の幕が切って落とされた場面の描写だが、後に天智天皇となる中大兄皇子が門番に十二門を閉めさせ、蘇我入鹿の侵攻を阻んだのである。舞台は皇極天皇2年（643）に遷都された飛鳥板蓋宮で、「衛門府」という役職はこの時期にはまだなく、「十二の通門」も慣用語を用いたにすぎない、という見解もある。しかし、宮城十二門の原型となる施設がなかったと言えるわけでもなく、真偽は発掘調査によって決着をつけるしかない。興味深いのは、大化改新に門番として活躍した佐伯氏、稚犬養氏、海犬養氏が、平城宮城門にその名を冠していることである。平城宮で最初に確認された宮城門は西辺南門の「玉手門」であり、ついで南辺中門の「朱雀門」が発掘された。その後、西辺中門の「佐伯門」、さらに南辺西門の「若犬養門」と南辺東門の「壬生門」を発見した。これらの検出は予想通りだったが、東辺南門推定位置を発掘したところ、東向きであるはずの門がじつは南向きであり、これが「東院」発見の足掛かりになった。しかも、この門の付近から「小子部門」と記す木簡が出土し、門の呼称までもが第1次史料によって明らかになったのである。平成5年（1993）には、小子部門の東側で東院地区の正門にあたる「建部門」を発掘した。この門については、東院庭園整備事業の一環として復元建設を終えている。

さて、平城宮における東院の存在は、他の宮都にみられない重要な特色だが、同時に正方形プランではない平城宮において、宮城十二門はどうなっていたのかという新たな問題を派生させた。現在のところ、平城宮東面には一門（県犬養門）、北面に三門（丹比門・猪使門・海犬養門）、西面では佐伯門の北に伊福部門があると推定され、平城宮にも12の門があったとする見方が有力ではある。とはいえ、これまで発掘したのは、朱雀門を含めて前述の7門のみであり、今後の調査に期待するほかない。すでに発掘された7つの宮城門はいずれも5間門だが、規模には若干のばらつきがある。最も大きいのは朱雀門とその西側にたつ若犬養門で、西面の玉手門と佐伯門は桁行規模が朱雀門と同じだが梁行の柱間は15尺と短く、他の宮城門は朱雀門より一まわり小さいことがあきらかになってい

図52　平城宮佐伯門の復元模型（1／10）

図53　平城宮壬生門基壇整備（南から）

図54　平城宮東院建部門復元建物（背面からみる）

る。したがって、朱雀門と他の小規模な宮城門では異なる構造形式を採用したとみるべきだろう。朱雀門については『続日本紀』に散見される「重閣門」の形式をとっていた可能性が高いが、規模の小さな佐伯門や東院南門については単層の切妻造と推定している。

平安宮の朱雀門　平安宮は平城宮と逆で、遺構自体は道路下にあり、いまだ発掘されていない。しかし、文献記録や絵画資料は豊富であり、たとえば『伴大納言絵詞』（10世紀頃）や『長谷雄草紙』（14世紀成立）などの絵巻物には、平安宮朱雀門が鮮明に描かれている。それは二重の入母屋造瓦葺きで、柱を赤く塗り、上層には高欄をめぐらしている。これが平安時代当初の姿かどうかという問題はあるものの、文献記載と矛盾するところもなく、裏松固禅が『大内裏図考証』（江戸時代後期）で復元しているとおり、桁行7間×梁行2間の重層門であったのはほぼ疑いない。なお、朱雀門以外の宮城門は桁行5間×梁行2間だったようで、朱雀門だけが平城宮より2間大きくなったことが分かる。桁行方向に長くなって構造に不安定さが増したのだろうか、『今昔物語集』には風もないのに朱雀門が転倒したという逸話があるし、『日本紀略』永祚元年（989）条には、大風で朱雀門が転倒したという記録も残っている。

平城宮朱雀門の復元　これまでみてきたように、朱雀門は古代中国の思想に起源する四神相応の方位観念を宮殿の施設配置に映し出したものであり、発掘よってその位置・平面・規模が確認されたことはきわめて重要な成果である。しかし、残念ながら、奈良時代の文献資料には、平城宮朱雀門の構造や形態を示唆するところがまったくない。それでは、どのようにして復元朱雀門の設計作業を進めたのだろうか。その手順をふりかえってみよう。

発掘調査によってあきらかになったのは、①建物の規模、②柱の位置と柱間寸法、③基壇の規模の3点である。これらから朱雀門の上部構造について、いくらかの情報をひきだせる。まず、建物の大きさと柱間寸法の長さに注目したい。すでに述べたように、建物規模は他の宮城門よりもかなり大きい。これだけでは、単層か重層かの決め手にはならないが、平安時代の絵巻物には重層の朱雀門が描かれている。そして、奈良時代の正史『続日本紀』によると、朱雀門そのものを指したものとは限らないけれども、「重閣門」という様式を採用していたことが記されている。朱雀門はこれまで発見された宮内の門では最も規模が大きく、平城宮の「顔」とよぶべき正門なのだから、最も格式の高い「重閣門」のスタイルをとっていたとみるのは自然な解釈であろう。また、柱間寸法が桁行・梁行のいずれも17尺（約5.0m）等間だから、屋根は切妻よりも入母屋もしくは寄棟がふ

図55　『伴大納言絵詞』にみえる平安京の朱雀門（桁行7間であることが分かる）

さわしい。ふたたび絵巻物を参照すると、平安時代の朱雀門は入母屋造になっている。また、基壇の規模から軒の出が推定できる。少なくとも基壇のある範囲には初重の屋根がかかっていたはずだから、軒の出はおよそ5m（17尺）に復元できるだろう（実際には構造上の安定性を鑑み15尺とした）。これだけ長い軒をもちだそうとすれば、三手先形式の組物を用いるほかない。村田健一によると、三手先式の組物はたんに軒の支持や装飾のために考え出されたものではなく、入側柱と側柱の上に三角形の大きなトラスを組むことによって、建物の構造全体を安定させる効果が大きいという。この特性からみても、朱雀門や大極殿のような大型建築に三手先組物は不可欠な組物である。こうして、「三手先組物を使った重層入母屋造」という復元朱雀門の骨格がまずはできあがる。

パッチワークとしての復元設計　それからの仕事は、パッチワークのようなものである。さいわい奈良県内には、飛鳥～奈良時代の寺院建築が30棟ほど現存するから、これら古代建築の部材寸法や柱間寸法の比例関係、あるいは細部の技法を部位ごとに借用もしくは応用して、朱雀門の構造と意匠を決めていくのである。

さて、重層入母屋造の門という骨組を設定したからには、まず第一に参照すべき建物は法隆寺中

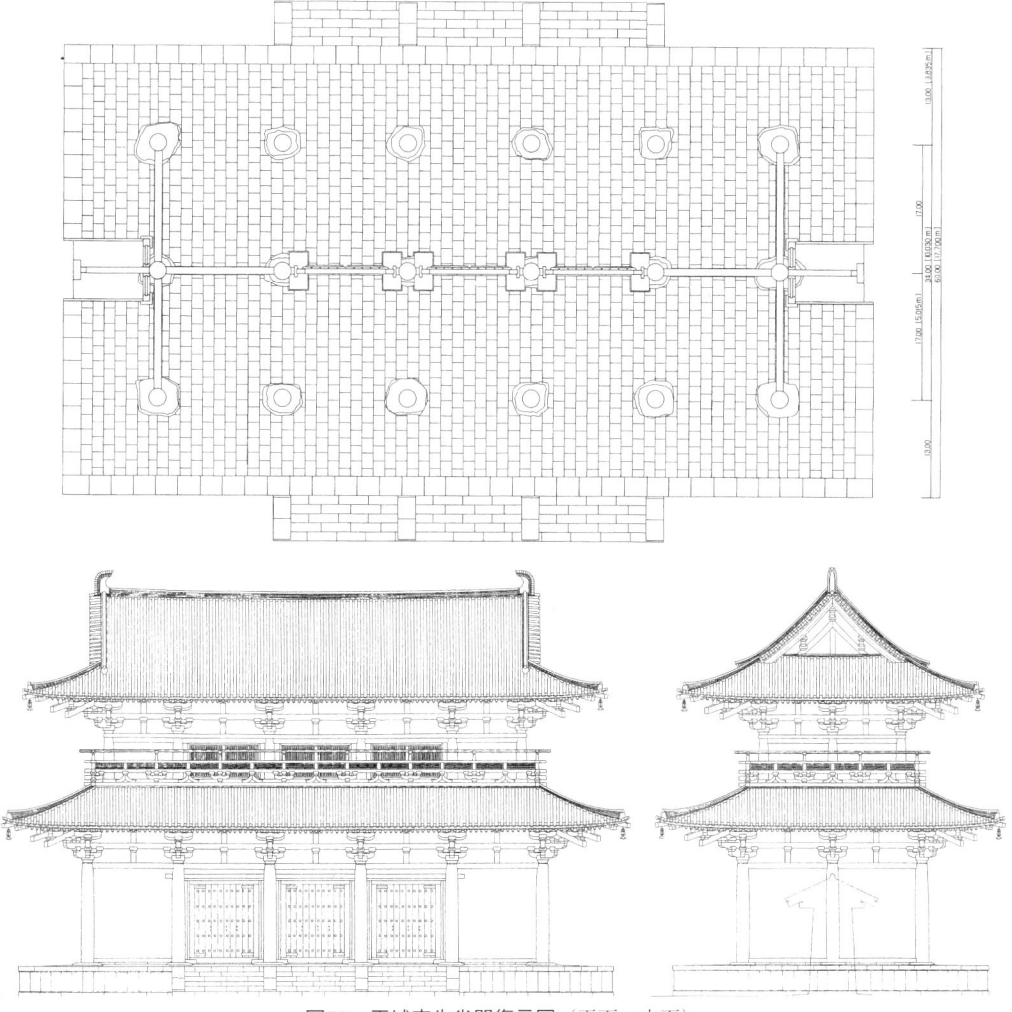

図56　平城宮朱雀門復元図（平面・立面）

門である。法隆寺金堂とともに、重層建築の構造や上下層のプロポーションなどの点で参考になる。また、東大寺転害門は柱間寸法が近似するので、これをもとに朱雀門の柱径や柱高を推定できる。ただし、以上の建物は朱雀門より規模が小さく、大きな屋根を支える小屋組がどのような構造をしていたのかは分からない。この点については、現存する最大の奈良時代建築である唐招提寺金堂を参照した。ただし唐招提寺の場合、創建年代は奈良時代末期に下るという難点もある。だから、軒を支える三手先組物については、唐招提寺金堂ではなく、天平2年（730）の露盤銘がある薬師寺東塔を手本にした。このほか、鴟尾、風鐸などの部品や基壇・階段まわりの形式などについては、各地で出土している8世紀の遺物を参照して復元した。

　朱雀門に限らず、地下に埋もれた建物跡の上部構造の復元とは、結局、このようなパッチワークの繰り返しである。したがって、参照基準となる建物の選択を変えれば、そこにはまた異なる復元案が誕生する。頭の中で考えられる復元案は設計者の数だけあると言ってよいだろう。換言するならば、復元事業で地上に再現される古代の建物は、決して絶対的な復元案ではない、ということである。

　伝統的技術の継承と構造補強　平城宮朱雀門の復元建設では、ヤリガンナやチョウナなど古代の大工道具を部材の表面仕上げに使用してみた。その種の技術や技能を保存し継承していくことも、復元事業の目的の一つである。法隆寺昭和大修理（1935〜1955）で浅野清と西岡常一が確立した古代大工道具使用の修理技術は、平城宮跡では朱雀門のほかに宮内省や東院庭園などの復元でも継承されている。

　いうまでもなく、このような古代の加工技術をもとり入れた朱雀門復元の第一の原則は、奈良時代の建築様式を忠実に再現することにあった。とはいえ、奈良時代の建築構法をそのまま採用すると、現行の耐震設計基準をクリアできない。そこで、復元事業では、奈良時代から今日まで平城宮朱雀門が倒壊せずに存続し続けたと仮定して、当初の建物に加えられたであろう中世・近世・近代の修理技術を隠れた部分でかなり応用している。とくに二重の内部では、地震対策のため、木造トラスを縦横にめぐらせた強固な構造補強を採用せざるをえなかった。この結果、外観はともかくとして、構造全体としては奈良時代の木造建築とは思いがたいところが少なからずある。この点は大いに反省すべきであり、第1次大極殿の復元事業においては、免震構造の基礎を採用するなどして、木造部分の建築構法をできるだけ奈良時代の姿にとどめることになったのである。

　遺跡整備と想像力　平城宮の復元朱雀門は、現代を生きる研究者たちが集められるだけ集めた知見の総体として威風堂々の姿をみせている。しかし、だからといって、それが過去の朱雀門の生き

図57　法隆寺中門　　　　　　　　　　　　　図58　東大寺転害門

写しであるという保証はない。遺跡の上に建てられる復元建物は、じつはこの復元の不確定性によってしばしば批判の対象となる。遺跡を訪れる人びとは、復元建物によって、一定の限られたイメージを焼きつけられ、遺跡そのものが喚起する想像力を奪われる。とりわけヴェニス憲章を信奉するヨーロッパの専門家たちは、復元建物を伴う遺跡整備に批判的である。1965年にイコモスによって採択されたヴェニス憲章には、「復原（復元）は推測が始まるところで止めなければならない」という有名な条文がある。遺跡にはさわるべきでないという考え方が根本にあるわけだが、、ヴェニス憲章は石造やレンガ造などの立体的なモニュメントを共有するヨーロッパ人の認識のもとに採択された規範であり、東アジアに代表される木造文化圏の遺跡整備について、そのまま応用すべきかといえば難しいところが少なくないだろう（第4章第1節参照）。

　日本に代表される木造建築の文化圏では、ほとんどすべての遺跡が地下に埋もれてしまう。立体的に形を残すものはほとんどない。だから、遺跡の標示にはなんらかの操作が必要となる。実際、考古学や古代史に興味のない訪問者は、草ぼうぼうに荒れはてた遺跡や穴ぼこだらけの遺跡をみて

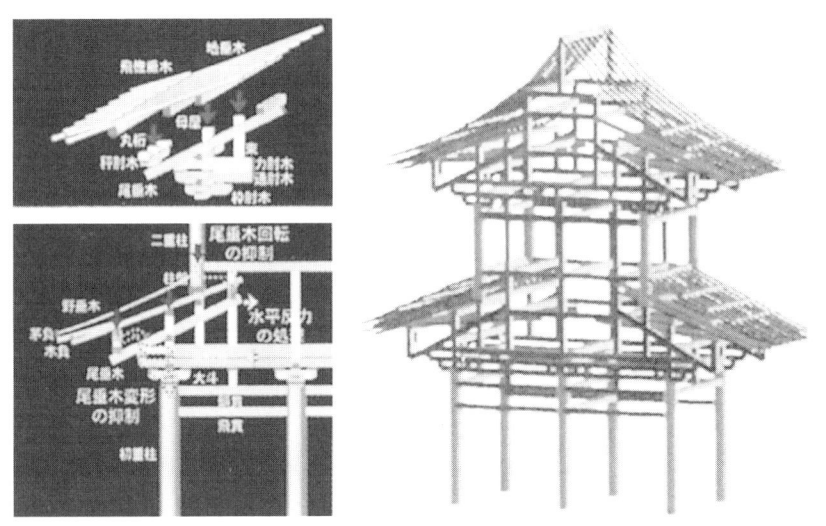

図59　CGによる朱雀門の構造解析

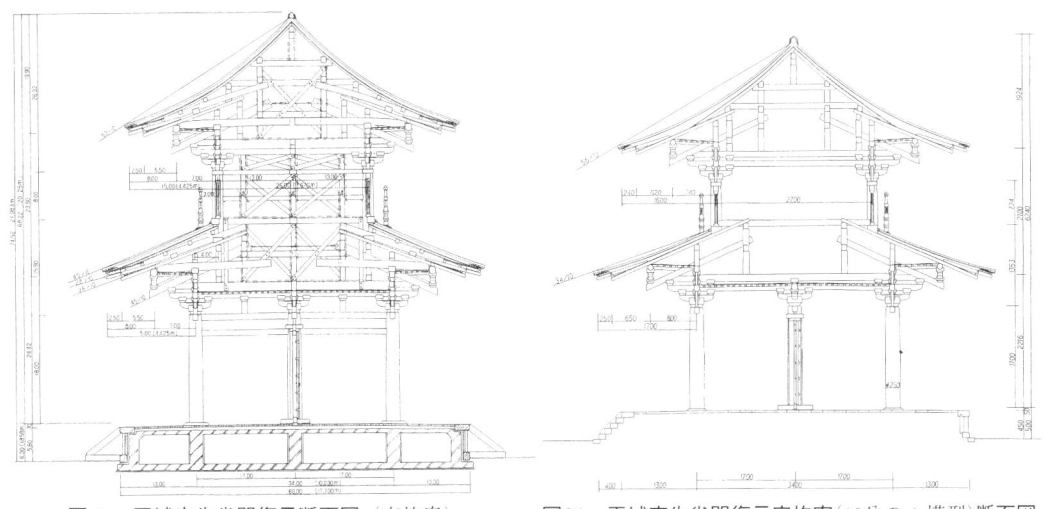

図60　平城宮朱雀門復元断面図（実施案）　　　図61　平城宮朱雀門復元実施案(10分の1模型)断面図

第3章　歴史時代の建築考古学

図62　スコータイ遺跡のワット・チュ・ヂュポンの石像の連子窓（タイ）

図63　スコータイ遺跡のワット・プラファイ・ルアンの仏像（タイ）

※立体的なモニュメントが部分的に破壊されていると、みる人の想像力を刺激する。

いても、一向に想像力がわいてこないかもしれない。こういう専門家ではない「一般」の人びとに、遺跡や歴史を理解してもらう一助として、復元建物は一定の効果をもたらしていないとは言えまい。

遺跡のプレゼンテーション　当然のことながら、平城宮跡から出土するすべての建築遺構が復元事業の対象になるわけではない。上部構造まで完全に復元するのは、むしろ例外である。遷都1300年祭の舞台となった第1次大極殿を例にとると、発掘された遺構からは柱位置さえわからない状況にあり、復元そのものに二の足を踏む研究者が少なくなかった。第1次大極殿の復元は朱雀門ほどの実証性に裏付けられたものにはなっていない。このような不確定性を伴う遺構については、ほかにもいくつかの復元標示が可能である。じっさい平城宮跡では、さまざまな遺構の標示方法を試みている。それはおおむね、①覆屋内での遺構の直接露出展示、②植栽による柱位置のみの表示、③基壇部分のみの復原表示、④約1ｍの高さまでの建物復原、⑤建物上部構造の完全復原、の5段階に分けられる。平城宮跡を開かれた遺跡博物館とするためには、さらに多様なプレゼンテーションを組みあわせ、一般の人びとから専門家まで、多種多様な訪問者を受け入れる容量を高めていかなければならないだろう。竣工した復元朱雀門についても、その多彩な整備手法の一つの成果として評価すべきものと考える。

(2)　平城宮東院庭園「陽楼」の復元

　平城宮東院庭園の東南隅で発見された掘立柱建物SB5880（いわゆる「隅楼」）は、従来、八角楼もしくは十字楼の遺構として理解されてきた。ところが、1997年の全面発掘調査によって、L字形の特殊な平面を呈することが明らかになり、上部構造の復元について根本的な見直しを迫られることになった。「隅楼」の復元についてここで再考するが、その前提として、東院庭園遺蹟で出土した正八角形断面の柱根と五角形のミニチュア建築部材（五角斗）について検討を加えたい。

平城宮内の八角柱　SB5880の柱掘形からは、4本の柱根が出土しており、いずれも断面が正八角形を呈している（図66-①②）。平城宮内の発掘調査で出土する柱根は円形断面がほとんどだが、なかには八角形断面のものもわずかに含まれている。しかも、八角形断面の柱根には、加工を粗略にするものと、非常に精巧に整形するものの両者があり、SB5880の柱根は後者を代表する例である。前者は、馬寮北部で検出した奈良時代初期の建物跡でいくつか確認されているが、いずれも各辺の長さが不統一で加工も粗雑であり（図66-⑤）、円柱の地下部分をまるく整形するのを省略したものと考えられる。ところが東院庭園地区では、「中央建物」の身舎東北隅の柱掘形から大面取の角柱（不整八角形、図66-③）、縁束の掘形から数本の正八角形断面の束柱が出土している（図66-④）。また、柱根そのものではないが、正八角形の柱にかませる根巻石も「中央建物」の柱抜取穴と「隅楼」の柱掘形でみつかっている。SB5880の柱根をはじめ、これらすべての遺物は、あきらかに八角形という形態を意識しており、円柱の省略形とは考えられない。つまり、柱の地下部分だけでなく、地上部分も正八角形に整形していた蓋然性が高いだろう。

八角柱と部材の面取　ところで、現存する古代・中世の建築で正八角形断面の柱を用いるのは八角円堂に限られる。一方、SB5880はL字形の平面を呈しており、八角円堂に復元することは不可能である。この場合、当然のことながら、「中央建物」の身舎柱として用いられている大面取の角柱（図66-③）との関係性を検討する必要がある。いうまでもなく、八角円堂の部材としての正八角形柱と面取角柱は、常識的には、まったく意味の異なる建築部材とみなされてきた。その差異は、とりわけ他の建築部材と柱の意匠の連続性に対比的にあらわれる（表1）。八角円堂の場合、丸桁

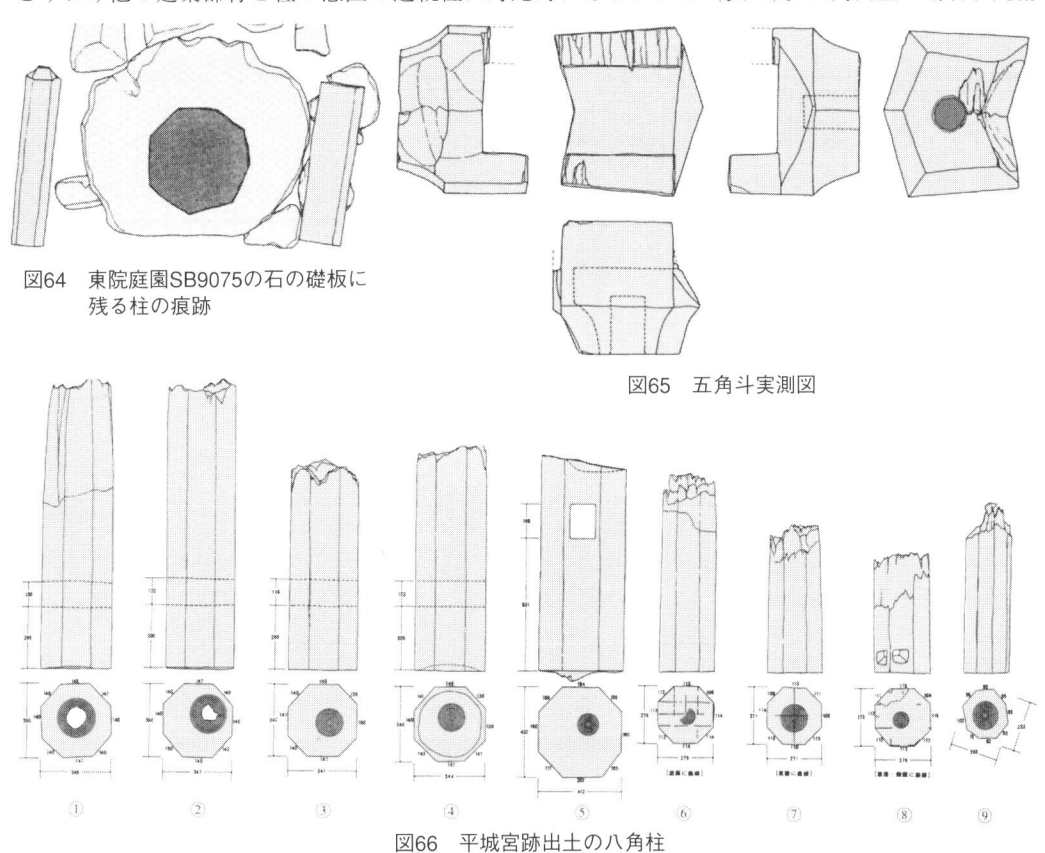

図64　東院庭園SB9075の石の礎板に残る柱の痕跡

図65　五角斗実測図

図66　平城宮跡出土の八角柱

を八角形にしたり、虹梁に面取する例がみられるものの、他の部材には原則として面取を施さない。一方、面取角柱の建物は、平等院鳳凰堂の裳階に代表されるように、肘木・頭貫・丸桁・虹梁・垂木などの部材に面取して意匠を整えている。

したがって、SB5880の場合、正八角形断面の柱を用いているからこそ、他の部材に面取していなかった、という見方も不可能ではない。しかし「中央建物」では、身舎を大面取の角柱（底部の対辺間寸法1.4尺）としながら、縁束に正八角形の束柱（同0.9尺、図66-④）を併用しており、大面取の角柱と正八角形の柱を同じ意匠体系の枠内におさめている。また、SB5880で出土した4本の正八角形柱（同1.15尺）と「中央建物」身舎柱の面取幅が、それぞれ97〜105㎜、105〜121㎜と近似した値を示す点も注目に値する。以上から推して、SB5880の正八角形柱は、「中央建物」と意匠を一体化させた大面取角柱の一種とみなされ、「隅楼」の部材にも「中央建物」と共通する面取を施し、一連の意匠で彩る必要があるだろう。円柱の省略形でもなく、八角円堂の柱でもない正八角形断面の柱に、これ以外の解釈を与えるのは、いまのところ不可能と考える。

五角斗と八角形建物　第99次調査（1976年度）では、「中央建物」の桟敷に「平橋」がとりつく位置で、奈良時代後半の園池堆積土から、五角形をした建築部材のミニチュアが出土した（図65）。幅約48㎜、長さ約41㎜で、頂点の突出する側に面取風の勾配をつけ、その対辺は頂部とほぼ平行にくぼませている。ところで、奈良時代の建築模型には、海龍王寺五重小塔、元興寺極楽坊五重小塔、正倉院紫檀塔残欠がある。これらは実際の建物の10分の1の模型（「様（ためし）」）とされ、平城京で出土するこうしたミニチュアも、10分の1縮尺の模型と推定される。この五角斗の場合、底面先端の角度は約138度をなし、正八角形頂点の角度である135度と近似するから、八角円堂の部材とみなされよう。もっとも、現存する古代の八角円堂に同類の部材はないのだが、安楽寺八角三重塔（長野県）など中世の建築遺構をも参考にすれば、唐招提寺金堂形式の三手先組物における初手巻斗の可能性もあるだろう。しかし、十倍した寸法からみて、この部材はやはり大斗（組物は大斗肘木）と考え

表1　部材面取り表

名称	柱	大斗	肘木	巻斗	頭貫	丸桁	虹梁	垂木	扉・連子窓
法隆寺東院夢殿 天平11年（739）	八角	四角	×	×	×	○ （八角形）	×	×	×
栄山寺八角堂 天平宝字年間	八角	四角	×	×	×	○ （八角形）	○ （身舎）	×	○ （幣軸大面取）
法隆寺西円堂 建長2年（1250）	八角	四角	×	×	×	×	×	×	×
広隆寺桂宮院本堂 建長3年以前	八角	八角	○	×	×	○	−	○	×
三聖寺愛染堂 室町前期	八角	八角	×	×	×	×	−	×	×
興福寺南円堂 寛保元年（1741）	八角	四角	×	×	×	×	×	△ （地垂木六角）	×
平等院鳳凰堂裳階 永承7年（1052）	大面取	四角	○	○	○	○	○	○	×
鶴林寺太子堂庇 天永3年（1112）	面取	四角	×	×	×	○	○	○	×
宇治上神社本殿中堂庇 平安後期	面取	−	○	−	−	○	○	○	×
三仏寺投入堂庇 平安後期	面取	−	○	−	−	○	○	○	△ （方立に面取）
東院中央建物 （奈良時代後期）	大面取	四角 （面取）	○	○	×	○	○	○	×

たほうがよい。

八角楼は存在したか　さて、この五角斗はSB5880の上部構造と係わる建築部材なのだろうか。くり返すまでもなく、SB5880は鍵形平面の建物であって、八角円堂にはなりえない。ただし、二層以上の構造は不明であり、初層入隅部分の屋頂部に八角形平面の小さな楼閣をのせていた可能性がないとはいえない。実際、敦煌莫高窟の浄土変相図には、回廊の屋根に多角形もしくは円形の小楼閣をたちあげる仏寺建築を描く例を認めうる。しかし、ミニチュアを十倍した部材寸法は、SB5880の柱根と組み合わせても大きすぎるほどであって、第2層に建てる楼閣の柱はさらに細くなるから、寸法的には釣合いがとれない。したがって、この「五角斗」をSB5880の第2層と結びつける必然性はないと考える。むしろ東院庭園の近くに、本格的な八角円堂が存在した可能性を視野に納めておくべきだろう。

遺構の再検討　SB5880は11個の大型柱掘形で構成される建物跡である。柱掘形はいずれも一辺が約2ｍ、遺構検出面からの深さは約1.5ｍを測る。以下、平面の特徴を番付（図67）に従って説明してみよう。

　まず問題となるのが、ロ－3の小さな穴である。ロ－3は平面が約70×100cm、深さ約40cmで、他の柱穴に比べれば格段と小さい。この小穴をSB5880と関連づけるならば、①礎石の据付け痕跡、②床束の痕跡、という二つの可能性を想定できる。しかし、礎石の据付け痕跡にしては穴が深すぎるし、深いわりには根石が残っていない。また、床束の痕跡であるならば、その深さから考えて、ロ－2などの位置にも、同種の痕跡が残るものと思われる。しかし、これに類似する床束痕跡は他の位置においてまったく検出されていない。以上から、ロ－3の小穴はSB5880にともなう遺構ではない、と判断した。

L字形平面の解釈　こうしてみると、SB5880の平面は、単廊の隅部分とよく似ている。単廊隅と異なるのは、ハ－2の位置に柱がたつ点であり、この柱配置上の特徴が、「隅楼」の上部構造を大きく規定した可能性があるだろう。たとえば単廊の場合、入隅部分で隅行方向45°に虹梁を架けるのに対して、SB5880では、1・2・3・4すべての筋でイ〜ハ間に虹梁を架けていた可能性が高い。この特異な柱配置は、入隅部分に楼閣を建てるための構造上の仕掛けであると同時に、開放的な西面に正面性を与えるための工夫と思われる。

回廊隅と楼閣の複合性　さて、SB5880は柱掘形の規模がすこぶる大きく、その地業がはなはだ堅固なことをもって、楼閣であろうと推定されてきた。ただし、一つ気になるのは、楼閣であるはずの建物の柱が、平屋の「中央建物」よりも細く、断面の対辺間寸法が1.15尺程度しかとれないことである。ところが、興味深いことに、平等院鳳凰堂翼廊（1053年建立）の初層柱径はこれとおなじ1.15尺であり、しかも鳳凰堂にとりつく東西方向の翼廊の柱間寸法は8尺等間であって、これもSB5880の桁行方向の柱間に等しい。鳳凰堂は翼廊の廊下そのものが重層式で、その隅に小さな楼閣をたちあげ3層構造としているわけだから、SB5880が重層以上の楼閣であったとしても、なんら不思議ではない。

　そもそも、回廊隅に楼閣をたちあげる例は、平等院鳳凰堂だけでなく、日本および中国の古代宮

殿・仏寺建築において、決して珍しいものではなかった。日本では、鳳凰堂来迎壁に翼廊の屈折部にたつ楼造の建物が描かれ、年中行事絵巻にも大極殿院回廊入隅部分の屋根に「蒼龍楼」を描いている（平安神宮に再現されている）。敦煌莫高窟の浄土変相図に至っては、回廊の隅に楼閣をたてる仏殿図を数えあげればきりがないほどで、回廊の隅と楼閣はそれほど自然に複合化していたのである。SB5880の場合、それが宮城の隅に位置することも、楼閣のイメージと深く結びついている。中国では、宮城や都城の城壁隅に防御用の「角楼」を設けるのが常であった。北京故宮（紫禁城）の角楼がその典型であり、平城宮東院のSB5880も、二条条間路からみた場合、2階部分が角楼のようなイメージで視野におさまっていたはずである。

以上、回廊隅に似た平面、梁のかけ方、柱掘形における堅固な地業、平等院鳳凰堂翼廊との木割の近似、そして宮城隅の建物としてのイメージなどを総合的に判断し、SB5880は初層を単廊風の土間式通路とし、その隅部分を重層構造とする楼閣建築であると考えた。初層は曲池周辺を回遊する際の園路の定点であり、SB5880を通過するにあたっては、正面性の強い西側から入り、いくぶ

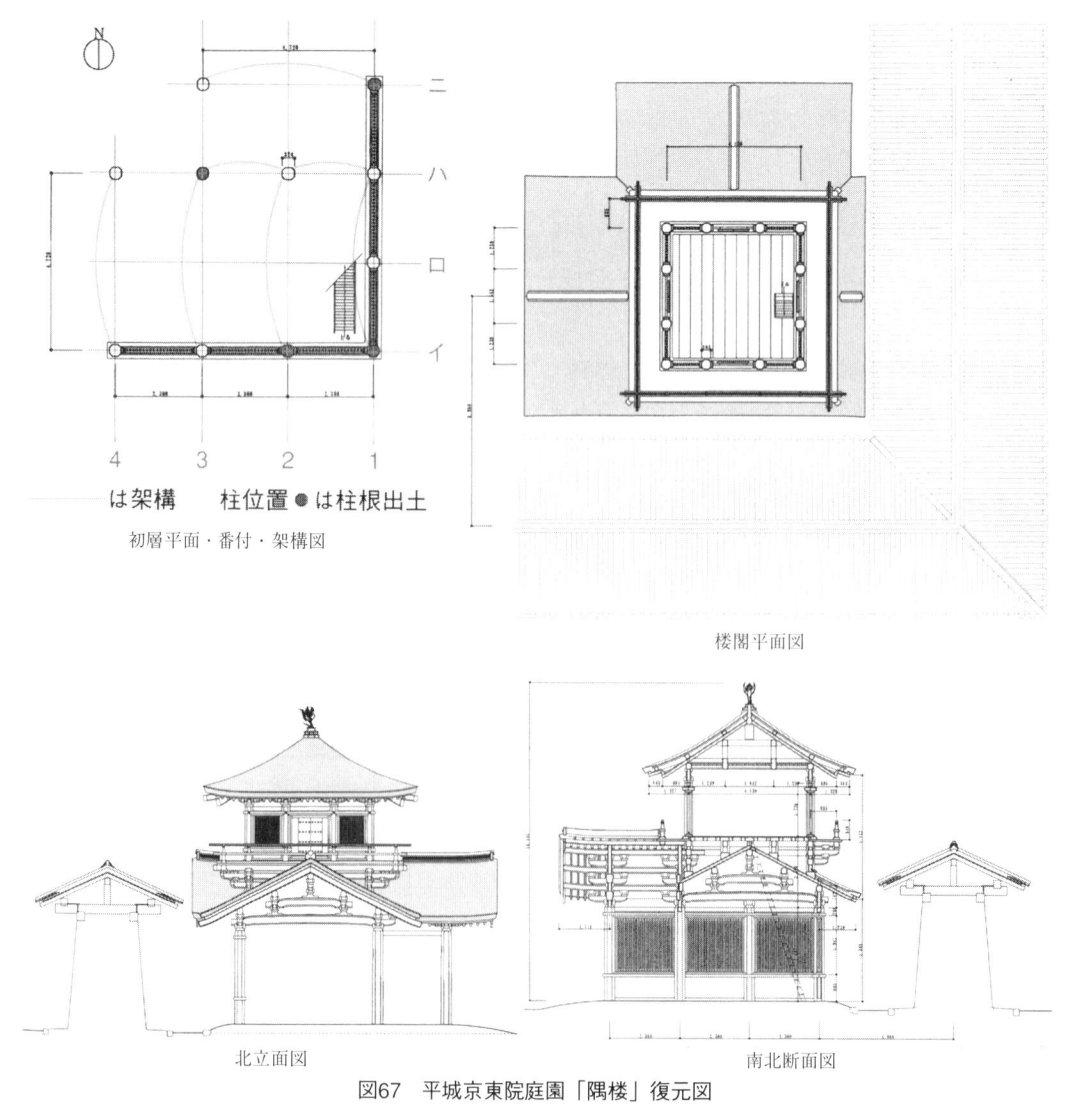

図67 平城京東院庭園「隅楼」復元図

ん閉鎖的な北側へ抜けた可能性が高いだろうと思っている。一方、2階部分は庭および二条条間路から仰ぎみる空中の点景であった。復元委員会において鈴木嘉吉氏は、貴人が階上に昇り、庭と都城の景観を眺める施設であった可能性を強く指摘したが、周知のように、二重建物の上階にあがれるようになるのは禅宗様伝来以降のことである。

構造形式と細部　以上からSB5880の構造形式を、

　　初層：桁行3間（24尺）、梁間2間（16尺）、北面折れ曲り桁行1間（8尺）、
　　　　　梁間2間（16尺）突出。切妻造、檜皮葺。
　　楼閣：桁行3間（14尺）、梁間3間（14尺）、方形造、檜皮葺。

と推定した。すでに述べたように、八角柱については一種の面取とみなし、大斗・肘木・虹梁・丸桁・桁などにも面取を施す。各部材寸法の比例関係および面取の比率や形態は「中央建物」に準じる。なお、「中央建物」が木割の基準としたのは法隆寺伝法堂前身建物であり、今回の復元木割も基本的にはこれに従う。屋根は奈良時代後半の瓦出土数が少なく、SB5880の柱抜取穴から檜皮が少量出土していることを重視し、檜皮葺とした。なお、SB5880の造営基準尺は、1尺＝295mmに復元できる。

初層の構造　初層は3間×2間の切妻造東西棟を本体として、それに2間×1間の切妻造南北棟を附属させる建物と解釈した。柱間装置は単廊隅と似た平面を重視し、東と南の柱筋（大垣側）に腰壁付きの連子窓を設え、庭側の西面および北面を開放とする。柱の対辺間寸法は出土柱根の底部で340～350mmを測るので、地表面で1.15尺（339mm）、柱頭で1尺（295mm）とした。柱上の組物は平三斗で、架構は二重虹梁蟇股。軒まわりについては、単廊の一般例に倣って一軒角垂木とし、軒の出は大垣と雨落溝を共有するものとみて4.2尺に復元した。

楼閣の構造　楼閣の意匠と構造については、発掘資料から復元する手だてがないので、平等院鳳凰堂翼廊の隅部分に倣うことにした。平面は、鳳凰堂翼廊2階と楼閣の平面比から完数をとって一辺14尺の正方形（初層より2枝落）とし、各面3間に割って、方形造檜皮葺の屋根をかけ、頂部に鳳凰をのせた。柱は初層東西棟の垂木の上にわたした4条の柱盤の上に立てる。柱径は初層と楼閣の平面比から床レベルで0.96尺、柱頂部で0.9尺とした。柱間装置は、四面とも中央間を扉、両脇間を連子窓とする。内部には床を張り、四周には縁をめぐらして組高欄を設える。柱上の組物は平三斗とし、小屋組を隠す組入天井を丸桁の高さに張る。軒は二軒とし、軒の出は4.5尺とする。ま

図68　発掘調査中の「隅楼」（奥左が竣工した中央建物、同右が北東建物）

図69　竣工した「隅楼」（西から）

た、縁の出は木負の出と合わせた。

(3) 平城宮第一次大極殿院復元模型の制作

1989年度からはじまった特別研究「平城宮第一次大極殿院地区の復元整備のための基礎調査」の一環として、1993年度に大極殿院全体の地形と建築を復元した100分の1スケールの模型を設計・制作した（図38）。前年度の復元設計部会の検討結果に基づき、第Ⅰ-2期の大極殿・後殿・閣門・東楼・築地回廊・軒廊・地形の設計を分担して進めるとともに、設計過程のいくつかの段階において、復元設計部会もしくは小部会を開催し、細部の修正をはかった。設計は、大極殿・後殿・閣門を松田敏行（松田社寺企画）、東楼と築地回廊を浅川滋男、軒廊を長尾充、地形を内田和伸が担当し、全体を鈴木嘉吉が監修した。各建物の復元の考え方について、『平城宮発掘調査報告XI』（1982年、以下「学報XI」と略称）の結論と対比させながら以下に概説しておく。なお設計寸法は、1尺＝29.54cmとした。

大極殿SB7200　遺構としては、基壇南北両面および階段の地覆抜取り跡の一部が残るにすぎない。学報XIでは、基壇の南北幅が29.5m（100尺）に復元されうることと、階段幅5.0m（17尺）が桁行柱間に相当することから、基壇規模を東西180尺×南北100尺、建物を桁行9間（17尺×9）、梁間4間（17尺＋18尺×2＋17尺）の四面庇付平面に復元している。ところが、1992年4月の第1回復元設計部会において、藤原宮大極殿が平城宮第1次大極殿を経由して恭仁宮大極殿に移建されたという小澤毅の新見解が発表され、SB7200の平面に若干の修正が加えられた。小澤の考えに従うと、柱位置および基壇範囲の確定している恭仁宮大極殿と平城宮第1次大極殿は同規模であり、庇の出は4面とも15尺、基壇は東西176尺×南北96尺に復元される（詳細は「平城宮中央区大極殿地域の建築平面について」『考古論集』1993年3月を参照）。構造形式の復元にあたっては、まず単層か重層かという問題があったが、藤原明衡撰の漢詩集『本朝文粋』巻九（平安中期）に平安宮大極殿を「重軒」とする記載があり、また源為憲の『口遊』大屋誦（970）に「雲太、和二、京三」とあって平安宮大極殿（京三）が日本で3番目に高大な建物だと評されている点などから（学報XⅣ：p.180参照）、委員会としては重層と推定した。ただし、これらの文献記載はあくまで平安宮の大極殿を対象とするものであり、奈良時代前半の大極殿の構造形式に一致するとは限らない。私見

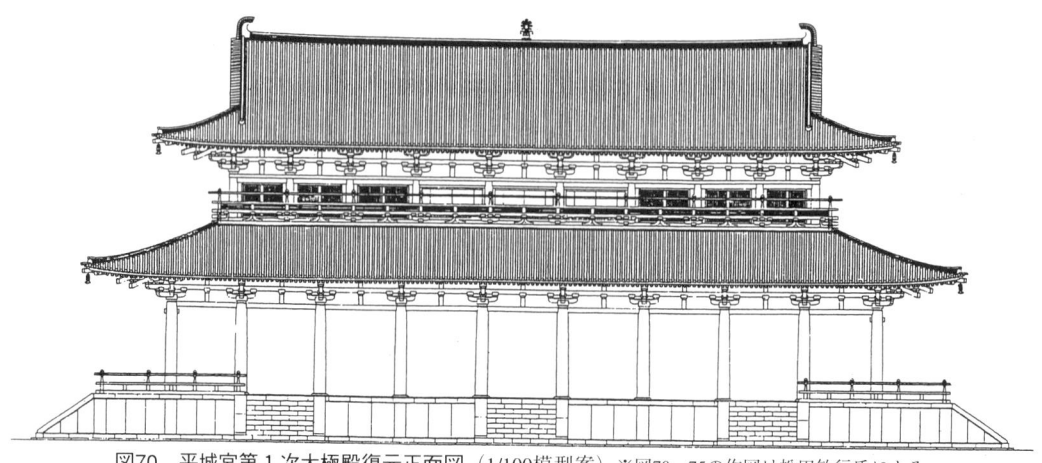

図70　平城宮第1次大極殿復元正面図（1/100模型案）　※図70～75の作図は松田敏行氏による

では、すでに述べてきたように、規模を大きく縮小した奈良時代後半から大極殿の重層化が図られ、その伝統が平安宮に受け継がれた可能性があると考えている。第1次大極殿については、藤原宮→平城宮→恭仁宮と曳家される身軽さや大官大寺講堂との平面的類似性などからみて、仏寺講堂型の平屋建入母屋造であり、伊東忠太設計の平安神宮外拝殿のイメージに近い建物だったろうと推定している。

以上は筆者個人の見解であり、委員会の合意は重層入母屋造であった。屋根形式については、入母屋案と寄棟案を比較検討してきた結果、主として意匠上の理由から1/100復元模型では入母屋案を採用することにした。もっとも、寄棟案を否定するものではなく、第2次大極殿奈文研復元案は二重寄棟造である（上野邦一と筆者の担当）。なお、二重の平面は桁行9間［12尺＋13尺＋14尺＋15尺×3＋14尺＋13尺＋12尺］、梁間3間［12尺＋16尺＋12尺］とした。

基壇高は、階段の出などから9.3尺に復元した。また、小澤の平面復元案によると、基壇の出は16尺となる。この場合、軒の出は17尺以上が望ましかろうが、構造上の限界から、初層・重層とも16尺にとどめた。軒は二軒で、組物は薬師寺東塔スタイルの三手先とした。このほか、高欄は法隆寺金堂、身舎天井は唐招提寺金堂、蟇股は唐招提寺講堂の細部に倣った。柱間装置は『年中行事絵巻』にみえる大極殿の描写を尊重して、正面全面を開放とした（図70・71）。

後殿SB8120　北側の軒廊にとりつく入隅部分および基壇西側の雨落溝1.4m分しか遺構が残って

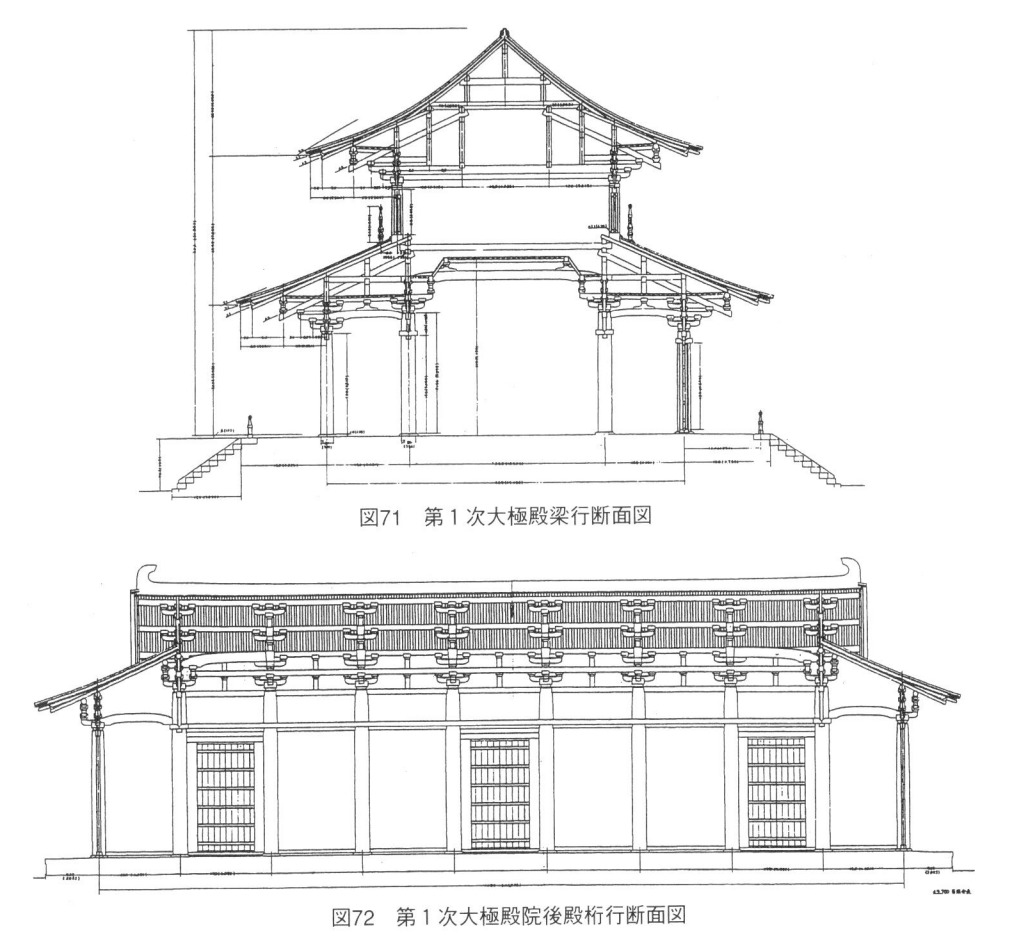

図71　第1次大極殿梁行断面図

図72　第1次大極殿院後殿桁行断面図

第3章　歴史時代の建築考古学

いない。平城宮第 2 次大極殿院の場合、大極殿と後殿の建物桁行柱間および基壇の東西長を同寸法にそろえている。第 1 次大極殿院においても、基壇西側の雨落溝の位置からみて、後殿と大極殿の桁行規模が同じであった可能性がある。梁行方向については規模は不明だが、仮に第 2 次大極殿院後殿と等しく梁間 2 間だとすると、後殿と大極殿との距離が開きすぎる点に多少の難がある。今回の復元では学報XIの見解を踏襲し、大極殿と桁行寸法をそろえた 7 間 4 面の単層建物と考えた。ただし、梁行方向については、身舎の柱間を学報XIよりも 1 尺縮めて17尺とした。この場合、平面は桁行 9 間［15尺＋17尺×7＋15尺］、梁間 4 間［15尺＋17尺×2＋15尺］となる。また、西雨落溝との関係から基壇の出は9.6尺に復元される。このため、軒は二軒で出を10.5尺とし、組物は東大寺法華堂式の出組を採用した。このほか蟇股は、唐招提寺金堂の様式に倣った。柱間装置については、『年中行事絵巻』にみえる小安殿の表現を参照し、大極殿とおなじく前面開放とした。

閣門SB7801 柱位置を示す礎石据付け遺構は残らず、基壇の掘込み地業、基壇北縁の礫敷雨落溝および地覆抜取跡、北面階段の痕跡しかみつかっていない。学報XIでは基壇の規模を東西約28m（94尺）×南北約16.2m（55尺）と推定し、桁行 5 間［15尺＋17尺×3＋15尺］×梁間 2 間［20尺等間］の単層切妻造建物に復元している。しかし『続日本紀』には、元明天皇が和銅 3 年正月16日に「重閣門に御して宴を文武百官并びに隼人・蝦夷に賜ひ、諸方の楽を奏す……」との記載があり、ここにいう「重閣門」が第一次大極殿院の閣門である可能性が大きい（朱雀門とみる説もある）。また、平面についても、学報XIでは梁間を 2 間とみなし、その柱間寸法を20尺とするところに構造上の難がある。以上から、閣門は法隆寺中門式の梁間 3 間重層門に復元すべきと考え、平面は初層が桁行 5 間［12尺＋17尺×3＋12尺］×梁間 3 間［12尺等間］、重層が桁行 5 間［12尺＋13尺×3＋12尺］×梁間 2 間［12尺等間］と推定し（図73）、屋根は入母屋造とした。この場合、基壇の出は四周とも9.5尺となるから、軒の出は10.5尺で二軒に復元し、組物は二手先とした（図74）。ところが、奈良時代の現存建物の軒まわりに二手先組物を使う遺構は残っていない。そこで、西安の慈恩寺大雁塔楣石に線刻された仏殿図の細部を参照して復元を試みた。この場合、とくに隅の納まりがユニークなものとなる。桁をうける 5 つの巻斗が、わずかに長さの異なる 2 つの肘木にのるのだが、この 2 つの肘木を一木造り出しとするのである（図75）。このほか、扉まわりや高欄などは、ほぼ復元朱雀門の細部に準じている。

東楼SB7802 柱位置の確定している唯一の建築遺構である。桁行 5 間［15.5尺等間］×梁間 3 間［13尺等間］の総柱式東西棟で、側柱を掘立柱、内部の柱を礎石建とするところに大きな特徴があ

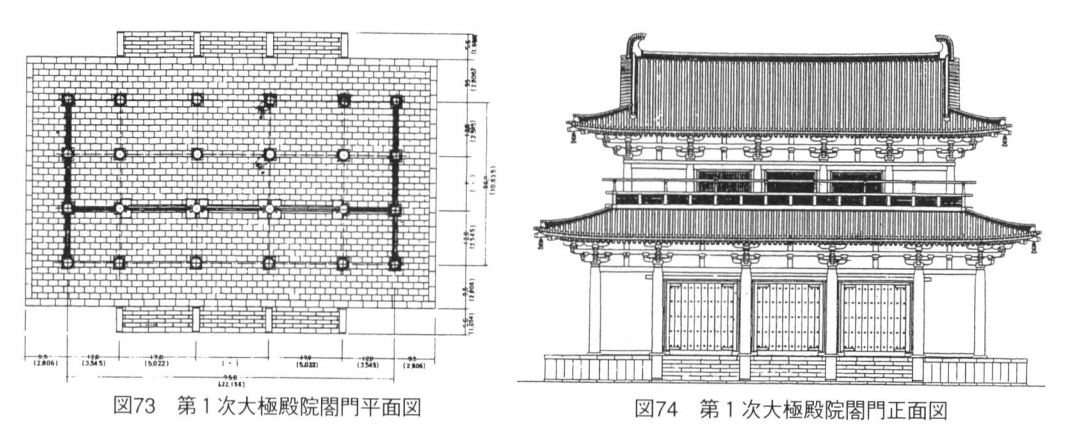

図73 第 1 次大極殿院閣門平面図　　図74 第 1 次大極殿院閣門正面図

る。また、深さ2.5m以上もある掘立柱掘形の一つからは、根がらみを伴う径75cmの柱根が出土しており、楼閣建築の通柱として用いられた可能性が大きい。一方、内側の礎石建柱は2階の床を支える束柱とみればよいだろう。学報XIでは、以上の出土データから、2階に高欄をめぐらせた楼閣建築に復元し、屋根を入母屋造として、内部に長さ39尺の大虹梁を架けている。しかしながら、梁間3間の通柱式という遺構の特徴を素直に尊重するならば、切妻造の楼閣に復元するほうが無難だろう。この場合、小屋組および妻飾が大きな問題となる。梁間が3間とひろくなる場合、二重虹梁蟇股形式では適当な屋根勾配が確保できないし、叉首構造では大極殿関連施設の意匠として貧弱すぎるからである。そこで、今回の復元では三重虹梁蟇股の構造形式を採用することにした。時代はかなり下るけれども、『年中行事絵巻』にみえる建礼門は三重虹梁、待賢門は四重虹梁を妻飾としており、『信貴山縁起絵巻』にみえる内裏東門の妻飾も四重虹梁に描かれている。すなわち、少なくとも平安時代後期においては、宮中の門の妻飾に三重虹梁もしくは四重虹梁を採用していたわけで、平城宮大極殿院閣門脇の楼閣にそれを応用してみた（図76）。

　SB7802は基壇の出が8尺に確定しており、軒は二軒で出が8.7尺、組物は平三斗に復元した。なお、この楼閣は楽台もしくは望楼のような機能が推定されるため、正面・背面いずれも開放とし、両側面3間すべてを白壁と推定した。

　築地回廊SC5500・5600・8098　南面築地回廊SC5600東半では、柱の礎石据付け遺構がよく残っている。桁行方向の柱間寸法は、連続する15間が15.5尺等間だが、閣門のとりつき部分は13.7尺と短く、隅の2間も築地心から柱心までの距離とおなじく12尺等間となる。既述のように、閣門は桁行5間とみなされるので、南面の総柱間数は41間となる。基壇幅は、掘込み地業および北縁の地覆跡などから36.6尺に復元した。回廊中央の築地は遺構が検出されていないけれども、閣門の軒高よりも回廊の棟高を低くする必要があることなどから、基底幅4尺、高さ13尺と推定した。小屋組について学報XIは、門に多用される三棟造を築地回廊にも応用しているが、そうすると、築地心上にのる組物が回廊を歩く人の視野におさまらない。1/100模型復元では、視覚上の配慮から、築

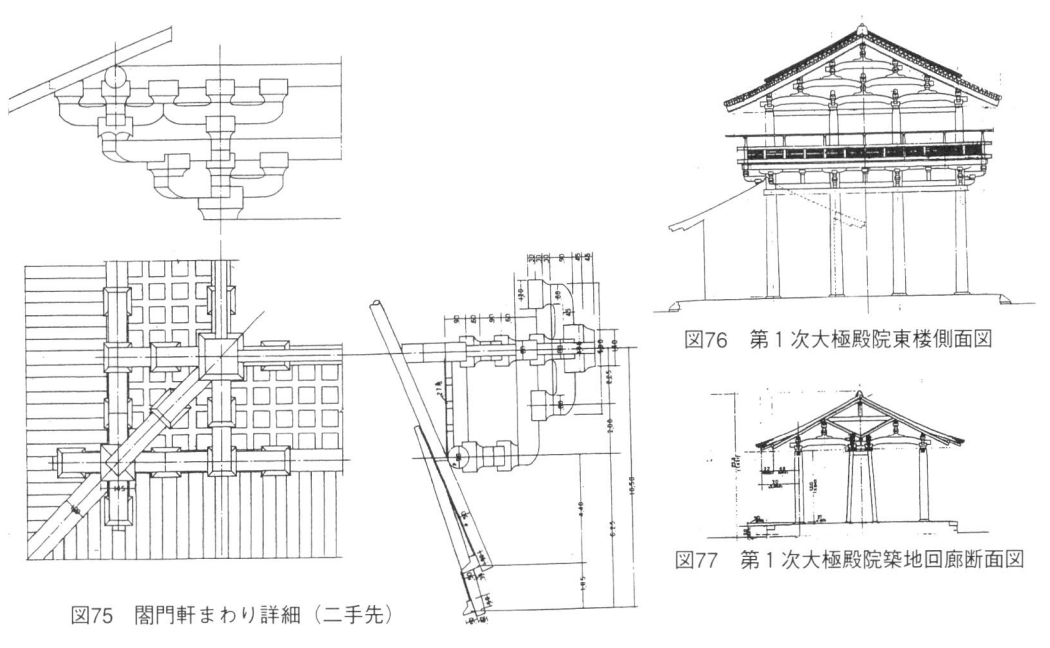

図75　閣門軒まわり詳細（二手先）

図76　第1次大極殿院東楼側面図

図77　第1次大極殿院築地回廊断面図

地上面の両端に台輪を通して、柱筋位置にふたつの大斗を対称におき、柱上の大斗とのあいだに虹梁をわたす新形式を採用した（図77）。ただし、この手法も回廊隅の納まりに若干の問題がある。軒の出は7尺、二軒で組物は平三斗とした。

東面築地回廊SC5500はわずかに基壇遺構を残すのみで、柱位置は不明である。今回の復元では、南面回廊桁行柱間の基準寸法（隅2間のみ12尺で他は15.5尺）を東面にも採用し、なおかつほぼ中央の位置に3間門（13尺+15尺+13尺）を設けた。これにより南面回廊と北面回廊の心々距離が座標値による324.79mとほぼ一致し、東西両回廊の総柱間数は71間に復元できる（学報XIは基準尺=29.41cmとして72間とする）。なお、3間門は単層切妻造とし、軒の出は回廊にそろえた。遺構の残りが良くない北面回廊SC8098についても、南面の基準寸法を採用した。ただし、後殿への入口となる中軸線上に、東面と同規模の3間門を設けたので、後門への取り付き部分のみ、柱間寸法が15尺となる。北面の総柱間数も、南面とおなじく41間である。なお、東・西・北面では、3間門と回廊隅のほぼ中間に柱間1間の穴門も設けた。すなわち、4面いずれにも3つの門が開き、大極殿院全体では、12の門をもつように復元した。

軒　廊　後殿基壇に接続する入隅部分の雨落溝痕跡から、北面回廊と後殿をつなぐ軒廊は、基壇幅が4.4m、長さが6.7mに復元できる。柱位置は分かっていないが、今回は桁行2間［10尺等間］×梁間1間［10尺］と推定した。軒の出は4尺、一軒で組物は平三斗とした。また、後殿と大極殿をつなぐ軒廊は、遺構がまったく検出されていないが、平城宮第2次大極殿では軒廊の礎石遺構が残り、『年中行事絵巻』にもその表現がみられることから、推定復元することにした。梁行の柱間寸法は、大極殿および後殿の身舎桁行柱間寸法とそろえて17尺とした。軒の出や組物は、北側の軒廊と同じである。桁行方向は15尺×5間とし、南端の柱は大極殿基壇上面に立てたので、屋根のカーブが曲率の大きなものとなった。なお、模型復元では、大極殿―後殿間の軒廊を、大極殿背面の扉想定位置にあわせて3条設けたが、平城宮第2次大極殿や『年中行事絵巻』のように、中央の1条のみであった可能性もある。

以上のように、今回の模型制作では学報XI段階での見解をかなり大きく修正した復元を試みた。

6．頭塔の復元

(1)　頭塔とその復元研究史

頭塔は東大寺南大門から南へ約1kmのところに所在する特異な仏塔跡である。神護景雲元年（767）に東大寺初代別当良弁が弟子の実忠に命じて造らせた「土塔」がこれにあたる。後に「玄昉の首塚」伝説と絡まって訛音し「頭塔」という名前に変わっていったものと推定されている。頭塔には上下2層の遺構が確認されているが、ここで復元の対象とするのは上層遺構である。下層についての記載は基本的に割愛するが、岩永省三によれば、下層の造営開始年代は天平宝字4年（760）、上層の廃絶が長岡宮期であろうという［奈文研2001］。

頭塔は北半部と東部の一部が発掘されただけなので、全体の形状は不明であるけれども、基壇規

模は東西長32.75〜33.0m（110.5〜111.5尺）、推定南北長31.8〜32m（107.4〜108.1尺）を測り、1辺110尺前後の方形平面に復元される（図78）。基壇を含めて版築のテラスが7段確認されており、奇数壇からたちあがる壁面に石仏を安置している（図79）。また、奇数壇は水切り勾配程度の傾斜を有するが水平に近く、偶数段の勾配は奇数段よりも強い（図80）。さらに頂部には心柱の抜取穴があり、その底部には心礎を残す。

　こうした成果は1980年代以降における奈良国立文化財研究所（奈文研）の発掘調査によってあきらかになったものだが、本格的な発掘調査以前から頭塔は注目されており、とくに南方系仏教との係わりが指摘されてきた。西村貞［1929］や石田茂作［1958］はインド僧菩提僊那、林邑僧仏徹などの来日の影響に伴うインド風ストゥーパ、雛壇式塔（方形段台型仏塔）の影響を指摘し、斎藤忠

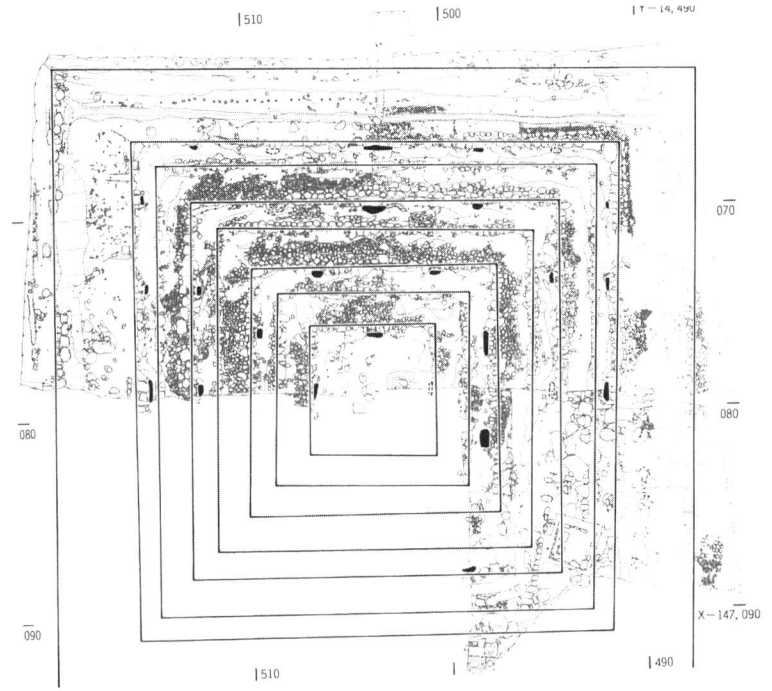

図78　上層頭塔の遺構平面図

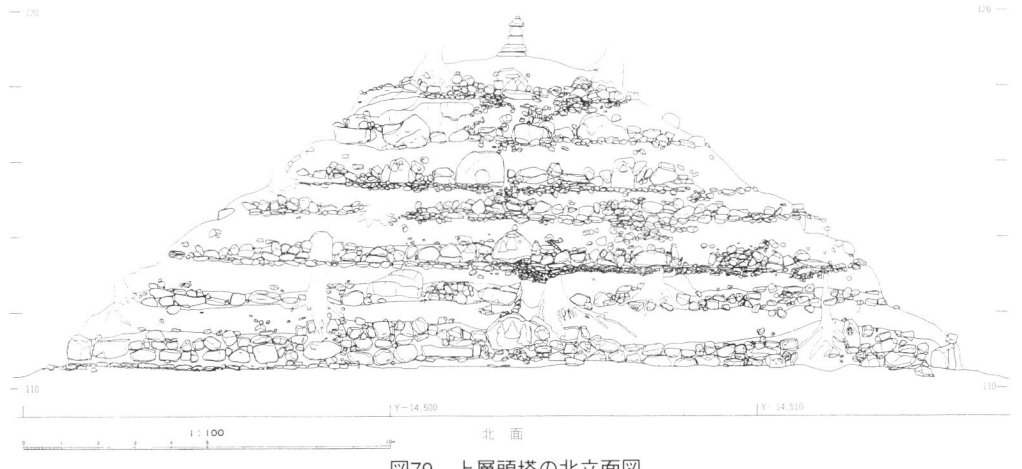

図79　上層頭塔の北立面図

第3章　歴史時代の建築考古学

（1972）は堺市大野寺の土塔、岡山県熊山遺跡とともにボロブドール（図93）との類似性を説いて頭塔の南方起源説を展開している。とくに石田茂作の示した復元案は傾斜の強い偶数段に直接瓦を葺く大陸的な外観をもつものであり、日本建築の常識から逸脱した大胆な意匠によって異彩を放っている（図81）。

　その後、奈文研の発掘調査中に細見啓三が二つの復元案を発表した［巽 1989］。一つはすべてのテラスに瓦を葺く七重案（A案）、いま一つは偶数段のみ瓦を葺く五重案（B案）である（図82）。いずれも華北に卓越した「台榭建築」を意識したもので、軒を受ける柱をテラス上に立てているのだが、礎石や柱穴などの痕跡はまったく残っていない。また、テラスの幅は非常に短く、とくに七重案では壁面の石仏がほとんど外側からみえない。この奈文研案に対して、杉山信三［1991］は「頭塔＝戒壇」説として五重案を呈示した。奈文研B案に近い外観の建物だが、柱の基礎を土台とするところに特徴がある。しかしながら、この時代に土台が存在したという保証はなく、もちろん土台の痕跡もまったく残っていない。

　その後、1993年に奈文研の招聘によって中国社会科学院考古研究所（考古研）の楊鴻勛が来日し、筆者の案内で短時間ながら頭塔の現場を視察し、頭塔の復元図（エスキス）を描いた。奈文研遺構製図室のドラフターと4Hの鉛筆を使って、わずか半時間ばかりの間に3つの「方案」を仕上げた

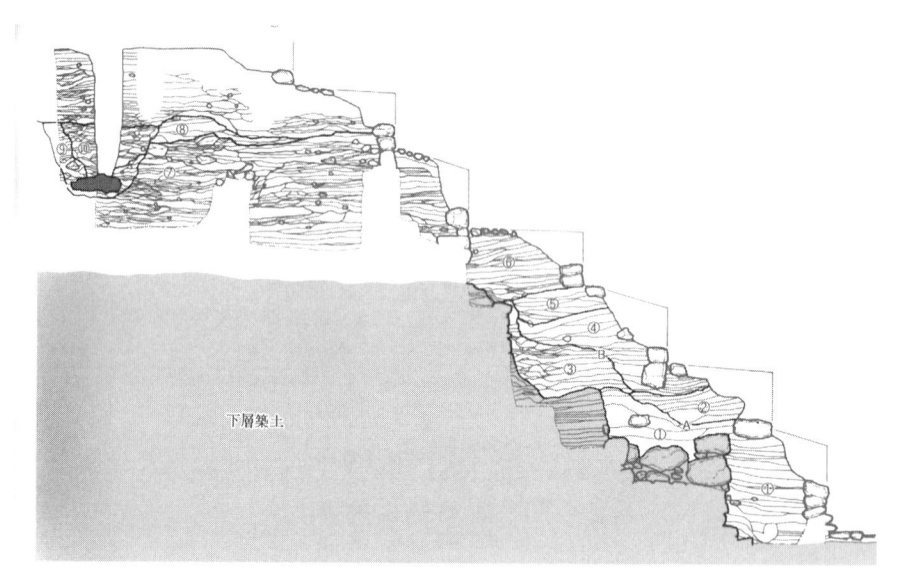

図80　上層頭塔の断面図（版築工程図）

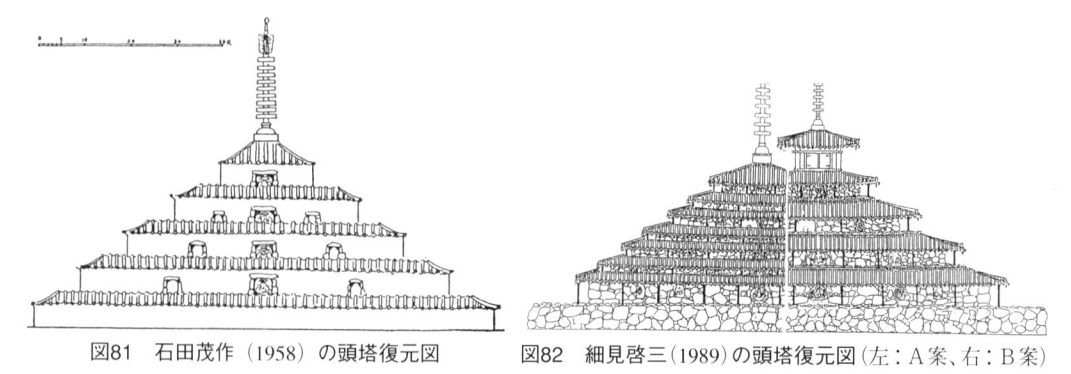

図81　石田茂作（1958）の頭塔復元図　　　図82　細見啓三（1989）の頭塔復元図（左：A案、右：B案）

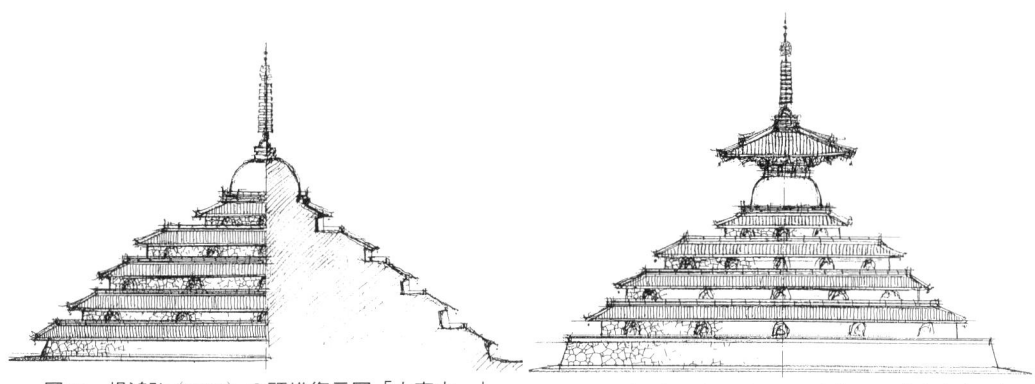

図83　楊鴻勲（1993）の頭塔復元図「方案之一」　　図84　楊鴻勲（1993）の頭塔復元図「方案之二」

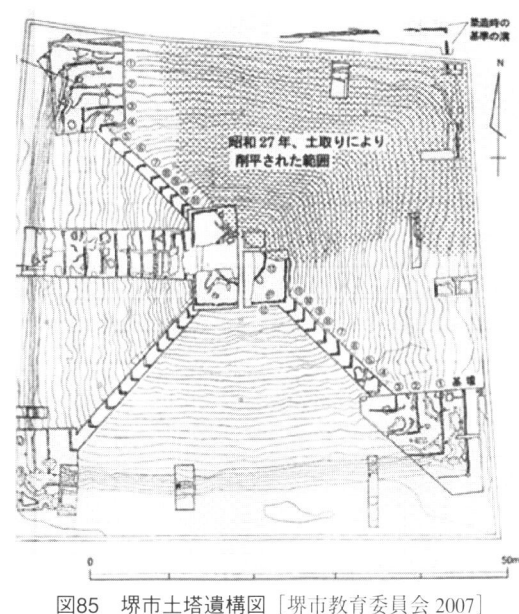

のである［浅川 1994］。3案のうち「方案之三」は奈文研B案や杉山案に近いものだったが、他の2案の発想には仰天させられた。「方案之一」は五重塔最上部に巨大なストゥーパ（伏鉢）をのせる案（図83）、「方案之二」は最上層を多宝塔形式にするものである（図84）。チベットや中国西域に現存する方形段台型仏塔の姿を脳裏に焼き付けているが故の発想と思われるが、その時点まで、日本人研究者の誰一人として円形構造物を最上層におくアイデアを示していない。楊のエスキスが発表されてから後も日本建築史研究者の側からは伏鉢状円形構造物について「何の証拠もない」という暗黙の反応が共有されていたように記憶するけれども、まもなく堺市土塔の発掘調査が進み、十三重塔の最上層

図85　堺市土塔遺構図［堺市教育委員会2007］

に円形構造物の基礎とみられる粘土ブロックが発見され［堺市教育委員会2007］、楊の「方案之一」「方案之二」を裏付ける結果となった（図85）。ちなみに、堺市の土塔は神亀4年（727）の築造と伝える行基49院の一つで、真言宗大野寺として今も法灯を伝えている。出土遺構は十三重塔に復元でき、緩傾斜のテラスに瓦を直に葺いたことが分かっている。楊の頭塔復元案は瓦の直葺きを想定して軒を短くしており、軒支柱を立てていない。日本建築としてみれば文法を逸脱しているけれども、遺構との整合性は日本人研究者の復元案以上に高く評価できるだろう。

(2)　復元考察

すでに述べたように、頭塔（上層）は1辺約110尺の方形基壇上にたつ五重の塔とみなされる。このうち四重の部分まで遺構が出土しているので、まずはこの部分の屋根構造を考えてみよう。塔

身の奇数段上面は幅が狭く、勾配が25〜30%であるのに対して、石仏をおく偶数段上面は幅がひろく、勾配は5〜10%と緩い。これは、偶数段が石仏前面のテラス、奇数段は25〜30%の勾配をもつ裳階風の瓦葺き屋根であったことを示している。

　この裳階状屋根とそれが取り付く壁面においては、垂木をとめる仕口の痕跡がまったくなく、瓦は石敷斜面上に粘土を塗りつけ直接葺いたものと推定される（図86）。頭塔における瓦直葺きの技法については石田茂作［1959］の先見的指摘があり、近年における大野寺土塔での出土状況がそれを裏付けた。ただし、木材をまったく用いていないわけではない。第181次調査では、裏面に朱を残す軒平瓦が出土しており、その朱は軒平瓦の先端から9cmの位置にあるので、ここに瓦座を配していたことが分かる。奇数段上面にはわずかながら軒反りも認められる。屋根に葺いた瓦は、軒丸瓦が6235Mｂ型式、軒平瓦は6732Ｆａ型式である。丸瓦の直径は17.5cm、長さ32.4cm、平瓦は長さ37.8cmで、幅は短辺23.5cm・長辺28.8cmであり、葺足が24.4cmに復元できるので、初重では5枚、二重では6枚、三重では7枚、四重では5枚重ねたことになる。瓦の割付は、初重が82列、二重が62列、三重が42列、四重が22列の格段20段減らしに復元できる。鬼瓦はまったく出土していないので、四隅の降棟は熨斗瓦の上に丸瓦を葺いただけの素朴な処理であったろう（図87）。瓦屋根の上端は出土した熨斗瓦と面戸瓦で留める。

　塔身の最上層では、心柱の痕跡以外に明瞭な遺構がみつかっていない。したがって、五重の復元については推定の域をでないのだが、以下のように考察した。まず、心柱を有するわけだから、木造多重塔（層塔）の最上層と親近性をもつ意匠の構造物であった可能性は当然あるだろう。そこで五重に元興寺五重小塔の最上層を拡大して配してみたのだが、図88にみるとおり、四重までのずんぐりした外観と最上層の意匠上の不釣り合いが否めない。五重の屋根だけ軒が深く組物が派手にみえてしまうからである。この種の意匠を採用するならば、奈文研Ｂ案や杉山案のように、テラス部分に柱をたてて四重までの軒も深くとる構造のほうに意匠の統一性が生まれる。しかし、上層構造

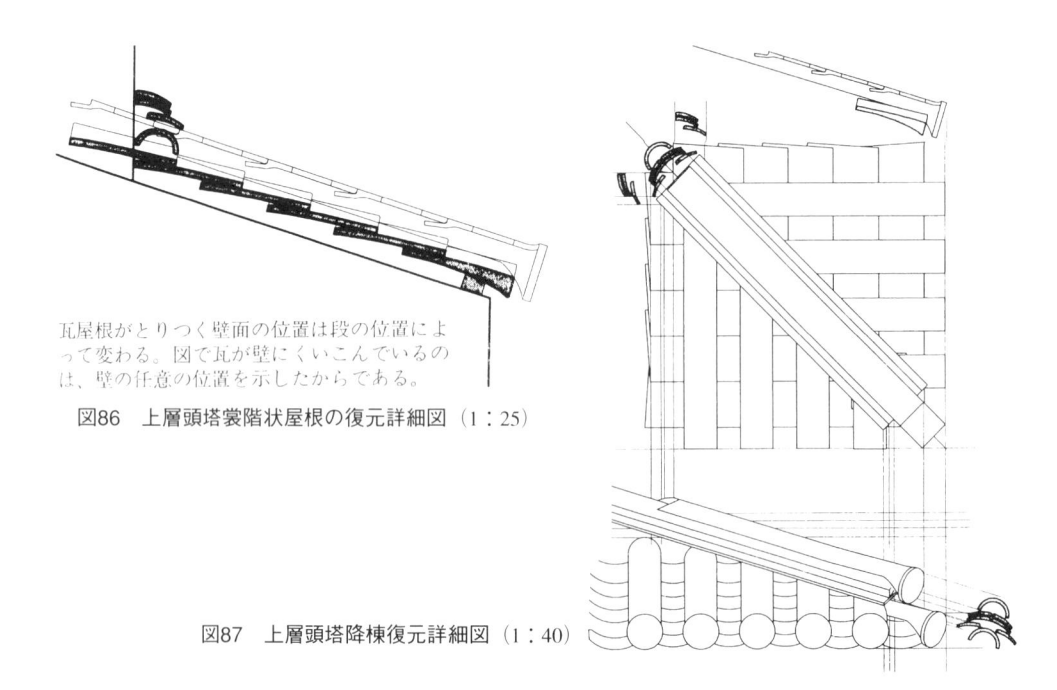

瓦屋根がとりつく壁面の位置は段の位置によって変わる。図で瓦が壁にくいこんでいるのは、壁の任意の位置を示したからである。

図86　上層頭塔裳階状屋根の復元詳細図（1：25）

図87　上層頭塔降棟復元詳細図（1：40）

に伴う柱穴は心柱以外まったくみつかっていない。

　頭塔五重の意匠を推定するにあたって、最も参照すべきは大野寺の土塔である。土塔最上層の基礎部分では円形にめぐる粘土ブロックが出土しており、頭塔の最上層もまた円形平面を呈した可能性を否定できない。この場合、宝塔・多宝塔系の意匠とも相関性が深くなる。いわゆる「宝塔」は密教とともに伝来したとされるが、敦煌莫高窟の建築壁画には北周・隋代からこの種の塔婆が描かれており（図91）、遣唐使がその実物もしくは図像資料を実見した可能性はあるだろう。そもそも「多宝塔」という名称は『法華経』見宝塔品に由来し、多宝如来をまつる塔の総称であって、特定の形式を指すものではない。日本でも朱鳥元年（686）銘をもつ長谷寺の銅版千仏多宝塔には六角三重塔が刻まれている。ここにいう「六角」あるいは「八角」が「円」の代替表現であることは、「八角円堂」などの呼称からも明らかであり、韓国慶州の仏国寺多宝石塔（8世紀）では初重を方形、二重を八角形とするが、二重高欄上の蓮華座は円形を呈している。こうした諸例を視野に納めるならば、頭塔の最上層に円形平面、もしくは八角形・六角形平面の構造物が存在していたとしても不思議ではない。そこで、図89では図88の軸部を宝塔風の土饅頭構造に替えた復元案、図90では頭塔と建設年代の近い法隆寺夢殿を五重に縮小して配する復元案を示してみた。しかし、いずれも図88と同じく、四重までの意匠と五重の意匠に大きな懸隔がある。

　石仏を飾る四重までの階段上構造と調和

図88　五重を木造層塔風にする復元案

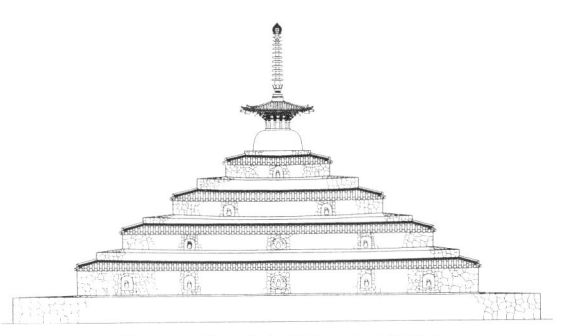

図89　五重を多宝塔風にする復元案

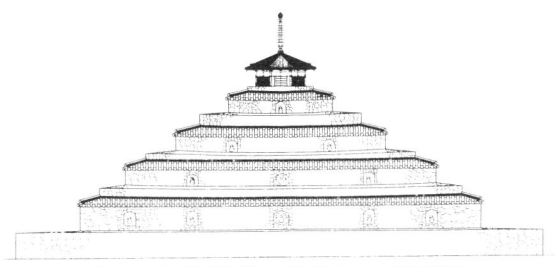

図90　五重を法隆寺夢殿風にする復元案

図91　敦煌莫高窟壁画にみる宝塔（北周〜唐）
　　　［蕭黙 1982］

第3章　歴史時代の建築考古学

させようとするならば、五重の意匠には以下のような工夫が必要であろう。まず、四重屋根の上に下段と同じテラスをもう1段設け、その上に低い壁をたちあげて3寸前後の屋根勾配を確保し、屋根面に直接瓦を葺く。塔身の平面は方形か円形かは不明ながら、大野寺土塔の最上層に敬意を払い、ここでは円形に近い八角形平面を採用してみた（図92b）。なぜ円形平面ではなく、八角形平面にするのかと言えば、五重屋根を瓦葺きとする場合、八角形でなければ納まらないからである。この八角屋根は勾配をややきつくして、五重全体が饅頭形に近い姿に作る（図92a・c）。ただし、頂部はフラットにして直径98cmほどの伏鉢を置き、これを心柱が突き抜け相輪を支える。初重軒と三重軒を引き通した線に五重軒がくる（傾斜角35度）と仮定すれば、五重塔身の高さは63cm、五重基底部の一辺は約416cmに復元できる。五重塔身の規模は瓦の大きさにより規定される。八角形平面の一辺に平瓦が4枚のる大きさがちょうどよく、この場合、八角形の一辺は約120cm（4尺）、対辺間距離は約290cmとなるので、五重テラスの出は約63cmと非常に短くなる。また、塔身の高さも約63cmにすぎず、このスケールでは五重のテラスに人は上がれないし、壁面に仏龕を設けるのも容易ではない。しかしながら、四重の壁面各辺に仏龕が中央1ヶ所しかないことは、五重に仏龕がなかったことを想像させる。五重は、おそらくそれ自体が巨大な伏鉢としての意味をもっていたのであろう。

a：立面図

b：平面図

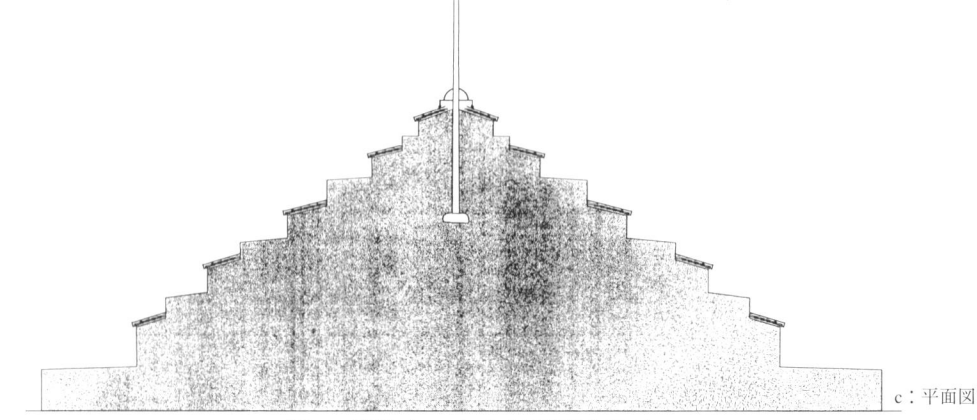

c：平面図

図92　浅川（2001）の上層頭塔復元図

巨大な伏鉢とは言っても、四重までの全容積に比べれば規模は小さい。規模が小さいからこそ、そのすべてが削平され、遺構としての痕跡を微塵も残さなかったと理解したい。なお、相輪については、年代の近い元興寺五重小塔を参考にすることも可能だが、水煙・竜車の代わりに四葉・六葉・八葉・火炎宝珠をつける宝塔系のものとした。

(3) 復元案からみた頭塔の系譜と意味

　楊鴻勛が短時間のうちに描きあげた3つの復元案のうち、筆者は伏鉢状の構造物を最上層に据えた方案1と方案2に強い衝撃を受けたのだが、多くの日本人研究者は証拠がないとして、これを退けていた。しかし、大野寺土塔の最上層で円形遺構が検出されたことにより、楊の復元案は息を吹き返し、本復元案の母胎となった。ところで、頭塔は中国華北の磚塔に影響を受けた可能性が高いという見方があるけれども、方形階段状遺構の壁面に多数の仏龕を配し、その中央に円形（八角形）の伏鉢を配する姿は、立体マンダラと表現すべき建築物であり、直接的な系譜関係はありえないにせよ、ボロブドールに代表される上座部仏教の方形段台型仏塔と近似している。これに類する仏教建築は、新疆の北庭高昌回鶻仏寺遺址（10～13世紀）、西蔵ギャンツェ地区白居寺菩提塔（1414）などの西域方面やチベット系仏教（ラマ教）圏にも分布しており、頭塔との系譜関係を完全に否定できるわけではない。こうした見方は西村貞［1929］、石田茂作［1958・1972］、森蘊［1971］、斎藤忠［1972］などの諸先学によって発掘調査前から主張されてきたが、発掘調査の進行に伴い磚塔や台榭建築などの中国系遺構との系譜関係を重視する趨勢が強まっていった。しかし、筆者は自ら復元研究に取り組んだ結果として、むしろ諸先学の意見の方に共感を覚えている。とりわけ石田の復元案（図79）は、結果としてみるならば、最上層の形態は別にして筆者の復元案によく似ている。

　上座部仏教の立体マンダラとしてボロブドール（図93）が誕生した8世紀、インドからチベット

図93　ボロブドール（ジャワ、8世紀）

周辺に仏教が伝播してラマ教と呼ばれるようになり、また日本には土塔や頭塔が築造されている。そうした汎アジア的な宗教的波動の一波として、東大寺大仏開眼と係わるインド僧菩提僊那や林邑僧仏徹などが日本に招聘され、当時としては最も革新的な「立体マンダラ」としての仏塔が日本にも出現したと考えるべきではないだろうか。時代は前後するが、東寺旧蔵本の法華経曼荼羅には、伏鉢に似た宝塔を中央に描き、周辺の方格部分に多数の仏像を配して宝塔を荘厳している。こういう空間構成を立体化したのが頭塔であり、だからこそ「立体マンダラ」という仮称を与えているのだが、さらに遡って、その構成は飛鳥寺に代表される1塔多金堂式の伽藍配置にも似ている。

　しかしながら、革新的立体マンダラとしての仏塔は日本に根付かなかった。私見ながら、密教とともに伝来したとされる宝塔や多宝塔がそれに取って代わったのだろう。とりわけ宝塔に裳階をつけた多宝塔は「上円下方」の構造を有しており、最小の立体マンダラというとらえ方もできなくはない。そういう見方は大胆すぎるという謗りを免れえないにしても、奈良時代後半の立体マンダラから平安時代の宝塔・多宝塔への展開という道筋を想定することは決して無益でないと考えている。

参考文献

浅川滋男　1994　「楊鴻勛先生の来日と頭塔復原」『奈良国立文化財研究所年報』1993
石田茂作　1958　「頭塔の復原」『歴史考古』2
石田茂作　1942　『塔・塔婆・スツーパ』日本の美術No77、至文堂
斉藤　忠　1972　「わが国における頭塔・土塔等の遺跡の源流」『大正大学研究紀要 文学部・仏教学部』57
堺市教育委員会　2007　『史跡土塔　遺構編』
蕭　黙　1982　『敦煌建築研究』文物出版社
杉山信三　1991　「大和 頭塔復原案の一つ」『史迹と美術』618
巽淳一郎　1989　「頭塔の調査 第199次」『昭和63年度平城宮跡発掘調査部発掘調査概報』奈良国立文化財研究所
奈良国立文化財研究所（奈文研）　2001　『史跡頭塔発掘調査報告』奈良国立文化財研究所学報第62冊（岩永省三編集）
西村　貞　1929　『南都石仏巡礼』太平洋書房
森　薀　1971　『奈良を測る』学生社
※頭塔関係の図の出典はすべて奈文研（2001）による。

附記

本節諸文の初出は以下のとおりである。
(1)　東アジアの古代都城
　浅川滋男　2008　「都市と条坊の萌芽―古代中国」『建築大百科事典』朝倉書店：pp.258-259
　　　　　　2008　「都市と宮殿の中華世界―古代日本」『建築大百科事典』朝倉書店：pp.260-261
　　　　　（本節では事典項目解説の元となった長い原稿を掲載している）
(2)　前漢長安城桂宮の発掘調査
　浅川滋男　1999　「長安城共同発掘調査の成果と意義」『よみがえる漢王朝―2000年の時をこえて―』読売新聞社：pp.122-128
(3)　含元殿と麟徳殿

福田美穂・浅川滋男　2002　「含元殿と麟徳殿」『建築雑誌（特集・都市と都市以前―アジア古代の集住構造）』
　　　　　1488号、日本建築学会：pp.45-47
（4）　宮城の建築
　浅川滋男　2005　「宮城の建築」『日本の考古学　下巻』学生社：pp.647-656
　※この文章は2004年4月～2005年1月にドイツで開催された日本考古学展「曙光の時代―日本原始古代の変
　　　革と連続」のドイツ語図録のために書いた下原稿を元にしている。ドイツ語版は以下のとおり。
　　　　　ASAKAWA Shigeo　"Die Architektur der Palastanlagen", *Zeit der Morgenröte, Japans Arcäologie und Geschichte
　　　　　bis zu den ersten Kaisern*, Reiss-Engelhorn-Museen, Manheim, 2004: pp.435-443
（5）　平城宮の復元建物
　浅川滋男・箱崎和久・蓮沼麻衣子・平澤毅　1998　「朱雀門とその復元」『門』建築資料研究社：pp.4-17
　箱崎和久・浅川滋男・西山和宏　2000　「平城宮東院庭園出土の八角柱と五角斗」『奈良国立文化財研究所年
　　　　　報』1999-Ⅰ：pp.16-17
　浅川滋男・蓮沼麻衣子・西山和宏　2000　「平城宮東院庭園『隅楼』の復元」『奈良国立文化財研究所年報』
　　　　　1999-Ⅰ：pp.18-19
　浅川滋男　1995　「平城宮第1次大極殿復原模型の製作」『奈良国立文化財研究所年報』1994：pp.68-71
（6）　頭塔の復元
　浅川滋男　2001　「上屋構造の復原」『史跡頭塔発掘調査報告　奈良国立文化財研究所学報第62冊』奈良国立文
　　　　　化財研究所：pp.122-125、PLAN6

　「都城の建築」と題する本節を読み返し、不安な気持ちに苛まれた。奈文研を退職してからもしばらくは東アジアの古代都城に関心をもっており、2002年には編集委員を務めていた日本建築学会広報誌『建築雑誌』で「都市と都市以前 ―アジア古代の集住構造」と題する特集を組む機会に恵まれた。その後すでに10年以上経過しており、都城研究から大きく遠ざかっている。ここに転載する大半の文章は2001年度までに書き上げたものであり、しかも一般向けの概説、事典解説、年報等の概要報告などばかりであって「論文」扱いできる素材は皆無と言ってよいかもしれない。そういう文章の群れをここで公開しなおす意義があるのかどうか、少々悩んだ。1節まとめて割愛することも可能なわけだが、古くさい文章ばかりであるとはいえ、奈文研の公式見解と異なる点があることに意義を見いだしうるという逆説的な発想のもとに、敢えて掲載することを決断した。
　たとえば、平城宮東院「楼閣宮殿」の問題が（3）と（4）に出てくる。2006年に推定「楼閣宮殿」の北側が発掘され平面の全貌が明らかになった結果、井上和人氏を中心とする現場班は大規模な総柱建物群を「宮殿と推定するのは、やや厳しい状況にある」と述べる一方で、「東院のバックヤードを構成する倉庫区画であった可能性も十分に考えられる」と結論づけている（奈文研紀要 2006：pp.94-101）。私個人は総柱建物を「倉庫」だとイメージすること自体に短絡があって、総柱建物であるが故にあれほど広大で特殊な平面をもつ建物を「倉庫」とみなす発想を理解できないでいる。じつは、研究所内部でも「倉庫」説に対する批判が少なからずあるようで、『奈良文化財研究所六十年のあゆみ』の「東院地区」の項をひもとくと（2012：pp.14-15）、2006～2010年度の調査概要を報告しつつ、「大規模総柱建物は楼閣宮殿もしくは倉庫の可能性が指摘され」ているとまとめている。つまり、筆者が12年以上前に考えていた「楼閣宮殿」は現在なお過去の説にはなっていないことを知った。本節はこのような問題を多々はらんでいることをご承知おきいただきたい。
　（2）の漢長安城桂宮については、すでに中国語と日本語で正式な発掘調査報告書が刊行されているので、以下に示しておく。ただ、残念なことに建築的な復元研究は報告書にまったく含まれていない。
　【中文】中国社会科学院考古研究所・日本奈良国立文化財研究所（編著）
　　　　『漢長安城桂宮　1996-2001年考古発掘報告』文物出版社、2007

【日文】奈良文化財研究所『漢長安城桂宮 報告編／論考編』
　　　　奈良文化財研究所学報第85冊、2011

　(5) の平城宮復元建物については個人で取り組んだものではなく、遺構調査室等のメンバーとの共同作業だったので、ここにとりあげるべきかどうかやはり悩んだが、私自身の知的財産がかなり含まれているのは疑いのない事実である。また、奈文研に所属した後半の7年間、東院庭園を中心にしてこれらの復元事業に忙殺された想い出が深くある。ここに掲載することをお許しいただきたい。第1次大極殿院については、上の論文に続く

浅川滋男　1996「第1次大極殿復原模型（1／10）の設計」『奈良国立文化財研究所年報』1995：pp.40-41

という概報もあるのだが、大極殿・後殿などの主要建物の設計は松田敏行氏が担当され、私自身は1／100復元模型の東楼と築地回廊を担当しただけなので、1／10模型の報告については掲載を断念した。

　(6) の頭塔は岩永省三氏が編集された学報第62冊の一部に短い論考を掲載しただけだったので、このたび若干加筆している。楊鴻勛先生の復元エスキスに刺激されながら新しい復元案の創造に取り組んだが、結果としてみれば、楊先生を一歩も超えることができなかった。器がちがう、ということである。

第4章 建築考古学と史跡整備

第1節　木造建築遺産の保存と復元
―日本の可能性―

　私は奈良国立文化財研究所（奈文研）の平城宮跡発掘調査部に14年間所属し、歴史考古学的な調査と史跡整備に携わってきました。奈文研在籍当時には、ただ「保存は実務だ」と割り切って仕事をしていたのですが、その一方で整備や復元に対する疑問が解消されることはなかったものですから、大学に移ってから少し理論的な側面も学んでみようと思うに至りました。そこで避けて通れないのがベニス憲章（Venice Charter 1964）です。ベニス憲章の理念は遺跡整備と深く関わるとともに、歴史的建造物の保存修復とも直結しています。考古学と建築史学は文化遺産の保存と復原（復元）という分野において同じ課題を共有しているのです。

（1）　復元と反復元

　修復（復原）から保存（反復原）へ――ヨーロッパの場合　世界的にみて、日本人は復原（復元）を好む民族の代表だと思うのですが、ヨーロッパでもかつてそういう時期がありました。18世紀後半から19世紀のヨーロッパ建築界はゴシックの復興期でして、その動向を「ゴシック・リバイバル」、その様式を「ネオ・ゴシック」と呼んでいます。この時代にあっては、ともかくなんでもかんでもゴシック様式を採用したかった。「新築」の場合もそうですし、古い建造物の「修復」にあたっても、ゴシック建築を憧憬する「様式復原 Stylistic Restoration」が非常に盛んだったのです。フランスの修復建築家ウジェーヌ・エマニュエル・ビオレ・ル・デュック［1814-79］が様式復原の代表的な推進者でした。1866年に出版された『事典』という書物の第8巻で、かれは「修復（復原）Restoration」を次のように定義しています。

　　　建物を修復するということは、それを保護 presesrve すること、修理 repair すること、またはそれを建て直す rebuild ことではない。修復とは、建物をいずれの時代にも存在しなかったかも知れない、完全な状態に復位 reinstate させることである。

　ビオレ・ル・デュックは、「建築」と「様式」を相互に独立した概念とみなしていました。かれが重視したのは「様式」のほうであり、修復の対象となる建築は「様式」に従うべきだと考えたのです。これは「様式の統一」もしくは「様式の純化」と呼ばれる介入行為です。18世紀末から19世紀前半にかけてヨーロッパ各地で隆盛した「ロマン主義」の潮流にあわせた歴史的モニュメントの修復手法であり、「ロマン主義の修復 Romantic Restoration」とも呼ばれています。当時としては革新的な芸術思潮ではありましたが、個人の感性と想像力に依拠したロマンティック（空想的）な復原に傾斜し、実証的な記録や資料に基づくものではありません。かれらにとっては芸術的な感性こそが重要だったのです。

こういう動向に対する反発は早くからありました。考古学者にしてガラスペインターであったアドルフ・ナポレオン・ディドロン［1806-67］は、1844年に『考古学年報』を創刊し、修復に対する批判的言説を繰り返します。「古きモニュメントに関しては、（略）何も付け加えてはならない。それ以上に、何も取り去ってはならない」。要するに、修理・修復や復原などは余計な介入であって、そこにあるものを強化し維持するのが最善であるとディドロンは主張しています。後のラスキンやベニス憲章の思想とほとんど変わらない思想が「様式復原」の隆盛期に現れていることに驚きを禁じえません。19世紀の中期以降、ビオレ・ル・デュックらの「様式復原」に対する批判が先鋭化していきます。よく知られているように、イギリスの評論家ジョン・ラスキン［1819-1900］が反復原派の急先鋒でした。かれは『建築の七灯』［1849］のなかで、「復原は建造物が被りうる最も完璧な破壊であり、壊れた物の誤った説明を伴う破壊である。（略）それははじめから終わりまで嘘なのだ」という強烈な批判を展開しています。ウィリアム・モリス［1834-96］は、ラスキンの弟子筋にあたる詩人・作家であり、とりわけ『ヴェネツィアの石』三部作［1851-53］に強く影響をうけ、世紀末のアーツ・アンド・クラフツ運動を推進しました。モリスもまた「破壊的修復」に強く反発し、ラスキン理論の実践組織として古建築保護協会（SPAB）を設立して、歴史的モニュメントの「維持」と「保存」を推奨し続けたのです。

　このように19世紀中頃から、修復（復原）派と保存（反復原）派が激しく論争をくりひろげます。大雑把にみると、ビオレ・ル・デュック（仏）→ジョージ・ギルバート・スコット（英）→フリードリッヒ・フォン・シュミット（奥）→ジュゼッペ・ドメニコ・パルティーニ（伊）が復原派、ラスキン（英）→モリス（英）→ポール・クレメン（独）→カミロ・ボイト（伊）が反復原派でして、このあたりの対立点についてはシドニー・コルヴィン（英：1845-1927）が"Restoration and Anti-restoration"［Colvin 1877］という論文で整理していますが、コルヴィン自身は修復家（復原派）に歴史的意識が欠けていると非難して、反復原派に与しています。

　結局、ロマンティックで芸術的感性に頼る修復（復原）派を歴史的重層性を尊重する保存（反復原）派が打ち負かし、「修復（復原）」から「保存（維持）」へという潮流が生まれるのですが、この背景には考古学的調査による実証的研究の進展があったことを忘れてはなりません。考古学が証拠をつきつけることによって、空想的な復原のつけいる隙がなくなっていくのです。

　できるだけ少なくせよ　かくして、ヨーロッパでは修復（復原）を否定し、保存（維持）に重きをおく思想が定着し、それが1964年のベニス憲章として結実します。

　1964年5月25日〜31日、ベネチア（ベニス）で「第2回　歴史的記念物・遺跡に関する建築家と技術者のための会議（ICATHM）」が開催されました。なぜ第2回なのかというと、1931年にアテネで第1回の会議が開催されているからです。第2回にあたるベネチア会議には、60を超える国や国際機関を代表する700人以上の専門家が集結したのですが、日本はこの会議に代表団を送っていません。ベネチアの会議で採択されたベニス憲章はアテネ憲章の改訂バージョンであり、その後、文化遺産保護の世界基準になっていくのですが、日本はこの憲章にもっとも無頓着な国の一つになってしまうのです。

そのベニス憲章の前文をみると、「文化財が人類共有という条件を受け入れるならば、国際的に共通の基準によって評価・保存されるべき」と唱われています。たとえば、わたしの地元（鳥取）を例にとるならば、三徳山三佛寺投入堂は鳥取県に所在する文化財ですが、日本国民にとっての財産でもあるから「国宝」に指定されているわけでして、もっと大きな視点でみるならば、人類全体にとっても重要な文化遺産であるということが言えるはずですね。そういう人類全体に共有されるべき文化遺産の価値の評価、あるいはその価値を後世に伝達するための倫理や手段について、世界的な基準を設ける必要があるという認識を前提にしてベニス憲章が採択されたわけです。ベネチア会議の翌年（1965）、イコモス ICOMOS が結成されます。イコモスは国際記念物遺跡会議（International Council of Monuments and Sites）の略称です。ユネスコに付属する NGO でして、ベニス憲章の実戦部隊といってよろしいか、と思います。言い換えるならば、ベニス憲章はイコモスの行動規範であり、ガイドラインだということです。

　ベニス憲章は16条からなっています。いまそのすべてを紹介する余裕はありませんが、全16条のなかで憲章のエッセンスを最もよくあらわしているのは、第9条の「推測が始まるところで復原をやめなければならない」という文言ではないでしょうか。要するに、復原（復元）するなら確実に証拠があるところまでに止めよ、余計な介入をするな、というのがベニス憲章の根本理念です。じつに単純なコンセプトのようにみえて、ここに至るまでの論争の歴史が長かったことはすでに述べたとおりです。代表的な理論家の言葉を並べてみましょう［Larsen 1994］。

　　アドルフ・ナポレオン・ディドロン（1839）
　　　「最小の介入が最善である。」
　　マックス・ドゥボラック（1916）
　　　「できるだけ少なくせよ！」
　　ベルナルド・フェイルデン（1982）
　　　「あらゆる介入は必要最小限とすべきである。」

　どの論者も、保存のための介入 intervention を必要最小限にとどめるよう訴えていることがお分かりいただけるだろうと思います。介入とは、修理・修復や再建などの行為を総称しています。マックス・ドゥボラックが「できるだけ少なくせよ！」と言っているのは、この「介入」を少なくせよ、ということです。

　authentic と original　これは「材料のオーセンティシティ authenticity」の問題に直結します。オーセンティシティこそが、ベニス憲章の中核をなす保存理論のキーワードであり、それは現代保存理論の中心概念と言ってよいものです。authenticity の語源は、ギリシア語の authenti にあるそうでして、それは英語の genuine（「真実の」「真正な」）に対応する形容詞です。だから、その名詞形である authenticity は「真正性」とか「真実性」と訳されていますね。ベニス憲章の前文には、いきなりこのキーワードが登場します。歴史的建造物の価値を「そのオーセンティシティが満ちみちた状態で」次世代に伝達することこそが保存の目的である、と書いてあります。もちろん世界遺産条約でもオーセンティシティが最も重要な価値評価の指標でして、「世界遺産リスト」に登録を申

請すると、オーセンティシティ（真正性）の審査を受けなければなりません。

さて、日本の専門家がしばしば混同するのは、authentic と original の意味の違いです。両者は同義ではありません。むしろ、対立する概念をもった術語でして、このところはしっかり理解しておく必要があります。original は「元の」あるいは「当初の」という意味であるのに対して、「真正な」と訳される authentic は、歴史的に積み重ねられた事象のほぼすべてを評価する概念です。歴史の重層性がもたらす価値、と言っていいかもしれません。original を尊重する場合、歴史的モニュメントに対する介入は「当初復原」をめざす修復ということになりますが、authentic に敬意を払うならば、むしろ「現状保存」に価値を見いだすことになるのです。世界遺産条約の文言をみると、「オーセンティシティの評価は、当初の形態や構造だけではなく、後の時代になされた修理や附加のすべてを含む。それら全体に芸術的・歴史的価値がある」とあり、その元になったベニス憲章第11条には、「建築物に対して加えられた、すべての時代の妥当な寄与は尊重されなければならない。なぜなら、建築様式の統一（復原）が修復の目的ではないからである。さまざまな時代の仕事をふくむ建物を古い状態に戻すことは、例外的な状況があるときしか正当化されない」とあります。当初の形態や構造だけではなく、後の時代になってなされた修理や付加のすべてを含んで価値を認めるわけですから、オーセンティシティを尊重した介入行為とは、あくまで現状保存を成立させうる操作であり、それを実現するためには、「できるだけ（介入を）少なくせよ！」というドゥボラックの主張に従うしかありません。歴史の重層性を尊重するということは、現存材料を重視することとほぼ同義であり、ベニス憲章の理論的枠組を作ったとされるチェーザレ・ブランディ（伊）の言を借りるならば、「保存にとって唯一の正当な瞬間とは現在である」ということになります。あとで紹介するクヌット・アイナー・ラールセンは、ブランディの言説に対して「これは＜時の風化＞をも保存すべきことを意味している」と注釈しています。

自分の経験から例をあげてみましょう。薬師寺と唐招提寺をつなぐ「歴史の道」の両側に築地塀が続いているのですが、そのなかには瓦が崩れ落ち、壁のはがれている部分も少なくありません。日本人ならだれしも、「早く修復しないといけない」と思うところですが、オーセンティシティの理論に従うならば、ぼろぼろになりつつある築地塀の現状に価値を認め、その状態をそのまま凍結保存すべきことになります。これによって「時の風化」を実感できるからです。

イギリスの田舎町では、これを実践しています。中世の教会や修道院の廃墟を、復元することなく廃墟のまま公開しています（図1）。建物はそうとう危険な状態になっているのですが、構造を

図1　英国ヨークのミュージアム・ガーデン（中世の教会の廃墟を保存・公開している）

復旧してその危険を回避しようとするのではなく、壁や屋根が崩れ落ちてこないように煉瓦や石の壁を固めてしまうのです。あとはまわりに芝生をはるだけ。わたしは建築研究者であるにも拘わらず、壮麗な教会や宮殿をみても強烈な感動を覚えることはあまりないんですが、こういう壊れて廃墟になったモニュメントには、どきどきわくわくしてしまいます。おそらく「時の風化」を実感しながら、想像力を働かせる自分を楽しんでいるんでしょうね。かのギリシアのパルテノン神殿をみても、柱の上の構造物はがたがたですからね。日本人だったら、とりあえず屋根を復旧して雨露から守りたいと思うところでしょう。しかし、アクロポリスでは、壊れた神殿をそのまま公開しています。ベニス憲章第9条が規定するように、「推測がはじまるところで復原（復元）をやめなければならない」。だから、廃墟のままの姿を維持する。確実な復原（復元）ができるところ以外は絶対にそうしない。

　図2はタイの世界文化遺産「アユタヤ遺跡群」のうちのワット・プラッシン・サンペットです。傾斜した壁や柱をそのまま保存しています。石柱と煉瓦壁の上には、かつて木造の屋根がかかっていた。日本人ならば、こういうところに木造の屋根を復元して、陽光に晒された当初材を保護したくなります。しかし、ここでもまた現状保存を徹底しています。柱や壁が倒れる危険性も小さくないはずですが、倒れないような「強化」を施して現状を「維持」する。あるがままを保存し、不確実な「復原（復元）」を拒否する。ベニス憲章の原理・原則に従っています。図3は同じ遺跡のゲートです。このゲートにしても、少しずつ解体しながら元に戻してドーム状の構造に復元できないわけではありませんが、壊れた状態を「維持」しています。立体的なモニュメントが損壊している状態を評価して、「修復」せずに「保存」しているわけです。壊れている現状の姿によって、元の姿を想像するイマジネーションが湧いてくる。あるいは悠久な時間の流れを実感できるのです。

(2)　日本の木造建築とその修復

日本と木造建築遺産の特殊性　廃墟となった歴史遺産をできるだけ介入を加えずに「保存」したり、「維持」するのは、モニュメントの材料が石や煉瓦などの耐久材料だから可能だと言ってもよいでしょう。ところが、日本の場合、文化財建造物の約90％が木造建築であり、遺跡にしても木造建築のなれの果てなんですね。こういう特殊な状況を抱えた国は全世界をみわたしても例外的です。木造建築は長期間放置しておけば、腐朽を招き、倒壊してしまいます。遺跡となれば、柱穴などごく一部の痕跡が地中に残るだけで立体的なモニュメントや建築部材を残すものはわずかしかありま

図2　アユタヤ遺跡ワット・プラッシン・サンペット　　図3　ワット・プラッシン・サンペットのゲート

せん。ですから、木造建築遺産を「保存」しようとする場合、どうしても「復原（復元）」という介入行為を完全に排除することはできなくなってしまいます。ですから、石や煉瓦などの耐久材料をベースとして成立したヨーロッパの保存理論が、木造建築をベースとする日本の文化遺産保護に完全に受け入れられるはずはないのですが、両者はまったく相容れないものなのでしょうか。

　ここではまず、国際的な動向に対する日本の対応を追跡しておきましょう。すでに述べたように、日本は1964年のベネチア会議を欠席します。1972年、ユネスコは世界遺産条約を締結します。1980年、日本イコモスが結成されます。15年遅れで、日本がベニス憲章に呼応するわけです。1992年、日本政府は世界遺産条約を批准します。こちらは20年遅れです。2年後の1994年、奈良で「国際オーセンティシティ会議」が開催されます。世界の高名な学者を集めて、「オーセンティシティとは何か」を学際的に議論しました。この結果は「奈良ドキュメント」としてまとめられますが、その評価については後で述べましょう。

　奈良でオーセンティシティ会議が開催された1994年、イコモスの木造遺産委員長を務めていたクヌット・アイナー・ラールセンというノルウェー人研究者が、*Architectural Preservation in Japan*（『日本建築の保存修復』）という英文の著作を出版します［Larsen 1994］。日本建築の保存修復に関する概説書はこれ1冊しかありません。日本語の文献ならあるだろうと思われるかもしれませんが、まったくないのです。日本建築史に関する概説書・教科書や美術全集は山のようにあるんですけども、日本語で書かれた「保存修復の概説書」は1冊もない。ですから、わたしはラールセンの著作を翻訳し、大学の講義のテキストとして使っています。

　なぜノールウェイの建築学者が英語で日本の概説書を書くことになったのか。ラールセンは1980年代の後半から日本に長期間滞在し、おもに東京国立文化財研究所（東文研）で日本建築史と日本建築の保存修復を学んでいます。指導されたのは伊藤延男博士ですから申し分ない。ラールセンの理解はじつに素晴らしいレベルに達しています。一方、文化遺産に関する国際的な状況をみると、1992年の世界遺産条約の批准から94年の奈良オーセンティシティ会議に至る段階で、ラールセンは日本建築の保存修復に係わる英文の著作を公刊している。ラールセンは日本建築の誤解をとく広報係としての役割を果たしたと言ってよいかもしれません。

　解体修理とオーセンティシティ　当時、日本は日本の代表的な歴史的建造物を世界遺産にしなければならなかった。しかし、ヨーロッパ人は日本の歴史的建造物に対して偏見をもっていたようです。ヨーロッパでは「介入を少なくすること」をモットーにしているわけですが、日本の建造物の場合、「解体修理」の伝統があります。建物をばらばらに解体して悪いところを修理し、もう一度組み直す。決して悪い修復の方法だとは思えないのですが、伊勢神宮の「式年造替」があまりにも印象深いので、ヨーロッパ人はどの建造物の解体修理も「式年造替」式の再建 reconstruction であろうと思いこんでいたようです。しかし、日本の解体修理は昔から古材の再利用に努めており、決して再建 reconstruction ではなく、保存修復 conservation の一種であることがようやく理解されるようになってきました。ラールセンの著作がこの理解に大きく貢献したのは間違いありません。

　ラールセンは法起寺三重塔を例にとります。法起寺三重塔は法隆寺の近くにある小振りの三重塔

で、706年の露盤銘を残し、白鳳様式の建築とされています。1972～75年の解体修理まで塔は7回修理されています。うち3回の全解体修理を含んでいるのですが、当初材の残存率は48.6％に及ぶことが調査によって明らかになりました。8世紀から現代に至るまで、なんども腐朽部材の差し替えをおこなってきてはいるが、宮大工たちは当初材に敬意をもって再利用し続けてきた。当初材を残しながら、後の時代に部材を差し替えてきたわけですから、あきらかに「材料のオーセンティシティ」が存在するわけでして、決して再建 reconstruction ではない。

西欧では介入はできるだけ少ないほうがよいわけですから、解体修理を嫌います。英国や北欧など、木造建築の伝統を有する国でさえ、解体修理は最終手段だと考えています。しかし、湿気の多い日本の場合、およそ300年に1度の周期で全解体修理が必要であり、その伝統は今後も継承されていくと思われます（図4）。

当初復原をめぐる問題　木造建築の特殊性に照らして考えるならば、大規模な介入行為である「解体修理」もベニス憲章に抵触するとは言えないと思うのですが、日本の場合、さらに「解体修理」にともなう「（当初）復原」を当然のようにおこなってきました。これもまた authentic な「保存」を重視するベニス憲章と相容れない側面をもっています。

西欧ではゴシック・リバイバルに端を発する「様式復原」の時代が一時隆盛を極め、その動向をラスキンたちが徹底的に批判して「反復原」＝「現状保存」の潮流が生まれ、オーセンティシティを尊重するベニス憲章として結実したことを初めに述べました。ところが、日本は、これとまったく異質な途を歩んでいます。日本の20世紀は復原 restoration の時代でした。建造物の解体修理にともなって、修理技師たちは徹底的な部材の痕跡調査をおこない建造物の変遷過程を執拗に追跡して、当初復原を競い合っていたのです。建造物を当初の姿に復原することが技師たちのステータス・シンボルとなっていった。こうしてみると、今の日本は18世紀後半～19世紀のヨーロッパに近い状態にあるのではないか。少なくとも、保存理論の上では、そう考えざるをえないと思うのです。

ラールセンも、「当初復原」の問題を大きくクローズアップしています。日本の修理・修復の最大の問題点はここに集約できます。まずひとつの例をあげてみましょう。新薬師寺地蔵堂の修理前（図5左）と修理後（同右）の写真です。新薬師寺地蔵堂を解体して痕跡を調べ尽くし、関連史料を漁り、類例調査をおこなった結果、当初の姿がほぼ復原できた。だから解体後、当初の姿に「現状変更」したのが右の写真です。新薬師寺地蔵堂の場合、なくなっていた縁が復旧され、扉も当初の様式に戻し、全体的にみても、解体前とはずいぶん外観が変わっています。修理に携わる関係者

図4　唐招提寺金堂の解体修理（解体後に前身遺構の発掘調査をおこなっているところ）

修理前 authentic　　　　修理後 original
図5　修理解体にともなう「復原」の実例（震薬師寺地蔵堂）

は、「当初の美を取り戻した」ということで修理後の写真（右）がお好きなようですが、わたしは修理前の写真（左）のほうに愛着を感じます。復原後の地蔵堂が「材料のオーセンティシティ」を大きく失っているからです。修理前の地蔵堂は、鎌倉時代に出発して、室町・江戸・明治時代にさまざま改変が加えられて、今の姿になった。歴史の必然と重層性をそのまま映し出した建物であったわけです。そこには「材料のオーセンティシティ」が満ちみちていて、バランスのとれた意匠とは言い難いかもしれませんが、それなりに可愛らしい外観をしています。これを復原した結果、意匠は当初に近い姿を取り戻したけれども、室町・江戸・明治時代の部材を失ってしまいました。新しく取りいれられた部材は、すべて「平成の材」ですね。縁も、長押も、扉も平成です。日本では、originalを尊重するあまり、こういうふうに、中古材や後補材を軽視する傾向が顕著にみうけられます。これでいいのでしょうか。

　さらに極端な例が法華経寺祖師堂です。法華経寺祖師堂はもともと三重錣葺きの大屋根に覆われていました（図6）。江戸時代の名所図絵にも三重錣葺きの銅板屋根が鮮明に描かれています。江戸時代のある段階から昭和の修理に至るまで、こういう外観が法華経寺祖師堂のイメージとして定着していたわけです。というか、これ以外のイメージをだれも抱くことはできなかった。ところが、解体修理にともなう調査研究の結果、三重錣葺きの銅板屋根は大きく姿を変え、比翼入母屋造のこけら葺きに「復原」されてしまいました（図7）。三重錣葺きの大屋根を比翼入母屋造に復原するためには、そうとう大きな変更が必要です。まず、身舎の大梁が2本撤去されました。これは、江戸時代のある段階で、耐震構造補強のために導入された部材です。それを撤去するとなれば、代わりの部材が必要です。そこで、鉄骨構造補強をおこなうことになりました。このように、建造物を当初の姿に戻そうとすると、平均して15～20％の材料が失われ、腐朽のため約15～20％の材料が差し替えられます。結果として、少なくとも現存材料の30～40％が失われる。「材料のオーセンティシティ」を大きく喪失してしまうのです。

　江戸時代からつい最近までみんなに親しまれてきた祖師堂を壊してまで、比翼入母屋造の外観を創作する必要がほんとうにあったのか。復原の根拠は十分だったのか。修理技師さんのご苦労は承知しておりますが、問題の根は深すぎるように思えてなりません。こういう復原を敢行することによって、「材料のオーセンティシティ」は大きく失われ、人びとが慣れ親しんできた外観までなくしてしまった。解体後、「現状保存」に近い姿に戻していれば、大きな問題はおこらなかったし、余計な経費を投入する必要もなかった。そう思うのはわたしだけでしょうか。

図6　法華経寺祖師堂修理前　[Larsen 1994]　　　図7　法華経寺祖師堂修理後　[Larsen 1994]

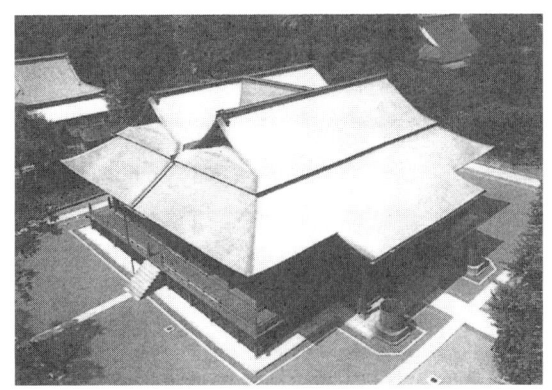

(3) 木造建築遺跡の復元整備

「復原」から「復元」へ この20年ばかりのあいだに、「復原」への指向は、遺跡に存する建物跡の「復元」にまでも拡張していきました。1989年に画期があったとわたしは考えています。この年から文化庁の「ふるさと歴史の広場」事業が始まっている。それまでは、実証性の高い根拠がなければ「復元」を認めないのが国の方針でした。ところが、そこに「活用」というキーワードが登場します。遺構の「立体復元」を整備に取りこんで、史跡の「活用」に結びつけようとする方針転換がそこで打ち出されたのです。「整備から活用へ」の流れが加速化し、日本の史跡のあちこちに訳のわからない復元建物が建ち続けました。旧城下町では、天守閣再建ブームが再来しています。

ところで、以前は「復原」と「復元」という用語を区別することはなかったのですが、1998年の建築学会広報誌で「古代建築の復元」という特集が組まれたあたりから、「復原」と「復元」を意識的に区別して用いるようになりました（『建築雑誌』1998年9月号）。と言っても、どちらも発音は「ふくげん」ですから、議論していると何がなんだかわからなくなってしまいますね。これについては、英語で表現したほうがわかりやすいんです。

「復原」は restoration、「復元」は reconstruction です。restoration は「修復」と訳べき場合もありますが、介入をともなう保存（保全）は conservation（アメリカでは preservation）ですから、これを「保存修復」と訳することもできます。つまり広義の restoration は conservation に近い概念をもち、狭義の restoration は「復原」に相当する用語ということになります。一方、reconstruction は遺跡・史跡上での建物跡の「再建」をさす用語だと理解すればよいでしょう。「復元」というのは「再建」であって、もう少し善意に解するならば「復原的再建」という解釈が成り立つわけです。ベニス憲章は、「復原」という介入自体には否定的ですが、根拠が十分ならば容認しています。対して、「復元」＝「再建」は完全否定なんですが、世界遺産条約は「復元」も「根拠が大ならば容認する」ことになっています。

平城宮跡の復元事業 ここではまず私が発掘調査と復元事業に長く携わった平城宮跡を素材にして、遺跡上の reconstruction（復元＝再建）を考えてみましょう。平城宮跡の中で復元事業の対象となっているのは朱雀門、東院庭園、推定「宮内省」、第1次大極殿院の4ヶ所です。

朱雀門の遺構（第3章第4節図51）に礎石はなくなってしまいましたが、礎石の据付穴と根石が残っています。この遺構から5間×2間の平面が復元できる（第3章第4節図57）。このあたりまでは、結構実証的データに裏付けられています。朱雀門は1997年に竣工しました（図8）。何でこんなものが建ってしまうのか。地下に柱穴が残っているだけなのに、上部構造が再建できるということ自体、不思議なわけですけれども、朱雀門の復元については、第3章第4節1で述べたように、長いあいだ研究を積み重ねてきておりまして、往事の姿に近いものだろうとわたしも思っています。平安宮の朱雀門は『伴大納言絵詞』に桁行7

図8　復元された平城宮朱雀門（背面側）

間の重層門で描かれていて、平城宮は桁行 5 間だけれども『続日本紀』に「重閣門」という記載があるから重層だった可能性は高い。細部については、建立年代の近い法隆寺や薬師寺の建造物から借りてきて仕上げれば、なんとかなる。たとえば軒まわり（図 9 ）は薬師寺東塔の三手先組物をそっくりそのまま使っている。天井は唐招提寺金堂、2 階の勾欄は法隆寺金堂など、年代の近い建物の細部をパッチワークのように組み合わせていく。復元建物というのは、こういう「継ぎはぎ」でできていくわけでして、「様式の統合」という言葉にふさわしい感じがしますね。あるいは、ビオレ・ル・デュックのいう「修復とは、建物をいずれの時代にも存在しなかったかも知れない、完全な状態に復位させること」だという発言が思いおこされます。朱雀門は写真にみるような建物だったのかもしれないけれども、そういう建物だったという保証もまったくないわけです。

　図10は1993年に、私自身が発掘調査した平城宮の造酒司（みきのつかさ）です。日本の遺跡は、だいたいこういう感じですね。穴しか出てきません。ここにはもともと木造建築が建っていた。ところが、この遺跡をみていても、一般の訪問客は木造建築が建っていたイメージが湧いてこない。それで、なんとか想像力を喚起しようと、平城宮の整備では基壇を復元したり、ツゲの木を植えて柱位置を表示したりしたわけです。単純にみえますが、ヨーロッパ式庭園の手法を取り入れた整備だと聞いておりまして、わたしはこういう整備で十分満足しておりました。

　しかし、なかなか許してくれない勢力があちこちにおりまして、「復元」をやらなくてはならなくなった。図11は東院庭園です。8 世紀の庭園跡を復元整備したものです。図12は昭和40年代に発掘調査で出土したころの状況です。すばらしい遺跡だと思います。これを復元したわけです。図13

図 9　薬師寺東塔式の三手先組物を借用した平城宮朱雀門の軒

図10　平城宮造酒司の遺構（1993年。左手遠方に推定「宮内省」の復元建物と第 2 次大極殿基壇の復元表示がみえる）

図11　平城宮東院庭園整備状況（北東からみる）

図12　平城宮東院庭園出土状況（南西からみる）

図13 平城宮東院庭園中央建物（北東からみる）

が東院庭園の中心となる「中央建物」で、一応いろんな根拠に基づいて上屋構造を復元しています。遺構から平面を導くのはそう難しいことではありませんが、やはり上屋はどうなっていたのかよくわかりません。さいわい奈良県内には30棟ばかり奈良時代の建物が残っておりますので、平面が一番似ているものを探すんですね。「中央建物」の場合、法隆寺伝法堂前身建物がそっくりだということで、そのディテールやらプロポーションを拝借しました。ですから、両者はもちろんよく似ています。

　平城遷都1300年をめざして建設されたのが第1次大極殿です。最初に模型を作ったのは1993年のことでした（第3章第4節図2・38）。第1次大極殿院全体の百分の一スケールの模型です。このときから第一次大極殿は2階建ての入母屋造でして、まことしやかで可愛らしいですけども、この上屋構造についてもほとんど根拠はない。ところが、その一方で、第1次大極殿の建つ高台部分の空間構造が唐長安城大明宮含元殿の前庭部分にとてもよく似ていることが分かってきております。

　あまり知られていないかもしれませんが、平城宮第1次大極殿の遺構はほとんど残っていません（図14）。称徳天皇が奈良時代後半に「西宮」の大普請を敢行するにあたって、第1次大極殿の遺構を削平し尽くしてしまった結果、基壇地覆石の据付痕跡と抜取穴が部分的に溝状に残るだけになってしまったのです。いろいろな2次資料を使えば、なんとか平面を復元できないことはないんですが、その上屋となれば話は別です。東院庭園や朱雀門のようにモデルとなる建物があればよいのですが、大極殿には参照すべき類例もない。復元を遂行するにはあまりにも基礎情報が乏しく、復元そのものを実行に移すべきではなかった、と今も思っています。朱雀門をおよそ3倍の大きさにした「重層入母屋造」の復元案にもわたしは反対していました。大極殿周辺の空間構造は大明宮含元

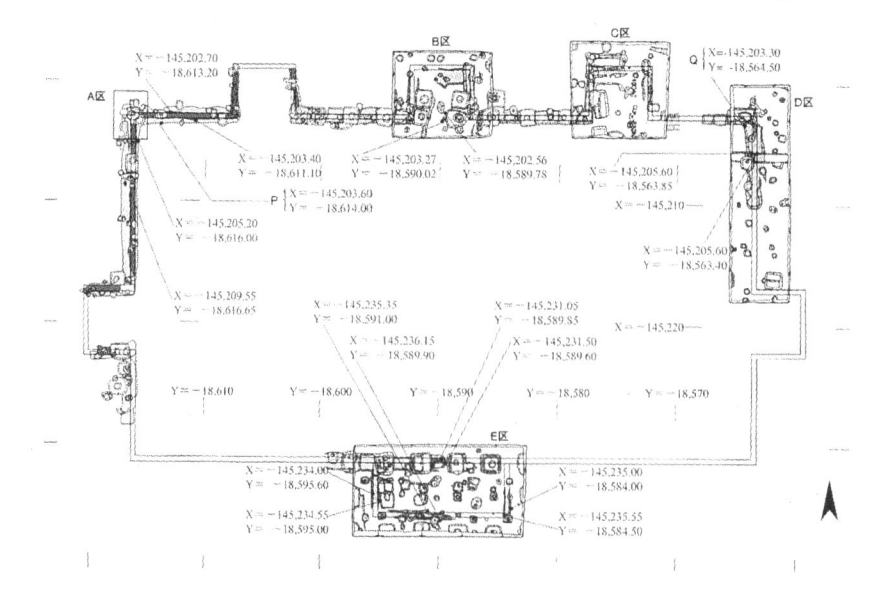

図14　平城宮第1次大極殿遺構図（奈文研年報 2000-Ⅲ）

殿の前庭部分を模倣する一方で、大極殿の本体は恭仁宮に移築されたことが『続日本紀』に記されており、平城宮の大極殿自体が藤原宮から移築された可能性が想定されています。こうした身軽さを考えるならば、建物は平屋（単層）とみるべきです（第 3 章第 4 節 3 参照）。復元される平面は仏教寺院の講堂系列に属し、身舎の柱間は桁行方向（17尺等間）と梁行方向（18尺等間）で寸法がずれているから、屋根は入母屋造に復元されます。以上から、第一次大極殿の構造形式は「単層入母屋造」とみるのが正しい解釈だとわたしは思っています。

「単層入母屋造」と言いますと、伊東忠太が復元した平安神宮の形式でして（図15）、奈良時代の大極殿についても伊東の復元案が妥当だろうと思うのです。ただし、平安時代の大極殿については『本朝文粋』や『口遊』の記載からみれば重層であった可能性が高く、その源流は平城宮の第 2 次大極殿だろうと推定しています。ずっと第 1 次大極殿の復元に携わった担当者の意見として耳を傾けていただければ幸いですが、そうとはいうものの、わたしの主張を実証する根拠が万全なわけでもない。こういう不確定性の大きい遺構はやはり復元すべきではなかった。ただ、復元したかったのは研究所のメンバーではなく、外部の方たちであったことも申し添えておきましょう。

アナステローシスとは何か　遺跡上における「復元」＝「再建」の話になるとネガティヴな話題に終始しがちですが、じつはベニス憲章が例外的に容認する reconstruction の手法が一つだけあります。第15条に出てくる「アナステローシス」です。図16はアンコール遺跡群のなかのバイヨンです。モニュメントのまわりに石材が散乱したものを周辺に積み上げています。この石材はすべて建築材なんです。それが転がって崩れ落ちてしまった。アナステローシスというのは、こういう建築部材をくっつけて、元の位置に戻すことをいいます。土器の復元のように、砕け散った建築部材を貼り合わせて元位置に復する。こういうアナステローシスだけは許すとベニス憲章第15条に書いてあります。

図17は、日本の早稲田隊が取り組んでいるアンコールワット西経蔵の修理状況です。散乱した石材とか解体した部材のすき間をコンクリートで埋めて仮組し、それを組んでいって元の位置に戻す仕事をやっていました（図18）。これはアナステローシスというよりも、日本の木造建築で採用する「解体修理」の方法に近いんですが、この方法にもヨーロッパは批判的です。やはり、「解体」という介入が気に入らないんですね。一方、日本人は建物が傾いて危険な状態になっているから、解体して基礎を堅固に改修し、部材を組み直したい。建物を健全な姿に戻したいわけです。ヨーロ

図15　平安神宮外拝殿（伊東忠太設計／1895竣工）　　　図16　アンコール遺跡群バイヨン境内に積み上げられた建築古材

第 4 章　建築考古学と史跡整備

図17 アンコールワット西経蔵の解体修理（日本隊） 　　図18 アンコールワット西経蔵解体部材・
　　　　　　　　　　　　　　　　　　　　　　　　　　　　　散乱石材の補修（仮組）

ッパは違うんですね。傾いて危険になった状態を、そのまま「保存」することに意義を認めるわけです。日本の修理のやり方も悪くはないのですが、解体後の地盤改良のため掘込地業の遺跡が破壊されてしまいました。軽視できない弱点と思われます。

　というわけで、いつまでたってもヨーロッパと日本のアプローチは平行線を辿って交差したり、融合するところがないようにもみえますが、アナステローシスと解体修理にも似ているところがありまして、日本の遺跡でもアナステローシス的な介入ができないわけではありません。地元の鳥取で、国史跡「鳥取藩主池田家墓所」の平成の大修理がおこなわれていて、墓碑を囲む玉垣の修復を指導しています（次節参照）。凝灰岩を切り出して作った玉垣は構造的にとても弱く、すぐに傾いたり、倒れたり、破損したりしてしまいます。従来なら、新しい石材を加工して、真っさらな玉垣を作るのですが、池田家墓所では玉垣の当初材や中古材をたくさん残しておりまして、解体修理とアナステローシスを融合させたような手法で玉垣を修復し構造補強するように指導しています（図19）。

　また、弥生人の脳が出土した青谷上寺地遺跡では、7000点におよぶ建築材の整理を進めているのですが（図20）、この建築材を整理・分析していくと、高床倉庫・大型掘立柱建物・高層建物（第1章第2節図18〜20等）などいくつかのタイプの建築の復元が可能となってきています。通常、掘立柱建物を復元しようとすると、各地の遺跡の部材のパッチワークでなんとか1棟の建物ができあ

図19 国史跡「鳥取藩主池田家墓所」玉垣の修復
（左：積み下ろされたり散乱した柱材の再設置作業［澄古墓］、右下：修復前の金三郎章央墓、右上：修復後）

図20 青谷上地寺遺跡出土部材の整理分析作業

がるものですが、青谷上寺地の場合、ひとつの遺跡で出土した建築部材で何棟もの建物が復元できてしまう。この成果を妻木晩田遺跡の整備事業に還元しつつあります（図21）。妻木晩田では、非常に質の高い焼失竪穴住居もみつかっています（第2章第6節図11・12）。県内全域では200棟以上の焼失住居跡が確認されていますから、青谷の部材とあわせれば、かなり実証性の高い住居集落の復元が可能となりつつあります。平城宮の復元事業は第2次資料に依拠した空想の復元でしたから、「後ろめたい重圧感」を日々感じていましたが、鳥取の弥生集落では1次資料をふんだんに使った復元ができます。その点、充実感と爽快感があるのはたしかです。

縄文住居の復元と失敗　縄文時代の建築については、弥生時代ほど分かりません。とくに掘立柱建物については、桜町遺跡ほか若干の遺跡でごくわずかな建築部材が出土している程度でして、とても青谷上寺地のレベルには達していません。だから、縄文時代の掘立柱建物、とりわけ大型のそれ（いわゆる巨木建築）は復元できないし、するべきではないと思っています。

一方、竪穴住居については、岩手県の御所野遺跡で中期の焼失住居跡がみつかって、土屋根の構造があきらかになってきました（第2章第2節図3）。御所野西区で焼失住居がみつかった1996年から調査と復元に係わっているのですが、調査中にさらっと中型住居の復元パースを描いたところ、さっそく調査担当の高田和徳さんが発掘作業員さんたちと一緒にその復元住居を建設されました。史跡範囲の外側に実験的に建ててしまったのです（第2章第4節図14〜23）。経費はわずか35万円だったと聞いています。これの出来がよくて、雨も漏らないし、水も湧いてこない。石囲炉の火種さえ絶やさなければ、キノコやカビも生えてこない。ただし、天窓が少し小さかったようで、内部で火を焚くと、ちょっと煙たい。しかし、煙が多いからこそ、建築部材や屋根下地の燻蒸が進み、湿度の浸透を防いでくれたのです。この実験建設をおこなったのが1997年の夏でした。その2年後の1999年には、「最後の晩餐」をおこなって、この家を焼いてしまいました（第2章第4節図29〜32）。焼失住居跡から復元した土屋根の住居を焼くとどうなるのか。それが知りたくておこなった焼却実験です。

こういう実験的復元建設から焼却実験を経て、御所野の復元住居は何度も設計図を描きなおし、施工へと移っていきました。調査→分析→初期復元設計→実験的復元建設→焼却実験→基本設計変更→実施設計→施工という理想的なプロセスを踏んで、御所野の復元事業は進んでいき、2002年に「御所野縄文公園」がオープンしました（図22）。御所野は土屋根の復元住居を目玉にした整備で全国に名を馳せましたが、決して住居の復元は完成されたものではなく、まだまだ改良の余地はあります。「復元」の面でもなお検討の余地を十分残していますし、「防水処理」の面では根本的な改良が必要になっています。

じつは、御所野が本格整備を終える前から、御所野の焼失住居データを使った復元整備がおこなわれるようになりました。富山市の北

図21　青谷上地寺遺跡で出土した建築部材を応用した妻木晩田遺跡の復元建物（屋根倉。柱の輪薙込仕口と小屋梁［右の材＝根太］の複合を示す）

図22 竣工した御所野遺跡西区の大型・中型竪穴住居

代遺跡と北海道虻田町の入江貝塚が「ふるさと歴史の広場」事業を進めていて、御所野のデータを使って、御所野に先んじて土屋根住居の復元をしたのですが、残念なことに、うまくいきませんでした。わたしは北代遺跡の整備委員を務めていました。たぶん誤解を招いているでしょうから申し上げておきます。わたしは整備委員会において、草屋根案と土屋根案の両方のスケッチを提出し、どちらを採用するかは事務局と委員会の判断に任せると発言しました。これに対して、地元の考古学者のみなさんが「土屋根でやりたい」という強い希望を示され、復元住居を土屋根にすることになったんです。ところが、復元建物というのはたいてい単年度事業でして、御所野のように「実験」をしている余裕はありません。設計が秋なら、施工は冬になってしまいます。雪国ですから、建材や下地材（樹皮）に雪が積もっていく。樹皮とか屋根土はべとべとになります（図23）。ですから、竣工しても屋根から水分が抜けない。北代の場合、建設後すぐに雨漏りが始まりました。また、この遺跡の地盤は砂地でして、竪穴住居の壁からも浸水が繰り返されました。結果、すぐにカビが生えてくる。垂木は湿気と菌類によって腐食して、とうとう折れてしまいました。

北代では2004年に土屋根住居の修復をおこなっています。二重の防水処理をしたそうです（図24）。これにともない、垂木も替えています。わたしは柱の径に対して、半分ぐらいの断面をもつ垂木を採用していたのですが、新しく差し替えられた垂木は柱と同じぐらい太い材になっています。

入江貝塚についても、あらかじめ断っておきますが、わたしは整備委員ではありません。住居復元に手を貸して欲しいと依頼されたとき、平城宮の仕事が忙しすぎて2度断ったんです。「三顧の礼」で頼まれて、とうとう指導をすることになって2回ほど現場に通ったんですが、ここも建設直後から雨漏りです（第2章第4節図24）。たぶん土屋根の下地が樹皮だけでソダ木を用いなかったことと、粘土と黒土の混合土を屋根に被せたことが良くなかったように思っています。

どうも、偏見があるんですね。浅川は、なんでもかんでも土屋根に復元したがるけど、すぐに雨

図23 建設中の富山市北代遺跡復元住居（縄文中期） 　図24 北代遺跡復元住宅の修復（二重の防水シート）

が漏ってえらいめにあうぞ、という
たぐいの陰口が囁かれている。まぁ、
いいですよ。実際、妻木晩田遺跡の
土屋根住居も2年めに修復して農業
用のポリフィルムで茅葺きの下地を
くるんでから土を被せなおしました
(図25：この復元住居は後に失火に
より全焼し再建された)。唯一の牙
城であった御所野でも中型住居は健
全ですが、大型住居は修復が必要に
なっていますから。

　この理由はなぜか。まず人が住ん
でいないからですね。人が住んで種

図25　妻木晩田遺跡復元住居の修復（築後2年、防水シート処理）

火を絶やさなければ、家の劣化もそんなに速くは進まない。復元住居では、ときどき火を焚いて燻すだけなんだから、事実上「空き家」に等しいわけで、大量に湿気を含む土が垂木等の木材を腐らせるのは当然のことです。ですから、最近は、以下の防水処置を施すようにしています。

　① 周堤内側に幅15cm程度のコンクリート壁をめぐらせ、外側の水分浸透を防ぐ。
　② 土間を三和土にして、地下の水分上昇してくるのを防ぐ。
　③ 屋根下地を防水シートでパックして屋根土の水分の浸透を防ぐ。

　この3つの手法を用いて防水処理したのは、松江市田和山遺跡の弥生住居（図26・27）と仙台市山田上ノ台遺跡の縄文住居です。

(4)　遺跡整備と復元建物

奈良ドキュメントの功罪　わたしは日本の遺跡整備に復元建物がまったく不要だと思っているわけではありません。石や煉瓦でできたヨーロッパ型の遺跡では、遺構そのものを晒すことで、見る人に「時の風化」をアピールできます。しかし、木造建築の遺跡では、地面に穴が残っているだけですから、素人がそれを眺めてもなんのことだか分からない。だから、柱位置の表示やら基壇表示

図26　松江市田和山遺跡の土屋根復元住居（縄文中期、建設中）

図27　田和山遺跡復元住居周堤内側のRC防水壁

などの部分復元に加えて、建物をまるごとreconstructionして、その遺跡のイメージをふくらませてもらうのは悪くないとも思うのです。おそらく、考古学者のみなさんも、似たような考えをお持ちでしょうが、仮にそうだとすれば、ベニス憲章の「反復原（復元）」的理念とは矛盾してしまいますね。建造物の解体修理がそうであったように、遺跡の整備においても、日本には日本独自のアプローチがあるのだ、と言いたくなります。しかし、そう言い切ってしまってよいのでしょうか。

先に紹介したクヌット・アイナー・ラールセンは、『日本建築の保存修復』の最終章（9章）で次のように発言しています［Larsen 1994：p.164］。

> 日本建築の保存修復アプローチには西洋人にとって馴染みないようにみえるところがあるとしても、欧米人はその経験だけに基づいて日本の方法を批判すべきではない。建築の保存修復の主たる目的は、一国の文化的アイデンティティを守ることによって、人類の文化を豊かにすることなのだから、我々は保存修復手法における異なった文化的表現を容認せざるをえない。そうすることによってのみ、自国における建築遺産の保護と保存を向上させるための教訓を他国の経験から導き出せるのである。

要するに、文化は多様だから、文化遺産の保存修復のアプローチも多様であり、その文化的多様性を互いに認めざるをえない、という結論です。まるで文化人類学か国際関係論の論文のようですね。そして、すでにお気づきかもしれませんが、この結論は「奈良ドキュメント」の内容を要約しているようにもみえます。ラールセンの著作の出版年は1994年。奈良のオーセンティシティ会議が開催されたのも1994年です。ラールセンもその国際会議のパネリストでした。奈良オーセンティシティ会議の筋書きは、すでにラールセンの著作の中にあったとみてよいのではないでしょうか。

さて、問題は「奈良ドキュメント」の評価です。わたし個人は、極論かもしれませんが、「奈良ドキュメントは必要ない」と思っている者の一人です。奈良で開かれた国際オーセンティシティ会議は「ベニス憲章の精神を受け継ぐ」ことを前提としながら、結果としてみれば、ベニス憲章の精神を骨抜きにしてしまった。文化が多様なのだから修復整備のあり方も多様であればよい、というのは「玉虫色の決着」にすぎません。

世界遺産条約に加わって、自国の遺跡や建造物を世界遺産にしようとする立場にとっては、まことに都合がよいですね。これ以上の逃げ道はありません。たとえば、平城宮跡に朱雀門が復元されている。ベニス憲章の根本理念からみれば、あれはあっちゃいけないんです。しかし、奈良ドキュメントに従うと、「遺跡整備のあり方は多様であってよい」ことになるから、問題は雲散霧消します。要するに、その国でやってきた修復の伝統を外国は承認せざるをえないことになってしまう。日本には日本のやり方がある、中国には中国のやり方がある、だから外国人にとやかく言われる覚えはない、という逃げ道に「奈良ドキュメント」は使われるようになってしまいました。

これでは、国際的に基準となる原理・原則を放棄したにすぎないではありませんか。奈良ドキュメントのおかげで、日本は楽になりました。日本が慣習化してきた「復原」や「復元」の問題に対して、批判的な再検討を加える必要性がなくなってしまったからです。

ところが、ベニス憲章の前文には「各国独自の文化と伝統の枠組のなかで憲章の原理を適用すべ

き」とありまして、この前文を適用すれば、ベニス憲章の根本精神を活かしながら、日本に代表される木造建築遺産の修復整備の特殊性を再検証できないことはないのです。木造建築の文化圏においても、十分ベニス憲章の根本理念を活かした（修正した）保存修復のあり方が可能であり、それを模索すべきであったにも拘わらず、奈良ドキュメントがその可能性を打ち消してしまったように思われてなりません。

遺跡と地形と景観と　文化財としての建造物にとって最も大切なものは「材料のオーセンティシティ」だとすでに述べました。当初材だけでなく、各時代の中古材も大切に扱うことによって、その建造物が有する歴史的重層性を保持できるわけでして、そのためには「復原」という行為をできるだけ排除し、かりに解体修理をおこなったとしても解体前の姿に近い状態に復しながら構造補強をおこなうのが最善であろうとわたしは思っています。これは、日本的なベニス憲章の受け入れ方であろう、とも思うのです。

それでは遺跡にとって大切なものは何なのでしょうか。あたりまえのことですが、遺跡のオーセンティシティは、なにより遺跡そのものにあります。だから、これからはもっと遺構露出展示の手法を工夫していく必要があるでしょう（本章第3節）。しかし、あちこちに覆屋を建てると遺跡景観を台無しにしてしまうことにもなりかねません。

いま「遺跡景観」という言葉を使いましたが、遺跡は遺跡として単独に存在するわけではありません。遺跡はそれををはぐくんだ地形と不可分に複合化しています。そして、遺跡と地形が紡ぎあうことによって独自の景観が生まれています。だから、わたしは、遺跡のオーセンティシティは「遺跡と地形と景観」の全体にあると思っています。こういう立場にたつ場合、遺跡整備にあたって最優先されるべきは「遺跡と地形と景観」の保全だということになります。これに対して、復元建物はオーセンティシティのない原寸大の展示模型にすぎません。ですから、復元建物が遺跡整備の主役に躍りでてはいけないのです。日本の場合、立体的に形をのこす遺跡が少ないので、復元建物を完全に排除するのは難しいでしょうが、復元建物はあくまで脇役にすぎないという認識を共有する必要があります。

わたしは史跡公園としての遺跡がめざすべきものは、優れた「景観」の創成ではないか、と思っています。たとえば、鳥取の妻木晩田遺跡では、洞ノ原地区から望む日本海の景観がもともと素晴らしかったのですが、そこにわずかながら復元建物が建つことで、壮大な景観の質がさらに向上しました。松江市の田和山遺跡でも、中腹に掘立柱建物が竣工してから、中途半端だった宍道湖畔の景観が引き締まりました（図28）。富山市の北代遺跡や仙台市の山田上ノ台遺跡（図29）は、市街地に囲まれただだっぴろい空き地でしたが、周辺の山並みを借景に取り込んだ見事な緑地公園に生まれ変わりました。景観の質が向上すれば、必ずリピーターが増えていきます。考古学マニアでない人びとも、そこを訪れて遺跡を含む景観にくるまれ、その景観に感動して帰っていく。そういう公園がつくりたい。そのために貢献できるような「脇役」としての復元建物ならば、存在価値がないわけではないだろう。まだ、わたしの出る幕もあるかもしれない。そう思っている今日このごろです。

図28　松江市田和山山頂の「聖地」から宍道湖畔をみおろす遺跡景観

図29　仙台市山田上ノ台遺跡のガイダンス施設2階眺望スペースからみた遺跡景観（手前は屋上緑化中の屋根）

附記

本節の初出論文は以下のとおりであり、若干の修正を加えた。

　浅川滋男　2007　「木造建築遺産の保存と復元―日本の可能性―」『北海道考古学』第43輯：pp.47-68、北海道建築考古学会

　この論文は2004年4月24日、北海道考古学会40周年記念研究大会の記念講演「遺跡の保存と復元―文化遺産をいかにうけつぐのか」の記録に加筆修正を施したものである。本書への収録にあたって、さらに新しいデータを加えたり、文章を修正しているところもあるので、時系列的にみれば混乱の生じている危険性を承知している。ご寛恕をお願いする次第である。

参考文献

浅川滋男　1997　「まもなく竣工する平城宮跡の復原朱雀門」『人環フォーラム』2号

　　　　　2003　「遺跡整備と復元建物」『縄文集落遺跡の整備と活用』第27回全国遺跡環境整備会議記録、岩手県一戸町教育委員会

　　　　　2005a　「復元建物から覆屋へ」『仮設構法による巨大露出展示空間の創造』2004年度鳥取県環境学術研究費助成特別研究費報告書

　　　　　2005b　「歴史的建造物の修復と活用―材料のオーセンティシティをめぐって―」『町並み保存技術研修会 in 倉吉』倉吉市教育委員会文化課

　　　　　2006　「復元研究と史跡整備」『国史跡「鳥取藩主池田家墓所」の整備に関する実践的研究』2005年度鳥取県環境学術研究費助成特別研究費報告書

稲垣栄三　1984　『文化遺産をどう受け継ぐか』三省堂

　　　　　1992　「修理と復原と活用　―その理念の歴史―」『協会通信』54号、文化財建造物保存技術協会

西村幸夫　2004　『都市保全計画』東京大学出版会

クリス・ブルックス（鈴木博之・豊口真衣子訳）　2003　『ゴシック・リヴァイヴァル』岩波書店［原典 1999］

ジョン・ラスキン（高橋松川訳）　1930　『建築の七灯』岩波文庫［原典 1849］

ジョン・ラスキン（内藤史朗訳）　2006　『ヴェネツィアの石』法蔵館［原典 1851-53］

チェーザレ・ブランディ（池上英洋・大竹秀実訳）　2005　『修復の理論』三元社［原典 1977］

ニコラウス ペヴスナー（鈴木 博之訳）　1990　『ラスキンとヴィオレ・ル・デュク』中央公論美術出版［原典

　　　　1969]
ユッカ・ヨキレット（秋枝ユミ イザベル訳）　2005　『建築遺産の保存　その歴史と現在』アルヒーフ［原典
　　　　1999]
Feilden, B.M　1982　*Conservation of Historic Buildings*, Butterworth Scientific
Larsen, K.E.　1994　*Architectural Preservation in Japan*, ICOMOS Wood Committee

第2節　復元研究と史跡整備
―国史跡「鳥取藩主池田家墓所」を通して―

1．鳥取藩と池田家墓所

(1)　池田家と鳥取藩

二度の御国替え　城下町としての鳥取の歴史は、天正元年（1573）に因幡守護・山名豊国が布勢天神山城から鳥取城に本城を移したことに始まる。鳥取と池田家の関係は関ヶ原の戦までさかのぼる。池田恒興の子で、池田輝政の弟にあたる池田長吉は、徳川家康に仕えて近江国佐倉に3万石の所領を与えられていた。慶長5年（1600）の関ヶ原の戦では、兄輝政とともに東軍に属して美濃岐阜城攻めや近江水口城攻めに参戦して功を挙げた。このため戦後、徳川家康に賞されて因幡鳥取六万石に加増移封されたのである。その所領の範囲は、邑美・法美・巨濃・八上の四郡にわたっていた。鳥取城は関ヶ原合戦時に焼き討ちされ荒廃していたが、入城した長吉は慶長7年から数年をかけて城の普請や修復を進めた。

その後、鳥取と岡山のあいだで、2度の御国替えがおこなわれる。一度目は池田光政の代である。池田光政は、慶長14年（1609）姫路藩主池田利隆の嫡男として誕生した。母は徳川幕府2代将軍秀忠の養女で、榊原康政の娘鶴子である。当時の岡山城主池田忠継が幼少のため、利隆は岡山城代も兼ねており、光政はそこで生まれた。元和2年（1616）、父利隆の死により姫路藩42万石の藩主となる。当初は幸隆と名のっていた。ときに八歳の幼年であった。翌元和3年（1617）、幕府は八歳の幼年では播磨のおさえが不可能であるとして、姫路・岡山藩主から因幡・伯耆32万石に減知のうえ転封となる。このとき光政は、10万石の減知にもかかわらず、姫路時代の家臣をかかえて入封した。

一度目の御国替えから14年後、二度目の御国替えがおこなわれた。池田光仲の代である。光仲は寛永7年（1630）、岡山藩5代藩主池田忠雄の長子として江戸藩邸で生まれた。母は阿波徳島藩主蜂須賀至鎮の娘、三保姫（芳春院）である。光仲の幼名は勝五郎という。寛永9年（1632）、父忠雄の逝去により、当時3歳で藩主の座についた。幼年の藩主であり、藩は存続の危機に陥り20万石に減知されることも取り沙汰されたが、父忠雄が徳川家康の外孫であることなどを訴えた家老らの幕府への働きかけが功を奏し、備前（岡山）から因幡・伯耆（鳥取）への転封により32万石を領することで池田家は存続した。この時、幕府は光仲の叔父にあたる松平（池田）輝澄、右近太夫輝興の両名にその後見役を命じ、岡山藩6代藩主で光仲のいとこにあたる池田光政にも後見を命じた。この2度にわたる御国替えについては、名目上は上記の通りである。しかし、実際の幕府の思惑は、輝政の嫡男・利隆、嫡孫・光政の池田宗家に主要幹線道側（山陽・近畿）を与えたかったものと思

われる。輝政と家康の娘富子の子であり、将軍家の外戚で親藩格である忠継・忠雄家系の光仲に、備前藩より石高がたかい鳥取藩を与えることで紛争を収拾させた、ということであろう。

池田光仲と鳥取藩 寛永15年（1638）、将軍徳川家光の前で元服し、池田勝五郎は名を光仲と改めた。江戸城内の将軍の前で元服の式をおこない、官位と将軍の名の一字を賜るのは、大名にとって大変名誉あることであった。御三家のほかでは、加賀の前田家、薩摩の島津家、長州の毛利家など「殿上元服之家」十五家に限られ、池田家もそのうちの一つに数えられる。ところで、光仲の正室は、正保2年（1645）幕府の命により嫁いできた紀州徳川頼宣の長女、茶々姫（芳心院）である。その後、鳥取藩池田家の婚姻は紀州家との間に多く成立している。

光仲は慶安元年（1648）3月、鳥取に初入国した。藩主の権力は家臣の格式を固定した上に安定したという。家老を出す「着座」家を筆頭とした格式は、光仲の代（明暦～寛文年間）に定着したのである。光仲は幼くして藩主となったため、初期の藩政は荒尾氏をはじめとする家老政治であった。成長後はこれを改め、承応元年（1652）には権力を握っていた首席家老荒尾成利（米子荒尾氏）に「御咎め十七ヶ条」をつきつけ罷免して家老を抑えることに成功し、光仲の代には藩主の親政が徹底したという。貞享2年（1685）二代綱清に代を譲り隠居するまでの五十余年の治世で鳥取藩の礎を固めた。以後、初代池田光仲から明治維新を迎えるまで12代230年、池田家が鳥取藩主として存続することになった。城下町として鳥取の歴史や文化は、鳥取藩池田家のもとで培われたものといえる。

（2） 池田家墓所の歴史と構成

墓所の選定と変遷 池田家墓所は元禄6年（1693）年7月7日、初代藩主光仲の逝去に由来する（図1）。光仲の柩は龍峰寺に置かれ、廟域の選定が始められた。選定にあたり鳥取城下付近と定めることとし、調査のうえ奥谷を候補地とした。同年7月10日に普請奉行喜多村八兵衛が検分し、最終的に決定され、同年8月22日に柩は奥谷に葬られた。候補地を奥谷とした理由は不明ながら、『鳥取藩史 寺社志』には「蓋し御葬場に近く距離方角等相応の地なるにより」とみえる。元禄6年（1693）の光仲埋葬にあわせて「千岳庵」が建設されている。「千岳庵」は、翌元禄7年（1694）、

図1　池田光仲墓（修復前）

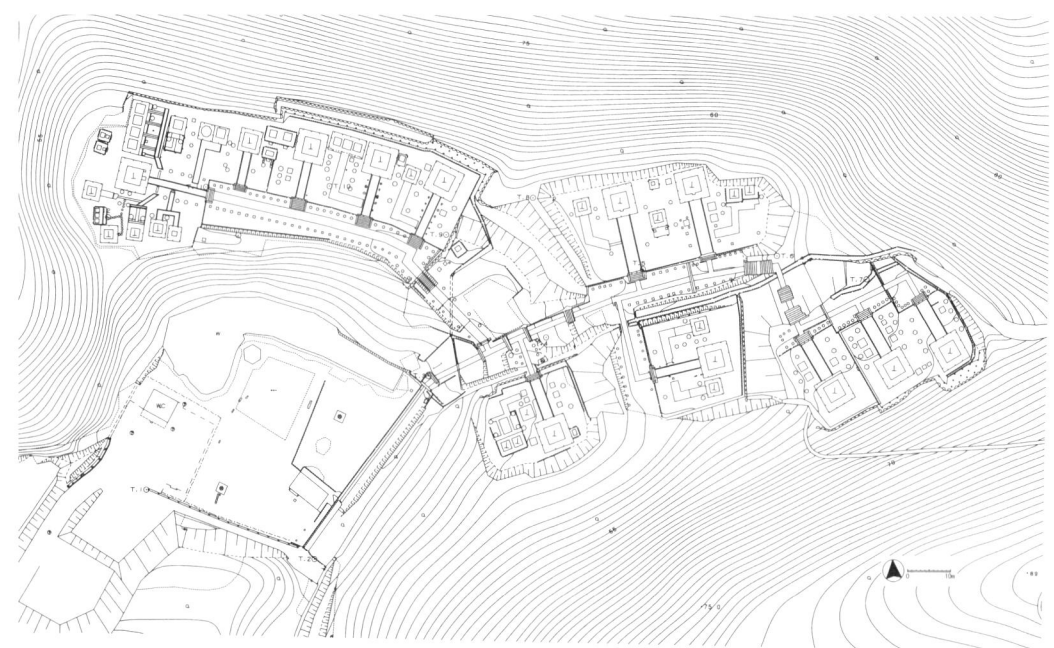

図2　国史跡「鳥取藩主池田家墓所」配置図（池田家墓所保存会提供の図を一部改変）

伯耆国久米郡定光寺から末寺の寺号を貰い受けて「清源寺」と改称した。以後、池田家の菩提寺である興禅寺の末寺として、明治初年に廃寺となるまで、池田家墓所の管理を担っていた。

光仲の埋葬以来、歴代藩主は、たとえ江戸や他所で逝去したとしても、原則として奥谷の墓所に葬られることとなった。ところで、鳥取藩池田家は東館、西館と呼ばれる分家を興している。これら分家の当主たちも奥谷に葬られた。このように、江戸期の池田家墓所は歴代藩主、分家である東館、西館の当主たちの墓地であった。一方、現在みられる歴代藩主夫人や側室の墓碑は改葬されたものである。歴代藩主夫人は文久2年（1862）までは江戸牛島弘福寺に埋葬されていたが、昭和5年（1930）の関東大震災後の区画整理に伴い、宗派が異なる初代、2代、8代夫人を除いた歴代夫人墓碑が池田家墓所に改葬された。また市内各寺にあった側室墓碑も明治以降に池田家墓所に改葬された。こうして計78基の墓碑、267基の灯篭が建ち並ぶ大名墓が成立した（図2）。

墓碑の特徴　池田家墓所の特徴は、歴代藩主の墓碑の形にうかがえる。藩主の墓碑は、周囲に福部町南田産の凝灰岩（南田石）を用いた玉垣をめぐらしている。中央の台上に三段の台石をすえ、その上に中国の聖獣「亀趺」を象った台石に円頭扁平な墓碑を立てた壮大なもので、「亀趺円頭」の墓碑といわれている（図3）。墓碑には花崗岩を使用する。この花崗岩は、用瀬から運ばれたと伝える。

藩主のうち二代綱清だけが「亀趺台座」を用いていない。これは貞享4年（1687）の「生類憐れみの令」に配慮したものとも言われているが確証はない。また、5代藩主長男治恕、8代藩主養子斎衆も「亀台座」を用いており、これらは藩主に準じる扱いといえる。また、藩

図3　「亀趺円頭」の墓碑

図4 「奥谷御廟所図」(鳥取県立博物館所蔵)

主以外には宝塔形の墓碑や江戸時代に一般化した石碑墓標等もみられるが、これらから江戸時代の大名家の葬法や江戸時代の墓制にともなう階層性を知ることができる。池田家墓所の変遷についての詳細は不確定だが、幕末に描かれたとされる「奥谷御廟所図」には木造の廟所建物と経堂及び清源寺の姿が確認できる（図4）。

池田家墓所の構成　池田家墓所は清源寺跡地（図5）、丘陵部廟域（図6）、渓部廟域（図7）に区画される。さらに渓部廟域は北側、南側上段、中段、下段に分かれる。丘陵部には初代藩主、9代～11代藩主をはじめ34基、渓部北側に2代、3代藩主をはじめ11基の墓碑、渓部南側上段に5代～7代藩主をはじめ15基、渓部中段に4代藩主をはじめ3基、渓部下段に8代藩主をはじめ11基の墓碑を配置する。現在では墓碑とそれらを囲む石造玉垣などの石造構造物を残すのみだが、江戸時代の絵巻「奥谷御廟所図」をはじめとする絵図史料では、墓碑に付属する廟所、回廊、塀垣がみられる。各区画は塀垣により囲われており、藩主をは

図5　旧清源寺境内跡（含庭園）
（墓所西側から望む）

図7　国史跡「鳥取藩主池田家墓所」
（渓部東側上段）

図6　国史跡「鳥取藩主池田家墓所」
（丘陵部）

じめとする大型の墓碑には廟所が付属する（図8）。また、参道と廟所を結ぶ回廊を設けている。これらは明治10年頃に撮影された写真にもみられる。しかし、明治48年頃に撮影された写真（『岩美郡史』掲載／秋田家所有）では石造構造物が残るのみで廟所、回廊、塀垣はみられない。以上から廟所などの木造建物は明治10～48年の間に解体、もしくは近傍の数ヶ所に移築されたようである（図9）。また、敷地内には菩提寺である清源寺が建立され、池田家墓所の管理を担った。清源寺は鳥取藩池田家菩提寺興禅寺の末寺であり、光仲山と号す黄檗宗寺院であった（図10）。光仲を開基とし、開山は興禅寺三世千岳である。はじめは香華院千岳庵と称していたが、元禄10年、伯耆国久米郡定光寺（現倉吉市）末清源寺の寺号を受け光仲山清源寺と改称した。なお清源寺は第2代藩主綱清の法号にちなむものである。清源寺住職は興禅寺歴代住職が兼ねていた。明治3年（1870）、池田家が神葬祭に改め、無檀家となった明治6年に本寺興禅寺と合併され廃寺となった。清源寺建物は廃寺後も番家として存続していたが、昭和7年に解体され、跡地に新たな番家を設けた。この時、清源寺建物の解体部材は番家と鳥取市卯垣にある広田家の家畜小屋に転用された。昭和30年頃

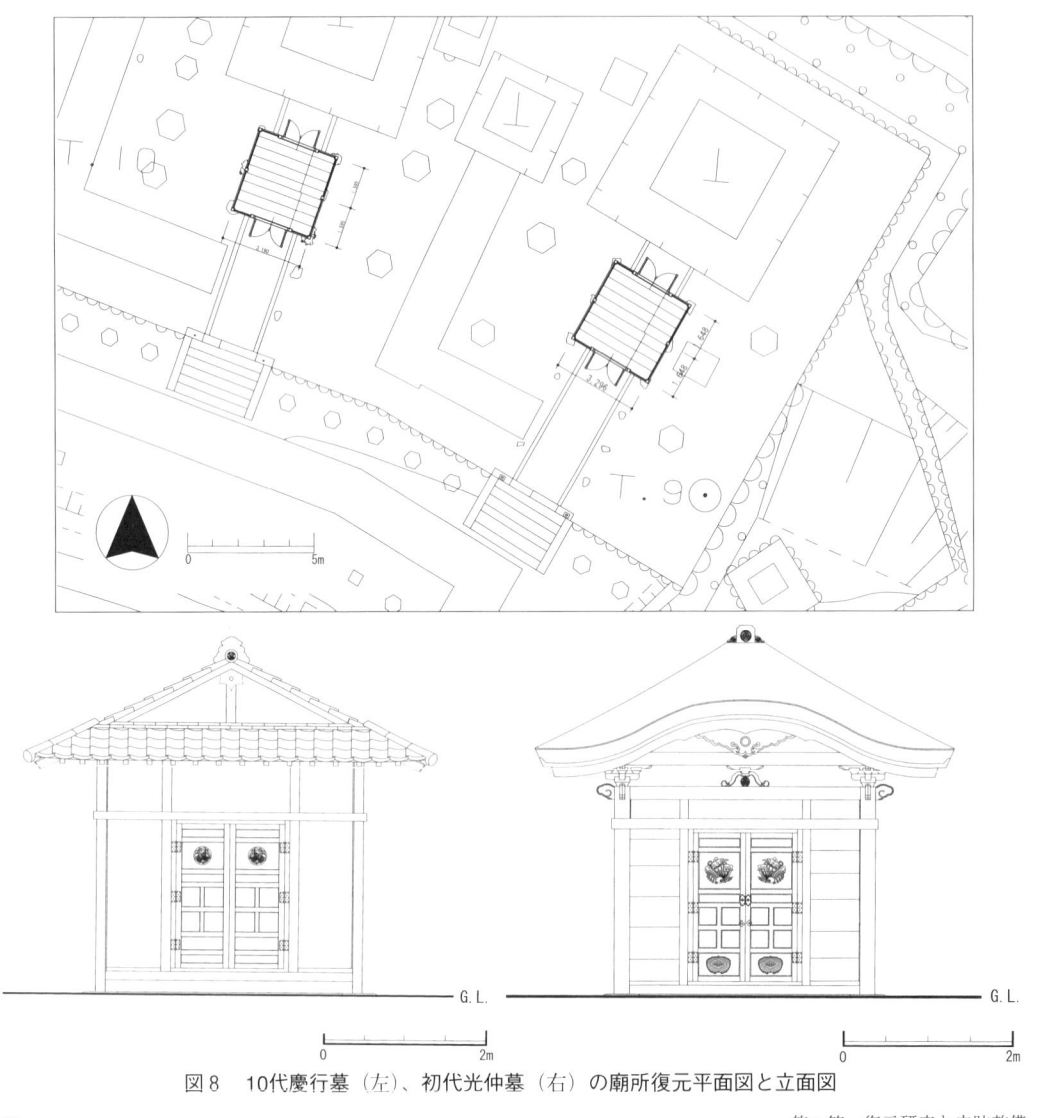

図8　10代慶行墓（左）、初代光仲墓（右）の廟所復元平面図と立面図

図9 旧廟所とされる米谷家板倉

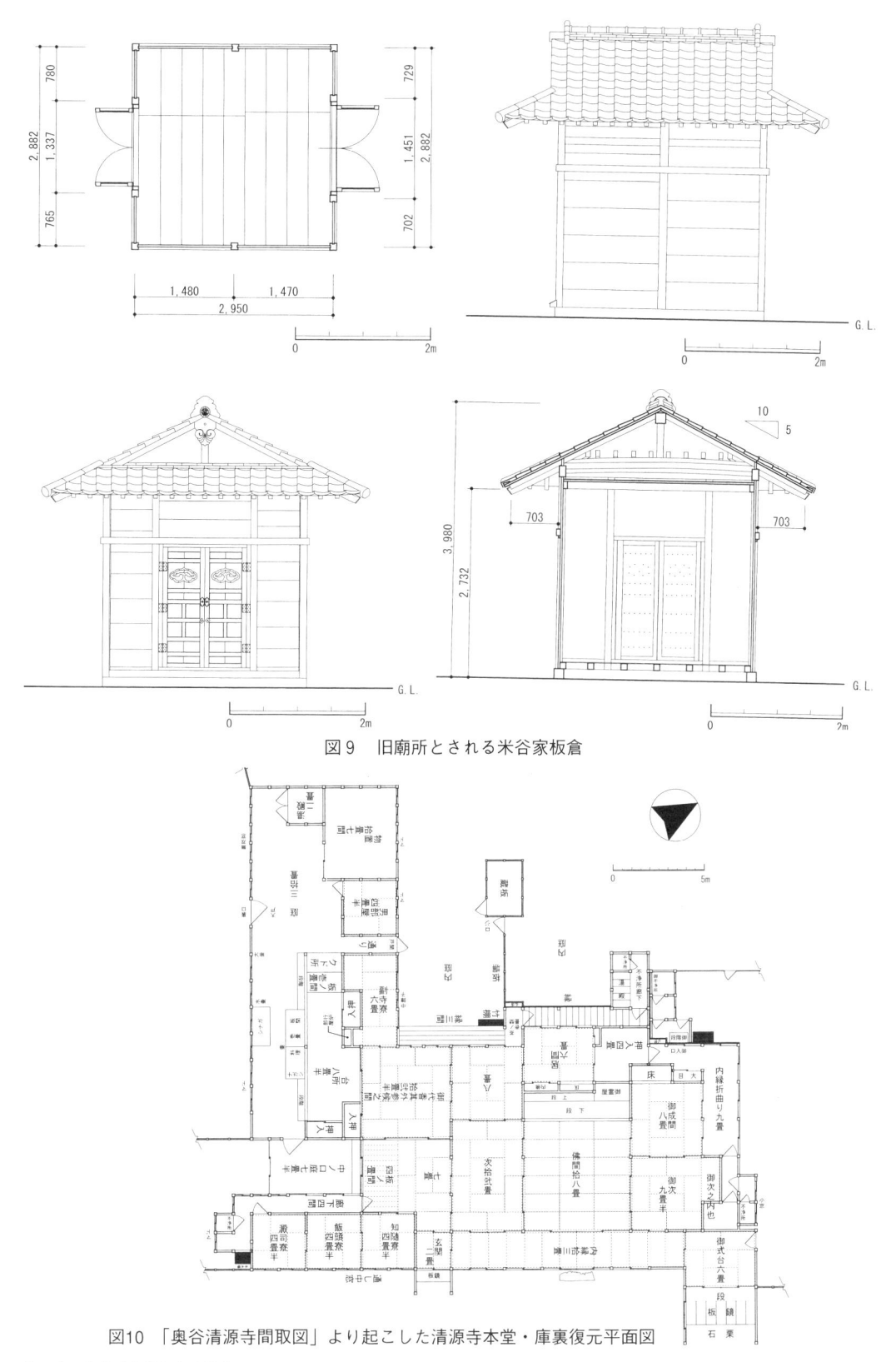

図10 「奥谷清源寺間取図」より起こした清源寺本堂・庫裏復元平面図

第4章 建築考古学と史跡整備

から番屋は無人となり、昭和40年初めに撤去され、跡地には沓脱ぎ石を残すのみである。

(3)　史跡の指定と整備

　廃藩置県後、池田家が東京に移ってからも、墓所は池田侯爵家により管理されてきたが、昭和18年の鳥取大震災などで池田家墓所は大規模な被害を受けることとなる。その後、紆余曲折をへて、昭和56年10月13日に「鳥取池田家墓地」として鳥取県史跡に指定された。この県史跡指定に際し、昭和45年10月31日、「財団法人鳥取県指定史跡鳥取池田家墓地保存会」が設立されている。そして、昭和56年10月13日に「鳥取藩主池田家墓所」として国史跡に指定された。保存会は国史跡指定に伴なって「財団法人史跡鳥取藩主池田家墓所保存会」に名称変更し、現在に至る。指定面積は76,822㎡（道路敷を含む公簿面積）に及ぶ。国史跡指定がなされた昭和56年以降、昭和58～60年度にかけ、第5代重寛墓の石造玉垣、第6代治道墓の石造玉垣、第10代慶行墓の墓碑、史跡内の用水路を国庫補助事業により整備がされた。近年では、平成3年～平成5年度、平成7年度に、墓碑及び燈篭や植生の整備をおこない、現在「平成の大修理」と呼ばれる15ヵ年の整備事業が進みつつある。

2．復元研究と史跡整備

(1)　現状保存と復元

　石造玉垣の解体修理とアナステローシス　池田家墓所は清源寺を菩提寺として、後背地に墓域を形成し、墓域の内部においても回廊や廟所が墓碑の周辺に溢れていた。現在、清源寺はもとより、墓域内の廟所・回廊等の木造建築がほぼすべて消え去り、史跡は石造構造物の集合体と化している。遺構の残存状況は、西欧や東南アジアのモニュメントに近い状態にあると言ってよいかもしれない。

　日本の場合、文化財建造物の約90％が木造建築であり、木造建築の保存修復に関しては世界最高レベルと言えるだけの経験と知識を蓄積したけれども、石造構造物に対する経験と知識は貧困な状態におかれたままである。墓碑を囲む玉垣ひとつをとってみても、当初材や中古材を再利用するという発想自体が欠落しており、ややもすれば、すべての材を新材に差し替え、古材を廃棄するという傾向がこれまでなかったわけではない。この場合、玉垣における「材料のオーセンティシティ」はまったく失われてしまう。これに対して、国史跡「鳥取藩主池田家墓所」の石造玉垣の修復に採用しようとしている手法は、木造建築解体修理にともなう部材の差し替えや、ベニス憲章にいうところの「アナステローシス」（モニュメントの周辺地面に散乱する建築部材をもとの位置に戻す復元行為）に近いものである。たとえば、光仲墓の場合、解体前に詳細な実測調査をおこない（図11左）、断裂した古材すべてに番付を施して、再利用可能な材（もしくは材の一部）を極力再利用するように心がけている。これは木造建築の解体修理のあり方と原則的に変わるところがない。この手法を堅持するならば、「材料のオーセンティシティ」をは持続し、玉垣や唐門の文化財価値を次の世代へと伝達できるだろう。

　一方、初年度（平成16年度）に玉垣を修復した澄古墓（光仲墓の脇にある3代藩主養弟の墓）で

は、倒壊した玉垣の柱を地覆上に横積みにしており（前節図19）、その石柱をいったん他所に移して細かく観察・分析した後、当初位置と推定される場所に戻しながら、玉垣全体の構造補強を試みた（図12）。ベニス憲章にいうところのアナステローシスに近い修復手法である。こちらは復元（再建）reconstruction の一種であるけれども、古材を再利用し、できるだけ原位置に戻すという行為によって「材料のオーセンティシティ」が維持されるので、やはり玉垣の文化財価値を損なうことはない。かのベニス憲章にあっても、復元（再建）reconstruction という介入行為に対して強い拒否反応を示しているが、唯一アナステローシスだけは容認している。

以上二つの方法、すなわち木造建築の解体修理経験を活かした部材の修理と差し替え、そしてアナステローシスによる玉垣の復元は、文化財価値を継承する点で有効な修復の手法であり、玉垣の毀損・倒壊状況に応じて、この2つの手法を選択的に使い分けることを修復の原則とすべきである。ただし、石造の玉垣部材が完全に失われている場合があるかもしれない。その場合には、あえて玉垣を復元せずに現状の姿にとどめるべきと考える。あるいはまた、玉垣が部分的に毀損・倒壊したままの状態を凍結保存する手法をも検討の対象に加えるべきかもしれない。

木造建築の復元をめぐって　いま述べたように、石造の玉垣・唐門については、現存する部材を原位置に戻し、修理・補強する手法を原則としている。ここには復原 restoration や復元（再建）reconstruction の手法を導入しているが、いずれも実証性の高い介入行為であり、節度が欠いた新材の導入を拒否している。

一方、かつて境内・墓域に軒を連ねた木造建築については、復元的な基礎研究に取り組んだが、くりかえすまでもなく、それは墓所域もしくはその周辺における木造建築の復元（再建）reconstruction を目的としたものではない。木造建築に関する研究成果が史跡の理解をおおいに深め、史跡整備の

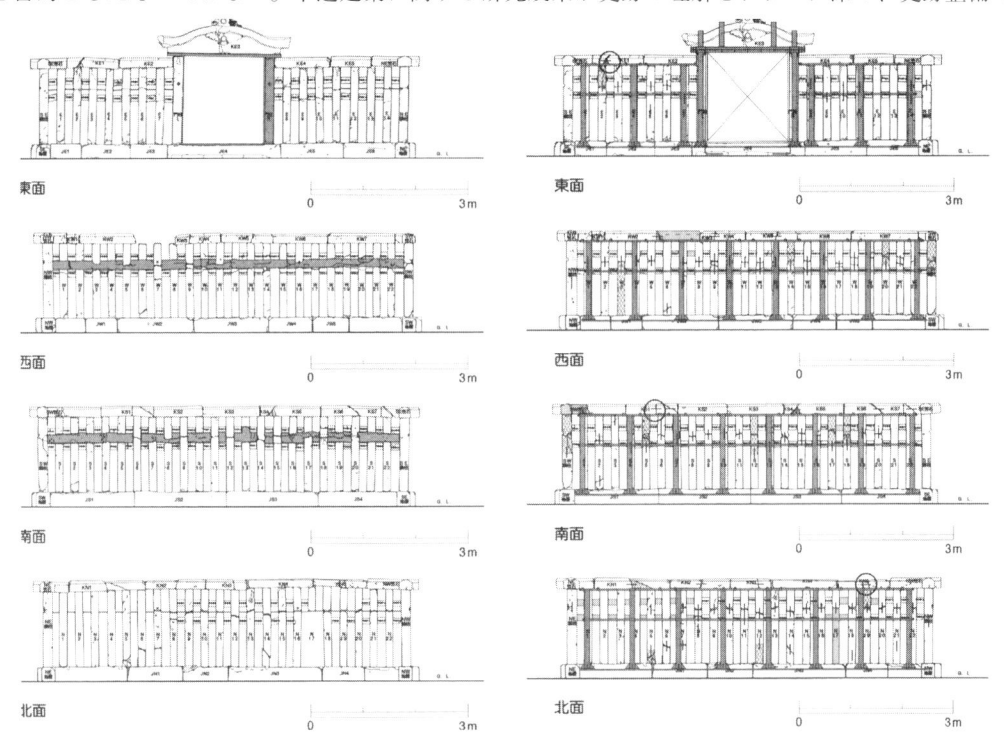

図11　光仲墓の玉垣実測図（左）と構造補強案（右）

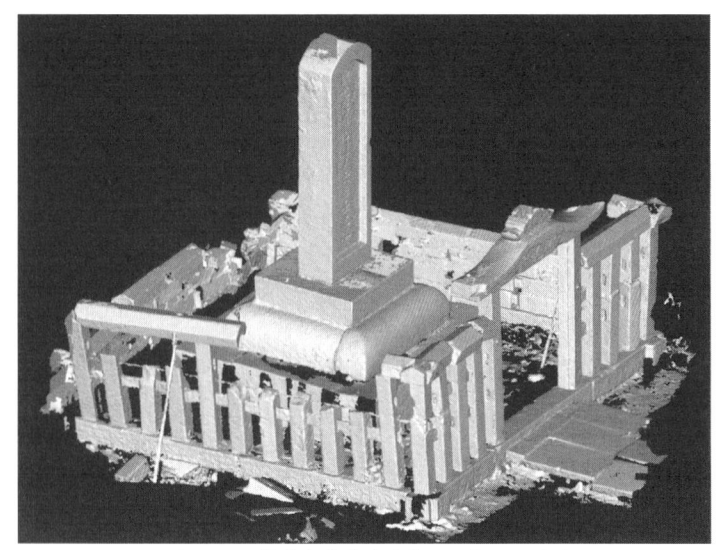

図12　3代藩主養弟清弥墓の三次元測量（一部の玉垣が野積みになっている）

ための基礎資料となることを願ったものである。それでは、本書で試みた復元研究が史跡整備にどのように係わるのか、個別に解説しておきたい。

①石造玉垣に附属する門扉　すでに門扉を失った玉垣が少なくないけれども、その場合、門扉は復元すべきでない。断裂・毀損・散乱した石造玉垣の古材を接着・補強することによって玉垣を再生させたとしても、その景観は古材の集合体として目に映る。その中心部分にあたらしい木材で門扉を復元するなら、新材（木材）と古材（石材）のバランスの悪さが目立つことになるであろう（図13）。訪問者は、門扉をなくした玉垣に「風化した時間」を読み取ることができる。なお、現状で門扉を残す玉垣の場合、基本的にその門扉を修理して再利用し、同じ意匠での新造は控えるべきであろう。門扉に塗装彩色が残る場合は剥落止めを施す程度にとどめ、腐蝕等で材を差し替える場合は、それに古色塗りを施す。

②廟所と回廊　墓所域に建てられていた廟所（墓碑に対する拝殿相当施設）と回廊はすべて撤去されている。これを復元する必要はないが、案内板や遺構表示によって、かつてそこに廟所や回廊が存在したことを理解してもらうよう工夫すべきであろう。なお、唯一の木造建築遺構である米谷家板倉（旧廟所建物）については、当初の構造に復原し、その規模にふさわしい墓碑の正面に移築展示する価値が十分ある。その場合、移築した廟所の正面に玉垣の廟門を復元し、廟所との一体感を図ることを検討すべきであろう。

③清源寺　清源寺跡については、多くの絵図・指図史料が残っており（図14）、これに全面発掘調査のデー

図13　光仲墓玉垣門扉復元案

図14　『山陰大付録』(鳥取県立博物館所蔵)にみえる清源寺　　図15　清源寺復元CG

タを加味すれば、江戸時代の姿を再現することも不可能ではない。ただし、墓所の景観保全を最重視すべきであり、基本的に芝生上の遺構標示にとどめる。復元建物ではなく、「複合仮想現実」による実物大ＣＧ展示を検討する価値はあるだろう（図15）。

　以上のように、本書では、木造建築の復元（再建）reconstruction に対して否定的な立場をとっている。なくなったものはなくなってしまったのであって、なくなったことに歴史的意義を認めることが肝要であり、残された石造構造物の保全 conservation に最善を尽くすべきであるという考え方である。石造構造物については、実証性の高いアナステローシスの手法などを積極的に採用すべきとの立場をとる一方で、墓域全体の景観は、あくまで「現状保存」を原則とすべきと考える。

　しかしながら、それでは物足りないという声も聞こえてきそうだ。だからこそ、旧廟所建物の再移築や清源寺跡の実物大ＣＧ展示を提案しているわけだが、正直なところ、茅葺きの黄檗宗寺院という清源寺の建築的特異性については、観光資源としての潜在力を認めないわけではない。全面発掘調査をおこなって平面を確定し、絵図・指図史料から上屋構造を復原して、その施設をガイダンス施設として活用すれば、集客に貢献するだろうし、寺院と墓域の複合性を訪問者は実感できるであろう。茅葺き屋根という外観が墓域周辺の景観によく溶け込み、景観の質を向上させる可能性すら感じさせる。とはいうものの、清源寺の復元を実行するとなれば、その検討には相当な時間とエネルギーと経費を費やすことになるから、「複合現実感」によるＣＧ展示を提案したのである。

（2）　構造補強と景観

　構造補強の指針と実状　墓碑を囲む石造の玉垣については、放置しておけば自壊してしまうため、構造補強が必要不可欠である（図16）。しかし、この構造補強が墓碑と玉垣の景観を損なうのではないか、と危惧する向きも少なからず存在する。構造補強を拒否する場合、墓碑の玉垣を一新して再建しなければならなくなるが、かりに玉垣を一新したとしても、一定の年月がすぎれば、再び玉垣は自壊作用をおこしてしまう。自壊と再建の反復といえば、神社建築の「式年造替」を連想させるけれども、それは「材料のオーセンティシティ」を完全に喪失させるばかりか、再建のための費用拠出が反復的に必要になる。

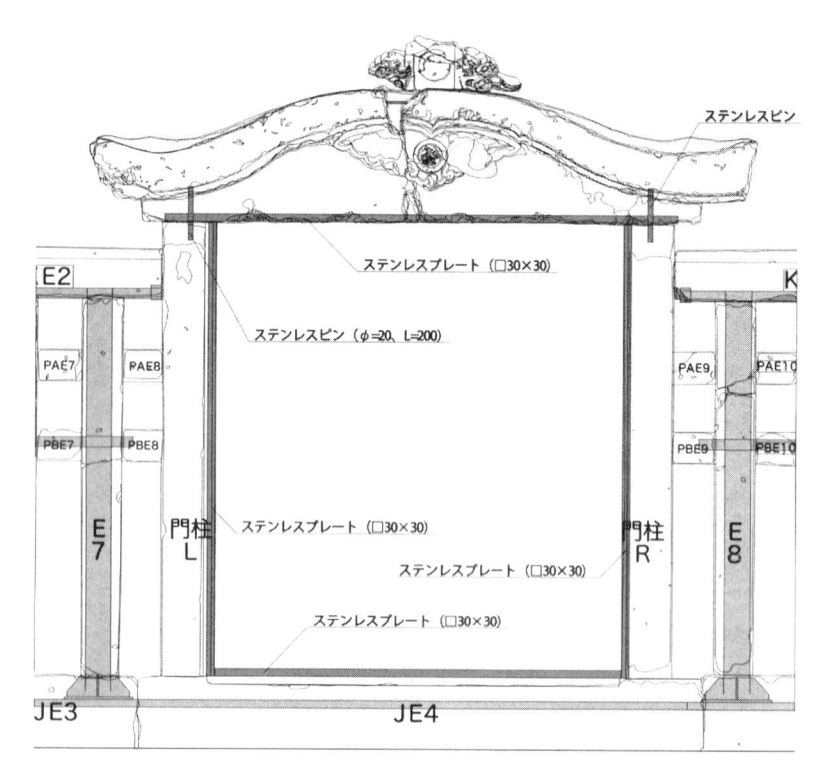

図16 初代藩主池田光仲墓の唐破風補強案（唐門部分立面 S=1：28）

　ここで原点にたちかえるならば、鳥取藩主池田家墓所は国指定の史跡であり、なにより文化財価値の継承に重きをおく整備をはからなければならない。そのためには、「材料のオーセンティシティ」の維持（＝古材の再利用）こそが最優先されるべきであり、古材の再利用にあたっては必然的に構造補強に頼らざるをえない、という結論にたどりつく。問題は構造補強が墓碑周辺の景観に影響を与える度合いであって、そのネガティヴなレベルをできるだけ低減させる配慮が必要であることはいうまでもない。ここでまず昭和後期におこなわれた構造補強の欠陥を整理しておきたい。

　光仲墓に顕著なように、玉垣に対しては昭和49年以降に修理がくりかえされており、それが玉垣の毀損・倒壊を招き、墓碑周辺の景観悪化をもたらしている。構造補強に用いられた鉄筋・鉄骨の補強材は、風雨にさらされることで錆や腐食が生じて膨張し、鉄筋による補強部分から石材に亀裂が発生して玉垣を大きく損傷させているのである。また、補強材が玉垣部材を取り巻くように配された箇所もあり、墓碑周辺の景観に悪影響をもたらしている。鉄筋については、塗装をおこなわなかった結果、表面に赤い錆が生じており、景観上違和感をもたらしている。なにより目につくのは、唐破風の補強に用いた大型の鉄骨であり、これが墓碑正面の景観効果を大きく低下させる一因になっていることは間違いないであろう。

　以上の現状を鑑み、構造補強にあたっては、以下の2点を配慮すべきと考える。
　1）古材の毀損を回避する健全な構造補強

2）墓碑周辺の景観イメージを向上させる構造補強

平成16年度、唯一修復を終えた3代藩主養弟澄古墓（第4章第1節図19左）では、すでに以上の方針が実践されている（図17）。玉垣の規模が比較的小さく、凝灰岩とは異なる花崗岩系の石が使用されているため、補強材の使用個所を抑えることができた。貫材の下にステンレス鋼板を通して補強し、玉垣の内側に控え柱を数ヶ所設けることで、復元された玉垣は安定感を示している。表面につや消し加工を施したステンレス鋼板は、貫の下に隠れて見えにくく、景観的にはほとんど影響を与えていない。1）と2）をクリアできた好例といえるであろう。

これに対して光仲墓では、規模の大きな玉垣を支えるため、玉垣内側に28本もの添柱状の補強材を使用する。また、唐破風下部には以前よりも大きな幅100mmの鋼材を挿入することになっている。玉垣内側の添柱については、必ずしも石材との景観的調和をもたらしているとは言い難いが、昭和後期になされた補強と比較して評価すべきであろう。解体前の玉垣は貫状に挿入した鉄筋によって毀損が進み、それを防ぐために上塗りされた帯状のセメントによって景観を大きく損ねている。これが解体前の景観であって、この状態に比べれば、1）は十分にクリアされ、2）についても、補強材を玉垣の内側に配することで外側からみる景観を向上させていることに疑いはなかろう（図18）。古材を廃棄して玉垣を新築する修復（再建）に比べれば、たしかに景観の質は劣るかもしれないが、解体前の玉垣と比較するならば、大きく景観の質を高めていることを積極的に評価すべきと考える。

一方、光仲墓の唐破風部分については、それがほぼ中央で断裂していたことが判明したため、設計事務所は非常にソリッドな補強案を提示した。これを採用する場合、以前よりも大きな鋼材を唐破風の下に挿入することになり、左右に断裂した石材の「掴み」鋼材も正面からわずかにみえるようになる。

補強鋼材の色調と木材補強について　補強案自体については玉垣・唐破風ともさらなる検討が必要であるが、いずれの案を採用するにしても問題となるのは鋼材の塗装・色彩である。すでに池田家墓所整備委員会では、ステンレス鋼材の塗装・色彩について、

　イ）光沢のあるステンレスそのままの色彩

　ロ）表面をつや消ししたステンレスの色彩

図17　修復の三角形

図18　現在の光仲墓周辺

ハ）南田石の色調と類似する灰緑色系の塗装
　　ニ）日本の社寺建築の金物塗装に用いられてきた「煮黒目」系列
の塗装の4点が検討され、ロ）もしくはニ）がふさわしいという合意を整備委員会で得ている。ロ）のつや消しについては、すでに澄古墓の修復で採用しており、景観上の不調和をもたらさないことが確認されている。ただし、表面積の大きな鋼材についてはさらに検討が必要であろう。ニ）については、日本の社寺建築で金物塗装に用いられてきた伝統的な色彩であることに加え、英国をはじめとする西欧の補強鋼材で黒色塗装をおこなっており（附記参照）、石材や周辺景観と調和する色彩であることが証明されている。光仲墓のように大規模な構造補強をおこなう場合、ロ）とニ）のどちらがふさわしいのかは非常に難しいところであり、模型・CG・現場での検討を踏まえた上で実践に移行すべきと思われる［本論執筆後、ロ）の採用が決まった］。

　ところで、松江藩松平氏の菩提寺である月照寺の墓所では、墓碑を囲む玉垣の貫材に板を使用している（図19）。また、岡山藩池田氏の菩提寺である曹源寺の墓所では、玉垣に附属する門の主柱を石材としながら、その控え柱を木材としている（図20）。このように、玉垣周辺の主要構造材を石材としながら、その補強材的役割を果たす材を木材とする手法は、今後の鳥取藩主池田家墓所の修復に対しても検討の対象とされてよいのではないだろうか。ここで石材と木材を整理するならば、

　　石材＝構造材＝古材／木材＝補強材＝新材

という対照性を導ける。この識別は有効であり、構造材＝古材と補強材＝新材を材料によって明示できるばかりか、日本人にとって馴染み深い木質の穏やかな景観を形成できる。補強材として木材を採用する場合、最もふさわしい材種はクリであろう。湿気に強く、強度が高いからである。

（3）ランドスケープと植生

　平成16年度の初代藩主光仲墓及び3代藩主養弟澄古墓の解体・修復整備を皮切りとして、国史跡「鳥取藩主池田家墓所」では15ヶ年にも及ぶ「平成の大修理」に着手したが、早くも史跡地内におけるランドスケープの変化が問題化している（図21）。

　墓所は、建造物の集合体としてのみ存在するのではない。墓所が立地する地形や周囲の植生と一

図19　石材と木材の併用例（曹源寺墓所玉垣・門）　　図20　石材と木材を併用する門の構造（曹源寺墓所）

体化してランドスケープを形成しているのである。したがって、地形や植生に対する保全修景的な配慮が必要となる。整備工事に着手する以前、墓所とその周辺の緑地は地元の人びとから桜・紅葉の名所として親しまれてきた。墓所域内部においても、サクラ、カエデ、イチョウ、ケヤキ、モッコク等の高木広葉樹とサカキ、ヤブツバキ等の低木広葉樹、ヒノキやイヌマキなどの針葉樹が植えられていたのだが、その多くは昭和以降の植樹によるものであり、当初の墓所景観とは無縁であるという判断がなされたようである。さらに樹根が墓所内の石畳を浮き上がらせる原因にもなっているため、整備事業では、寿命を迎えた樹木、あるいは史跡に悪影響を与える樹木を伐採することになり、光仲墓周辺の樹木はすでに伐採を終えている。この結果、光仲墓周辺の樹陰地表面に自生していた苔類の全滅を招き、地表面には地肌が露出してしまった。訪問者が直射日光をさける樹陰が消滅したこともまた大きな問題である。

　以上の樹木伐採と苔類の全滅によって、光仲墓周辺のランドスケープは大きく変わってしまった。工事中の現場であるから仕方ないとはいえ、味気ない空間がひろがっている。ここで再び原点に立ちかえり、史跡整備と復元の問題を整理しておきたい。まずは植栽に注目しつつ、墓域の時間的変化を再確認すると、以下の3段階の変化を読みとれる。

1) 絵図史料をみる限り、池田家墓所には、かつて墓域に廟所や回廊などの木造建築が軒を連ねており、植樹はほとんどおこなわれていなかった。
2) 現在では、木造建築はすべて失われ、石造構造物を残すのみとなった。
3) ところが、比較的新しい時代に、サクラ、カエデ、イチョウなどの植樹がおこなわれ、樹陰には苔が繁茂しており、訪問者はその日本的な緑の空間に慣れ親しんでいた。

　この変化をみれば明らかなように、当初の墓域に植樹が少なかったのは、木造建築の存在と相関性が深いと判断される。したがって、墓域を当初の姿に戻そうとするならば、木造建築の復元とあわせて、樹木を伐採することに意義をみいだせる。しかしながら、すでに述べたように、池田家墓

図21　樹木が少なくなった現在の池田家墓所ランドスケープ

図22 スカラ・ブレー（スコットランド・オークニー諸島） 　　図23 ローマンフォート（イングランド・チェスター）

所の整備方針は「現状保存」にあるから、木造建築の復元は容認しがたい。したがって、植栽の撤去にもまた積極的な意味をみいだせない、という結論が導かれる。

　英国に代表される西欧の遺跡整備では、主要な遺構の周辺に芝生を植え込むのが一般的であり、この単純な環境整備が史跡の視覚的効果に大きく貢献している（図22・23）。樹木を伐採した今となっては、墓碑・玉垣・石畳の周辺に芝生を張ることで、ランドスケープの質をある程度恢復させることは可能であろう。しかしながら、日本人は、西欧の「芝」よりも日本の「苔」に愛着をもっている。禅院の庭園に代表されるように、苔むした植生は日本人の感性を強く刺激する。苔のたおやかさが日本人の心情をなごませてくれるのである。清源寺は禅宗の寺院であるから、苔を多用する禅院庭園とも係わりが深く、墓所を緑地化するにあたっては、石畳や玉垣に影響を与えない位置に再び植樹をおこなって、その樹陰に苔を繁茂させることを検討すべきであろう。現実的には、芝生と苔の使い分けによって、新しい境内ランドスケープが再生できるのではないだろうか。

附記

　本節は、浅川編『国史跡「鳥取藩主池田家墓所」の整備に関する実践的研究（1）』（2006）のうち、第2章「鳥取藩と池田家墓所」（pp.15-29）、第7章「復元研究と史跡整備」（pp.51-55）を複合し調整したものである。

　余談ながら、最近トルコを訪問し、イスタンブールのオスマン朝モスク（ジャーミー）にいたく感動した。世界文化遺産「イスタンブール歴史地区」の中核をなすアヤソフィアはビザンチン帝国のギリシア正教大本山ハギア・ソフィア（6世紀）を大改修したモスクであり、オスマン朝におけるすべてのモスクの模範となった。

附図1　スレイマニエの中庭 　　附図2　スレイマニエの細部

大社造神殿群のなかの出雲大社本殿のような存在と言ってよいかもしれない。トルコ史上最高の建築家とされるミマール・スィナンはアヤソフィアを凌ぐことを生涯の目的として多くのモスクを設計し、その最高傑作とされるのがスレイマニエ・ジャーミー（16世紀）である。スレイマニエは清楚な建築である。装飾がないわけではないが、それはきわめてシンプルで配色も抑制が効いている。空間が清浄さを訴えており、その清浄さは、建築の構造と相関している。装飾が控えめだけに、構造の意匠性がぞんぶんに発揮され、そこに人は空間の超越的な美を感じ取るのである。スレイマニエに限らず、イスラムのモスクが構造をそのまま意匠化できている理由は、鉄骨構造補強にある。柱頭間に水平梁や雲筋交の細い鉄骨をめぐらせることで石造アーチやドームの構造が本来の姿を露わにできる。日本建築の場合、屋根裏に野小屋をつくり、天井から上の「建築」を隠してしまう。こういう造作が平安時代から始まり、和風建築では当たり前になってしまった。だから、構造の意匠性をなかなか体感できない。古い神社本殿や浄土寺浄土堂などの特殊な建物においてのみ、例外的にそういう「空間＝建築」の実体を味わえる。

　この種の鉄骨構造補強については、古代建築の復元でもしばしば議論の対象となる。平城宮朱雀門がそのよい例であった（第3章第4節5-1参照）。朱雀門を奈良時代の構法で建てると、ほどなくして倒れてしまう。当然のことながら、構造補強するしかない。その構造補強には「木造補強」と「鉄骨補強」があり、鉄骨補強の場合、「隠す補強」と「露出する補強」の両方がさらにある。あるとき、見識高い建築構法の専門委員（某大学名誉教授）が「露出する構造補強」こそ最適だと委員会で発言し、私はその委員の意見にひどく共感を覚えた。なんらかの補強を施さない限り、50年ともたない朱雀門が半ば永遠に存続する。存続するのは補強があるからであり、その補強を外に出すことで奈良時代建築本来の姿を示せるし、補強材のあり方と意義も理解してもらえるという発想である。実際にはその案ばかりか「隠す鉄骨補強」案までも拒否されてしまい、朱雀門の内部は木材だらけになってしまった。縦横無尽に筋交が交錯し、建築全体として強力な剛構造体となって、木造建築本来の柔構造特性を失い、みえない部分の構法は千歩譲っても「古代」とは言えない代物に変質したのである。

　その反省のもとに、第1次大極殿では基壇の下に免震装置を配し、隠れた二重部分に鉄骨補強を施すことになった。しかし、大極殿でも補強の鉄骨は外にみせていない。鉄骨が外にでると、目障りになることを憂いてのことだが、イスラムのモスクにしても西欧の教会建築にしても、外に構造補強の鉄骨を露出させており、見学者はそれに不自然さを感じていない。じつは、国史跡「鳥取藩主池田家墓所」の石造玉垣修復では、外に鉄骨を露出する方法を採用しており、鳥取の構造補強の考え方のほうが、奈良の復元事業よりも先進的だという自負をもっている。

参考文献

浅川滋男編　2006　『国史跡「鳥取藩主池田家墓所」の整備に関する実践的研究（1）』平成17年度鳥取県環境学術研究費助成研究成果報告書
河手龍海　1982　『因州鳥取池田家の成立』鳥取市福祉振興会
財団法人史跡鳥取藩主池田家墓所保存会　2004　『国史跡鳥取藩主池田家墓所 保存整備計画』
下中　弘　1992　『日本歴史地名体系32 鳥取県の地名』平凡社
鳥　取　県　1939　『鳥取藩史 第1巻 世家・藩士列伝』鳥取県立図書館
鳥　取　県　1941　『鳥取藩史 第4巻 財政志・刑法志・寺社志』鳥取県立図書館
鳥取県文化観光局文化振興課　2002　『鳥取県文化観光事典』社団法人鳥取県観光局
鳥取県立博物館　1997　『鳥取藩政資料目録』
森口順夫　1993　『宮下奥谷の今昔』私家版

第3節　遺構露出展示をめぐって

(1) 転換点

　転換点は1989年であったと記憶する。昭和が終わって平成に踏み込んだ年である。それまでは、実証性の高い根拠がなければ、遺跡整備にともなう「復元」を認めないのが国の方針であった。ところが、そこに「活用」というキーワードが登場する。遺構の「立体復元」を整備に取りこんで、史跡の「活用」に結びつけようとする方針転換がそこで打ち出されたのである。まもなく「ふるさと歴史の広場」事業が遺跡整備を抱える全国の自治体で奪い合いの状態になり、わたし自身、気がついたらあちこちの遺跡で「復元」のお手伝いをするようになっていた。なにより、自ら発掘調査部に在籍していた平城宮跡の復元事業がすさまじく激化し、朱雀門、東院庭園、第1次大極殿とたえまなく続く復元プロジェクトに神経をすり減らしていたのである。

　日本の遺跡整備に復元建物がまったく不要だとは思っていないが、当時の状況はあきらかに復元建物に重心が傾斜しすぎていたし、実際いくつかの復元事業に係わってバッシングを浴びる苦い経験もしていたからである。この状況を不安視する向きは少なくなかった。よく知られているように、1964年に採択されたベニス憲章は、建造物の修理にともなう復原 Restoration、遺跡整備にともなう復元（再建）Reconstruction のいずれに対しても否定的である。ところが、日本はベネチアの会議に代表団を送っていなかったので、ベニス憲章には無頓着であり、世界の常識的潮流の中で「唯我独尊」の途を歩んできた。ヨーロッパの側からみれば、解体修理にともなう「復原」や遺跡整備にともなう「復元」は、歴史の重層性と材料のオーセンティシティ（真正性）を尊重する正統的な保存理論に真っ向から刃向かうエイリアンの仕業のように映っていたのではないだろうか。

　その日本が1992年に世界遺産条約を批准し、世界基準の仲間入りすることになった。ここで西欧の誤解を解くべく開催されたのが、奈良のオーセンティシティ会議（1994）である。その会議の声明文「奈良ドキュメント」では、文化と遺産の多様性が強調され、修復整備も多様であってよい、という玉虫色の決着をみた。この結論は、日本にとって有利に働いた。日本が慣習化してきた「復原」や「復元」の根本的な再考を促すことなく、暗黙のうちにそれらを是認する役割を果たしてし

図1　スサチャナライ遺跡の覆屋（左右とも）

まったからである。ベニス憲章の前文には「各国独自の文化と伝統の枠組のなかで憲章の原理を適用すべき」とあり、この前文を適用すれば、ベニス憲章の根本精神を活かしながら、日本に代表される木造建築遺産の修復整備の特殊性を再検証できるはずである。奈良ドキュメントはひとまず棚上げにして、いまいちどこの根本命題にたちかえる必要があるのではないだろうか。

(2)　遺跡と景観と地形と

　遺跡のオーセンティシティは遺跡そのものにあり、その遺跡をはぐくんだ地形や、その遺跡が生み出した景観にもある。だから、遺跡と地形と景観の保全を最優先すべきであって、オーセンティシティのない復元建物が遺跡整備の主役に躍りでてはいけない。日本の場合、立体的に形をのこす遺跡が少ないので、復元建物を完全に排除するのは難しいとは思うけれども、復元建物はあくまで脇役に徹するべき原寸大の展示模型である。妻木晩田遺跡では、全国で最高レベルの焼失住居跡がみつかっている（第2章第6節2)。竪穴住居復元の実証性はたかく、高床倉庫についても、7000点を超える青谷上寺地遺跡出土建築材の分析から蓋然性のある復元が可能となっている。それが遺跡整備にとって大きなアピールポイントにあることは疑いないが、それでも妻木晩田遺跡の主人公が復元建物であってはならない。妻木晩田丘陵の地形そのもの、そして、そこからみえる日本海、孝霊山、大山をふくむ広大な景観こそが主役であり、復元建物はその眺望を引き立たせる添景であればよいのである。したがって、復元建物の数を決して多くしてはいけない。

　問題は遺跡そのものの見せ方である。発掘された遺構面をみせるには覆屋を築くしかない。2004年現在、妻木晩田遺跡では、洞ノ原地区に小さな覆屋を設けているが、これは試験的なテント張りの施設であり、遺跡全体の基本構想では松尾頭地区B工区に広大な遺構露出展示館が構想されている。この種の施設は、すでに日本各地の遺跡整備に取り入れられているけれども、「成功例」がほとんどないのが実状である。遺構の保護に過敏になりすぎているため、覆屋内部の空調を安定させようとして、密封型の覆屋を建設するのだが、その労苦にも拘わらず、覆屋内部の湿度がたかくなって、遺構面にカビや苔が生え、室内に菌類の臭気が充満する。その結果、入館者が減ってしまうのである。また、その一方で、密封型の構造をとるために、カプセル状のドームを採用する例が少

図2　スコータイ遺跡情報センター

なくなく、緑地の中に宇宙ステーションがおりたったような景観上の違和感を与えている。ここにも整備上の大きな問題を抱えているといえよう。

(3)　タイとイギリスの覆屋

　覆屋による遺構露出展示で感心したのは、1995年にタイの世界遺産スサチャナライ遺跡を訪れたときのことである。スサチャナライ遺跡サンガロク窯跡の覆屋は波形スレートの屋根を鉄骨トラスによって支える構造で、内部は外気をとりこみやすい開放的な構成にしている。遺構の表面には保護用の薬品を塗布しているのであろうが、あえて空調管理をせずに、通風をよくして遺構を外気にさらすようにしているのである。これは効果を発揮しており、カビ臭さは微塵も感じさせない。また、建物内部は遺構露出スペースだけでなく、展示や休憩のスペースも確保している。覆屋の外観意匠は民族形式で、外構にはエクステリアとして出土土器のレプリカを展示している。スサチャナライ遺跡に近いもう一つの世界遺産スコータイ遺跡では、情報センターがやはり民族形式の瀟洒な建物で、広場をコ字形に囲む分棟型の配列をとる。ここに覆屋が含まれていたかどうかは忘れてしまったが、展示スペース、管理スペース、カフェテリアを分棟化しつつうまく連携させていた。

　さらに情報収集の結果、イギリスに先進的な覆屋の例があることがわかったので、2004年の夏に10日間をかけて覆屋と遺構露出展示を視察した。英国視察のなかでとくに参考になったのは、チチェスター郊外のフィッシュボーン・ローマンパレスである。ローマ時代の宮殿遺跡を「復元」するのではなく、遺構の上部に覆屋を建てて露出展示し、屋外の遺跡表示と一体化させている。覆屋は波形屋根を軽量鉄骨で支え、広大な露出展示空間を確保する。やはり開放的で、通風のよい構成である。遺構は廊下から見下ろす部分と、じかに遺構に下り立てる部分の両方があって、さらに復元展示や子供のたちのための学習エリアも含む。エントランスの一画にはミュージアムショップを設けて、これら全体を一つの建物の中に納めている。唯一カフェテリアだけは別棟としている。

(4)　野外公園としての遺跡

　英国の遺跡整備は素朴である。基本的には遺構をかため、その周辺に芝生を植え込むだけであって、覆屋を築くのは、遺構がよほど優れた場合に限られる。わたしがとくに感心したのは、ヨークのミュージアム・ガーデンであった。壁と基礎の一部が残る中世の教会跡をまったく「復元」する

図3　フィッシュボーン・ローマンパレス（左右とも）

図4　ヨークのミュージアム・ガーデン（左右とも）

ことなく、周囲に芝生を張るだけの状態で市民に公開している。人びとはこのガーデンにやってきて、ゆるやかな時の流れに身をまかせる。芝生にたむろするだけでなく、基礎跡に寝っ転がって昼寝する若者もいれば、壁跡の上にのぼってちょこんと坐りこむ少女もいる。遺跡がアンタッチャブルではなく、いつだれが触れてもよいものになっているのである。管理側が遺跡の劣化を過大に不安視するのでもなければ、利用する側にも節度がある。国民全体の民度が高い証というほかない。

　これから遺跡整備の課題は、復元建物の数を減らして、遺構露出展示のスペースを増やすことだと思うのだが、日本の場合、ヨークのような公園化した遺構の露出展示は難しいだろう。したがって、本物の遺跡をまのあたりにしたいのならば、覆屋のなかでそれに接することになる。しかしながら、すでに苦言を呈したように、日本の遺跡内に建つ仮設建物としての覆屋はデザインがあまりにも貧困なため遺跡景観を混乱させており、その内部も暗くてカビくさい展示場であって、訪問者のくつろぎの場所となっていない。タイのスサチャナライ遺跡やイングランドのフィッシュボーン・ローマンパレスのように、遺跡景観との調和を配慮しつつ、その内部でくつろぎながら遺跡を学習し楽しめる覆屋が日本にも早く生まれて欲しい。

附記
　本節の初出は以下のとおりであり、若干の修正を施した。
　　浅川滋男　2005　「復元建物から覆屋へ」『仮設構法による巨大遺構露出展示空間の創造―妻木晩田遺跡環境整備のための基礎的研究（2）―』平成16年度鳥取県環境学術研究費助成研究成果報告書、2005：pp.1-3、鳥取環境大学

第4節　先史学／考古学と想像力の限界

（1）廃材でつくる茶室

『10+1』という雑誌が「藤森照信特集」を組むので執筆陣の一人に加わって欲しいという依頼があった。藤森照信と言えば、日本を代表する近代建築史研究者であり、木造系建築のデザイナーである。高名な学者であることは承知しているけれども、わたしの研究領域と重なるところがほとんどないので、編集部に対して正直に「藤森先生の業績をあまり知らないが、どうしたらよいか」と訊ねた。すると、まもなく『藤森照信　野蛮ギャルド建築』（TOTO出版、1998）と『人類と建築の歴史』（ちくまプリマリー新書012、2005）という2冊の著書が送られてきた。こうまでしていただいて、執筆をお受けしないわけにはいかない。

じつは、2冊のうち1冊を本屋で立ち読みしたことがある。たしか1999年、場所はニューヨークの近代美術館（MoMA）のブックショップであった。本棚に並ぶ日本人建築家の作品集のうちの1冊が『藤森照信　野蛮ギャルド建築』であり、手にとってページをめくってみた。たいへんおもしろい作品ばかりだと思ったが、もちろんニューヨークで日本語の本を買うはずもない。

そのころ、縄文時代の焼けた竪穴住居跡を研究していた関係上、民族誌資料との比較も進めていたのだが、北方ユーラシアについてはアムール（黒龍江）流域の踏査に伴い、主要な資料は集めていた。残るは北米先住民の住居だと決め込んで、2年連続アメリカ合衆国を短期訪問した。初年度はおもに西海岸を動き、クワキトール族やハイダ族の半地下式板小屋をみてまわった。2年目はバークレーを経由して東海岸に移動し、敬愛する林謙作先生のお薦めにしたがって、まずはハーバード大学のピーボディ博物館、そしてニューヨークの国立自然史博物館を訪問した。たしかに、先住民関係の民族誌資料は充実しており、住居の地域差もだいたい理解できた。そういう研究出張のかたわらMoMAにも立ち寄ったのである。余談ながら、ここ2年間（2004〜05）はイングランドとスコットランドの先史住居（ラウンドハウス）や環状列石をみてまわっている（研究目的はその整備手法なのだが）。

というわけで、ニューヨークで出会った『藤森照信　野蛮ギャルド建築』ではあるが、これ以上

図1　大学裏山に建設中のツリーハウス（棟を仕上げているところ）

図2　「廃材でつくる茶室」の正面全景

コメントすることは何もない。ただ、わたしが最近進めている建築活動と若干クロスする部分もあるかもしれない。わたしは2004年度から、建設材料費ゼロの小型建築物を学生とともに作り続けている。当初からめざしていたのは、「廃材でつくる茶室」であったが、まず手始めにツリーハウスを大学の裏山に建設した（図1）。裏山に繁茂する竹や雑木に、工務店の廃棄物置場に積み上げられたビニール波板や鉄板、旧農協の米袋などを加えて建材とした。また、ツリーハウスの場合、木材相互および木材と樹木の接合にいっさい金物を用いないことにした。演習に参加していた女子学生が大工の父親から「男結び」の技術を学んできて、他の学生全員に伝授し、すべての接合部にこの縄結びを採用した。接合部分はおそらく200ヶ所以上に及ぶだろう。ツリーハウスの外観はバラックのようにもみえるけれども、垂木は原始的な引っかけ垂木、ビニール波板の葺き方は樹皮葺きの手法を応用している。これを2004年度前期の15週（週1回の演習）で作りあげた。じつに楽しい演習であった。

これに味をしめて、2004年度後期は「廃材でつくる茶室」に挑戦した。数寄屋大工になると決心した4年生を棟梁に、20名前後の学生が常時茶室の建設に携わった。場所は、やはり大学の裏山である。地元の考古学者によれば、裏山の植生は照葉樹と常緑広葉樹が混交する縄文後期ころの原生林に近いのだそうである。その植生に囲まれた敷地に、土間付二畳の茶室が今も建っている（図2）。もちろん材料費はゼロである。工務店で集めてきた廃材、構造実験の廃材、河原で集めてきた石、裏山の竹が茶室の材料として生まれ変わった。ジョイントは渡腮（わたりあご）や長ホゾなどの継手仕口を学生が自ら加工した。屋根は板葺き、壁はケヤキ材の横板落込、床柱は妻木晩田遺跡復元建物の垂木として使ったクリの余材（図3）等々。大雪の中、棟梁の学生は卒業式直前まで粘りに粘り、茶室の外装を完成させた。

翌2005年度の前期は茶室の内装仕上げに取り組んだ。ここではむしろブリコラージュを楽しんだ。最もわかりやすい例は行灯である。山陰海岸の砂浜に投棄され転がっていた傘立てをひろってきて、側面に和紙を巻き付け、内側に蝋燭を灯して土間においた。仄かな灯りが艶っぽい。外竈や蹲踞（つくばい）は、松江の廃棄物処理場で収集してきた桟瓦、鬼瓦、下水道管などを組み合わせて作った。この竈で焼く手羽先がじつに美味しい。夏の夕暮れ、ヒグラシの合唱を聴きながら、竈で焼いた手羽先をつまみに茶室で黒ビールを飲むと涅槃の境致に至る。極めつけは茶室の内側、床の間の対面に設けたステンドグラスの窓である（図4）。下図の上にガラス板を敷き、ビール瓶やウィスキー瓶を砕いた破片・粉末を下図にあわせて並べていく。それを「リファーレンいなば」という廃棄物処理施設の

図3　「廃材でつくる茶室」の床・棚・炉(床柱が妻木晩田遺跡復元建物に用いた垂木の余材)　　図4　「廃材でつくる茶室」の床・棚・炉

電気窯で溶かしてステンドグラスを作る。絵柄は風と魚のだまし絵になっている。茶室とステンドグラスの不釣り合いが、この建築の最大の見せ場だ。

2006年度からは、「ローコストによる古民家修復」というテーマに取り組んでいる。鳥取県東部の中山間地域には、約430棟の茅葺き民家が残存し、その3分の1以上が空き家になっている。これを放置しておけば、茅葺き民家は一気に数を減らすであろうから、なんとか安価に修復する方法はないものか、と思案中なのだが、その一つの手法として、ツリーハウスと茶室で培ったセルフビルド＆ゼロエミッションのコンセプトを活かそうと思っている。とりあえず、この前期（2006）はある民家（鳥取市で3件めの登録文化財）に学生が寄宿することになったこともあって、70数年前に失われた板間のイロリを原位置に復元した（図5）。屋根裏に放置されていた自在鉤はあきらかに江戸時代のもので再利用することにしたが、框や火棚は近隣の類例を参考にして復元し、藁縄は学生が自ら10数メートル編み上げ、灰床の壁は鳥取城石垣修復の余材を切石風に加工し、灰床の底には古瓦を敷いて、キャンパスのバーベキュー焜炉に残る灰で埋め尽くした。

(2) 人類と住まいの起源

さて、問題はもう1冊のほうである。ともかく、わたしは初めから「藤森特集」の一員に加えられている理由が理解できずにいた。編集部の依頼メールを読みかえすと、「藤森照信における先史住居への想像力—実証考古学からの視点」という難しいテーマが与えられている。そもそも藤森照信という研究者と先史学／考古学がなんで関わるのか分からない。『人類と建築の歴史』という本のページをめくって、編集部の思惑がようやく理解できた。要するに、この本の内容についてコメントせよ、と言うことなのだろう。

しかし、わたしは書評に類する仕事をあまり好んでいない。自分の専門分野に近い著書・論文について、異論がないことなどありえないわけで、いくらでも揚げ足をとることができるし、逆に太鼓持ちに徹することも不可能ではない。学会誌に毎号登場する「書評」は、だいたいそのどちらか

図5　イロリ上部に火棚をとりつけているところ
（鳥取市倭文の旧加藤家住宅にて復原）

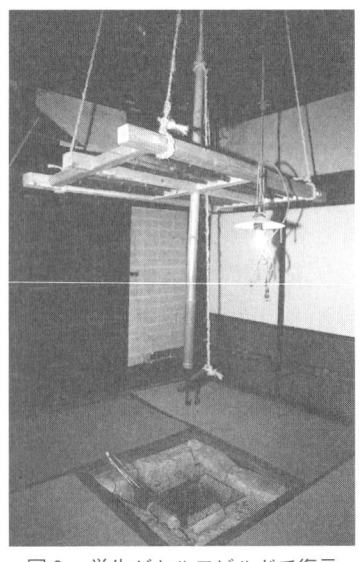

図6　学生がセルフビルドで復元した加藤家のイロリ

で、ああいう仕事は徒労以外の何物でもないと思っている。とくに考古学という分野は、ただ遺構と遺物だけが頼りだから、いくらでも解釈がなりたつ。マスコミ考古学に貢献している方々は、とんでもなく壮大な仮説をしばしば提示し、その対極に位置する方々は「そんなことは言えない」という禁欲的な立場に徹する。その間で振り子は揺れているわけだが、結局、モノについての結論はでても、社会・文化・心理などの非物質的側面については、はっきりしたことは言えないし、言わないほうが身のためだということに賢い考古学者は気づいている。

だから、『人類と建築の歴史』に類する概説書を、まともな考古学者が著すことはないであろう。『人類と建築の歴史』は考古学／先史学に無縁な著者だからこそ著せた「初心者と初学者のための概説書」であって、その点では稀有の業績であり、そこにこそ最大の存在意義を見いだせるかもしれない。

『人類と建築の歴史』が新たな展望を与えてくれるキーワードとして、「住い（家）」と「建築」の対立性が指摘できる。藤森説によれば、新石器時代になって、はじめて人類は「住い（家）」を手にし、太陽信仰を表現するスタンディング・ストーン（立石）を介して「建築」（の外観）が誕生したという。本文を引用するならば、「住いは個人のものだが、建築は個々人を超える神や社会のもので、その時代の人々の共同意識が作り出し、そして一たび作り出されるや、逆に人々の意識を組織化する」（p.64）のだという。こういう思考は、いわゆる構造主義人類学が得意とする象徴的二元論の応用であって、要するに、以下の二項対立を示したいのであろう。

　　女＝地母神信仰＝家（住い）＝内部

　　男＝太陽信仰＝建築（立石）＝外観

じつはわたしも縄文時代の竪穴住居跡を例にとり、屋内の立石と炉（および埋甕）の配置と意味的対立から、家（住居）の本質は女（＝子宮）に象徴化され、男女の合一と対立が室内各所に表現されている、という論文を書いたことがある（第2章第9節）。ただ、そこでは、とくに「建築」という概念を意識していなかった。それはむしろ、民族誌の分野における意味論的二項対立の一方としてよく扱われる。たとえば、オセアニアの母系社会では、家から排除された成年男子が集合する「若者宿」的な施設が発達しており、そこには「家＝女＝内＝閉鎖性／集会所（建築？）＝男＝外＝開放性」という二項対立を鮮明に読み取れる。藤森理論の場合、男性原理に支配された「建築」の源流にスタンディング・ストーンを位置づけているところが抜群にユニークなのだが、新石器時代になって「家」が成立し、男性原理を反映した太陽信仰を表現する「建築」が出現したと主張する割には、旧石器時代に対する説明が少なすぎるのではないだろうか。

そもそも、人類はアフリカに起源した。とくに古い前期旧石器時代の遺跡は東アフリカに集中している。住居の可能性がある遺構として最も古いのは、タンザニア北部のオルドバイ遺跡。今から約170万年前とされる層位で、径4メートル前後の円形礫敷遺構が6ヶ所みつかっている。アシュール前期文化（70～40万年前）でも、フランスのアルディーヌ遺跡で礫敷遺構がみつかっており、テラ・アマタ遺跡では石で囲んだ楕円形住居跡が何層にも重なって検出されている。一方、東アジアで最古級の年代を示す中国河北省の岑家湾遺跡（約90万年前）でも、直径約5メートルの遺物集

中区が確認されている。これらの遺構が仮に住居跡であるならば、テント状架構の垂木尻内床面の可能性があり、それを強く否定する見解もあるけれども、住居史上避けては通れない物証である。

その後、洞穴居住が隆盛する中期旧石器時代を経て、ヴュルム氷期最初の寒冷期が終わるころから、石刃をもつ後期旧石器時代（3万年～1万2千年前）の文化がひろがってゆく。この文化の担い手が、現生人類ホモ・サピエンスである。洞穴・岩陰居住はあいかわらず盛んだが、開地の住居としては、テントから一段階進んだ竪穴住居が作られるようになる。それは、ただの竪穴住居ではなく、複数の炉をもつ大型のロングハウスであった。ヨーロッパでは、ウクライナのガガリノ、コスチョンキ、プシュカリ、ティモノフカなど東欧の遺跡がよく知られ、その東限はバイカル湖畔のマリタ遺跡とブレチ遺跡である。サンクトペテルブルグの物質文化研究所で資料をみせていただいたドン川流域のコスチョンキ第1遺跡を例にとると（図7）、長径35メートル、短径15メートルの長円形竪穴で、主軸にそって9～11の炉が2メートル間隔で並んでおり、炉の数と同じだけの核家族が共同生活を営なみ、拡大家族を構成していたものと推定されている。竪穴のエッジにはベッド状遺構があって、その上面で柱穴を検出しており、構造材として利用されたマンモスの骨が多数散乱していた。日本では縄文早期末～前期の東北地方で盛行するロングハウス式の竪穴住居が、東欧では3～2万年前の後期旧石器時代に出現していたことに驚かされよう。ちなみに、これら東欧の後期旧石器時代にあらわれる大型竪穴住居を、ゴードン・チャイルドは「洞穴居住者の建築物」と呼んだ。寒冷期に洞穴住まいしていた人々が、暖かくなって開地に進出し、人工的に作った洞穴風住居建築という意味である（第2章第1節参照）。

マンモスなど大型獣骨による家屋構造を最もよくとどめているのは、ウクライナ・グラヴェト文化のメジリチ遺跡である（約2万年前）。円形平面の平地住居が5棟みつかっており、大型のそれは直径6メートル、復元高が3メートル、屋内中央に炉がある。この平面上にすさまじい量のマンモスの骨が堆積していた。その復元考察によると、松の柱材で骨組を補強しながら、マンモスの牙を湾曲垂木としてドーム状の屋根を支え、垂木尻に頭骨、その上側に下顎骨をめぐらせており、骨の総重量は約16トン（マンモス100頭分）にものぼるという。こういう建築物を作るためには恐るべきエネルギーが必要であり、「定住」なくして建設はありえない。

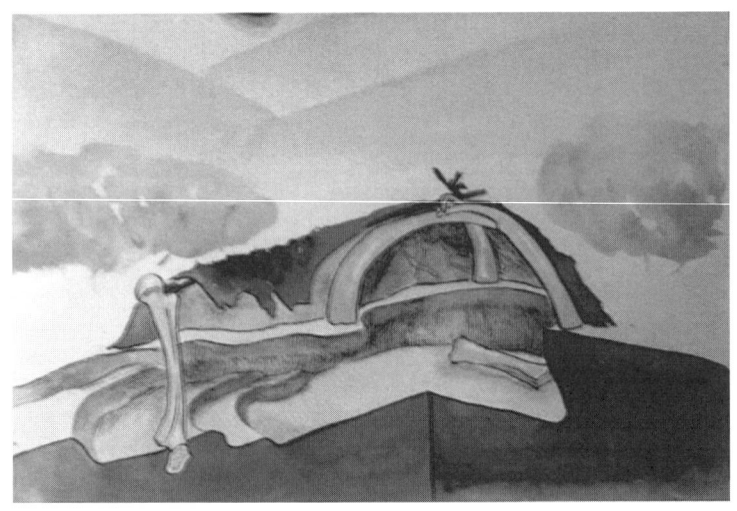

図7 コスチョンキ第1遺跡の復元図（サンクトペテルブルグ物質文化研究所による）

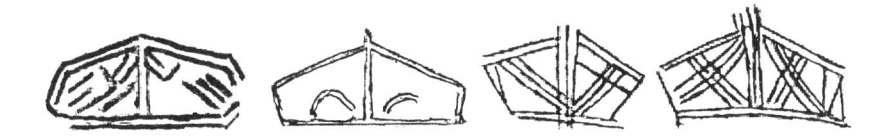

図8　フォン・ド・ゴーム洞穴の家屋図形（『世界考古学体系』より転載）

　このほか、残りのよい平地住居址としては、フランスのパンスヴァンとドイツのゲナスドルフの例がよく知られている（約1万2千年前）。とくにゲナスドルフの遺構はパミス（軽石）に厚く覆われ、残りがよい。炉址、柱穴、床面に敷いたスレート板などが検出され、支柱を伴う大型住居3棟、大型テント1張、小型テント3張が復元されている。一方、住居の外観を知る上では、フランスのフォン・ド・ゴーム洞穴の家屋図形も参考になる。棒を何本か立てて綱を張り、毛皮で覆うテント風の構造を示す図形であり、円筒形テントのようにもみえるが、おそらく中央アジアの黒テント（方形テント）に近いものだろう（図8）。

(3)　男と女の二項対立
　というわけで、ヨーロッパの旧石器時代には、確実に「家（住い）」が成立しており、打製石器の時代にそれが存在しないとする藤森説の反証となる。というよりも、ヴィーナス信仰が旧石器時代に始まっているのだから、女性原理の「家」がその時代に成立しているほうが藤森説には都合がよかろう。一方、藤森説にいう「建築」に関してはたしかに物証を確認できないが、旧石器時代の生業経済は新石器時代よりも狩猟に対する依存度がはるかに高く、男たちは大型獣の捕獲にあたって、いつも死と隣合わせであった。だとすれば、自然を畏怖する男性原理の「信仰」がそこに存在したとしても不自然ではなく、ただそれを象徴する物質文化の痕跡が発見されていないだけのことなのではないか。そもそもあらゆる民族社会において、男／女の二項対立はほぼ普遍化しており、両者は対立的に併存するところに意味があるわけで、一方（女＝地母神）が他方（男＝太陽神）に先行するという発想自体に疑問を覚える。
　このように、本書の内容に立ち入っていくと、いくらでも異議を唱えたくなる。そのような部分は、大小あわせれば、おそらく数十ヶ所に及ぶであろう。「書評」は苦手だから、これ以上とやかく言いたくはないけれども、最後に3つだけ重要な間違いを訂正しておきたい。
　（1）日本列島に人類が渡来した年代を約1万8千年前としている（p.71）が、現状の理解では10万年前後までさかのぼるであろう。例の「捏造」事件があかるみに出る前には70万年前とされていたが、事件の発覚で一時期、約3万年前まで押し上げられ、日本列島から前期旧石器時代が消滅してしまった。しかし、その後の精査により、いまは不正のなされていない遺跡の物証から、さらに数万年前の人類史が確認されている。
　（2）日本最古の竪穴住居集落を鹿児島県国分市の上野原遺跡としている（p.78）が、上野原は縄文早期の集落遺跡であって、草創期にさかのぼる竪穴住居集落は福岡市大原D遺跡や鹿児島市掃除

山遺跡など九州の近隣でもみつかっている。いま問題となっているのは、縄文草創期の定住集落が後期旧石器時代終末期にまでさかのぼるか否かという点であり、指宿市水迫遺跡の竪穴住居風遺構（約1万5千年前）の認定をめぐって議論が分かれている。この真偽はさておき、「南方から島伝いに北上してきた人が鹿児島に上陸した」（p.73）ことなど、証拠のない憶測ではなかろうか。

（3）「縄文時代の遺跡から板は出土していない」（p.83）とあるが、大分市横尾遺跡で縄文早期の板材がみつかっている（まだ取り上げられていない）。なお、横尾遺跡で出土した角材風の木材は建築材ではないことが明らかになっている。

くりかえすけれども、『人類と建築の歴史』は「建築の初心者や初学者に向けて」書かれた概説書である。まことに読みやすく、楽しい本だと評価したい。これだけの着想力と筆力に羨望の念を覚える。本来ならば、自分たちが書かなければならない概説書を「素人」に奪われてしまった悔しさもある。これはもう才能と人望の差としかいいようのない現実である。ただし、ディテールはかなり危ない。「建築の初心者や初学者」たちが、この本を読んで鵜呑みにしてもらっては困る情報も満載されている。その点、本書を草稿にして、もういちど書き改められるべき著作のようにも思うけれども、これ以上泥沼に入らぬほうが身のためかもしれない。

附記
本節の初出は以下のとおりであり、若干の修正を加えた。
　浅川滋男　2006　「先史学／考古学と想像力の限界」『10＋1』No44（特集・藤森照信　方法としての歩く、
　　　見る、語る。）、2006：pp.84-99、INAX出版
なお、参考文献については、第2章第1節とほぼ重複するので省略する。

終章　スコットランドの寒い夏
―結びにかえて―

　以下は2005年の8月末か9月初にかけてスコットランドの遺跡めぐりをした。以下はそのときのの紀行文である。国史跡「鳥取藩主池田家墓所」の修復が始まったころの旅で、日本では伝統の乏しい石造建造物修復の視察を目的としていた。本書の結びとして、この日記形式の紀行文を採用したのはそれなりの理由があるけれども、自らそれを語るのは避け、読者諸賢の解釈に委ねたい。

1．西班牙の小さな町で

　香港で英国航空公司（British Airways）の28便に乗り換えてから、すでに11時間経過したのだが、まだ機内は真っ暗で、大半の乗客が眠っている。わたしの席のまわりに陣取るのは、台湾の女子大生20人。ボーディングの際、彼女らはなかなかかまびすしかった。
　「あんたの席は、そこじゃないよ、反対側だよ」
　「だって、こっちから行けない。遠回りしないと……」
とてもきれいな北京語を話すので、隣に座った一人に、
　「大陸の方ですか？」
と訊ねた。すこし不審そうに、わたしをみつめた後、彼女は答える。
　「台湾です。」
そうか、台湾人はたしかに標準的な北京語を話す。
　香港人は、香港が中国に返還される以前、北京語をとても嫌がった。広東語を母語とするかれらにとって、北京語は外国語でしかなかったのである。だから、北京語で質問すると、とても嫌な顔をして、英語で返事をかえしてきたものだ。
　ところが、香港返還後、中国政府は香港人に北京語の使用を強要した。だから、香港でも北京語が通用するようになったのだが、香港人の北京語には広東語訛りが強く、大陸の人でないことがすぐに分かってしまう。ところが、台湾人の北京語は美しい。長かった国民党支配の申し子である。
　隣に座っている学生と話がはずんだ。
　「倫敦に行くの？」
　「いいえ、西班牙です。ロンドンは乗り換えだけ。あなたは？」
　「わたしも乗り換えでね、蘇格蘭に行くんです。」
　「なんのために？」
　「仕事ですよ。あなたは？」

「スペイン語を学ぶんです。」

「巴塞隆納（バルセロナ）、それとも、馬德里（マドリード）？」

「いえ、Valladolid（バリャドリッド）という小さな町です。」

「あぁ、知ってる、サッカーのチームがなかなか強いんだよ。」

「サッカーは見ないけど……」

「期間は？」

「1年間」

「へぇ、そりゃ帰りたくなくなるよ。」

「いえ、もう帰りたいの。家族が恋しい。台北の空港で泣いたんです。」

彼女たちは、台中にある静宜大学西班牙語（スペイン）系の3年生。話をした学生は徐さんという。すでにアイマスクをして、熟睡している。

BA28便は予定通り、英時間の早朝6時20分、ヒースロー空港に着陸したのだが、そのまままったく動かず、7時を迎えてしまった。エジンバラ行きのBA1434便は7時50分発だから、心配になって、客室乗務員に助けを求めるのだけれど、

「遅れたら、次の便があるわ」

という素っ気ない返事がかえってくるばかり。

これを救ってくれたのは、同じBA1434便のチケットをもっていたオランダ国籍の華僑の青年だった。かれは飛行機が扉を開けるなり駆けだしていった。わたしは、かれを懸命に追いかける。途中、手荷物検査で長蛇の列ができていたが、これも係員と交渉して突破し、入国検査を済ませた。こうして、ボーディングのリミットに指定されていた7時半すれすれに、飛行機に滑り込むことができた。心配なのはラゲッジだったが、無事、エジンバラ空港で受け取った。

中国系オランダ人の青年に感謝！

2．ロイヤル・マイル・スマイルズ

日本時間の8月24日18時に関空を飛び立ち、スコットランドの首都エジンバラに降り立ったのが、イギリス時間の25日午前9時すぎ。日本とイギリスとの時差は16時間だから、31時間も費やしたこ

図1　エジンバラ城

図2　ロイヤル・マイルのストリートからみた聖ジャイルズ教会

とになる。なぜ、こうまでして、香港経由の便を選んだのかというと、ただただ運賃が安いから。関空からJALで直接ロンドンに飛ぶと、往復で数万円も値段が跳ね上がる。

　空港でオークニー諸島のB&B（民宿）を予約し、レンタカー会社の情報を集めてから、リムジンに乗った。ホテルにチェックインしたのは11時半で、少しだけ休もうとベッドに横になったらぐったりきた。目覚めると、午後1時半になっている。

　この日は、とにもかくにもロイヤル・マイルを歩こう、と決めていた。エジンバラ城（図1）とホリルードハウス宮殿をつなぐオールド・タウンの中心ゾーンである。なんだか知らないが、ストリートはイベントだらけで、人は多いし、ゴミは散らかっている（図2）。昨年のイングランド南部の田舎町の静けさが懐かしかった。しかし、エジンバラは世界遺産の町である。歴史的建造物が溢れている。その代表は、いうまでもなく、エジンバラ城。入場券が10ポンドもするので、紫禁城のように大きい宮殿かと想像していたのだが、なんともこぢんまりしている。火山岩の急峻な岩山の頂に造られた山城で、頂を造成することなく、地形に建築をあわせているから、建築と岩の接点があちこちでずれていて、ときに建築の基礎部分から岩石がはみ出ているようにもみえる。一部で修復中のところもあり、気になるのは目地ばかり。いったいどうして石と石をくっつけるのか。これが、今回の視察の一大目標である。

　城から下りてマーチャント・ストリートに戻り、聖ジャイルズ教会とジョン・ノックスの家（図3）に入った。聖ジャイルズ教会も修復中。ジョン・ノックスの家は内部に450年前の木造部材が残る（図4）。とくに最上階には、彩色の痕跡を鮮明に残す天井板がいまも張ってある。今日はここまで。ともかく疲れているので、ウェイバリー駅を通ってニュータウン側にあるホテルに戻った。

　余談ながら、聖ジャイルズ教会からジョン・ノックスの家に移動する途中、画家たちが似顔絵を5ポンドで描いてくれるコーナーがあり、みているとあまりにおもしろいので、自らモデルになった。すると、台湾のご婦人たちや英国の紳士・貴婦人がぞろぞろ集まってきて、くすくす笑っている。わたしとわたしの似顔絵をみて、笑っているのである。

図4　ジョン・ノックスの家内部

図3　ジョン・ノックスの家（16世紀の町家）

終章　スコットランドの寒い夏

帰国後、研究室のどこかにこの似顔絵を飾ろうと思っている。

3．ケルトとアイヌと台湾先住民

　エジンバラの朝は寒い。この寒さは、8月末の北海道を上まわっている。スコットランドの気候は北海道に似ていると『地球の歩き方』に書いてあったが、似ているのは気候ばかりでなかろう。先住民族のケルトが、どうしてもアイヌとだぶってみえてしまう。ついでに言うと、スコットランドのハイランド（丘陵・山間地域）に住むケルトは、台湾先住民のなかの高砂族（中国語では「高山族」）ともイメージが重なりあう。おなじ被征服民ながら、ロウランド（低地）のケルトは「熟蕃」と呼ばれた平甫族と似て文明を受容し、ハイランドのケルトは「生蕃」と呼ばれた高砂族と似てそれを拒絶した。さらにこんがらがるけれども、スコットランドが北海道ならば、オークニーは千島、シェトランドは樺太のようにも映る。オークニーが壱岐で、シェトランドが対馬と言えないこともないか。

　今日はハイ・ストリートのケルト・ショップに入って、久しぶりにケルトの図柄と再会したのだが、思い込みのせいか、アイヌの紋様とよく似ていると思った。寒いからマフラーを買ったところ、ますます気温は下がり、ホリルード公園の急峻な山道を登るにあたって、とても役だった。

　本日いちばんの収穫は、ホリルードハウス宮殿の背面に残るアビー（修道院）の廃墟（図5・6）。イギリスでは、こういう壊れたアビーをけっして復元しない。崩れ落ちた部分は撤去し、廃墟のまま公開しているのだが、この廃墟と化した建物にわたしはめっぽう弱い。豪壮華麗な宮殿建築や教会建築にでくわしても、どうってことはないのだが、崩れ去った建築物がその状態のまま屹立している姿をみると、身も心も震えてしまう。遺跡整備の立場から言えば、残っている構造物を固めて、まわりに芝生を張るだけだから、これほどシンプルな仕事はないわけだが、よく考えると、壊れつつある石造建造物をそれ以上壊れないようにするのはやっかいな作業である。

　崩れおちてくる石を崩れないようにするにはどうしたらよいのだろうか。

図6　修道院廃墟の細部

図5　ホリルードハウス背面の修道院廃墟

4．ワゴンRで

　昨晩読んだシェトランド諸島の資料に衝撃を受けてしまい、オークニーを1日短縮して、シェトランドに飛ぶしかないと決意した。朝の8時半にはエジンバラ空港に着いていて、チェックインを済ませるやブリティッシュ・エアウェイズのカウンターに方向転換、チケットの変更手続きに臨んだ。幸い、29日午前の便でオークニー→シェトランド、翌30日午後の便でシェトランド→グラスゴーのチケットが予約できた。差額は140ポンド、3万円余りである。

　エジンバラからオークニーにむかう飛行機はプロペラ機だった。数年前、シアトルからバンクーバーに飛んだ時もそうだった。プロペラ機は小さいが、安定感は抜群で、低空飛行のおかげで地上の景色を楽しめる。

　11時半にカークウォール空港に着陸。昨晩、イーストバンク・ハウスというB&B（古い医院を改装した民宿）のマスターに電話していて、段取りは決めていた。まずはタクシーでB&Bへ、そしてマスターに連れられて街のレンタカー屋へ。道すがら、かれは言う。

　「今日と明日、隣町のストロムネスでビール祭りさ！」

　「どのビールが一番好きなんですか？」

　「それはね、次のビール。いま飲んでいる次のビールさ。ストロムネスの祭りではね、世界中の
　　ビールが勢揃いするんだけど、いちばん美味いのは、やっぱり次のビールだよ！」

　レンタカー屋で、1日28ポンドのワゴンRを2日借りることにした。いま、わたしが日本で乗っているスウィフトと同じスズキの車で、ついでに言うと、ワイフの車はワゴンRそのもの。なにやら因縁めいてラッキーだと思ったのは束の間、クラッチがマニュアル式で、思うように動かない。どうも左足を上げるタイミングが早すぎるようだ。

　オークニーは美しい島だ。なだらかな地形に石造りの民家が点在し、畑地と放牧地が入れ替わるように連続する。リアス式の海岸線は波に洗われた絶壁の下に短い砂浜をつくる。余計なものは何もない。昔から「島」と聞けば疼く質で、数年前まで日本の島めぐりを続けていた。いま自分がいるのは、スコットランドとノールウェイの境にある離島であって、おまけに、この島は遺跡だらけ、廃墟だらけ、古民家だらけ。この日半日でみたものをまともに紹介すると、朝までかかりそうだ。

　今日はなにより当初の目標であった3つの世界遺産をあっさり踏破した。ストーン・オブ・ステネス（図7）、リング・オブ・ブロッガー（図8）、スカラ・ブレー（図9）である。前2者は先史時代のストーン・サークル、スカラ・ブレーはゴードン・チャイルドの発掘調査で知られる青銅器時代の石造の住居集落である。

　スカラブレーの集落を構成する住居の壁面

図7　ストーン・オブ・スタネス

終章　スコットランドの寒い夏

図8 リング・オブ・ブロッガー　　　　　　　　図9 スカラ・ブレー

と、オークニーに現存する古民家の壁は、いずれも板石の横積みで、基本的に変わるところがない。ヴィジター・センターの脇に原寸大の遺構を復元していて、テント状の円錐形屋根をかけている。おそらく屋根材が遺構面に散乱していないので、植物質の屋根に復元したのだろう。しかし、そのテント風屋根は壁から下の意匠構造と大きく乖離している。古民家にみるように、板石葺きにすれば趣きも変わるだろうに、と思うのだが、板石葺きならば、その葺材が出土するはずだから、研究者たちは植物質の屋根を選択したのだろう。こういう復元住居を、遺跡の外側に築くのは悪くない。けれども、レプリカはレプリカであって、これでもまだ無粋だと非難する人がいると聞く。

　昔のスカラブレーを知る人たちは、ヴィジター・センターも復元レプリカもないころのほうが良かったと懐かしんでいるそうだ。素朴な整備がなによりだから。

5．ポンチョとレインコート

　雨にやられた一日だった。
　最初に訪れたのは、島の北端バーセイにあるブロッホ（円塔）。昨日訪れたバーセイの宮殿遺跡で、係員の青年が引き潮の時間を教えてくれていた。このブロッホは、岬に連続する小島の上にあるのだが、島と岬をつなぐ通路は、潮が満ちると海の底に隠れる。昨日の午後、この岬に辿りついたら、満ち潮で通路は波の下に埋もれていた。その係員の青年が、こんどはブロッホの小屋にいて、チケットを切ってくれた。聞けば、イングランドに生まれ、カナダで育ったという。いまはHistoric Scotland のスタッフとして、「世界遺産の島」オークニーの文化財管理に携わっている。
　「雨で生憎ですね」
とかれは言うのだが、
　「雨と強風もオークニーの特徴ですよ」
と答える余裕がそのときはまだあった。
　バーセイからガーネスに移動して、もう一つブロッホをみた（図10）。絶壁にたつ大きな円塔で、

板石を直立させたり、中空に横たえるため、ボルト締めの金具を使っている。当初の石材であるとはいえ、整備・展示のためには、本場でも材料に孔を穿っているわけだ。

雨は降り続いていた。昨日、スカラブレーで買った使い捨てのポンチョが役に立った。傘はだれもさしていない。風が強すぎるからだ。みんな、フード付きの防寒具を身にまとっている。スキーでもできそうな格好である。

ストーン・オブ・ステネスの近くにあるバーン・ハウス（新石器時代集落）にやって来て（図11）、雨が止んだ。ポンチョを脱ぎ、遺跡に歩いて行ったら、また雨が降り出して、上から下までしっとり濡れてしまった。これで決心がついた。行く先はスカラ・ブレーのビジティング・センター。昨日、買おうとして買わなかったフリーズの防寒ジャケットと黄色いレインコートを購入し、その場で着替えた。ところが、しばらくして雨は止み、晴れ間がみえてきた。イタリアン・チャペルに着くころには、夕暮れの快晴。スカンジナビアに近い離島だから、日は長い。そのまま南に下り、セント・マーガレットホールという漁港にあるホテルで、スカロッグ（貝）とハドック（白身魚）をたいらげた。スコットランドに来てからいちばん美味しい料理だったのだが、レンタカーを運転しているので、ギネスもワインも飲めなかったのが悔やまれる。捲土重来！

6．風は激しく

みんな笑っている。だれもかれもが笑っているのだ。笑わずにはいられないほど、風が激しいのである。27kgのスーツケースが手もとを離れて滑り出し、レンタカーのドアが閉まらなくなり、自分の体も思った方向に進まない。写真を撮ろうとしても、腕の横揺で手ぶれしてしまう。

朝早くから、イーストバンクハウスのマスターが大騒ぎしていた。

「風が強くて、シェトランドからの船が欠航さ。おかげで、注文していた食料品が届かないよ。
　でも、飛行機は飛ぶんだ、安心して！」

たしかにプロペラ機は空を飛んだ。わずか20分あまりの飛行で、シェトランドのサンバラ空港に着陸したのだが、離着陸時の揺れはそうとうなもので、あれがもう少し続いたら酔っていただろう。着陸して、ただちにレンタカーをチャーターした。この日の車は、ホンダのクリオである。最初にめざしたヤールショフ・セトルメント（図12）は、空港の隣の波打ち際にあって、すぐに着いたの

図10　ガーネスのブロッホ　　　　　　　　　図11　バーンハウスからステネスの立石を望む

だが、そこで北緯60度の風の洗礼をまともに受けた。オークニーの雨と同じで、シェトランドの風も、最初は「これで風土を体感できる」ぐらいに思うのだが、それがいつまでたっても変わらないから、気がつけば、心身ともにぐったり来ている。この日はまる1日、この強風と戦った。

ヤールショフの次に目指したのは、ムーサ島のブロッホ。サンウィックにフェリー乗場があると聞いていたのだが、全然みつからない。たまたま、町の小学校から綺麗な女性が出てきたので、「ブロッホに行きたいんです」と声をかけてみた。彼女は即座に「付いてきて！」と答え、フェリー乗場まで誘導してくれたのだが、ターミナルは閉まっていた。

「風が強いから欠航だわ、明日にして！」

疲れがピークに達していた夕暮れ、最後の視察地として選んだスタニーデイル神殿跡（図13）の看板前に辿り着いた。その看板には、1.5マイルと書いてある。草原を2.4km歩け、という指令である。風に刃向かいながら、その草原をてくてく歩いていくのだけれども、なんだか足下がじくじくしている。野地坊主だ。北海道や興安嶺とおなじ湿原が、草地の下に隠れているのである。はたして、靴は沼地に埋まり、靴下と足だけが宙に浮いた。靴も靴下もべとべとである。

いまＢ＆Ｂ（民宿）の暖房パネルの上に革靴をのせて乾かしているところ。

7．廃墟の力

一夜あけて快晴。まさに極楽だ。島には悪魔と女神が同居している。

農家のＢ＆Ｂ（民宿）をチェックアウトして、ただちにサンウィックのはずれにあるフェリーポートに向かったのだが、ムーサ島への便は午後しかないと知って、がっくりきた。しかし、ターミナルの展示パネルをみると、歩いて1.5kmのところに、ブロッホ・オブ・バーランドという廃墟（図14）があると書いてある。その案内板をたよりに、フィヨルド地形の波打ち際を歩いて、歩いて、また歩いた。片道35分は歩いたから、1.5kmというのはあきらかに間違いで、おそらく1.5マイルが正しい。要するに、昨晩とほぼ同じ距離を、また今日も歩いたのである。

ブロッホ・オブ・バーランドは、ムーサ島のブロッホの対岸にあって、両者は意図的に計画された可能性が高いだろう。ムーサ島のほうが残りがよくて有名だが、バーランドも素晴らしいブロッホの遺跡である。バーランドのブロッホは、本格的な発掘調査がなされていない。円筒形構造物の

図12　ヤールショフ・セトルメント　　　　　図13　スタニーデイル円形神殿跡

図14　ブロッホ・オブ・バーランド　　　　　図15　クロフト・ハウス・ミュージアム

内側に石板材の破片が散乱している。調査していないのだから、整備をするはずもなく、それが、このブロッホにとてつもない迫力を与えている。後世の人間がさわっていない遺跡、つまり、修復整備がなされていない廃墟や廃屋をみてしまうと、整備された遺跡が嘘くさく映る。

　廃墟の迫力を、いったいどうしたら、後世の人びとに伝えられるのか。放置しておけば、モニュメントの劣化は進む。劣化を恐れるから、整備を試行錯誤する。ところが、その整備によって、モニュメントの迫力が失われる。だから、劣化そのものをみせるという視点が必要となる。そうすると、最後にモニュメントは塵埃と化すのだが、それでもよいという意見だってあることを日本人は知るべきではないだろうか。

　一晩泊まったＢ＆Ｂの近くにクロフト・ハウス・ミュージョアムがあった（図15）。クロフト Croft とは、スコットランド英語で「小作農」を意味する。要するに、古民家の野外博物館である。石積みの壁、Ａ字形の小屋組、茅葺き屋根とその石おさえ。内部では暖炉の火が赤々と燃えている。かつて、こういう民家がシェトランドやオークニーに満ちていたのだ。ミュージアムからシェトランド最南端の遺跡、ネス・オブ・ブーギをめざしたのだが、岬の手前で車道が途切れた。そこから岬の鼻まで歩かなければならない。距離は目測で1.5マイル。もう一度1.5マイルを歩く体力が残っていなかったわけではない。時間が尽きていた。グラスゴー行きの飛行機に遅れるわけにはいかない。

8．テイ湖の畔で

　グラスゴーから半日かけて、テイ湖 Loch Tay の畔にあるスコットランド・クラノグ・センターを訪れた。クラノグ Crannog とは、スコットランドとアイルランドにみられる湖上住居のことで、紀元前3000年から17世紀まで存続してきたという（図16）。クラノグに関する考古学的研究は非常に進んでいる。それは、水中考古学による多大な成果を示すものだ。建築的にも圧倒的な魅力がある。部材が水中に沈んだまま残存しており、杭柱、垂木、片欠き仕口をもつ梁などが多数出土（出水？）しているのだ。これをもとにすれば、かなり実証的な復元が可能となるわけで、テイ湖においても、ケルト青銅器時代の水上ラウンドハウスが復元されている（図17）。ちょうど１年前に視

察したイングランドのフラグ・フェンは低湿地遺跡で、杭や柱などをたくさん残していたが、それはラウンドハウスの部材ではないから、復元されたラウンドハウスの実証性はあまり高いとはいえない。一方、テイ湖の水上ラウンドハウスは、わたしが手がけた御所野や妻木晩田の焼失住居を上まわる実証性に裏付けられているものかもしれない。

センターには、3人の女性スタッフがいて、

「わたしは日本で、こういう復元の仕事をしているんです。ラウンドハウス（竪穴住居とは敢えて言わなかった）なら、もう10棟以上建てましたよ」

と言うと、途端に目を輝かせて、

「e-mail アドレスを教えてくれませんか。情報交換しましょうよ！」

とのお誘いをうけ、大喜びで名刺をさしあげた。

気になったのは、ブロッホ（石造円塔）との親縁性である。材料は石と木で異なるが、立地と形態に限ってみれば、ブロッホとクラノグはあまりにもよく似ている。スコットランド滞在わずか1週間の日本人ですらそう思うのだから、これに関する論文はすでに多々発表されていることだろう。

それにしても、長旅であった。グラスゴーからダンケルドまで列車で1時間半。ここで昼食をとりながら、1時間半バスを待った。バスに乗って40分、アバーフェルディという町に着いて、湖までわずか3マイルまで迫ったのだが、交通手段がない。町にタクシーは1台しかないそうで、インフォメーション・センターで予約してもらったものの、先約がいっぱいいて、ここでも1時間半待たなければならなかった。いや、待ったと言うべきではない。

「待つのではない。なにかをするのですよ、この町で！」

とインフォメーションの青年に諭された。

たしかに、そのとおりだ。時間に追われてあくせくせずに、イギリスの田舎町を楽しむ余裕すらないなら、なんのためにこの国に来たのかわからない。そもそも、わたしはなぜイギリスに来ているのだろうか。それは、イギリスの田舎と自然と遺産の魅力に憑かれてしまったからではないのか。

青年のアドバイスにしたがって、町のウォーター・ミル・ハウスに行ってみた（図18）。そこは2階がブックショップ、1階がカフェとギャラリーに改装され、大勢の客で賑わっている（図19）。このカフェのキャロット・ケーキと紅茶が絶品だった。あらためて記憶を辿れば、本物の茶葉で入

図16　スコットランド・クラノグ・センターの湖岸に復元されたラウドハウス

図17　復元クラノグの内部

図18　アバーフェルディのウォーター・ミル・ハウス　　図19　ウォーター・ミル・ハウスの内部

れた紅茶を飲んだのはイギリスにいて初めてのような気がする。ティーバッグの紅茶にもおいしいものはある。しかし、本物の茶葉にかなうはずはない。

9．マッキントッシュのティールーム

　月が変わり、いよいよ帰国が迫ってきた。時間に余裕がない。近場にあるマッキントッシュの作品をみることぐらいしかできない1日である。最初に行ったのは、かれの出身校、グラスゴー・スクール・オブ・アート（図20）。玄関をくぐるとレセンプションがあって、担当の女性が言う。
　「10時半から、解説つきの見学があります。」
　「……解説なしで、見せていただけませんか？」
と問うてみたが、
　「解説つき以外の見学はできません」
とのことで、案内のタイム・テーブルを手わたしてくれた。
　10時半まで1時間以上あったから、先にウィロー・ティールームを訪れることにした（図21）。この建物は4階建ての町家で、もとはどうだったのか知らないが、いまは1階を宝石店、2階をティールームにしている。2階にあがると、2組の日本人が坐ってお茶を飲んでいた。日本人はアールデコが大好きなんだ。一人は、どうみても、建築家の格好をしている。様式とモダンが入れ替わる世紀末芸術。学生のころ、ひそかに羨望のまなざしでみていた空間のなかに自分がいる。しかも、マッキントッシュの椅子に坐っているのだ。かつて同じような経験をしたことが一度だけある。明治村に移築されたライトの帝国ホテル。あの中2階のカフェを思い出した。
　ティールームでは、昨日とおなじキャロット・ケーキと紅茶を注文した。ここで衝撃の事実に直面する。おいしくないのだ。昨日、アバーフェルディのウォータ・ミル・ハウスでいただいたケーキと紅茶に完敗である。とりわけ、紅茶の味が深刻だった。きっちり茶葉を使っているにも拘わらず、味が薄っぺらで、いくら待っても芳醇な香りがしてこない。時がたつのに味が濃くならないの

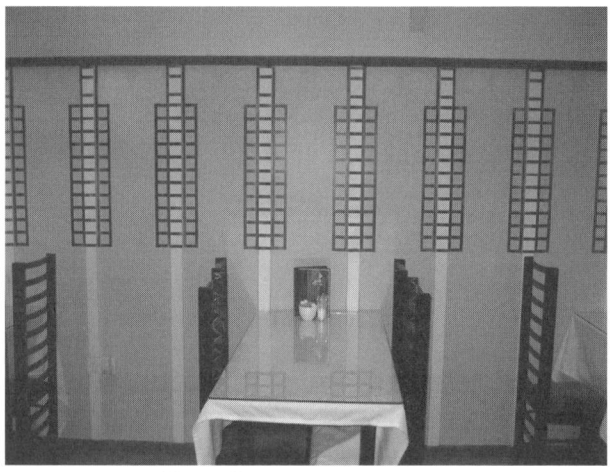

図21　ウィロー・ティールーム
図20　グラスゴー・スクール・オブ・アート

は、茶葉そのものが少ないからだろうが、茶葉の匙加減がわかっていないとすれば、問題の根は深すぎる。

　シェトランドからオークニとインヴァネスを経由して、グラスゴー空港に着陸し、リムジンの窓外に映る大都会の景色をみて、わたしは「島に帰りたい」と思った。この町はエジンバラとは大違いで、夜の闇に暴力とセックスの匂いがたちこめている。チャリング・クロス駅の隣にあるホテルのカウンターでは、素っ気ない受け答えに落胆し、部屋に入ればビジネス・ホテルと変わることがなく、広東料理の店では、湯麺（タンメン）の値段が11ポンド（2300円）もした。道をたずねると、くどいほど丁寧に教えてくれる英国人ばかりだったのに、この町の若者の半数は、なかば知らんぷりをする。そして今日は、マッキントッシュのティー・ルームで、紅茶がおいしくない。

　グラスゴーは「文化」を喪失しつつあるのだろう。都市が「文化」を破壊する「文明」の場だということは承知している。それが都市の魅力でもあるのだが、根っからの田舎者であるわたしにはしんどいことだ。だから、わたしは田舎に住み、田舎をたずね、辺境の島に飛ぶ。おそらく、これからも変わらないだろう。

10. 福茗堂茶寮

　香港に着いたのは英時間の早朝7時頃、中国時間では昼下がりである。免税品店で、中国茶を買いたかった。ヒースロー空港の免税品店では、ハロッズの紅茶をたんまり仕入れていたのだが、アジアのお茶を好む知人や親戚も少なくない。「極品茉莉龍珠」という中国茶を買った。英訳を読むと、JASMINE DRAGON PEARL PREMIUM TEAとある。ジャスミン茶を数珠玉ぐらいに固めたお茶で、ジャスミンの香りが少しきつかもしれない。だが、たぶん、油っこい魚料理や天ぷらの後

口にはあうだろう。

　茉莉龍珠を買ったのは普通の土産店だったので、お茶の専門店はないものか、と探していたら、「福茗堂茶寮 FOOK MING TONG Tea Shop」という店を発見した。表でお茶のグラム売り、裏に茶店を設けている。お客は一人もいない。

　「台湾のお茶はありますか？」
と訊ねたところ、

　「いえ、ありません。大陸のものばかりです。」
というので、自ら血眼になって探したところ、ちゃんとあるではないか。「凍頂」という台湾の銘柄が隅のほうに置いてあった。

　それ以前に飲んだ大陸のお茶のなかで、いちばん美味しいと思ったのは、福建省武夷山の「岩茶」である。かつては地元でしか手に入らなかった。そして、べらぼうに高い。もちろん半発酵させた烏龍茶の系列である。しかし、その味も台湾の烏龍茶にはかなわないのではないか、と秘かに思っている。台湾の烏龍茶は、発酵度が3割程度で、日本の緑茶と似た味がする。ただ、種類が多くて、味にばらつきがあるから、ここに置いてある「凍頂」が美味かどうかは分からない。裏のティールームにまわり、お茶を入れてもらうことにした。飲茶のあては餃子。この餃子がうまかった。ウコンのような黄金色の薬味をふりかけていて、水餃子の味を引き締めている。ひょっとしたら、ウイキョウ（茴香）ではないか、と思ったのだが、1年半後に再訪した際、「桂花」の粉末であることを確認した。桂花とはモクセイ（木犀）のことである。

　「凍頂」の味にも満足した。福建や広東では茶の作法が細かい。小さい急須にたくさんの茶葉を入れ、急須の内も外も茶碗も湯をふりかけて暖めながら、茶を入れる。一煎め、二煎め、三煎め、と味が変わっていく。

　ふと、左側の吹き抜けを見下ろすと、スターバックスがあって、大勢のお客で賑わっている。スターバックスと出会ったのは、1999年のシアトル。スターバックス発祥の地である。当時は日に3回スタバに入ってラッテばかり飲んでいた。それは、もちろんスターバックスのコーヒーが美味しいからだが、アメリカ大陸の食文化が貧困で、飲食店は多いけれども、まともなものを食べさせてくれるところがあまりに少ないことの裏返しでもあった。

　イギリスも食文化は貧困である。毎日サンドイッチばかり食べているようなもので、日本のコンビニ型食生活に近いと言えなくもない。だから、ますます餃子の味が舌にこたえた。アジアに戻れば、こんなにうまいものが食べられる。お茶も抜群の味がしているのに、どういうわけか、人びとはスターバックスにばかりより集う。

11. ふりかえって、そして

　スコットランド視察の成果は素晴らしいものであった。2004年のイングランドにも感動したが、2005年のスコットランドでも、再び充実した毎日を過ごすことができた。たくさんの歴史的建造物

と遺跡と芸術に接することができて、それがわたしの研究人生を豊かなものにしてくれるのは言うまでもない。しかし、それだけならば、あえてイギリスにこだわる必要もないだろう。わたしは、なにより「田舎」の姿に心を打たれる。英国の「田舎」は、わたしを勇気づけてくれるのである。

英国のどんな「田舎」を訪れても、町並みと田園は長閑で美しく、そこに住む人びとは遺跡や廃墟をこよなく愛している。かれらにとって、それは当たり前のことであるのだが、これを「当たり前」だと思えるところがおそろしく前衛的だ。日本の場合、歴史的な町並みとか田園景観を保全しようとするならば、文化財保護法なり景観法に頼らざるをえない。そういう強制力がないかぎり、景観や文化財や環境の保全をなしえないのが日本の実態である。イギリスの文化財保護制度は日本の何倍も強力なものであり、それは高度な資本主義のなかから生まれた社会主義的なシステムのようにもみうけられるけれども、その強制力に対して大半の国民は不満をもっていないように、少なくともわたしには映ってみえた。自然と文化財を保護することは当たり前なのだと皆が思っているからこそ、どんな「田舎」を訪れても町並みが美しいのではないだろうか。そして、英国人は「田舎」を愛している。日本人がこういう超越的な意識のレベルに達するまで、いったいあとどれだけの時間がかかるだろうか。

日本の「田舎」が、英国の「田舎」のようになるのはたやすいことではない。しかし、素材はたっぷり蓄えられている。問題は、そこに住む人びとの意識だけではないだろうか。「田舎」で暮らすことがなにより前衛的であり、最高の幸せなのだという想いを、多くの日本人と分かちあえるようになりたいと思う。だから、それを実践するしかない。そして、それが自分のライフワークになるかもしれない。

「待つのではない、何かをするのです！」

タクシーが１台しかないアバーフェルディという田舎町で知り合った青年の言葉が、耳にこびりついている。

附記

本章は2005年8月末～9月初に旅したスコットランド遺跡巡りの紀行文であり、「スコットランドの寒い夏（Ⅰ）～（ⅩⅠ）」と題して、鳥取環境大学浅川研究室ブログLABLOG（http://asalab.blog11.fc2.com/）に2005年8月25日から9月4日まで連載したものである。その圧縮版を浅川編『国史跡「鳥取藩主池田家墓所」の整備に関する実践的研究(1)―石造建造物の修復と構造補強を中心に―』平成16年度鳥取県環境学術研究費助成研究成果報告書（2005）のコラムに転載している。今回、微細な修正を施した。

あとがき

　本書は平成24年度科学研究費研究成果促進出版助成費によって刊行した論文集である。科学研究費を申請した平成23年（2011）は大震災の年であり、研究費総額が減額され、研究申請の採択も震災関係に傾斜することが予想されたので、落選確実という諦めが最初からあり、採択の可否など気にもとめずに年度の境を過ごしていた。内定通知が届いたときには耳を疑ったほどである。一般社会に貢献することがさほど期待されない「建築考古学」という特殊な分野の論文集を、復興元年と呼ぶべき年度に血税を投じて出版することになり、一抹の後ろめたさを感じないわけではないけれども、助成を受けるからには精魂込めて編集・刊行作業を遂行する以外にない。

　「建築考古学」という用語を早くから使い、ひろく一般に知らしめたのは中国社会科学院考古研究所（考古研）の楊鴻勛教授である。楊先生は1931年の生まれで、清華大学建築系を卒業後、考古研の夏鼐所長に請われ入所した。過去も現在も考古研で唯一の建築史学者である。遺跡から出土した建物跡の復元を任務とされ、数え切れないほど多くの遺跡を対象にして復元研究を積み重ねられた。考古資料と文献史料を総合した緻密な考証に加え、芸術作品にも劣らない迫力ある復元パースに読者は度肝を抜かれる。その成果をまとめた最初の専著が『建築考古学論文集』（文物出版社・1987）である。2001年、国家文物局の機関誌『中国文物報』が20世紀で最も優れた文物・博物・考古関係図書の人気投票を公開でおこなった。その結果、楊先生の『建築考古学論文集』が「論著類」部門で全国第1位に輝き、2008年には増補改訂版が清華大学出版社から刊行されている。

　『建築考古学論文集』の初版本が発表された4年後（1991）、わたしは学術振興会の特定国派遣研究員として中国に短期留学した［浅川2012］。考古研を拠点として「中国早期建築の民族考古学的研究」に従事し、楊鴻勛教授に指導を仰いだのである。自らの研究史を振りかえるとき、考古研での短期留学が「民族建築学」から「建築考古学」に方向転換する萌芽的な契機となったことは間違いない。しかし、その時期はまだ民族建築の呪縛から解き放されておらず、3年後に最初の論文集『住まいの民族建築学－江南漢族と華南少数民族の住居論－』（建築資料研究社・1994）を上梓する。

　その翌年（1995）あたりから、奈良国立文化財研究所（現在の独立行政法人奈良文化財研究所）で平城宮の復元事業が重層的に加速化し始める。そこからの展開は「序」に述べたので、ここでは繰り返さない。以来、「復元」に係わる仕事が増え続け、「建築考古学」の世界に引きずり込まれて行くのだが、それが良かったのかどうか、未だに分からない。ただ、「復元」に係わる業績は右肩上がりに増える一方であり、いったんこのあたりで「まとめ」をしておく必要があるという発想から本書の企画が始まった。「建築考古学」というタイトルを使いたかったのは、楊先生の大著の書名がもちろん頭にあったからである。「建築考古学の核心は『復元』にある」とする楊先生の定義にも本書の内容はふさわしいと自負している。こうして建物跡の「復元」にこだわった本書ではあるけれども、聡明な読者ならば、全編にわたって「反復元」の思想が貫かれていることを看破いた

だけるだろう。ただ、この問題については、これ以上踏み込まない。読者諸賢の自由な解釈に委ねたい。

さて、もし本書が一定の評価を得るとすれば、学生諸君の貢献によるところが大きいとわたしは思っている。鳥取環境大学はいわゆる偏差値水準の高い大学とは言えないが、学生にはそれなりの得意分野がある。わたしは図面を苦手としている。模型制作も下手だし、ＣＧなど逆立ちしても作れない。そういう資質がないのだと思う。一方、学生諸君は文筆を苦手とするけれども、ＣＡＤ・ＣＧ・模型制作に秀でている。適切な指示を与えさえすれば、高い水準の復元図・模型を表現できる力があるのだ。そういう能力を学生諸君は備えている。結果としてみるならば、浅川が文章を担当し、学生諸君が図面・模型等を担当するという作業分担がじつにうまく機能し続けた。その成果が随所に溢れている。とりわけ、学部から大学院修士課程まで付き合ってくれた清水拓生君（１期生）、岡野泰之君（２期生）、岡垣頼和君・今城愛さん（５期生）の貢献度は突出して高いものであり、ここに記して感謝の気持ちを表したい。

こうした状況をみるにつけ、本書を浅川の単著としたことに反省の気持ちが生まれてこないわけはない。「浅川滋男＋鳥取環境大学浅川研究室」という著者名が最善であったようにも思われるのだが、その一方で、奈文研遺構調査室等のメンバーとの共著部分もあり（第３章第４節）、「浅川研究室」で一括するには難しい要素も含まれている。すいぶん悩んだあげく、ここはわたしの単著とするしかない、という決断に至った。単著とするからには、文責はすべて著者一人にある。誤りや不出来な部分は全部わたしの責任だということである。

本書の企画は『出雲大社の建築考古学』（2010年10月・同成社）の刊行直後に芽生えていた。修士課程の清水拓生君とともに既発表論文やデジタルデータの整理・集成に取りかかり、論文抜刷の合本を同成社の山脇洋亮社長（現会長）に送付したところ、科学研究費出版助成への申請をご快諾いただき、２年半の歳月を経て、それがようやく日の目をみた。山脇さんは、昨年３月に古稀を迎えると同時に社長の職を退いて佐藤涼子さんに譲り、会長の職に就かれた。実務からは引退するという宣言に近い人事異動であることはもちろん承知している。ところが、わたしの著作に限っては他の編集者の手に負えないということで、編集の実務をご継続いただいた。毎度のことではあるけれども感謝の一言しかない。記して、深謝申し上げます。

いつもならば、ここで「あとがき」を終えるところだが、今回ばかりはそうもいかない。我が研究人生の大恩人、田中淡さん（京都大学人文科学研究所名誉教授）が昨年11月18日、多発性骨髄腫にて急逝された（享年66歳）。田中さんは、中国建築史・庭園史の分野において突出した研究者である。漢籍の解読・考証に重きをおく中国建築史研究は、まさにこの分野の本流というべきもので、圧倒的な存在感を発し続けられた。1992年には「中国建築史の研究」で浜田青陵賞を受賞されており、考古学からも高い評価を受けている。個人的には、中国留学前後の大学院生時代からご指導をうけ始め、奈文研時代にも漢文輪読会等で教えを乞うた。環境大学に籍を移すと同時に中国

建築史研究から遠ざかり［浅川2012］、お目にかかる機会が著しく減ってしまったけれども、青谷上寺地遺跡や出雲大社境内遺蹟本殿に係わる復元研究の成果論文をお送りすると、必ず真摯で暖かいコメントを含むお手紙をいただいた。ときに叱責されることもあったけれども、そうして叱っていただけるだけ有り難いことであり、わたしとしては、できるだけ丁寧なお返事をかえすよう心がけた。こうして20年以上の間、お世話になってきたにも拘わらず、中国建築史とは係わりの薄い道を歩むことになってしまったわけだが、それはわたし自身の資質としか言い様がない。そもそも中国研究に向いていないし、田中さんのような論文を書く能力もない。だとしても、学問の基礎となる部分で受けた田中さんの影響は広闊であり、その学恩に報いるべく努力してきたつもりである。本書の内容・レベルは田中さんを満足させうるものではないと承知している。ただ、今のわたしには、学生たちと紡ぎあげたこの書しかないのである。

　本書を田中淡さんの御霊前に捧げます。

　　　　　平成25年2月14日

　　　　　　　　　　　　　　　　　　　　　　　　　　　　　　　　　　浅川　滋男

参考文献

　浅川（2012）「インタビュー：日本建築界で中国をみてきた専門家たち」『未像の大国―日本の建築メディアにおける中国認識―』鹿島出版会：p.368-376

著者略歴

浅川　滋男（あさかわ　しげお）
1956年　鳥取県に生まれる
1979年　京都大学工学部建築第2学科卒業
1987年　奈良国立文化財研究所入所（〜2001年）
1994年　京都大学大学院人間・環境学研究科併任助教授（〜2001年）
2001年　鳥取環境大学環境情報学部環境デザイン学科教授
2012年　公立大学法人鳥取環境大学環境学部環境学科教授（学部学科改組）
工学博士（京都大学）、木造建築士

【主要著書】
『住まいの民族建築学―江南漢族と華南少数民族の住居論―』（単著）1994年、建築資料研究社
『生活技術の人類学』（共著）1995年、平凡社
『東洋建築史図集』（共著）1995年、彰国社
『雲南省ナシ族母系社会の居住様式と建築技術に関する調査と研究』（編著）1996年、丸善
『先史日本の住居とその周辺』（編著）1998年、同成社
『古代史の論点2　女と男、家と村』（共著）2000年、小学館
『離島の建築』日本の美術406（単著）2000年、至文堂
『縄文遺跡の復原』（共著）2000年、学生社
『北東アジアのツングース系諸民族住居に関する歴史民族学的研究―黒龍江省での調査を中心に―』（編著）2000年、丸善
『埋もれた中近世の住まい』（共編）2001年、同成社
『東アジア漂海民の家船居住と陸地定住化に関する比較研究』科研報告書（編著）2004年、鳥取環境大学
『ロシア極東の民族考古学－温帯森林猟漁民の居住と生業－』（共著）2005年、六一書房
『日本の考古学－連続と変革－』（共著）2005年、学生社
『出雲大社』日本の美術476号（単著）2006年、至文堂
『出雲大社の建築考古学』（共編）2010年、同成社
『文化的景観としての水上集落論－世界自然遺産ハロン湾の地理情報と居住動態の分析－』科研報告書（編著）2010年、鳥取環境大学

建築考古学の実証と復元研究
けんちくこうこがく　じっしょう　ふくげんけんきゅう

2013年3月10日発行

著　者　浅川滋男
　　　　あさ　かわ　しげ　お
発行者　山脇洋亮
印　刷　モリモト印刷㈱
製　本　協栄製本㈱

発行所　東京都千代田区飯田橋4-4-8 東京中央ビル内　㈱同成社
　　　　TEL 03-3239-1467　振替 00140-0-20618

©Asakawa Shigeo 2013. Printed in Japan
ISBN978-4-88621-631-1 C3021